U0748414

中西交流 鉴往知来

——国外及港台学者在社会科学战线发表文章荟萃 综合卷

主编 马克 刘信君

副主编 于德钧 尚永琪 王永平

本卷主编 朱志峰

副主编 刘雅君

吉林出版集团／吉林文史出版社

编 委 会

主　任：马　克

副主任：刘信君

成　员：（按姓氏笔画排序）

于德钧　马　妮　马　颉　王永平

王艳丽　朱志峰　刘　扬　刘　莉

刘雅君　孙艳姝　李　华　张利明

陈家威　尚永琪　高　峰　焦　宝

目　录

从立法技术观点评述中外合资经营企业法 ············ 余东周（ 1 ）

试论云南永宁纳西族的阿注婚 ················ 谢　剑（16）

计量经济模型 ················ 劳伦斯·克莱因（24）

订定香港的贫穷线

　　——香港低收入家庭生活调查报告 ············ 周永新（35）

社会科学中国化的下一步 ················ 林　南（49）

债务国美国和债权国日本

　　——霸权国家的交替会发生吗? ············ 宫崎羲一（58）

隐形城市

　　——拉丁美洲城市的家庭和社会网络

　　················ 拉里萨·尤里茨（74）

六朝民歌映现的原始阿注婚残迹 ············ 洪顺隆（84）

预期效用的概念演化与计数属性

    ——新儒学经济思想及因缘和合论之运用 …… 林国雄（99）

东北亚经济发展与北九洲、山口经济 ………… 小川雄平（110）

制度学派的经济史观及其他 ……………… 赵　冈（122）

民国初年山东省的司法变革 ……………… 张玉法（128）

政府失灵与市场失灵：经济发展战略的两难选择

    …………………… 约瑟夫·E.斯蒂格利茨（138）

国有企业的物质刺激与道德祸因之巧合

    …………………… H.G.布罗德曼　肖　耿（142）

韩国的金融危机及其原因 ………… 周立群　禹在基（159）

少数民族在地方经济发展中的作用：吉林省延边

    朝鲜族自治州的个案 …………… 奥特·卢娃（170）

近代中国社会变迁（1860—1916） ………… 张玉法（182）

经济学对历史研究的影响 ……………… 赵　冈（196）

务实求新的权威性专著

    ——评汪玢玲著《中国虎文化研究》 ………… 谭达先（205）

全球化：再论其定义问题 …………… 扬·阿特·肖尔特（210）

信息化和权力结构的变化 ……………… 金文朝（227）

美国与欧盟日渐疏离吗？

    ——关于文化的概念与文化差异的思考

    …………………………… 杜威·佛克马（231）

世界化——地方化时期的市民文化的形成 ………… 金成国（241）

社会变化与韩国家庭 ………………………… 安炳哲（244）

地域革新体系和地域均衡发展

　　——韩国政府的新政策实验 ………… 金永玎（247）

全球化冲击效应下东北亚区域情势发展的分析：

　　冲突或合作 …………………………… 杨志诚（250）

审前报道对美国刑事审判的影响

　　………………………… 高一飞　Wadi Muhaisen（259）

中国经济对中国经济学家提出的挑战 …… 德怀特·帕金斯（270）

俄罗斯走出酗酒困境的策略

　　…………………… Г. Г. 扎伊格拉耶夫（277）

经济转型期间中国农村贫困与收入决定因素的变化

　　……………… 夏庆杰　宋丽娜　Simon Appleton（287）

美国刑事陪审制度简史 …………… 阿尔伯特·阿斯楚兰（310）

金融危机和移民政策

　　——日本案例 ………………………… 樽本英树（318）

经济困境与家庭冲突 ………………………… 安炳哲（327）

19—20 世纪初俄国公民社会的发展 ………… Б. Н. 米罗诺夫（337）

21 世纪韩国社会发展模式及国家与市民社会关系的

　　再构成 …………………………… 金成国（356）

中国的国际货币战略与地区合作 …………… 村濑哲司（368）

健康的生活方式——进一步，退两步

　　·············· C. H. 瓦尔拉莫娃　H. H. 谢多娃（385）

国际刑事法院吓阻国际刑事违法行为的能力：一种

　　理论上的评估

　　·············· 克里斯多夫·W. 穆林斯　达恩·L. 罗特（398）

什么原因导致中国工资收入差距扩大？

　　——来自反事实参数分解分析的证据

　　·············· 夏庆杰　宋丽娜　Simon Appleton（412）

有限责任公司的现代化

　　——德国公司法文本竞争的嬗变

　　·············· 克里斯托夫·太贺曼（428）

世界海洋危机··············· Ю. A. 叶尔绍夫（438）

韩国对华投资趋势变化的实证分析　··············· 高正植（448）

俄罗斯的控烟政策

　　·············· Л. C. 扎西莫娃　P. K. 玛吉亚诺夫（455）

从合约到履行：中国劳动立法实施问题研究

　　·············· 弗吉尼亚·E. 哈伯（464）

互联网时代的网络依赖性及人格缺失

　　·············· H. B. 科蕾特妮科娃（481）

后记 ··············· （491）

从立法技术观点评述
中外合资经营企业法

（台湾）余东周*

在今天的国际社会生活里，国际间的交流，在促进相互了解的过程中扮演着重要角色。此项交流对于国际社会的和平与安全，有着积极的作用与贡献。作为国际社会的一员——国家，如想在这个社会担负积极的作用，经济发展的程度将是决定因素之一。为了对世界人类有更多的贡献，为了提高本国人民的生活水平，发展国民经济乃是当急要务。今天为了加快实现四个现代化，我们不能重蹈以往的错误政策。不能再持闭关自守的观念，无理性地排斥一切外界的事物。

我们很庆幸，国家已重新确认，引进技术和吸收外资，并不影响国家的独立自主的原则，且与自力更生原则不矛盾。华总理在人大政府工作报告中表明了这个政策：发展对外经济合作和技术交流，并且采取国际上通用的各种合理的形式吸收国外资金，这是我国政府坚定不移的重要政策。最近颁行的《中华人民共和国中外合资经营企业法》就是在这种共同认识的前提下产生的。

发展国民经济，加强社会主义民主法制，乃是当前国家的最主要的任务。要知经济的发展，除应排除阻碍生产力发展的生产力本身、上层建筑以及生产关系的不利因素外，尚可利用国际合作方式，借用外国资金，基于平等互利的原则，发展本国经济。近一二十年来科技的突飞猛进，对于经济的发展，社会的变化，均有相当大的影响。如再闭关自守，只有拉大差距，于事无益。事实上技术与外资的引进，在不影响国家的主权范围内，大可加强。战后的德国、日本，在废墟上无不借用他国的资本，引进别人的先进技术，以发展其本国经济，今天已跻世界经济强国之列，这种活生生的例子，可供我们参考。

---

* 作者单位：纽约亚美文化协会。

笔者将新颁发的《中外合资经营企业法》，就初步研究所得逐条述评如后。（本文"评"部分，仅就立法技术的观点之论述，至于实体问题，本文暂略，留待另文评论）本文虽属野人献曝，但希望发生抛砖引玉的作用。

第 1 条　中华人民共和国为了扩大国际经济合作和技术交流，允许外国公司、企业和其他经济组织或个人（以下简称外国合营者），按照平等互利的原则，经中国政府批准，在中华人民共和国境内，同中国的公司、企业或其他经济组织（以下简称中国合营者）共同举办合营企业。

[述]

1. 立法目的：扩大国际经济合作和技术交流。确认中外合营企业在我国的法律地位，依据我国法律保障外国合营者正当权益，作为合营企业的基本规范，以便吸引外资，引进技术，促进我国经济之加速发展。

2. 指导原则：平等互利乃为我国从事国际合作、贸易往来的基本原则。此原则乃是尊重、维护主权的具体表现。我们反对别人的独占、倾销；也反对别人要求的经济特权。

3. 合营主体：（1）外国合营者：分为公司、企业、其他经济组织、个人四种。所称外国公司企业或其他组织，系指依外国法律组织登记注册者而言，外国个人者指有外国国籍之个人而言。（2）中国合营者：分为公司、企业、其他经济组织三种。所称中国公司、企业或其他经济组织，系指属中国全民所有或集体所有者而言。中国合营者不得以个人身份与外国合营者共同举办合营企业，盖我国持社会主义所有制之故。个人只能具有有限生产资料所有权。

4. 合营所在地：共同举办的合营企业限于在中国境内为之。虽属中国公司、企业或其他经济组织，如非在中国境内共同举办者，不为允许。

5. 合营目的：中外合营者其合作目的，在于经营企业，所谓企业者乃是运用资本，赚取利润的一种组织体，在一般资本主义社会内，企业的型态有：（1）个人企业；（2）合伙企业；（3）合作企业；（4）公司企业四种。

[评]

1. 本法合营企业主体是由一个或一个以上的外国公司、企业和其他经济组织或个人在中国境内与一个或一个以上的中国公司、企业或其他经济组织共同组织成立而言（参照新华社发布的英文译稿）。因此，笔者认为，为使原文更明确起见，应在外国公司与中国公司前各加上"一个或一个以上的"较妥。

2. 法律表现方式应求一致，如外国公司，与中国"的"公司，表达性就不一致，可改为"外国的公司……"与"中国的公司……"或为"外国公司……"与"中国公司……"

3. "允许"与"经中国政府批准"可删。根据本法第 3 条之规定合营各方签订的合营协议、合同、章程，应报中华人民共和国外国投资管理委员会核批。"允许""批准"权已在第3条规定，因此，第1条中这些用语可以删除，避免衙门味的感觉。

第2条　中国政府依法保护外国合营者按照经中国政府批准的协议、合同、章程在合营企业的投资、应分得的利润和其他合法权益。

合营企业的一切活动应遵守中华人民共和国法律、法令和有关条例规定。

[述]

1. 保护政策的明示：外国合营者其投资的目的在于赚取利润，他们关心在中国境内所投的资金，在经营管理的过程中，以及其所获得的正当权益是否会受到保障，所赚的钱可否以外币汇出中国境外？又当地政治、经济社会劳动问题是否相对稳定？本法第2条开宗明义，以法律的形式宣示了我国对于投资者的保护政策。因为我国一二十年来少与资本主义世界往来，外国人对于前来我国投资尚有戒心，为破除此种疑虑，实有将我国政府的政策加以明示的必要。(1)"依法"：本条所谓依法是指何义？以全国人民代表大会制定颁行的法律及全国人大常委会制颁的法令为限呢？或包括国务院公布的法令在内？或者更包括有关各部、委公布的法令在内？依现行宪法规定，人民代表大会有制定法律的职权（宪法§22Ⅱ）、人大常委会有制定法令之权（宪法§25Ⅳ），国务院得根据宪法、法律、法令，规定行政措施，发布决议和命令［（宪法§32Ⅰ），依一般法例，"依法"一语采从严解释：即仅指立法机关——人大（包括人大常委会）］所制颁的法律而言。至于行政机关所发布的命令决议，即不包括在内。不过笔者认为，本法所指"依法"应从宽解释。即包括全国人民代表大会、人大常委会、国务院以及所属各部委所发布的法令规章。(2)所谓中国政府指各级人民政府而言。

2. 遵守中国法令的义务：公司、企业或其他经济组织，依国籍隶属标准分为本国公司（企业、其他经济组织）与外国公司（企业、其他经济组织）。本法所称合营企业，虽有外资参与（外国合营者），但系依中国法律组织审核登记设立者，应属本国企业，受本国法律管辖乃无疑义。因此笔者认为，即使不加规定，遵守本国法乃理所当然。不过本条第二类之规定似有强调主权之作用。

在此顺便一提者，即法律、法令、行政措施、命令、决议等名称为宪法所规定，今在本条第2项忽然出现"条例"一词，而条例之制定究属人大（包括常委会）之职权，抑属国务院之职权或属主管部委之职权，有欠明确，笔者认为人大应早日制定"法规"制定标准法，即规定法律、法令、行政措施、决议、命令之区分，制颁之机构、内容以及其相互关系，同时规定名称也应以标准法内规定的几种名称为限。

又如，命令抵触法律者应如何处理？国内是否有类似的法律，因手边无资料可查，无从知晓，如仍欠缺，即应着手制定，此乃法律法典化、系统化的第一步工作，亦即加强社会主义法制的基本工作之一。

第3条　合营各方签订的合营协议、合同、章程，应报中华人民共和国外国投资管理委员会，该委员会应在三个月内决定批准或不批准。合营企业经批准后，向中华人民共和国工商行政管理总局登记，领取营业执照，开始营业。

[述]

1. 合营企业之设立：企业之设立即创立企业之谓也，即指企业欲完成其营业主体资格所经过之法定程序。设立之条件：（1）合营企业之设立必须有合营者即外国合营者与中国合营者；（2）资本：企业之设立必有资本，由合营者筹足。资本可为现金，可为实物，亦可为工业产权进行投资（参照本法5）；（3）签订协议、合同、章程：企业之设立必有设立行为，设立行为依本法规定，以协议、合同、章程表示之。上述所指协议、合同章程应以书面为之；（4）报请审核：企业合营者各方应将签订的协议、合同、章程；报请投资管理委员会审查。本条规定该委员会应在3个月内决定批谁或不批准。

2. 合营企业之登记、领照、开始营业登记者，即将企业设立之事项登载于主管部门工商行政管理总局所备之公簿。作为公示。登记之作用在于保障交易之安全，领照即法定手续完成之证明文件；合营企业，于领照后，得开始营业。观之本法之规定合营企业经投资管理委员会核准后仍不得视为成立，尚须向工商行政管理总局申请登记，领得执照后始为成立，而为营业之主体，得开始使用企业名称，开始营业。

[评]

本法所称协议、合同、章程，其内容究应包括哪些事项，法律欠统一明确规定，只是疏疏落落散见于本法一些条文上。笔者认为主管机关应以命令形式加以统一规定以资明确。如能制定公司法（企业法）而加明文规定者更妥，诸如：（1）合营企业名称；（2）所营事业；（3）合营各方之名称（姓名）所在地（住所）；（4）资本总额以及合营各方之出资比例；（5）合营者以现金以外之实物或工业产权进行投资时，其种类、数量、价格，估价之标准；（6）利润和分担风险及亏损之分派比例；（7）所在地，设有分支机构者其所在地；（8）定有解散之事由者，其事由；（9）订立年月日；（10）如有其他约定者，其约定。

第 4 条　合营企业的形式为有限责任公司。

在合营企业的注册资本中，外国合营者的投资比例一般不低于百分之二十五。

合营各方按注册资本比例分享利润和分担风险及亏损。

合营者的注册资本如果转让必须经合营各方同意。

[述]

1. 合营企业的责任形态：本条第一项规定合营企业的形式为有限责任企业。投资者所负的责任可分为有限责任与无限责任，所谓无限责任者，即企业对其本身所负债务，负无限清偿责任，即不以注册资本为限。而有限责任者，即企业本身所负的债务以其注册资本额为限，负清偿责任。本法关于责任问题，采有限责任制，立法用意在于保护投资者之利益。

2. 投资比例：关于企业的责任，本法采有限责任，合营者各方投资必有一定的比例。依本条第二项规定外国合营者的投资比例一般不低于 25%，对于这个规定产生下列两个问题：（1）外国合营者，其投资额可否少于 25%？（2）外国合营者，其投资额可否达到 100%？观之一般报章杂志、外电的报导以及国内领导人的谈话，认为不得低于 25%，而最高可达 100%。笔者不同意上述看法。我认为：法律固应灵活运用，但其条文解释应采最谨态度，即根据立法精神、目的加以解释运用。观之本条之规定，所谓"一般"当有特别意义，绝非画蛇添足之举。故笔者认为，在原则上外国合营者的投资比例不得低于 25%，但在特别的情况下得低于 25%。本项之规定乃法律授予投资管理委员会自由裁量之权，以便该委员会遇有特殊情形时（即外国合营者之投资额比例低于 25%），酌量情形，以决定批准或不批准。再者外国投资者之投资比例不得为 100%，而应低于 99%。其理由如下：本法为中外合资经营企业法，顾名思义，必有中国合营者与外国合营者共向经营企业，观之本法第一条之规定其义其理，更为显然。如外国投资者之投资比例达 100% 时，即失去"共同举办合营企业"的意义，再观之本法第六条规定，如外国合营者投资比例为 100% 时，该合营企业的董事长由谁担任？该条规定董事长一职由中国合营者担任，此乃强制规定，不得违背，盖本项规定乃是维护主权的强行措施。如果该合营企业既无中国公司、企业或其他经济组织参与投资，而又由中国方面的人员担任董事长，实有违背国际合作以及一般企业的经营惯例。如由外国投资者担任既违背法律规定，且违背本法的立法意旨。

3. 按投资比例分享利润，分担风险与亏损：本法规定合营企业之责任为有限责任，合营者各方按注册资本的比例分担合营企业所负的债务，如有其他风险，亦如之。义务责任与权利是相对的，义务责任既按投资比例分担，权利即利润，亦应按投资比例分享。此之所谓注册资本者即记载于合同章程上，并经主管机关核准登记者而言。

4. 注册资本的转让：合营者如拟将其注册资本转让时，必须经合营各方的同意。此规定乃在于保障企业的安定。关于注册资本转让之其他规定，诸如转让期间的限制，转让后的更新登记，本法缺如，应由其他有关法律加以规定以便遵循。

[评]

本条第一项规定，合营企业的形式为有限责任公司。称有限责任"公司"实有不妥，本法所称的营业主体称为"合营企业"，不用"公司"之名，且观之本法，公司与企业名称有别（参照第一条之用语），在此忽然跑出"公司"一词，实属费解，笔者认为应为"合营企业的形式为有限责任制"始为妥适。

第5条 合营企业各方可以现金、实物、工业产权等进行投资。外国合营者作为投资的技术和设备，必须确实是适合我国需要的先进技术和设备。如果有意以落后的技术和设备进行欺骗，造成损失的，应赔偿损失。

中国合营者的投资可包括为合营企业经营期间提供的场地使用权。如果场地使用权未作为中国合营者投资的一部分，合营企业应向中国政府缴纳使用费。

上述各项投资应在合营企业的合同和章程中加以规定，其价格（场地除外）由合营各方评议商定。

[述]

1. 出资种类：合营企业的合营者可以现金、实物、工业产权等进行投资。所称实物即机器设备原料均是，又称工业产权，如专门技术或专利权属之。如外国合营者以技术和设备进行投资时，该项设备与技术必须确实是适合我国需要，并以先进者为限，如果有意以落后的技术与设备进行欺骗，造成损失时，应赔偿损失。如果外国合营者非有意以落后技术和设备进行欺骗，而造成损失时，该如何处理？观之本项规定，赔偿损失的构成要件：（1）外国合营者有意进行欺骗；（2）其进行投资的技术和设备属于落后者；（3）损失发生。请求赔偿损失必须具备这三个要件，故笔者认为，外国合营者如非有意进行欺骗，观之上述要件，不得请求赔偿。事实上，遇有这种情形时，主管部门亦有监督不周之处。即未发觉该项技术和设备为落后者，其原因不外"缺乏专门知识"或"疏忽"。投资管理委员会为技术设备之审查，应先送请事业主管部门（如有关石油技术、设备，即先送请石油部核审提供意见）或向专业团体咨询，而后作批准或不批准的决定。又如果外国合营者有意欺骗，以落后的技术和设备进行投资，但并没有造成损失时，应怎么办？如要请求损失于法无据，如不加以处罚，即属放纵，有损国家主权的尊严，究竟如何处理，有关负责单位，应慎重加以研究。

又"有意"之意义可参照刑法第十一条之规定。

2. 有关出资的特别规定：合营者的出资原则上以现金、实物、工业产权为限，但中国合营者得以场地使用权作为投资，中国合营者如未将场地使用权作为投资之一部分时，合营企业应向中国政府缴纳使用费。

3. 有关合同章程记载事项之强制规定：合营企业之合同以及章程，依本条规定，必须记载投资的种类，此为绝对必要记载事项。如以实物或工业产权进行投资时，应有价格的估算，即由合营者共同评议商定。至于以场地使用权作为投资者，其价格由中国政府单独决定。此乃主权之维护，亦属主权之当然作用。

在此笔者要特别建议国内有关负责审查投资的单位对于外国合营者以技术、设备进行投资时，应特别小心。台湾就在"××技术合作"的美名下，吃了很大的亏。这种现象之发生缘由、结果，值得我们参考。

盖很多外国投资者未具合作诚意，存心欺骗对方，其所提供的最新技术、最精华部分（机密部分）总是有所保留，对其投资者即使所提供的技术毫无保留，也必属落伍的技术或陈旧的设备。如很幸运地碰到技术毫无保留的外国投资者，也会借机高价推销其原料与设备。

在此笔者郑重建议在签订合同之前，应详细调查对方的信誉及其技术水平，并且将来签订合同时一定要加上下列两个条款：（1）要求对方对于所提供的技术毫无保留的条款；（2）保留我方对于原料或零件采购的自主权。除此之外，笔者更建议：（1）成立技术专家队伍，以审查对方的技术是否先进；（2）成立法律专家队伍，以审查法律文件，以保护我们的利益。如此，才足以保障我方不受欺骗，以维护国家利益。

[评]

合营企业各方与合营各方，实属同义，为求统一法律用语起见，本条的"合营企业各方"改为"合营各方"较妥。

第6条 合营企业设董事会，其人数组成由合营各方协商，在合同、章程中确定，并由合营各方委派和撤换。董事会设董事长一人，由中国合营者担任；副董事长一人或二人，由外国合营者担任。董事会处理重大问题，由合营各方根据平等互利原则协商决定。

董事会的职权是按合营企业章程规定，讨论决定合营企业的一切重大问题：企业发展规划、生产经营、活动方案、收支预算、利润分配、劳动工资计划、停业，以及总经理、副总经理、总工程师、总会计师、审计师的任命或聘请及其职权和待遇等。

正副总经理（或正副厂长）由合营各方分别担任。

合营企业职工的雇用、解雇，依法由合营各方的协议、合同规定。

［述］

本条系属合营企业的组织规定。

1. 董事会：合营企业设董事会。董事会为合营企业的决策机关。董事由合营各方委派与撤换。

董事人数由合营者协商决定，并应在合同与章程中加以记载。

2. 董事长、副董事长之指派：董事会设董事长一人，由中国合营者担任；副董事长一人或二人，由外国合营者担任。

这里所谓由中国合营者或外国合营者担任，该担任者应属董事会成员——董事，乃为当然解释。又依一般公司法惯例，拥有较大投资比例的合营者，在董事会的选举以及其他各种决议往往占优势，然本法强制规定，不管合营者投资比例之多寡，董事长一职，由中国合营者担任，而副董事长则由外国合营者担任，排除选举方式。此种规定似在维护主权之作用。

3. 董事会的职权。

（1）讨论决定合营企业的一切重大问题。

（2）重要人员之任免，及其职权、待遇之决定。

4. 董事会的决议方式。

董事会处理重大问题时，由合营者根据平等互利原则，协商决定。

5. 经理部：经理部门为业务之执行机关，设正、副总经理（或正副厂长）由合营各方分别担任。其选任由董事会讨论决定。

6. 职工：职工之雇用与解雇，由合营者的协议、合同规定。

［评］

1. 本法对于董事长之权限并无规定对外是否代表公司，对内是否董事会开会时的当然主席，又董事会开会是否由董事长召集。笔者认为这些问题均应明确规定，亦可留待将来制定公司法时规定。

2. 董事会处理重大问题时依法固由合营者根据平等互利原则协商决定。如遇有非属重大问题时，应如何处理？是否由董事长独断独行？笔者认为董事会之职权不应以重大问题为限，凡属政策性问题均应由董事会协商决定，既属政策性问题，无大小之分。至于事务性的问题即归经理部门负责。

3. 本条第 4 项所谓"依法"，实属多余。盖本条规定的意旨乃在于指示决定机关与执行机关人员之选任与解任的程序、去掉"依法"二字，而为"合营企业、职工的雇用、解雇，由合营各方的协议、合同规定之"即可。

4. 本法为合营企业的基本法。所谓协议、合同章程其内容不得违背本法之规定。本法有规定者应依本法之规定办理，没有规定者则依该协议合同或章程之规定办理。再者依一般法例，董事会的职权在法律中加以规定，章程内并不记载，且本条第二项有关规定即属董事会之职权（即法律已加以规定），故本条所称"是按合营企业章程的规定"实属多余。本条在立法技术上有待斟酌。

第7条　合营企业获得的毛利润，按中华人民共和国税法规定缴纳合营企业所得税后，扣除合营企业章程规定的储备基金、职工奖励及福利基金、企业发展基金，净利润根据合营各方注册资本的比例进行分配。

具有世界先进技术水平的合营企业开始获利的头两年至三年可申请减免所得税。

外国合营者将分得的净利润用于在中国境内再投资时，可申请退还已缴纳的部分所得税。

[述]

1. 毛利润的计算

为求简单明了起见，将计算程式列述如下：

净利润＝毛利润−（所得税+储备基金+职工奖励及福利金+企业发展基金）

毛利润＝收入总额−（成本、费用+损失）

所得税＝毛利润×税率

基金：基金有属公积性质，称公积基金；有属公益性质，称公益基金。公积基金者，用以弥补意外亏损、扩张营业范围或巩固企业财务基础为目的。公益基金者，为激发职工之积极性，以及保障其生活。

2. 净利润的分配　根据企业注册资本的比例进行分配。

3. 所得税的减免与退税　本项为税务奖励规定。税务奖励乃为投资因素之一，即投资者是否决定投资，税务奖励问题是必须考虑的项目之一。

（1）一般减免规定

本项减免的条件：① 合营企业需具有世界先进的技术水平：合营企业的设备虽属世界先进的水平，而其技术不是者不得享受本项所得税的减免。② 享受减免期间为二年至三年：二年至三年期间之起算为该合营企业开始获利的年度开始计算。盖所得税之计算，乃以毛利润为计算之基础，如果只有亏损而无利润时，则无所谓所得税之减免问题。

（2）再投资的退税规定

外国合营者，依据本法所分配到的利益（净利润）不申请结汇汇出中国境外，而将该部分利益，在中国境内再投资时，即可申请退还已缴纳的部分的所得税，所称"再投资"诸如用于扩展原来合营企业的规模，增加设备，或创立新的合营企业属之。

为了吸收外汇，"再投资"一词的范围应从宽解释。

［评］

1. 本条第一项的写法不妥

本条的意旨为规定净利润之计算及其分配。笔者认为如下列写法始为妥当：

"合营企业获得的毛利润，按中华人民共和国税法规定缴纳合营企业所得税后，扣除合营企业章程规定的储备基金，职工奖励及福利基金、企业发展基金后所得的净利润，根据合营各方注册资本的比例进行分配。"

关于毛利润或净利润之计算应留待所得税法内加以规定。又合营企业应否缴纳所得税亦应由所得税法规定，再者本法第 2 条第 2 项已明定合营企业的一切活动应遵守中华人民共和国法律、法令规定，所得税法加以规定后，合营企业当然应按中国法律规定纳税。

又利润的分配依第 2 条第 1 项之规定观之，应在合同章程加以记载，既在合同章程已有记载即依此规定进行分配。无需本法特加规定以避重复累赘之感。

2. 本条规定，似有未妥

合营企业享有 2 年或 3 年的免税期间，由哪个部委决定，财政部吗？投资管理委员会吗？又根据什么条件与标准来决定 2 年或 3 年的免税期间？再者，本法属技术性法规，与伦理性法规不同，其特点在于便捷、确实、公平与安全。因此，在立法上较少赋予主管部门自由裁量权。故笔者认为应统一规定 2 年或统一规定 3 年。

合营企业是否"具有世界先进技术水平"，是以什么时间的水平作为标准？以经主管部门批准并登记时为标准呢？抑是以开始获利时的水平为准？近年来科学技术日新月异，现在认为具有世界先进水平，一年后，很可能就属非先进水平。

又"减"与"免"所得税，应分开规定，盖两者性质不同，依本立法意旨看，应为免征所得税。"减"税不与焉。为了避免法律运用上的困难，以及奖励外资起见，最好规定自产品开始销售之日起，连续 3 年或 5 年免征所得税。

第 8 条　合营企业应在中国银行或者经中国银行同意的银行开户。

合营企业的有关外汇事宜，应遵照中华人民共和国外汇管理条例办理。

合营企业在其经营活动中，可直接向外国银行筹措资全。

合营企业的各项保险应向中国的保险公司投保。

[述]

此条就合营企业的银行开户、外汇管理、筹措资金、保险等事宜作了规定，简捷明了，毋庸赘述。

第9条　合营企业生产经营计划，应报主管部门备案，并通过经济合同方式执行。

合营企业所需原材料、燃料、配套件等，应尽先在中国购买，也可由合营企业自筹外汇，直接在国际市场上购买。

鼓励合营企业向中国境外销售产品。出口产品可由合营企业直接或与其有关的委托机构向国外市场出售，也可通过中国的外贸机构出售。合营企业产品也可在中国市场销售。

合营企业需要时可在中国境外设立分支机构。

[述]

本条为有关合营企业之生产经营之规定

1. 生产经营计划之备案：我国为社会主义国家，采行计划经济。本法一方面考虑合营企业的自主权，一方面考虑国家全盘的经济计划，而规定合营企业应将其生产经营计划，向主管部门备案。且合营企业的产品依本条第三项之规定可在国内销售，为了便于国家经济计划之管理，以及其目标之实现，主管部门应知悉合营企业的生产计划，乃属当然。

2. 原材料等尽先在中国购买：此规定旨在保护本国工业，以促进经济之发展。如所需原材料、燃料、配套件等，中国无法供应时，当可在国际市场购买。如合营企业等自筹外汇时，自不受此限制，直接可在国际市场购买。

3. 产品销售：（1）外销：鼓励合营企业将其产品向中国境外销售。销售方式有三：①自己直接出口销售；②经其有关的委托机构向外销售；③通过中国的外贸机构出售。

（2）内销：合营企业的产品可在中国市场销售。

4. 分支机构的设立：合营企业在业务上，有需要在中国境外设立分支机构时得设立之。

[评]

1. 本条有关"鼓励"之规定、综观全文并无鼓励办法。产品外销，赚取外汇，颇值鼓励，但应有具体的鼓励办法。本法可采取委任立法的形式，授权主管部门规定鼓励外销的具体办法。即"前项所称鼓励，其具体办法由主管部门另定之。"以补其漏。

2. 本条第一项末段"并通过经济合同方式执行"一语，所指为何？实属费解。是否因国内以往或目前企业经营采取一条鞭方式，产品由国家统购统销，原材料、燃料、配套件由国家无偿供给，且对企业的财物随便调用，职工任用采"铁饭碗"制度，为避免此种弊病，而特别加以规定，作为提示作用？盖生产计划之执行，不外是人利用机器设备与技术，使物发生变化的一种过程。关于人的雇用、解聘，本法第6条已有规定，即依雇用合同方式执行。关于机器设备、原材料、燃料、配套件之来源依本条第2项之规定采取购买方式，优先向国内购买，或可自备外汇，直接向国际市场购买，也采买卖合同方式执行，至于产品的销售也采买卖合同方式执行，由此观之"并通过经济合同方式执行"一语是否有其必要，尚须斟酌。

又目前国内对于"经济"一词用法过于广泛、笼统。"经济"一词的意义范围颇广，几乎无所不包，目前国内这种用法与语词进化的原理与法律用语的严谨性、特定性有违。语词是随着科学技术的进步而增加，由于科学技术的进步而有新情况发生，以及新事物的产生，这些新情况、新事物均需以特定的语词加以表示，且今天社会分工日趋精细，学术名词、法律用语也随着科技的发展、社会的分工而趋于更细致；情况或事物表示的用语，其内涵外延更加特定。这是科学的要求，也是重视科学应有的态度。

第10条：外国合营者在履行法律和协议、合同规定的义务后分得的净利润，在合营企业期满或者中止时所分得的资金以及它资金，可按合营企业合同规定的货币，通过中国银行按外汇管理条例汇往国外。

鼓励外国合营者将可汇出的外汇存入中国银行。

[述]

本条为有关外国合营者的结汇权规定：

1. 外国合营者：（1）依本法第7条分得的净利润；（2）合营企业合同、章程记载有存续期限者，期限届满时，或虽未届满，遇有严重亏损、一方不履行合同和章程规定的义务。不可抗力等事情而中止时，应清理合营企业之债权债务（清理程序），外国合营者在清理程序结束后所分得的资金或其他资金，可按合营企业合同规定的货币，通过中国银行按外汇管理条例，汇往国外。

2. 为增加外汇或避免外汇之减少，鼓励外国合营者将可汇出的外汇存入中国银行。

[评]

1. 外国合营者依本法第7条之规定所获得的净利润已经履行有关法律章程之有关义务之规定，另言之，如未履行义务不得谓之净利润。所谓净利润即不应再负任何义务。因此，笔者认为"外国合营者在履行法律和协议，合同规定的义务后分得的净利润"一语，应改为"外国合营者分得的净利润"或改为"外国合营者依本法第 7 条规定分得的净利润"始妥。

2. 本条第 2 项规定只有鼓励之名而无鼓励之实。应采委任立法形式委由主管部门订定鼓励办法。如无具体鼓励办法，本条第 2 项之规定将成空文。

第 11 条 合营企业的外籍职工的工资

从立法技术观点评述中外合资经营企业法收入和其他正当收入，按中华人民共和国税法缴纳个人所得税后，可通过中国银行按外汇管理条例汇往国外。

[述]

因合营企业依本法第 6 条第 4 项之规定雇有外籍职工，故本条为有关外籍职工结汇权之规定。

第 12 条 合营企业合同期限，可按不同行业、不同情况，由合营各方商定。合营企业合同期满后，如各方同意并报请中华人民共和国外国投资管理委员会批准，可延长期限。延长合同期限的申请，应在合同期满六个月前提出。

[述]

1. 合同期限的商定：本法对于合营企业合同期限，不加以划一规定，而委由合营各方协商决定。合营各方商定的期限应记载于合同（本法虽无明确规定，但依法理，以及本法立法意旨，应作如是观）。

2. 合同期限的延长：合营企业合同，其期限得经各方同意延长，在合同期满六个月前须报请投资管理委员会批准。

[评]

本条后段的提法不妥，合营企业合同是否要延长，合营各方应在合同期满前协商同意决定，并非在"合同期满后"始为商订。

本条后段应改为："合营企业合同期限经合营各方同意，得申请延长；但其申请应在合同期限期满六个月前报请中华人民共和国外国投资管理委员会批准"或改为"合营企业合同期限，经各方同意并报请中华人民共和国外国投资管理委员会批准得以延长。延长合同期限的申请，应在合同期满六个月前提出"。

第 13 条 合营企业合同期满前，如发生严重亏损、一方不履行合同和章程规定的义务、不可抗力等，经合营各方协商同意，报请中华人民共和国外国投资管理委员会批准，并向工商行政管理总局登记，可提前终止合同。如果因违反合同而造成损失的，应由违反合同的一方承担经济责任。

［述］

本条系有关合营企业合同提前终止的规定。

1. 合同的提前终止：合同期限未届满前，合营企业如有（1）严重亏损；（2）一方不履行合同和章程规定的义务；（3）不可抗力等情事之一者，经合营各方协商同意，得提前终止合同，但应报请外资管理委员会批准，并向工商行政管理总局登记。

2. 合营企业合同的一方不履行合同而造成损失者，应承担经济责任：

合营企业合同是一种债权债务关系，合同成立后合同的各方，既为债权人，又为债务人。

各方既有出资的义务（债务），亦有请求合同他方出资的权利（债权）。如一方不履行出资义务而造成损失时，得基于债权向违反合同一方请求赔偿。

第 14 条　合营各方发生纠纷，董事会不能协商解决时，由中国仲裁机构进行调解或仲裁，也可由合营各方协议在其他仲裁机构仲裁。

［述］

合营企业是国际经济合作的一种形式，在经营过程中，难免发生纠纷，纠纷的解决方式不外：自行解决，或诉之法院，或交给仲裁机构调解仲裁。现代商业实务上，喜将商务纠纷交给仲裁机构处理，尤其是有关国际贸易事项。因为仲裁程序与诉讼程序不同，其优点是简单、迅速、省费、不公开。（尤其常涉及到商业贸易秘密时）本条系就处理纠纷的形式，以及处理纠纷的机构加以规定。

1. 纠纷处理机构：有下列三种：董事会、中国仲裁机构、其他仲裁机构。

依本法之规定观之，合营企业各方发生纠纷时，由董事会处理，董事会无法解决纠纷时则声请仲裁机构调解或仲裁。声请仲裁时，原则上由中国仲裁机构处理，如合营各方同意在其他仲裁机构仲裁者从之。其他仲裁机构即指第三国之仲裁机构而言，为避免外国合营者对中国的仲裁机构有偏袒的疑虑，合营各方得同意由其他仲裁机构处理以保证达到公正无私的心愿。

2. 纠纷处理形式：

（1）协商：协商为董事会处理问题的方式，即根据平等互利原则、协商解决纠纷。

（2）调解：调解者，指当事人于申请仲裁前由仲裁机构劝谕双方（或各方）当事人合意平息纷争，借以避免较为繁杂的仲裁程序的一种法律程序。

（3）仲裁：仲裁者即指关于商务上之争议，双方（或各方）当事人约定由一人或数人之仲裁人仲裁之一种法律程序。仲裁人或由商会，或由工会允当，或由具有专门知识且有声望的公正人士，如会计师、律师充任。

［评］

本法所指协议，有其特定意义，如第 2 条第 1 项、第 3 条第 1 项、第 6 条第 4 项、第 10 条第 1 项，所称协议属名词，意义相同，具有专属性与特定意义，而本条所称协议属动词即协商之意，与上述所谓协议之意义不同。笔者认为应将协议改为协商，以避免混淆。立法技术上应避免这种疏忽与错误。

第 15 条　本法自公布之日起生效。本法修改权属于全国人民代表大会。

［述］

1. 法律不经公布不发生效力：如不公布人民何以知晓法律的存在？何以遵守？至于公布的形式，即将法律全文刊登于政府公报。如果法律制定后，仅将制定该法律的消息在报刊登载或仅将该法律的摘要登载于公报者，尚未具备"公布"的要件，笔者认为尚不能发生效力。

2. 法律的生效日期，有为规定自公布之日起发生效力者，有特以法律规定生效日期者。本法采自公布之日起发生效力。

［评］

依我国宪法第 22 条第 2 款之规定，全国人民代表大会有制定"法律"的职权。制定法律的权，专属于人民代表大会（人大常委会不与焉。人大常委会，又有解释法律之权与制定法令之权）。

修改法律，也是一种立法行为，其权限当然也只有全国人民代表大会始能行使，另言之，有权制定本法的机构，才有权修改本法、不许其他任何机构越俎代庖。因此笔者认为本条修改权之规定，除有提示、教育作用外，不具任何实质意义。

（《社会科学战线》1980 年第 2 期）

试论云南永宁纳西族的阿注婚

（香港）谢　剑[*]

前　言

最近阅读了詹承绪等四位先生所撰写的《云南永宁纳西族的阿注婚姻》（载《社会科学战线》1979 年第 2 期，以下简称詹文），感到非常兴奋。这不仅是因为国内的社会科学沉寂已久，流传到海外的民族学论文十分稀罕，更难得的是，詹文的提出避免了一般"穿靴带帽"的俗套，基于田野工作所获得的资料就事论事，因此不致流入空洞。尽管在理论和方法两方面詹文都 值得商榷之处，但新的资料提出了新的问题。从学术观点着眼，这一尝试是值得肯定的。

本文大体上可以分作两大部分：一部分集中于理论性的探讨，尤其是詹文作为主要理论基础的摩尔根（L. H. Morgan）的论点，间或涉及詹文的研究方法；另一部分则是从詹文所提出的资料，重新检讨民族学中一般使用的"婚姻"一词的定义。本文作者因为身在海外，一时无法亲自到云南纳西族的居地从事田野工作，对詹文的资料和观点，可能有理解不足甚或误解之处，尚祈读者加以指正。

关于阿注婚的性质问题

詹文认为阿注婚姻及其母系家庭，具有初期的对偶婚的特点，而且还保留了若干血缘婚和群婚的残余（詹承绪等，1979：210）。换言之，詹文采取了

＊　作者单位：香港中文大学人类学系。

美国早期人类学者摩尔根（L. H. morgan）在《古代社会》一书中提出的婚姻和家庭的演化观点，在以后的章节中，都是在这一主题之下展开的。如第3章所讨论的"群婚遗风"，"血缘婚乃主杂婚性质的一些残余"和"母系氏族公社遗迹"等都属于这一主题。

按摩尔根在论及婚姻和家庭制度的演化时，认为在人类历史上有五种不同但却连续的形态，它们分别是血缘家族、群婚家族、对偶家族、父权家族和单偶家族。不过他强调伴有"第一、第二及第五三种形态，是根本的形态；因为它们有足够的普遍性及力量创造出三种不同的亲属制度"（摩尔根，1971：655-656）。哪三种亲属制度呢？血缘家族产生马来式的亲属制度，群婚家族是图兰式（Turanian），而单偶家族则是雅利安式。总之，这三种亲属制度是以三种婚姻形态及其家族制度为基础的（摩尔根，1971：671）。在另一方面，他承认有时家族制度变了，亲属制度则保持未变（摩尔根，1971：662），这或者就是詹文一再强调"残余"、"遗迹"等等的原因。

摩尔根对人类学知识的贡献是伟大的，他带来的影响极为深远。例如1972年，西方人类学界为了纪念他的另一巨著《人类家族中的血亲与姻亲制度》，曾出版一本论文集。书中虽尽多赞誉之词，甚至有认为当今人类学界最重要的结构和功能学派，无论是理论或方法，均直接来自摩尔根的著作（Reining，1972：1）；但在另一方面，对摩尔根所提出的有关社会或文化演化的各种顺序，特别是关于婚姻形态及家族制度演化的顺序，却采取了保留的态度（Ibid：3）。

就事论事，摩尔根有关这一部分演化顺序的理论，其缺失究竟在哪里？前人对于这一问题有无较深入的讨论？

摩尔根认为，在人类的婚姻和家族制度成立之前是杂交状况（promiscuity）（Morgan，1877：502；westermarck，1921：I，239）。这一猜想固无证据，即令是各种用来支持其血缘婚和群婚论点的民族志资料，均被证明为记载不实，或有虚假之嫌（Harris，1968：186；Winick；1970：345；Westermarck；1921：I，240）。当代重视统计方法从事研究婚姻和家族的人类学者莫多克（G. P. Murdock，1949：24-25）也认为群婚作为一项文化规范（norm），在人类社会似乎从来不曾存在过。从他所收集的大量资料显示，经常为人们引用的群婚个案，如巴西的凯因甘族（Kaingang）、西伯利亚的朱克奇族（Chukchee）及澳洲的戴以利族（Dieri），都只是偶尔把性特权加以扩大到某一群人，并不牵涉到任何经济上的义务，后者才是成立婚姻的要件。①

　　然而作为一种制度，血缘婚或群婚难于成立的关键究竟在哪里？按照摩尔根的定义，"血缘家族是建立在一群兄弟姊妹的——直系及旁系的——互相结婚之上的"；"群婚家族是以几个姊妹——直系的及旁系的——集体的对于彼此的丈夫之互相结婚为基础的；其共同的丈夫不一定互相有亲属关系"。另一方面，几个兄弟也如此，可以组成群婚家族（摩尔根，1971：655）。这样血缘婚或群婚，必然牵涉"群父"、"群母"或"群子"的关系；亦即是"共父"、"共母"或"共子"的关系。如果肯定人类演化史上存在过血缘婚或群婚这类制度，就必须承认会产生"群母"这类关系。这是逻辑上的必然发展，否则"群婚"就无从谈起了。

　　尽管威斯特马克（Westermarck，1921：i）已经在他的《人类婚姻史》一书中，对一般所认为存在于初民社会的杂交及群婚遗迹，诸如婚前的性放纵、初夜权（the Jus Primae Noctis）、宗教性滥交（religious prostitution）、换妻及借妻、亲属称谓的类分制及母权等，从理论和事实两方面作过详尽的批判；达尔文（C. Darwin，1888：II；394）也曾从雄性动物的妒忌心，往往发展成为占有对方，因此认为杂交存在于人类社会的可能性不高；本文作者更认为纯粹从生理学及心理学着眼，人类社会存在着一项简单的事实，此即人类的婴儿期特别漫长。初生婴儿既不像初出世的鸡鸭可以立刻觅食，也不似牛羊的哺乳期较短，很快可以独立营生。反之，人类的婴儿期需要较长时间的呵护，也因此使得母子之间的关系特别稳定和牢固，这从生理和心理两方面说都不是"群母"或"共母"所能取代的。除非古人类学家能够证明，在人类演化过程的某一时期，当时人类体质大异于今日，婴儿期特别短暂；或从制度上证明有某种设施可以取代哺乳等的育儿工作，亦即是取代母子关系，否则就不可能有"群母"的存在，当然也不会有群婚。

　　詹文提出的类分亲属称谓制，不就是群婚和血缘婚事实的反映吗？这一看法，基本上还是根据摩尔根的学说：即亲属制度（包括亲属称谓）是以婚姻形态为基础的；但有时婚姻形态变了，而亲属制度未能随着完全改变，因之残留下来（摩尔根，1971：658–671）。

　　这一推论实在是极不可靠。在我们自己的习惯中，我们总以为不同类的亲

---

① 按恩格斯《家庭、私有制和国家的起源》一书的附录，记载库页岛的吉里亚克男人把性特权扩及自己兄弟的妻子以及自己妻子的姊妹，但亦仅此而已，并不能因此构成婚姻关系（恩格斯，1972：178）

属，应该用不同类的称谓加以分别；反之，相同的称谓在实质上（包括婚姻、血缘、生育等）必然相同。但事实上有许多民族的亲属称谓制度，并不符合我们这一自以为是的想法。

例如在我们的习惯中，一提到"母"字必系与"子"相对而言，含有血缘和生育的关系；但在澳洲土著所使用的类分式亲属称谓中，所谓"母"固包含中国亲属称谓的意义，更重要的它是指一个女人对某一群男女而言，根本不涉及婚姻和生育之类的问题。换言之，"母"的意义兼指社会关系和社会地位。一个抱在手中的女婴，可以被一群人尊称为"母"（Frzer, 1910: i, 304）。

或者有人会辩称，澳洲土著的这个实例，还是可以推测是群婚及血缘婚的遗迹。但早期的人类学者利维斯（W. H. R. Rivers, 1914: 85）指出，有些亲属称谓制度，正在朝向马来式或夏威夷式的类分制度演变。按照摩尔根的说法，在婚姻、家族、亲属制度的演化过程中，马来式或夏威夷式的亲属是最原始的血缘家族的产物。因此演化的方向似乎逆转了，这又作何解释？

在詹文的第3章第5节中，提到近亲结婚的问题，谓：

永宁纳西族现实生活中，同胞兄弟、姐弟偶居的婚姻关系，只有背地非议而无处罚，正是血缘婚曾经普遍通行过的有力证据（詹承绪等, 1979: 222）。

但作者认为此一论断也很脆弱，我们怎可能说只有"非议"而无"处罚"就是"血缘婚曾经普遍通行的有力证据"？揆詹文之意，这类近亲偶居的事件如果发生在中国社会，必然会受到处罚，亦即是法律的制裁。按不同的社会，行使不同的"社会控制"之手段。在作者看来，詹文所谓的"非议"或"处罚"，仅是社会控制的不同手段。前者是非正式的，有约定性但无强制性；后者是正式的社会控制，具有强制性，往往通过法律来施行。作者未曾去纳西族做过田野调查，不敢作太多的推论，但从詹文所提供的资料看来，纳西族应是部落社会，还没有发展出具有中央集权的政府形式，因此也没有正式的社会控制制度——如我们现行的法律。如果作者的推测不错，那么"非议"的本身即是一种社会控制的手段，其效果和法律的"处罚"一样，有时甚至更为严厉（Beals et al, 1977: 444–445）。① 詹文怎可以从正式的社会控制之有无，来断定"血缘婚曾经普遍通行"？反之，作者认为这类近亲婚的遭到"非议"，

---

① 例如爱斯基摩人仅以回避和孤立的办法，作为制裁行为不检者的手段，有时竟能使后者自杀；又如库页岛的"吉里亚克人极富于羞耻心，如果他被揭露干了什么不名誉的事，他便会到大树林里去上吊"（Beals et al, 1977: 445；恩格斯, 1972: 180）。换言之，无成文法的非正式的社会控制，包括詹文所说的"非议"，亦有其严厉的一面。

适足证明这型婚姻不是人们理想中的规范，很可能也未曾普遍存在过。

阿注婚的重要意义

尽管在理论建构上，詹文有值得商榷之处，但作为一项研究婚姻问题的实例，作者认为纳西族的阿注婚确有其积极的一面，为婚姻和家族的研究提供了新的观点。其中包括婚后男女双方的共同居处、双方的权利与义务、父母子女之间的关系、禁婚范围及婚姻仪式等涉及婚姻基本要素的许多问题。

在没有做进一步的讨论之前，首先，必须就若干社会科学中流行的定义先加以检讨，然后和纳西族的阿注婚相对照，指出后者的重要意义是什么。其次，因为婚姻是家族的肇始，而家族则是婚姻的结果，二者息息相关，在本文的讨论中，不再另立章节，涉及家族的部分将合并在婚姻中说明。

1. 阿注婚和共同居处的问题

在当代社会科学中常被引用的婚姻定义是戈尔德（J·Gould）及柯尔伯（W·L·Kolb）合编的《社会科学辞典》中所拟定的。云：

　　　婚姻是指社会所认可，特别涉及夫妇双方之制度化关系的匹配安排，也指建立此种关系的典礼。普通婚姻一词的用法包括两种不同的意义：（1）一男和一女同居，二者一般都具有建立家庭的意向；（2）在婚姻和其他形式的性结合之间（如婚前性交、婚外性交、通奸等等），有着某种区别（Gould and Kolb，1964：409：芮逸夫等，1971：220-221）。

有的学者甚至强调此种区别对婚姻定义的重要性，例如波罗渥兹（R·Burrows，1944：iii，331）就认为"仅是偶然交媾而无意同居及养育子女，无论怎样说都不能算是婚姻"。其他如莫多克也肯定婚姻中有共营居处的普遍要求，夫妇双方在成立新的生育之家（family of procreation）的同时，不可能仍旧留在各自的出生之家（family of orientation）。因此男女任何一方或男女双方必须迁离，这也是婚姻及家族中的居处原则（rule of residnce），并且选择性不多，按莫多克的分类法，仅有从父居、从母居、从舅居、先从母后从父居（matvipatrilocal）、从任一方居（bilocal）及营新居（nelolcal）共七种（Murdock，1949：16-19）。

但据詹文所记载的阿注婚，虽然通过一些形式，如交换信物以建立阿注；可以勉强认为是一种婚姻的仪礼，但阿注关系成立之后，男子只是到女家去访宿；换言之，"阿注双方除晚上过夜外，大部分时间都不在一起"（詹承绪等，1979：214），任何一方都不必改变各自的居处。阿注婚之所以为阿注婚，其最大特征在此。否则，如果双方有稳定的共同居处，在理论上说，再结交阿注就不可能了。这也是何以阿注关系易于解除，因为"最根本的是双方属两个家庭，缺乏共同的经济基础，缔结阿注关系又主要为了临时需要，少有长期同居的愿望"（Ibid）。就因为并不营共同居处，所以双方得各自维持若干阿注。

就无共同居处一点而言，纳西族的阿注婚和印度南部纳雅人（Nayar）母系社会的婚制有相似之处。所不同的是，纳雅少女当春情发动期时必举行一形式上的婚姻仪礼，有一名义上的丈夫，但此一婚姻随即终止。之后女方即可结交不定数目之男性，夜临昼去，访宿于女家，情形和纳西族极为相似（Gough；1961：357–359）。

2. 阿注婚和认子的问题

婚姻的另一特征是成立家庭，养育子女。这也就是上引波罗渥兹所强调的，无意养育子女而仅是偶然的性结合就不能算是婚姻。《国际社会科学百科全书》对婚姻一词的定义，也充分强调这点，说：

……在这种文化认可的两性关系之中（作者按：指婚姻中的两性关系），一般预期会有子女的出生（Marshall，1968：X，2）。

然而按詹文的报导，子女的出生仅是女方的事，因为只有在比较稳定的阿注关系中，才会有"认子"的行为。是即当女阿注分娩时，如果是时阿注关系还未解除，男方又确认孩子是他所亲生，就在满月之日送女方一些礼品，前往认子。其次，男方逝世之后，女方也会率领他所亲生之子女，前往悼念，并分担部分丧葬费用。不过詹文一再强调，"认子"和"悼念""都不是双方必须遵守的传统，更非必须承担的义务"（詹承绪等，1979：212）。换言之，生父（genitor）和其子女之间，不必存在有任何社会的或法定的关系，亦即是不必有社会的或法定的父（pater）。这一特殊例证，从根本上否定了民族学和社会学多少年来坚持不变的原则，是即认定婚生子女，"乃法理上认可的男女双方的后嗣"（British Association for the Advancement of Science，1951：110）这一看法。换言之，纳西族不必有此种"认可"。

和印度纳雅族母系社会的婚姻制度相比较，纳西族的婚姻就父亲与子女之间的关系而言则有极大的差异。如前所述，纳雅女性保有一名义上的丈夫，终其一生，不论她和任何男性生育子女，均得以此名义上之丈夫为子女法定之父（Pater）。后者亡故之日，他必须率所有子女前往祭奠，守丧半月，以尽子女对此名义上之父的义务（Gough，1961：358，363）。

3. 阿注婚和共同财产的问题

根据詹文的报导，纳西族实行的是母系财产继承制。由于男阿注暮去晨归，女子是在家坐待男方来访，双方并不经营共同的居处；而男阿注和其所生的子女之间亦不必有任何义务，影响所及，双方毋须合作发展共同的财产，仅各自继承其母家的财产而已。换言之，男方并不需要负担女方及其所生子女的生计，他从事劳动生产主要还是为他自己的母家。尽管有时男方会帮助女方家做些劳务，但系出于自愿；至于成立"依底"组织，也只是两家在生产上的互助，与男女阿注累积自己共同的财产无关（詹承绪等，1979：212）。

就无共同财产一点而言，阿注婚作为一种婚姻制度，显然和某些婚姻定义相冲突。例如道格拉斯（D. Douglas）就认为婚姻具有共同从事劳役和家务、互有财产的主权、为子女从事共同的积蓄等功能（Gould and Kolb，1964：409），但这些都不能见之纳西族的阿注婚。

纳西族男女阿注的不从事经营共同财产，其情形有如美拉尼西亚（Melanesia）的托洛布里安（Trobriand）岛人。据早期人类学者马林诺斯基（B·Malinowski）的报导，在这一母系和重视舅权的社会，父亲劳动成果并不属于他生育子女的家庭，而是归于他自己的母家；反之，母之兄弟（亦即是我们所称的舅）才是真正的生计提供者，财产的累积者。就因为重视母权及母家的人，父的形象因之减弱，对子女的权威性不大（Malinowski，1953：31）。这点使作者联想到一个问题，在纳西族社会，由于男阿注与其子女的关系可有可无，从詹文的描述看来，几乎对子女不发生影响。是则社会制度上有无某些安排，例如加强舅父的权力之类，以之代替我们汉人传统社会父亲所扮演的角色？这就值得做进一步的探讨了。

结　论

总结来说，詹文所记载的资料，对婚姻和家族的研究提供了新的途径。但是，基于实践是检验真理的唯一标准，作者认为过多的猜测和自圆其说的想法都是不必要的。任何一种学说都受制于它产生的时代背景，随着时代的进展，新知识不停的累积，任何一种学说都很难加以全盘肯定，何况也没有全盘肯定的必要。以摩尔根的学说为例，他对人类学的贡献固无人能加以否定，但他的某些学说却充满种族主义的偏见。例如他曾肯定某些印第安族"具有低下的心理天赋"（Morgan，1964：41），这类毫无科学根据的陈述，是不是也应该接受？

群婚理论的提出已经一百多年了，这一百多年来，各门学问都在突飞猛进。以国外的情况来说，近五十年来，不再有太多的著作讨论群婚问题，这不只是涉及理论和定义的问题，更重要的是在已知的世界各民族中，无法找到摩尔根式的血缘家族或群婚家族的实例。

其次，詹文一再引述摩尔根的话，强调婚姻不是以感情为基础，而是以方便和需要而产生的。然而按照该文对纳西族的记载，男女在缔结阿注时却又充满罗曼蒂克的情调，这又作何解释？这倒使作者想到恩格斯对婚姻制度的看法，只要财产的考虑不干入婚姻之内，家庭关系中的情感和两性因素才会显得至高无上。因此，他认为唯有无产者婚姻的结合与分离才是依据情感为转移（Smith，1968：V. 306）。换言之，至少无产阶级的婚姻是有真感情的。

　　一如作者在上文所指出的，詹文的贡献是提出了阿注婚这一实例，对一般认为婚姻中存在的重要因素，如共同居处、父子关系及共同财产等，提供了新的资料，使得一般常用的婚姻和家族的定义，必须得重新考虑。虽然近年已经有些学者注意到"母核家族"（matricentric 或 matrifocal family），亦即是以母亲为核心的家族这一类问题，人类学者包汉南（P·Bohanan，1963：73）甚至认为母核家族较之一夫一妻及其子女组成的核心家族（nucleur family）尤为根本，尤为普遍。作者认为詹文提出的阿注婚，应是一个母核家族的好范例，值得做进一步的研究和探讨。

　　　　　　　　　　　　　　　　　　　　（《社会科学战线》1980 年第 3 期）

计量经济模型

〔美〕劳伦斯·克莱因[*]

　　制作经济模型，把它作为表现经济系统活动方式的一种思维过程，这种思想由来已久。早在19世纪，华尔拉斯（Walras）等人就提出了这种思想，因为这是思考复杂的动态过程的必由之路，所以必将得到进一步的发展。对于将经济看作一个整体，制作数学的（统计的）经济模型并运用它们来分析当前存在的问题，则是更新的方法。它的出现不过是最近半个世纪的事情，人们持不同看法在所难免。但这是一个正在发展的事业，其前途是广阔的。

　　经济的理论模型在统计观察的基础上建立起来，并作为数字估计系统加以运用以后，人们就期望着复杂的经济问题能够依靠这种新的数量方法加以解决。然而，现实并不尽如人意：统计模型的编制日益兴旺而经济活动有时却受到损害。许多人感到依靠制作模型已经无法表现出优越的经济管理制度。他们失望了。也许，这是由于他们所抱的希望不切实际，他们没有能够确切地理解模型的制作方法，因此不能恰如其分地认识他们的实际作用。很可能，如果没有计量经济模型的分析做出的专业性贡献，经济状况会更加糟糕。尽管国内和世界经济状况不景气，对计量经济模型的业务要求却还是不断增加。它成了经济领域中的发展部门。模型的使用者也确实感到有必要用模型来进行决策。应用模型可以反映出工业、财政和公共事业之间的关系。无论如何，计量经济模型都出色地经受了"市场"的考验。看来，它们不可能被别的什么所取代。使用模型虽然有缺点，但还是比其他方法更好些。所以，人们还是运用模型来争取最好的效果。

※ 作者单位：宾西法尼亚大学沃顿商学院，1980年度诺贝尔经济学奖获得者。

一、什么是计量经济模型？

任何一个模型都是对现实的一种抽象。它试图将实际加以简化，以便在不易得到对复杂现实的正确认识的情况下将主要问题突出出来。计量经济模型的编制步骤是：首先确定经济的理论系统，再用有关的实际数据与理论系统相对照，进行参数估计，最后将这个数字估计系统用于各个方面：

（1）模型的有效性及检验

（2）运用模型进行预测

（3）模拟前景

（4）政策实施

早期的模型小而且简单。它们反映了某些商品（如农产品）在供求市场清理等方面的简要关系。与反映经济整体的总体模型相比，它们是局部模型。在 20 世纪 30 年代的经济大衰退时期，人们试图用宏观动态方程来解释经济波动周期。在这个思想的基础上，把经济作为整体的总体模型发展起来了。弗里希（Frisch）和凯莱斯基（Kalecki）最早的设想都是独立地提出来的。凯恩斯（Keynes）的就业、利息和货币理论是许多总体模型的基础和今天主要宏观模型的最重要的唯一依据。

计量经济学是一门多门类的学科。计量经济模型有许多分支和专门领域。有些属于微观，有些则属于宏观。当代计量经济模型的使用问题--政策分析的实用性及准确性——都集中在把经济作为整体的宏观动态模型上。

从某种意义上讲，早期的有关农业市场的供求模型是微观系统。这是因为在某个时候，它们涉及的是特殊的市场。但它们把整个市场里所有的消费者和生产者作为一个整体而连结起来，从这个意义上讲它们又是宏观系统。

这些模型由下述最简单的方程表示：

$$S_t = f(p_{t-\theta}, c_t) + e_{t1}$$
$$d_t = g(p_t, y_t) + u_t$$
$$S_t = d_t$$

其中：S_t 为供给；p_t 为价格；c_t 为成本指示量；d_t 为需要；y_t 为收入指示量；e_{t1}，u_t 为随机误差。

这就是所谓"蜘蛛网式"供求模型。它假定供给一方面对价格指示量的响应具有一个时滞（θ 单位），另一方面又依赖于成本条件而不论其是否有时滞。这是一组行为关系，除了受模型中所包含的变量影响之外，还要受到决策误差和省略去的变量的影响。

另一个假定是需求决定于现行价格水平。换言之，价格是以生产者供给市场的商品全部售出时计算的价值来确定的。

假定需求依赖于消费者的收入水平和商品的价格，还有随机误差。

上述模型适用于易腐烂商品的市场。对可储藏商品要考虑库存积累和储存的关系。此外，在较大的、更复杂更现实的系统中，就不能像上面这样仅引用一种价格了。

该模型可以解释所论的单一商品价格和价值。从这个意义上讲它只是局部的。它没有解释成本和收入指示量。这样一个局部系统也不可能解释相关商品或服务的价格。由 $(p_t, s_t = d_t)$ 系统产生的变量是内生变量或因变量。作为系统投入 (c_t, y_t) 来使用的外变量是外生变量或自变量。随机误差由概率论的规律产生。

上述模型虽然非常简单，却是为分析基本商品市场的价格和量的运动而编制的许多应用模型的核心系统。基本商品市场包括矿物、其他工业材料以及农业商品。

从程序上讲，要收集可观察变量的统计数据 $(p_t, s_t = d_t, c_t, y_t)$ 并使模型适应这些数据。这通过估计 f 和 g 函数的参数完成。统计推断的一般原则，适用于与计量经济有关的概率论体系，用来进行参数估计。模型估计完毕，就可以作为一个动态系统用来推导价格和商品量的运动。

蛛网模型是商品市场较通用的模型的核心部分。与之平行的是把经济作为整体来考虑的凯恩斯综合需求模型。无疑，这就是宏观经济分析。在多数包含着数百或数千方程式的美国或其他国家的大型经济模型中，存在着一个称之为 IS–LM 系统的由两个方程构成的核心。

$$I(r_t, y_t) = S(r_t, y_t) + e_t$$
$$M = L(r_t, y_t) + u_t$$

这就是凯恩斯理论的早期数学型式。其中：

r_t =利率

Y_t =综合收入

M =货币供给

L =货币流动性

第一个方程在国民核算基础上起平衡投资（I）和储蓄（S）的作用。第二个方程表明人们（或企业）如何在保留现金或赚取带来利息的资产之间进行选择。

这个精致的模型在解释决定综合收入的主要原则方面很有效，但对于实际经济活动的应用分析，特别是对于政策目标的应用分析，用处不大。

为了预测经济波动的周期，早期编制的统计模型的规模是有限的。有些用了大约 20 个方程，最多的也不过 50 个方程。两项重大突破为扩展宏观计量经济模型的范围开辟了道路：（1）国民（和国际）核算系统的发展；（2）高速电子计算机的发展。对于我们这些早在三、四十年前就在经济领域辛勤劳动的人来说，可以不必再为大规模数据序列的收集、整理、分析、处理中存在着的巨大困难而苦恼了。直到 20 世纪的 60 年代，这些问题一直是限制大规模经济模型发展的主要因素。如今，一国经济的典型宏观模型常常包含几百个方程。沃顿模型就包含了 995 个内生变量。大型综合性投入产出宏观模型（下面将要解释）包括大约 2000 个方程。连接数国或地区模型的国际系统则包含了 5000 多个方程。

国民收入和产值核算账（NIPA）是上述大型系统的主要数据来源。现在，有了投入产出表，国民资产负债表和资金流动账就为编制大型的国家计量经济模型提供了基本数据系统。

具体的价格、工资率、利率、辅助统计序列（建房开始数、汽车出售额、投资意向、消费态度、汇兑率、定货库情况，等等），还应用了许多专门的资料来源。整个数据收集存放在大型数据库里，通过计算机生成、储存及输送。

除了提供数据以外，计算任务的繁重还包含另一层意思。在用统计推断方法进行参数估计阶段，存在着计算上的困难：这些或者是由估计一个又一个的参数集时所遇到的大量简单计算的量过大所引起，或者由关键性估计方程的复杂性所造成。电子计算机已成为克服这一困难的决定因素。计算机不仅能帮助我们求解复杂的方程系统，也使得计量经济学家能够更广泛地探索数据的含意并多做一些试验性计算。抽象的经济分析给我们提供的有关滞后分布的形态和长度方面的情况极少，这是系统搜索技术的一个很好例证。变量组合、方程的参数规定、消除共线性，都是经验探索很重要的方面。在计算机问世以前，要想这样大规模地工作，根本不可能。

模型构成并估计完后，计算机将对系统求解，在许多"假如……会怎样"的疑问下以静态方式、动态方式来求解。

多年以来，正如复杂的估计方程求解是一个实际的困难一样，为计量经济模型所作的大规模方程系统的求解也是一个实际困难。其中有些是规模问题，有些是非线性问题。但这些问题都已得到克服，并且大多数模型都可以在几秒钟之内得到解答。计算机使用前的准备以及编制程序需要做大量工作，但这些工作就像固定资产一样是可以重复使用的。过去，尽管模型很小，为审查可供选择的方案或政策可能花费整整一天的时间。现在，选定了不同的投入假设以后，一个模型一天之内可以求解多次，而且连续工作几天也并非是很乏味的事。像现在这样使用模型的方式：规模那么大，又那么复杂，这在 1950 年代和 1960 年代初期简直是不可想象的。事物在不断地发展，到了 1965 年以后，计算机实际上就已完成了模型编制方面的技术突破。

二、模型的组成

目前广泛使用的典型的大规模宏观计量经济模型是如此之大，如此之复杂，以致用所有的数学细目将其列出来也很难理解。但我们可以勾画出它的主要模块或分组关系。在沃顿模型里，模型的组成包括：

（1）家庭开支

（2）企业固定投资、库存投资、住宅建设

（3）出口和进口

（4）公共开支和收入（联邦的、州的、地方的）

（5）生产和劳动需求

（6）人口和劳动力

（7）价格和工资率

（8）收入

（9）货币和利率

每个模块中都存在着许多关系，诸如，不同种类的开支，不同行业的劳动力、人口统计、不同市场的价格，等等。一般说来，这些方程是非线性的和动态的。即它们经常涉及时滞历史记录的平均量、或累积（历史的）资本量。一旦给系统以公共政策或国际条件外生变量的初始起动值和未来值，系统就可以自行运转起来。

进行长期分析时，常常要用部门间模型：投入—产出系统。

在模型的各个方程、各个部门，逐个分别编制完毕之后，要把系统作为整体同时求解，以便考察它所模拟的情形。将与这些方程的估计结果与相应历史周期的实际数据进行比较，是检验有效性的一种方法。

此外，有效性经验的方法还包括灵敏度的计算。经过许多年，人们形成了经济应如何响应标准变化的总的期望。所谓标准变化是指税率变化、利率变化、公共开支、或出口的变化。模型制成时对这些情形要直观地反映出来。同时，从动态模拟方面来看，也可以根据已经掌握的有关经济波动周期、周期间隔或幅度来检验估计出来的经济情况。

三、预测

计量经济模型最有新闻价值的用途是经济预测。预测的准确性和可靠性是经济模型是否可用的关键。在讨论有关预测准确性的事实与证据之前，比较详尽地分析一下预测的过程及在经济分析中如何应用是有益的。

为了便于讲解，我们写出一个模型如下：

$F(Y'_t, \ Y't-1, \ \cdots\cdots Y't-p, \ X't, \ X'_{t-1}, \ \cdots\cdots x'_{t-g}, \ \theta') = e_t$

假定函数 F 表示这些函数的整个列阵（向量）

$F = (f_1, \ f_2, \ \cdots\cdots, \ f_n)$

n 个自变量对应 n 个方程。向量变量 Y_t 是一个 n 元列阵，它的行阵为 Y'_t。滞后变量 Y'_{t-1}，Y'_{t-2}，$\cdots\cdots Y'_{t-p}$ 是对现时经济行为产生影响的前期值。向量 X' 连同它滞后变量共有 m 个元素。它们对系统而言是属于外部的。系统的参数用 θ 表示。每个方程都有几个 θ 值。最后，系统的概率性质是每个方程里含有一个随机量 e，e 是含有 n 个元素的向量变量。

参数的估计值用 $\hat\theta$ 表示。误差项是不能观察的，作为第一个近似值，可假定误差项的平均值为零。分析问题就是为 Y_{t-1}，$\cdots\cdots Y_{t-p}$，X_{t-1}，$\cdots\cdots X_{t-g}$ 汇编数据，并作出 Xt 的假设。然后是对 Y_t 求解。

$F(Y_t', \ Y_{t-1}, \ \cdots\cdots Y'_{t-p}, \ X't, \ X'_{t-1}, \ \cdots\cdots X'_{t-q}, \ \hat\theta') = 0$

这个方程的唯一的未知数就是 Y_t，求出 Y_t 的一个解后，就可以求 Y_{t+1} 了：用 Y_t 和直至 Y_{t-p+1} 的滞后值，并用类似的方法求出 X_t 和 X_{t+19} 从而得到 Y_{t+1} 的解。随着投入值的适当变动，一个周期一个周期地重复按程序计算，直到得出一个完整的时间进程为止。

这个程序看上去似乎是机械的和直观的。它可以通过滞后和 X_t 的当前值的最新修改的数据投入，以追溯的方式完成。但当向未来推演时，就有必要使用尚未观察的 X_t 的假定值。

根据追溯分析，可以得到对 $\hat\theta$ 已做出估计的样本周期的解。这些结果一般与观察值最相符合。用该算法系统也可以求得样本周期之外的解。但由于是历史地推演，其结果不一定与观察值相接近。这种超越样本周期的运算称为外推法。而样本周期内的求解称为内插法。

在实际中应用机械程序往往不是一件容易的事情，需要不断地进行修正。这是因为：

第一，经济数据很少是精确的，并且经常修改。在 t 时刻的 y_{t-1} 和 X_{t-1} 的第一次估计值往往会产生显著误差。因而我们引入所谓"有干扰的"投入

（"Noisy" inputs）。给 X_t 规定的值也容易造成误差，它们可能是正常值或与最近的值密切相关的值，然而常常是错误的。

第二个问题是 $\hat{\theta}$ 不精确。它仅仅是个估计值，并且只是在某一时期较为恰当的估计值。与此紧密相关的是这样一个事实：设 $e_t = 0$ 可能是错误的。计量经济学家试图"猜透"其性质并为 e_t 挑选一个显著的非零值。e_t 的值是基于最近（估计的）误差或特殊事件（罢工、农业歉收、共同市场价格等等）。

第三，模型本身可能是错误的，这叫做规格性误差。

计量经济学家在进行实际预测而使用模型时，必须调整方程系统以便考虑被忽略的因素、新的因素、数据的修改、法令的改变、制度的改变以及行为的序列浮动。所有这些误差因素都通过调整某一系统的一些战略方程来加以考虑，以便使模型的解在预测期内能够近似地走上正轨。对于有关预测水平线上非零误差项的未来值，必须超越当前的观察作出决定。一般来说，不加调整而纯粹以机械方式使用的模型，其效果显然不如在现实的预测试验中经过了调整的模型。但是，用最新的数据调整过于频繁，效果并不显著。在应用计量经济模型进行预测时，必须使主观判断减至最小限度，并使任何已用于实际的判断程序机械化。

模型使用者所需要的最重要的预测是预计未来的情形，这种预测称为先前预测（ex-ante）。也可以用追溯的方法做预测游戏。事件发生以后所做的模拟预测称为事后预测（ex-post），它们使用初始条件的修改值。尽管这样的修改永远不会终结；它们还使用预测期的外生变量观察值。修改过的数据不仅应该用于初始条件，同时也应该用于统计样本周期，该样本周期是进行参数估计的基础。在样本周期与预测应用周期之间，不应该由于数据的修改而出现误差。

如果在样本周期范围内用模型进行事后预测，那么，用使用者的标准来判断预测的准确性是十分合理的。但如果预测是外推的、超越样本周期、并且不作方程调整的话，其结果常常是误差极为迅速地增加，并且几乎总是要超过有调整系统的真实的先前预测所产生的误差。

四、模拟

预测就是模型的模拟，它是动态方程系统的解。方程的初始条件是给定的，外生值是假设的。普通民众对先前预测含义的理解比对其他应用更为深刻，兴趣大都集中在这类模拟上。然而，具有重要意义的是其他类型的模拟。事实上，在可供选择的模拟中，有些模型的应用可能是更加重要的。

可以这样认为，使用主观调整的模型只是一般判断分析的另一种形式。但是，这个给定 e_t 非零值的调整过的模型能够用关于 X_t 和 θ 的不同假设迅速地反复求解。选出的几种模拟方案，可用来分析（1）灵敏度，（2）经济政策和（3）前景。

在经济学中，灵敏度分析大都与乘数分析有关。乘数表现了诸如国民总收入（GNP）等重要综合数量的变化，同公共开支、税收、出口、货币供给或贴现率等经济政策的主要工具变化的比率。这一概念可以概括为 Y 的任何一个成分的变化对于 X 的某一成分的变化的比率。

$$\partial Y_{it}/\partial X_{it'}, \ t \geq t'$$

参数矩阵 θ 里的某些系数也会像 X 的元素一样发生变化。乘数也被大量使用在有关 θ 的元素上。

乘数通过许多经济模型和时间插值而估计出来，因此，一个模型的乘数常作为主流可信性的一个标志而表示出来。这是一种系统的性质，它在静态和动态模型中都是相互关联的。

经济政策很少是通过改变 X 或 θ 的一个单独组成部分来制定的，而几乎总要包括一定时期内发生的几个变化。理论上，用小而简单的模型有可能以紧凑的方式表示出包含在这一系统中的所有乘数资料。但在用实际系统和实际政策变化作实际分析时，X 和 θ 的许多成分必须一个时间周期一个时间周期地同时变化。因此，经济政策分析常对两个或更多个模型的模拟结果进行观察，将其中某一模型作为一个参考基础（通常是"这个"预测），其余的有政策变化的模型作为投入。用相同的 Y 变量时，在基础模型和其他模型中求出的不同模拟值的差距或比值，表示政策的估计影响。通过计算机的高速高效运算，可对各种可选政策进行广泛而深入的考察。

前景可以用想要引进的模型模拟中的任何一个程序变化来制定描绘。可供选择的政策模拟就是前景。但这一概念可以进一步引申以便包括无法控制的外生投入（例如天气）的变化、经济行为的变化、或技术适应性的变化。前景通常是根据"假如……会怎样？"这一问题而制定的。在这种情况下，应该参照基础模拟来进行比较。

模拟可以用 e_t 集的所有元素等于零（总体平均值）来做，可以用等于某些预先规定的非零值的集来做，或者用与某些特殊的概率分布的随机图形相等的集来做。前两种模拟称为决定性模拟，后一种模拟称为随机性模拟。许多有趣的系统性能都在模拟的随机方式中显露出来了。特别是周期性运动在随机模拟里，常常变得越来越清楚。

经济学家常常对短期和长期加以区别。计量经济模型的应用也反映了这一区别。经济波动的短期分析（经济周期分析）通常限制在一个两年或三年的时间水平上。应以季度或月份作为测量单位，以便获得令人满意的周期性的解。但有些经济往往只有以年度作为测量单位的数据。

中期模型可用于 10 年分析，这是在逐年基础上发展起来的。这样的模型是由年度数据逐年估计和模拟出来的，以 10 年为一段。近年来，人们对 10 年以上的预测兴趣愈来愈大。现在，2000 年或 2000 年以后，成了许多方面能源分析的目标日期。用于 10 年预测的同类模型正被用于 20 到 40 年更长时期的预测。

五、准确度

编制和应用计量经济模型的"标准"，从许多方面来说，要回答这样的问题，即："它预测得怎么样？"预测并不一定是最重要的应用，但却是最明显最容易理解的模型的用处。人们将根据"踪迹记录"（Track record）来判断整个方法的适用性。现在，有人引用许多例子，声称模型预测能力差，认为不应该相信模型。

然而，另一方面，目前美国经济的发展部门之一，正是计量经济模型情报的商品化。如果计量经济模型果真无用的话，私人和公共部门为什么会继续大量地购买模型情报呢？模型是在统计方法的基础上编制出来的。正是因为这样，产生统计误差是不可避免的。通过反复应用，凭经验就能找出误差的平均范围和经济发展关键点上的模型性能。

用计量经济模型进行预测会带来误差，但各种预测手段都必然会面临不确定性并且不可能是尽善尽美的。问题在于模型方法带来的误差是不是比其他方法的误差小。在计算机运算基础上制作的模型的一个很大优点，就是它随时都允许反复运算和计算误差分布情况 。现在保存有很好的记录，其中最说明问题的要算波士顿联邦储备银行的斯蒂芬·麦克尼斯（Stephen McNees）所列的那些表格了。他对已发表的有关经济情况的数据（最新修改数据）同对这个时期各种预测值之间的平均误差做了各种测算。他的记录以季度为单位，包括了几乎整个 1970 年代。他最近发表的文件包括了 9 年或 36 个季度的数据。他考虑到预测 1 个季度、两个季度，直到 6 个季度以后的情况 。这种时间分期称为预测水平。沃顿早在 1963 年就有了模型的预测记录，而米执安（Michigan）模型则比他还要早 10 年。为了便于比较，对某个较短周期进行检验，以便包括某些其他模型，那些模型从 1960 年代末已开始进行定期预测。

为了从实践的角度使人们了解已经达到的准确程度，表 1 汇编了沃顿模型的一些预测误差。表中的数值是平均绝对误差或所论变量的增长率。

$$MAE = \frac{1}{H} \sum_{t=1}^{H} |\left[\left(\frac{X_t^e}{X_{t-1}^e}\right)^4 - 1\right]$$

$$- \left[\left(\frac{X_t^a}{X_{t-1}^q}\right)^4 - 1\right]|$$

$X_t^e = X$ 在 t 季度时间周期的估计值

$X_t^a = X$ 在 t 季度时间周期的实际值

$H = $ 所预测的季度数目

这是为一个季度以后、两个季度以后等等所有的预测情况所作的统计。

表 1   增长率的平均绝对误差（1970.3—1979.2）（沃顿模型）

预测水平——季度以后

季度	1	2	3	4	5	6
绝对价格折合率	1.1	1.4	1.5	1.5	1.6	1.8
实际国民总收入	2.6	1.9	1.5	1.4	1.4	1.4
名义国民总收入	3.0	1.9	1.8	1.4	1.2	1.2
就业	1.5	1.2	1.1	1.0	0.9	0.8
消费支出（非耐用品和服务业）	1.8	1.4	1.2	1.3	1.3	1.4
消费支出（耐用品）	10.2	7.9	7.0	6.1	5.0	4.8
住房投资	11.8	9.2	8.4	8.1	8.2	8.9
企业固定投资	6.4	5.2	4.1	3.7	3.6	3.8
货币供给	2.4	2.1	2.0	1.8	1.6	1.4

表中第一行表示，观察到的年度价格增长率与一个季度以后的预测相比平均相差 1.4%。在两个季度以后的预测中，观察到的年度增长率与估计值的平均偏差是 1.4%，等等。除了变化无常的消费项目（即耐用消费品、住宅投资、企业固定资本）外，误差通常都在 1% 到 2% 以内。表中不存在使误差逐渐增大的有系统的倾向，即预测的时间愈长，误差也就愈大。如果我们为主要变量水平的平均差分列出表 MAE，我们就会发现，随着预测水平向未来伸延，这些误差有增长的趋势。

$$MAE = \frac{1}{H} \sum_{t=1}^{H} |X_t^a - X_t^e|$$

上述 1% 和 2% 的误差，在多数情况下是相当令人满意的。利用一个计量经济模型就得到了这样的准确度，真是再好不过了。它们形成了一个合理的误差带。误差如此之小，我们还有什么理由怀疑模型的有效性呢?! 准确度由模型解来保证。这个解还能为预测模拟迅速地选择出多种可行的投入，这是它的又一长处。此外，模型可随时用来进行更长期的预测。与判断性预测相比，模型方法的优越性就更加明显了。对计量经济模型的一个最苛刻的要求，就是必须在经济发生重大改变之前预报经济波动周期的转折点（最高峰和最低谷）。

早在 1950 年代初期（1953—1954），朝鲜战争结束后出现经济衰退时，模型就已经成功地预报出将要发生的经济变动。那时预报出这一情形的，正是克莱因——戈德伯杰模型（米执安模型的先驱）。沃顿模型预报了 1969 年到 1970 年、1973 年到 1974 年的经济下降趋势。1979 年初，沃顿模型拒绝预测当年将要出现的经济衰退而只预报了一个略有被动的不景气经济。同年晚些时候，能源危机日益严重，货币部门收缩了信用贷款，这时模型预测才转向公认的轻微衰退。但衰退推迟了 6 个月甚至更长时间才发生。

斯蒂芬·麦克尼斯很好地总结了有关准确度的辩论："上面考查过的预测应该说是'好的'，除非其他预测者能够用大量实际材料证明可以系统地产生更加准确的预测。"因为预测结果曾广为公布，其他预测者只须简单地重复公布了的预测观点，就可以同这些预测进行较量。与此同时，在即将来临的时期里，某些变量的大误差——不仅绝对值大，与当时可能采用的纯统计方程相比也大——说明还有充分的改进余地。

（张锡钧　译，陈立　校）

（《社会科学战线》1981 年第 1 期）

订定香港的贫穷线

——香港低收入家庭生活调查报告

（香港）周永新[*]

引　言

自古以来，人类为生存而奋斗，努力使自己的生活脱离贫穷的困境，免受饥饿的煎熬。不过，到了今天，科技的发展虽然一日千里，物质生活也比以前丰富，但贫穷仍是人类的头号敌人。

对于贫穷，以往多是从哲学的观点理解，即贫穷对个人生命的意义和启示，但亦有从社会角度看的，如唐代诗人杜甫诗句："朱门酒肉臭，路有冻死骨。"[①] 这样的描写已不将贫穷看成个人的事情，而涉及社会的整体制度。

当贫穷不单是个人的问题时，贫穷又是怎样的一个社会现象？贫苦大众如何生活？社会制度与贫穷有什么关系？如何缩减贫穷的幅度？本文自不能讨论以上全部问题，而本文的目的是要报导一项由香港中文大学社会工作学系于1981 年进行的调查，这项调查是要探求香港低收入家庭生活的需要，并根据调查所得资料以订定香港的"贫穷线"（Poverty Lrie）。这项调查得以进行，除学术上的意义外，更是为香港现行援助贫穷人士的政策提供参考资料[②]。

---

[*]　作者单位：香港大学。

①　杜甫：《自京赴奉先县咏怀五百字》。

②　这项调查于1980 年社会福利五年发展计划检讨会议中通过进行，并委托香港中文大学社会工作学系负责，调查部分费用由香港奖卷基金拨款支持。

一、贫穷现象的探讨与调查

20 世纪开始以来，有关贫穷的研究和调查简直不胜枚举①。19 世纪时，西方各国相继发展工业。工业给人类带来新希望，使人认识到地球蕴藏着丰富的资源，人实在毋须因物资的匮乏而捱饥抵饿。不过，另一方面，城市的发展及贫民的聚集，也使贫穷成为显著的社会问题；至于贫穷所引起的丑恶、贪婪及人格的损害，更使很多人感到不安和忧虑。

19 世纪末，英国一些关心贫苦大众生活的学者和社会主义者开始对贫穷现象进行研究，其中最为人熟知的两位是威廉·保孚和薛博·罗柱（William Booth and B·Seebohm Roivntree），他们分别于伦敦及约克两个英国城市进行调查的，由是推算贫穷人士的数目，并追究贫穷的成因②。今天，我们对保孚和罗柱进行的调查，多称为"绝对贫穷"（absolute poverty）的研究③，即首先订定个人生存需要的最基本条件，如热能的数量，然后依据这个标准，并参考一般生活概况调查资料以决定贫穷人士的数目。保孚和罗柱二人进行的调查虽准确性有相榷的余地，但他们订定的标准却简单易明，故以后绝对贫穷的研究仍多采用他们开创的方法。

保孚和罗柱在研究中对贫穷所下的定义，今天亦称为"赤贫"（primary poverty）的状况，即一个人或家庭的生活如不能达到这个水平，则他们的生存便会受到威胁。保孚和罗住是于 20 世纪初进行调查的，以当时社会及经济情况而论，赤贫的定义可说非常恰当，而那时一般人最关心的，主要也是基本生活的满足。就是到了今天，大部分国家的物资仍十分缺乏，绝对贫穷的研究可能最能反映这些国家的情形，所以这个方法仍有保留的价值。

不过，自第二次世界大战以来，在工业国家里有关贫穷的研究多已采取相对性的定义，即看贫穷为一种随着社会及经济环境而转变的现象。这种界定贫

---

① 除英、美等国外，战后大部分工业国家均曾进行有关贫穷的调查，参阅 Vic George and Roger Lawson, eds., *Povertyand Inequality in Common Morket Countries*, London: Routledge and Kegan Paul, 1980.

② See Charles Booth, *Life and Labour of the People in London*, 1903; B. Seebhm Rowntree, *Poverty: A Study of Town Life*, London: Macmillan, 1901; *Pouerty and Progress*, London, Longmans, 1941; *Poverty and the Welfare State*, *A Third Social Survey of Yorh dealing only with Economic Questions*, London: Longmans, 1951.

③ 有关贫穷的概念及量度等问题，参阅 Peter Townsend, ed., *The Concept of Poverty*, London: Heinemann, 1970.

穷的方法，主因是工业国家多已脱离赤贫的阶段，虽不至人人丰衣足食，但人民由于饥饿而死亡的事例已较为少见①。到了 1960 年代初，北美和大多数西欧国家的生活水平不断提高，以至一些人认为贫穷已不再在这些国家存在，但这种观点无疑过分乐观。美国记者夏灵顿（M. Harrington）于 1962 年出版了一部书，题目是《美国的另一面》（*The Dther America*）②。在这本书里，夏氏列举事实，证明就是在美国这样富裕的社会里，贫穷仍未完全消失，穷人虽不至于饿死，但他们的生活与社会里其他人士比较，却是苦不堪言。此后，贫穷的调查再次引起广泛的兴趣，而有关研究对贫穷渐多采用相对性的定义，故亦称为相对贫穷的研究（relatioe pooerty stuolies）。

相对贫穷的研究虽渐趋普遍，但其采用的指标和量度方法亦不时引起争论，例如，绝对贫穷是以衣食等基本生存项目作指标，但相对贫穷又有哪些代表性的项目？一些进行相对贫穷研究的学者多主张以收入或家庭支出状况为指标，而这种主张，因近日国民所得分配及住户支出状况等资料较前详尽而得到支持和广泛推行，英国亚伯史勿夫和唐信两位学者于 1960 年代进行的研究便属这一类③。他们首先计算英国当时援助金的金额，然后参考 1953 年至 1954 年及 1960 年住户支出调查的结果，以推算贫穷人士的数目。由于英国的援助金在 60 年代初已不单是应付基本生存的需要，而是按照一般生活水平而调整，所以亚伯史勿夫和唐信的研究应是一项相对贫穷的研究。我们无意反对使用国民所得或家庭支出状况作为相对贫穷研究的指标，但这两个项目主要受着家庭资源的影响，而资源一项能否充足地反映一个家庭的贫穷程度却不无疑问。

除相对贫穷难于选择表达的指标外，指标本身的量度标准也有极浓厚的随意成分。若以国民所得为指标，为什么一些国家以分配中最低的 10% 的人士算为贫穷，而另外一些国家则以 15% 或 20% 为界限？至于以家庭支出为指标，量度方法多以食物在总支出中所占百分比为标准，但超过怎样的比例才算贫穷

---

① 有关各国消弭贫穷所作的努力及成果，近日有不少研究，以英国情况为例。See A. B. Atkinson, *Poverty in Britain and the Reform of Social Security*, London: Cambridge University Prdss, 1969.

② See M. Harrington, *The Other America*, Harmondsworth, Penguin Books, 1962.

③ Brian Abel-Smith and peter Townsend, *The Poor and the Poorest*, London, G. Bell and Sons, 1965.

却没有一致的看法①。总括而言，相对贫穷的研究既已脱离基本的生存范围，怎样的所得或支出状况才算合理便很难有统一的意见。

最后，相对贫穷研究的另一个缺点，是采用的指标和量度方法常不能超越个别地域的限度而互相比较。相比之下，绝对贫穷研究在这方面的缺点便较小，因为一个人需要的热量并没有很大差别，如果绝对贫穷指的是基本生存条件，则不同地域进行的研究便有互相参考的价值。但相对贫穷研究采用的指标，极大程度上深受文化和环境因素的影响，形成每项研究都是独立的，比较便十分困难。就算研究是以收入或家庭支出等项目为指标，但由于各地的币值有差异，购买力亦不同，结果只能以个别情况处理，比较总有很大限制②。

总之，相对贫穷研究使用的方法虽有优胜之处，亦较能真实反映工商业社会的情况，但这种方法仍未臻完善。不过，无可否认，由于住户收入及支出等资料的搜集愈来愈详尽，相信相对贫穷研究亦会愈来愈受重视，而在香港，有关贫穷的研究，也主要是以这方面的资料为依据③。

到 1960 年代末，一些学者尝试以生活方式的差异作为界定贫穷的标准④。在一定程度上，这种方法亦属相对贫穷研究的范围，只是采用的指标并非是住户收入或支出等单一项目，而是一连串有关生活方式的问题。唐信教授在英国进行的研究是这方面的代表作⑤，他认为在任何社会里都有一套为大多数人接纳的生活方式，其中包括居住状况、社会服务的使用、闲暇时的娱乐及生活上一些惯常规范等；换言之，除极少数人外，社会里大部分人士都是依随一些习俗及其他人士的期望而生活。这种观点并不否定每个人或家庭都有他们独特的

---

① 例如在美国，贫穷指数（poverty index）的计算方法是以一个住户所需最低食物价格乘三，即假设食物约占低收入家庭总支出的三分之一。See "Poverty Amid Plenty: The A-merican Paradox-Report of the US President's Commission on Income Maintenance Programs," in J. L. Roach and J. K. Roach, eds., *Poverty*, Harmondsworth, Penguin Books, 1972, pp. 109 – 121.

② See John H. Chandler, "*Perspectives on Poverty, t: An International Comparison*", in J. L. Roach and J. K. Roach, eds., op. cit., pp. 97–108.

③ See L. L. C. Chau, "The Size and Profile of Poverty in Hong Kong," in C. K. Leung, J. W. Cushman and G. Wang, eds., *Hong Kong: Dilemmas of Growth*, The Australian National Univerity, 1980, pp. 475–494.

④ 这种方法亦称为行为形态方法（behavioristic method），See G. C. Fiegehen, P. S. Lansley and A. D. Smith, *Poverty and Progress in Britain* 1953 – 1973, Cambridge, Cambridge University Press, 1977, pp. 7–18.

⑤ Peter Townsedn, *Poverty in the United Kingdom*, A Survey of Household Resources and Standards of Living, Harmondsworth, Penguin Books, 1979.

生活方式，但独特的地方只占他们生活的一小部分，其他都是依随一般习俗进行。不过，一个人或家庭如收入不理想，他们要随俗或达到别人的期望亦不太容易，在这种情况下，他们可能要改变生活方式以符合本身的经济条件，从而他们的生活便比不上别人，因此成为社会里贫穷的一群。

以生活方式来界定贫穷，好处是量度的指标由一个增加到多个，避免了以偏盖全的弊点，但生活方式是较抽象的东西，虽然每一个人都可体验得到，要清楚及具体地说出来却不容易。此外，生活方式的研究方法还有以下几个疑问：第一，生活方式应如何表达？无可否认，生活方式与文化体系有密切的关系，而每个地域的文化均有差异，所以每个社会的生活方式都是独立的；这样，任何根据生活方式来界定贫穷的研究便得首先订定一套适合这个社会生活现况的量度指标。第二，虽然生活方式或能反映一个人或家庭的收入或资源的多寡，但两者之间是否有直接的关系却不能一概而论，例如一些人的生活习惯便不会随着收入的增减而改变。这样，我们对使用生活方式来界定贫穷的方法便必须采取审慎的态度。第三，就是我们可以确定一套表达生活方式的指标，如何计量也是极之复杂的问题，例如一个人的衣食，怎样才算适合他的身份和地位，相信很难做出准确的标准。

鉴于以上种种限制，所以使用生活方式进行相对贫穷研究的学者并不多，而香港中文大学社会工作学系这次采用生活方式的研究方法实是一项大胆的尝试。我们将在以下解释使用这种方法的原因，但这样订定"贫穷线"，毋庸讳言在香港还是第一次，经验不足在所难免。

二、使用生活方式的研究方法的原因

我们认为香港的穷人已不再是吃不饱和穿不暖，所以决定放弃绝对贫穷的研究方法，而视香港的贫穷现象为一相对性的问题。另一方面，现时香港政府为贫穷人士而设立的措施，实质上也不单是针对基本生存的需要，例如公共援助计划，自 1971 年开始派发现金后，经过历年来金额方面的调整，及于 1978 年增加老人及长期补助金后，已使受助者过着比基本生存水平为高的生活①。

明显地，香港的贫穷问题已进入了相对性的阶段，而贫穷人士的象征也只能以一些较抽象的东西来表达，例如生活的舒适程度等。香港愈来愈少家庭为

---

① 有关香港公共援助计划的发展及政策，可参阅周永新《社会保障——70 年代的回顾与前瞻》，《社联季刊》1979 年第 71 期。

着基本生存的需要而担忧，他们更挂心的是如何应付衣食以外的开支，及如何使自己的生活水平不与社会其他一般人士相差太远。基于以上原因，我们遂决定这次研究所探讨的是相对贫穷的现象，而采用的指标则以生活方式为主。我们希望这次研究不但可以为香港订定"贫穷线"，也可增加我们对香港低收入家庭生活方式的认识①。

三、"贫穷观点"调查

在决定采用生活方式为界定贫穷的指标后，我们面对的第一个问题便是指标所应包括的项目及其量度标准。为解决以上难题，我们首先参阅有关研究，特别是唐信教授最近完成关于英国贫穷现况的调查②，但生活方式随着不同的文化体系而变化，所以外国的例子不一定适合香港，如英国做父母的十分着意为子女举行生日会，但这种习惯在香港并不普遍。最后我们决定由香港人自己来选择表达他们生活方式的项目，因而进行了一项简单的"贫穷观点"（perception of povorty）的调查。

我们采取的步骤是首先询问一些从事家庭服务的社会工作人员有关生活方式的意见，然后根据他们提供的资料，拟划了34项表达生活方式的项目，共分五大类：即衣食住行、居所设施、教育及医疗服务、生活习惯及社会规范等。拟定了这34个项目后，我们第二个步骤是设计一份包括这些项目的问卷，问题都是问如果一个家庭因收入不足的缘故而未能拥有或实行这些项目，则这个家庭是否算是贫穷？我们设计这份问卷的目的，是要找出在34个项目中，哪个更有区分贫富的能力。

我们使用这份问卷共访问了326人，其中有学生、工人、家庭主妇和文员等，经济状况也有很大的差异，而当他们填写问卷时，我们要求他们以香港一般人士的观点作答，尽量使问卷的答案有更大的代表性。调查结果显示，他们的意见都非常接近，也似乎没有受到不同经济条件的影响，可见一般香港人对贫穷所采取的观点十分一致。

这次"贫穷观点"的调查，显示在34个项目中，被访者认为最足代表贫穷家庭生活状况的10个项目，依次序是：父母未能负担在学子女试题练习簿

---

① 有关这次研究的全部结果，特别是香港低收入家庭的生活状况，参看调查的详细报告（英文本）：*Poverty in an Affluent City*，A report of a survey on needs of low income families in Hong Kong，Department of Social Work，The Chinese University of Hong Kong，1982.

② Peter Townsend，*Poverty in the United Kingdom*，op. cit.

的费用；不派利是；亲友有喜庆事不送贺礼；家人大病后不进补品；强迫成绩好的子女在完成 9 年免费教育后出外工作；没有冰箱；没有厕所；没有厨房；没有收音机；没有电话。以上项目均被视为最足代表贫穷家庭的状况，但不能因此便全部成为界定贫穷的指标，因为在 10 个项目中，一些如居所设施所占比例太大，一些则只涉及一小部分家庭，至于这次研究采用的指标包括了哪些项目，将在以下详细讨论。

四、访问对象与调查设计

我们以月入 4500 元以下的住户为访问对象，这样应可包括香港一般中下收入人士的家庭（其后 1981 年人口普查结果显示香港住户月入的中位数是 2955 元）。

被访住户的选择过程如下：我们得到香港统计处的协助，从 1980 年 9 月劳动人口调查的样本中选出月入 4500 元以下的住户共 9816 户，再从其中按 1/8 的比例减至 1227 户，这些住户便成为这次调查访问的对象。这次调查的访问员都是香港中文大学社会工作学系的同学，他们多曾担任访问员，且因这次调查而接受训练。这次调查的结果非常美满，我们共访问了 890 户，即成功地完成访问约 800 户的目标（可用的问卷共 797 份），而不成功的访问中，除一小部分拒绝被访外，其他主要是地址不详或楼宇已被拆迁等。

这次调查采用问卷访问形式，问卷共包括 52 条题目，分六大部分：第一部分搜集的资料是住户的居住状况、居所设施、每月所付租金及被访者对居住情况的意见等。第二部分询问家人的数目、年龄与性别分布、是否需要负担外地亲人的生活费用等。第三部分是搜集家中各人就业及收入等情况的资料。第四部分是关于社会服务的使用。而第五部分共有 10 条题目，其中 8 条询问生活上的一般习惯，余两题则由被访者选择自己所属阶层及由他们选答自己是否贫穷。最后一个部分是关于被访者的个人资料。

设计问卷时，曾参考"贫穷观点"调查中获取的结果，所以在问卷中，有 8 条题目与生活一般习惯或规范有关系，却没有一条问及衣食方面的需要。

五、被访住户的收入、就业及其他一般状况

我们访问的住户，据事前资料显示，每月收入都应在 4500 元以下；但当我们完成访问时，被访的 797 户的收入却与预期的情况有差异；其中过半数月入在 2000 至 3499 元之间，约 20% 在 2000 元以下，但有 97 户（12.2%）却在

4500 以上。我们曾考虑怎样处理月入 4500 元以上的住户，但一来这些住户占的比例不大、二来研究的目的也主要是比较各阶层人士的生活方式，故我们并没有把这 97 户除去，至于这些住户对整体结果的影响，我们将在以下详细讨论。以收入而言，全部被访住户月入的中位数是 2609 元，略低于 1981 年人口普查显示的 2955 元①，亦即接受访问的住户多属较低收入的家庭。他们每户的平均人数是 4.075 人，略高于 1981 年人口普查的 3.9 人。

由于失业在其他社会里常是导致贫穷的主要因素，所以这次调查特别关注这方面的问题。为使我们调查的结果能与其他类同数字互相比较，我们对就业等词句所作的定义与政府统计处的相同，即任何参与生产工作的人，每周只要超过 15 小时即为就业人士（或工作人士），而劳动人口除包括就业人士外，更包括那些正在放假及失业的人士。被访 797 户中，劳动人口共 1361 人，其中就业人士占 1249 人。除 92 户没有就业人士外，其他多超过一个，平均每户就业人士的数目是 1.57，略低于 1981 年人口普查的 2.0；因为被访住户的收入普遍偏低，每户就业人数较少便不足为奇。在全部 1249 位就业人士中，身份是雇主的只有 26 位，雇员占 1072 位、外发工 18 位、自雇人士 107 位、无薪家庭工作者 18 位，其余 8 位则身份未明。一般而言，1249 位就业人士的教育水平都不算高，只有 41 位（3.2%）曾受大学或大专教育、485 位（38.8%）曾受中学教育、560 位（44.8%）曾受小学教育，而从未接受过正式教育者也有 131 位（10.5%）。至于就业人士的收入，占了半数（53.3%）月入在 1000 至 1999 元之间；以全部就业人士的收入计算，中位数是 1505 元，与 1981 年人口普查的结果非常接近。

这次调查显示的失业人数只占劳动人口的 5.09%，略高于 1981 年 3 月劳动人力调查的 4.3%，但接受访问的多是中下收入的住户，失业人数较多可说是意料中事。67 位失业人士中，23 位从未接受过正式教育，其余也只曾接受中学或小学教育；而在失业之前，他们一般收入在 1000 至 1999 元之间。总括而言，失业在 1981 年中并不算严重，而由于大部分被访住户均有一个以上的就业人士，失业对一个家庭所造成的打击便相应减少了。

六、居住、社会服务与贫穷

在任何社会里，穷人的居住状况一般都不理想，而香港地少人稠，问题尤

---

① 1981 年人口普查的数字皆取自 Census and Statistics Department, *Hong Kong* 1981 *Census*, *Basic Tables*, Hong Kong, Government Printer, 1982.

其严重。这次调查访问的住户，有 372 户（46.6%）在公共房屋居住，183 户（23%）占用私人楼宇的全层，167 户（21.0%）只能租用私人楼宇的一个房间，而占住床位、天台、阁楼及梯阶等则有 29 户（3.6%），有 24 户（3.0%）则在临时建筑物（如木屋）居住。大致上，被访住户的住屋情况与全港比较相差不远，条件虽不至太恶劣，但也未达到舒适的程度。我们曾分析住屋类型与住户收入之间的关系，发觉两者并不相干；即住在公共屋邨的不一定收入较低，而住在私人楼宇的也不一定收入较高。不过，被访住户的住屋条件一般都不太理想。被访的 797 户中，有 658 户（82.6%）需要缴付租金，其中接近七成在 300 元以下，可见租金并未构成沉重的负担。

居所设施方面，表一显示除洗衣机、冷气机及浴缸外，其他设施如电话及电视机等已是每个家庭必备的项目。被访住户中有超过四成在公共屋邨居住，而公共屋邨条例多，不准住户安装冷气机，也很少设有浴缸，所以这两项设施并不普遍；至于洗衣机，占用地方较大，而香港一般中下收入家庭居所狭窄，所以也较少安置。我们曾分析居所设施与住户收入之间的关系（见表1），发觉收入较低的住户，一般居所设施也较差。

最后，有关住户的居住状况，我们曾在问卷中询问是否每一位家庭成员均有自己固定的床。我们询问这个问题，表面看来有点奇特，但香港地狭人稠，没有自己固定床的情况实在非常普遍。答案显示在 797 户中，有 215 户（27.0%）不能为家中每一位成员提供固定的床位，可见被访住户的居住状况实有改善的必要。

社会服务的使用是另一个我们曾深入研究的问题。在任何社会里，社会服务都是改善贫穷家庭生活质素的最有效办法；以香港为例、若不是有超过四成以上的家庭在公共房屋居住，相信这些人的生活会比现在困难。因此，社会服务是否足够，对中下阶层人士的生活尤有重大影响。在接受访问的 797 户中，公共房屋减轻了接近一半住户在租金方面的负担，使他们的生活得到改善。除房屋外，被访住户中有 449 户（56.4%）有子女上学，但其中 298 户（共 448 位学生）仍要缴交学费。可见香港虽实行 9 年免费教育，但一些家庭仍要为求学子女的学费而担忧。

表 1　　住户收入与居所设施的关系

住户每月收入（港元）	居所设施																
	厨房		厕所		浴缸		电话		电视机		冰箱		收音机		洗衣机		冷气机	
	有	没有	有	没有	有	没有	有	没有	有	没有	有	没有	有	没有	有	没有	有	没有
0—199	16	10	16	10	6	20	16	10	14	12	13	13	19	7	5	21	2	24
200—399	12	4	10	6	2	14	10	6	13	3	9	7	11	5	4	12	2	14
400—599	16	8	19	5	3	21	15	9	11	13	5	19	16	8	2	22	1	23
600—799	10	4	8	6	—	14	7	7	7	6	5	8	8	5	—	13	—	13
800—999	9	5	10	4	2	12	11	3	12	2	10	4	9	5	2	12	—	14
1000—1199	17	5	18	4	6	18	18	5	14	8	12	10	17	5	3	19	1	21
1200—1499	33	12	38	7	7	38	36	9	35	10	29	16	38	7	15	30	4	41
1500—1999	59	23	58	24	11	71	69	13	68	14	64	18	70	12	32	50	7	75
2000—2499	116	23	110	29	24	115	122	10	123	11	117	22	121	17	61	77	11	127
2500—3499	188	38	184	42	44	182	214	12	215	11	207	19	205	21	123	103	29	197
3500—4499	81	11	80	12	18	74	91	1	88	4	82	10	87	5	58	34	17	75
4500+	81	16	84	13	26	71	96	1	92	5	95	2	88	9	59	38	21	76
	638	159	635	162	148	648	712	85	692	104	648	148	689	106	364	431	95	700
Gamma 系数	−0.22793		0.21645		−0.13394		−0.64008		−0.55503		−0.58961		−0.34882		−0.39206		−0.32041	

医疗服务方面，484 户（60.7％）表示当家人生病时，他们多前往私家诊所求诊。我们发觉这些住户并非较富裕，而前往政府诊所求诊的病人也未必全部贫穷。此外，被访住户中有 171 户于过去一年曾有家人因病入院接受治疗，其中84.2％进入政府医院，其中也有收入较高的人士，但进入私家医院者则绝少是月收入 3000 以下住户的成员。换言之，收入较低人士对政府提供的住院医疗服务，需求特别殷切，但当他们只是轻微患病时，他们却不一定前往政府诊所求诊，他们也会光顾私家医生。

我们曾详细分析被访住户中 58 个正接受公共援助个案的家庭状况，发觉其成员的年龄多较大，子女数目较少，而最重要的是公共援助住户中的一人家庭竟占 34.5％，没有就业人士的住户则高达 56.9％。从以上数字，我们也不难了解导致公共援助家庭贫穷的主因。总括而言，公共援助家庭的生活状况与全部被访住户比较，任何一方面都较差；公共援助无疑是这些家庭维持生活的主要经济来源，而公共援助金额水平的高低对他们生活质素的影响不言而喻。

七、收入与生活方式的差异

以上我们曾讨论收入与生活方式的关系，而"贫穷观点"调查的结果也显示，现在代表贫穷的象征应是一些与生活习惯及社会规范有关的项目。因此，在这次研究中，我们完全摒弃一些关乎基本生存条件的问题，而集中于一些关乎生活习惯和社会规范的项目。以下是这些项目调查所得的答案：

表 2　社会规范的遵行情况

项目	是	%	否	%
（一）家中有喜庆事时、全家有没有出外吃饭？	349	44.2	441	55.8
（二）除了特别节日，平时有没有杀鸡杀鸭？	461	58.1	333	41.9
（三）亲友有喜庆事时，你们有没有送贺礼？	738	93.2	54	6.8
（四）过年时，有没有为孩子买新衣服或鞋？	496	72.1	192	27.9
（五）过年时，有没有派利是？	686	89.1	84	10.9
（六）平日有没有找朋友饮茶或吃饭？	447	56.1	350	43.9

以上 6 个项目中，第三、四及五项都是大多数被访者经常遵行的项目，其他三项，遵行与不遵行的住户各约占半数。我们曾分析住户的收入与所选答案之间的关系，发觉第三及第五项中给予否定答案的住户，收入一般都较低；至于其他项目，两者的关系并不十分密切。整体而言，收入较低的住户总较多给予否定的答案。我们初步的结论是在香港社会里，一些社会规范或共同遵行的生活习惯是存在的，至于一个家庭能否遵行这些规范或习俗，则收入的多寡看来也是一个影响的因素。

八、订定香港的贫穷线

根据问卷的答案，我们遂着手谋划一条适合香港现况的贫穷线。我们以上曾解释，这次研究是以生活方式为界定贫穷的指标，而我们认为这套指标必须符合以下几个原则：（1）它必须能够反映生活的不同面貌；（2）指标包括的项目必须适用于每一个家庭的情况；（3）这些项目也必须是一般家庭常备或实行的事物，如只属一部分人士的生活习惯便不能包括在内。根据以上原则，合适的项目便十分有限；经过详细的考虑后，我们共选择了 9 项，而这 9 项在调查中所得的答案如下：

表 3　界定贫穷的指标及所得答案

项目	是	%	否	%
（一）家中是否每位成员均有自己固定的床？	580	73.0	215	27.0
（二）家中有没有电视机？	692	86.9	104	13.3
（三）家中有没有冰箱？	648	81.4	148	18.6
（四）家人生病时是否看私家医生？	527	66.1	270	33.9
（五）家中有喜庆事时，全家有没有出外吃饭？	349	44.2	441	55.8
（六）除了特别节日，平日有没有杀鸡杀鸭？	461	58.2	331	41.8
（七）亲友有喜庆事时，有没有送贺礼？	738	93.2	54	6.8
（八）过年时，有没有派利是？	686	89.0	84	11.0
（九）户主平日有没有找朋友吃饭？	447	56.1	350	43.9

　　以上 9 项，除第一、第六及第九项，其余 6 项在"贫穷观点"调查中均曾被审定为具有较高区分贫富能力的项目，而我们最后选择的 9 个项目，其中皆有特殊的原因：第一个项目关于居住状况。这方面，我们曾考虑以居住面积的大小或房屋有没有内部间隔为指标，但香港大部分家庭的居住面积都很小，又多没有固定间隔，所以最后我们还是选择了"每一个家人有没有固定的床"这个项目。第二及第三项关于居所设施，我们选择了电视机和冰箱，主要这两个项目在购买时均需要一笔较大的开支，或许比电话及收音机等更有区分贫富的能力。第四项是众多社会服务中最普遍使用的项目，其他则只适合一小部分家庭。第五及第六项关于生活习惯，这两项涉及全部家庭成员，虽然区分能力不高，却是生活中最常做的事情。第七及第八项属于社会规范的范围，这两项与住户收入的多少最有密切关系。第九项关于社交生活，虽然缺乏区分能力，但涉及户主与外界的接触，意义非常重大。

　　根据调查取得的结果，我们给予 9 个项目中"是"的答案 0 分，"否"的答案 1 分，如此，得分愈低的住户，生活情况便应较好，而得分愈高的住户，生活情况则应较差。这样的计分方法，无可否认非常粗略：首先，每个项目不应占有同样的比重，但限于经验，我们未能确定每项所应占的分量。其次，答案的选择难免有个别的喜好或习惯等成分在内，但我们只能假设每一个家庭都有本身特别的地方，这样影响便可视为一个常数，个别喜好的问题便所置之不理。我们承认这是一个非常大胆的假设。由于不是每个被访住户对以上 9 个项目都有给予答案，所以可以分析的住户只有 759 个。

　　表 4 显示收入愈低的住户，所得分数一般较高，而收入愈高的住户，分数则较低。以全部 759 户而言，平均分是 2.51，即在 9 项中，平均有两项半是这些住户没有设置或遵行的。除对这 9 个项目的可靠程度进行数据上的分析外，我们亦曾把月入 4500 元以上的住户除去，但结果对整体的平均分影响不

大，所以最后我们还是采纳了 2.51 为分界线。根据这分界线，得分超过 2.51 的住户，其生活状况便可说比香港一般中下收入的家庭都要差；而以收入而论，这些家庭的每月收入约在 2000 至 2199 元之间以下。其次，由于这次接受访问的住户，其成员的平均数目是 4 个人，所以我们的结论是，以 1981 年中的情况而言，对一个四口之家来说，如果每月的收入在 2000 元以下，则这个家庭便算贫穷了，这也是这些研究订定的"贫穷线"。

表 4　住户生活方式得分分布情况

住户每月收入	分　数										总户数	总分数	平均分数
	0	1	2	3	4	5	6	7	8	9			
0—199	1	—	2	3	5	2	3	2	—	—	18	75	4.17
200—399	—	2	1	5	1	2	1	3	1	—	16	68	4.25
400—599	1	1	2	2	1	4	2	7	2	1	23	121	5.26
600—799	—	—	2	3	2	3	2	1	—	—	13	60	4.62
800—999	—	1	1	3	6	1	2	—	—	—	14	53	3.79
1000—1199	1	—	5	2	5	—	4	—	1	—	18	68	3.78
1200—1399	1	3	4	7	9	4	2	—	—	—	30	100	3.33
1400—1599	3	3	1	4	4	1	2	—	—	—	18	50	2.78
1600—1799	6	7	8	13	5	6	1	1	—	—	47	125	2.66
1800—1999	3	2	6	7	4	2	2	—	—	—	26 }35	73 }97	2.81 }2.77
2000—2199	—	3	—	3	3	—	—	—	—	—	9	24	2.67
2200—2399	12	21	26	33	18	6	1	—	—	—	117	280	2.39
2400—2599	1	1	7	2	2	1	—	—	—	—	14 }31	34 }70	2.43 }2.26
2600—2799	2	4	—	—	—	2	—	—	—	—	8	14	1.75
2800—2999	2	2	—	2	2	—	1	—	—	—	9	22	2.44
3000—3199	30	43	39	38	18	7	2	—	—	—	177	354	2.00
3200—3399	3	8	2	6	1	—	1	—	—	—	21	39	1.86
3400—3599	1	4	—	2	2	—	—	—	—	—	9 }78	18 }165	2.00 }2.12
3600—3799	2	3	1	1	—	—	—	—	—	—	7	7	1.00
3800—3999	1	—	—	—	—	1	—	—	—	—	2	6	3.00
4000—4199	7	14	16	11	7	3	2	—	—	—	60	134	2.23
4200—4399	1	2	2	—	2	1	—	—	—	—	8 }45	16 }84	2.00 }1.87
4400—4599	8	8	10	7	2	1	1	—	—	—	37	68	1.84
4600—4799	8	12	13	7	3	—	—	—	—	—	43	71	1.65
4800	3	5	4	2	1	—	—	—	—	—	15	23	1.53
	97	149	152	165	102	46	29	14	4	1	759	1903	2.52

我们以上所作的结论，无疑也有不少限制。第一，不同组合的家庭的贫穷问题应有差异，但这次研究只能以四口之家为一般准则，未能深入分析不同组

合家庭的情况。第二，我们选用界定贫穷的 9 个项目，由于未能衡量比重，所以准确程度是不足的。不过，表 1 明确显示，一个贫穷的缺口（deprivotion threcshold）在香港是存在的。

　　总括而言，这次研究采用的方法是一种较新界定贫穷的方法，虽其中仍有不少疑问，但结果显示贫富的生活方式是有分别的，这些分别在一个已没有吃不饱、穿不暖情况存在的社会里，可能是最佳界定贫穷的方法。香港中文大学社会工作学系这次研究，主要目的是要探求香港中下收入家庭的需要，所以"贫穷线"的订定还是次要问题。不过，这次研究的结果，使我们深信只要有适当量度生活方式的指标，这个反映贫穷现象的方法还是有它可取的地方。

（《社会科学战线》1984 年第 1 期）

社会科学中国化的下一步

〔美国〕林　南*

近几年来，社会学中国化已成为一个热门题目。1980 年在台湾曾经举行过题为"社会与行为科学的中国化"的讨论会。（杨与文，1982）许多台湾及香港地区的社会科学家纷纷赴会。最近一次则是 1983 年 3 月在香港召开的"现代化与中国文化"为题的研讨会，与会者来自中国大陆、台湾地区、新加坡和香港。虽然从社会学出现在中国时开始，"社会学中国化"的问题就受到了人们的普遍注意，但是，我认为正是由于下列几个因素，才使它再次成为人们的中心议题。

从历史上看，1952 年，在中国大陆高等院校调整中，由于取消社会学系，使得社会学作为一门学科，中断了其发展，取消这门学科的根据在于人们认为马克思主义作为最高层的社会理论，能够解释社会与心理上的种种现象的变化。直到 20 世纪 50 年代末期和 60 年代初期，社会学系和社会学课程才在台湾地区、香港和新加坡等地设立。（首先是 1956 年建立的东海大学社会学系，接着是中兴大学、政大、东吴及其他院校的社会学系）年轻一代的社会学者多半到国外，尤其是美国就读于研究院，接受更高深严谨的社会学训练。这批学人中许多都在 1960 年代末期与 1970 年代初期完成学业，回到香港、台湾地区、新加坡等地从事与社会学有关的教学和研究工作。因而到 1970 年代末期，这些学者逐渐开始在学术界崭露头角。这个趋势似乎仍在发展之中。这些年轻学者在从事教育与研究工作中逐渐觉察到，来自西方的学术思想和他们身处其境的文化传统与现实往往格格不入。

第二个因素是中国大陆于 1979 年恢复了社会学。在理论方面，仍然肯定马克思主义是一切思想理论的最高指导，但是也指出这个理论并不是也不可能

---

* 作者单位：杜克大学社会学系。

完全了解所有的实际社会问题，也无法对这些问题逐一提出具体解决途径。学术界深信当代中国的社会学应由中国学者来发展，应为中国人民和政府服务，为解决社会问题提出方案与线索。他们也同意来自国外的社会学研究方法、技术及各学派思想可以在中国进行研究讨论，但不应盲目地、无选择地吸收这些知识。社会学应以研究解决中国问题为本，在马克思主义指导下走自己的发展道路。

第三个因素是由于近年远东地区在政治经济体系上的变化与改进，尤其是台湾地区、香港和中国大陆等地。虽然各地变化不一，但一般而言，整个地区的经济逐渐繁荣，政治意识形态趋向自由温和。当然，社会问题也随之增多。虽然本文不准备讨论这些变化以及他们的社会形态，但是我认为这些变化给社会学以极大的研究和发展机会，从而使这些身处不同政治制度与地理位置上的社会学家有机会发表意见，进行直接间接的交流，进而对"规范"（normative）性社会学理论和方法论的意义作出评论。

我认为，以上几个结构上的因素，对海峡两岸的中国社会学家提供了非常重要的刺激力，促使这些学者再次为找寻具有"本土性"的特征而努力。

但远居美国的华裔社会学家一直未参与这项中国化"运动"，原因有好几个，例如，这些学者们之间年龄差距很大，存在代沟。有几位早于1952年以前就开始了学术生涯，而他们目前已退休了（例如，杨庆堃、李树青和周荣德等教授），也有几位于1950年代中后期开始学术生涯的（他们包括刘融、牛康民和田心源等教授），这几位仍在工作岗位上发展事业。剩下来的华裔社会学家多半于1970年代才开始教学研究工作，他们一直忙于为自己的前途与事业而奋斗。（萧新煌最近告诉我，年轻一代的社会学家中，我属于年纪最大的了。我于1966年开始教书）因此，社会学中国化在北美并非一个受重视的题目，因而也非这些旅居北美的华裔社会学家的研究重点。多数华裔学者对社会学中国化缺乏个人兴趣及亲身体验。另外，这些华裔学者也可能在中国化"运动"、中被视为"局外人"。

我很高兴地在此指出，近来这些"局外人"开始对社会学在中国大陆及台湾的发展情形表示关怀与兴趣了。他们之中有许多已直接到中国大陆及台湾访问讲学，从事研究工作，出版研究论文，推出了一些学术报告和专辑。由于这些学者本身职位已逐渐稳固，并且同远东地区社会学活动的参与愈来愈频繁，他们参与"中国化"运动将越趋积极。虽然他们缺乏在"中国"环境中参与实际研究工作的经验，但我深信他们站在一个非常独特的位置上。一方面能够很密切地观察西方，尤其是美国社会学发展趋势，或许能更容易体验其中缺陷。而另一方面，能够在较超然的政治和思想立场上来检验社会学中国化的问题。毫无疑问，这些社会学者对这个活动的兴趣及努力对从1981年开始组成的"北美华裔社会学会"有一定的推动力。这个刚成立的学会定期协调它的会员与中国大陆和台湾的学者们的学术活动。当然这些学术活动也距离遥远而产生一些困难及不便。但总的来说，北美区与亚洲区华裔社会学家在学术上的交流只会更充实对社会学中国化的讨论。

以上是我个人从"社会学之社会学"的角度探讨了中国化运动。下面再探讨若干与社会学中国化有关的议题。目的是严谨的检验目前所关注的问题和它的发展趋势。同时也希望能提供一些具体建议，使这个运动未来有多彩多姿的发展。

社会学中国化的定义

"社会学中国化"在本文中是指"将中国社会主义特征及民族性融纳到社会学里"。这个定义与"中国社会学"这个名词不同，后者仅描述发生在中国的所有有关社会学的学术性和专业性活动。因而我认为社会学中国化是一个可以超越地域界限的工作，它所涉及的社会文化特征及民族性包括了结构、团体和个人各个层次，而这些特征及特征性可容纳于理论或方法论上。我们定义和如何使社会学适用于中国社会是不同的，后者着重于如何在中国社会里促进对社会学的了解及运用研究。这个工作有其重要性，也可能导致社会学中国化。但是强调如何使社会学适用于中国社会所获得的成就并不等于中国化之成功。大多数于第二次世界大战前在中国所做的社会学研究工作都属于运用西方社会学研究中国社会而已。这类学术活动虽然很普遍（据估计中国社会学家人数在30年代末期仅次于欧洲和北美），不过并未导致社会学中国化。评判社会学中国化是否成功应依据社会学里所获的中国社会文化特征与民族性的多少而断定。

从更广泛的角度来探讨这个过程也许更为明确。社会学作为一门学科，是由持续不断的对特定团体、社区、文化和社会的特征做分析及解释累积而成的。在它的历史进程中，研究的产生多半由于对当时社会学知识的不满。这些不满可能导致所累积的社会学知识无法充分描述及理解某些重要社会现象和过程，或者根本缺乏对这些现象和过程做出解释的能力。唯有设法融纳那些具有社会文化特征和民族性的资料于社会学内才能使社会学继续发展壮大。几位社会学大师，诸如马克思、涂尔干和韦伯等都是由观察与分析那些包含历史资料和一些在时空上具有独特性的资料开始，而对社会学做出重大贡献。即使像工业化这样一个似乎是全球性的演变过程，这些学者也觉察出它对各个不同的地区或社会所造成的不同的影响。当工业化的过程冲击到不同的社会、层次和人群时，它同时也赋予某些概念在理论上的明确意义。譬如说，有产者对无产者的剥削，社会常规与制度的效率，以及社会中个人的适应与失调。后来美国社会学以研究迅速变迁中社会的都市社区为主要内容，以及逐渐演变出对人与人、人与社会之间互动的研究兴趣。近来德国社会学派，针对经验科学过程独占社会现象研究的反应，再度显示出二次大战以来，学者对科学是提供解决社会问题的可能力量这一观点的怀疑态度。

因此，社会学作为一门学科，不仅要能吸收不同文化与社会特征，同时必须依赖持续不断的注入这些资料才能使这门学科兴旺。这些特征愈新奇独特，这门学科则受益愈大。目前许多学者对社会学的停滞不前大声疾呼，正反应出由于这门学科中主要资料来自欧美社会，因而导致这门学科目前过于划一而引起的局限性。这些使我们更有理由认为研究那些与欧美社会不同的文化与社会是复兴社会学的必要步骤。我认为从这一世界性的角度才能看出社会学中国化的实质意义。

上述分析对参与中国化运动的学者们具有策略性的含意。这个任务在观点上必须是较全面性的，在实行中则必须是广泛的。若把中国化的社会学视为一个仅有中国人可参与的运动，而且排斥非中国特性的方法与资料的社会学，那是不正确的。中国化社会学应该有世界性的意义，而把复兴社会学当做它的主要任务。

对目前讨论的评估

我对目前社会学中国化的讨论，仅局限于对一些于研讨会的论文和我个人与中国大陆和台湾地区等地学者们的讨论。这些论文与交谈涉及到两个主题。第一个是有关中国社会学研究工作在执行上的一些缺点，第二个是针对可能促进中国化过程的方式。我将简短地评论一下这两个问题。

对目前工作的评估可集中于四类问题上。第一类，也是明显的，目前中国社会学研究工作在本质上属于应用性的，理论、方法和方法论均由西方直接转过来，很少有创新性的研究。这类应用性的研究工作很少有机会能自经验科学中产生理论性的议题，因此这些研究工作不仅不具备理论性，同时往往学术性不强。第二类问题，当资料与理论配合时，经验性资料通常仅用于说明或考验理论而已，很少能通过分析和解释资料过程，采用归纳方式提供新的理论见解（萧，1982）等三类，是盲目地采用西方理论和方法，而不检验它的基本假设和价值是否适当。这类批评多半强调实证主义研究方向的问题，而这些问题正好也反映于中国社会学研究工作中（高，1982 年；叶，1982 年；金，1982年）。最后一类问题，是社会学研究工作仍然受到政治意识形态的限制，而这类限制有来自外部的，也有来自社会学家本身。社会学研究工作通常在当政者的意识形态指导下进行，或者在非常低层次的抽象概念上进行。这些低层次概念显然不会对当政者的意识形态的合理性发生质疑。

我必须马上声明，上述这些问题并非仅存于中国社会里。事实上，这些问题可能是在任何社会里进行"规范性"科学研究所具有的典型特征。不过只有认清这些问题才能导致学术上的突破或者是库思（kuhn）所谓的"科学革命"（SlientifuiReuolution）

针对上述问题，一些社会学者提出了几条可供探讨的论点，其中三条曾受到许多人的重视。第一条针对经验主义加以批评，要求谨慎分析这些研究工作所包含的基本假设与实用价值。指出实证主义万能论的适当方式是拿出批判性的理论观点（高，1982；叶，1982）。第二点提醒中国社会学家作为学术工作者，应具有启发性特质，同时也希望他们循此途径，在工作中发挥应用的作用（金，1982 年）。最后，学者们渴望中国社会学应由中国社会学家来承担，以便对中国社会和人民产生助益。

我认为这些讨论是有见地的，因为它们指出了这个学科目前的"危机"，同时也提出了一些可能解决这些危机的途径。上述三个论点的提出，提醒我们重视现在中国社会学的严重缺点，以及中国社会学家在社会学中国化过程中应分担的责任。但是其中没有一个论点对必要的社会学活动提出具体的概念和方式。批判性理论仅表明用一个欧洲观点来取代美国社会学的观点（黄，1982），而另两个观点都缺乏实际的内容和步骤。我们目前最需要的是列举出一些中国化计划的具体方向和议程。我将在此提出一些基本的看法和主张。

社会学中国化之方向

从事社会学研究是一个包含归纳与演绎的互动过程。根据经验性资料建立和证实一个理论结构，然后再经由经验性资料检验这个理论。一般在讨论时并未对归纳与演绎两个过程中所采用的经验性资料的本质加以区分，也未对"理论的建立"和"理论上引用"的资料的鉴定加以分别。我认为针对社会学中国化，有必要划分清楚上述的经验材料为两类，一类是透过归纳过程形成新理论所采用的"初次证据"（Primary eoidence）另一类是经演绎过程检验和修改既存理论的"次级证据"（Secondary eo idence）。

这种划分在考虑如何运用中国社会文化特征与民族性于社会学研究时就显

得有意义了。

社会学中国化过程引用中国社会与民族的特征和特性作为次级证据。作为初级和次级证据方面，旨在从事"规范性"的科学研究，设法检验已有的社会学理论，我对这方面的过程无需再作注解。本文的讨论将集中于初级证据上，强调从中国社会文化特征与民族性中建立理论，我认为这才是社会学中国化的主要动机与努力方向。

这个方向对中国化过程并非独特，但是它代表了对社会学知识累积过程有了一定的了解。欧美学者正因为运用了那些代表他们社会与民族特性的初级证据塑造社会学理论，进而建立了社会学的内容与体系。因此，一旦这些理论和方法成为典型后，如何运用次级证据验证和修改这些理论和方法就仅仅具有较低层次的意义。次级证据一向被用来评价已有的理论和方法。一旦某些具有特性的初级证据与理论后方法接合后，这个接合过程和资料的特性往往不再受到那么大的注意，主要目标转移到这个理论的检验和次级资料的运用。这就是"规范性"科学的本质。

假若用来验证既存理论的资料和当初建立这个理论的资料之间有重大差异时，那么这个理论的潜在危机正是一个理论范型主要转移的必需步骤。但是库恩（kuhn）的文章中并未说明是否或何时这类转移会必然产生。我个人以为资料本身的差异并不足以导致理论和必然"革新"。其必然性必须由下列几项因素加以促成：（1）必须有一群为数不少的学者参与并来用这些资料作为初级证据（一群"足量"的学者"Criticalman"）。（2）他们协同努力有系统地说明和发挥即将形成的新理论（一个有组织的共同见解"Organize Consensus"）。只有当一群足够数量的研究工作者组织起来用从中国文化特征及民族性为初级证据而从事社会学理论的建设，社会学中国化才有成功的希望。当然这个过程的最后成功必须经得起次级证据到新理论的检验，但现在让我更进一步叙述一下这些理论形成的必要条件。

这些条件包括（1）初级证据必须与那些用做建立及检验旧理论所用的资料确有迥异，（2）必须有系统地组织一些足够的学者从事该项研究。

社会学中国化的几个议程

虽然目前考虑社会学中国化有关之理论结构体系尚属言之过早，但鉴定出一些与现代社会学理论所用之材料不同的"中国性"要素来做议题是重要的一步。下面我试举一些议程可考虑的要素。

（1）家庭结构与亲属关系构成个人与社区之间的主要关联。纵（祖先）

横（扩大），家庭结构可能是构成中国社会里个人与社区之间的团结和冲突的主要成分，这方面可能与西方社会中宗教的功能成强烈对比。社会里的职权基本上和家庭结构里的职位密切关联，因而导致家庭结构中每个成员的巨大差异（父母亲属关系或对祖先认同不仅确立，同时也成为日常生活中的重要部分）。有些学者在台湾搜集了一些有关家庭结构的有趣资料（谢，1982；获和陈，1982），显示出西方学者所发展的有关中国社会家庭成员的分类与编纂是恰当的，我们应认清中国家庭功能是极繁多的，它对社会结构的涵意也是深远的。

　　费孝通教授认为与西方所讨论的直线型家庭结构模式（家庭大小因都市化及工业化过程而逐渐递减）相比较，中国家庭仍然具有相当的伸缩性。纵使在都市区域，虽然家庭成员减少，但家庭份子在机会和条件可能情况下，仍会聚回组成较大的家族，这个弹性理论（我的说法，非费教授的）反应出中国社会里家庭观念的稳定性社会意义。有些中国人虽然数代以前已移居到另一地区，但他们仍然与"老家"维持密切的关系。所有的家庭权责并未改变，所以这并不仅仅是西方"家庭根源"所研究的问题。我们无法确定这个家庭弹性观念能持续多久，不过各种资料充分显示出中国社会里家庭，而非宗教，是维持团结的主要社会要素。中国人由"大家庭"中找寻力量和动机，犹如欧洲民族自宗教"家庭"中寻找这些力量和动机。同样的，冲突与分裂也经由家庭结构而发生，因而在中国任何有关个人与团体之间关系或社会结论的理论均须以家庭为主要社会单元。

　　（2）中央集权式的结构盛行于整个中国社会的每个阶层。中国社会过去三千年来一直是由一个阶层分明的超然结构概念在操纵着。这是与欧洲的城国结构不同。这个概念也通行于中国社会中最低和最小的单位内。每个份子的身份高低均在这个层次分明的社会结构里明确地描述与界定。态度与信仰也均由对中央权威的绝对服从中建立。个人行为的好坏，奖赏或处罚也均根据中央权威体系里的规范而判定。对这类题目的分析研究时，并不局限于某个特定意识形态的价值观（诸如个人自由较社会自由更重要的价值观）。由于对中央集权基本的膺服，中国社会问题的看法多趋向于地方化，而不与高层权威结合。所以这些问题之解决途径也需自当地寻求。这样一个"个体性"经营事业的特征，也解释了社会、经济和人口上许多问题的处理都有地方化的趋向。两件近来发生于中美两地的事件可以说明上述现象。在中国最近展开一个严厉处罚刑事罪犯的运动。大众舆论强调指责社会里的这些个别坏分子的不良行为。而在美国，两位美国人因传递高度机密军事情报给不友善国家被捕，大众传播系统却着重报道安全系统之不完善，几乎完全排除了任何明确地指责这两位间谍的"不道德行为"的报道。

（3）在中央集权的社会结构里，社会流动不仅经由"大家庭"体系的关系，同时要求某些维系这个体系的技能。完整的教育考试制度与军事技能的建立成为这个体系的一部分。在建立这些制度时，奖赏是给那些既能通过考试，同时又表现忠贞的分子。譬如，在教育考试上，笔试与口试均强调个人修养（知道行为和所在阶层地位上的一致性）和对中央权威的忠贞。笔试题目多半关于为人处事之道德和规范。在军事技术竞赛上，个人品德（坚忍、耐力和对权威的服从——不论这些权威是武术师傅，地方官吏还是中央官员）与技能同等重要，甚至有时更重要。所有行为互动模式均以上述原则为准绳。文崇一（1982）对中国历史上的报仇与报恩的研究充分说明了上述现象。

（4）语文的大统一是一个社会体系继续运转的最重要的先决条件。统一的文字对中国社会的继续存在和维系毫无疑问的具有很大贡献。虽然中国方言繁杂，人口特征迥异。粗略地从世界上能持续恒久的国家看，语文的统一与否是社会团结或冲突的重要来源。中国文化与文明具有非常特殊的语言特点，因而这方面的研究将增进了解社会语文对维系一个社会的功能。

（5）一个社会的政治地理性位置和有价值资源之关系对这个社会与外来帮力的历史关系有其决定性。中国位居要冲，历史上西接东南亚资源以及近世纪来东连太平洋诸岛屿的航道，都帮助我们对东西方在历史上发展的双边关系以及至今继续不断的时松时紧的状态和事件有所了解。我猜测这个过程将会继续下去。对一个社会的地缘政治意义的了解可能与对每个社会里内含的经济资源的实用价值具有同等的重要性。世界体系观点对我们了解欧洲城国的历史发展有助益，不过亚洲和中国也有很多丰富的历史资料等待我们从全球性观点来了解这个区域的社会经济史。

上述几个项目旨在说明许多资料可提供我们建立社会学理论的初级证据，这些资料不仅可修改现有理论，也更有可能建立有意义的新理论。这些资料并不是无关联而独立的。例如，中央集权概念与大家庭制度里的连续不断的相互关系作用是值得深入研究与分析的。我也深信中国社会文化特征与民族性里还有许多方面的资料具有同样的或更多的机会成为新理论发展的初级证据。

一群够量学者与有组织的努力

假如我们都深信作为初级证据的资料是存在的，那么社会学中国化还需要一群为数不少的社会学家组织起来努力朝向使用这些资料之方向迈进，展开理论建设的工作。本文主张有系统的组织这些社会学家，集中兴趣，从事运用中国社会文化特征与民族性的初级证据研究。近来在中国大陆、台湾地区和香港不断增加的社会学家数量以及他们发展的方向及兴趣都使我觉察到这样一个有组织的努力的可行性。我呼吁在那儿的各位志同道合的同事们开始研讨出一个共同一致的计划。我确信其他社会学家，尤其那些具有中国血统的社会学家们，不论他们在世界上任何角落，都会热情参与这个研究工作。

结　论

最后让我提出一个警惕性的但也是积极性的结语。社会学中国化必须被视为是导致对所有人类社会生活了解的努力。这个大前提值得一再强调。任何狭义的意向不仅是不正确的，更会注定失败。"闭门造车"的教训必须汲取。中国化的计划必须是开拓性的，必须动员最优良的人材，提供必需的训练，共同参与有组织的、团结的和开放性的研究、分析、讨论和交流。它最终目的在于重新整顿那些根据欧美思想和资料所建立的社会学理论。

（涂肇庆　译）

（《社会科学战线》1985 年第 4 期）

债务国美国和债权国日本

——霸权国家的交替会发生吗？

〔日本〕宫崎義一*

一、霸权国家的盛衰

后世的历史学家们，也许会把 1985 年做为"美国沦为债务国、日本成为最大的债权国的年份"而载入史册。事实上，1985 年，日本的对外纯资产（对外总资产中减去对外债务总额）达 1298 亿美元，相反，美国的货币发行机关曾经预测，1985 年末，美国的对外纯债务将达到 1000 亿美元。这是比日美贸易摩擦更高一层次的问题，如果夸张一点，也可以说是霸权国家更替的经济征兆之一。

回顾历史，文艺复兴时代的维尼奇亚共和国，是个通过掌握地中海东部海域的通商霸权，经由亚历山大港和贝鲁特，垄断同印度进行香料、绸缎、宝石等贵重物品贸易，并以此夸耀其富有的中世纪都市国家。葡萄牙的霸权，则是以达加马航海探险的成功为背景，通过对维尼奇亚霸权的夺取而获得的。西班牙从拉丁美洲殖民地采掘出了大量的金、银，掌握了巨大的财富以后，进而又于 1580 年吞并了葡萄牙，这样，就达到了建立其世界霸主地位的目的。17 世纪的荷兰，控制了胡椒、肉桂等香料的海外贸易的中转站里斯本和塞维利亚，并以阿姆斯特丹为中心，建立了独自与波罗地海、地中海地区以及加勒比海、南美洲、东南亚和日本进行贸易的霸权。这一切，使得荷兰在 1629 年骄傲地向世人宣称："我们已经能够向海外的一切国家提供运输船只，我们已经建立起了与各国进行贸易的权利。"

正当荷兰同法国路易十四的军队打得不可开交的时候，英国异军突起，一

---

* 作者单位：东京经济大学。

举夺取了海上贸易的主导权。接着，1757 年，在印度击败了与法军携手作战的孟加拉军队；1763 年，从法国手中夺取了加拿大和美国密西西比河以东的土地，进而确立了 18 世纪大英帝国的霸主地位。18 世纪中叶，虽然由于北美独立战争的爆发和法兰西 1789 年革命，其势力的扩展有所停滞，但是，那种用英国武力维持的和平，一直延续到第一次世界大战的开始。取代英国而成为世界霸主的美国，其地位的确立，可以说是在第二次世界大战结束的 1945 年。但是，美国从纯债务国成为纯债权国的历史，则可以追溯到 30 年前，即 1915 年。从 1915 年一直到 1945 年，美国循序渐进地为取得世界霸权而进行了一系列的准备。

从 15 世纪到 20 世纪的世界史，色彩纷呈，大约每百年交替出现一个霸权国家。而且，霸权国家的出现，往往渐次西移。从维尼奇亚开始，经过葡萄牙、西班牙，然后越过大西洋，移到美国。而在今天，经济活动的中心地区，则进一步从大西洋向太平洋移动着。这一现象，恰好印证了 B. 阿达姆斯的"经济霸权西移说"（B·阿达姆斯：《美国的经济霸权》，1900 年）如果所谓的经济霸权，正如猪口孝先生所说的，是指"国际控制政治与经济形势的能力而言。这种控制能力，取决于两个方面的因素：亦即左右国际关系的手段之一的军事上的优势和左右世界经济形势的经济上的优势"的话，那么本文所论述的侧重点，不是在"军事上的优势"方面，而是将论述的焦点放在"经济优势"方面，也就是着重论述"经济霸权"（economic supremacy）。

二、微妙的日美经济关系

对美巨额的出超　　下面，我打算把欧洲问题暂且放一放，而把着眼点放在最近日美之间的经济问题上。这不是要专门论述日美之间的国家关系问题，而只不过是把看问题的视角，放在对于霸权国家交替的可能性研究和与此相关联的日美问题上。图1是日本对美贸易的最近动态和 1984 年日本对美进出口的主要项目示意图。从图中可以看出，日本对美的进出口，虽然截止 1975 年是大致均衡的，但是 1978 年以来，美国对日进口开始下降，特别是从 1983 年开始，这种日本对美的出口额远远超过进口额的现象极为明显。1984 年，日本的出超总额创造了战后最高记录，达 442 亿美元，其中，对美出超额是 330 亿美元。根据大藏省发表的海关统计，1985 年日本出超总额更进一步增加到 461 亿美元，其中对美出超总额多达 395 亿美元。在仅仅一年里，做为一个国家，其出超额达到 461 亿美元的，除了在 1981 年沙特阿拉伯达到 771 亿美元而居于榜首外，其次就只有日本了。但是，众所周知，沙特阿拉伯的出口额之所以居世界第一位，是基于石油价格飞涨。其后，随着石油价格的下跌，沙特阿拉伯的出口额也随之下降。所以，截止 1985 年，出口额在全世界占第一位的，已经是日本了。而且，日本不像沙特阿拉伯那样是通过石油来获取巨额的出口额，而主要是通过出口加工产品而获得巨额出超。这一点，尤其令人注目。

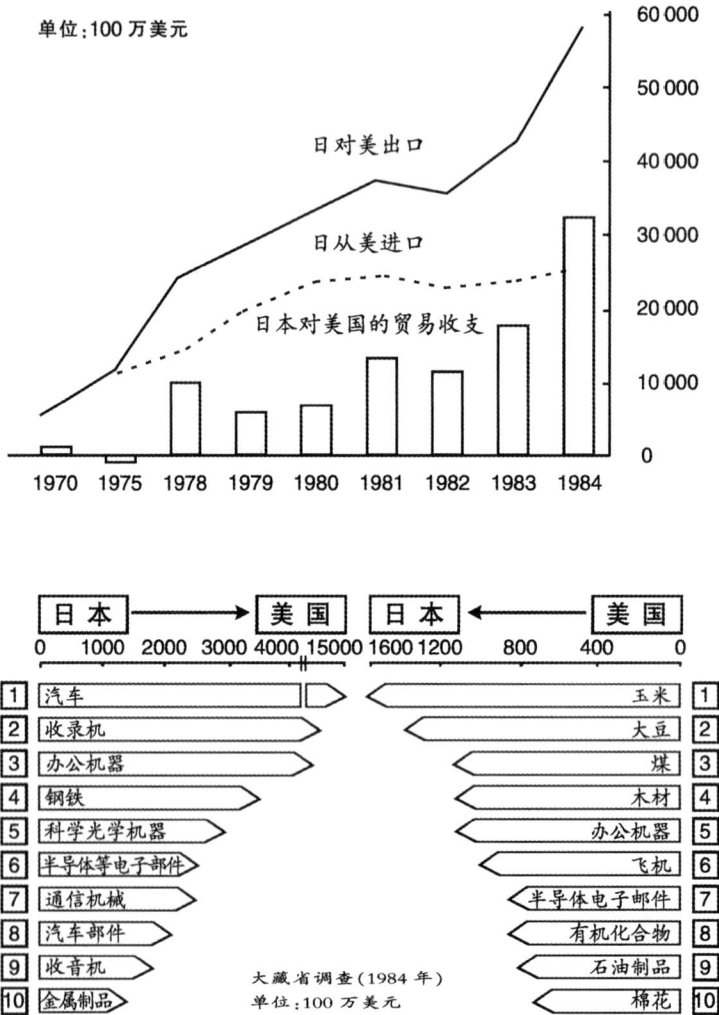

图 1 日本对美国的贸易动向及其商品种类

在图 1 所示中，我们列出了日美之间进出口产品居于前十位的项目。一望可知，在日本对美国出口的产品中，以数额计算，它们依次是 ① 汽车、② 录音机、③ 办公用仪器、④ 钢铁、⑤ 科学光学仪器、⑥ 半导体等电子部件、⑦ 通信机械、⑧ 汽车零部件、⑨ 收音机、⑩ 金属制品。显然，居于前几位的都是工业产品。然而，美国对日出口产品，在所列的前十项中，占一至四位的产品依次是：① 玉米、② 大豆、③ 煤、④ 木材。十种出口产品中的五项（第十位是棉花），都是农产品、原材料和燃料。但是，切不要只看到日美进出口贸易中商品的结构。因为，美国除了出口产品以外，还通过跨国公司的就地生产方式，加深着同海外的联系。

日美贸易摩擦的经过 日美之间的贸易摩擦由来已久，并不是最近才开始的。这一动向，如果用年表表示的话，大致如下：

1962 年 1 月，签订日美棉制品贸易协定；

1966 年 6 月，以进出口交易法为基础，限定日本对美钢铁出口额；

1968 年 3 月，美国企业就日本在美大力倾销电视机一事，向联邦法院提起诉讼；

1971 年 3 月，美国通过增加关税，来抵制日造电视机在美国市场的倾销；

1971 年 10 月，日美政府签订日美纤维制品的贸易协定（限制日本对美出口毛、化纤产品）；

1974 年 10 月，由"关税及贸易总协定"出面签订日美纤维产品贸易协定；

1976 年 6 月，美国对日本的特殊钢进口采取分配制；

1977 年 7 月，美国限制彩色电视机的进口；

1978 年 2 月，美国对进口的钢铁采用"倾销调查基准价格"制度；

1978 年 3 月，美国对机床采取最低价格制度；

1981 年 5 月，限制汽车对美出口（期限是三年）；

1982 年 5 月，日本决定撤销和降低 215 种商品的关税（如洗衣机、锅炉等免税）；

1983 年 4 月，美国对大型摩托车的进口增加关税；

1983 年 11 月，限制汽车对美出口，规定延长一年；

1984 年 1 月，日美两国同意就开放通信机械、电子工业产品、木材、医疗机械等商品的市场问题进行协商；

1985 年 3 月，日本延长限制汽车对美出口的期限；

1985 年 6 月，美国企业就日本向美国市场倾销半导体一事，向联邦法院提起诉讼；

1985 年 12 月，里根总统下令调查日本向美国市场倾销高级半导体电脑装置一事。

国务卿舒尔茨的指责　　毫无疑问，已经持续了20多年的日美贸易摩擦，今后仍将继续下去。在已往的日美贸易摩擦中，有件事特别引人注目，那就是美国国务卿舒尔茨1985年4月在普林斯顿大学的一次演讲。在普林斯顿大学，舒尔茨指责说："日本的储蓄率是国民生产总值的30%，同其他'经济合作与发展组织'（OECD）成员国相比大约高50%，这种很高的储蓄率意味着高消费。"舒尔茨还认为，美国对日本的不满，不仅在于日美贸易上的问题，而且还因为日本把过剩的资金，不是用于消费支出，而是用于投资支出上。这一点，也是产生日美贸易摩擦的原因。舒尔茨进而对日本的整个国内经济政策，提出了具体的要求。

不过，我们将会看到，如果把美国的储蓄与投资资金之间的关系同日本的部分部门资金不足和部分部门资金过剩的情况同时加以考虑的话，那么，被国务卿舒尔茨所指责的日本的过剩储蓄，在今天实际上都在为美国发行赤字国债而服务，事实上，它起到了使日美两国互通有无的作用。

美国各部门的资金供求情况　　图2表示，1984年美国各部门的储蓄和投资资金的相互关系。企业部门，储蓄总额为4380亿美元，其中，企业利润提成为1154亿美元，折旧费为3226亿美元，投资总额为4840亿美元，其中，设备投资为4258亿美元，库存投资为582亿美元。这就是说，在企业部门中，资金还有460亿美元的缺额。私人部门，储蓄总额为2368亿美元，其中，纯储蓄额为1561亿美元，折旧费为807亿美元；投资总额为1539亿美元，其中包括住宅投资等。这就是说，在私人部门中资金供过于求，资金过剩额共计为829亿美元。因此，我们在图2中可以看到，在私人部门中表示资金供求关系的箭头的方向是和企业部门的方向相反的。那么，政府部门的资金供求状况又是如何呢？在政府部门中，联邦政府是赤字，赤字额为1758亿美元，地方州政府是结余，结余额为529亿美元。这就是说，在政府部门中资金还有1290亿美元的缺额。这样看来，资金缺额共计为1689亿美元，其中包括企业部门460亿美元，政府部门1229亿美元，而资金过剩额仅为829亿美元（私人部门）。在这种情况下，必然会产生对企业资金的"排挤"（crowding out）现象，加之，由于里根政权采取了金融紧缩政策，出现高利率，从而导致海外资金的流入。于是，美国就采取从国外引进资金（引进额为934亿美元）的方法，解决了资金不足问题。在上述美国的资金供求关系中还有统计上的误差，误差额共为74亿美元。

日本各部门的资金供求情况　　下面，我们再看看日本各部门的资金供求情况。如图2所示，尽管日本的资金缺额共计为194 600亿日元（企业部门为21 900亿日元，政府部门为172 700亿日元），但是，私人部门资金过剩，过剩额达 278 200 亿日元，因此，两项相减，还有 83 600 亿日元的资金过剩，而这些过剩资金则流出国外，以保持资金供求关系的平衡。然而，1984 年日元和美元的年平均兑换比价为 1 美元等于 237.52 日元，因此，1984 年大约 352 亿美元的资金从日本流出海外。当然，未必是所有的 352 亿美元都流向美国的，但是，它在美国的从海外流入的资金总额中约占 38%，因此，不能否认，从日本流出海外的资金在美国的流入资金中占较大的比重。

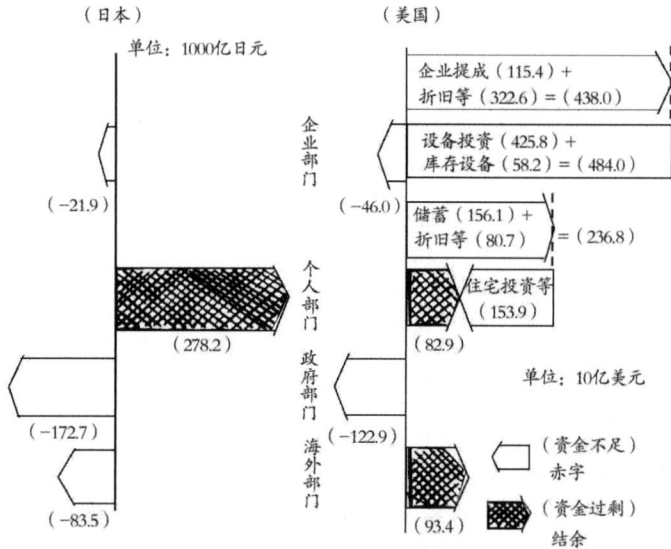

图 2　日本和美国的各部门资金供求状况（1984 年）

资料来源：（日）日本银行：《调查月报》（1985 年）野村证券：《财界观测》（1986年 1 月）。

表 1　日本和美国的名义利率

	美国最低利率	日本标准贷款利率
1980	21.50%	7.50%
1981	15.75	6.00
1982	11.50	6.00
1983	11.00	5.50
1984	11.00	5.50

资料来源：（日）日本银行：《以日本经济为中心的国际统计资料》（1985 年）。

表2 日本法人企业的金融资产运用状况

	1983	1984 年		
		合 计	上半期	下半期
	比上一年	比上一年	比上一年	
通货（现金、活期存款）	−4.3（15.1）	20.6（−4.3）	−11.8（−17.0）	32.3（2.6 倍）
定期存款	64.5（62.5）	32.0（−50.4）	6.1（−72.6）	25.9（−38.8）
转让存款	9.8（25.5）	22.7（2.3 倍）	18.1（2.5 倍）	4.6（68.6）
信 托	5.5（92.1）	13.8（2.5 倍）	7.7（4.5 倍）	6.1（60.0）
有价证券	19.0（−22.1）	15.5（−18.7）	8.9（−53.5）	比上一年 6.6（−0.0）
其中债券	13.7（−12.9）	7.5（−45.1）	4.8（−71.9）	比上一年 2.7（−3.5）
股份	3.9（−54.7）	6.4（66.2）	3.4（2.8 倍）	3.0（12.8）
对外信用	29.2（−0.9）	61.6（2.1 倍）	24.4（87.2）	37.2（2.3 倍）
其中对外证券投资	15.7（87.3）	36.4（2.3 倍）	11.5（77.1）	24.9（2.7 倍）

注：括弧内的数字为对上一年的增减百分比（%）。

资料来源：（日）日本银行：《调查月报》（1985 年）。

根据日本银行进行的调查（见表2），尽管日本国内和国外的利率相差4—5%（见表1），但是，1984 年日本法人企业的金融资产运用状况表明，以T、B（由美国的财务部发行的证券）等外债投资为中心的国外信用额比上一年增加了1.1 倍，达到62 000 亿日元，在金融资产运用总额中占最大的比重，约为37%。上述国外信用额若按年平均兑换比价计算，大约为259 亿美元。正因为如此，如果说目前日本和美国的储蓄和投资的平衡状况表明，日美两国在资金平衡中正在互通有无，彼此"结合"（integrate）成统一体，恐怕也不是言过其实吧。美国国务卿舒尔茨对日本的巨额储蓄提出了尖锐的批评，但事实表明，日本的巨额储蓄对美国的资金供应做出了贡献，从而在日美两国的经济联系中正在起着重要作用。舒尔茨是否是不承认这样一个事实呢？总之，我们认为，目前日美两国的经济关系正在表现为微妙的相互渗透的关系，一方面，日美两国尽管在贸易上出现一方为巨额出超，另一方为巨额入超的局面，但另一方面，在资金供应上两国有着密切的联系，一方为巨额资金流出海外，而另一方则从海外流入巨额资金，从而日美两国在物资和资金两个方面，建立了紧密的合作关系。

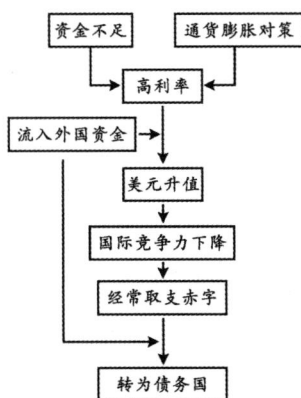

图3 美国的债务国化

三、日美对外资产负债的构成

美国成为债务国   上面，我们看到美国资金不足和日本资金过剩之间的关系。图3表示，美国是怎样变成债务国的。对严重的通货膨胀所采取的政策和巨额的财政赤字，导致了美国的资金不足。为了解决资金不足的问题，美国发行了大量的国债，从而引起高利率，并导致外国资金的流入。这样以来，在外汇交易中，对美元的需求大大增加，必然引起美元的增值。本来美国的劳动生产率不高，加之美元又增值，促使美国的国际竞争力显著下降，于是，自从1982年起，美国的经常收支出现了大幅度赤字。结果，大量的外国资金流入了美国，从而增加了美国的对外债务。这样，从1983年起，美国的对外纯资产大大减少，到了1985年，美国终于成为对外纯债务国。

经常收支和对外资产及对外负债余额   下面，我们要弄清经常收支和对外资产及对外负债余额之间的相互关系。从理论上说，经常收支（包括误差和遗漏）的结余和赤字，是同对外纯资产的增加与减少相对应的。然而，1984年美国经常收支的赤字额是1015亿美元，资本收支的结余额为768亿美元。但是，由于外汇比价发生变化，资本收支出现12亿美元的差价，因此，1984年美国对外纯资产额减少了780亿美元，从而美国的对外纯资产额从1983年末的1983生末对外纯资产额1062亿美元下降到1984年末的282亿美元。这一关系如用图表示，则如图4。美国的这种经常收支与对外纯资产余额之间的关系，同样也适用于对外纯资产得到增加的日本。

美国对外资产和对外负债余额   根据美国商务部和日本大藏省公布的材

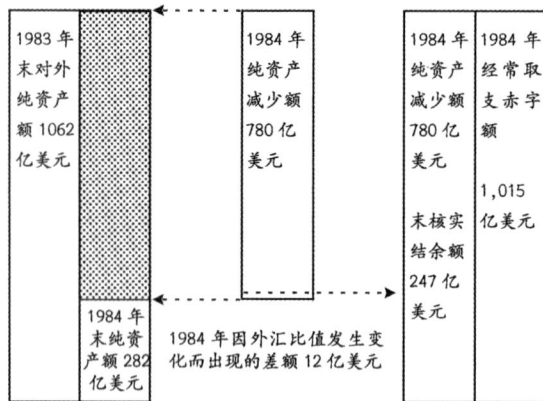

图4　美国经常收支与对外纯资产余额的关系（1984年）

资料来源：根据美国商务部：《现代商情概览》（1985年6月）编制。

料，若将两国的对外资产和对外负债余额进行对比，则如表3。美国从1915年起，在对外资产余额和对外负债余额中，一直是资产额超过负债额，到了1982年，其纯资产余额已经达到1470亿美元，创历史最高记录。但是，从此以后，美国经常收支一直出现大幅度赤字，因而资产额急剧减少，到了1984年末，其资产余额仅剩282亿美元。然而到了1985年，由于其经常收支出现大幅度赤字，达到1177亿美元，创历史最高记录，从而美国已经持续71年的资产额超过负债额的历史宣告结束，一跌跌为负债额约达1000亿美元的纯债务国。

美国商务部统计数字中的若干疑点　　不过，美国商务部发表的、与对外资产负债余额相关的数字，至少有两点问题。其一是，在美国对外资产中，对包含在国家储备资产中的黄金储备额和直接投资余额如何估价的问题。在国家储备资产349亿美元中，黄金储备额约为90亿美元。而这90亿美元，是在"尼克松冲击"事件以后，按1973年的黄金价格（一盎斯黄金等于42.22美元）计算所得到的数字，所以它尚不到1980年市场价格（一盎斯黄金等于357.9美元）的1/8。因此，至少其中少估计3372亿美元。而且，达到2334亿美元的直接投资，因为不是用现行价格表示，所以，一定程度的过少估计是难免的。其二是，正如图4所表示的一样，在国际收支统计中，不可避免地掺杂着的误差、脱漏和没有核对的部分，是不包括在一切对外纯资产的计算中的。对于美国来说，这个没有核对的资产是：从1978年到1984年，美国的资本收支常常出现结余，7年的累计额达1521亿美元。这个没有核对部分的资产，因为是那些没经正式统计而流入美国的资本额，所以在美国的对外负债余额中，没有将这个达到 1521 亿美元的负债额算在内。在这种情况下，人们显然过多地估计了其对外纯资产。虽然这种过多估计和过少估计相抵的情况，未必会在发表的统计数字中有所体现，但是我们仍认为，在美国商务部公布的数字中存在相当数额的过少估计。三菱银行曾推算，美国的纯资产在 1984 年末仍是日本的 4 倍以上。

表 3　美国和日本的对外资产及对外负债余额　　　单位：亿美元

	美　国		日　本	
	1983 年末	1984 年末	1983 年末	1984 年末
对外资产	8938	9147	2720	3412
公共资产	1130	1196	583	645
（预备资产）	（337）	（349）		
民间资产	7808	7951	2137	2767
直接投资	2270	2334	322	379
证券投资	843	899	561	876
非银行部门	351	288	58	102
银行部门	4345	4430	1196	1410
对外负债	7876	8864	2347	2669
公共负债	2029	2297	330	372
民间负债	5847	6568	2016	2296
直接投资	1371	1596	44	45
证券投资	1147	1282	699	770
非银行部门	268	305	187	167
银行部门	3062	3385	1086	1314
对外纯资产	1062	282	373	743
公共部门	−899	−1101	253	273
民间部门	1961	1383	121	470
直接投资	899	738	278	334
证券投资	−304	−383	−138	106
非银行部门	83	−17	−129	−65
银行部门	1283	1045	110	96

资料来源：根据美国商务部：《现代商情概览》（1985 年 6 月）和日本大藏省：《财政金融统计月报（1985 年 6 月）》编制。

　　美国纯资产减少的原因　　通过表 3 让我们看看最近美国的对外纯资产急速减少的原因。特别突出的一点是，美国的对外纯资产同 1983 年相比增加了2.3%，但与此同时，它的对外债务也比 1983 年（988 亿美元）增加了12.5%。在美国急增的对外债务中，之所以使民间的银行债务增加了 23 亿美元，公共负债增加 268 亿美元，是因为外国对美国的投资（如购买由美国财政部发行的证券等）和美国民间银行在海外筹措的资金增加了的缘故。另一个原因是，外国企业对美国的直接投资急增至 225 亿美元。

如前所述，在 1985 年以后仍继续实行经常收支赤字方针的美国，1985 年年末已成为约有 1000 亿美元债务的纯债务国。又据纽约联邦准备银行的估计，到 1990 年美国的债务也许会超过 10 000 万亿美元。不过，美国虽为负债 1000 亿美元的纯债务国，但其规模也只不过和负债 966 亿美元的巴西、负债 880 亿美元的墨西哥这两个累计债务国的规模相当。而且，美国的对外债务，同做为发展中国家的巴西、墨西哥相比，在性质上有着根本的差异。第一，发展中国家的对外债务定义中，不包含用本国通行货币计算的债务，而只累计计算由外汇造成的债务。然而美国的对外债务，几乎都拿美元计算，用外汇计算的部分是很少的。这一点表明，美国的债务既不像巴西、墨西哥那样有陷入不能支付外债的潜在危险，在定义上，也和原来的对外债务定义有着性质上的不同。而且，因为美国的国民生产总值和出口额都达到世界最大，所以，其对外债务在其发展项目中所承担的比例，尚不到巴西、墨西哥的 1/5。尽管如此，如果美国的由低利率带来的利率差缩小以及美元下跌的趋势继续下去，那么人们对于美元的信任就会动摇，潜在着海外资金开始急速脱离的倾向和美元暴跌的危险。而且，基于美国的财政赤字，如果在资金不足消解以前，由于某些原因促使美元流出海外的话，大量发行国债就会激烈化，由于利率上升，经济不景气也就不可避免了。这一切，都将成为剧烈地动摇做为基本通用货币的美元的地位的原因。

通过表 3 我们知道，1984 年，日本的对外资产余额是 3412 亿美元，对外负债余额是 2669 亿美元，其差额即对外纯资产余额是 743 亿美元，是 1983 年的对外纯资产余额 373 亿美元的两倍。由于 1984 年美国的纯资产没有达到 282 亿美元，所以在这一年，日本的纯资产余额就已经超过了美国，并和英国相近；而到了 1985 年，日本的对外纯资产额超过英国，一跃而成为世界上最大的对外纯债务国。不过，只对纯资产额进行国际比较是不够的。除此之外，在计算纯资产额的基础上，兼顾资产余额和负债余额的内容是非常重要的。1984 年末，同日本的 3412 亿美元的对外资产额相比，美国的对外资产额是 9147 亿美元，英国的对外资产额是 8.222 亿美元。可见，日本的对外资产额，只是美国的 37.3%，英国的 41.5%。以前我们说过，美国的公共资产是 90 亿美元，日本的公共资产却只有 8.3 亿美元。而且，看一看日本的对外资产结构就会知道，在日本的对外资产余额中，证券投资的比例高，占 25.7%，而美国的证券投资比例，只占对外资产余额的 9.8%。特别是，日本 1984 年的对外资产增加额为 692 亿美元，其中 45.5%（315 亿美元）属于证券投资的性质。

正如上面所反复指出的那样，对美国的证券投资之所以增加，有两方面的原因，一是由于美国采取高利率政策使日美两国的利率差进一步增大；二是在美国出现了有利于发行按日元计算的公债的条件。与此相反，日本的情况是，直接投资所占的比率仅为 11.1%，和美国的 25.5% 相比，低很多。总之，日本的对外资产中，证券投资占 4/4，而美国则不然，直接投资占 1/4。

另外，如果把日本的对外资产余额（总额为 3412 亿美元）分成长期资产（2291 亿美元）和短期资产（1120 亿美元），而把对外负债余额（总额为 2669 亿美元）分为长期负债（1132 亿美元）和短期负债（1536 亿美元），那么，我们就可以看出，短期负债额比短期资产额多 416 亿美元，这意味着私人银行把短期借入的资金用于长期贷款上。然而，在通常情况下，资金运用上采取这种方法是欠妥的，因为，假如突然发生有必要偿还短期负债时，银行的长期资产则难以应付这种局面。

然而，我们必须指出，从对外资产余额中可以看到的日本对外投资结构的最大特点即以证券投资为主的结构，近几年来发生了很大的变化，海外直接投资额急剧增加。据日本银行统计，1984 年度日本海外直接投资额为 101.6 亿美元，比上年度增加了 20.1 亿美元，增加幅度为 24.7%。到 1985 年度，日本的海外直接投资额已达到 122.1 亿美元，比上一年度增加了 20.3%。

四、国际收支的发展模式

博格斯关于四个发展阶段的学说　　我们从对外资产和对外负债的结构中看到日本和美国之间存在的差别，下面，我们还从国际收支的结构上，对资本主义的发展阶段做一些分析。关于国际收支的发展阶段问题，第二次世界大战以前，已有人有所论述（详见 H. 博格斯：《国际贸易平衡的理论和实践》，1930 年，纽约出版）。H. 博格斯将资本主义经济和国际收支的发展模式分成如下四个阶段：

（1）未成熟债务国阶段。处在这一发展阶段的国家，尽管引进巨额资本，但是，每年对这些引进资本要支付的利息额却大于资本引进额，而这些引进的资本主要用于进口商品或服务项目的支付上。例如，19 世纪南美洲的新兴资本主义国家就属于这种类型。

（2）成熟债务国阶段。假如生产初级产品的国家，有可能在本国内筹措用于开发的资金，那么，在这个发展阶段里尽管还会从国外引进资本，但是，这种引进资本所占的比率将渐渐减少。然而，由于过去所引进资本其累计额已经达到很大的数目，因而为了支付巨额利息，必须增加商品和服务项目的出口。例如，20 世纪 30 年代的阿根廷就属于这种类型。

（3）未成熟债权国阶段。由于经济得到发展而加入先进工业国行列的国家，尽管它们增加商品和服务项目的出口而实现贸易顺差：并把其中的出超额用于资本输出上，但这些资本输出数量不大。例如，1 9 世纪初叶的英国和第一次世界大战后的美国就是如此。

（4）成熟债权国阶段，在经济高度发展的发达的工业国中，它的资本输出累计额已经达到很大的数字，因此，每年所得的投资利润和利息超过资本输出额，因而用这一超过部分，进口商品和服务项目。例如，20 世纪 30 年代的英国就属于这种类型。

1984 年日本的《通商白皮书》和《经济白皮书》都是根据上述有关国际收支发展阶段的学说，对日本的外贸和经济形势做出了分析。据 1984 年《经济白皮书》的统计，自从 1981 年度以来，日本的经常收支一直是顺差。而顺差幅度从 1982 年度的 91 亿美元增加到 1983 年度的 242 亿美元。该《经济白皮书》在谈到出现这种现象的原因时认为，除了自从 1983 年 3 月以来出现了石油跌价（一桶价格降低 5 美元）这一特殊原因外，尚有两方面的原因，即：（1）自从 1982 年以来，出现美元升值日元贬值的趋势；（2）1983 年美国的经济迅速得到恢复，而日本的国内需求减少。但是，以上两项因素仍无法确切地说明日本经常收支出现大幅度黑字的缘由。基于此，《经济白皮书》根据有关国际收支发展阶段的学说，从中、长期的因素中，开始寻找足以说明问题的理由。

《经济白皮书》提出六个发展阶段　　1984 年的《经济白皮书》，提出了国际收支发展模式的以下六个阶段：（1）未成熟债务国；（2）成熟债务国；（3）债务减少国；（4）未成熟债权国；（5）成熟债权国；（6）债权减少国。而且，分别列出了顺差的原因和逆差的原因。这种分类方法和 H·博格斯的分类大体相同，不同之处在于，《经济白皮书》另外增加了债务减少国和债权减少国两种类型。所谓债务减少国是指，成熟债务国由于国内资本进一步增加，不仅没有必要引进国外资本，而且由于该国通过商品的输出和服务项目的增加而出现贸易顺差，因而在支付了庞大的累计债务利息后仍有剩余资金，因此，这些国家，把这些剩余资金用于偿还以往的累计债务上。美国出现里根政权以后，A. W. 克罗森接替了 W. S. 麦克纳马拉的世界银行董事长的职务。从此以后，美国强烈要求债务国用自力自助的方法偿还累计债务。然而，从《经济白皮书》中所提出的模式上看，为了减少债务，所有的债务国都必须从目前的未成熟债务国阶段进一步发展到成熟债务国阶段，然后通过商品和服务项目的支出使国际收支出现大幅度顺差。减少债务，是具备了上述条件乏后才能得以实现的。

然而从理论上讲，在全世界范围内，商品和服务项目费用的顺差额与逆差额之和将成为零。因此要求债务国执行"自力自助"的方针，首先要让发达国家从发展中国家进口巨额的商品和服务项目。如若不然，仅仅要求发展中国家采取"自力自助"的方针，将意味着工业发达国家；从本国的利益出发，找到一个取消对发展中国家进行经济援助的借口。那么，"债权减少国"是指什么样的国家呢？它是指，虽因资本输出的大幅度增加，资本收支出现巨额的顺差，但由于进口大量的商品和服务项目而出现的逆差额超过因输出而出现的顺差额，因而债权额有所减少的国家。根据《经济白皮书》的统计，1926～1944 年英国的国际收支状况就是如此。因此我们认为，这个时期工业发达的英国从成熟债权国转变为债权减少国，大大地推动了美国、德国、日本等仅次于英国的新兴工业国家的商品和服务项目的出超。

表 4　各国国际收支发展阶段

	I 未成熟债务国	II 成熟债务国	III 债务减少国	IV 未成熟债权国	V 成熟债权国	VI 债权减少国
英国				1851—1890 年	1891—1925 年 1948 年—	1926—1944 年
美国		1871—1890 年	1891—1910 年	1911—1940 年 1946—1970 年	1971—1982 年	1983 年—
日本	1868—1880 年	1881—1914 年	1915—1920 年 1946—1970 年	1921 年 1970 年—		
西德			1951—1970 年	1971 年—		

资料来源：根据［日］《1984 年经济白皮书》编制，在各栏中，上段的数字为战前，下段的数字为战后。

由世界银行划分的六个发展阶段　　根据上述发展阶段，世界银行把对国际收支的三项循环周期（资本收支周期、商品及服务项目收支周期、投资利润及利息收支周期）同对外资产及负债余额周期（对外纯债务及债权余额周期）连接起来，绘成"对外债务及债权周期图"（见图 5）。如图 5 所示，世界银行尽管把"成熟债权国"看做为国际收支发展模式的最后阶段，但是，它在图 6 中做了些更动，也画进去了"债权减少国"阶段。这六个发展阶段分别为：

第一阶段——未成熟债务国（Young debto）　这个阶段的特点是：（1）商品和服务项目收支出现逆差（B）；（2）利息收支出现逆差（C）；（3）资本收支出现顺差（A）；（4）对外债务余额猛增（D）。

第二阶段——成熟债务国（Mature debtor）　这个阶段的特点是：（1）商

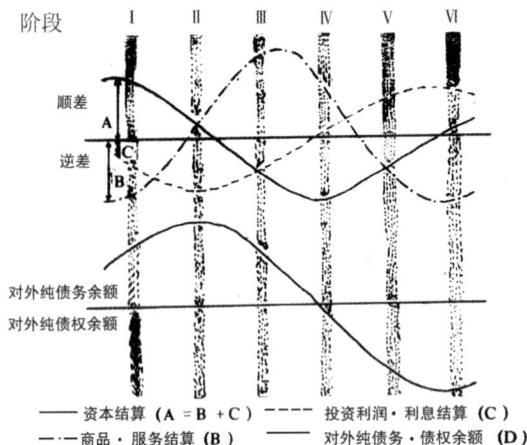

图5　对外债务和对外债权的周期

品和服务项目收支逆差转为顺差（B）；（2）利息收支出现逆差（C）；（3）资本收支顺差额减少（A）；（4）对外债务余额达到最高点（D）。

第三阶段——债务减少国（Debt reducer）　　这个阶段的特点是：（1）商品和服务项目收支顺差剧增（B）；（2）利息收支逆差锐减（C）；（3）资本收支顺差转为逆差（A）；（4）对外债务余额急剧减少（D）。

第四阶段——未成熟债权国（Young crdeitor）　　这个阶段的特点是：（1）商品和服务项目顺差达到最高点（B）；（2）投资利润和利息收支转入顺差（C）；（3）资本收支出现逆差（A）；（4）对外债权余额超过对外债务余额（D）。

第五阶段——成熟债权国（Mature creditor）　　这个阶段的特点是：（1）商品和服务项目收支出现逆差（B）；（2）投资利润和利息收支出现顺差（C）；（3）资本收支出现逆差（A）；（4）对外债权余额剧增（D）。

第六阶段——债权减少国（Credit reducer）　　这个阶段的特点是：（1）商品和服务项目收支出现逆差（B）；（2）投资利润和利息收支顺差（C）；（3）资本收支转为顺差（A）；（4）对外债权余额达到最高点（D）。

日本经济将转入下一个发展阶段　　我们从图6中可以看到，四种循环周期的相互关系，反映了各国的不同发展阶段。但是，图6并不表示特定国家每个发展阶段的具体时间。这是因为，各发展阶段的长短，取决于该国的经济发展速度。正因为如此，笔者编制了"各国国际收支发展阶段表"（表4）。我们从表4中可以看到，曾经走在发达国家前列的英国和美国，以及后来居上的日本和西德等国家，是从何时起处于国际收支的某一特定阶段，而又从何时起开始转入下一个发展阶段的。

另外，从表 4 中我们还可以看到一个引人注目的事实，这就是所有的国家都有不同的发展史，而且，日本经济也不可能永远停留在目前的发展阶段上。我们从 1984 年的《经济白皮书》和《通商白皮书》中可以看到，目前日本经济正处在第四阶段即未成熟债权国阶段。事实上，1985 年日本的贸易顺差额达到 461 亿美元，它表明日本经济正处在未成熟债权国阶段。然而，从表 4 中我们可以看到，无论是英国还是美国，都经过第四阶段（未成熟债权国）转入了第五阶段（成熟债权国）。英美两国停留在第四阶段的具体时间各异：英国为 40 年（1851—1890 年），而美国则为 55 年，亦即战前 30 年（1911—1940 年）和战后 25 年（1946—1970 年）。

同样，日本也不可能永远停留在第四发展阶段上。日本已经在第四发展阶段上停留了 16 年（1970—1985 年），因此，要么在本世纪末，要么在 21 世纪初，日本也会像英国和美国那样，将不可避免地转入第五阶段。事实证明，目前像美国这样走在发达国家前列的国家，已经转入第六阶段即债权减少国阶段。这一点，也可以让我们清楚地看到美国成为纯债务国的整个历史过程。

（金洪云　译）

（《社会科学战线》1987 年第 3 期）

隐形城市

——拉丁美洲城市的家庭和社会网络

〔墨西哥〕拉里萨·尤里茨

前　言

在复杂的城市社会中，社会关系可分为正式与非正式的两个截然不同领域。这种领域一种是由一组正式的关系和一套合理地产生于制度性结构的准则构成的，其目标是根据集体生活的普遍原则去规范和再造社会生活。国家政权按照多种结构自定的标准与条例，去限定个人从属或服从的正式组织结构。例如，每个人都要上学，要在医院里出生，在不同组织内工作，并且属于不同党派等等。这些组织中官方的规章，划定了人的行为规范，而人们则要遵照这些规章行事。国家采用司法方式确定了每个公民的权利与义务。

另一领域是非正式的，是由产生于文化习俗的一组行为和社会关系构成的。主要涉及个人的忠诚和社会交往的定义。这些准则确定了家庭和友谊这类以文化划分的社会范畴所能接受的行为。

非正式领域的行为往往（但非总是）同正式结构强加的准则关系不大，甚至背道而驰。正式领域要求个人根据社会权力结构规定的非个性普遍原则，就资源开展竞争。而非正式领域则编织个人合作与团结的个体网络，以适应按文化确定的行为准则。正式领域是要适应权利结构的需要，使该结构得以延续与再生，并把越来越多的资源集于一身。非正式领域则要满足个人为在正式结构中求生存与发展而交换资源的需要。

因此，人们会看到这种情况：政治和经济权力机构把某些违背其特定社会"文化本质"的正式准则强加于人，从而把个人置于必须在两种可能的行为中择其一的地位。其中一种行为是通过正式机构和权力组织强加下来的，另一种则蕴藏于文化基本原理之中，它关系到个人对自己及其所属的有关团体的赤诚之心。按理说，正式的法律应该考虑文化传统，以尽可能避免对抗行为。但是随着社会日益复杂化，一个人保护自身（包括家庭和友人）利益的斗争，并非总与全社会的利益相一致。因此，正式的规章时常有利于个人利益，不利于实现以文化限定的价值，从而产生出正式与非正式的两组行为。

许多研究资料已经描述过这一两重性的诸方面：如正式部门对非正式部门（卡斯特尔斯和波特斯，1986）；第一经济对第二经济（汉基斯，1986，格罗斯曼，1983）；自由思想意识对一致性思想意识（龙尼茨，1971）。然而重要的是，这种两重性不应使我们认为存在两个相互独立、截然不同的领域。恰恰相反，正如我们后面将看到的，两个领域可以紧密结合在一起。前面所说的双重性既不完全是人口或制度性问题，也不仅仅属于经济范畴。更准确地说，它可以被确定为两类社会行为的区别，即使就在同一些人当中；这两类受到不同原则制约的行为，也会导致不同形式的相互作用。

近年来，人们对理解城市人口的社会流动和生存战略的性质，表现出了兴趣。人们发现，拉美城市中的非正式社会网络，已成为一个重要手段。这种"社会资本"能使一个人得到产生于正规制度但又不能以正式手段得到的资源。由于目前的危机，亲属关系（真的和假造的）、朋友和邻居都得到了利用，从而扩大了他们的潜力。过去几十年盛行的乐观主义是基于一种信念：工业化能解决拉美人口过剩、贫困以及就业不足的问题，但这种观点骤然瓦解了。如今，正规的秩序还远未建立，但城市中不断增长的非正规现象却比比皆是。

一致性原理

社会网络是个人（巴尼斯，1954）之间通过某一预定变量连接起来的关系领域。社会学家用来确定这一领域的变量，可能涉及社会联系的各个方面（亲属关系、信息、经济交流、社会联系，等等）。网络不（像一个大家族那样）是一个圈定的、界限分明的团体。它是一个科学的抽象概念，有助于说明在某一社会空间的个人之间的一组复杂关系。

城市远远不止是街道、楼房和纪念碑的集中地，也不止是正式机构，社会阶级与阶层的聚集处。在这些确实存在或想象之中的正式机构里，有一个社会在起作用，它是由个人按分类与交流的文化准则形成的社会关系构成的。这些自我中心的关系就是个体社会网络或者社会的交换领域，每个人都是一个一致性网络中心，同时又是其他个体网络的一部分。

社会一致性是指社交中出现的商品、服务和信息的交换制度。个人在一致性网络之中的交换在互惠条件下（比如在不同的时候具有同类资源和同类短缺的个人当中）可能是横向的。而在资源不等和再分配型交换（波兰伊，1957）的条件下，又可能是纵向的。

每个人都有"一批"实际的和潜在的关系。这些继承的或者后来结成的关系，按照文化或个人划分的社会距离或"Confianza"（直译为"信任"）归类于一个思想认识图中。交换是依据与这些分类相关的文化准则以及个人对"信任"的理解进行的。

换句话说，世上存在一种社会行为的标准"原理"，它能确定关系和预计行为的结构与类别。历史和个人的经验间接地影响着这一原理，逐渐修改着它的法规和规范，使它成为社会行为的"语言"。

在墨西哥以及整个拉丁美洲，亲属关系网是一致性原理的核心。这不仅仅是因为亲属关系能产生人们共享的社会关系，而主要是因为家庭是个人的第一社会网络，并因此提供了所有一致性网络的基本模式。兄弟姐妹及远亲之中的横向联系和与之相对的父母权威的纵向联系，是横纵两向关系的典型，并且构成了整个社会权力结构的基础。

一个人毕生都在通过接纳亲属网以外的关系来扩大他/她的一致性网络。我们把这些关系称作"朋友"，但要知道，友谊以及亲属关系的密切程度是不同的。有的时候，两个网络相互重叠，因为亲属团体的某些成员也可能受到私人友情的制约。

亲属网络

在墨西哥或在整个拉丁美洲，大家族或者拥有三代人的集体是一致性的基本单位。因此"家族"作为文化的象征代表着一个有关的团体，它理想地由一个人的父母、兄弟姐妹、配偶和儿女组成，构成了社会的基石。重要的是把作为一致性的基本文化单位的"家族"，同作为居住和经济单位的"家庭"区别开来。某一文化的成员共享其家族的理想，并在生活当中不断举行仪式，进行社会与经济交流和思想约束，以寻求理想上的一致，但这些活动却要视阶级或实际机会的差异而定。

给家庭下如此定义的社会，完全不同于把夫妇加孩子组成的基本或核心家庭视为一致性基本单位的社会。首先，大家族是个规模大得多的单位，而且整个有关的亲属组实际包括叔叔舅舅、侄子外甥、堂表兄妹等等。此外，大家族单位的活跃寿命可达40多年，以父母双亡告终。亲属间的关系通常也会在父母的有生之年得到维持。

我们对墨西哥和智利（龙尼茨，1971，1975，1988）的穷人以及中产阶级所做的研究说明，作为文化结构的大家族大多能随时间的推移使自己得到再生并保持不变。像平等交换住房或家庭用具的物质生活方面，则根据具体的历史形势、经济因素和技术进步而发生变化。但是文化这一使社会成员理解其社会的基本原理，演变得极为缓慢。大家族作为一致性的基本单位，对墨西哥社会和都市生活的结构具有深刻的影响。大家族可以用来比喻整个墨西哥社会的构成形式。

血统的分裂与演变

孩子首先对自己的父母和亲属产生一致性关系，尔后这种关系又扩大到父母的血缘亲属，自己的配偶和子女，最终直至自己的孙子孙女。直系亲属关系的地位优先于旁系亲属，墨西哥的继承法（罗基娜·维莱戈斯，1976；萨拉斯·利祖尔，年代不详）就反映出这一规律。

在四代人的集体之中，可以发现亲属网中的第二个最高的一致性级别。这一团体是由同一位曾祖父的直系后裔组成的。我们把这四代人的集体称为"分支"。但分支成员间的亲密程度低于大家族成员，但又高于亲属网内其他成员间的亲密程度。

所有的分支都属于某一"血统"，其定义是"夫妻的所有后代，这包括夫妻双方的血统"（弗里曼，1961）。一个血统拥有其成员，是家系学的一种现象。两个人可能处于相关的家系位置上，但相互没有交流，甚至不知道对方的存在。然而与基于两代核心家庭的亲属结构相比，在基于大家族的亲属结构中，同血缘成员有更多机会相会，并能相互施加巨大的社会影响。据说，墨西哥的每个人都有四种血统，即祖父母的血统和外祖父母的血统。每个人都知道这四个对应的姓氏，而且有这四种血统的任何人都可能被认为是亲属。

虽然一种血统按理说可以随着时间延伸到无数代人，但实际上它受到每个成员认识领域的局限。它要么只限于有某种私人联系的成员之间，要么通过家族的传说得以流传。在我们研究的上层家庭中，我们发现多数成员至少知道祖上五、六代人。这超过了城市贫民对自己前辈的了解，因为他们经过移民，可交换的资源较少，并且没有很多机会来维持家族史赖以传播的仪式。

亲属

如果一个血统是由夫妇二人的所有后裔构成的，"亲属"是指一个人与配偶双方所有的同血缘关系（墨多克，1964）。这是一个认识范畴，它把个人作为参照点，又受到自我的限定（弗里曼，1961，坎贝尔，1976；佩里尼奥，1961；基辛，1975）。弗思（1971）指出，亲属在现代复杂的社会当中不是真正的社会集团，因为亲属成员是以自我认识为基础的。但是接纳与排除某些成员的标准并不完全受个人兴致的左右，在亲属的结构之中，交换关系的发展起着重要作用。

因为婚姻并不意味着家庭纽带的破裂，拉美的亲属制度具有双边性。一个人即使结婚后，也不能无条件地被认为是配偶大家族的一员，但其子女却可以成为该家族成员。我们在研究墨西哥城（龙尼茨，1977；龙尼茨和贝雷斯一利祖尔；1988）时发现，三代人的大家族单位通常包括 10 到 20 名成年人和 10 到 40 名儿童。一个人是在两个这种大家族（即父母双方的）里出生的，既然叔叔舅舅和祖父母都是基本的一致性单位的一部分，一个人也就容易同兄弟姐妹和远房亲戚这些和自己有关的人接触。因此，一个人往往知晓众多亲属的存在，并可以从他们那里得到（或向他们提供）社会、仪式或经济方面的支助。

双边性包含大家族间的内在冲突，因为人们期望每个已婚者除了为配偶的父母和兄弟姐妹尽一系列新的义务之外，还要继续履行他或她对自己父母和兄妹的义务。由于社会上的家长制倾向，这种双重要求对妇女的影响尤甚。冲突往往在礼仪领域表现出来，在母亲节和圣诞节时最为突出。夫妇二人先去探望谁的母亲？他们应同哪方的家人欢度节日？

另外，尽管存在着公开或不公开的竞争，但夫妇二人都认识到，无论对哪方的家庭以诚相见并尽义务都是重要的，而且他们的子孙也可以从双边性提供的更广泛的社会网络中获益。因此，抑制冲突的策略便应运而生。其中之一是以礼仪为基础的，因为两大家族都要参加有关核心家庭成员的成年仪式。另一个策略表现为与配偶的兄弟姐妹、特别是兄间的一致性趋势，我们在这里看到了许多私人友情的事例，它们体现在社交活动、旅游、足球赛、甚至合伙经商的活动中。

在人类社会当中，礼仪上的一致极为重要，婚礼、洗礼、葬礼等仪式都是大家族和亲戚朋友一起举行的。一个人在参加这些活动时有大家庭的陪伴，这说明他"不孤独"，而且生活有"意义"。

所有成员的社会关系形成了一个必要时可以发掘的资源储备，因此个人地位的变化对整个大家族都有影响。每个家族的阶级、家庭的结构以及发展阶段不同，一致性的表现方式也不同。属于一个家族意味着属于某一社会集团、阶级或阶层。从这种意义上讲，每个人都使自己符合大家族的期望，并指望大家族的支持作为回报。基本的家庭义务包括交流，经济资助、出席家庭的仪式以及取得社会认可。

亲属间的交流包括信息以及商品和劳务的交换。亲戚间的信息对流，有助于亲属认识图的形成，以全部或部分地供他们使用。这种信息很典型地包括在世或已去世的亲属的血缘关系、名字、突出的性格以及其他有关的传记性细节。其重要性在于，一个人的亲属实际上依靠自己手中的信息。例如，兄弟姐妹本应有相同的亲属，但是由于个人对亲属的认识以及信息得失量上的差异，他们在这点上却时常不一致。有些亲戚对包括其他成员的整个血缘族并不了解。一个人的亲属关系随个人的交往而增加，也随信息的缺乏而缩小。信息的交流主要发生在正式与非正式的社会交往之中。信息是在制度化的舞台上更新的：出席仪式性的家庭聚会，相当于成员间对家庭关系的认可。

在亲属网络之中，商品与劳务的交换是第二个最重要的交换类型。在经济地位相当的亲属当中，出现了无数笔交易。其交换内容要看家族所属的社会阶层具有的资源和需要而定。这有可能是企业家间的商业交易、或者专业人员间互相请教、或是官僚中产阶级之间为阶级生存开展的互助，也可能是城市贫民间争取自身生存的活动（详见龙尼茨，同上，1977；1971；1988）。

亲属间交换的密度不是随机的，它取决于个人信任或曰"Confinza"。信任体现并衡量两人之间交流信息与互相帮助的能力与倾向。它取决于家系上的亲疏、地理上的远近、经济上平等与否、年龄上的对比和思想上的异同。信任是社会和经济平等的人之间进行交换的前提，然而交换行为本身又加深了信任的程度。因此，如果一方停止了对等交换，另一方就会减少甚至终止求助所需要的信任。

居住的型式

家庭一致性的结构与型式在城市这一空间里得到了体现。尽管现代城市社会的理想型式是让年轻夫妇另立核心家庭，但我们在墨西哥各社会阶层进行的研究表明，人们并不总喜欢另立新家。比如我在研究贫民窟时发现，实际上仅有15%的住户是新移居那里的。其他人的居住方式各不相同，但所有人都倾向于让更多的大家族成员聚居在一起：要么让扩大的家庭居住在同一处，要么作为邻居共同承担照料孩子、做饭和支付费用的工作。这一倾向在城市里引起了对地皮的不断争夺，因为亲属都尽可能住得近些。这也反映在对地皮本身的使用上：原有的房屋外面又加盖了新房，供新迁入的核心家庭居住，大家在院子里开展社交活动，从事洗衣，烧饭和饲养家禽家畜。

中上等阶级，另辟新居的倾向较明显。这种表面的独立性却掩盖着另一种倾向。新婚夫妇大多在父母或其他大家族成员居住的地区寻找住所。我们在上层社会竟然发现了与贫民窟相似的格局：企业家在发展中的新上层社会居住区购买大块地皮，建立父系住宅，并把院内部分地皮卖给女儿，以便她们婚后建房。孩子们在成长过程中，与堂兄弟姐妹一起在花园玩耍，并能每天与姑姑、叔叔和祖父母接触。

坚持靠近大家族其他成员居住，是需要（在一个两千万人口的城市里）尽量缩短相互间的自然距离的结果，以便保持对等交换和思想一致。这就形成了各种或去或留的趋势，因为每个人都力争把自己的家人拉到他或她那一边。

中产阶级面临着维持本阶级生活水平并与近亲为邻的艰巨任务。他们对地点的选择是有限的，因为他们必须找到支付得起租金的合理住房。这往往要得到国家或他们所在机构提供的"社会住房"才能办到。这些公寓一般都很小，而且不是根据墨西哥家庭的想法设计的。大家族成员很少在同一栋楼内争取公寓住房，但他们并未放弃争取聚居的斗争。

友　谊

在所有复杂的社会中都能发现友谊或其类似关系。社会本身和构成社会的亚文化群规定了"朋友"这个词的确切含义，明确了可以从朋友那里得到什么和附属于该文化类别的权利与义务。

朋友网通常是一个人一生中逐步形成的。要想把朋友纳入这个网络，就要看一个人能在多大程度上向他人，如同事、邻居和俱乐部成员接触。这种关系内部的变化，将决定朋友间的社交程度。信息、商品和劳务交换在选择友谊时起着举足轻重的作用。

友谊可以作为手段或表达感情或两者兼而有之。和亲属与家族之间一样，朋友间社交的密切程度也不一样。这取决于约束他们的"信任"。于是，可以根据交换的多少与类型，将朋友分为"至交"、"朋友"和"熟人"。交换可指经济资助、有关某人或其他任何问题的信息、各种社交活动以及一致性的礼仪。如果同等地位的人之间出现这种关系，交换将是相互的，尽管时间不同，但交换的商品与劳务的种类是相同的。

虽然交换量是由社交上的亲疏决定的，交换本身又可以改变朋友间的信任程度。因此，新相识之间的重要交换，可以提高一个人在其他人的意识图中的地位。另一方面，一个密友的行为如达不到自己的希望，就会降到意识图较偏的位置，甚至走到断绝友情的极端。

人们常听到移民就适应新环境普遍发表的意见，现在的友谊缺少过去友谊的那种质量。移居国外意味着要在对友好行为期望不一定相同的人中结交新朋友。难怪移民大多与本种族群体的成员结友，努力在国外重建自己的文化。

朋友构成了一致性网络的一个重要部分。假如把一个人的亲属网同其友谊网相结合，我们就能得到数量相当可观的一致性关系。如果我们也考虑到，一个人最终可以接触到其网络内所有成员的个人关系网，那我们就能理解即使在墨西哥城这个两千万居民的城市中，一个人也并不孤独。

拉美城市中出现的情况是：由普遍原则构成的旨在使所有社会成员受益的

官僚逻辑，受到无形的私人关系结构的制约，这种关系可以改变城市正式机构与组织的实际工作成果。

支配与服从的文化实质

个人的非正式社会网作为一个整体，并不局限于社会地位平等者间的对等交换网。被称为雇主与雇员关系的非对等关系，产生于资源占有量有巨大差异的交换伙伴之间。"雇主"有"雇员"需要的资源，雇员则以对雇主的忠诚相交换。

这是典型的恩惠关系，因而不如对等关系那样灵活、可变。限定一致性关系的变量是信任，而雇主与雇员关系中的变量则是忠诚和名誉。例如，一名当选的公职人员不仅要忠于选民，也要忠于帮他得到这一职位的赞助人。要保住这一职位，就必须让更多的人忠于自己并提高自己的威望，因此也就必须使雇主与雇员保持有利可图的交换。

雇主与雇员关系通常产生于传统和文化要旨，因而不能同正式的纵向结构混为一谈，因为它们可能同组织和机构的正式构成一致，也可能不一致。直接产生于正式逻辑的纵向关系是非个性的等级关系，建立这种关系的目的在于同样地满足所有社会成员的利益，而雇主和雇员关系则主要针对个人利益和忠心。但两者都可能同政治、市场或其他正式事务相重叠。

例如，某一行业的所有者和雇员之间可能出现以忠诚为基础的关系。雇员会因此保护所有者的经济利益，以便在必要时换来私人间的让步。

亲属关系和友谊时常交织在一起，或者产生非对等关系。其典型事例是，父亲把家庭的资源集中起来，然后在亲属之中重新分配。在横向的同事或亲属网中，假如一名成员获得一批较高级的资源，网络的结构就会从一个对称的圆形变成锥形的纵向结构，在这种结构里，成员既分享共同利益，又忠于自己的集体和领导人。领导人此时拥有两种资源：既可以接触到地位显赫的雇主，又能得到雇员团体的忠诚和支持。

资源的匮乏是所有非正式关系进行交换的出发点。而雇主与雇员关系中的交换则是在市场领域以外进行的，因为那里没有货币交换。资源的交换是再分配性的（波兰伊，1957；布劳，1964；萨林斯；1965；），而且纵向地出现在两个方面。资源在上层增长并积累起来；而在下层，资源却因为非正式的标准而得到不平等的再分配。纵向关系是把一个系统的资源分配给整个组织的主要途径。资本和权力向下层流动，而劳动和忠诚则被吸引到上层。物质报酬和个人手中权力的总和，确定了一个人在组织中作为中间人的地位。

　　墨西哥根据各集团生产的资源的种类，在形式上将其结构纵向地分割成叫作"部门"的塔形法人实体。政府部门产生的资源是政治权力，而私营部门产生的是资本。因此，在人们提供的不同服务，从事的不同工作以及对任务、思想意识和价值体系的不同期望之间，出现了分化，整个生活方式也随之发生了分化。对部门的忠诚甚至在居民区、社会地位表征、娱乐、艺术形式、仪态以及自我表达之中得到体现。

　　随着每一部门规模的扩大，它会生产出更多的资源，因而有条件在每一领导人下面设立更多的下级职位，在每个中间人下面设立更多的团体，最终在机构内部各处都设立更多的等级层次（亚当斯，1975）。在更高一级领导或中间人下面，可能会有几个级别相似的领导人。这样，某一级别的领导人之间的关系就不明朗；他们忠于同一位领导人，但又要为相同的资源开展竞争。组织原则可以确定为上层集权、下层分权。

　　然而在这种分支繁多的正式结构中，存在着能在很大程度上改变其实际作用的非正式雇主与雇员关系。比如，一位雇主可以控制一位竞争者的下级雇员，因为一个人对曾是上级领导的雇主会比对其现任正式领导更忠诚，尽管这位雇主目前完全是另一部门的人。

　　再举一个例子，一个人可能对一名下级人员具有正式的支配权，但这名下级又同此人的上级有着牢固的非正式联系。在这种情况下，这名下级就不那么容易受这种支配权的制约，实际上他倒可以作为制约这个人的告密者。一个机构最高领导人正是通过这种非正式的雇主与雇员关系来掌握情况，从而对自己机构各级实行控制。在正式机构中，没有非正式对等交换网或纵向雇主与雇员关系网的人，就很少有爬上等级阶梯的机会，因为正式的社会团体权力机构其实是通过在其内部建立的非正式庇护网起作用的。

结　论

　　从概念上讲，正式与非正式是指受不同原则支配的两个不同领域的社会活动，它们在不同的人当中引起不同形式的作用。根据集体生活的普遍原则，正式活动显然是受正式机构支配的，因而具有公开性。非正式活动是暗中受文化准则制约的，是为个人私利服务的，因而是非公开性的。

　　任何一种生产方式都不是在真空中产生的，而是在由文化决定的社会关系的环境中出现的。这些社会关系必须受到生产方式的改造或包容，而生产方式又因此而得到改造，为的是保证其再生产和生产率。资本主义未能消灭地区文化，而社会主义却因为信奉它的社会的文化不一而出现差异。

目前在拉丁美洲，非正式活动在正式机构中蓬勃发展，让我们以一个拥有某些资源的雇员为例。一方面，正式的准则与规章告诉他或她怎样为公共利益使用资源。另一方面，他或她受到自己对雇主和雇员表现出的纵向忠诚的制约，因为这种忠诚对于巩固其等级地位是至关重要的。最后。人们还希望他或她维护横向的一致性政策，并在亲属和朋友中进行交换。因此，非正式领域影响着正式活动所起的作用，它有时能使正式活动更具活力与灵活性，但时常又使正式机构的人员转而为个人目标而努力。

在出现危机的时候，资源的匮乏促使个人调动非正式社会网络（即他或她的"社会资本"），以求生存或维护某些社会特权，这样就突出了阶级差别，也阻碍了社会流动性。正式机构为保护其利益所做出的反应是：改变其标准与规章，因而也就改变了非正式领域的作用，从而使两个领域实际上紧密地结合在一起。

军事政变、战争、石油价格浮动等引起的不安定和社会动荡，使拉美的历史声名狼藉。拉美人民做出的反应是，强化一种文化，使它具有能够经受正式社会变化的牢固的个人社会网。或许从长远来看，经得起动乱考验而且比城市广场上走马灯一样变换的铜像更持久的，还是隐形的城市。

（会议翻译组　译）

（《社会科学战线》1990 年第 2 期）

六朝民歌映现的原始阿注婚残迹

（台湾）洪顺隆[*]

序　言

　　生活是人类维持生存的活动，是自有天地以来，直至今日，连续不断的生存活动，它沿着自身发展的道路在各个时代相应地变化，在前进过程中，总有某些部分，被某些团体保存下来，如火之传薪，由此薪到彼薪，永远发展变化下去。那些保存在某些团体中的因子，总会被后代袭用，如《礼记·礼器》说："三代之礼一也。民共由之。或素或青，夏造殷因。"礼有因袭，正是人类生活有因袭的一个片面。原始时代的生活习惯，虽然经过长时间的发展，它的原始意义早已被人们遗忘了，徒留形式，而所留下的形式又因为相关条件有所改变，使原始形式受到修正而有所变形，以至于被人人所忽略，就如一位受尽风霜的人，脸形有了变化，让人乍见不知是故人一样，但仔细辨认就知道他是老相识，原来它本就是原始风俗和仪式的某部分，在文明社会里，经过整容而显现的新面目。

　　最近为了研究六朝的抒情诗，把六朝有关的抒情诗材料重新阅读分析一遍，发现有少数民歌，表现异情求爱，还保存着原始爱情活动风貌，由是激起了我追根究底的好奇心，想借助考古学、民俗学、民族学等方面的专家研究成果，对它作一次观照，希望由此能揭开那些爱情诗中含蕴的原始民俗真相。

---

[*] 作者单位：台湾中国文化大学文学院。

一、由六朝一首民歌的剖析说起

首先让我们看下面这首民歌："可怜乌臼鸟，强言知天晓。无故三更啼，欢子冒闇去。"① 这首诗大意是：可爱的乌臼鸟啊，汝拼命的叫着叫着，说是天亮了。汝无缘无故的在三更时候就啼叫，弄得我的爱人冒着暗夜就走了。

乌臼鸟，是鸟名，《本草·伯劳》（附录）说："鹎鶋，罗愿曰：'即祝鸠也，江东谓之乌臼。'"又引《丹铅总录》云："乌臼，五更鸣架架格格者也。滇人以为榨油郎。（南人）又曰凤凰皂隶，汴人呼为夏舌，如燕，黑色长尾，有歧，头与戴胜，即《尔雅》之鹎鶋戴鵀也，又名批颊。"这种鸟每天五更时候叫，天亮就停止。平时乌臼鸟啼叫，天刚亮，人们恰好从梦中醒过来。听了它的叫声，就像现代人听到晨钟声响一样，赶忙起床开始新的一天活动了，所以农人拿它当报时器。②

《乌夜啼·其四》这首诗中，那乌臼鸟不按往日的习惯，在五更啼鸣，弄得那位到女主角家中过夜的男主角听了，误以为天已曙，晨初时刻已到，匆匆披衣走了，男主角冒着三更暗冥离开，女主角一夜中温馨的恩爱还没享受够，自然要埋怨那只"强言知天晓"，外行充内行的乌臼鸟，打断了她的好梦，破坏了她爱情的享受了。

读这首诗，如果把它当作一首一般性的偷情诗，那是表层的看法。研究者若只识晓表层的认知，那么他也就只能停留在表层世界，无法去扣另一扇门，进入深层的殿堂。仔细玩味上引这首诗，徐了表层形象外，显然还含有深层的潜象在。这深层的潜象需要运用另一种方法把它那表面的薄膜剖开，才会显现出来。

想透入深层，去了解这首诗，我们就得先有个假设，假说这首诗是某种原始爱情生活的体现；不然，它是某种原始生活的深层意识，透过代代相传，遗留在后代人类的潜意识中，由于潜意识作用的反映，那种原始生活的某种仪节，在后世子孙的行为上透露出来了，依这种假设上的认知，我们认为这首诗所表现的男女爱情进行方式，也就是他们的爱情行为，受到了原始时代的祖先们经营爱情的行为影响，他们的恋爱方式，是原始祖先恋爱行为的显影。

---

① 此诗见逯钦立编《先秦汉魏晋南北朝诗》，台北：木铎出版社，第1374页。

② 参考李时珍著《本草纲目》卷499，国立中国医药研究所出版，1981年，第1471页。

二、原始社会中的男女关系

中国民族的来源，由荒古，经三皇五帝，以至虞、夏，是由原始社会到原始母系氏族社会的时代。虞、夏时际，中国还在母系氏族时代，所以《吕氏春秋·恃君》云：“昔太古尝无君矣，其民聚生群处。知母不知父，无亲戚、兄弟、夫妇、男女之别。”《白虎通·德论》说：“民人但知其母，不知其父”。《论衡·齐世》同样也说：“知其母而不识其父。”① 神话中的帝王多有母而无父：华胥履大人迹生伏羲；安登感神童生神农；附宝感星生黄帝；庆都感龙生尧；握登感虹生舜；姜嫄履帝武，生后稷。② 也都是母系氏族社会流传下来的传说。

这时期，人类由女子生，故崇拜女子生殖器。如新石器时代的彩陶（Painted Pottery）上多有三角形如“▽”的花纹，是崇拜女子生殖器的象征。此三角形，后演变为上帝的“帝”字。铜器的“▽已且丁父癸”鼎、及“▽已且丁父癸”卣，上一字“▽”为帝，第三字“且”为祖，祖不必为父之父，凡在父以前的均为祖，由父上为祖，祖上当为帝。是拜帝乃拜“▽”的遗响，这也可作为母系社会时代遗迹的证明。《诗·鲁颂·閟宫》：“赫赫姜……是后生稷……春秋匪解，享祀不忒，皇皇后帝，皇祖后稷。”以女性的“姜嫄”而置在男性的“皇祖后稷”上，而祀为“后帝”，是亦先崇拜女性之证。③

神话中最古有女帝王，据《淮南子·览冥训》、《风俗通》、《帝王世纪》

---

① 衡聚贤：《古史研究》，上海：上海文艺出版社、民俗民间文学影印资料之五十，1990 年，第 168–169 页。

② 《诗含神雾》：“燧人之氏，大迹出雷泽，华胥履之，生宓牺。”《御览》78 引；《春秋命元苞》：“少典妃安登，游于华阳，有神童感之于常羊，生神子，人面龙颜，好耕，是为神友。”《路史后记》三，注引；《帝王世纪》：“黄帝……母曰附宝，见大电绕北斗枢星照郊野，感附宝，孕，二十四月，生，黄帝于寿丘。”《绎史》五；《宋书·符瑞志》：“庆都观于三河，常有龙随之……感之，孕，十四月而生尧于丹陵。”；《宋书·符瑞志》：“母曰握登，见大虹，意感而生舜于姚墟。”《诗·大雅·生民》：“阙初生民。时维姜嫄……履帝武敏·歆·攸介攸止，载震载夙，载生载育，时维后稷。”以上文献见衡聚贤：《古史研究》，上海：上海文艺出版社、民俗民间文学影印资料之五十，1990 年，第 67–168 页。

③ 衡聚贤：《古史研究》，上海：上海文艺出版社、民俗民间文学影印资料之五十，1990 年，第 169 页。

等文献的记载①，女娲为最古的女帝。可知中国上古有母系时代。

母系时代的男女关系，是在群婚制制度下形成的。在母系氏族制的亚血族群婚时代，是儿子出嫁，女子承家的时代，父亲若在这个氏族的"长屋"中生活，则儿子必须到另一个氏族的"长屋"中生活。② 在这种制度下，正如前引《吕氏春秋》、《白虎通》、《论衡》所说的："子知母而不知父。"③

这种制度在夏代盛行着，故《尚书大传》卷4云："吴越之俗，男女同川而浴。"王文清《再论吴越同俗二》云："夏禹时吴地的'裸国'或'裸民'之处的文化，即相当于分布在今江浙沪等地的良渚文化……这种文化也分布于宁镇地区，向北到达江淮之间……大约相当于唐虞到夏代初期。"良渚文化是由母氏社会进入父氏社会的前夕，到商代尚可见到这种制度，甚至春秋战国时代，尚存留那原始遗俗。如《左传》桓公十五年，郑祭仲妻对她的女儿说："人尽夫也。"《诗·郑风·褰裳》："子不我思，岂无他人。"那都是乱婚制的遗痕；而春秋时所谓"媵"的制度，即为群婚制的残余。④

这种原始婚姻制度，体现在男女关系上，是男人往女子家营男女性生活。虽然母系氏族社会制度到了商代中期以后已经随着奴隶制、封建制的成立，而消失；然而其遗风末俗仍不断如缕，为后世某地域人的生活所承袭，时有所见。

据常金仓先生说："古人选择初婚时刻进行亲迎，本来是袭用了氏族制下'走访婚'的习俗。"⑤ 不但春秋战国时代有这种风俗，秦汉三国六朝时，也有这种婚俗留存。《后汉书·东夷传》："其耆老言海中有女国，无男人，或传其国有神井，阚辄生子云。"在后汉时代，尚有边疆少数民族停留在母系氏族社会时代，国中无男，却能生子，于是造出"有神井，阚之辄生子"的传说，

---

① 《淮南子·览冥训》："于是女娲练五色石以补苍天……冀州平，狡虫死，颛民生。"《风俗通》："俗说天地初开辟，未有人民，女娲抟黄土为人，剧务，力不暇供，乃引绳絚泥中，举以为人，故富贵贤者，黄土人也；贫贱凡庸者，引绳絚人也。"《帝王世纪》："女娲氏……是为女皇。"见《古史研究》，第171页。

② 李衡眉著：《论昭穆制度》，台北：文津出版社，1992年。

③ 参考《江苏史论考》（江苏省社联历史学会、江苏省社会科学院历史研究所编），江苏古籍出版社，1989年，第8-12页。《中国古礼研究》第二章《从〈礼记〉看古体的起源与整合》，郑昌林著，台北：文津出版社，1992年，第94-95页。

④ 参考衡聚贤：《古史研究》，上海：上海文艺出版社、民俗民间文学影印资料之五十，1990年，第165-210页，该书引证丰富，本文仅引一、二以为证据。

⑤ 常金仓：《周代礼俗研究》第1章《礼俗的概念和理论·三·礼的前身原始礼仪》，台北：文津出版社，1993年，第14-15页。

无男或是事实，但能生子，必是外地的男人到那里和"女国"的女子发生性关系，然后就离开了。"可见后汉时的边疆少数民族，还停留在原始母系社会时代，男女关系还维持着那种男到女家营性生活，然后就离开的风俗习惯。据说汉代以后，进入阶级社会的各地越人，往往保留着原始社会的婚姻习俗或其残余……这一习俗过去也曾长期残存于……东南及岭南东部曾为古代越人居住区的某些汉族中。"①

这种风俗习惯，不但是古代，即使民国以后，还可以在中国西南地方的某些少数民族中看到。

三、现代西南少数民族的试验婚和阿注婚

在西双版纳傣族自治州勐海县的布朗、西定、巴达山区；在兰沧、景东、墨江、云县、双江、镇康、耿马等县，散居着布朗族，人民尚处在原始社会末期向阶级社会过渡的农村公社阶段，保留着不同程度的原始公社制残余。他们的青年男女的社交活动还很原始，从十六、七岁开始谈情说爱。通常是姑娘呆在各自竹楼里纺织做活，专等心爱小伙子光临。恋爱活动经过一番竞争，最后剩下一对情人，低声细语，互送秋波。男方往往到了夜晚（初婚）到姑娘家楼门口，发出信号，姑娘接到信号，立即走出门来，开始交谈，等到感情成熟后，就定婚事。然后去女家从妻居，实行"试验婚"。② 在云南宁蒗县和四川盐沅县交界的永宁区，居住着被人所称为"女儿国"的纳西族。他们在男女交往关系和婚姻上尚保留着"阿注婚姻"、"阿注同居"等方式。学者们认为是母系社会和群婚制残余。"阿注婚姻"的主要特点是：建立婚姻关系的男女双方，各居母家，通常是男子夜间到女子家里访宿，次日拂晓返回自己母家，与母家成员一起生产和劳动。建立这种关系的双方，彼此互称"阿注"，意即"朋友"；或叫"主若主来"，意为"亲密的男朋女友"。这一族的青年男女在社交中，常常通过对歌形式，用含蓄双关语言试探对方。

阿注关系建立后，男女就可偶居。最初偶居时，大多处于秘密状态，男子到女子家走访，先是避开女家亲人，用事先约定的暗号，秘密进入女子卧室，

---

① 衡聚贤：《古史研究》，上海：上海文艺出版社、民俗民间文学影印复制证中，1990 年，第 200 页，又《百越》（宋蜀华著，长春：吉林教育出版社，1991 年，第 76 页。

② 见俞顶贤主编：《中国各民族婚俗》九《布朗族》，北京：北方妇女儿童出版社，1988 年，第 88-97 页。乌丙安著：《中国民俗学》第 15 章婚姻的民俗传承，第 2 节婚姻的民俗形式，沈阳：辽宁大学出版社，1988 年，第 231 页。

第二天清晨，即匆匆返回母家。经过一段时间，秘密来往已经被人察觉，在女家表示欢迎的情况下，男子方公开到女家主室，同女子母亲、舅父等人见面，然后同女子公开同宿，即所谓"阿注同居"。"阿注同居"是介于阿注婚姻和正式结婚之间的过渡形式，不需举行请媒人、办喜酒、宴客等结婚仪式，名义上仍不算正式夫妻。所以仅是正式结婚前的男女交往形式而已。①

"阿注婚"，常金仓、郑昌林两位博士，在他们的博士论文《周代礼俗研究》、《中国古礼研究》中，都异口同声地同意是母系氏族外婚、亚血婚群婚的遗制，看来是不会错的。我却觉得布朗族的男女交往习俗，也残留着同样的痕迹。

如果我们拿这种婚俗，去看六朝民歌，站在这种"阿注婚"的男女交往习俗去诠释六朝民歌，那将如何呢？

四、六朝民歌中的"阿注婚"残迹

民俗固然不断地在变化，但当新的习俗兴起的时候，有一部分原始礼仪的形式被保存了下来，它的原始古义被有意识地改造了，或被某部分团体保存着，继续发挥着作用。上面所引《乌夜啼·其四》中那位男主角在听了乌臼鸣"三更啼"，就马上"冒闇去"，如依普通社会习俗的偷情情况去了解，便有点儿费解。

如果我们不以普通社会的偷情去理解，而是把这首诗放置在"阿注婚"的社会背景里面去了解，诗的意象便清清楚楚地呈露出来，诗中的人物活动便合情合理，诗中的情节发展便畅通无碍。但这样也许还不能让人口服心服，认为那是表现上偶然巧合，尚不足以确定它与"阿注婚"的习俗有关系。下面我想再谈一些相关的问题作为旁证。

首先，《乌夜啼》是民歌，民间歌谣是原始风俗传承的一个温床，它反映着民俗，同时保存了某些以前的原始习惯。

其次，六朝民歌有一些除了表现男女爱情和上面举的那首《乌夜啼》相似外，还有一些现象足以说明和阿注婚的风俗有关，如：

《欢闻变歌六首·其一》：

　　金瓦九重墙，玉壁珊瑚柱。中夜来相寻，唤欢闻不顾。

《欢闻变歌六首·其二》。

---

① 参考《中国各民族婚俗》十八，纳西族《阿注婚姻》，第208-212页。

欢来不徐徐，阳窗都锐户。耶婆尚未眠，肝心如椎橹。①

《子夜夏歌·其二》：

反复华簟上，屏帐了不施。郎君未可前，待我整容仪。

《子夜夏歌·其三》：

开春初无欢，秋多更增凄。共允炎暑月，还觉两情谐。

《子夜夏歌·其四》：

春别犹眷恋，夏还情更久。罗帐为谁褰，双枕何时有。

《子夜夏歌·其六》：

含桃已中食，郎赠合欢扇。深感同心意，兰室期相见。

《子夜夏歌·其八》：

朝登凉台上，夕宿兰池里。乘风采芙蓉，夜夜得莲子。

《子夜夏歌·其十八》：

情歌三夏热，今日偏独甚。香巾拂玉席，共郎登楼寝。②

《子夜秋歌·其七》：

秋夜凉风起，天高星月明。兰房竞妆饰，绮帐待双情。

《子夜秋歌·其八》：

凉风开窗寝，斜月垂光照。中宵无人语，罗幌有双笑。③

《子夜冬歌·其四》：

夜半冒霜来，见我辄怨唱。怀冰暗中倚，已寒不蒙亮。

《子夜冬歌·其八》：

炭鑪却夜寒，重袍坐迭褥。与郎对华榻，弦歌秉兰烛。④

《子夜变歌·其一》：

人传欢负情，我自未尝见。三更开门去，始知子夜变。⑤

《子夜歌·其十三》：

揽枕北窗卧，郎来就侬戏。小喜多唐突，相怜能几时。

《子夜歌·其三十》：

念爱情慊慊，倾倒无所惜。重簾恃自鄣，谁知许厚薄。

《子夜歌·其三十一》：

---

① 见逯欽立编校：《先秦汉魏晋南北朝诗》，第 1050 页。
② 见逯欽立编校：《先秦汉魏晋南北朝诗》，第 1044–1045 页。
③ 见逯欽立编校：《先秦汉魏晋南北朝诗》，第 1046–1047 页。
④ 见逯欽立编校：《先秦汉魏晋南北朝诗》，第 1047 页。
⑤ 见逯欽立编校：《先秦汉魏晋南北朝诗》，第 1049 页。

气清明月朗，夜与君共嬉。郎歌妙意曲，侬亦吐芳词。

《子夜歌·其三十二》：

惊风急素柯，白日渐微濛。郎怀幽闺情，侬亦恃春客。①

《华山畿·其十五》：

一坐复一起，黄昏人定后。许时不来已。②

《读曲歌·其六》：

打坏木楼床，谁能坐相思。三更出石阙，忆子夜啼碑。

《读曲歌·其四十》：

五更起开门，正见欢子度。何处宿行还，衣被有霜露。

《读曲歌·其四十八》：

诈我不出门，冥就他侬宿。鹿转方相头，丁倒欺人目。

《读曲歌·其五十五》：

打杀长鸣鸡，弹去乌白乌。愿得连冥不复曙，一年都一晓。

《读曲歌·其六十三》：

百忆即欲噎，两眼常不燥。蕃师五鼓行，离侬何太早。③

（一）以上所引民歌，一个最大的特色是男女进行交往都在黄昏以后，如"中夜"、"耶婆尚未眠"之时，"反复华簟上"之时，"炎暑月"之时，用"双枕"之时，"兰室"待人之时、"夕宿"、"寝时"，"秋夜"、"夜寒"之时，"三更"、"揽枕北窗卧"之时、"重簾持自郭"之时、"明月朗"之时、"白日渐微濛"之后、"黄昏人定后"、"三更"、"五更"、"冥"、"五鼓"等，这些两情交往时间，都与"阿注婚"中男往女家时间相合。而且，在六朝文人情诗中看不到这类的表现，当是这些民歌产地的特殊民风的表现。

（二）这些诗中所表现的男女交换的地方，都是女家：如"金瓦九重墙？玉壁山瑚柱。""阳窗都锐户"、"华簟、屏帐"之地，"罗帐、双枕"施设的地方，"兰室"、"凉台"、"兰池"所象征的地方，"玉席"摆设的"楼"上，"兰房、绮帐"、"罗幌"、"华塌、炭鑪、迭衤、兰独"、"门"、"北窗"、"重簾"施设之地，"幽闺"、"木楼床"等，这些地方和布朗族中的少女以为"阿注婚"中，女阿注所居的竹楼和闺房、阁室相似。

（三）《欢闻变歌·其二》有："耶婆尚未眠"语，正表示两人感情尚在

---

① 逯钦立辑校：《先秦汉魏南北朝诗》，第 1040-1042 页。
② 逯钦立辑校：《先秦汉魏南北朝诗》，第 1339 页。
③ 逯钦立辑校：《先秦汉魏南北朝诗》，第 1338-1345 页。

试探阶段，避着女主角家人的交往时期。

（四）"郎君未可前，待我整容仪"、"罗帐为谁开，双枕何时有"、"兰室期相见"、"兰房竟妆饰、绮帐待双情"、"黄昏人定后，许时不来已"，这些表现与试验婚中布朗族少女和阿注婚中纳西族的女阿注呆在各自的竹楼专门等待心爱小伙子到来，以及见到男阿注到来后的少女反应相吻合。

（五）"许时"一语与阿注婚中，男阿注约好访宿的时间一致。

（六）"郎赠合欢扇"，与阿注婚中，男阿注赠送女阿注礼物仪节相合。

（七）"郎歌妙意曲，侬亦吐芳词。"与阿注婚中，男女对答；或用双关语男女对唱相象。

（八）"共戏炎暑月，还觉两情谐。""乘风采芙蓉，夜夜得莲子。""香巾拂玉席，共郎登楼寝。""中宵无人语，罗幌有双笑。""与郎对华榻，弦歌秉兰烛。""郎怀幽闺性，侬亦恃春容。""愿得连冥不复曙，一年都一晓。"这些表现，就如阿注婚中，男阿注访宿顺利，两情款洽的代言似的，尤其"愿得连冥不复曙，一年都一晓。"在阿注婚中，男阿注夜中访宿，隔晨离开的恋爱时间限制特色都透露出来了，"冥"两人才能在一起，"曙"男阿注就得回去，所以希望一年总计只要一次"晓"就好了，设非"阿注婚"仪式的限制，我们很难理解女主角感情形态。

（九）但阿注婚只是试验阶段，实验成功，两人才进入"阿注居"，女阿注才把男阿注介绍给家人，而且要等到"阿注居"后，两情不变，两人才正式结婚。所以，"阿注婚"时期，男女双方感情最热烈，也不稳定；因其热烈，所以民歌中表现的爱情大都是属于那阶段的；因其不稳定，所以多疑虑，甚至于产生变卦。如"怀冰暗中倚，已寒不蒙亮。""小喜多唐突，相怜能几时""重簾持自郛，谁知许厚薄。""蕃师五鼓行，离侬何太早。"等表现，表示"阿注婚"进行不太顺利，女主角已心怀疑虑了。再如"三更书石阙，忆子夜啼碑。"则是男主角不守信，让女阿注伤心透了。至于"三更开门去，始知子夜变。"那是公然移情他宿，访宿之交发生变化，甚至公然指责他"冥就他侬宿"，骂他"鹿转方相头，丁倒欺人目。"等于说他是感情骗子，甚至要阻止他，到别的女阿注家访宿：如《读曲歌》其五十一："语我不游行，常常走巷路。败桥语方相，欺侬那得度。"

（十）怀疑他移情别"访"，要阻止他走"访"他人了。这还不打紧，有时给女方逮到证据了，如《读曲歌·其四十》："五更起开门，正见欢子度。何处宿行还，衣被有霜露。"

看来，诗中女主角是一夜不见男阿注到来，五更一到就迫不及待地起床。开门一看，正见那位心肝宝贝匆忙走过去，她于是走向前，拦住他，摸他的衣服被子（行李）还湿湿的，是经过一夜霜点露滴的样子，她终于逮到其到另一个女阿注家过夜的证据了。诗中"衣被有霜露"一句最堪玩味，试想在一般文明社会里，男人去找女子过夜，何需协定衣被之类的行李呢？但在阿注婚俗的社会就不同了，男子到女阿注家"访宿"，被子之类的行李是要自带的。

以上，六朝民歌中出现的十种特殊现象，的确足以说明两方不是巧合，而是有密切的文化关系，那些现象与阿注婚中男女交往之间的关系，已得到内在的证明。

五、民歌产地的民俗和布朗、纳西等西南少数民族的关系

以上，以盛行阿注婚俗社会中的男女爱情形式，去诠释六朝民歌，两相比对，吻合无间，证明了双方关系密切，绝非巧合。下面再就这些民歌产地的民间风俗与这些民歌和布朗、纳西等西南少数民族的关系加以论述。

我们都知道上面那些民歌，不是吴歌就是西曲，产地是扬州和荆州。扬州，即今江苏、安徽、江西、浙江、福建之地，是夏禹的后裔越人（百越）的散布区；荆州即今湖南省、湖北省及四川省东南部、贵州东北部及广西省全县、广东省北部的连县之地，也是夏民族后裔与楚民族的分布区。在六朝时代，扬州以建业、会稽一带为中心，它们都分别是吴歌、西曲的重要产地①。吴歌、西曲的产地为大家熟知，不必赘言；夏文化与扬州和荆州的关系也经过许多民族学家、考古学家论证过，下面略引几条于下：

《史记·越王勾践世家》："越王勾践，其先禹之苗裔，夏后帝少康之庶子也。封于会稽，以奉守禹之祀……后二十余世，至允常，允常卒，勾践立，是为越主。"又云："东越闽君皆其后也。"②

"百越与夏后裔于越是扬州民间土著构成因子。越人在夏代及尧、舜、黄帝时代是庞大的部落集团。"他引张公量《古今稽考》（载《禹贡半月刊》第1卷第7期）说："越，即夏，一音之转，大越即大夏。"接着又说："越人是大夏之支裔。"又云："商王武丁征服越方，越人大部分逃到长江中下游一带，形成部落歧纷而互不统属的百越。"然后引《吕氏春秋·恃君》云："杨汉之南，百越之际，敝凯、诸夫、风余靡之地，缚

---

① 参见王运熙《吴声西曲的产生地域》，载《六朝乐府与民歌》，台北：新文丰出版公司，1982年，第23–32页。

② 朱蜀华：《百越》，长春：吉林教育出版社，1991年，第19页。

娄、阳禺、兜之国，多无君。"①

　　"先秦时期，浙江地方住着于越族，他们是夏的后裔。于越族的活动地域以会稽（今绍兴）为中心，其居住地集中于今天浙江省境内的杭嘉湖平原、宁绍平原、全衢丘陵地带。它们既受到良渚文化的影响，又较多地继承了河姆渡文化因素。"又引《周礼·职方民》："东南曰扬州，其山镇曰会稽。"再引《汉书·地职志·师古注引臣瓒言》："自交阯至会稽七、八千里，百越杂处，各有种娃。"②

　　"太湖地区的良渚文化居民是越族。长江下游的江南有越族和荆蛮族两个族。"又引《论衡·恢国》："夏禹俣入吴国。"《论衡·书虚》："禹时，吴为裸国，断发文身。"③

　　"楚民族族源有（一）北来说：与夏民族关系密切。原本居住中土，后来南下江汉，遂衍变为后来的楚民族；西来说，（楚民族）与西方羌族有关。后随昆吾氏一起迁许（许昌），又由河南东部地区的黄河流域，迁徙到了湖北中部的江汉平原，认为楚民族是夏民族的一支。"④

　　"《论衡·率性》：'楚越之人，处庄岳之间，经历岁月，变为舒缓，风俗移也'扬越最初分布于湖北江汉之间的扬水一带，由北来的扬人与当地的一部分越人结合而成……后来部分扬越人与楚人融合，另一部分住在深山密林里面的越扬人，到东汉末年演变为山越，直到两晋南北朝，才全部融合于汉族……"又云："有一部分扬越人可能在周初已由山西南迁到江苏镇江和安徽宣城一带。汉于镇江置丹阳郡。扬州正因扬人迁居于此而得名。"⑤

以上数则，可以证明扬州是原始夏民族的分布区，荆州本为扬越之地，后与楚民族混合，楚民族也是夏民族之支族。可见荆扬二州自上古以来即为夏民族的活动地区，原始时代的母系社会风俗必然在这些地方流行过。河姆渡文化，就是母系氏族社会的文化，"多无君"，"裸国，断发文身"，"男女同川而浴"等正透露该地风俗的原始性。罗香林《中夏系统之百越》一书有《越族源出于夏民族考》一章，指出"夏桀为商汤所杀后，其所部种人之僻处隙地

　　① 何光岳：《百越源流史》，南昌：江西教育出版社，1989年，第7-10页，其后，有详细介绍的百越分布，文繁不引。

　　② 滕复、徐吉军等编：《浙江文化史》，杭州：浙江人民出版社，1992年，第45-47、52-53页。

　　③ 《江苏史论考》，第1-18页；王文清：《再论吴越同族》，第4、8页。

　　④ 姚汉荣：《楚文化寻绎》，北京：学林出版社，1990年，第1-4页。

　　⑤ 《百越源流史》，第11、71-77页。

者，以特殊关系而得保持其固有特性。以固有特性之保持，因与殷商民族或其一部分遗裔与殷商民族相互混化而成之新种，形成对立状态，而演称为越或濮。"何光岳云："扬越当时还处于无君长的氏族部落社会。"又云："由于保留原有的民族语言和习惯，经过两汉长达四百年的发展，又和于越人、越章人和闽越人、瓯越人相融合，到东汉末年，便演成为山越。"瓯越人多数融入汉族，但仍有少数保持原来文化。"又云："山越分布于扬州区域内的会稽、吴郡、丹阳、豫章、卢陵、新都、鄱阳等郡……他们系秦汉时的于越人、东越人、闽越人、干越人、越章人的后裔。以大分散小集中的居住形式，保留着一些百越族的风俗习惯和语言特点，但已有不同程度的汉化现象。"① 可见这些分布在荆、扬二州的越族后裔有的固然进步了融化在汉族之中，有的仍处于氏族社会，保留着原始越族的风俗，即使那些融于汉族的越人，虽然政治经济生活混同于汉人，婚姻习俗可能仍维持原始形态，就如滕复等人说的："尽管秦汉时期中原文化在浙江地区影响非常深远，但越人的一些异风陋俗却一直绵延不绝。"② 例如据考古学者研究，在扬州所在范围内的浙江地带、杭嘉湖平原，在新石器时代（be3300-2100）曾有良渚文化，杭州湾南岸曾有河姆渡文化，其地居房以干栏式建筑为主，住房一般为楼居。这种形制一直延续到后代。《临海水土志》记载秦汉时浙江安阳（今瑞安县）、罗江（今慈溪县）民房时，说："安家之民悉……架立屋舍于栈格上，似楼状。"（《太平御览》卷780 引），直到今天我们在浙江境内也时能见到这种形制的建筑。③ 又《北史》卷95《蛮僚》、《魏书》卷101《僚传》说僚人："依树积木，以居其上，名曰干栏。"《旧唐书》卷197、《新唐书》卷222、《南平僚传》都说南平僚所居住的地方……人并楼居，登梯而上，号为干栏。在越人族群，楼居干栏是他们传统居住方式，从而成为越人文化特征之一。只要住有越人的地方就有可能看到这种楼房。④ 这种现象在荆、扬二州的土著越人住区，应是一种文化承袭的证据了。下面再论布朗族和纳西族的文化与夏民族的关系。

布朗族是僚人傣族，很早就从事水田耕作，住在依山傍水的平坝，过着恬淡的田园生活，据说百越分布在永昌郡和永昌徼外地区，约当于今滇西保的地区，德安傣族景颇族自治州临沧地区，思茅地区以及西双版纳傣族自治州，甚至属于越人系统的就有僚、鸠僚、哀牢、滇越、掸等族，布朗族是僚人，当然

---

① 参见《百越源流史》，第 8-10、83-159 页。

② 朱蜀华：《浙江文化史》，杭州：浙江人民出版社，1992 年，第 82 页。

③ 参考滕复、徐吉军：《浙江文化史》，第 45-47 页。

④ 朱蜀华：《百越》，长春：吉林教育出版社，1991 年，第 64 页。

也是越人，他们用木、竹桩支撑高脚的房屋，楼上住人。又滇西哀牢地区，即东汉永昌郡内的一部分濮人，即今日南亚语系孟高语族布朗、佤德昂等族的先民。如此布郎族也是越族的后裔，他们至今尚流行着的试验婚和楼居，正是由其原始祖先荆扬一带的越人那里传来的。①

纳西族就是彝族摩梭人，彝族渊源出自古羌人，与夏禹有关系。纳西族是彝裔，早在未迁入云南而居住在青海、川西时，就和汉族有接触和交流，后来迁入川滇交界的金沙江流域，很早就和汉、彝、白、普米、傈僳等民族友好相处。又据上古史学家研究夏禹是羌人。北方一部分羌族南下，到今大渡河、安宁河流域与原来分布在这一带的氐羌族群会合，氐羌族群的一支僰人，分布于今川西南、滇东北以至滇中的平坝地区，构成今白族来源的一部分。② 又有人说越人群分布地区，包括云南北部西北部及四川西昌地区，约在金沙江中游及其支流地区，有越人的分布，属于氐羌族系统，③ 可以说明纳西族也是夏族的后裔。由是可以断定纳西族的住居和婚姻形式和越人是同一系统的，和荆州、扬州的越人有密切关系。

以上论述荆扬越人和布朗、纳西族的关系，可见他们都有生活住居上和婚姻交往方式的共性，拿他们的婚姻和住居方式的共性去考察本文所讨论的那些民歌，可知民歌中那种晚到晨去的恋爱方式和布朗族和纳西族的青年男女交往方式相似，应是越族母系社会阿注婚男女交往方式的残迹；此外民歌中的"凉台"和"楼"，可以说是越人楼居的影象，中国自古有构木为巢之说，《北史》、《魏书》均有"依树积木以居其上，名曰干栏。干栏大小，随其家口之数"的记载。又从考古发掘，早在六七千年前的新石器时代，浙江余姚河姆度，吴兴钱山漾，杭州水田畈等新石器遗址，都有桩上建筑遗迹的发现。属于青铜时代的云南晋宁石寨山滇人墓葬遗址的青铜器上饰有若干"干栏"式建筑模型，反映了当代或以前当地流行这种形制的建筑，可推知"凉台"或"楼"的形制，也应近于"干栏"。"干栏"在秦汉以后史籍中，也写作"高栏"、"阁栏"、"麻栏"，它具有一定的地区性特点，非百越系民族所专有，但

---

① 朱蜀华：《百越》，长春：吉林教育出版社，1991 年，第 14-16、64、218-129 页。

② 参考中国西南民族研究学会编：《西南民族研究》彝族研究专辑，成都：四川民族出版社，1987，第 183 页。

③ 参考《百越》第一章百越的名称和分布，二、百越的分布，三、西南（云南高原为主）的越人，3. 越隽郡部分地方，第 14-16 页。又马学良《彝族文化史》《历史篇：第一章汉文史书记载彝族族源的推测，第一节彝族族源研究》，上海：上海人民出版社，1989 年，第 1-5 页。

上述考古发掘和文献记载，说明越人及其先民生在远古即使用这种住房。"凉台"和"楼"和荆、扬先民越人的干栏应有渊流关系的。

据王运熙先生的研究，吴声西曲产生于民间，又经过贵族阶级的加工。《子夜歌》的创始者大约是晋代的一名无名女子。这女子是多情的，她在夜间等候她的欢子降临，不幸她的欢子竟是一位负情郎。她失望了，她唱着哀苦而充满渴望的歌子夜来；子夜变曲，指《子夜四时歌》……子夜变歌诸曲调，变曲是指从旧有曲调中变化出来的新声；《欢闻变歌》是《欢闻歌》的变曲；《华山畿》是《懊侬歌》的变曲；《读曲歌》，最初是挽歌，后来发展为普通情歌。① 王先生的意见为上引民歌的民俗性作了更有力的见证。尤其"在夜间等候她的欢子降临"一语，千真万确道破了这些民歌的"阿注婚"式爱情遗传，可为我的见解作一旁证。

结　语

这篇论文，目的在论证六朝民歌中，有"阿注婚"的残迹。

在论文中，我先说明论证的动机，接着分析《乌夜啼·其四》那首民歌，揭开它的深层意涵，说明它可能是"阿注婚"社会风俗背景下的产物；其次，我自原始母系社会的男女交往关系，追踪下来，证明一直到了东汉以后，还可以看到它的遗迹；再次，以现代西南少数民族的阿注婚印证，说明母氏社会的男女交往方式至今仍流传在边疆少数民族之中；最后拿六朝其他相关的民歌和阿注婚相印证，以见《乌夜啼·其四》那类的诗歌不仅只有一篇，德不孤且有邻。然后论证夏民族与越人以及荆、扬二州的越族，和布朗、纳西二族的族缘和文化关系，再以王运熙先生的意见作补充。

经过这番论证，我们可以得到如下的结论：

本文所论那些民歌，有可能是在流行着"阿注婚"的社会风俗地区居住的，尚保留着原始百越族的风俗习惯的越人后裔的作品，是"匹夫庶妇，讴吟土风"，然后经过"诗官采言，乐盲被律"的。据李调之《南越笔记》说"粤（越）俗好歌，凡有吉庆必唱歌。"又云："东西两粤（越）旨尚歌。"②"好歌"的越人后裔吟唱这些民歌，是够资格的了。更何况王仲荦、唐长孺、

---

① 以上分别见《吴声西南杂考》之《六朝乐府民歌》，第46–101页。

② 见《文心雕龙·乐府第七》，周振甫注，里仁书局，1984年，第11页。又见彭道凡主编《百越民族研究》，中国百越民族研究会、江西教育出版社，1990年，第89页。

万绳楠等先生也有详细考证，说明扬州、荆州在吴晋南北朝时，尚分布有各少数民族的人①。更可加强我的见解的可信性。

论证到此如果尚有人以为没有直接证据证明那些民歌产地的居民在六朝时代仍过着原始阿注婚生活，稍嫌意犹未足。那么，我可以退一步说，原始越族人的"阿注婚"式爱情意识，潜藏在六朝时住在荆、扬地方的越族后裔心里，当他们进行爱情追逐时，无意识地表现出来，而且以诗歌的形式把它流传下来，经过文人的采集、记录、修饰、完成了至今还为人所乐诵的作品。

正如有人由《仪礼·土婚礼》疏引郑目录："土娶妻之礼以昏为期，因而名焉……日入三商为昏"，断定古人选择初昏时刻进行亲迎，是袭用了氏族制下"走访婚"（即阿注婚）等习俗一样，我们根据前面的论证，应也可断定那些民歌所表现：男人夜中到女子家走访，至明晨离去，这种男女交往形式，以及相关的行为表现，与原始母系氏族社会的"阿注婚"有关，是有那种习俗的遗传和影响下产生的，应可备一说吧。如然，我称它是"原始阿注婚的残迹"，该是相当贴切的吧。

（《社会科学战线》1994 年第 6 期）

---

① 许辉、蒋福亚主编：《六朝经济史》，南京：江苏古籍出版社，1993 年，第一章六朝经济区的开发、第二节南方经济发展的主要因素，二、南方民族的融合；第 48 页："东吴时山越的分布区、王仲先生、唐长孺先生和万绳楠先生考之甚详，扬州有丹阳新都、会稽、吴郡、吴兴、东阳……卢陵等郡。荆州有长沙、衡阳、始安、桂阳等郡。"第 50 页云："根据《宋书·夷蛮传》，东晋、南朝时蛮族主要分为两支：源于汉代，槃瓠蛮者居于荆州（治今湖北江陵）……虞君蛮者，分布于淮、汝、江汉间的豫州（治今安徽省豫县）、郢州（治今湖北武汉）等地区……"

预期效用的概念演化与计数属性

——新儒学经济思想及因缘和合论之运用

（台湾）林国雄[*]

预期效用的逻辑演化

消费是为满足人类欲望。如果不能满足欲望，就不能维持生命，发展生活。所以要满足欲望，是合理的企求。但欲望因人因时因地而异，具有种类和程度的不同。若就欲望全体来观察，可以发现欲望的种类是无限的，欲望也可以反复再现。通常满足了某种欲望，可以渐次发生各色各样新的欲望。某特定欲望的强度可能是有限的，但将随着实现而使得其边际强度渐减。有些欲望不能延缓，必须当时即获得解决，例如食物欲望，这种欲望很明显就是生存欲望。有些欲望似乎可以延缓，例如读书欲望，是文化欲望，而且学无止境，学海无边，应量力循序而为，有时甚至没有其迫切性，这种欲望很明显就是发展欲望。欲望间有的有代替性或补助性，但其代替或补助的范围因人因时因地而异。此外，各种欲望的继续满足，久而久之就成了习惯。

既然一事一物之价值起源于其效用，亦即其满足人类欲望之性质，而且效用是指事物之综合功效，人类欲望的种类又是无穷的，消费者只能表示或说出单方向的选择顺序，所以效用函数通常是单调递增（monotone increasing）之函数。

首先，就某一期间（可以是一个月、一季、半年、或一年）的消费问题而言，假定共有 n 种消费财，消费者的消费量或购买量均以 X_i，$i = 1, 2 \cdots n$，表示。假定 U 代表效用，C_0 为支出预算。则消费问题可以写成：

求效用极大　　$U(X_1, X_2, \cdots, X_n) + \varepsilon$

受预算限制　　$C_0 \geqq P_1X_1 + P_2X_2 + \cdots P_nX_n$ 　　　　　　　（1）

---

* 作者单位：台湾国立交通大学管理科学研究所。

问题（1）中，P_i 为各种消费财的价格。依据中华文化的因缘和合论［2，4］，消费者只能掌握影响效用的重要原因变数，即各种消费量。消费者由于受认知能力、控制能力、及资讯处理能力的限制，没有能力掌握影响效用的所有原因变数。因而，所有影响效用的不重要原因变数的影响效果可以用问题（1）中的随机误差项 ε 加以处理之。

一般来说，依据统计假设，均假定随机误差项 ε 的引入，所以：

$$E(X_1, X_2, \cdots, X_n) = U(X_1, X_2, \cdots, X_n) \tag{2}$$

因而式（2）的效用值 U 本身，亦有效用期望值的涵义。但是式（2）效用期望值的涵义，是建立在随机误差项 ε 的引入之上。下文所有类似式（2）的情况，将不再赘述。

问题（1）的随机误差项 ε 既然是在人类的认知、控制、及资讯处理能力之外，过去的经济学自然倾向于将其改写成确定的情况，以简化处理。因而，此种消费问题，可以改写成：

求效用极大 $U(X_1, X_2, \cdots, X_n)$

受预算限制 $C_0 \geqq P_1X_1 + P_2X_2 + \cdots P_nX_n$ \tag{3}

若消费财 X_i 的耐久期间超过一个期间，其过去所购买而到该期间尚在继续使用中的耐久消费财，应以 X_i 反映其在该期间所提供的劳务量，应以 P_i 反映其劳务的设算价格。通常，X_i 的劳务物理量等于 X_i 的原始购买物理量乘上一单位的劳务期间，所以问题（3）的决策变数 X_i 之外形不变。因为这种耐入消费财并不卖出，尚在继续使用中，所以支出预算 C_0 中亦应包含此种设算所得 P_iX_i。因而消费问题（1）及（3），并不因过去所购买而当期尚在继续使用中的耐久消费财 X_i 的介入，而发生数学形式上的改变。

另一方面，若消费财 X_j 的耐入期间亦超过一个期间，但它是在该期间新购买者，则应以 X_j 反映其实际购买量，应以 P_j 反映其实际购买价格，以符合市场一次付款之交易惯例。若消费财 X_k 的耐久期间也超过一个期间，但它是在当期仍在分期付款者，由于分期付款的总期间通常短于耐久期间，所以此时应以 X_k 反映其所提供的当期劳务量，应以 P_k 反映其当期分期付款价格，俾符合市场分期付款之交易惯例。所以消费问题（1）及（3），仍不因 X_j 一次付款新购买及 X_k 分期付款购买的介入，而发生数学形式上的改变。因而，消费问题（1）及（3），在陈述上有着广泛的适用性。

其次，消费者的所得 Y_0，包括过去已购买耐入消费财在该期间尚在使用中的设算所得，常大于其支出预算 C_0，所以衍生出经由储蓄转投资，以取得未来期间更大消费支出预算的跨越期间之消费选择问题。若消费者未来的期望寿命为 m 个期间，则消费者心象中有生之年的效用函数应写成：$U(C_0, C_1,$

$\cdots$，C_m）$+ \varepsilon$。 其心象中有生之年的所得流量亦应依序同时写成：Y_0，Y_1，$\cdots$，Y_m。 这些所得流量除了现金所得外，只包括在分析期间下标 0 以前已购买耐久消费财的设算所得。假设市场的储畜利率（或投资报酬率）为 r。 令 W_0 代表消费者心象中的资本化总财富。于是跨越期间的消费问题变成：

求效用极大 $U(C_0$，C_1，$\cdots$，$C_m) + \varepsilon$

受财富限制 $W_0 \geqq C_0 + \dfrac{C_1}{1+r} + \cdots + \dfrac{C_m}{(1+r)^m}$

$$W_0 = Y_0 + \frac{Y_1}{1+r} + \cdots + \frac{Y_m}{(1+r)^m} \qquad (4)$$

但是消费者未来的期望寿命 m，因人而异。同一个人的期望寿命与其后来实现的实际寿命，又有实质的差异。通常，C_1，C_2，$\cdots C_m$ 都是心象中未来各期的支出预算，Y_1，Y_2，$\cdots Y_m$ 亦是心象中未来各期的可实现所得。不过，C_2，C_3，$\cdots C_m$ 与 Y_2，Y_3，$\cdots Y_m$ 均比 C_1 及 Y_1 更难以正确掌握。此外，一个人活得了下一期，才有资格继续认真地考虑下面第二期。由此可知，下一期对消费决策的重要性，远大于下面其余各期。对于比朝不保夕稍来得好的消费者来说，为了简化问题，可以假设

$$\frac{Y_2}{(1+r)^2} + \cdots + \frac{Y_m}{(1+r)^m} = \frac{C_2}{(1+r)^2} + \cdots + \frac{C_m}{(1+r)^m}$$

于是，上面跨越期间的消费选择问题（4）可以简化，并改写成：

求效用极大 $U(C_0$，$C_1) + \varepsilon$

受财富限制 $W_0 \geqq C_0 + \dfrac{C_1}{1+r}$

$$W_0 = Y_0 + \frac{Y_1}{1+r} \qquad (5)$$

对于所有可以简化表达的比朝不保夕稍来得好的消费者来说，使用问题（5）来求解，也就够了。对于不能简化表达而有能力从事生命周期内消费计划的另一些消费者来说，仍需继续使用比较复杂的问题（4）来加以求解。依据中华文化的因缘和合论，在问题（4）及（5）中所有影响效用的不重要原因变数的影响效果，亦均以随机误差项 ε 的设定加以处理之。

将消费问题（4）及（5）再与问题（1）做比较，可知（4）或（5）消费效率的发挥，应以（1）消费效率的发挥作为前提。所以，消费效率有其由当期消费选择来至跨越期间消费选择的层级性。在问题（1）中，支出预算 C_0 扮演限制条件的角色，是属于阴仪之地位 [3]。来到更上一层的问题（4）及（5）时，当期支出金额 C_0 却摇身一变而成为决策变数，不再是决策参数。决策变数

则是属于阳仪之地位 [3]。此显示，这是消费及交易行为的一种创化。另又表示，这是一个于创化过程中在适当情形下阴可变阳 [3] 的具体新实例。

当问题（3）的消费效率充分发挥时，我们可以得到 $U = U(C_0)$ 的效用函数 [10, P.5]，它是问题（4）及（5）标的函数的一个组成部分。当问题（4）及（5）更上一层的消费效率在确定情况下充分发挥时，我们可以再得到 $U = U(W0)$ 的效用函数 [10, P.85]。

第三，社会大众储蓄资金的投资对象不外乎持有现金、存款、债券、股票、或实物资产（例如房地产）。持有现金，可以获得流动性（liquidity）之利益，不过对于消费者而言，此种流动性之利益非常有限，几乎等于零。持有存款或债券，可以得到利息报酬。持有股票，可以得到股利报酬。持有实物资产，可以得到劳务报酬。如果存单、债券、股票及实物资产均有活泼的流通市场，其价格由期初来至期末的变动，另将发生资本利得或损失。消费者个人性的投资理财，一般均以持有现金作为比较之基准。所以，持有存单、债券、股票、或实物资产的混合投资报酬率 $r*$ 可以计算成：

$$r^* = \frac{利息股利劳务报酬 + 投资资产之期末价值}{投资资产之期初价值} - 1 = \frac{W_1^*}{W_0^*} - 1 \qquad (6)$$

式（6）中，W_0^* 代表第一个等号右边第一项之分母，反映储蓄转投资之金额；W_1^* 代表其分子，反映储蓄转投资后之本利和。理论上，问题（4）及（5）的所得流量 Y_1，Y_2，…，Y_m 也可以包含式（6）的利息股利劳务报酬。

实际上储蓄转投资后之本利和 W_1^* 是处于风险情况。如果未来有 $W_1^{*a} > W_1^{*b} > W_1^{*c}$ 三种情况，则投资者的偏好必然是 $U(W_1^{*a}) > U(W_1^{*b}) > U(W_1^{*c})$。根据风险情况下预期效用的可计算性公理 [10, P.79]，有一张彩券存在，这种彩券将有 α 的机率得到 W_1^{*a}，有 $1 - \alpha$ 的机率得到 W_1^{*c}，并使得投资者显示对这张彩券及对确定得到 W_1^{*b} 的投资偏好没有差异，亦即：

$$U(W_1^{*b}) = \alpha U(W_1^{*a}) + (1 - \alpha) U(W_1^{*c}) \qquad (7)$$

式（7）中，W_1^{*a} 及 W_1^{*c} 为风险情况下未来的可能财富，W_1^{*b} 为其确定当量财富（certainty equivalent wealth）[10, P.87]。事实上，式（7）的可计算性公理是 $N - M$ 效用指数的构建基础。所以当事人的确定当量财富 W_1^{*b} 及机率 α 的同时可显示性（revealability），也是 N-M 效用指数的构建基础。在此情况下，投资者对财富的效用函数之特殊形态，由 $U(W_1^{*a}) > U(W_1^{*b}) > U(W_1^{*c})$ 及式（7）关系式共同界定，已足以使他对以不同金额表示的未来财富给予不同的评价。式（7）能进行预期效用计算下的效用，已不是只用来排列投资者的喜好顺序而已，它只具有一套特定评价结构的新约束。通常，消费者在分析期间下标 0 时由未来财富所获得之心象效用并不等于其财富数额，亦不与其财富数额成正比，而决定于对其财富数额已给予一套特定评价结构之效用函数。

如果下一期未来财富 W1 * 的机率密度函数（probability density function）为 $f(W_1{}^*)$，则式（7）等号右边的预期效用计算式可以改写成：

$$E(U(W_1{}^*)) = \int U(W_1{}^*) f(W_1{}^*) dw_1{}^* \qquad (8)$$

将式（6）代入式（8），可得：

$$E(U(r^*)) = \int U(W_0{}^* + r^* W_0{}^*) f^*(r^*) d^r * \qquad (9)$$

式（9）中，$f^*(r^*)$ 为投资报酬率 r * 的机率密度函数。若机率密度函数 $f^*(r^*)$ 的平均值为 r，标准离差为 σ，则式（9）可以再改写成 [10, P. 96]；

$$E(U \mid W_0{}^*) = \int U(r^* \mid W_0{}^*) f^*(r^* \mid r, \sigma) dr^* \qquad (10)$$

因为 $W_0{}^*$ 在式（10）中是一个隐藏性之常数，故不影响预期效用值 $E(U)$ 之计算。而 r * 在积分后自然消失掉，所以在式（10）中影响预期效用的重要变数表面上只剩 r 与 σ 两个资本资产定价理论（capital asset pricing theory）的决策变数。因此，式（10）可进而改写为：

$$E(U \mid W_0{}^*) = U(r, \sigma \mid W_0{}^*) + \varepsilon \qquad (11)$$

一般认为投资的平均报酬率 r 及其标准离差 σ 是决定预期效用最重要的两个决策变数，其他比较不重要的影响变数尚有偏歪度（skewness）、峰度（kurtosis）等。承接消费问题（1）、（4）及（5）之处理习惯，依据因缘和合论，除了平均报酬率 r 及标准离差 σ 外，所有影响投资预期效用的不重要原因变数之影响效果，在式（11）上亦以随机误差项 ε 处理。

式（11）的随机误差项 ε 通常亦是在人类的认知、控制、及资讯处理能力之外，财务理论自然倾向于将其消去以求简化处理。另一方面，投资者亦受到资本市场线（Capital market line）[10, PP. 181–183] 的限制。资本市场线通常可以写成 $r = r_t + (rm - rt)\sigma/\sigma m$，$r_t$ 代表无风险利率，rm 代表市场资产组合（market portfolio）的平均报酬率，σm 代表市场资产组合报酬率的标准离差。于是投资问题可以正式写成：

受效用极大 $E(U) = U(r, \sigma/W_0{}^*) + \varepsilon$

受市场限制 $r = r_t + (rm - r_t)\sigma/\sigma m$ \qquad (12)

由此可知式（7）等式右边，式（8）至式（11）、及投资问题（12）的预期效用是建立在风险情况下预期效用的可计算性公理所产生者，有别于式（2）单纯建立在随机误差项 ε 引入之上的预期效用。此外，所谓投资问题

（12）仍只是消费者将其消费后储蓄转于投资的理财决策问题，不是厂商的理财投资决策问题，两者不能混为一谈，应予明辨。$W_0{}^*$ 是分析期间下标 0 时储蓄转为投资之金额，它通常即等于在消费问题（4）及（5）下的当期所得 Y_0 减去当期消费 C_0，亦即：

$$W_0{}^* = Y_0 - C_0 \tag{13}$$

因此，$W_0{}^*$ 并不等于消费问题（4）及（5）的 W_0，亦应予明辨。不过 $W_0{}^*$ 仍是式（10）、式（11）、及投资问题（12）的一个隐藏性常数，不能遗忘。若存单、债券、股票、及实物资产均有活泼的流通市场，同一个人的期望寿命与其后来实现的实际寿命又常有实质的差异，而且消费问题（4）的 C_2，C_3，…，C_m 与 Y_2，Y_3，…，Y_m 均比未来的 C_1 及 Y_1 更难以正确掌握，何况一个人活得了下一期才有资格继续认真地考虑下面第二期，所以本文在此只以消费问题（5）作为与投资问题（12）比较之基准，并且这样做就已足够。

由问题（5）及（12）的比较可知，问题（12）投资效率的发挥，应以问题（5）消费效率的发挥作为前提；但问题（5）消费效率的发挥，亦应以问题（12）投资效率的发挥作为前提。换言之，问题（12）投资效率的发挥及问题（5）消费效率的发挥彼此互为前提。不过，消费问题（5）的效用，若将随机误差项 ε 去掉，是一般所谓确定情况消费分析下显露在 C_0 及 C_1 跨越期间的消费选择问题；而投资问题（12）的效用，是风险情况投资分析下的预期效用，是显露在存单、债券、股票、及实物资产各种资产组合间的投资选择问题。所以消费问题（5）的效用与投资问题（12）的预期效用，两种效用函数是互相补充的，这是本文一个有趣的发现。

消费问题（3）的效用只考虑当期下标 0 时的综合消费效用，而问题（5）的效用则已考虑到当期及下一期心象中的综合消费效用，考虑层面扩大了。至于问题（4）的效用则最为扩大，已完全考虑到消费者生命周期内从当期起心象中各期的综合消费效用。一个消费者可以扮演消费者本身的角色，求解问题（1）、（3）、（4）及（5）；也可以扮演将储蓄转成投资的延伸后投资者角色，求解问题（12）。这两种消费者及投资者的角色完全没有层级的从属关系，而是彼此互相补充。

若将式（13）与消费问题（5）的限制条件相联系，则可以得到：

$$W_0{}^* = Y_0 - C_0 \geqq \frac{C_1 - Y_1}{1 + r} \tag{14}$$

式（14）不等号右边的 $C_1 - Y_1$，事实上是消费者一个期间的投资到期时的预期现金净流入量，使得其有能力在下一期从事更多的消费，即 $C_1 > Y_1$。不等号右边的 r，则是投资者进行一个期间投资，将期末终值计算成现值之风险调整后报酬率评价公式（the risk-adjusted rate of return valuation formula）［10，P. 203］中之报酬率，或称贴现率、预期报酬率、平均报酬率。因而，消费问题（5）现在可以改写成：

求效用极大 $U(C_0, C_1) + \varepsilon$

受投资限制 $W_0^* = Y_0 - C_0 \geqq \dfrac{C_1 - Y_1}{1 + r}$ （15）

另一方面，若消费者在当期下标 0 时的投资活动，亦有能力直接或间接增加在其生命周期内下面第二期间起之消费能力，则同理消费问题（4）现在亦可以改写成：

求效用极大 $U(C_0, C_1, \cdots, C_m) + \varepsilon$

受投资限制 $W_0^* = Y_0 - C_0 \geqq \dfrac{C_1 - Y_1}{1 + r} + \cdots + \geqq \dfrac{C_m - Y_m}{(1 + r)^m}$ （16）

在消费问题（15）及（16）中，预期报酬率 r 扮演决策参数的角色，是属于阴仪之地位［3］。来到互相补充的投资问题（12）时，预期报酬率 r 却也摇身一变而成为决策变数，不再是决策参数。决策变数则是属于阳仪之地位［3］。此同样显示，这是由消费来至投资行为的创化。另一方面又表示，这也是一个于创化过程中在适当情形下阴可变阳［3］的具体新实例。

消费问题及投资问题的随机误差项 ε，事实上也能引进在风险情况下预期效用的可计算性公理，以从事更为精致的处理。只要 ε 不为确定的零，而是一个随机误差项，则过去经济学所有确定情况下的效用分析，都可立即转换为风险情况下的效用分析，并与预期效用概念完全合流。所以只要中华文化的因缘和合论成立，则事实上所有的效用分析都将是风险情况下的效用分析，完全摆脱不了预期效用可计算性公理引进的必要性。这也是本文一项有趣的发现。

物理学的统一场论，曾希望能将重力场和电磁场合并为一较大的基本定律，以统一的形式理论概括不同性质的场。广义相对论将重力场化成时空连续的几何性质，而电磁场在技术上无法做到几何化的过程，因此希望统一场论能完成这项任务。统一场论努力的方向是将重力场和电磁场放在可以合并二者的更大范围内，以说明场的方程式。而重力场和电磁场则分别为此统一场的特殊形式。爱因斯坦在完成广义相对论后的数十年间，曾致力于统一场论的发展，但是距离完整的结果仍有一段距离。尤其是在讨论核子和弱作用力之后，统一场论的难题，更是困难重重。

消费者的效用函数 $U(X_1, X_2, \cdots, X_n)$、$U(C_0, C_1, \cdots, C_m)$、$U(W_1^*)$、及 $U(r, \sigma \mid W_0^*)$ 实际上各个也都是力场。虽然 $U(X_1, X_2, \cdots X_n)$ 的效用力场可以从属于 $U(C_0, C_1)$，$U(C_0, C_1)$，的效用力场可以再从属于 $U(C_0, C_1,$

$\cdots C_m$），但 $U(W_1^*)$ 及 $U(r, \sigma \mid W_0^*)$ 则是风险情境下同一效用力场的两种不同表达方式，所以消费效用力场 $U(X_1, X_2, \cdots, X_n)$、$U(C_0, C_1, \cdots, C_m)$ 与投资效用力场 $U(W_1^*)$、$U(r, \sigma \mid W_0^*)$ 似乎没有从属关系。要把消费效用力场与投资效用力场合并成一个统一的效用力场，似乎也不可能。

如果消费与投资效用力场确实不能合并成一个统一的效用力场，如果本文此项发现也可完全类比并适用于物理学的重力场和电磁场，则物理学统一场论的科学愿望可能难以实现。西方科学的统一场论愿望，似乎源于西方文化相信这个世界有个全知全能又无所不在的上帝信仰，重力场与电磁场都是上帝所创造的，所以比较自然会有个对统一场论的企求。中华文化的内涵似乎不然，讲求一气化三清，讲求有无相生及阴阳两仪之互动与演化，也讲求易理之卦变。易略例指出：（互体不足，遂及卦变。）本文由消费问题来至投资问题等的逻辑演化，似乎也存在着一种互体不足所产生之卦变。

预期效用的显示属性

在序列效用概念下，若 $U(W_1^* a) > U(W_1^* b) > U(W_1^* c)$，一般认为 $U(W_1^* a) - U(W_1^* b)$ 或 $U(W_1^* b) - U(W_1^* c)$ 诸差额不具任何意义。序列效用只是用来反映消费者选择的喜好顺序而已。所以某一套序列效用指数的正向单调转换（positive monotonic transfouration），其转换后的新指数也是一套同样合用的指数。新指数完全保留旧指数的喜好顺序，并未带来任何改变 [10，P. 16]。这是所谓确定情况下的序列效用。由于问题（1）、（4）、（5）、（12）、（15）及（16）的随机误差项 ε 通常并不确定等于零，所以严格的确定情况根本不存在。

不过在风险情况 N—M 效用指数的概念下，某一套指数的正向单调转换，其转换后的新指数常会改变旧指数所显示出来对预期效用的喜好顺序，这是不合理的。所以风险情况下 N—M 效用指数不具备序列性（ordinality），其理至明。一般来说，N—M 效用指数只有在递增线性转换（increasing linear transformation）下才能维持其喜好顺序于不变 [11，P. 55]。N—M 效用指数的这种特性，使得 J. M. Henderson，R. E. Quandt，T. E. Copeland 及 J. F. Weston 等人均回头认定，它具有计数性（cardinality）[11，p. 79；11，p. 55]。这是所谓风险情况下的效用分析，也是一般化的效用分析。

但是效用的计数性虽曾盛行于 19 世纪的经济学界，却被 20 前半世纪的经济学界所抛弃。因为效用的大小是无法计算的。效用原倡的测量单位 utils [1，p. 118] 或 utile [12，P. 177] 始终无法具体落实。20 后半世纪风险情况的效用分析却又回头来接受效用的计数性，这不是矛盾吗？20后半世纪所使用的效用观念，则似乎是确定情况序列效用、风险情况 N—M 效用指数割据共存的局面。这种局面维持至今快满 50 年，是不是还应该再继续割据共存下去呢？碰到确定情况就选用序列效用概念；碰到风险情况就选用 N—M 效用指数概念。事实上，确定是风险情况的极限情况。确定与风险情况的差异竟能造成在选用效用概念时如此重大的差别，可有此种道理？

效用的测量单位 utils 或 utile 迄今始终无法具体落实，所以效用应无用以衡量其大小之客观尺寸，殆无疑义。可是经济学仍认为效用有其大小顺序，在此（大小顺序）中之大小两字虽无客观尺寸涵义，但却有来自消费者（或投资者）心中之尺（9）的主观尺寸涵义。这是使用效用大小的概念时，应予明辨者。确定情况下的序列效用，只显示效用的大小顺序，只供比较，不必从事期望值之运算，这是过去效用分析的幸运之处。但是序列效用概念无法处理一般风险情况下的消费选择或投资选择问题，就是因为它没有被用于从事期望值运算的能力。拿序列效用来做期望值计算，会扰乱其原有的喜好顺序，所以序列效用是不能从事期望值计算的。

效用概念既要具有表达消费者或投资者主观上综合满足的能力，则它应该不只适用于确定情况，也应适用于风险情况。就此立场而言，由于序列效用概念应用的局限性，而 N—M 效用指数概念不论在确定或风险的情况下均适用，所以经济学应该再抛弃的是序列效用概念。经济学迄今，始终没有能力抛弃在主观尺寸涵义下的计数效用。所以本节前述的矛盾，事实上并不存在。

主观尺寸下的计数效用已知可以从事期望值的计算，否则预期效用无法成立，风险情况下的选择问题无法处理。这种主观尺寸下的计数效用是否确实可以显示？要回答这问题，似乎应先回答其主观尺寸的绝对零值是否存在的基本问题。不过，经济学从未强迫消费者去反订定其主观效用的绝对零值，也允许 N—M 效用指数可以做递增线性的转换。经济学只要求，消费者在显示其特定的 N—M 效用指标时，应先定出某一高效用消费组合及其一低效用消费组合的主观效用值，随后在风险情况下显示其确定当量的效用值，且维持其效用尺度的一致性。效用的绝对零值是否必须显示，则不在经济学的基本要求之内。所以效用绝对零值的存在与显示，是应予分离的课题。换言之，效用绝对零值可以存在而不显示，再加上主观计数效用尺度允许线性递增转换的特性，所以任何人对其 N—M 效用指数的显示，共有选择零值及区间尺寸两个自由度。

商品市场的供给者希望能卖出的价格越高越好，需求者希望能买进的价格越低越好，所以完成交易的价格经过供需力量互动之后是双方均能接受的价格，这是类似于温度计热平衡下的市场交易均衡价格。所以市场交易均衡价格具有客观性，可以测量，它的测量工具就是市场上均质而客观的交易媒介，亦即货币之尺。市场交易行为当然也要求在供需双方间对交易量、交易价格、及其他交易条件有关语义约定的一致。参考熊秉元"市场之尺和心中之尺"两个基本概念[9]可知，效用尺度永远只是个主观的心中之尺，虽然可以计数，却没有能力升格为客观的市场之尺。计数效用确实无法比拟于温度的客观之尺。当论及预期效用时，上述所列举的计数属性，实应正确把握。确定情况下的序列效用概念，则应予扬弃。

最后，若将式（6）投资报酬率（r^*）的随机分配标准化，可令 $Z = (r^* - r)/\sigma$。则新随机变数 Z 的平均值为 0，标准离差为 1，机率密度函数为：$f^{**}(Z)$。于是式（10）在代入 $r^* = r + \sigma Z$ 后，可以改写成：

$$E(U \mid W_0{}^*) = \int U(r + \sigma Z \mid W_0{}^*) f^{**}(Z) dZ \tag{17}$$

就预期效用相等的任何一条无异曲线来说，$E(U \mid W_0{}^*)$ 等于常数。所以对式（17）微分，可得[10, p.97]：

$$\int u'(r + \sigma Z \mid W_0{}^*)(\frac{dr}{d\sigma} + Z) f^{**}(Z) dZ = 0 \tag{18}$$

因 $dr/d\sigma$ 是无异曲线斜率，不受式（18）内积分影响，所以：

$$\frac{dr}{d\sigma} = \frac{\int u'(r + \sigma Z \mid W_0{}^*) Z f^{**}(Z) dZ}{\int u'(r + \sigma Z \mid W_0{}^*) f^{**}(Z) dZ} \tag{19}$$

当标准离差 σ 由正值趋近于 0 时，式（19）右边分子及分母中的 $U'(r + \sigma Z \mid W_0{}^*)$ 变成常数 $U'(r \mid W_0{}^*)$，不是 Z 的函数。若新随机变数 Z 为以 0 为平均值的对称分配，则式（19）右边之分子为零，因而无异曲线的斜率 $dr/d\sigma = 0$。这表示在以 σ 为横座标轴，以 r 为纵座标轴的无异曲线图上，当 σ 由右边正值趋近于 0 时，无异曲线将垂直于纵座标 r 轴。

因为效用 U 是未来可能财富 $W_1{}^*$ 的单调递增函数，所以效用 U 也是投资报酬率 r^* 的单调递增函数。于是边际效用 $U'(r + \sigma Z \mid W_0{}^*) = dU/dr^*$ 恒为正值，使得式（19）右边的分母亦恒为正值。就厌恶风险的投资者来说，正值的边际效用 dU/dr^* 是随着投资报酬率 r^* 的增加而递减的，若新随机变数 Z 为以 0 为平均值的对称分配，则式（19）右边的分子必为负值，因而无异曲线的斜率 $dr/d\sigma$ 必为正值。就喜爱风险的投资者来说，正值的边际效用 dU/dr^* 是随着投资报酬率 r^* 的增加而递增的，若新随机变数 Z 为以 0 为平均值的对称分配，则式（19）右边的分子必为正值，因而无异曲线的斜率 $dr/d\sigma$ 必为负值。

可是投资报酬率 r^* 虽然没有上限，但并非没有下限，其下限通常为 -1。

投资最坏的结果就是把本钱赔掉。对于正正当当的投资，这个社会在经济伦理上并不容许把无价之宝的投资者生命也一起赔掉。在此了解之下，一般认为投资报酬率 $r*$ 的实际分布较趋近于对数常态分布（lognormal distribution）[10, p. 209]。

喜爱风险的投资者没有合理稳定的最佳解存在，代表一种不安定的状况。一般来说，实物资产的投资最缺乏流动性，所以其不安定的状况较不必去忧虑。但是金融（尤其是股票）市场则宜适当限制消费者以储蓄转投资之散户角色直接过度介入。台湾地区目前的金融交易仍以散户为主，约点资金总额的50%以上，而经由法人机构投资者不及20%。在金融市场发展健全的国家，大部分投资系经由法人机构投资，而散户直接投资者反而占少数。除了散户投资者较为缺乏处理财务资讯及投资判断的能力外，喜爱风险的散户大量介入亦容易助长金融市场之不安定性。此点，似乎可以经由证券投资信托事业等的健全发展来加以消除。

结　语

本文经由上面解析，已指出效用是事物的综合功效，消费者主观上的综合满足。由预期效用的逻辑演化可知，消费问题由问题（1）扩大为问题（5），再由问题（5）扩大为问题（4），有考虑层面的递增性。但消费效用与投资预期效用则是互相补充的。本文再度证明新儒学经济思想的合理性，而且只要中华文化的因缘和合论成立，所有的消费效用及投资预期效用分析都将是风险情况下的效用分析，完全摆脱不了预期效用可计算性公理引进的必要性。由消费效用力场来至投资效用力场的演化，似乎存在着互体不足所产生的卦变，由此亦可旁及于物理学统一场论似乎不可能存在之推论。

由预期效用显示属性的探讨亦知，20 前半世纪经济学首先抛弃的是具有客观尺寸的计数效用概念。现在应该再继续抛弃的是只具序列顺序的序列效用概念。任何消费者或投资者对其 N—M 效用指数的显示，都有选择预期效用心中之尺的零值及区间尺度两个自由度。不过，厌恶风险的投资者虽有合理稳定的预期效用最佳解存在，但喜爱风险的投资者却没有，后者代表一种不安定的情况。其金融政策之涵义为：（1）金融（尤其是股票）市场似宜适当限制消费者以储蓄转投资之散户角色直接过度介入。（2）其潜在不安定性亦宜再经由证券投资信托事业等的健全发展来加以消除。

（《社会科学战线》1994 年第 4 期）

东北亚经济发展与北九洲、山口经济

〔日本〕 小川雄平*

九洲位于日本列岛的西南端，面积4.4万平方公里，人口1455万人，各占日本的12%，GDP（国内生产总值）2821亿美元，约占世界经济的1%。大体上相当于澳大利亚的规模。九洲北部位于黄海和日本海相接的位置，自古以来就是与东北亚地区相互交流的地方。

一、日本经济对亚洲的依存和"亚洲经济圈"的形成

经济一体化正在迅猛地发展。随着企业向海外的扩张，商品、服务贸易的增加和国际金融交易的剧增，以及从近邻各国向日本、NIES（东亚四小龙）不间断的劳动力流动，使国境逐渐形同虚设。1980年代末以来，世界局势从紧张走向缓和，冷战时代已告结束。其间，亚洲经济一体化的发展尤其令人瞩目。亚洲区域内物资、货币、人员的频繁流动，使"亚洲经济圈"成为热门话题。

主导这种亚洲经济一体化的，不言而喻是日本大垄断资本。从1985年9月西方五国签署"广场饭店协定"开始，突发了"第一次日元升值"。对此，日本垄断大企业集团，通过向海外扩张，推进了生产基地的不断转移。即，把从前的组装加工基地"四小龙"变成商标和零部件供给基地，把原材料供给基地的ASEAN（东盟各国）和中国变为组装加工基地，分别使其重新组合。并且，ASEAN，中国也是向日本提供果物、花卉、虾、鱼贝类、鸡肉、蔬菜等食品、牲畜和宠物饲料、南洋木材、原油天然气、矿产资源等粮食、原料、

---

* 作者单位：日本西南学院大学。

燃料的供应基地。日本的日常生活没有亚洲已不堪设想。

问题在于，日本对亚洲的依存，正在强加给亚洲方面过重的负担。众所周知，对虾的超量捕捞从当地人手里拿走了简便的蛋白质来源。养鱼池的建设使印度尼西亚、泰国的栲树林频于灭绝。热带森林的滥砍滥伐也使山林水土的保持力大大丧失，给菲律宾带来了台风灾祸，使马来西亚原地居民生态环境遭到破坏等。日本企业的蜂涌而入，还造成了与工业化发展相反的结果，诸如污染严重，交通堵塞、地价暴涨等。垄断大企业集团投资的世界化，特别是向亚洲的投资，单方面强制地把国际分工关系变成了对自己有利的东西。

另外，在此期间，日本经济本身的内部结构也发生了变化。制成品进口比率从1985年的30%，上升为1993年的52%。可以看出日本经济已经从出口主导型向内需主导转移。尤其来自亚洲地区的制成品进口急剧增加。不言而喻，这是日本大企业生产基地的转移带来的逆进口的结果。也是商社及大型厂商拓宽进口渠道做出的贡献。

众所周知，1993年春季开始的急剧的"第二次日元升值"，加速了大垄断资本在再创新事业的名义下把生产据点移向亚洲的步伐，同时零部件、半成品、通用部件的采购也迅速地移向亚洲。另一方面，随着日本企业进入亚洲地区，机械设备、零部件、中间产品的进口也急速增长。结果日本对亚洲地区贸易顺差超过了对美国的顺差。日本经济对亚洲的依存越来越大。事实上，以日本经济为中心的"亚洲经济圈"正在形成。

与上述大垄断资本的行为相反，现在又出现了一种值得关注的新动向。这就是，在国民经济循环中曾长期处于附属的分工地位，不能按着独自的发展路线自律发展的地区，现在开始了同其他地区之间的经济交流，相互谋求着经济的活性化。笔者将此种地方级别的经济交流称为"地区间经济交流"，并认为这是可以替代大垄断资本单方面强制推行的国际分工关系的经济交流。这是因为，"地区间经济交流"是"面对面"的切身经济交流，是尊重相互独立性、主体性的交流。"经济一体化"使地区直接对外经济交流成为可能。随着东西对峙局势的缓解，在东北亚的边境地区和沿海地区，正在恢复丰富多采的"地区间经济交流"。本文拟介绍正在形成局部经济圈的东北地区的"地区间经济交流"的动向，并分析日本北九洲、山口地区在其中的作用。

二、北九洲、山口经济的国际化

1. 经济一体化和地方企业的东北亚指向

经济一体化的进展，迅速推进了"经济国际化"。过去处于附属地位的

"地方"，也得到了不必经由中央（东京）而直接对外展开交流的机会，开始了自主的地区级别的直接对外交流。九洲地区也不例外。

正像许多地区那样，北九洲、山口地区也通过直接的对外经济交流，寻求经济活性化与国际化之路。北九洲、山口地区通过加强与之在地理位置、历史方面都有密切联系的东北亚地区的交流，来谋求自身经济的活性化。

首先，地方企业成为与推进东北亚各国之间直接经济交流的主角。具体体现为，停止了过去经由商社的间接交易，开始了与东北亚地区的直接交易。直接交易，与交付一定手续费后而被提供某种保证的间接交易不同，经常伴随着风险。但是，因为直接交易须与交易对手直接相见，所以能目睹间接交易中看不到的对方企业的情况及谈判对手的人员状况等。如此便容易培养与交易对手之间的依赖关系，创造出相互尊重的主体性、独立性的交易环境。与经由商社进行间接交易的时代不同，现今的直接交易有利于获得第一手情报资料，企业开展业务的机会也大大增多。与东北亚地区的直接交易导致了地方性企业的活性化。

另外，作为一种直接经济交流形式，地方企业开始向东北亚投资。据九洲经济调查会的调查，九洲、山口地区的地方企业的海外直接投资，从1986年到1994年7月已有481件，其中投向亚洲322件，占67%，而且其中有95件集中于中国东北、环黄渤海圈、韩国、俄罗斯远东等东北亚地区，占30%。值得注意的是，向东北亚地区的投资几乎都采取同当地企业合资的形式，除了分店、事务所外，77件中单独出资的不过11件。①

如果地方企业与东北亚经济交流获得进一步发展，地方银行必将加强"东北亚意向"。诸如，山口银行在韩国釜山和在中国青岛设立了分行，在中国大连开设了驻在员事务所，以便展开针对"环黄海经济圈"的独特亚洲战略。

2. 作为替代方案的"地区间经济交流"

北九洲、山口地区地方企业的东北亚指向同上述的大垄断资本的亚洲指向有明显的不同。这是因为，地方企业进行的经济交流以双方自愿为前提，如果是一厢情愿，则难以搞成。中小规模的地方企业和东北亚的交易对手之间，没有大的悬殊差别。交易谈判是各方主要领导者的任务。同交易对手反复谈判，建立起相互之间的信任关系，主要领导间意气相投，甚至发展到家庭交往的事例也不少。对方如果可以信赖的话，就可以建立相互尊重主体性、独立性的关

---

①   九洲经济调查会《数据九洲》1994年10月。

系。这样，就能改变以往仅有利于一方的交易关系。原因在于，"面对面"的这种切身实在的交往十分有利于理解对方的观点立场。

双方关系紧密化后，交易对方就会向企业提出进一步投资的要求。事实上，在访问调查中发现，许多地方企业都以资本转移为动机，响应了交易对方提出的在当地投资要求。在北九洲、山口，地方企业进入东北亚几乎都采取合资的形式。可以说，这是与那种仅凭是否有利于自已而决定投资的大垄断资本单方投资完全不同的新模式。

如果农业渔业的生产者和城市消费者，也都能模仿地方中小企业，按各自的渠道，与东北亚地区创立起"面对面"的切身经济交流关系的话，这类交流渠道就会在地区之间构成"地区间经济交流网络"，从而创造出真正的共生关系。这样，北九洲、山口地区才能打破过去的利己主义的亚洲依存关系和单方面从属中央（东京）的局面，真正跨进"亚洲的时代"和"地方的时代"。

三、东北亚区域中的局部经济圈的形成

1. 地区间经济交流和局部经济圈

北九洲、山口地区为实现经济活性化，已经使地方企业与东北亚地区的直接经济交流迈出了第一步。这种地方间经济交流并不存在明确的主角。以中国的东北和环黄渤海内舞台，中国、俄罗斯、朝鲜、韩国相互间正在开展着地方级的贸易和直接投资，而与日本资本的关系则很少。这是因为，对于日本大垄断资本来说，亚洲不过是世界战略的一环，即使从选择最佳地点进行最适宜产品的生产以及编成企业内分工网络体系这一观点来俯瞰亚洲，他们对各个局部地区的经济交流也没有兴趣。这样一来，做为地方的北九洲和山口，就能够以积极地参与地方间经济交流，建立和亚洲新的共生关系，来谋求经济的活性化。具体的方法留在下面讨论，下面概括一下各区域内地区经济交流情况。

2. 中韩、中朝地区间经济交流与"环黄海经济圈"

中国和韩国，一方拥有丰富的各种农产品、矿产品等初级产品和劳动力，另一方拥有比较发达的重化学工业。双方在经济上具有明显的互补性。因此，它们在尚未建交的阶段，便采取经由香港的间接贸易来扩大交流。但贸易额膨胀到 30 亿美元规模时，间接交易成了进一步交流的桎梏，不得不转向直接交易。做为排除"尚未建交"这一政治壁垒的方式，中国方面制定了"官民分离"的原则，地方机关和企业做为"民间"可以从事直接交易。

中韩两国以环黄海周围的中国山东、辽宁半岛以及渤海周围地区和韩国西海岸以及东南部地区为交流据点，为直接交流的开展作了条件准备。即韩国釜

山—中国青岛间开设集装箱货运航线（1988 年 8 月），中国银行和韩国外币银行、汉城信托银行之间，缔结了通汇合同（1988 年 10 月），中韩合资的长锦有限公司开设了中韩直行航线（釜山、仁川—大连、天津、上海）（1989 年 6 月），还开设了连结中国威海和韩国仁川的轮渡航线（1990 年 9 月），至 1990 年末，物资、货币、人员直接交流的条件全都具备。其后，又进一步扩充了集装箱货运航线、轮渡船航线，经过缔结民间贸易协定、投资保护协定，直至 1992 年 8 月 24 日建立了外交关系。

其结果，中韩贸易额 1989 年为 31.4 亿美元，1990 年为 38.2 亿美元，1991 年为 58.1 亿美元。到了建交的 1992 年，则急剧增至 82 亿美元，1993 年又达到 105 亿美元。① 那么，其中地区间的交易达到何等程度呢？在中国，除了政府通过国营企业和进出口公司所进行的政府交易以外，还有地方自主进行的地方贸易。据 1992 年的统计，渤海、黄海沿岸三省和天津市的地方级的对韩出口，山东省居第一位，4.2 亿美元，辽宁省 2.8 亿美元，河北省 1.1 亿美元，天津市 5600 万美元，总计达 8.7 亿美元。② 1992 年中国对韩直接出口总额为 24.05 亿美元，其中，来自渤海、黄海沿岸地区的出口额占 36.3%。由此可见，地方级的出口活动是很活跃的。

环黄海地区内的交流，更旺盛的是直接投资。当然是来自韩国单方的投资。从 1992 年以后出现的投资高峰期的动向来看，在 1992 年 6 月到 1993 年 6 月末的 411 件新投资中，对环渤海、黄海地区（北京市、天津市、山东省、辽宁省、河北省）的投资达 296 件，占 72%。特别是山东、辽宁二者分别得到 128 件和 99 件投资金，仅此二省就达 55.2%，超过了半数③。并且，几乎都是制造业。可以看出，韩国企业正在向以山东、辽宁为中心的环渤海、黄海地区转移生产据点。

随着商品和资金交流的扩大，环黄海地区内的人员往来也活跃起来。中韩国际轮渡于 1990 年 9 月在韩国仁川和中国山东威海之间开航以来，需求急增。为此，于 1991 年 12 月在仁川—天津之间，1993 年 5 月在仁川—青岛之间又都开设了航线。至 1993 年底，这三条线路上的乘客已超过了 32 万 6 千人。④ 航空线直通北京的计划长期以来没有被认可，但于 1994 年 9 月签订的航空协定显示，除了汉城—天津，汉城—上海以外，还拟定自 11 月开设汉城—北京，

---

① 参见韩国贸易协会《贸易年鉴》各年版。
② 参见《中国对外经济贸易年鉴》1993 年版。
③ 参见引据韩国银行的调查资料。
④ 参见笔者的采访调查。

汉城—青岛，汉城—大连，汉城—沈阳四条航线①。人员的往来将得到飞速发展。

环黄海地区地方间的经济交流，在中国辽宁省丹东市和朝鲜平安北道新义洲市之间也正在展开。朝鲜方面在与吉林省的边境贸易中购买紧缺的工业原料和价格高涨的食品，主要是以外币结算方式进行交易。除了这种边境贸易之外，年交易额700—1000万元规模的边境居民的自由交易也得到许可。鸭绿江上游及河口的大鹿岛（中国）、水运岛（朝鲜）等已开放为自由交易的场所。在大鹿岛附近的海上，除中国、朝鲜的船只外，还汇入了韩国的船只，令人感受到交易的兴旺气息②。

3. 中国、朝鲜、俄罗斯边境贸易的进展和"环日本海经济圈"

在中国、朝鲜、俄罗斯边境地区，地方级的经济交流也很旺盛。一是以中国、朝鲜、俄罗斯相互间的边境贸易为中心的经济合作。二是为共同开发三国的边境河流、"图们江流域"的经济合作。邻近的新泻县等日本海沿岸地区的民间团体和韩国东海岸地区的诸城市对这些经济交流都表示了极大的关注，正在摸索着本身具体参与合作的方式。这些地区参与合作，经济交流就会扩大深化，从而可以预见到"环日本海经济圈"的形成。如果能和上述的"环黄海经济圈"协同起来，"东北亚经济圈"的形成也将成为可能。

下面首先就这一地区的边境贸易做一考察。中国和俄罗斯在黑龙江省和远东阿穆尔洲之间，吉林省和俄沿海地区之间各自从事着地方级的边境交易。俄罗斯因经济混乱，消费资料不足，其卡车、玻璃、木材、钢材、化肥这类生产资料和中国的服装、杂货、饮料、粮食、家用电器等消费品相互交易的边境贸易迅猛增长。例如，占中俄边境贸易70%以上的黑龙江省和阿穆尔洲之间的交易额，1987年以来高速增长，1991年突破了10亿瑞士法朗，1992年为20亿瑞士法朗，1993年达到26亿瑞士法朗③。交易据点之一的黑龙江省黑河市和阿穆尔洲的布拉戈维申斯克市，除了物资交流以外，人员往来也很活跃，正在筹划着"当日往返市民交流"活动，以努力实现相互理解。

在吉林省和朝鲜咸境北道之间，边境贸易也很活跃。一年的贸易额为4.7亿美元（1993年），主要是中国的食品和其他消费资料同朝鲜的水产品、木材、卡车、钢材、水泥之间的现货贸易。朝鲜提供的木材是根据朝俄林业协议，派遣劳工到俄罗斯远东沿海地区提供采伐劳务所得到的木材。卡车也是作

---

① 参见韩国旅行社《韩国旅游新闻》81号，1994年10月。

② 参见笔者的采访调查。

③ 《中国对外经济贸易年鉴》1992年、1993年。

为劳务出口的补偿从俄罗斯得到的，钢材、水泥也是从俄罗斯进口的。通过向中国再出口换取粮食等消费资料。

从 1992 年开始，中国把政府间协定的贸易结算方式，由"友好价格、易货贸易"改为"国际市场价格、外汇结算"。外汇紧缺的朝鲜不得不把必须支付外汇的政府间协定贸易限定在原油等战略物资的筹措上，其他物资的筹措都转向了可以进行现贷交易的边境贸易。结果使俄罗斯、朝鲜、中国间三角贸易得到了急速增加。

四、东北亚地区的经济发展方向

1. 地球环境制约下"持续可能的经济增长"

21 世纪之所以被称为"亚洲的时代"，是因为中国和东盟各国蕴藏着很大潜力，并且印度支那半岛和南亚次大陆有希望实现工业化和现代化。因此，日本必须抛弃只顾本国单方面利益的亚洲依存方式，和亚洲各国建立起真正的共生关系。这一点留到后面再谈。下面展望一下亚洲经济，特别是和北九洲、山口地区关系很深的东北亚地区的经济往来。

可以这样说，东北亚经济的前途取决于中国经济的发展。因为中国拥有 11 亿 6 千万人口，占世界人口的五分之一以上，其巨大的潜力已经异常鲜明地显现出来。在中国推行对外开放政策的 1980—1990 年期间，人均实际 GDP 增长率高达 8.2%，而同期全部发展中国家平均增长率仅为 0.6%；即便同 ASEAN（东盟各国）2.7% 的增长率相比，中国的增长率也是惊人的①，如此高速增长的结果，在华南地区和东南沿海地区便产生出与韩国人数相等的 5000 万中产阶级，正形成一个能够购买外资企业生产出的消费资料的大市场。外国汽车厂商的介入也是因为预测到了中国市场的这种增长前景。与内陆地区经济差距悬殊化的问题姑且不论，问题是这种高速增长今后能否持续下去呢？

众所周知，在经济增长和环境保护之间存在着互为消涨的关系。中国的高速增长也不例外地导致环境迅速恶化。企业和家庭都利用着丰富的煤炭能源，带来了事态的进一步恶化，除了排放出大量的二氧化碳之外，煤炭中包含的二氧化硫也大量地排放到大气中，形成酸雨，严重地危及森林和农作物的生长。

从世界角度看，比煤炭清洁的石油和天燃气，按现在的速度消费下去，50 年后将枯竭，因此不得不提高对埋藏量多的煤炭的依存。事实上，亚洲各国都

---

① 《UNCTAD》"Handbook of International Trade and Development Statistics"，1992.

预测到，随着工业化的发展，电力消费将增加，从而继续计划建设以煤炭为燃料的火力发电站，估计一般燃料煤的进口量，仅韩国、台湾、香港、菲律宾、马来西亚、泰国这 6 个国家和地区，就会从 1993 年的 4900 万吨，倍增到 2000 年的 9700 万吨。日本也不能避免对煤炭依存的增长，大型煤炭火力发电厂的煤炭消费量也将增加，1993 年进口 1 亿 1390 万吨，到 2000 年将增加到 1 亿 8900 万吨。① 根据长期电力的供求分析，也可以预测到，以煤炭为燃料的火力发电量从现在的 1500 万千瓦（依存度 20％），到 2010 年将增加到 3 倍，达到 4400 万千瓦（依存度 39％）。

中国虽然是产油国，可是已经转变为原油的进口国，如考虑油田老化的发展，对煤炭的依存将进一步提高。仅从能源问题上看，中国高速增长的结果，必将带来污染的蔓延。

如此说来，中国不应追求高速增长，而应该寻求不会引发环境破坏的"持续发展"。就是依存煤炭的低成长路线。煤炭有可能造成污染的一面，因此必须普及脱硫除尘装置。此外还要努力提高热效率和煤灰有效利用技术的开发。只要促进日本热效率为 40％的未来型锅炉的技术转让，就会使二氧化硫、煤炭、二氧化碳的排放量减少一半。在煤炭利用方面，北九洲闲置着丰富的技术。中国要实现持续发展，北九洲会起很大作用。

将来必须研究煤炭的气化问题，直到氢可做为燃料利用为止，就是使煤发生氢化应实现煤气化。如此取得好煤气也能像天然气一样可减少二氧化碳排放量，可以为防止地球温暖化做出贡献。关于氢，在中国西北部沙漠地带安放太阳能电池，通过利用太阳能进行水的电离分解，是可能大量获取的。

2. 朝鲜经济开放与环日本海新时代的到来

经常有人指出，有可能阻碍东北亚经济发展的是朝鲜半岛形势。最坏的情形是发动经济制裁，在朝鲜半岛爆发军事冲突。但是目前美朝会谈达成的框架协议，连邦交正常化也提到议程，这种新的事态发展，看样子是能够避免最坏情形的。

由于原苏联和东欧各国的体制已经崩溃，使得在生产资料和能源供给上大部分依存于该地区的朝鲜蒙受了巨大的影响。据韩国银行的统计，随着粮食生产的连年萎缩，朝鲜经济从 1990 年出现 -0.7％的负增长以来，1991 年为 -5.2％；1992 年为 -7.6％；1993 年为 -4.3％，连续 4 年负增长。加之，替代

---

① 《日本经济新闻》1994 年 7 月 4 日，1994 年 7 月 25 日、3 月 3 日；《朝日新闻》1994 年 3 月 8 日、9 日。

原苏联成为朝鲜最大贸易伙伴的中国方面通告："友好价格，易货贸易"改为
"国际市场价格、外币决算"，从1991年开始按国际市场价格交易，从1992年
开始转向按外币决算交易。结果，例如原油的进口单价，从1990年每桶63.7
美元（友好价格）倍增到1991年每桶134.1美元。① 朝鲜的支付增加了1倍。
而且必须用外币交付。朝鲜经济的负担显著地增加了。

　　面对这样严峻的形势，常有朝鲜经济崩溃的议论。但是，政府当局并没有
袖手旁观。为了谋求引进外资，促进对政治体制没有影响的经济活性化，1991
年末，作为使朝鲜起死回生的秘策，政务院做出了开放"自由经济贸易地带"
的决定，宣布了清津港、罗津港的自由化和开放以罗津、先锋地区为中心的边
境地区，谋求在这一地区引进外资，赚取外币，促使经济活性化。可时至今
日，这一构想没有收到预期的成果。其原因，如果抛开政治因素的话，那就是
清津港、罗津港的利用率仅为40%，② 基本上处于停滞状态。要使港口活性
化，必须整顿定期航线。否则，即使有怎样勤劳和廉价的劳动力，外资也不会
考虑进入其"自由经济贸易地带"。

　　不过，最近事态发生了急速的变化。中国吉林省已经决定租借俄罗斯远东
的扎鲁比诺港，并决定实施铺设铁路的计划。1993年3月，朝中两国政府之
间，缔结了《关于开发图们江地区的两国间协定》，以此为契机，朝鲜和吉林
省又签订了《图们江下游地区铁路、港湾共同建设的有关协定》，开始着手港
湾、铁道、公路的整备③。吉林省和朝鲜咸境北道行政经济委员会之间，决定
共同利用朝鲜的清津港和罗津港，并为此要共同整备港湾设备、道路、铁路。
在这个计划中，听说韩国三星集团也有出资意向。总之，除了俄罗斯的扎鲁比
诺港之外，吉林省又能通过铁路直接利用清津港、罗津港，合计在三个地点确
保了通向日本海的出海口。

　　据最近的报道说，吉林省实际已开始利用清津港。报道中的两件事例都是
为了与韩国的贸易而利用该港的。一件是，吉林省对外贸易运输公司和朝鲜对
外运输公司缔结了经由清津港的海上集装箱运输的有关协定，试验性地把
12TEV集装箱从韩国的釜山港海运到清津港，又用铁路从清津运到中国甘肃
省的兰州。在这次海陆联运的实验中，暴露出清津港不能处理重量在15吨以
上的集装箱，据说朝鲜已得到中国方面的合作，决定加速改善港口能力。④

---

① 《中国对外经济贸易年鉴》1992年、1993年。
② 参见笔者的采访调查。
③ 朴广：《关于罗津、先锋自由经济贸易地带开发的现状》，载《日中东北》111号。
④ 《日本海事新闻》1994年4月4日。

另一件是，吉林省延边朝鲜族自治洲与韩国的交易开始利用清津港。据报道，延边朝鲜族自治洲的鲜虎企业集团和总部设在汉城的三善海运公司合资，成立了《善虎海运》公司（94 年 3 月），租借第三国的货船，经由清津港，在釜山——延边自治州之间开辟定期航线①。

中国方面正和朝鲜谈判，要求对路过的运往别国货物免征关税，允许其自由通行，据说得到了朝方的理解。由于运输的瓶颈制约，造成了吉林省大量的农产品积压。经由罗津港、清津港向日本和韩国出口谷物、饲料的日本海贸易将增加。另外，如果俄罗斯的政治经济上的混乱停息下来，同日本及韩国的贸易能够正规化的话，那么，具有宽轨、标准轨混合连接线路的罗津、清津港做为转港的利用机会也会增加。

不仅如此，内陆国蒙古，如果在邻中国边境铺设 200 公里铁道，与中国境内铁道连结起来的话，蒙古也可以确保向日本海的出口。进而以扎鲁比诺、罗津、清津港为起点，通向中国境内的铁路，经由蒙古，从赤塔与西伯利亚铁路连接，将出现穿越欧洲的最短大陆桥。如此，罗津港、清津港的作用将会变得极其重大。如果罗津港、清津港呈现出活性化，就会启动"自由经济贸易地带"引进外资的势头。

面对这种发展的可能性，朝鲜也开始致力于自我贸易振兴。由于对中国的贸易转为外币决算，因此不得不谋求赚取外汇，扩大出口。事实上，1993 年 12 月的朝鲜劳动党中央委员会全会已经坦率地承认第三个七年计划（1987—1993 年）未能实现，在继续向农业、轻工业优先投资的同时，又强调了"贸易第一主义"。向日本出口铁矿石的重新启动，西服委托加工出口的增加，对韩国的各种委托加工出口的迅速增大②，表明了朝鲜已开始为扩大出口而做出了努力。

另外，从 1992 年 12 月开始，朝鲜改变了贸易体制。即对外经济机构由原来的政务院贸易部和对外经济事业部统一合并为一元化的"对外经济委员会"。同时，政务院各委员会及各部，以及地方行政经济委员会都完成了能够分别独立经营国家贸易和地方贸易的改革。生产者能够直接参与贸易活动。贸易体制的这种改变，使地方经济组织更加活跃了。朝鲜和中国之间的边境贸易从 1992 年的 2.6 亿美元，倍增到 1993 年的 5.2 亿美元③。1993 年中朝贸易总

---

① 《朝日新闻》1994 年 4 月 21 日。

② 韩国《北方通商情报》1994 年 2 月，《日本经济新闻》1994 年 7 月 9 日。

③ 参见笔者的采访调查。

额为 9.3 亿美元，其中，边境贸易占了一半以上。

据最近消息，1991 年年末确定的"自由经济贸易地带"已从 621 平方公里扩大到 746 平方公里，都划归罗津先锋市管辖，同时公布"自由贸易地带外国人出入境规定"，对外国全面地开放了。①。在 1994 年内又进一步在南浦市和新义洲市分别设置了两平方公里和三平方公里的经济开放区，允许中国企业进入包括平壤近郊在内的内陆地区②。还接连制定和完善了《外国人投资法》、《外国人企业法》、《（改订）合资法》、《外汇管理法》、《外国投资企业及外国人税法》、《土地租借法》、《外国投资银行法》等有关法规。可以看到，朝鲜并没有仅停留在贸易上，似乎已经开始实施中国式的全面开放路线。

五、"东北亚经济圈"的形成和北九洲、山口的作用

笔者就中国和韩国之间地区级的经济交流促成"环黄海经济圈"之事，就地理上、历史上都与该经济圈有很深关系的北九洲、山口地区积极地参与合作这点，曾经指出："环黄海经济圈"具有从山东、辽宁向内陆的吉林、黑龙江扩展，取得俄罗斯远东地区和朝鲜的参与，向"环黄海、日本海经济圈"发展的可能性。笔者的这一预想，由于被称为"技术超级班船"（TSL）的超高速货船的出现将有可能提前实现。

TSL 能够达到时速 50 海里、载重量 1000 吨、航行 1000 公里，现在正着眼于实用化，用小型实验船进行着实验。本来是做为九洲、北海道与东京圈相连结的运输手段而设计的，但可以考虑做为连结东北亚地区的运输手段。连续航行的距离为 1000 公里，这意味着从北九洲山口到中国的上海、青岛、大连和朝鲜的清津、罗津都是可能直达的范围。也就是说，日本海、黄海的沿岸地区仅用半天或一天的时间，就可以相互地连结起来。这还意味着可以把本区域内的环日本海经济圈、环黄海经济圈等局部经济圈相互连接起来，促成"东北亚经济圈"的成立。

"东北亚经济圈"是以两个海为媒介的海域经济圈。海域是各方的共有财产，为了防止海域的污染，有关各方的合作是不可缺少的。黄海、日本海都是内海，所以容易被污染。同是内海的欧洲地中海，从 1970 年代起，沿岸各国

---

① 朴广：《关于罗津、先锋自由经济贸易地带开发的现状》，载《日中东北》111 号。
② 《日本经济新闻》1994 年 7 月 4 日，1994 年 7 月 25 日、3 月 3 日，《朝日新闻》1994 年 3 月 8 日、9 日。

都致力于防止污染，缔结了《防止污染条约》。我们也必须尽快缔结《防止污染条约》。同时，曾经历过严重公害的北九洲，应该毫无保留地将积累起来的防污染的有关信息技术向东北亚地区转让。

最后，具体地展望一下北九洲、山口地区在东北亚经济圈中的作用。在北九洲、山口地区有许多被指定为"促进进口地区"（FAZ）的地方，如北九洲港、下关港、长崎空港等，如果能利用这些地方开创出"容纳型"的经济合作不是很好吗？过去的投资是与被投资地区的意向无关系的单方面推进的企业扩张，替代这种"攻击型"的经济交流的应是推行促进进口和对内投资的"容纳型"经济交流。

日本的制成品进口比率，1980年仅两成，1993年猛增为52%。利用FAZ扩大从东北亚进口制成品是可能的。引进的不仅是商品。在FAZ，也可以引进东北亚地区企业的投资。那时，不是也可以与北九洲、山口的地方企业合资吗？如果能合资的话，对于东北亚地区的企业来说，过于昂贵的FAZ的地价也许不会成为投资的障碍。合资的企业在FAZ内的保税区内，把从东北亚地区进口的原料、半成品、通用品、按日本工业规格和日本人的嗜好进行加工、整理、再采用当地企业的商标把制成品运到东京、关西方面销售。从综合保税区-FAZ向国内运输产品时，当然要课征进口关税，不过应该让按进口发展中国家工业产品时的特惠关税抵消掉进口关税。进一步，如果东北亚地区的企业进入FAZ时，能带着工人来的话，FAZ的魅力将变得更大。

进而FAZ（促进进口区）和TSL（超高速货船）以及欧洲大陆桥综合在一起，其作用就更大了。例如，在FAZ组装加工的制成品用TSL向扎鲁比诺港或罗津、清津港运输，经过吉林省、内蒙古、蒙古、再由西伯利亚铁路运往欧洲出口，那将是一种怎样的情景呢？另外也可以考虑在FAZ进行初次加工，用TSL运向扎鲁比诺港和罗津、清津，在吉林省进行最后加工，然后向欧洲出口。相反，也可以利用大陆桥，从欧洲方面带入服装材料和设计图案在吉林省加工，用TSL把制成品从扎鲁比诺港和罗津、清津港运向FAZ（日本进口促进区），在东京大阪销售。东北亚地区和北九洲、山口的经济合作将会无限扩展。

（《社会科学战线》1995年第1期）

制度学派的经济史观及其他

〔美国〕赵　冈[*]

最近几年，国内的经济史学者已经注意到西方国家，尤其是美国的新经济史学派的崛起。前后已有若干文章加以介绍。但是大家只注意到这些新经济史的著作倾向于使用实证资料来处理及分析经济史上的问题，而没有注意到这些学者在"史观"方面的特色。事实上，使用数理方法只是分析方法上的演变，只能算是技术层面的枝节演变，究竟很多历史上的事件，没有数据可用，或是有数据但质量很低，计量方法能用武之地很有限。更值得注意的是，这些学者对于整个历史发展过程的诠释，是一套新的史观。

这要从马克思的经济史观说起，马克思认为各国的经济发展，主要的原动力就是生产力的发展。社会上的生产力逐渐提高以后，原有的生产制度便不能适应，常常会束缚生产力，使之无法充分发挥，最后就会从内部产生一种力量，打破原有的生产制度，形成一种新的生产制度，来适应已经提升的生产力，生产制度进一步影响到文化、政治、法律、宗教等等社会上的活动形态，统称之为上层建筑，或上层结构。所以，生产力是最基本的动力与因素，它决定了社会的发展过程。生产力是一步一步提升的，所以生产制度的发展有其固定的阶段，这就是马克思所说的五种生产制度的直线嬗替，按部就班地演变。这五个阶段，既不能超越，也不会在某个阶段上永远停滞，因为生产力是逐渐提升，不会跳越，也不会永远停滞。

这是中国经济史学者普遍接受的史观。他们都强调生产力这个基本动因。只有生产力是"因"，其他的发展都是"果"。在判断中国奴隶时期与封建时期的划分点时，大家都要先确定铁制工具是什么时候出现的，铁制工具之出现是生产力提升的明确标志。

* 作者单位：美国威斯康辛大学经济系。

马克思对于生产力演变过程的解释，隐含的意思似乎是认为生产力之发展是一种自然过程，所以它才不会跳越，也不会永久为人力所阻挡，社会上的各种制度及上层建筑只能去配合它。对于这个问题，我们可以试着追究一下。上古的人们用手到河里捉鱼，或是用尖头木棍去叉鱼，生产力很低。后来有人发明了渔网，生产力便大为提高。鱼网之发明是智力劳动的后果，是某甲想出的办法。这种发明算不算是"自然过程"？马克思的答案应该是：这是自然过程的一部分，某甲如果没有发明渔网，某乙也会发明它，今年无人发明，明年就会有人发明，所以是无可避免的自然过程。

近来西方的学者不满意上述答案，曾经集中了许多学术人力，来研究生产力发展的过程，生产力被归结为生产技术（technology），研究生产力就是研究生产技术的演变。

如果我们追踪科技史，研究新科技出现的经过，可以发现在古代，甚至到18世纪，新发明之出现确有相当大的偶然性，不妨算成自然过程。古代某甲看到蜘蛛结网捕食，得到灵感，发明了结网捕鱼。下至18世纪，瓦特看见开水壶内的气冲开了壶盖，因而得到灵感，发明了蒸汽机。在瓦特发明蒸汽机以前，他心中并没有蒸汽机的目标，这不是他刻意找的东西。

但是，18世纪以后，发明的过程就不这么简单了。发明者心中都先存有一个目标，也就是对所追求的技术之构想，绝少是偶然的发现。有了目标之后，再多方试验及搜求。譬如爱迪生发明电灯泡，他要寻找一种细的导体，以便电流通过。他试用各种各样的材料，最后才找到钨丝，电灯泡的发明于是告成。

近年来的新技术之追求，更是有步骤、有计划的工作，而且都是大公司或政府设立的专门机构负责进行。第一步是确定所追求的新技术之目标；其次是很明确地判定要达成目的必然会遭遇的难题；然后再对一个一个问题试行解决。在解决每一个问题时，可能要经过多次的设计，多次的试验；但是这些工作都不是盲目的，而是有一定的理论来指导，有一定搜寻与试验的方向。这就比爱迪生当年没有理论指导的试误，又大大的进了一步。IBM以及美国太空总署太空航行的研究，都是以这种方式来创新科技。如果只凭偶然性的自然过程，人类绝无可能发射太空船，登陆月球；也绝无可能在短短的若干年内，一代又一代地更新电子计算机。

近年来，科技发明的过程，是学者研究的热门课题，不但经济学家有兴趣，科技史专家更有兴趣，例如研究中国科技史的李约瑟博士（Goseph Needham），在大量的研究之后认为：科技之进步与生产力之提升决不是自然过程，而是在某些条件之下才发生的。正如诺斯教授（Douglass North）所说，生产力是"果"，而不是"因"。生产力之增长与经济成长几乎是同义语，都是某些因素所造成的后果，而这些因素才是真正的"因"。

这些新经济史学者所认定的经济发展之基本因素并不完全一致，但大体都属于马克思所谓的上层建筑，包括经济制度在内。新经济史并非真正是崭新的。但是早期的理论往往不完全正确，或是没有得到足够的重视。例如韦伯（Max Weber）当年就认为文化背景及宗教可以影响激励机制。激励机制之强弱决定人们有无企图心及企业精神。这当然会影响到社会总生产力。芬利（Moses I. Finley）则认为古代没有市场制度，所以人们没有最大化的经济行为（maximization）。熊彼特教授（Goseph A. Schumpetu）认为发明与创新尚属次要，最重要的是采用创新之人，以此创造利润及剩余。这些理论，无论对错，都有一个共同的特点：生产力是果，不是因，受到其他因素制约。

今天，许多经济学家在研究经济史问题时多多少少都受到新经济史理论的影响，不把生产力的演变视为一种自然过程。我与北京大学的林毅夫教授就曾在这方面有过一点小小的争论。这要从李约瑟先生的研究说起。李约瑟用了大半生的时间研究中国的科技史，是这方面公认的权威。经过研究与比较，他认为在宋朝以前，中国的科技水平远在西欧之上，到了宋朝，所有英国工业革命前夕的条件在中国均已具备，然而工业革命却未在中国的宋朝发生，反而是几百年后在英国发生。李约瑟对此深感不解。对于这个问题我的答案是，工业革命的基本特征是机器之发明与使用，我们必须对机器这玩意儿加以分析。分析的办法就是研究对机器的需求与供给。在机器的供给方面主要尚不在于是否有煤与铁，而是这个社会必须在科技方面的知识累积到起码的程度，可以发明机器。根据李约瑟的研究，中国到了宋朝已经达到了这种起码的科技水平。但不幸的是，当中国已经有能力发明机器的时候，中国已经不需要机器了。机器的功能是节省劳力，但是到宋朝时，中国已出现人口过剩现象，整个社会正在极力设法利用这些过剩的人力，因而对机器已不感需要。对于没有市场需求的商品，即令技术上能生产，也不会有人去生产。所以没有人发明及生产机器。因此，工业革命未能在中国宋朝出现。相反的，英国的科技发展较慢，落到中国之后，直到18世纪英国才粗备发明及制造机器的科技基础，然而此时英国仍然人口稀少，感到人力不足，对于节省劳力的机器，大有需求及销路，于是机器的需求与供给正好一拍而合。

我的朋友林毅夫教授对这个说法不同意，特别就这个问题发表了一篇文章。他认为中国传统的思维方式是以归纳法为主，各种科技之发展主要是靠大量观察而得出者，中国的知识分子不擅长于演绎的思维方式，从已知推到未知。然而近代的科技都是演绎思维的产物，要先提出目标与许多假设，然后一一求证，求证的方式就是做试验。每件新的科技都是经过无数次的试验，反复改进，最后才达成的。所以林毅夫认为中国在宋朝没有出现工业革命，毛病不是出在需求方面，而是出在供给方面。中国的传统思维方式不能制造复杂的机器及发展高深的生产技术。

我同意林毅夫的理论，但是并未因此放弃我自己的看法。中国的传统思维方式诚然无法产生爱迪生那样的人物与他的各项发明，当然更不能产生 IBM 那样的产品以及美国太空总署所制造的那种登陆月球的太空船。但是中国的传统思维方式足可以达到瓦特那种境界，并制造英国工业革命时出现的那些简单机器。瓦特看到沸水之汽冲开壶盖而联想到蒸汽动力及蒸汽机，并没有超越中国传统思维方式的范围，不是大量试验的结果。

事实上，英国人 18 世纪发明的珍妮纺车，中国早已出现过，即农书中所载的大纺车。这两者共同的关键即是由以前的单锭手纺改进成多锭纺车。中国的大纺车甚至已超过珍妮纺车，后者只有 8 锭，而中国的大纺车却装有 32 锭。在设计上中国的大纺车也优于珍妮纺车，前者装置的轮盘是直立式，后者的轮盘是水平装置，运转笨拙。然而中国的大纺车要多人联合操作，不适于当时中国棉纺业的生产组织——小农家庭副业，不久就失传了。直到 20 世纪 30 年代的抗日战争时期，沿海大城市相继沦陷，内地的机纱来源断绝，才出现大型手工棉纺工厂，按照当年大纺车的原理，制造出有名的"七七纺机"及"余姚式纺机"，各装 32 至 120 纺锭不等。可见中国人最起码是可以做到这一步的。

不过，我与林毅夫有一个重要的共识，我们都不认为生产技术的改进是自然过程。它要受种种条件之制约。我们两人都在探求技术改进的源泉（sources）。但是我们都不算是正宗的制度学派经济史学者。他们要强调制度与组织。IBM 与太空署都是制度与组织。毕竟是先有了太空署，才产生太空船；而不是先有了太空船，才出现太空署来配合它及适应它。这种因果关系是十分明显的。

制度学派的新经济史学者当初批判的是新古典经济理论，觉得新古典经济理论太狭窄，把经济制度作为已知，在现存的经济制度下，如何求得均衡点，如何达到资源的最优配置。新经济史学家认为经济制度是最基本的"因"，生产技术、生产力、产量等都是"果"。把最基本的动因完全略去不谈，视为已知，是理论上的绝大漏洞。至于因此而将马克思的经济史观之因果关系彻底颠倒过来，则是始料所未及，不是他们原来设定的目标。

新经济史是一个笼统的名称，称之为制度学派也还是一个笼统的名词。他们都强调制度的重要性，但所强调的确切对象并不完全一致。有的强调产权制度，有的强调经济立法，有的强调生产组织，有的强调政府的功能。

制度学派刚开始是分析现代的经济现象。科斯（R. Coase）是从现代社会中的外延经济（extvinality）的角度来分析及说明产权制度（property rights）的功用，诺斯（D. North）最早的论文是研究海洋航运生产力变化的根源。他认为最基本的根源是经济组织的改进。他们逐渐向前推衍，用他们的新理论来分析较早期的历史变迁。诺斯和托马斯（R. Thomas）后来合写一篇讨论中古庄园制度的兴起与没落，即属一例。登姆塞茨（H. Demsetz）利用产权理论来分析英国 18 世纪的圈地运动。芬利则追踪得更远，研究罗马帝国的经济。

诺斯的一连串论文及专书，很有影响力，终于给他争来了诺贝尔奖。登姆塞茨的产权理论对若干经济史研究也产生启发作用。圈地运动与工业革命几乎是同时在英国发生的，大家都意识到两者之间必有密切关系。但究竟是何种关系，过去大家的看法不一。汤茵比（A. Toynbee）认为圈地以后劳动力的流动性增加，农村人口大量进入城市，使得新兴的工业能够顺利获得劳工。登姆塞茨新的说法认为圈地运动使得当时在英国普遍存在的公有土地（communal land）变成私有财产；这种产权制度之变革很快就排除了像公海捕鱼那样的资源浪费。

近年来，西方经济史学家逾来逾注意产权制度的作用。理论上，他们主张的并不一定是私有产权，而是主张排他性的产权。建立排他性的产权制度可以导致下列后果：

（一）在排他性产权制度下，有用的经济资源都有主人，他们享有所有权，没有所有权之人不能无偿取用，于是建立了成本的观念。使用资源必须付出代价，于是经济资源可免于浪费。

（二）当排他性产权分散到众多的私人手里，这些人就有权运用或处置他们的资产，包括自由出卖。于是形成市场。市场即是交换产权的场所，以我之所有易我之所无或我之所需。于是资源可以自由流动，进入最有利的用途上。这时不但有成本之观念，而且有机会成本（opportunity cost）之观念。资源的所有人要为他的资源安排最佳用途。于是社会上的资源得到最合理的配置。

（三）这种产权制度可以导致最持久，最可靠的激励机制，也就是引发人们追求最大化的经济行为（maximization）。

产权制度是一个核心问题，此外还有一些辅佐的制度，如合理的经济立法，给予产权周密的保障。

其次，企业组织也很重要，西方学者对于公司组织曾有很多详尽的研讨。相比之下，中国历史上始终缺如的是"法人"之观念与立法。有限公司具有独立的法人身份，与出资的股东是分开的，股东的偿债义务只限于其所出的股份金额，这样的企业组织加诸于出资人的风险是有限的，所以投资意愿相对的高。在中国历史上则否，出资经营企业者负有无限责任。包括投资人的全部家产，甚至父债子还，债务还能继承到后代。同样的企业经营，中国的出资人要面对高出数倍的风险。所以中国人的投资意愿较低，而躲避风险的偏好要比西方强烈的多。即使没有重农轻商的政策，一般人还是会趋向于土地投资，取其风险系数低。如果是经营其他行业，人们也不肯不断扩充规模，因为扩充规模后的报偿率与风险率不能同比例增加，风险系数愈来愈大。所以中国历史上的商人一旦经商获利，便要抽取资金回乡买地，即所谓"以末得之以本守之"。这些人要维持商业投资与土地投资的某种比例，来分散风险，这许多经济行为都可以用制度学派的理论作合理的解释。

（《社会科学战线》1995 年第 4 期）

民国初年山东省的司法变革

（台湾）张玉法*

　　民国初年山东省的司法变革，可分为北京政府时期和国民政府时期来观察。北京政府时期的司法是承袭清末的新制度，即继续建立司法制度的系统，而与行政系统分立，但在袁世凯图谋恢复帝制期间，一度欲减缩省级以下的司法权；国民政府时期，初在省、县两方面建立行政、司法分立制度，但县级因限于经费，不久又有行政与司法合一的趋势。

北京政府时期

　　民国建立之初，司法机构编制承1910年公布的法院编制法，分四级三审。京师设大理院及总检查厅，为全国最高审判机关，京师及省府所在地设高等审判厅及检察厅，其他重要都市设地方审判厅，县设初级审判厅。没有地方审判厅的县份，司法事务委县知事。1914年4月，政治会议决定废除初级审判厅，并废除部分地方审判厅，同时公布县知事兼理司法事务暂行条例。1916年下令改设县司法公署，但未实行。① 袁世凯死后，迄于北伐以前，山东的司法机构大体仍依清末之旧，计高等审判厅：在济南，管全省107县，始设于1911年2月。地方审判厅3个：一在福山（烟台），管胶东道福山、掖县等11县，1911年2月成立；一在青岛，管胶东道胶县、平度等7县，1922年12月成

---

　　* 作者单位：台湾中央研究院近代史研究所。

　　① 参见《民国十五年中国年鉴》，第106、108页，但《齐河县志》第21卷，第34页。谓县有司法署的设置，司法署由县长兼理，内设帮审员一人，承审民刑各诉讼。帮审员嗣改为承审员。

立；一在济南，管胶东道 8 县及济南、东临、济宁 3 道 81 县，1911 年 2 月成立①。北京政府灭亡前夕，山东曾计划在福山、济宁、聊城设高等审判分厅，于黄县、掖县、即墨、潍县、益都、惠民、德州、聊城、济宁、曹州、沂州设地方审判厅②，但未能实现。在狱政方面，当时山东有新式监狱 4、看守所 3③。各级官吏对罪犯渐以感化主义代替报复主义，1924 年司法部训令曰：监狱首重感化，监所如家庭，如学校，监所官吏当如家长、校长，以慈爱待遇罪囚，多施教育，使出狱后为善良分子。同年，山东省政府通令各县改良监狱，并订有奖励办法④。

在北京政府时期，山东在审判厅的设立上虽然未达普遍的程度，但在司法建设上，仍有不少成绩，这可从两方面加以说明：

其一，各地审判厅民事诉讼受理件数有增加的趋势，兹列表 1916 至 1921 年间的情形如下：⑤

年　代	第一审诉讼受理件数	第一控诉受理件数	第二控诉受理件数	合　计
1916	950	1000	265	2215
1917	1209	1337	301	2847
1918	1530	1281	219	3030
1919	1514	1737	358	3609
1920	1736	1940	401	4077
1921	1554	1953	537	4044

其二，1922 年中国自日本手中收回胶济铁路及青岛的管辖权，中国的司法自是得在该地区建立，前述 1922 年在青岛设地方审判厅，辖胶县、即墨、高密、平度等 7 县，在法权的收回上，意义重大。

青岛地方审判厅，本厅设于青岛，而分厅设于李村。凡属李村区之案件，常就近由分厅判决，而其余各区则常归本厅判决。历年确定被告人数，本厅与分厅合计，1923 年 839 人，1924 年 1270 人，1925 年 1008 人，1926 年 732 人，1927 年 669 人。就被告之性别而言，女性仅为男性的 4% 左右。就被告之罪名而言，以窃盗、强盗为最多，次为吸售鸦片，次为杀伤，再次为赌博。就总人口之比例而言，本厅辖境有人口 179 000 余人，分厅辖境有人口 142 000 余人，分厅被告人数，在 1924 年为本厅十之三，在 1925 年为本厅十之一。就被告之

---

① 《民国十五年中国年鉴》，第 116 页。
② 《民国十五年中国年鉴》，第 119 页。
③ 《民国十五年中国年鉴》，第 125 页。
④ 《掖县志》卷 5，第 84 页。
⑤ 《民国十五年中国年鉴》，第 122-124 页。

年龄言，以 20 岁以上、40 岁以下为多。就被告之教育程度言，五年间被告共 4582 人，受普通教育者 128 人，占总人数的 5%；能识字写字者 1267 人，占总人数的 27%，全未受教育者 2999 人，占总人数 65%①。再就本厅与分厅之审案效率而论，除办理无领事裁判权国人民刑案件、华洋诉讼民刑案件不计外，历年办理本国人之民刑案件可如下表：②

件数 区分 年代	收件数		结件数		未结件数	
	本厅	分厅	本厅	分厅	本厅	分厅
1923 民 1923 刑	1303 824		1182 821		121 3	
1924 民 1924 刑	1731 914	210 164	1639 899	194 163	92 5	16 1
1925 民 1925 刑	1669 915	205 79	1548 911	193 78	121 4	12 1
1926 民 1926 刑	1541 706	140 84	1455 698	135 82	86 8	5 2
1927 民 1927 刑	1537 688	180 100	1517 688	178 100	20 0	2 0

此表可以看出，胶澳法权收回后，青岛审判厅对中国司法所作的贡献。

北京政府时期的山东司法行政是相当独立的。1923 年的预算，山东司法经费 949 228 元，其中审检厅处 322 232 元，监狱看守所 359 060 元，各肥司法经费 267 936 元。当时经费虽短绌，许多开支不能按预算支付，山东司法经费的实支尚达 95% 以上（902 639 元）③。

县级的司法，未若省级进步，但较清时县知事完全操持司法权的情形已有所不同。袁世凯当政时期，虽定有知事兼理司法的名义，实际上是另派帮审员，嗣改承审员④。当时县政府有司法科，所有司法事务统由司法科专责办理，承审员由知事保荐，委任之权则操之高等审判厅。县级司法权虽未能完全

---

① 《胶澳志》《民社志》，《犯罪》，第 108–110 页。
② 《胶澳志》，《政治志》，《司法》，第 80–84 页。
③ 《民国十五年中国年鉴》，第 120 页。
④ 《德平县续志》卷 3，第 9 页；《续修范县县志》卷 3，第 23 页。

独立，承审员的裁判权已有逐渐提高的趋势①。

在县级狱政方面，亦有逐渐改良的情形。以掖县为例，1922 年县知事闪钦辰命将监狱看守所人犯，除命盗重案加脚镣以防不虞外，余犯均酌量解除；监狱装置木板，宽阔适眠。1925 年县知事张蔚南筑女看守所，共房 10 间，内分监房、工场、厨房、看守室四处，选妇人充任看役②。

国民政府时期

北伐完成后，省、县司法制度有所变更。1928 年政府通令各省高等审检厅并为高等法院，各县筹设县法院。一等县设审判官、候补审判官，以县长兼理法院检察事务。1929 年各县法院添设检察官及学习检察官，撤消县长兼理检察事务，于是县法院始与行政机关完全脱离③。

当时国民政府努力谋求废除不平等条约，借司法改良以为废除领事裁判权张本，一方面建立各级法院，另一方面即修订各种法律。山东各级法院逐渐建立，而国民政府修订的法律，亦在山东施行，如 1935 年 7 月，山东高等法院函省府，谓刑法业经修正公布，令于 7 月 1 日起施行，请通饬各机构一体遵行④。此外，在韩复渠治鲁的时期，为改良司法及吏治，曾于省府大门内设民众问事处，凡民众对于控诉案件及官厅政令有不明白处，可于每日办公时间至该处询问，由该处职员详细解答，以示公开⑤。

在狱政方面，主要的表现在旧监狱的增建或修理、新监狱的设立、监狱设备的增加等方面。1934 年度，山东修建竣工的监所有济南、威海卫、福山各法院看守所及滋阳分监。拟建者有第一监狱齐河、长清及德县分监，第三监狱邹县分监，第六监狱，菏泽、东平、临沂等县监狱，高密看守所，第一监狱监房，第四监狱染线科，曹县监所病室；拟改建者有泰安地方法院看守所女犯室，济南第一监狱病室及淄川分监；拟扩充者有第四、第五监狱房；拟修理者有济南地方法院看守所⑥。

县级司法制度，在 1928 至 1932 年间是建立县法院的时期。1928 年颁布

---

① 《东平县志》卷 7，第 3 页。
② 《掖县志》卷 5，第 84-85 页。
③ 《掖县志》卷 5，第 83-84 页。
④ 《山东省政府公报》第 344 期（民国二十四年七月廿一日），第 53 页附录。
⑤ 《山东省政府公报》第 257 期（民国二十二年十一月十二日），第 42 页。
⑥ 《民国二十三年之建设》，第 333-334 页。

"县法院组织暂行条例"，各县设县法院，即以行政区域为其辖区，县长兼理检察事务，另委审判官一员，候补审判官一员，设审判处，司审判事，1929年后复委检察官一员，候补检察官一员，设检察处。县法院内设有书记员、录事、检察吏、承发吏等，协助司法行政的推行，至是县司法可谓完全独立①。

检察处之检察官系代表国家，专司侦查刑事罪犯，并有上诉、非常上诉及请求再审之权；凡刑事诉讼除自诉案件外，均须先经检察处依法侦查，非经检察官起诉后，法院不得开始审判。审判处之审判官专司刑事自诉案件、民事诉讼案件及经检察官侦查起诉之刑事案件。检察处受高等检查处之指挥监督，审判处受高等法院之指挥监督②。

各县设立法院的时间不一，福山、陵县、高密、德平、范县、东平、临沂等县设于 1928 年③，齐河设于 1929 年④，莱阳设于 1930 年⑤，寿光则设于1931 年⑥。各县设立法院情形，可以东平为例。东平于 1928 年奉高院令组织县法院，内设审判官一人、检察官一人、主任书记一人、录事三人，检察官由县长兼任，高院加委。法院附设县政府内，但审判官有审判全权，县长不能过问。1929 年复奉高院令添设检察官一员，不由县长兼任。1930 年 2 月，法院迁移三清观内，审检两处共有主任书记二人，候补书记一人，录事五人，承发吏二人，法警四人，公丁三人，附设缮状处及民刑当事人报到处，缮状处设缮状生三人，报到处由承发吏及法警兼理，收发由录事兼办⑦。

司法独立为政治现代化的一种目标，但在实行之初，并未被认为是理想的制度，特别是在县级为然。其一，检察处与审判处互不统属，彼此独立，每多窒碍⑧。其二，在县官审判案件的时期，如上控时发现审判错误，处分极严；在法院分级审理时期，上控时无论对原案维持与否，原审判官均无责任。在这种情形下，守正者固无蒙蔽偏倚，能保司法尊严；不肖者枉法索贿，无所不

①　《莱阳县志》卷 2 之 3，第 62-63 页；《牟平县志》卷 5，第 57 页。

②　《寿光县志》卷 5，第 51 页；《陵县续志》卷 3，第 6 页。

③　《福山县志》民国志，第 7 页；《陵县续志》卷 3，第 6 页；《高密县志》卷 11，第 12 页；《德平县续志》卷 3，第 9 页；《续修范县县志》卷 3，第 23 页；《东平县志》卷 7，第 3-4 页；《临沂县志》卷 12，第 3 页。

④　《齐河县志》卷 21，第 34 页。

⑤　《莱阳县志》卷 2 之 3，第 62-63 页。

⑥　《寿光县志》卷 15，第 30 页，但卷 5 51 页谓设于 1930 年。

⑦　《东平县志》卷 7，第 3-4 页。

⑧　《陵县续志》卷 3，第 6 页。

为，每使冤不能伸①。其三，多一机构，即增多人员，增加开支。在北京政府时期，山东司法经费不过 90 多万元，国民政府时期增至 200 多万元，县法院的经费由省支，如莱阳县法院每年经费 8000 余元②，东平县法院每年经费6000 余元③。当时财政拮据，在精减行政的政策下，乃又把县法院裁撤。

县法院裁撤于 1933 年 1 月，有的县裁撤以后，即恢复了北京政府时期的承审制；有的县裁撤后，即改为地方法院分庭，有的县又由地方法院分庭升为地方法院。撤消县法院的县，如寿光、范县、德平等，将法院并入县政府，审判官易为承审员，检察官仍由县长兼理④。以东平县为例，1933 年 1 月奉高院令裁撤县法院，仍恢复县长兼理司法旧制，并入县政府，设承审员一人秉承县长之监督指挥处理初级及地方管辖第一审之民刑诉讼事件，司法及收税书记各一员均由高院委任，另有录事二人，执达员二人，检验吏一人，缮状生一人，法警由政务警察兼，全年经费由 6504 元缩减为 3204 元⑤。又如陵县，1933 年 1 月 1 日奉令将县法院裁撤，改行承审制度，承审处属于县政府，在府内设司法办公室，县长兼理司法行政事务，承审员专司审理民刑诉讼案件，县长与承审员处理司法事件，以县长名义行之，于民事简易程度，或刑事初级管辖案件，由承审员独立负责审判或侦查，其裁判书或处分书由承审员签名盖章。此外，民事通常程序或刑事地方管辖案件，由县长审核，其裁判书或处分书，与承审员共同签名盖章，同负责任⑥。

由分庭升为地方法院的县如临沂，原属于 1933 年 1 月改为高等法院第一分院附济宁地方法院临沂分庭，1935 年 7 月，改设临沂地方法院，并改隶山东高等法院第六分院，分院辖临沂、莒县、费县、峄县、沂水、郯城、蒙阴七县。分院院长兼刑庭长及地院院长，分院首席检察官兼地院首席检察官，分院书记官长兼地院书记官长，分院检察处主任书记官兼地院检察处主任书记官。此外，分院推事三员，地院推事三员；分院书记官八员，地院书记官三员，又学习书记官四员；分院录事九员，地院录事三员；分院执达员二员，地院执达员四员；分院检察处书记官四员，地院检察处书记官三员；分院检察处录事五员，地院检查处录

---

① 《莱阳县志》卷 2 之 3，第 62–63 页；《牟平县志》卷 5，第 57 页。
② 《莱阳县志》卷 2 之 3，第 62–63 页。
③ 《东平县志》卷 7，第 3–4 页。
④ 《德平县续志》卷 3，第 9 页；《寿光县志》卷 5，第 51 页；《续修范县县志》卷 3，第 23 页。
⑤ 《东平县志》卷 7，第 3–4 页。
⑥ 《陵县续志》卷 3，第 6 页。

事三员，警长一员，检验吏一员，法警二十名，公丁五名①。

改为地方法院分庭的县，如高密县法院于 1933 年改为青岛地方法院高密分庭②，掖县法院于 1933 年改为福山地方法院掖县分庭，莱阳县法院于 1933 年 1 月改为福山地方法院临沂法院莱时分庭。分庭的组织，以掖县为例，设主任推事、候补推事，分庭行政事宜由主任推事总管；另有检察处分庭，设检察官、学习检察官，检察处分庭行政事宜由检察官总管。法院分庭与检察处分庭各独立行其职权③。分庭法权范围，以莱阳为例，莱阳分庭管辖地域仍以莱阳为限，其处理案件，凡关于初级审判，以设于烟台的福山地方法院为上诉机关；关于地方法院初审案件，以分庭为起诉机关，济南高等法院为上诉机关。莱阳分庭组织较莱阳县法院为大，县法院设审判官一员，候补审判官一员，检察官一员，主任书记一员，书记一员，候补书记二员；分庭设主任推事一员，候补推事一员，检察官一员，学习检察官一员，书记官二员，候补书记官一员，学习书记官二员，另有录事六人，缮状生五人，检验吏一人，执达员四人，公丁五人，法警八人。经费每月由 683 元增长至 1147 元④。由于业务增加，莱阳分庭至 1935 年 7 月 1 日又改为莱阳地方法院⑤。

各县法院的业务状况，可以陵县为例，陵县于 1932 至 1934 年间共受理刑事案件 450 件，民事案件 307 件。历年受理刑事案件和民事案件的件数及类别⑥ 是：

类别 \ 件数 \ 年代	1932	1933	1934
杀　人	5	13	14
伤　害	21	77	69
伤人致死	5	0	3
妨害自由及伤害	12	17	12
窃盗	11	10	15
盗匪	4	6	4
强盗杀人	2	0	1
公共危险	1	4	6
鸦片	2	2	0

类别 \ 件数 \ 年代	1932	1933	1934
契　约	2	0	1
确立地界	1	0	0
地　亩	21	21	39
产　业	4	27	15
遗　产	4	0	0
婚　姻	6	5	0
离　婚	1	1	4

---

① 《临沂县志》卷 12，第 3 页。
② 《高密县志》卷 12，第 12 页。
③ 《掖县志》卷 5，第 83-84 页。
④ 《莱阳县志》卷首，大事记，第 25 页；卷 2 之 3，第 6-62 页。
⑤ 《莱阳县志》卷首，大事记，第 26 页。
⑥ 二表皆见《陵县续志》卷 3，司法志。

吗 啡	2	0	0		公 产	4	0	0
侵 占	1	4	0		公 款	0	0	0
侵 害	0	0	0		租 粮	2	0	0
抢 夺	1	0	3		宅 基	3	4	7
妨害家庭	6	6	1		宅 地	1	0	0
诈 财	1	7	8		墓 基	0	0	0
恐 吓	4	7	2		田 产	3	0	0
毁弃损坏	0	5	6		继 承	11	7	7
侮辱尊亲	0	11	11		树 株	1	0	2
诬 告	6	5	0		债 务	20	31	44
诱 拐	2	3	8		认领子女	3	0	3
略 诱	3	9	5		物 品	1	0	1
伪 造	0	2	2		总 计	88	96	123
赌 博	1	0	0					
匿 贼	2	0	0					
总 计	92	188	170					

由以上二表可知陵县法院每年受理民刑案件250余起，每月平均20余起。这种情形，与德平相去无多，德平于1928至1933年间每年受理民刑案件数百起，1934至1935年间每月受理民刑案件数10起。《德平县续志》称："当局独抱法治精神，理繁治剧，悉得其当，气象一新。"① 可以看出当时对司法事务的感受。

在狱政方面，各县也注意改进，可从监狱改建、监狱管理和监狱作业工场的兴办三方面说明之。在监狱改建方面，如1930年掖县增建狱房三间②，1934年高密县将狱房重新建设③。在监狱管理方面，可以莱阳监狱为例，莱阳监狱于1914年改筑后，颇具规模，1928年后设施渐备，有男监、女监、教育堂、教诲堂、浴室、炊室、工厂分印刷、理发、浣濯、磨砻诸科。教诲分集合、类别、个别三种，集合于每星期日及纪念日于教诲堂行之，类别于工厂行之，个人则随时随地行之。教育分高级、初级两班，初级教之识字，高级用识字课本，并有普通常识、书算等科目，皆由管狱员任教。有管狱员看守所长一人，男看守十二人，女看守一人。犯人接见亲友，须于午前，已决者每月一次，未决者十日一次。收发书信不拘，唯案情重大经县长、推事或检察官特别禁止者则否。其戒护，大门由公安局设岗，二门、三门、监房则管狱员分别派

---

① 《德平县续志》卷3，第11页。
② 《掖县志》卷5，第84页。
③ 《高密县志》卷之11，第12页。

人看守。戒县如手铐、脚镣，非重案或不守规矩者不用。其经费，1928 年以前无定数，犯人衣（每冬发棉衣一次）粮（每名日制钱二百文），统由县署罚款留成项下支拨，或由县知事捐助。至 1929 年，始有预算，狱囚每名日发饭费银币一角五分，旋改为一角，衣仍如旧。加管狱员、看守夫薪饷及其他杂用，月支 484 元，另有作业基金 500 元。又有看守所，以旧班房充之，寄未决及其他轻犯，管理待遇与监狱同，唯未决者不给饭费，设备不若监狱完善①。

在监狱工厂的兴办方面，约始于 1930 年，是年山东高等审判厅训令各县将习艺所改为监狱作业工场，作业人犯每日工作时间以七点钟为度，设木工、藤竹、织布袜、布带、做鞋、缝纫、洗濯、石印、草帽辫、糊火柴盒等科，作业基金大县 500 元，中县 450 元，小县 400 元，开办费大县百元，中县 90 元，小县 80 元②。各县设监狱工厂的情形，可以冠县为例，冠县监狱工厂设于 1931 年，是年各县奉令成立改良监所委员协进会，冠县改良监所委员协进会，在该县县长的提议下，决定于冠县监狱附设工厂，以管狱员为主任，另设书记一员，分印刷、织席两科，由罚款项下拨洋 400 元作为工厂基金，每月收支及营业状况由管狱员造报，经委员协进会审查办理，颇有成绩③。

各县成立改良监所委员协进会的目的，在改良监所人犯待遇及整理监所事务，以县长为会长，地方法院（或县法院）院长、检察官（或承审员）、农会会长、工会会长、商会会长、教育局长、公安局长、本区区长为当然委员，另本地耆英硕士及县党部委员由当然委员三人以上之推举可聘任为委员，但员额不得超过当然委员之半。各委员除管狱员外，每两星期视察监所一次，视察所得情形报告本会记入议事录。各委员皆为无给职④。

当时的监狱除注重管理及办理技艺训练外，于教育亦颇注意，前述莱阳监狱可为一例。又如掖县监狱，罪犯除每日工作外，训诲或教育一点钟，训诲由管狱员任之，教育由义务教员任之，学科有千字课、常识、国语、珠算、习字等⑤。

各县监狱人犯数，多无记载，掖县的情形，在 1931 至 1932 两年间，平均每日在监男犯三十七、八名，女犯二、三名。由于人犯并不固定，而各人在监时间长短不一，无法统计每年因罪入狱数。如以每日在监人数累记之，掖县于

---

① 《莱阳县志》卷 2 之 3，第 63–64 页。

② 《掖县志》卷 5，第 85 页。

③ 《冠县县志》卷 2，第 52–53 页。

④ 《掖县志》卷 5，第 86 页。

⑤ 《掖县志》卷 5，第 85 页。

1931 年度有男犯 13 500 余名，女犯 700 余名；1932 年度有男犯 13 900 百余名，女犯 800 余名①。

从司法现代化的观点来看，民初司法承清末司法改良之绪，是继续有进步的，特别是国民政府时期。在法院方面，虽然后期取消了县法院，但由于地方分庭和地方法院的普设，亦可纠正承审制度的不足。在狱政方面，除从制度、设备方面加以改良外，并设特别机构负责督导监察，这必然是有益的。当时司法改良的基本方向有三：一是司法独立，即不受行政体系的干涉。二是尊重人权，除注意审判的公正性外，对犯人的监狱生活，逐渐改善。三是避免犯人再犯罪，由于犯罪率与教育程度呈反比，故于监狱中传授犯人生活技能，俾出狱后能独自谋生。这三个方向的发展虽然未尽理想，但可以看得出来，从清末实行司法改革，经北京政府时期到国民政府时期，是不断在这些方面努力的。

（《社会科学战线》1997 年第 3 期）

---

① 《掖县志》卷 5，第 85-86 页。

政府失灵与市场失灵：
经济发展战略的两难选择

〔美国〕约瑟夫·E. 斯蒂格利茨[*]

在过去的 15 年里，对政府作用的看法发生了两次改变。第一次变化来源于承认风险和信息的不完全在经济中的重要性。市场不完全在欠发达国家比发达国家表现得更普遍。这种认识导致了对市场经济效率理解的变化。"福利经济学的基本命题"试图使亚当·斯密的"看不见的手"的推测更加准确，然而却遇到了比早先的认识多得多的各种限制。

风险市场的不完全是信息受到限制的固有后果。结果导致公平的定量配给，这进一步导致厂商按规避风险的方式行事，进而对宏观经济行为产生重大影响。事实证明，即使是完全竞争，仍然存在信贷定量配给和平衡中的失业。

"新的市场失灵"与 1960 年代所讨论的焦点问题是不同的。早期的市场失灵，特别表现在公共品和外部性方面，仅仅需要选择性的政府干预。"新的市场失灵"的影响比这种市场失灵要广泛得多，因为几乎全部的市场都具有不完全信息的特征，对于未来的市场，几乎所有的经济活动都具有不确定性风险。"新的市场失灵"涉及经济生活的每一个市场。显然政府干预的可能性似乎无处不在。

当然，经济分析的中心命题声称，无论是多么有效率、多么仁慈的政府，都不能改善市场的资源配置。也就不必花费时间分析政府的实际行动如何，特别是评估它们是否能实际地改善经济中的资源配置。但是，一旦市场有效性的假定被排除，那么，就需要更多地关注于政府的性质。

当我们对市场经济信念的支持正在逐步减弱的时候，另一种运动已经兴起，它旨在攻击我们对政府矫正这些和其他广泛范围的市场失灵能力的信赖。

---

* 作者单位：世界银行。

许多学者都强调寻租行为和其他政治经济问题，这些问题经常导致政府在行使必要的合理的社会福利职能以实现社会福利最大化过程中的失败。这不是偶然的，而是自然经济力量的必然结果。

公众舆论与政府行为之间的巨大分歧也许在那些旨在再分配收入的规划中表现得最为明显。传统的讨论强调政府在收入和财富再分配中的作用。值得注意的是，市场力量所体现的收入分配也许不被社会所接受。这似乎可以推论，政府反映人民的利益，可以而且必将进行收入的再分配，把富人的一部分收入分配给穷人。

过去15年的经验已经反映出对这些推论的怀疑。在许多欠发达国家，政府计划的受益者是城市的工人，他们比贫困的郊区农民要富裕得多，而农民还要提供国库收入，要经常缴纳各种输出税。贷款计划的受益者总是那些大农场主，他们拥有"优良的抵押品"以及各种政治联系。这些问题在美国也同样出现；当农业计划有可能帮助那些小型农户，从普遍的观点看，他们应该是这一计划的受益者，但结果这一计划给予大农场主更多的帮助。

第二次变化强调政府的局限性，这相当程度上忽视了第一次变化所强调的市场的局限性。这一现象耐人寻味。前者主张减少政府作用而扩大市场作用。这种减少政府作用的主张，部分地基于意识形态，部分地由于有关政府的理论，这一理论也许夸大了寻租活动的重要性。

我将越过经济学的狭窄的技术界线开始对一条经验的讨论。如果一个人拿起一本15年或者10年以前的经济学原理教科书，他将"学到"社会主义经济正在以比资本主义经济更快的速度增长。这里似乎存在一种交换："增长"对抗"自由"。市场和自由企业制度是只有像美国这样的一些富裕国家才能享受得起的奢侈品。但是，对于那些处于绝望中的穷人，对于那些没有时间享乐的人们，集权式的政府控制是必要的。

从我们当前的观点看，国家参与（自愿地或非自愿地）的社会主义实验似乎只有较少的政治自由和较小的经济进步。用经济学的行话说，是不是可以认为，至少在发展的一些阶段，政治自由和经济进步是相互补充而不是相互替代的？观察社会主义经济的成功和失败，可以清楚地看到，它们可以实现高储蓄率，虽然它不一定高于台湾、日本等国家和地区的自愿储蓄率，但它确实高于大多数其他国家的储蓄率。高储蓄率能够抑制消费。我们现在认识到，大范围的高储蓄率是对广泛存在的无效率的一种弥补，但是政府没有权力使经济产生效率。

然而，如果从这些经验和政府较大范围的总体退却中得出结论，认为政府干预不仅不是解决经济发展困难的办法，而且经济干预本身都是成问题的，那么这种结论同样是错误的。许多批评者指出，如果不是政府干预，自然经济力量将会导致经济能量的爆炸，并将亿万在贫穷的泥潭中生活了几千年的第三世界的人们拯救出来。这种论点公然违背两个不容争辩的事实：

第一，没有政府的帮助，许多国家的经济似乎已经达到极限。战后南方国家尽管与北方实行自由贸易，尽管资本可以自由流动并且没有移民的法律障碍，但是它们一直远远落后于其他国家，直到政府实行"新政"，进行政府干预。

第二，在绝大多数主要国家的经济发展中，政府担负着极其重要的作用。在美国，政府对修建铁路给予了巨大的帮助。在日本，大多数观察者都能注意到 MITI 的中心作用。批评者也许会提出政府行为并不是必不可少的（假如没有铁路的发展，美国经济的发展仅仅只会稍微延缓），或者甚至可能是荒谬的（如果没有 MITI，日本甚至会拥有更强大的经济力量），但是，这些仅仅是违背历史的智力运动。有趣的是，离开政府的重要作用，我们几乎找不到一个主要国家经济增长的例证。对于这个基本事实，批评者们并不否认。

问题不是政府是否应该或者必须在经济发展中起作用，历史经验已经证明，政府作用对于经济发展努力的成功是必不可少的。问题是："政府机构对于经济发展的努力具有哪些独特优势？政府计划和干预的成本是什么？以及我们如何才能以最小的成本利用这些优势？"

回答这些问题，我们需要理解政府的相对优势和绝对优势，并且，需要依次了解政府的特殊方面：一方面，政府如何不同于传统的私人企业，另一方面，政府如何不同于自愿和自发的联合所形成的旨在增进其成员福利的组织（比如俱乐部和合作社）。

市场社会主义似乎提供了一种使用价格机制的可能性，它把这一市场经济的核心内容，运用于社会主义社会，而那些与私有财产相联系的资本主义的严重灾难则被避免。包括对社会生产直接投资方式的失败，协调投资决策的失败，导致有时过剩有时不足，以及保持经济充分就业的失败。（经济周期波动的大萧条时期，资本主义体制似乎只有失败的表现——大量的劳动力失业和资本过剩，这些资本主义的特征直到现在还在不断地表现出来。）

甚至那些不完全遵循社会主义路线的国家——像印度——也采取了许多具有市场社会主义特征的做法，设有计划部，当政府不能控制投资时，政府通过运用自己的特权，通过控制进口，控制外汇和控制银行系统来对经济施加巨大影响。

市场社会主义者的分析认为，传统的对市场经济的描述忽视了未来和风险市场的存在。因此，市场社会主义者强调需要政府计划或政府对投资的控制。在本世纪初，当美国钢铁公司决定在密西根湖南岸建设钢铁厂时，存在着广泛的计划和协调：铁矿、运输船队、煤矿、铁路、市场营销等等，甚至存在住房和就业的协调。政府没有计划的专利权，或者说甚至不能在不考虑价格的情况下制定计划。问题不是做不做计划，而是计划什么。

计划使搜集和处理信息成为必要。而信息不像其他任何商品，它不能简单地被"购买"。中央计划者甚至不能"命令"下属传送"所有的相关信息"。计划者也许不知道什么信息是相关的；而且，下属可能提供过多的信息，使中央计划者面临不可能从信号中发现问题的处境；用所有收到的数据，他应该干什么？（当存在未来的不确定性时，问题会显得更加困难；列出各种偶然事件和它们的后果，而没有指出各种偶然事件发生的可能性，这必然使这一工作的价值大打折扣；但是，计划者如何评估对各种偶然事件可能性的精确判断呢？）

激励问题是市场社会主义基本上完全忽视的问题。国有企业的经理们实现利润的最大化是因为他们是优秀的社会主义者，那是他们应该做的。因此市场社会主义的分析决不正式地考虑不确定事件的可能性，经理们应该如何对不确定性作出反应的问题没有被正式地讨论，在哪些场所，客观的、相关频率的可能性事件不能发生？什么样的损失函数可以用于描述各种主观的可能性？除了价格以外，打算用什么方式实现计划者与企业之间的沟通？更根本地讲，企业经理为什么应该追求社会目标而不是他的私人目标？例如，中央计划者将如何知道电话垄断企业经理手中是否有效率？用什么惩罚措施来代替市场的惩罚？社会主义试验的批评家，例如科尔奈，强调这些问题是由于缺乏激励所造成的；软预算约束（政府资助的可能性）消除了破产威胁而提供的激励；由于价格体系处于市场行情水平以下而产生的短缺，使企业经理们可以自由决定企业产出的配置，这可能用来增加他们私人的福利。甚至在社会主义经济允许发挥一些"企业家"活力的情况下，激励也由于两个因素的影响而变弱：（1）缺乏政策连续性的保证（并且缺乏保证的能力），如果政府对于成功所作的反应就是增加充公的税收，那么就会限制对投资建立顾客联系的激励。（2）缺乏一种强制履行契约的体制。

至此，我们已经认识到所有权与对企业的控制确实是不同的，虽然四分之一或半个世纪以前由于各种其他原因通常认为它们是相同的。并不是社会主义者或国营企业的行为必定更能为社会谋利益，或者他们能更有效地考虑外部性问题。然而，经理的自由决断更多地体现出私人企业家的特征而不是政府企业家。对于前者存在两个至关重要的约束，而这种约束通常是后者所缺少的；破产的威胁（硬预算约束而不是软的）和竞争的威胁。竞争提供了一个判断每一个单位经营好坏的基础，并且这个信息既允许更富有效率的激励机制的设计，又允许从那些平庸之辈中选拔出优秀的经理人员。

（《社会科学战线》1998 年第 2 期）

国有企业的物质刺激与
道德祸因之巧合

〔美国〕H. G. 布罗德曼 （香港）肖 耿[*]

关于国有企业状况，最近的经验研究发现，从改革开放以来，国有工业企业的强激励与绩效改善之间存在着一种相应的关系。这种实证的微观经济学的估计与中国国有企业总体上恶化的情况形成了鲜明的对照。这篇论文表明了一个微观观点，即物质刺激效用的增进和道德祸因的弱化之间存在一种对应性。所谓的道德祸因是国有企业的内部人为了获得很小的一点利益而让企业或社会承担巨大的成本。我们的发现表明，以运用激励合约为核心的中国国有企业的改革已经成功地激励企业的经理和工人追求与保持利润，但是并没有防止这些内部人把所造成的损失和所承担的责任转稼给社会。换言之，就是存在着资产私人化而责任社会化。如果这种不对称的激励与结果不能得到制止的话，例如，如果不进行正式规则的所有权改革，如果不引入有效的内部治理机制，如果不通过企业之间的竞争和建立商业信贷关系来强化企业的外部约束，那么，国有企业部门不断增加的亏损和债务将对整个国家银行制度和宏观经济稳定造成严重的威胁。

导 言

自从 1978 年改革开放以来，在微观水平上，中国国有工业企业（SOEs）经济绩效的改善有许多文献提供了很好的证明。陈（1988）等人文章最早发现，改革促进了国有企业全员要素生产率的增长（其研究在投入要素的数据中剔除了非生产资本）。多拉尔（1990）对 20 个样本企业研究发现国有企业

---

* 作者单位：H. G. 布罗德曼，世界银行；肖耿，香港大学经济金融学院。

配置效率在改革初期有所增长。肖（1991）对 1985-1987 年城市企业状况的分析表明国有企业全员要素生产率的增长，尽管也发现集体企业的全员要素生产率增长更快。杰斐逊等人（1992）也用城市企业数据发现了国有企业和集体企业的全员要素生产率的增长在一定程度上有所减弱。以格拉夫斯等人（1994，1995）对企业水平广泛的综述为基础，戈登和李（1991）与麦克米兰和诺顿（1992）发现，1980-1989 年期间，不同的市场激励因素促进了国有企业经济效率的增长。

但是，宏观经济的数据却给国有企业描绘了一幅暗淡的画面。在一组国有企业营业利润的财务报告中，近年来，其利润低于 GDP 平均水平一个百分点（与 1980 年代后期比较至少是 6%），而且这种下降的趋势仍将继续。在 1996 年第三季度，国有企业的利润只是上年同期水平的 1/4。国有企业亏损面进一步扩大。1996 年大约有 50% 的国有企业净亏损（而在前两年只有 1/3），相当于 GDP 的 1.3%。① 通常国有企业的财务状况比非国有企业财务状况要差。在 1995 年，国有工业企业资产平均回报率为 6%，而集体企业的资产回报率为 8.4%，外资企业的资产回报率为 9.9%。另外，国有企业大部分生产能力被闲置。最近的统计资料表明，所调查的 900 种主要工业产品中几乎有一半的生产利用率低于平均水平的 60%。除了资产回报率下降外，国有企业的产出所占的份额对国家收益贡献的份额也急速下降（见表1）。

---

① 一般来说，大型国有企业是有利润的，1995 年大型国有企业的资产回报率为 10%，中小型国有企业资产的回报率为负增长率，分别为 1% 和 2%。

表1   中国经济和国有企业综合经济指标（%）

年	国有企业实际工资指数	国有企业劳动生产率指数	国有企业总资产回报率	国有企业劳动力份额	国有企业在工业生产总值中的份额	国有企业在总税收收益中的份额	国有企业总资产份额	国有企业银行总贷款份额	政府收益/GDP	总贷款为GDP的份额	汇率（人民币/美元）	国内通胀率	国内外债务/GDP
1978	100.0	100.0	24.2		77.6	86.8		88.9	30.9	52.3		0.7	
1979	107.4	106.4	24.8		78.5	83.7		88.4	26.7	52.2	1.56	20	
1980	113.9	108.5	24.8		76.0	82.0		86.4	23.1	55.2	1.50	6.0	
1981	112.4	106.6	23.8		74.8	78.8		85.9	21.3	61.9	1.71	2.4	
1982	113.5	109.0	23.4		74.4	78.7		85.4	20.1	63.7	1.91	1.9	
1983	115.1	117.2	23.2		73.4	77.7		84.5	20.2	64.9	1.99	1.5	
1984	133.9	126.4	24.2		69.1	77.0		78.3	19.9	71.4	2.40	2.8	
1985	140.4	135.5	23.8	45.7	64.9	72.0	76.0	79.1	19.8	70.3	2.97	8.8	7.9
1986	152.9	138.8	20.7	44.0	62.3	74.5	74.2	77.8	24.0	82.3	3.72	6.0	10.7
1987	153.7	149.8	20.3	43.7	59.7	70.3	72.8	75.6	21.5	86.2	3.72	7.3	12.7
1988	152.6	162.2	20.6	43.8	56.8	68.4	71.7	75.6	18.8	82.1	3.72	18.5	13.7
1989	145.6	164.6	17.2	44.7	56.1	66.8	70.7	76.3	19.3	85.1	4.72	17.8	15.9
1990	159.8	167.5	12.4	45.0	54.6	66.4	70.6	70.7	19.0	95.6	5.22	2.1	19.6
1991	164.9	175.4	11.8	45.0	52.9	64.5	69.7	76.3	16.9	98.9	5.41	2.9	20.1
1992	176.4	195.9	9.7	44.2	48.1	62.8	65.5	74.4	14.7	98.6	5.80	5.4	20.0
1993	186.4	266.9	9.7	43.0	43.1	60.6	61.7	73.3	13.9	95.1	5.81	13.2	18.6
1994	202.5		9.8		34.1	65.7		71.6	12.4	88.3	8.62	21.7	22.7

注：本表所有数据来自各年中国统计年鉴、中国金融和银行年鉴和中国经济公报等。

由于大量的投资，国有企业的劳动生产率在改革开放以后确实有所提高，但是实际工资的增长与劳动生产率的增长几乎同步（图1）。

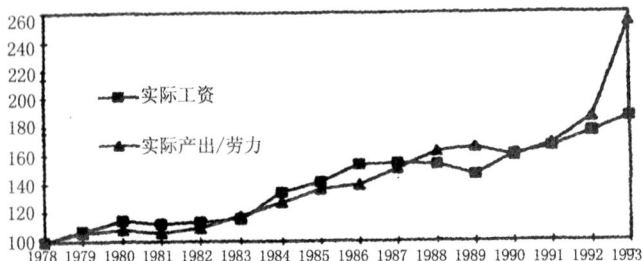

图1   中国国有企业的工资与劳动生产率：1978—1994

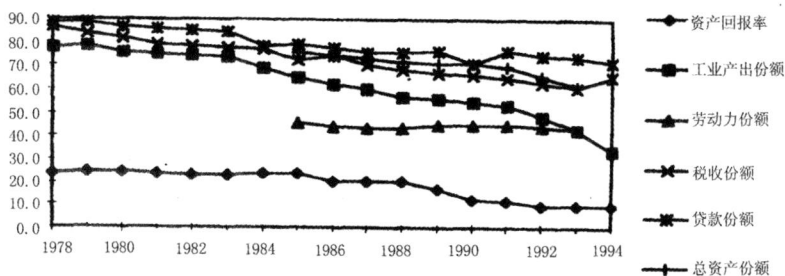

图2　中国国有企业的综合统计指标：1978—1994

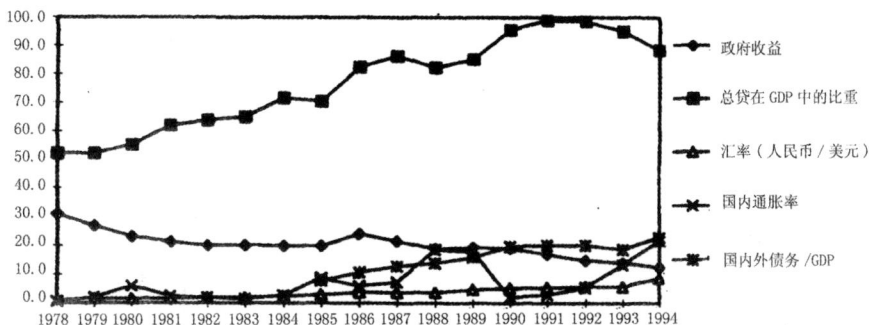

图3　中国国有企业主要的宏观经济综合指标：1978–1994

国有企业的就业份额、银行贷款和总资产的比重下降（图2），但是其下降率低于产出和政府收益比重。

尽管国有企业获得了超过3/4的国内信用贷款，但它们的借款占国家非财政部门亏损总额的60%（图3）。总之，它挤占了非国有企业的投资，而后者是中国经济快速增长的动力。这导致了一种情况，即削弱了国有银行制度，导致了国有银行资本资产率下降。确实，就像政府所估计的那样，如果银行非经营性资产相当于资产负债表的20%，那么，这些银行的资产净值已经为负了。借给亏损的国有企业的银行贷款是解释最近通货膨胀、货币贬值和国内外债务增加的一个关键因素。①

本文认为，国有企业在宏观与微观评估之间表面上的冲突可以通过对这些国有企业物质激励和道德祸因的考察而得到解决。我们基本的假设是，通过提供经营合约对经理与工人的物质激励能够提高企业的生产率和增加利润。但是当出现道德祸因（即工人为了获得一点个人的利益而让企业承担巨大的成本）

①　参见《世界银行1996年度报告》。

时，它们也会阻碍企业的经济成长。我们做了一组假设，通过表明企业绩效和劳动力报酬特征的结构方程和派生形式方程的估计用会计数据进行检验。有效样本包括了 1980—1985 年期间 1200 家国有企业的 40 家城市集体企业（COLs），1990—1994 年期间的 40 家国有企业和 1992 年的 1000 家乡镇企业（TVEs）。

我们发现在中国改革初期，劳动的物质报酬水平较高的企业可能有较低的生产率和利润率水平；在近年来，这种负效应已经完全弱化，而改革完全强化了物质激励对中国国有企业的生产率提高的正向作用。这些数据也表明，在整个改革期间，由于存在道德风险问题，国有企业和城市集体企业的劳动报酬与界定不清楚的和容易控制的企业绩效的测量（例如，人均利润和工业固定资本的回报率）呈正相关，而与可以相应界定清楚的绩效的测量（例如，劳动生产率和资本回报率）呈负相关。近年来道德祸因问题在国有企业更为严重，但在乡镇企业要好一些。

这些发现使中国经济改革的经验教训更加显示出来，并由此可以提出新的政策建议。它们也证明了建立在业绩合约基础上的企业制度改革在激励国有企业经理和工人追求利润方面获得了成功。但是改革也为国有企业内部人把企业的亏损与债务转移到国家和社会创造了机会。利润和资产的私人化与亏损和债务的社会化迫使政府通过增加银行贷款来弥补其亏损，从而导致通货膨胀，增加了国内外负债以及国家银行制度严重弱化。这些问题最有效的治理方式是国有企业民营化，以致于现在积累和集中在国有部门的亏损与债务适当地分散，并能够通过获得相应利润与资产的个人和私人企业自愿地来承担。

一、一种国有企业所有制的实证理论

中国对国有企业改革的基本方法是对起支配作用的国有工业企业① 保持国家所有权，但要通过内部和外部的监督建立市场激励机制来改善它们的绩效。从大多数向市场经济制度（这种制度让国有企业转向民营化）转轨的国

---

① 中国工业企业 1995 年末数是 734 万家。工业企业包括了 118 000 家国有企业，148 万家城市集体企业和乡镇企业，57 万家个体企业（其企业不超过 7 个工人），60 300 家其他企业（包括不超过 7 人的私人企业，联营合资企业）。1995 年，估计国有企业占工业总产值的 34%（GVIO）；集体企业与乡镇企业占工业总产值的 37%，个体企业为 13%，其他企业为 17%。尽管大多数集体企业和乡镇企业是公有企业，但是根据产权安排和其他特征这些企业与国有是有本质上区别的。参见布罗德曼（1995）。

家的经验来看，这是不可能的。对比之下，中国的 118 000 家国有工业企业，相对少地转变为私人部门，这些实际上是小"企业"。因此在中国，国家或它的代理人执行着"股东"的功能，而这些在市场经济制度下是由私人所有者来执行的。[1]

国家持股的经济改革正在中国广泛地开展。它们包括了签订激励合约，扩大国有企业经理的经营自主权，国有工业企业所有权的分散化，在新的公司法规定下的国有工业企业的股份化。这里，最主要的经验是分散了政府在国有工业企业上的控制权力，但是在 118 000 家国有企业中的约 200—300 家企业是在地方政府的监管下而不是由北京中央政府监管。最近，一种多层组织网络——国有资产管理局、国有资产经营公司和国有资产监管委员会开始出现。[2] 同时，直接委托管理国有资产的大型的国有企业集团也正在建立。这些不同的实体的建立为的是成为国有企业所有者的国家的独立代表，而部门主管局和部（它们是传统计划经济的标志）或是逐渐地淘汰，或是限制执行传统关系的或非所有制的、政府管制的功能。

国家实行控股政策的支点是合约责任制，即利用合约来安排国有资产的监督代理人与国有企业经理之间的关系。从 1988 年以来基本上有 90% 的国有企业实行了合约责任制。合约责任制有 5 种类型：A）对所有不同类型企业实行的承包责任制（主要是让经理，有时为全体工人，控制企业的经营，企业在完成承包目标后可以保留多余利润）；B）对集体和小型的国有企业实行租赁合约（租额是由经理根据企业绩效的不同测量来支付）；C）对大中型国有企业实行的管理责任合约（给经营团队自主权，在完成利润与税收目标后可能保留剩余利润）；D）对大中型国有企业实行的企业管理责任合约（基本上与 C 相同，只是包括了企业的董事会）；E）对中小型国有企业实行资产管理责任合约（给董事会和经理自主权，在保证企业资产增值的条件下可以保留企业的剩余利润）。应用最为普遍的合约形式是（C）和（D）。

合约责任制的方式通过把经理和工人的报酬与绩效联系起来而强调了物质激励，但是忽视了道德祸因问题，即企业的经理与工人为了自己的一点小利

---

① 参见《世界银行 1997 年发展报告》。在 118 000 家国有工业企业中，中国政府把 87 905 家分类为独立核算的企业，这些国有工业企业中国统计机构收集了完整的资料。它们占中国工业固定资产大约 70%。在国有工业企业中，中国统计机构规模分类为（按资产和工人数）：大型和中型的国有工业企业有 15 668 家，小型的有 72 237 家。大型和中型的国有工业企业占国有工业企业总产值的大约 80%。

② 《世界银行 1997 年发展报告》。

益，而不惜企业或整个经济的巨大成本。在这种情况下，当整个经济繁荣、企业能获得利润时，经理、工人与政府都能分享到一份收益。由道德祸因所增加的成本也容易隐藏在企业的资产负债表中，而在繁荣期间，国家银行的贷款也会增加。但是当国家银行为了降低通货膨胀开始紧缩贷款时，国有企业中的道德祸因的成本就表现为企业的亏损、国家银行的不良债务、企业内部的负债、失业、破产和政治的不稳定。

没有任何一个政府官员、经理或工人个人能够或愿意承担国有企业资产价值损失的责任。政府可以解雇甚至用经济手段来惩罚企业的经理与工人。但是由于没有任何一个经理和工人个人拥有能够在责任合约条件下作为运用与管理国家资产的权力抵押的个人财产，因此，那种惩罚并不能补偿企业所造成的累积亏损。在大多数情况下，惩罚并不能减少银行贷款，而且执行起来也是困难的。即使是可信的和可执行的，也很难想象到经理与工人由于管理国有资产决策失误而造成的损失（在惩罚前或后）会与私人的收益一样大。拥有企业资产所有权的国家能够或愿意部分地承担所累积的亏损与债务。简言之，责任合约给了企业经理和工人追求和获得利润的激励，但是并不能防止他们对国家资产所造成的亏损与债务。

道德祸因问题在于对企业资产的私人所有权的缺乏。如果一个企业是私人所有者拥有以及它不能进行商业性经营时，那么，当亏损额小于他们所拥有的企业资产价值时，所累积的亏损由资产所有者来承担；当亏损额大于他们所拥有的企业资产的价值时，所累积的亏损由企业的所有者和企业的债权人来承担。只要政府不帮助破产企业，私人所有者和债权人就必须承担企业所有的亏损。由于所累积的亏损或债务不可避免，① 私人所有者和债权人将有完全的激励监督经理和工人。为了实行有效的监督，私人所有者将给定由他们所拥有的资产中形成的利润。这一思想来自由阿尔奇安和德姆塞茨（1972）提出的私人拥有企业的古典理论。

当然，当国有企业变得不可能经营时，作为所有者的国家也要承担亏损与负债。结果是，国家也有较强的动机去监督经理和工人。但是，国家并不像私人所有者那样，私人承担亏损和负债的能力是要受到它所拥有的资产量限制的，国家承担亏损与负债的能力是不受国有资产量所限制的。国家可以承担无

---

① 通常在私人产权经济体制下债务责任的严格履行被看做是一种硬预算约束。但是，个人和企业只要能够或愿意承诺在借款合约中详细表明的责任规则，他们基本上可以借到他们所需要的贷款。

限债务责任① 的能力很大程度上弱化了它对国有企业和国有银行经理和工人的有效监督。

进一步说，国家所有者与在股份企业中分散化的私人所有者是有根本上的区别的。诚然，分散化的私人所有者比集中化的所有者对经理监督的激励更弱，但是他们要承担与有限股份有关的缺乏监督的全部的成本。如果国家对经理的监督缺乏或无效时，国家则会通过它的权力，征税、印钞票、国内外借债、出卖它所拥有的资源来承担与无限责任有关的亏损和债务（参见沈和肖1995）。

同样的理由，国家和国有企业之间的关系与私人所有者和它的经理代理人之间的关系是有根本区别的。国家所有制的问题对每一家企业来说不仅仅是一种经济效率的问题。对社会经济来说它还是一个广泛的制度问题。尤其，个别的国有企业和国有经营部门的成功并不能防止由国有企业占支配地位的经济导致严重的国家债务。②

我们关于中国国有企业的绩效的理论是建立在利润和资产的私人化与亏损和债务的社会化之间不对称的基础上的。它对其他理论提供了一种抉择，例如，建立在非国有企业进入基础上的理论（诺顿 1995 和麦克米兰和诺顿1992）和建立在委托——代理问题基础上的理论（格拉夫斯等 1994 和 1995）。

中国对国有企业进行不同改革的经验为我们提供了检验这种国家所有制企业的理论机会。两种可能广泛检验的假设可以从其理论导出：

假设一，利润的私人化（物质刺激）：国有企业的经理与工人利用从合约责任制中获得的自主权追求和保留利润。他们的工资与物质福利的报酬与在合约中详细规定的工作绩效度量是密切相关的，尽管这些工作绩效的度量，例如利润，容易被内部人所操纵。工资水平越高，物质福利越多，企业的经营绩效越好。

假设二，亏损和债务的社会化（道德祸因）：由于国家对国有企业监督的弱化和它们容易从国有银行获得贷款，在合约责任下，以总资产回报率来度量

① 这种无限责任通常称为预算软约束，它突出表现在社会主义经济制度中。但是，如果这种约束只在预算中，政府基本上可以紧缩这种预算。不容易做到这点的事实意味着在预算中没有真实的约束。反之，硬约束存在于政府负债与强制中心避免国家负债，例如通过保证国有银行和国有企业的偿付能力，提供社会保险和其他一些政府服务。

② 另一方面，在非国有企业和私人经济中，政府也可能通过慷慨的社会保险福利等方式来承担不断增加严重的国家债务。所导致的国家资产——债务的失衡同样是国有企业占支配地位的社会主义经济中的情况。但是，在两种情况下的根本区别是，由于私人企业不像国有企业那样会产生道德祸因的成本，私人经济下的生产率比社会主义经济制度下的生产率要高得多。

的国有企业的绩效是恶化了。工资和物质福利与总资产的回报率关联度很低；尤其是，比工资更难监督到的物质福利与总资产的回报率呈负相关而与人均资本占有率和人均利润率呈正相关。总资产回报率的下降导致了国有银行的不良贷款或国有企业亏损和债务的社会化。

二、经验框架

模型表述

为了解释中国国有企业的绩效与劳动报酬之间的相互作用，我们对企业的绩效和劳动报酬用结构方程进行了分析估算，对劳动报酬用派生形式方程进行了估算（模型的详细描述和变量界定放在附录）。

我们对企业的业绩使用了四种不同度量方式（MEP）和对劳动报酬使用了三种不同的度量方式（MLC）。

企业绩效度量的方法

劳动生产率〔Ln（Y/L）〕：劳动生产率是由总产出除以就业人数获得的。由于它很少涉及到某些测量的问题，因此它是企业绩效中一个相当有用的指标。但是它的不足是没有考虑用在生产中资本和其他资产的投入。

人均利润和税收（F/L）：由于承包合约把利润作为最为重要的一项合约条款，因此人均利润和税收是企业绩效中一项重要的指标。进一步说，人均利润表明了在企业内的经理和工人追求的潜在收益。但是，在中国，利润可能被内部人所操纵（通过会计做账）（参见肖1995）。诚然，重要的问题是，承包责任制与通行的会计框架是不相一致的。在合约中所表明的利润和税收数通常与通行的企业财务报表中所报告的利润与税收数是不相同的。进一步说，这种在利润和税收数上的差异性在合约中是不清楚的。更为糟糕的是，国有企业的纳税现在还没有作为一种与政府谈判更为重要的条件。在本研究中，我们使用了表明在企业的财务报表上的利润和税收数。

总资产回报率（RA）：总资产回报率是利润除以由工业固定资产总值、非生产固定资产总值和流动资金加总而求得的。这个变量是企业所有者对利润的剩余索取权的一种好的度量。当然，由于所报告的利润容易被操纵，总资产回报率也存在严重的度量问题。由于在度量利润中假设这些问题是给定的，因此，总资产回报率可以看做是对人均利润和税收率的一种补充。

工业固定资产回报率（RK）：工业固定资产的回报率是利润除以工业资本的总值来求得的。它是计算工业投资回报率一个很好的变量，但是由于企业通常是通过流动资金贷款来融集资本投资，因此它容易被操纵。而且由于非生产固定资本和流动资金是所有者的重要投入，因此它是一种对企业所有者剩余索取权的不合适的度量。

劳动力报酬的度量方法

平均工资（W）：平均工资是工资和奖金总额除以在职者人数而求得的。这只是经理与工人的现金收益但它通常要受到政府的国家银行监督。在改革初期，工资和奖金完全是由政府控制的。工人中的工资差距拉开后，企业逐渐地获得了自主权。但是在承包合约所表明的复杂条件下工资总额通常是与利润相联系的。

物质附加福利的人均资本〔Ln（FBK/L）〕：它是非生产固定资本总值除以职工人数求得。它只是代表劳动物质报酬可利用的变量。国有企业的非生产固定资产的大部分表示为福利住房、医疗服务、学校教育和娱乐设施。（布罗德曼，1996）更为理想地说，我们应该利用物质服务的流动资本值作为劳动物质报酬的度量标准。因此，除了非生产固定资本的租值外，对非生产活动人力和物质成本也应该作为对职工物质报酬的部分。由于不能直接度量物质福利的流动值，我们假设非生产固定资本对这流动值是成比例的，因此它是我们用在分析中的替代指票。

劳动总报酬〔Ln（W+FBK/L）〕：这是人均工资和附加福利资本的平均值。

估算的程序

在附录的企业绩效的结构方程（1）中，企业绩效是由就业、资本密集程度（工业人均固定资本）、资本结构（流动资本与生产固定资本的比例）、工资和物质报酬所度量企业规模的函数。在附录的劳动报酬结构方程（2）中，劳动报酬是劳动生产率、人均利润率、总资产回报率和生产固定资产的回报率的函数。在附录的劳动报酬派生形成方程中，劳动报酬是由就业、资本密集程度和资本结构所度量的企业规模的函数。

由于企业的绩效和劳动报酬是相关联的，我们用最小两乘方法（2SLS）来估算方程（1）和（2）。① 这个研究的回归利用了在不同年间三组分开综合的混合交叉选择的数据。还有，所有数据都是采用现值。固定资本数据是总价值（没有折旧）。由于这些问题，用在回归中每一数据的净度是不能通过子样本进行比较的。为了处理这些问题，所有的回归包括子样本的哑变量，以便区

---

① 用作估算第一步外生变量的工具变量列在包括了回归结果的表格的注释中。这7个结构方程可能称作方程集合，尽管一些工具变量有很高的相关性。2SLS 的结果与最小乘数结果是有很大区别的。

分不同的测量、不同的所有制形式、不同的年份。由于它们不可能进行直接的比较，对于这些子样本的哑变量的系数没有报告。回归的结果也考虑到不同地区在企业绩效和劳动报酬上省级哑变量上的巨大差别。

用在回归中所有数据，我们剔除了局外人的观察。局外人是通过对划分每一个变量的混合样本的分布和确定观察大致的正常分布空间来决定的。间隔的外面观察这里称为局外人，对其并不用作回归。剔除局外人的方法降低了我们样本的意义，但是增加了这些结果的活力。局外人的观察可能表示了数据登记问题或实际的经济问题，例如多的利润和大的亏损，企业太小或太大。

三、经验证据

描述性统计：样本国有企业与样本非国有企业的业绩、全部国有企业比较

表 2　子样本主要变量的均值和变动系数

子样本	SOE80	SOE85	COL80	COL85	SOE90	SOE91	SOE92	SOE93	SOE94	TVE92
N*	1708	1708	56	56	156	156	156	156	156	2998
N	1145	1271	35	41	45	39	29	22	23	945
L	5684	6311	1157	1571	5340	4548	4801	6354	7042	210
C. V.	1.87	1.81	0.48	0.41	1.49	1.70	1.87	1.70	1.48	1.28
K/L	12.38	14.91	5.18	9.11	18.16	18.30	21.16	24.17	25.41	10.35
C. V.	0.73	0.64	0.42	0.41	0.60	0.66	0.59	0.45	0.38	0.80
WK/L	5.88	7.81	4.70	8.69	24.87	26.01	29.51	35.82	35.69	12.82
C. V.	0.68	0.76	0.62	0.57	0.57	0.58	0.56	0.49	0.45	0.84
W	0.88	1.24	0.76	1.26	2.11	2.04	2.42	2.17	2.02	1.66
C. V.	0.14	0.16	0.12	0.26	0.39	0.42	0.35	0.32	0.26	0.42
FBK/L	2.17	3.11	0.68	1.56	4.28	4.63	5.05	5.85	6.26	1.51
C. V.	0.71	0.63	1.03	0.73	0.80	0.91	0.90	0.52	0.48	1.18
Y/L	14.19	21.23	12.70	29.34	35.42	36.73	43.16	26.40	27.00	25.21
C. V.	0.78	0.77	0.67	0.53	0.65	0.76	0.71	0.59	0.55	0.94
F/L	2.89	4.05	1.82	5.27	0.88	0.90	1.28	2.03	0.89	1.33
C. V.	0.96	0.73	0.91	0.53	2.67	2.37	1.73	1.21	2.22	1.61
RA	16%	17%	18%	28%	2%	2%	2%	3%	1%	6%
C. V.	0.94	0.71	0.78	0.39	2.50	2.50	2.00	1.33	3.00	1.50
RK	29%	33%	36%	60%	5%	4%	4%	10%	4%	15%
C. V.	0.97	0.79	0.83	0.45	2.60	3.50	3.00	1.30	2.00	1.40

注：1. 参见参数定义表。

　　2. N 是原始数据企业观察值。

　　3. C. V. 等于变动系数，等于标准差除以均值。

表2包括了我们对国有企业和非国有企业（有城市集体企业和农村集体企业或乡镇企业）描述性的统计。按均值，通过对人均生产固定资本或人均流动资金的测算，国有企业的资本密集度高于非国有企业的资本密集度，在改革开放后国有企业资本密集度有所提高。国有企业支付的平均工资和物质福利一般高于城市集体企业，更多地高于乡镇企业。在国有企业中工资尤其是物质福利的增长高于劳动生产率的增长。

尽管国有企业的劳动生产率水平与城市集体企业的生产率水平相同，但是由于国有企业资本密集度高，而劳动生产率水平比乡镇企业要高。国有企业的人均利润率水平基本上与城市集体企业相同，但是明显地低于乡镇企业。而总资产回报率和生产固定资本回报率，国有企业业绩低于其他两类非国有企业的业绩。

表3　国有企业和国有样本企业主要变量的比较

	198	198	199	199	199	199	199
样本国有企业的平均工资	0.88	1.2	2.1	2.04	2.42	2.1	2.02
国有企业部门平均工资	0.80	1.21	2.28	2.48	2.88	3.53	4.80
样本国有企业的劳动生产率（Y/L）	14.1	21.2	35.42	36.73	43.1	26.40	27.00
国有企业部门的劳动生产率	12.08	15.08	30.84	32.30	36.08	49.15	
总资产回报率（RA）	16.0	17.0	2.0%	2.0%	2.0%	3.0%	1.0
样本国有企业国有企业部门	24.8%	23.8%	12.4%	11.8%	9.7%	9.8%	
生产固定资产回报率	29.0	33.0	5.0%	4.0%	4.0%	10.0	4.0%
样本国有企业国有企业部门	24.3%	22.4%	12.9%	13.3%	12.4%	12.9%	12.5%

注：1. 参见变量定义表。

　　2. 对工资、劳动生产率、总资本回报率和生产固定资本回报率国民均值是根据各年统计年鉴计算获得的。

表3表明了我们样本国有企业业绩相对于中国国有企业职工总数在1980-1994年间变化的情况。样本企业的平均工资与劳动生产率的上升比一些典型的国有企业更为适中；一般来说，由样本国有企业支付的工资水平低于全国国有企业支付的工资水平，而且在劳动生产率上有更大的差别。按照总资本回报率和固定资本的回报率，样本国有企业利润率要低于全国国有企业的利润率。但是在这段时间里，两组企业的回报率都有下降的趋势。

表4　劳动报酬对企业业绩的影响：回归结果

因变量 变量	Ln（Y/L）			F/L			RA			RK		
	Coeff.	T	SigT	Coeff	T	SigT	Coeff	T	SigT	Coeff	T	SigT
Ln（L）	a1 −0.107	−2.67	0.01	a21 −0.186	−	0.27	a31 −0.007	−0.94	0.35	a41 −0.058	−3.75	0.00
Ln（K/L）	a12 0.560	11.1	0.00	a22 1.662	7.84	0.00	a32 −0.022	−2.34	0.02	a12 −0.127	−6.53	0.00

变量		系数	t	p		系数	t	p		系数	t	p		系数	t	p
WK/K	a13	0.394	18.72	0.00	a23	0.478	5.40	0.00	a33	−0.022	−5.55	0.00	a13	0.031	3.77	0.00
Ln(FBK/L)	a14	−0.204	−7.14	0.00	a241	−1.708	−1.68	0.09	a341	−0.099	−2.16	0.03	a441	−0.231	−2.48	0.01
Ln(FKB/L)*SCE85	a142	0.064	1.83	0.07	a242	0.107	0.72	0.47	a342	0.011	1.6	0.1	a442	0.022	1.64	0.10
Ln(FBK/L)*COL8085	a143	0.105	1.08	0.28	a243	0.274	0.67	0.50	a343	0.015	0.83	0.41	a443	0.014	0.38	0.70
Ln(FBK/L)*SOE9094	a144	0.158	2.18	0.03	a244	0.654	2.15	0.03	a344	0.064	4.66	0.00	a444	0.122	4.40	0.00
Ln(FBK/L)*TVE92	a145	0.179	5.26	0.00	a245	0.329	2.30	0.02	a345	0.052	8.12	0.00	a445	0.101	7.7	0.00
Ln(W)	a15	0.281	0.42	0.67	a251	0.015	0.01	1.00	a351	−0.063	−0.49	0.62	a452	0.607	1.76	0.08
Ln(W)*SOE85	a152	−0.301	−1.25	0.21	a252	4.051	1.07	0.28	a352	0.166	0.98	0.33	a452	0.607	1.76	0.08
Ln(W)*COL8085	a153	1.535	1.72	0.09	a253	−5.245	−2.43	0.02	a353	0.010	0.1	0.92	a453	0.144	0.73	0.47
Ln(W)*SOE9094	a154	1.528	2.98	0.00	a254	−2.794	−2.84	0.00	a354	0.004	0.10	0.92	a454	0.033	0.37	0.71
Ln(W)*TVE92	a15	1.509	6.45	0.00	a255	−0.607	−5.03	0.00	a355	−0.055	−10.05	0.00	a455	−0.093	−8.46	0.00
R^2		0.440				0.304				0.324				0.312		
样本		3595				3595				3595				3595		

注：本表只是报告了最小二乘回归的结果。对常数系数，8 个子样本的哑变量和 23 个省的哑变量都没有报告。

表 4 包括了对企业业绩因子回归结果，表明了模型所产生的直观结果和提供了对假设一定的支持证据。尤其是，数据表明了企业规模的扩大（是通过工人数来测量的）导致了劳动生产率、人均利润率和固定资本回报率的下降。它们也表明了资本的密集度越高，它的劳动生产率和人均利润率越高，但是生产固定资本的回报率和总资本回报率就越低。

物质激励假设的强化是由以下事实导出的，其数据表明，相对生产固定资本而言流动资金越多，企业的劳动生产率、人均利润、生产固定资本的回报率越高，但企业的总资本回报率越低。另一方面，这些数据也表明，企业的劳动物质报酬越高，企业的劳动生产率、人均利润、生产固定资本的回报率、总资本回报率越低。但是在国有企业中劳动的物质报酬对企业业绩的负向影响在1985年已经减弱，在1990－1994年期间有所增加。进一步说，在乡镇企业中劳动的物质报酬对企业业绩的负向影响比在国有企业中更为减弱。

工资报酬对劳动生产率、人均利润和总资本回报率没有一点影响，但它对生产固定资本的回报率有正向影响。对国有企业来说，在1990－1994年期间，工资报酬对劳动生产率的影响变为正向，而对人均利润的影响变为负向。在1990－1994年期间，国有企业的工资报酬对生产固定资本的回报率和总资本的回报率没有一点影响。与国有企业相比较，乡镇企业的工资报酬对劳动生产率有更强的正向影响，对人均利润、生产固定资本回报率、总资本回报率有负向影响。

表5　劳动报酬对企业业绩的关联性

因变量 变量		Ln（FBK/L）				Ln（W）				Ln（FBK/L+W）		
		Coeff.	T	SigT		Coeff	T	SigT		Coeff	T	SigT
Ln（Y/L）	b111	−3.356	−12.32	0.00	b211	0.888	6.39	0.00	B311	−	−7.11	0.00
F/L	b121	1.48	12.85	0.00	b221	−0.408	−6.93	0.00	b321	0.485	7.78	0.00
RA	b131	−33.477	−19.18	0.00	b231	4.81	5.40	0.00	b331	−	−15.83	0.00
RK	b141	7.472	11.47	0.00	b241	−2.302	−6.92	0.00	b341	2.299	6.53	0.00
Ln（Y/L）*SOE85	b112	0.008	0.05	0.96	b212	−0.005	−0.06	0.95	b312	0.000	0.00	1.0
Ln（Y/L）* COL8085	b113	−	−4.34	0.00	b213	−	−0.79	0.43	b313	−	−3.83	0.00
Ln（Y/L）*SOE9094	b114	−2.533	−3.85	0.00	b214	−0.758	−2.26	0.02	b314	−	−0.602	0.00
Ln（Y/L）*TVE92	b115	−	−8.27	0.00	b215	0.486	5.14	0.00	b315	−0.407	−4.07	0.00
（F/L）*SOE85	b122	0.048	0.69	0.49	b222	0.033	0.92	0.36	b322	0.045	1.19	0.23
（F/L）*SOL8085	b123	0.52	3.15	0.00	b223	0.080	0.95	0.34	b323	0.245	2.74	0.0
（F/L）*SOE9094	b124	0.994	4.01	0.00	b224	0.31	2.53	0.0	b324	0.823	6.16	0.00
（F/L）*TVE92	b125	0.59	7.78	0.00	b225	−	−3.04	0.00	b325	0.17	4.14	0.00
RA*SOE85	b132	−0.532	−0.40	0.69	b232	−0.970	−1.41	0.1	b332	−	−0.83	0.4
RA*COL8085	b133	−7.378	−2.10	0.04	b233	−	−1.00	0.32	b333	−	−1.15	0.25
RA*SOE9094	b134	−	−3.49	0.00	b234	−3.408	−1.46	0.1	b334	−	−5.17	0.00
RA*TVE92	b135	−9.470	−6.40	0.00	b235	3.545	4.70	0.00	b335	0.498	0.62	0.53
RK*SOE85	b142	0.556	1.07	0.28	b242	0.30	1.14	0.26	b342	0.31	1.13	0.26
RK*COL8085	b143	0.874	0.62	0.53	b243	0.938	1.31	0.1	b343	0.436	0.58	0.56
RK*SOE9094	b144	1.58	1.12	0.26	b244	−0.428	−0.59	0.55	b344	1.20	1.58	0.1
RK*TVE92	b145	0.31	0.55	0.58	b245	−0.832	−2.90	0.00	b345	−0.420	−1.38	0.1
R²		0.656				0.445				0.668		
样本		3595				3595				3595		

表5表明对劳动报酬因子的回归结果和对假设二的强化。物质报酬与人均利润和生产固定资本的回报率呈正相关，但与劳动生产率和总资本回报率呈负相关。对国有企业来说，存在于改革初期的这种关联性在1990-1994年期间强化。同样重要的是，这些关联性对城市集体企业和乡镇企业来说比国有企业更有意义。

工资报酬与人均利润和生产固定资本的回报率呈负相关，但与劳动生产率和总资本回报率呈正相关。对国有企业来说，存在于改革初期的这种关联性在1990-1994年期间弱化。同样重要的是，这些关联性一般对城市集体企业和乡镇企业来说比对国有企业更有意义。

表6　企业的规模和企业资产的规模对劳动报酬的影响

因变量		Ln（FBK/L）				Ln（W）				Ln（FBK/L+W）		
变量	Coeff.	T	SigT		Coeff	T	SigT		Coeff	T	SigT
Ln（L）	c11	0.079	6.58	0.00	c21	0.064	13.06	0.00	c31	0.077	11.94	0.00
Ln（K/L）	c121	0.597	15.99	0.00	c221	0.033	2.16	0.03	c321	0.395	19.57	0.00
Ln（K/L）* SOE85	c122	-0.059	-1.10	0.27	c222	0.034	1.57	0.12	c322	0.000	0.00	1.00
Ln（K/L）* SOL8085	c123	-0.222	-0.95	0.34	c223	-0.047	-0.49	0.62	c323	-0.185	-1.46	0.14
Ln（K/L）* SOE9094	c124	-0.155	-0.155	-1.21	0.23	c224	0.248	4.77	0.00	c324	-0.020	-0.30
Ln（K/L）* TVE92	c125	0.003	0.05	0.96	c225	0.031	1.36	0.17	c325	-0.094	-3.09	0.00
Ln（WK/L）	c131	0.055	1.46	0.14	c231	-0.011	-0.70	0.49	c331	0.049	2.41	0.02
Ln（wK/L）* SOE85	c132	-0.022	-0.45	0.65	c232	0.026	1.32	0.19	c332	-0.016	-0.60	0.55
Ln（wK/L）* COL8085	c133	-0.245	-1.36	0.17	c233	0.081	1.10	0.27	c333	-0.089	-0.91	0.36
Ln（wK/L）* SOE9094	c134	0.201	1.65	0.10	c234	-0.134	-2.70	0.01	c334	0.070	1.07	0.28
Ln（WK/L）* TVE92	c135	0.054	1.04	0.30	c235	0.058	2.72	0.01	c335	0.030	1.05	0.29
R^2		0.454				0.439				0.473		
样本		3595				3595				3595		

最后，表6表明了随着企业规模的扩大（是通过职工数来测量的）和资本密集度增加（是通过人均生产固定资本来测量的），在工资和物质福利中的劳动报酬也上升。对国有企业来说，数据表明了资本密度对工资的影响在1990-1994年期间进一步强化。

对劳动力的流动资金率在工资和物质福利中对劳动报酬没有一点影响，但在最近几年这类资本密集度越高，国有企业的工资就越低，乡镇企业的工资则越高。

结　论

中国改进国有企业激励的经验反映了对改革的一种重要的支持。诚然，许多经验是初步的。尽管一些经验是有帮助的，但是它们没有抓住像其他转轨经济所考虑的那些最基本的问题，即真正地通过所有制的改革把企业从政府中分离出来。

同时，在中国国有企业改革方案中也出现了新问题。国有企业的地方化侵蚀了国有企业集中监督的旧体制，但是在缺乏代替它的市场制度与组织的情况下，一种企业治理的真空也出现了，从而导致了代理问题、内部人控制和国有资产的流失。这也引起了当地政府与国有企业经理对税收收益与其他资源管理方面的混乱。其结果是利润私人化和损失社会化。

由于内部人（经理与工人）取得了国有企业优良资产而留下债务坏账的空壳，国有企业资产流失有广泛的报导。① 国有企业的显性和隐性的债务留给国有银行与政府。国有企业逃避或转移工资税时有报告，尤其是对失业保险或退休金的分摊更是如此。这些方案的本质是建立一个社会保障体系。未确定的财政支持妨碍了中国全面改革的进程。

根据本论文中的证据支持，我们认为我们的理论比其他理论（如非国有企业进入理论或委托代理理论）更好地解释了国有企业部门所观察到的问题。我们的发现表明，以运用激励合约为核心的中国国有企业的改革已经成功地激励企业的经理和工人追求与保持利润，但是他们并没有防止这些内部人把所造成的损失和所承担的责任转移给社会。换言之，就是存在着资产私人化而责任社会化。如果这种不对称的激励与结果不能得到制止的话，例如，如果不进行正式规则的所有权的改革，如果不引入有效的内部治理机制，如果不通过企业之间的竞争和建立在商业信贷关系来强化企业的外部约束，那么，国有企业部门不断增加的亏损和债务将对国家银行制度和宏观经济稳定造成严重的威胁。

附录：模型说明和变量界定

（1）企业绩效方程

$$MEP_q^i = a_q + a_{q1}Ln(L^i) + a_{q2}Ln(K^i/L^i) + a_{q3}WK^i/K^i$$
$$+ (a_{q41} + \sum_{j=2}, M^a q_{4j}S_j^i)Ln(FBK^i/L^i)$$

---

① 《世界银行 1997 年发展报告》。

$$+ (a_{q51} + \sum_{j=2}, M^a q_{5j} S^i_j) Ln(W^i)$$

$$+ \sum_{j=2}, M^a q_{6j} S^i_j + \sum_{g=2}, Q^a q_{7g} P^i_g + \mu^i; \quad i = 1, \cdots, N;$$

（2）劳动报酬方程

$$MLC^i_v = b_v + (b_{v11} + \sum_{j=2}, M^b v_{1j} S^i_j) Ln(Y^i/L^i)$$

$$+ (b_{v21} + \sum_{j=2}, M^b v_{2j} S^i_j) Ln(F^i/L^i)$$

$$+ (b_{v31} + \sum_{j=2}, M^b v_{3j} S^i_j) Ln(RA^i)$$

$$+ (b_{v41} + \sum_{j=2}, M^b v_{4j} S^i_j) Ln(RK^i)$$

$$+ \sum_{j=2}, M^b v_{5j} S^i_j + \sum_{g=2}, Q^b v_{6g} P^i_g + \mu^i; \quad i = 1, \cdots, N;$$

（3）派生形式的劳动报酬方程：

$$MLC^i_v = c_v + c_{v1} Ln(/L^i)$$

$$+ (c_{v21} + \sum_{j=2}, M^c v_{2j} S^i_j) Ln(K^i/L^i)$$

$$+ (c_{v31} + \sum_{j=2}, M^c v_{3j} S^i_j) Ln(WK^i/L^i)$$

$$+ \sum_{j=2}, M^c v_{4j} S^i_j + \sum_{g=2}, Q^c v_{5g} P^i_g + \mu^i; \quad i = 1, \cdots, N;$$

变量的定义

L：企业的职工数；K/L：人均生产固定资本（千元，下同）；WK/L：人均流动资金；W：人均年薪；FBK/L：人均非生产固定资本；Y/L：人均年总产值；F/L：人均年利润与税收；RA：总资产收益率，等于 $F/(K + WK + FBK)$；RK：生产固定资本回报率，等于 F/K；MEP_q：企业绩效的测量，$q = 1, \cdots, 4$，$MEP_1 = Ln(Y/L)$，$MEP_2 = F/L$，$MEP_3 = RA$，$MEP_4 = RK$；MLC：劳动报酬的测量，$v = 1, \cdots, 3$，$MLC_1 = Ln(FBK/L)$，$MLC_2 = Ln(W)$，$MLC_3 = Ln(FBK/L + W)$；S_j：子样本哑变量，如果观察来自子样本 j，那么 $S_1 = 1$，否则，$S_j = 0$，$j = 1, \cdots, M$，$M =$ 子样本总数；P_g：省哑变量，如果观察是从 g 获得，那么 $P_g = 1$，否则，$P_g = 0$，$g = 1, \cdots, Q_1$，$Q =$ 总省数；μ：随机误差变量；a_{qxy}，b_{vxy} 和 c_{vxy}：估算参数；i：样本企业 i，$i = 1, \cdots, N$；N：减去缺少数据和外在者的集合样本中的企业数。

（易宪容　译）

（《社会科学战线》1980 年第 3 期）

韩国的金融危机及其原因

周立群　〔韩国〕禹在基[*]

一

去年 7 月初，从泰国铢开始，东南亚一些国家货币相继贬值，引起这一地区的金融危机。这次因宏观经济的恶化、地区经济特性、金融产业的落后等原因而发生的金融危机影响了整个亚洲经济发展。

1980 年代以后，亚洲成为世界经济的增长点，但从 1990 年代起，经济增长幅度下降，经济体系脆弱的诸多问题暴露了出来，特别是金融产业部门。经济快速增长时期以高速增长为中心的经济政策诱导了向房地产业和股票市场的贷款。这些贷款在经济增长速度放慢后变成了银行的呆账坏账。亚洲银行的不良债券已经达到 6000 亿美元，占亚洲各国国内生产总值的 8%。[①] 这次金融危机的发展过程可以描述为：房地产过度投机→盲目投资项目→不良债券增加→资金压力增大→企业倒闭→金融危机→股市暴跌→房地产价格暴跌。在一些西方人看来，这次亚洲金融危机意味着"政府主导型"为主的亚洲经济发展模式发生了动摇，需要对过去亚洲经济发展的路径重新作出反思。

作为一直保持高速度经济增长的"四小龙"之一的韩国，发生金融危机的原因又是什么呢？自 1960 年代以来，韩国经济飞速发展，由一个农业国转变成为一个新兴工业化国家，30 多年来经济增长年均达 8.2%，创造了"汉江奇迹"，并形成了以财阀大企业为主的强力政府主导型经济发展模式。虽然卷入这次金融危机的泰国、马来西亚和菲律宾与韩国在经济发展模式方面有一些

---

[*] 作者单位：南开大学经济研究所。

[①] 《金融产业实态》，《朝鲜日报》1997 年 11 月 17 日。

共性，但韩国的危机在起因、结构、波及范围等方面有其特殊性。

二

韩国政府从 1995 年起启动了"世界化战略"。① 这一战略的实施推动了投资，企业向国内外膨胀型投资不断增加，盲目地追求规模扩大。然而，过度的投资并没有带来预期的经济增长速度，相反却推动了社会经济边际成本的上升。国内生产总值（GDP）的增长率由 1995 年的 8.9% 下降到 1997 年第一季度的 5.5%。② 国内国外的市场竞争日趋激烈，企业财务结构逐渐恶化。在韩国 30 个大企业中，17 个企业已经处于财务赤字困境。由于 30 家大企业占国民生产总值（GDP）的 15.34%，③ 它们在国民经济中居举足轻重之地位，其经营绩效与境况对于国民的心态和投资导向起着重要作用。从 1997 年年初起，韩宝、NEWCORE、HAITAI、起亚和 HANLA 等大企业相继倒闭，这对于整个韩国经济的震撼非常大，并导致投资心理的恐惧和投资规模的萎缩，MOODIS 和 STANDARD & POOR 等国际信用评级公司降低了对韩国的外汇长期信用评级（见表1）。投资韩国的海外资本纷纷撤出韩国，这使得本来就已经下滑的经济雪上加霜。

表1　一般银行的呆账坏账和海外信用评级的状况（亿韩元）

银　行	上半年净收益	96 年呆账坏账（占总贷款比率）	近年 10 大呆账坏账	MOODIS 国际信用评级	
				长期	短期
CHOHONG	705	1943（0.6%）	13 042	⑧	良好
韩国商业银行	428	995（0.4%）	8397	⑩	恰当
韩国第一银行	−3565	3439（1.2%）	32 695	⑩	恰当
韩一银行	328	1864（0.7%）	4231	⑦	良好
汉城银行	−1309	5217（2.4%）	16 011	⑩	恰当
韩国外汇银行	417	2306（0.7%）	9341	⑨	恰当
新韩银行	985	1813（0.8%）	3969	⑥	良好
MANMI	75	473（0.6%）	公开拒绝	⑧	良好
东华银行	42	693（1.0%）	4216	⑩	恰当

---

①　金泳三政府为适应 21 世纪国内外环境的变化、增进与国际社会的协力与合作、主动参与世界经济政治经济新秩序而采取和实施的国家发展战略。这一战略实施后仅一年多的时间，即 1996 年 10 月即按战略加入了经济合作与发展组织（OECD）。

②　引自朴圣相：《起亚事态的教训》，《韩国经济新闻》1997 年 7 月 21 日。

③　新产业经营院：《韩国 30 大财阀财务分析》（韩文），1998 年，第 50 页。

东南银行	−39	290（0.7%）	473	未评级	未评级
大东银行	−94	467（1.1%）	1313	未评级	未评级
HANA	313	83（0.1%）	2124	⑧	良好
BORAM	419	193（0.2%）	3093	⑧	良好
韩国和平银行	21	465（1.1%）	467	未评级	未评级
国民银行	1124	815（0.4%）	679	⑦	未评级
韩国住房银行	1111	333（0.15%）	757	⑤	良好
CHANGXI	809	708（0.46%）	4280	⑦	良好

注：（1）10 大呆账坏账是指韩宝、SAMMI、JINRO、TAIIL 精密、DANONG、HANXIN-GONGYONG、起亚、SANGBANGWOOL、HAITAI、NEWOORE 的贷款合算。

（2）MOODIS 信用评级等级为：最好＝①Aaa；优秀＝②Aa1，③Aa2，④Aa3；良好＝⑤A1，⑥A2，⑦A3；恰当（现在没问题，但未来会危险）＝⑧Baa1，⑨Baa2，⑩Baa3。

（3）S&P 对三星电子、现代汽车、LG 石油的长期信用评级由 BBB−下降到 BB，大宇由 BBB−下降到 BB−。

资料来源：《朝鲜日报》1997 年 11 月 15 日。

由连续发生的大企业倒闭加大了金融部门倒闭的风险。同时，为了吸引场外市场的资金和引进外资并满足企业对多种金融服务的要求，韩国曾在 1994 和 1996 年先后两次调整金融体系，先后有一批非银行机构被扩大业务权限（仅 96 年以后就有 24 家），允许它们操作国际业务和借赁（Lease）业务，允许其运用高于银行利率的手段进行借贷活动。但是，这些从投资财务公司转变过来的商业银行公司或机构缺乏业务经验的积累，很难适应于瞬息多变的国际竞争环境，它们的呆账坏账不仅加重了自身的困难，而且进一步加剧投资者的不安心理，引起外汇市场上韩元对美元的汇率上升（韩元贬值）。股票市场上的海外投资者纷纷将股票资本兑换美元，这又加剧了对美元的需求，韩元对美元的汇率扶摇直上，如 1997 年 12 月 23 日韩元与美元兑换比率一下子就从1850 元上升到 1962 元。[1]

与此同时，在资本市场上，企业债券、短期同业拆借（call loan）和企业票据（CP）等的流通收益率暴涨。（见图 1）由于韩国金融机构和大企业都有从海外借款的外汇负债，随着汇率的上升，这些负债成为威胁金融机关和企业的"悬顶之剑"。在国际资本市场上，对韩国的信用一直在下降，投资家们将韩国债券看成是"垃圾债券"（JUNK BOND）。而且，对韩国企业的海外银行

---

[1] 《东亚日报》（韩文）1997 年 12 月 24 日。

同业放款利率（LIBOR）① 由 LIBOR+0.4% 上升到+3.8%。由此，使得引进国外资金难上加难。

当韩国政府决定接受国际货币基金组织（IMF）的资金援助以后，作为资金援助的条件 IMF 要求韩国政府进行金融机构调整，其中对包括达不到国际清算银行（Bank for International Settlement，BIS）② 的自有资本比率基准 8% 和呆账坏账多的 12 个商业金融公司关闭的结构调整措施。因此，国内金融机关在 IMF "休克制裁" 的境况下，为了避免自己倒闭风险而急不可待地回收已存的企业贷款资金。金融机构（银行、商人银行公司、证券公司）之间信誉链的断裂，导致资本市场上资金流动的不顺畅。而另一方面，处于危机到来之前的企业对资金的需求却增势不减。在外汇市场不稳定和企业连锁倒闭的危险下，股市也暴跌了。（见图 2、图 3）

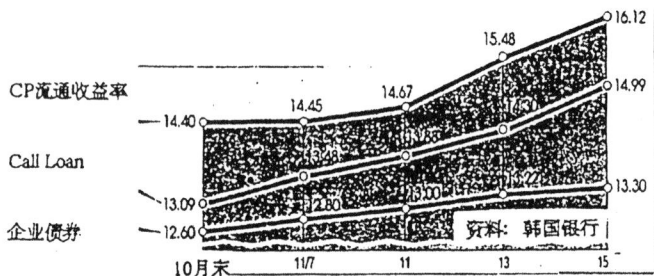

图1 最近的长短期利率变化

①　LIBOR（London Interbank Offered Rate）是在伦敦营业的第一流分行之间的短期放款利率，它在国际金融市场上起着举足轻重的作用，一般贷款利率都以此为基础。

②　BIS 主要办理国际清算和接受各国中央银行存款，代理买卖黄金、外汇和除股票以外的可转让证券，办理政府国库券和其他短期债券的贴现、再贴现及政府间借款等国际金融业务。BIS 基准资本比率是与企业负债比率相似，公式为：资本/反映危险度的资产×100%。只有 BIS 基准资本比率大于 8%，才能被认为是安全金融机关。即资本越多或风险资产越少，BIS 基准资本比率越高。当现金、国债和货币稳定债券的风险度为零时，信用证发行为 20%，住房担保贷款为 50%，一般贷款和短期同业拆借（call loan）为 100%。

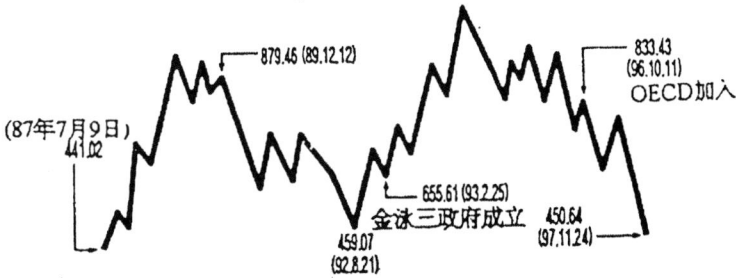

图 2　近 10 年来的股市变动

资料来源：1997 年 12 月 25 日《朝鲜日报》。

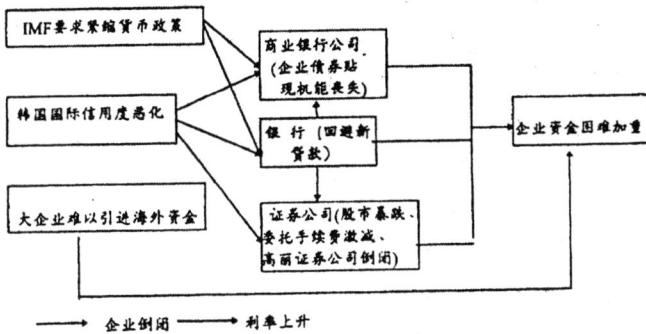

图 3　近期利率上升的流程

　　在国内外汇市场、资本市场和股票市场并发波动的情况下，韩国企业贸易也深受金融危机的打击。虽然摆脱这次金融危机的有效出路是出口，随着韩国信用度的下降，外国进出口企业和银行对韩国企业外汇清算能力仍持怀疑态度，由此，避开韩国银行发行的信用证。而且，信用评级高的国内银行也因外汇不足而不愿意发信用证。因此，企业很难筹措原材料。加之，金融机构不愿承兑贸易票据，难以收回出口款项。

三

　　金融危机的发生首先暴露出的是政府组织的"非效率"。

　　众所周知，在建成"汉江奇迹"的韩国经济发展模式中，政府起了不可忽视的重要作用。1960 年代开始的经济发展计划和"开发独裁体制"，既是韩国政府的成功之作，也奠定了其今日体制的基础。在近代世界经济发展史尤其是亚洲经济发展史中，韩国经济是"政府主导型"发展模式中的一个成功的范例，政府在实现经济起飞和工业化方面起了关键性的作用。韩国政府以强有力的政府推动和对整个经济活动的干预，重视靠计划产业政策而不是简单地靠市场，完成了向工业化的转变。然而，随着19世纪70和80年代韩国经济的发展和经济规模的扩大，政府机构规模和对经济干预的范围及力度也越来越扩大，由此形成了"开发独裁体制"，导致了组织运作的高费用、低效率。进入1990年代后，政府部门不适应开放化、自由化和区域化世界经济潮流的"非效率"问题越来越突出。金泳三政府上台后的五年期间，新建了132个政府所属的团体和机构（总数为552个）。政府官员扩张到385 000多人，这些机构的预算规模大约是140万亿韩元。

扩张的政府机构对经济的管理和调控并未带来预期的效率，在这次金融危机中政府组织"非效率性"暴露了出来。例如，去年7月开始的东南亚金融危机已经向韩国发出了警戒信号，它将波及和影响韩国经济的可能性也已经相当明显。而在此时，对于从年初开始的连锁大企业倒闭和接受① IMF资金援助问题，政府各部门的态度很不一致，甚至形成坚锐的对立，这又进一步助长了政府部门的"集体利己主义倾向"。同时有的政府部门还在垄断经济信息，尤其是对外汇储备额，而当金融危机发生后又千方百计地逃避责任，回避对经济失败的社会舆论批评。有人将韩国金融危机的加深归咎于官僚主义政府的无能力、不道德和缺乏灵活性，不是没有道理的。

四

财阀大企业机制的僵化和高负债是危机爆发的又一原因。

韩国经济靠的是大企业的支撑。财阀大企业不仅在高度经济成长时期起了关键性的作用，而且其外形和规模亦取得了令人震惊的扩张。但是，企业短时间内的"压缩式"成长，也潜伏下了许多问题。

一是，这类大企业的经营体制是以家庭经营为中心构筑的。在韩国，家族资本的影响几乎是无所不在，许多大企业集团是由某一家族通过事实上的直接占有或间接控制相结合的方式对企业实施直接支配，在财阀系统内的企业，所有权和经营权仍然是高度集中的。如在1990年代初，韩国最大的20家企业集

---

① 特别是对起亚集团，政府部门之间的态度针锋相对。政府要对起亚集团实施国有化；而另一些人则认为这是逆行于市场经济原则的，是导致外国资本离开韩国的决定因素。为了防止企业倒闭，政府搞出了两个协约——"倒闭防止协约"和"协助融资协约"。这两个协约以银行担保的方式继续向已经倒闭的企业提供政策性贷款，这被认为是强化了政府对市场的行政干预。

团中，31%的高级主管人员是由家族成员出任的，29%是内部关系网招聘的。[1] 大企业集团内部的组织结构是建立在资金、人力等资源方面的母集团公司控制基础上的。各个子集团"享受"来自母集团的无限援助，同时又以血缘关系形成横向或纵向的复杂网络关系，集团内部交易占很大比重，这使得集团规模不断扩大。随着企业规模和经营范围的扩大，家族式经营和直接委派人员干预经营的决策方式已经难以驾驭大规模生产销售和适应瞬息多变的国际市场环境。尤其是在第一代经营者退休以后，第二代经营者（主要是自己儿子）依然循规于传统的组织方式和经营方式。这种家族经营为中心的经营体制与迅速扩张的企业集团间的矛盾在危机到来时暴露的很充分。如去年倒闭的WOOSENG 建设、三益乐器、DANONG、SAMIMI、JINRO 和韩宝等就是例证。

二是，企业的政治参与和特殊的政企关系。在韩国企业要取得事业成功，不能不参与政治活动。与高层次政府官员的密切关系，是事业成功的重要因素。其重要原因之一是通过紧密的政企关系，可以享有事业资金贷款和政府投资项目等方面的优惠待遇，其结果是企业对政府优惠贷款的依赖性极强。同时，政府也一直把发展经济的重点放在扶植财阀和大企业上，这也是一度有10 余家韩国公司进入《幸福》杂志公布的世界 500 家大公司行列的原因之一。在政府主导型的发展模式中，这种政企关系给企业发展提供了某些特殊的条件，但也埋下了危机的隐患。因为这些大企业的壮大并不完全是通过内部资本积累或技术创新独立发展起来的，而是在政府优惠政策的保护和资金优先供给的条件下发展起来的。比如，为了高速度发展出口导向和重化工业战略，政府曾运用财政、金融、关税等多种手段鼓励财阀扩大自身规模，以建立起出口量大、实力雄厚同时又顺从政府的大型企业集团。由于大企业更容易获得较低利率的贷款，从而其平均借款成本要大大低于中小企业。

三是，企业的高负债经营。如上所述，大企业可以利用特殊的政企关系，获得资金等方面的"援助"和优惠，这也就为其盲目扩张事业规模提供了可能。这些年来，大企业对汽车、钢铁和半导体的重复投资和盲目扩张造成了供过于需，使得本已经营艰难的财阀企业的财务结构更加恶化。韩国财阀大集团的平均负债率高达400%（见表 2）而美国是 150—180%。高负债率经营加重了企业的金融费用负担。同时，企业的经营绩效不佳，整个制造业的自有资本收益率（ROE）仅仅是 1%，即使在优良企业中，资本收益率也几乎没有超过10%。（见表 3）而美国的一些著名大公司的 ROE 都在 15% 以上，如福特为

---

[1] 参见张志超主编：《韩国市场经济体制——从政府主导型向民间主导型的转化》，兰州：兰州大学出版社，1994 年，第 57 页。

16.6%，通用电器为 23.4%，IBM 为 25.1%，AT&T 为 29.1%，MOBIL 为 15.5%。

表 2　韩国最大的 30 家企业的规模与负债表

企业	产品销售额（1）	总资产（2）	总负债（3）	净资产（4）	负债率（3）/（4）（%）
现代	67 946 812	52 777 150	42 940 817	9 836 337	436.55
三星	59 672 056	47 563 462	34 519 003	13 044 454	264.63
LG	46 649 636	36 803 342	28 724 783	8 078 553	355.57
大宇	38 244 034	34 120 531	26 302 645	7 817 888	336.44
SK	26 556 206	22 662 336	17 921 061	4 741 275	377.98
双龙	19 404 477	15 753 587	12 653 588	3 099 999	408.18
起亚	12 054 147	14 111 949	11 856 324	2 255 624	525.63
韩化	9 550 399	10 245 885	8 872 986	1 372 898	646.30
韩进	8 682 828	13 896 482	11 781 408	2 115 072	557.02
LOTTE	7 137 565	7 377 383	5 054 163	2 323 219	217.55
晓星	5 449 833	4120 710	3 256 610	864 102	376.88
韩罗	5 215 593	6 281 700	6 071 307	210 394	2885.68
大林	4 824 557	5 833 475	4 720 247	1 113 228	424.01
锦湖	4 382 169	7 337 757	6 065 521	1 272 235	476.76
KORON	4 112 815	3 756 814	2 856 065	900 747	317.08
斗山	4 037 622	6 383 121	5 584 588	798 536	699.35
东亚	3 876 206	6 183 770	4 809 560	1 374 210	349.99
东国炼钢	3 068 989	3 686 971	2 530 523	1 156 449	218.82
HAITAI	2 706 440	3 393 816	2 945 159	448 657	656.44
DONGBU	2 619 376	3 290 482	2 429 676	860 805	282.26
离合	2 516 385	3 645 765	3 118 733	527 030	591.76
HANSOL	2 500 621	3 773 077	2 925 210	847 867	345.01
味元	2 134 751	2 218 225	1 790 633	427 596	418.77
ANAM	1 935 511	2 557 454	2 144 239	413 214	518.92
东洋	1 848 722	2 593 795	1 943 603	650 192	298.93
NEWCORE	1 742 919	2 762 576	2 560 407	202 169	1266.47
真露	1 309 931	3 084 815	2 958 084	126 733	2 334.11
韩一	1 277 118	2 598 843	2 215 332	383 512	577.64
XINHO	1 134 564	2 022 355	1 647 721	374 635	439.82
GEPYENG	1 038 237	2 147 009	1 647 216	499 792	329.58

资料来源：新产业经营院：《韩国 30 大财阀财务分析》（韩文），1998 年第 86、96 页。

说明：韩国的负债比率计算办法同中国有所不同，韩国为：负债/净资产×100%，中国为负债/总资产×100%，如按照中国算法，现代、起亚和真露的负债比率分别是 81.36%，84.02% 和 95.89%。

表3　韩国10大企业资本收益率（ROE）

企业	三星物产	现代商社	大宇	三星电子	LG商社	韩电	现代汽车	浦项钢铁	油公	LG电子
资本收益率	3.4%	9.0%	4.4%	3.0%	7.8%	4.0%	5.1%	9.7%	3.2%	4.3%

资料来源：金墓天：《亚洲模式：膨胀主义的破产》，《朝鲜日报》1997年11月27日。

五

金融机构资本结构的不良化是金融危机爆发的直接诱因。

在美苏对立的冷战格局下，各国都把精力投入到本国经济建设，尤其是刚从殖民统治解放出来的亚洲国家，韩国也不例外。

第二次世界大战后的韩国经济基础很薄弱，因为基础产业几乎都分布在北朝鲜。出于对周边环境与战略发展考虑，也是为了保护自己和赶超日本，韩国政府选择了以发展重工业为重点的经济战略。而在当时的条件下除了采取这一发展战略外，似乎没有别的选择。由于重工业发展需要巨大的资金，投资回收期又很长，而当时的韩国企业既没有资金，也没有吸引社会资金的能力，只能靠政府。对于政府来说，这也是能掌握和控制企业经营的绝好机会。政府通过银行掌握资金来源，向企业尤其是大企业借出贷款。政府在实施其出口导向产业政策时，也是通过银行调整资金流动的办法来调节和干预经济运行。由此，开创韩国"管制金融"的先河。

政府不仅控制资金，而且直接掌握银行行长的人事任免权，每个银行的行长都由政府官员或有从政经历的人士担任。这样，政府很容易影响银行的信贷业务和资金流向。大企业也利用政府优惠贷款扩张规模，把经营重点放在扩大市场占有率上。无论企业的实际效率如何，规模越大银行贷款优惠也越大。①这引发了重复投资和盲目扩张。政企不分和政银（行）不分，政府时常出面责令银行放出贷款来保护和挽救企业。金融监理机构审查不严，准备金不足，特别是对大企业的融资坏账积淀没有发挥应有的作用，据统计，11家主要银行的坏账率占放款业务员度的14.3%。尽管在制度设计上实行"主办银行制"，但由前政府官员担任银行行长的情况下，银行贷款自主权极有限，从而使得银行不能完全按照经济规模和信贷原则发放贷款，这是银行积淀下大量不

---

① 韩国大企业的排序是依据包括负债在内的总资产规模决定的。因此，这诱发了企业用银行贷款扩张自身规模的动机。

良贷款的重要原因。

另一方面，1980 年代中期的房地产热使不合理的银行贷款结构进一步恶化。已经向企业提供的贷款和新贷款资金大部分被用于房地产投机，而不是用于生产活动，这导致了房地产过热。进入 1990 年代后，由于禁止房地产投机行为的法规陆续出台，使得所有经营非生产性或"非业务性"房地产的企业陷入了财政困境。进而引起负有大量企业贷款的银行的自有资金比例下降，从而导致金融机构资本结构的不良化。

六

尽管上述分析远不能涵盖韩国金融危机的全部内外部原因，但这些问题的提出对于中国顺利地完成体制"转型"和防范危机还是有警惕和借鉴意义的。中国有着在某些方面与韩国相近的经济发展模式。

首先，在政企关系的方面，政府干预企业和企业"亚政府"运行方式依然存在。如目前一些"转型"中的行政性公司和国有资产控股公司，其行为仍有着"亚政府"组织的运作特点。这类组织机构规模不小，运行的费用很高，效率很低，缺乏市场意识和竞争力，一旦发生经济波动或危机是不能迅速地、有效地应变的。

其次，在中国经济的战略性调整中，为了进入世界 500 家大企业，采取了大集团战略，根据韩国之经验，大集团之组建一要有一个竞争环境和机制，二要有能驾驭大型企业的企业家。如果违背了市场竞争规律，同时又缺乏真正懂集团经营的企业家，而人为地、盲目地搞企业扩张战略，"为大而大，为强而强"，不注意企业机制和竞争环境的改善，这类集团即使建立了起来，也是有风险的。目前不少企业集团为了迅速扩张，不仅在本行业大量并购，而且采取多元化扩张经营战略（Diversification or Conglomeratemerger）。在笔者看来，这种企业经营战略应从韩国企业发展模式中汲取教训。韩国有些企业集团的经营范围已经扩大到了农业、制造业、建设业（房地产）、餐饮、通信、银行等各个领域。例如，现代集团不仅包括汽车、建设、电子、贸易、重工业、海运、制船、保险等，而且扩展至商业（联锁店）、信息、能源等行业。但是，大企业集团的多元化经营需要大规模资金集中，当国际市场和国内经济增长放慢时，企业资产质量低下、亏损严重、资不抵债等问题暴露出来了。虽然大企业通过多元化的规模经营可以提高市场占有率，但也可能会因各行业之间的技术关联度低和经营者理性有限而增大扩张风险。韩国以大企业集团为中心的政策取向引起了整个韩国经济的畸形发展。如果中国在建立大集团时不坚持效率优先，不遵循市场竞争原则，而按政府意图来推进，势必导入韩国的覆辙。

与东南亚和韩国相似，中国也应特别警惕因金融机构的崩溃而发生金融危机。这种担心和忧虑是有一定道理的。因为，在存在大面积亏损的情况下，为了避免国有企业破产，银行依然承负着大量企业债务。从而使得银行不能完全按照经济规律和信贷原则进行存贷，进而形成银行资本结构的恶化。据1996年度世界银行报告，国有工业企业对中国工业总产值的贡献为76%，而到1997年底，这比例下降到34%。而国有企业占用的银行贷款占其总量的73.5%。1995年国有商业银行不良债券在贷款项目中所占比率为22.3%。也有的国外学者估计中国银行坏账大约占银行资产的30—35%①。一旦短期内企业大量破产，国有银行同样难以有效冲销资产损失。

中国改革开放政策取得了举世瞩目的成就。但一国的开放度越大，受世界经济的影响也越大。这次东南亚和韩国的金融危机证明了这一点。这次金融危机对当事国来说，会成为调整经济结构的绝好机会。根据发生金融危机以后各国政府所采取的措施和最新经济指数，可以估计到，实现结构调整的可能性很大。假如中国政府利用这一机会采取有效的调整措施，潜伏的经济危机就会得以避免。

（《社会科学战线》1998年第5期）

---

① 《关于1998年经济政策取向之建议》，《经济学信息报》1998年1月30日。

少数民族在地方经济发展中的作用：吉林省延边朝鲜族自治州的个案

〔芬兰〕奥特·卢娃[*]

中国的经济改革使沿海地区的发展先行了一步，而居住着绝大多数少数民族的边陲地区却不得不等待发展机会。然而，许多少数民族自治区并没有被动地等待自己时来运转；相反，它们从实际出发，制订了适合于本民族区域经济发展的战略。遍布各少数民族地区的经济网络的形成与运用，是这些发展战略中最为成功的模式。

延边是吉林省的一个朝鲜族自治州，与朝鲜和俄国接壤。改革以来，延边充分利用和开发自己的民族资源，利用民族关系网络，不断改善生活水准并吸引外资，从而推动了对外开放和经济社会发展，这是一个值得注意的具有本民族文化特征的发展动向。

传统的陷阱

1978 年中国开始实施以现代化为目标的改革政策，民族政策有了新的变化。新的民族政策为朝鲜族人民提供了新的可能性，使他们在地方自治中的地位有了进一步的加强，更加展现其民族的文化特征。然而，自治权的提高并没有使他们的经济地位得到相应的提高，原因是朝鲜族的政治传统和文化传统阻碍了他们的经济发展和生活改善。

奥利维尔（Bernard Vincent Olivier）在研究中国东北的朝鲜族时，认为许多朝鲜族人民没有抓住改革开放和社会转型给予的发展新机会：如生产专业化的商品，从事副业生产，进行技术革新等；相反，随着人民公社的解体，有些

---

* 作者单位：芬兰图尔库大学。

朝鲜族农民反而变得无所事事了。究其原因，首先，朝鲜族人顽固地坚持水稻种植而不愿意从事其他商品经济活动，他们对经营副业生产及学习新的技能缺乏兴趣。[1] 其次，许多朝鲜族人深受重农轻商的儒家价值观的影响，他们缺乏商业精神，少有经营有方的企业人才；传统的朝鲜族农村社区较之汉族社区，因缺乏商业传统和商业经验，更未商品化。

如果认为儒家的价值观是一种精神包袱的话，那么朝鲜族传统中的另一个特点却使他们能适应经济环境的变动。作为近代的一个倾向于流动的少数民族，他们并没有深深地把自己扎根于一个地方。历史上的朝鲜族人，当他们面临经济及其他困难时，往往会迅速地从一个地方向另一个地方流动。1982—1990 年间，在东北的朝鲜族人有 10% 以上曾经为寻找新的就业机会而流动过；与此同时，居住在城市的朝鲜族人口数量增加了 40%，城市对他们具有特别的吸引力。而且，他们的流动目标并不局限于东北的城市，许多人往南方移动，迁往经济欣欣向荣的广东、海南、山东、河北与江苏等沿海地区，以致这些地区的朝鲜族人口在 1982—1990 年期间比原先增加了 3 倍多。当然，由于居住在这些地区的朝鲜族人数量原本就很少，现在出现的这种人口增加现象并不特别引人注意。例如 1982 年，山东省的朝鲜族人口只有 939 人，而广东省只有 154 人。在北京的 7700 朝鲜族人口中，占半数以上是在 1990 年代才进入北京的。[2] 在 1980 年代中期的"出国潮"中，朝鲜族人也深受影响，一部分人把握住时机，果断地涌向边界。

朝鲜族人对向外流动的热中似乎与奥利维尔所称的朝鲜族人的保守态度存在矛盾关系。事实上，这种情况的出现在一定程度上反映了朝鲜族人的一个特点，即所谓"随大流"的特点。一旦有足够数量的社区在开发或经营某一特定项目获得成功之后，几乎所有的其他人便会紧随其后，争相仿效。他们有流动的传统，有超国界的民族联系，于是出国成为他们走出困境的一条新路，也为社会流动打开了新的大门。

---

[1]　Che Zhejiu, "Lun Yanbian fazhan waixiangxing jingji" (Discussion on the Development of Yanbian's Outward Oriented Economy), *Yanbian daxue xuebao* (*YDX*) 1Vol. 1, 1989, p. 16.

[2]　金光世、朴阳春（译音）：《中国朝鲜族人口的发展、构成及其特点》，《朝鲜族研究论丛》第 2 辑，延吉：延边大学出版社，1989 年；金秉高（译音）：《中国朝鲜族人口发展和分布变化的趋势》，《民族研究》1992 年第 2 期。

延边的开放

对外开放政策在延边的实施，总的来看与中国其他少数民族区域经历的情况是相同的：在开始时，地方政府的改革步伐缓慢，而群众却热切地希望能尽快地跨越边界去争取经济发展的机会。与其他地方所不同的是，延边在执行对外开放政策方面存在政治方面的阻力。

在刚开始实行对外开放政策的时候，延边的企业和商社只能够与那些同中国有良好关系的国家进行接触。到 1988 年，延边已经与 15 个国家和地区建立了经济关系。① 对延边来说，最自然的合作伙伴是北朝鲜，意识形态和民族方面的纽带促使双方都愿意建立合作的关系。双方在官方层次上的经济合作，带动了民间的经济联系活动。在 1980 年代，前往北朝鲜探亲的延边朝鲜族人持续增加，虽然朝鲜当局视生意买卖为非法，但探亲者们仍设法零卖一些随身带去的商品以支付旅行费用。由于朝鲜的货币不能与人民币兑换，探亲者不得不用手头上的朝鲜货币在当地购买朝鲜商品，再带回中国后卖掉。那些对中朝两国的市场行情熟悉的人通常能因此赚到好些钱，这成为许多延边朝鲜族家庭收入的一种来源。

然而，延边的商人却不能与在经济上极具吸引力的韩国建立贸易和交往关系。自 1953 年朝鲜战争结束到 1974 年中韩开通邮政与电信业务之前，中韩两国之间的直接接触始终处于冻结状态。1974 年后，中国允许少数人去韩国探亲，但在好几年时间里被批准的人数极为有限。有些富有心计的人很快就意识到，诸如中药材之类的东西在韩国拥有巨大的市场，而将韩国商品带回中国出售更是有利可图。根据一些报道，自 1980 年代中期以来，来自韩国的服装、收录音机、卡拉 OK 播放机等东西成了抢手货，这反映了延边和韩国间的非官方贸易在 1980 年代中期以来就已经持续发展了。

在中国和韩国既没有政治关系也没有正式商务关系的情况下，大部分贸易不得不通过第三者进行。值得注意的是，这种贸易关系不是在东北的朝鲜族居住区进行的，而是由沿海省份那些享有对外贸易特权的商务机构引导的。中韩间的直接贸易和韩资引进在 1998 年成为现实，然而，延边的工商企业界仍未能从中韩关系变化中得到好处，主要原因是存在着中央政府的政策限制，地方

---

① 车哲玖（译音）主编：《吉林少数民族经济》，北京：民族出版社，1995 年，第 104 页。

领导人在对外关系方面也一直采取裹足不前的保守态度。当公众在发展对韩贸易关系方面的热情日益高涨之际，他们既妒忌沿海开放地区能先行一步，又为自身所受束缚而产生一种说不清楚的挫折感觉。在延边，正是当地的朝鲜族人民突破了限制，用各种方式开展了对韩国的贸易。

1991年是延边发生根本性转变的一年。中央政府重新评估了与延边有关的一些政策和问题。1991年中韩在对方首都互设了贸易办事处，同时根据图们江地区发展计划，在联合国发展署的支持下召开了东北亚经济合作研讨会；1992年中韩两国正式建立了外交关系。这些事态的出现都使延边的地位发生了变化，延边开始由一个封闭的后院向一个国际合作的中心发展。这些变化反映了地方政府在国际关系的取向上，对韩国的政策有了根本性的转变。中央政府或许曾指令延边要迅速与韩国的企业建立关系，以吸引对图们江地区发展项目的投资。因此，延边的官员们在一定程度上是在中央的推动下前进的，不管心中是否情愿，他们开始与韩国的投资者和商人建立关系了。同时，中央政府还提议使延边成为民族自治区的一个发展样板，① 从而促使延边必须在改革开放中取得最好的成绩。

地方政府的发展战略

延边把促进对外经济联系列入了政府的议事日程，其一系列活动的主要目标，就是要激活当地朝鲜族人民的网络联系，使之变得生气勃勃起来。

政府公开鼓励朝鲜族人民出国探亲，并争取与国外的亲戚建立业务联系。中韩建交后不久，官方的《延边日报》就发表文章，强调这种亲戚和家庭关系具有巨大的经济潜力。② 延边当地的研究者也对有这种亲戚关系的家庭数量和"质量"进行了调查，发现有海外关系的家庭占了延边家庭总数的23%，其中有将近5万户家庭有亲戚居住在北朝鲜，有3799户的家庭有亲戚在韩国，还有442户家庭有亲戚在朝鲜半岛以外的其他国家。这份调查不仅统计了有海

---

① 金中国：《吉林省边境民族地区朝鲜族与国外朝鲜民族关系问题》，见孙云来、沙云忠（译音）主编《吉林省边境民族地区稳定和发展的重要问题与对策》，北京：中国民族大学出版社，1994年，第237页。

② 《做好边境贸易这篇大文章》，《延边日报》1992年8月28日。

外关系的家庭数量，而且这些亲戚在海外所从事的职业情况也得到了反映。①根据调查，占七成左右的海外亲戚从事工商业活动，他们的经营规模估计达到了 100 万美元，这无疑对推动延边朝鲜族人利用这种关系产生了强烈的刺激。当地还提出了诸如"探亲带项目，通信引项目"之类的口号，反映了政府对加强国际间的亲属网络联系的重视。

在官方推动的各种促进引资的活动中，十分重视利用朝鲜文化作媒介，其中有些以文化为名进行的活动具有纯粹的经济意图，也有一些活动旨在使海外的朝鲜人看到高度凝聚的中国朝鲜族社区的力量，从而促进建立互惠合作的伙伴关系。1992 年 8 月，延边州政府在北京举办了朝鲜族文化节，就是这类文化活动的一个成功范例。当时，组织委员会邀请的海外宾客来自 10 个国家和地区，其中具有朝鲜族背景的海外来宾有 500 多人，他们在文化节期间与延边的企业、公司进行了业务谈判，并达成了 40 多项协议。这种文化节的组织理念也从"文艺搭台、经贸唱戏"的口号中得到了体现。②

但是，在地方政府的发展战略中，朝鲜族人并不处于最被重视的地位。延边州政府认为朝鲜族人的海外关系是一种有用的资源，但并不是当地吸引外资的主要资源。在探讨延边经济发展战略的有关文章和书籍中，研究者对本地朝鲜族人的作用往往并不十分重视，联合国发展署的图们江项目对当地朝鲜族人的作用也没有作任何明确的定位。

为了激活朝鲜族人的联系网络，促进海外朝鲜族人的投资和贸易，地方政府采取了许多措施，但绝大多数的举措与活动并不是在官方经济互动的"高层次"领域上进行的。当地朝鲜族人所追求的只是个人的、实际的经济目标。他们利用已存在的社会网络，或建立新的对外关系，目的只是为了迅速赚钱，扩大社会声誉，而他们的朝鲜族背景则是赢得机会的关键。

① 金中国：《吉林省边境民族地区朝鲜族与国外朝鲜民族关系问题》，见孙云来、沙云忠（译音）主编《吉林省边境民族地区稳定和发展的重要问题与对策》，北京：中国民族大学出版社，1994 年，第 249 页。

② 金中国：《吉林省边境民族地区朝鲜族与国外朝鲜民族关系问题》，见孙云来、沙云忠（译音）主编《吉林省边境民族地区稳定和发展的重要问题与对策》，北京：中国民族大学出版社，1994 年，第 248 页。

基层的战略

中国在 1980 年代中期放宽了出国旅行的限制，刺激了朝鲜族人的"出国热"。最先对朝鲜族人产生吸引力的是北朝鲜和前苏联。但朝鲜是一个劳动力过剩的国家，到那里去找活干是难以获得利益的。1987 年后，当通过正式途径向苏联远东地区输出劳动力刚刚开始的时候，有数千中国的汉族人和朝鲜族人蜂拥而去，因为那里不仅很接近延边，而且还严重缺乏劳动力。由于在苏联远东地区已有许多朝鲜人，所以前往做小生意的人可以很容易地在亲戚朋友家里住下来。但是，在苏联远东地区做买卖只有小利可图，并且有各种风险的威胁。后来，随着前往韩国成为可能，"流动的"朝鲜族人便设法前往韩国。1988 年汉城奥运会后，中国的朝鲜族人前往韩国成为热潮。

1992 年中国朝鲜族人前往韩国的人数有了明显的上升。究其原因，首先是中国与韩国在这一年建立了外交关系，从而方便了人们去韩国探亲访问；其次是随着中国工人和生意人在远东的增多，俄国人对他们的态度变得越来越不友好，当地的环境对中国人也越来越恶劣了。① 1992 年，留在苏联远东地区的中国朝鲜族人尚有 20 000 人，到 1994 年只剩下 2000 人了，而前往韩国的人数却达到了 20 000 人次。② 韩国的报纸称，1992 年在韩国被非法雇佣的中国朝鲜族人有 23 000 人；1994 年，这一数字超过了 40 000 人，他们在韩国成为人数最多的非法外国劳工群体。③ 据韩国司法部统计，到 1994 年 3 月，已经

---

① Pavel A. Minakir, "Chinese Immigration in the Russian Far East: Regional, National, and International Dimensions," in: *Jeremy R Azrael & Emil A. Payin* (eds), *Cooperation and Conflict in the Former Soviet Union: Implications for Migration.* CF-130-CRES, Rand, 1996〔Online〕, Available: http://www.rand.org/publications/CF/CF - 130/〔1997, April 13〕, pp. 93-94.

② Rim K_ m-suk, "Chungguk Chos_ njokt_ r_ i 'Ch'ulguk Y_ r'e Taehan Sago." (Considerations on the "Leave-the-Country-Fever" of the Korean Chinese National Minority), in: Kim Dong-hwa & Kim S_ ng-ch'_ l & Yi Hong-u (main eds) Chungguk Chos_ n Munhwa Hy_ nhwang Y_ ngu. (Research on Contemporary Korean Chinese Culture) Harbin: Heilongjiang chaoxian minzu chubanshe, 1996, pp. 139-140.

③ Choe Seung-chul: "Government, Lawmakers Create Measures for Ethnic Koreans in China," *Korea Herald* 14, 12, 1996.

有超过 12 万人次的中国朝鲜族人到过韩国。①

为了获得前往韩国的签证，申请人必须要有亲戚的邀请信，签证的有效期通常被限定为 30 天。尽管有这一系列的严格限制，前往韩国的合法或非法的旅行者人数仍然继续增加。有些不能得到签证的朝鲜族人，为达到目的而不得不在延边寻找韩国人建立关系。在延吉的韩国记者报道说，当地有许多朝鲜族人想与从韩国来的旅游者、学生或商人结交朋友，有些人请求他们帮助在韩国介绍工作，还有些人攀认他们为"亲戚"，也有人在黑市用钱购买签证，或用钱请人介绍工作。于是，有许多韩国的私人职业介绍所派人进入中国的朝鲜族聚居区域，向当地人许诺工作安排；也有一些韩国婚姻中介机构以婚姻介绍和签证为诱饵。很显然，这些机构是不可靠的。在 1995 到 1996 年期间，有许多骗子和欺诈事件被揭露，上当受骗的家庭达 10 400 多户，这些家庭多数居住在中国东北，他们因为轻信中介有关签证、工作或婚姻的许诺而耗费了所有积蓄。据估计，被诈骗的钱约合 4100 万美元，约有 600 名韩国人被涉嫌到这些诈骗案中。② 到 1996 年深秋，多数诈骗案已经大白天下，有很多报纸报道了东北三省朝鲜族人的愤怒。韩国国内的舆论也迫使政府采取积极措施，以保护中国朝鲜族人的利益。韩国政府在法律、经济、社会和文化等方面采取了若干措施，以重塑韩国人对中国朝鲜族人的形象，韩国政府还实施了其他一系列特殊措施，并与中国就控制非法入境问题进行合作。

中国朝鲜族人的"出国热"与中国人在全国范围内的大规模流动现象是同步出现的。成千上万的中国农民涌向城市去寻找工作机会，尤其以涌向沿海地区为最多。同样，中国的劳动力输出也增加了，人们根据心目中的富裕地方确定自己该奔赴何方。对延边朝鲜族人来说，他们的流动是根据资源的可能性而定的，他们在流动自由中得到了许多实际好处，在中国各民族中，曾经出过国的朝鲜族人数比例处于较高的水平，有 1/4 的延边朝鲜族家庭收到过其在国外工作的家人汇款；许多家庭还安装了先进的电信通讯设备，移动电话、传真机及因特网，频繁地与国外进行业务通讯和个人联系。

然而，并不是所有朝鲜族人都从这些新机会中得到好处。一方面，有些社

① 金中国：《吉林省边境民族地区朝鲜族与国外朝鲜民族关系问题》，见孙云来、沙云忠（译音）主编《吉林省边境民族地区稳定和发展的重要问题与对策》，北京：中国民族大学出版社，1994 年，第 139 页。

② "Action Urged Against Fraud Victimizing Korean - Chinese," *Korea Herald* Vol1, Nol. 19, No. 11, 1996; "Crackdown Starts on Korean - Chinese Fraud Cases," *Korea Herald*, VoL, 13, No. 12, 1996; "Group Starts Drive to Aid Ethnic Fraud Victims," *Korea Herald*, Vol. 13, No. 12, 1996.

会弱者不得不用一些可疑的、甚至非法的办法去牟取财富；另一方面，有一些打工者则从事着受剥削的、肮脏、困难、危险的工作。

少数民族资源的经济意义

要评估少数民族资源的直接经济意义是困难的。在对外贸易和投资的统计中，投资者或商社、企业的民族背景并不能得到反映，一般情况下只列出了国家和地区的情况。因此，人们并不知道由朝鲜族人所控制的日本投资、加拿大投资所占的比重；也不知道究竟有多少外国在中国朝鲜族区域的投资决定是与该地的民族背景相联系的；同样，中国朝鲜族人在国外工作期间到底挣了多少钱也是难以估计的，没有人知道有多少人在国外做生意。

金中国是一名延边的朝鲜族研究人员，他曾计算过在延边的"韩国企业"数量，根据统计，1992 年延边共有三资企业 212 家，其中 131 家有国外的朝鲜人资本投入，来自韩国的资本投入占了最重要的部分，达 72 家，有北朝鲜资本投入的为 10 家，其余 49 家企业则由在美国、日本、加拿大等国的朝鲜族人部分投资或全部投资兴建。[①]

1994 年是韩国对延边投资额上升具有意义的一年。从 1993 到 1994 年底，韩国在延边投资的企业从 72 家增加为 321 家，绝大多数是小型及中等规模的企业。对延边投资的第二次飞跃出现在 1996—1997 年，获得韩国投资的企业上升为 393 家，具有重大意义的是许多投资为大型项目；在此期间，实际到位使用的外国投资比前一阶段增加了 2 倍；到 1997 年底，韩国投资高居延边全部外国投资之首，占外资总数的 53%。[②]

1990 年代初，延边吸收的外资在吉林省内只占微弱的份额，到 1996 年，延边吸引的外资已占吉林全省外资量的 30%；1997 年，随着延边人口在全省的比重变化，延边吸收外资比重又减少为 23.5%。珲春市接受的外资占延边州总数的四分之一，为 9 800 万美元，此投资的大部分用于对珲春边境经济合作区的开发。然而与吉林省的其他经济开发区相比，珲春边境经济合作区的状况尚不理想。例如，长春经济技术开发区到 1997 年已登记的外国投资价值为

[①] 金中国：《吉林省边境民族地区朝鲜族与国外朝鲜民族关系问题》，见孙云来、沙云忠（译音）主编《吉林省边境民族地区稳定和发展的重要问题与对策》，北京：中国民族大学出版社，1994 年，第 242 页。

[②] China's Tumen River Area, Investment Guide, Yanbian/Hunchun _ 98, *UNIDO Sponsored Report*, 1998, pp. 5–7.

12 200 万美元，在吉林省的绝大多数韩国投资是直接投到长春市。此外，当具体地考察韩国在中国的投资地点时，情况更是令人不安。韩国对中国投资的大部分是在山东省和辽宁省，到 1996 年 9 月底，山东省位居韩国在华投资的榜首，为 75 400 万美元，其次是辽宁省，为 29 800 万美元。①

延边自治州与韩国之间的官方贸易数量仍然不多，根据官方统计，从 1990 到 1994 年，延边与北朝鲜之间开展边境贸易的价值高于在正常信用证与现金交易下的外贸价值。与北朝鲜的易货贸易在 1993 年达到了高峰。这种情况可以解释为在 1990 年代初，延边政府虽然已经与韩国建立了新的经济联系，但北朝鲜仍是其亲密的盟友，韩国还没有成为吉林省的最大贸易伙伴。到 1993 年，吉林省的商品主要仍是向香港、北朝鲜、日本和俄国出口。总的来说，延边所分担的吉林省对外贸易的量仍然是低的，不到总数的 10%。可是，1990 年代初吉林省的边境贸易量却几乎有一半是由延边分担。

但是，有一些不完全的证据表明，延边的朝鲜族人民通过民族联系的网络，推进了国外朝鲜人投资者在延边的业务。首先，民族的亲合力促使一些投资者选择延边为投资目标。一个韩国商人曾对我说，他选择延边进行投资，主要是当地朝鲜族人与他"有共同的民族认同"。1980 年代规划的中国东北发展蓝图显示，韩国企业界对支持中国朝鲜族聚集区经济发展有浓厚的兴趣。其次，相同的民族背景是韩国商人在延边投资的重要原因。由于双方有相同的语言和共同的民族价值观，所以在商贸交往的每一阶段都比较容易接触，所谓"跨文化的交流"障碍对他们之间的业务谈判并不构成障碍，企业中的雇员可以不经过翻译便明白自己的职责，并且可以使用同一种语言进行管理。某些曾经对中韩贸易问题进行过讨论的韩国人认为，延边的朝鲜族人对韩国投资者来说是有利的资源。也有人认为，文化接近已经对韩国的中小企业主向中国朝鲜族地区投资产生了刺激，如果他们投资于其他国家，将要承担更大的风险。联合国工业发展组织的投资指南对这一理念也表示赞同，它断言韩国的投资受到了民族、语言和市场等因素的推动。

延边是好些著名的中国朝鲜族商人的家乡，这些商人有广泛的国际商业联系。然而，延边州政府吸引人才的努力并没有产生预期的效果。尽管不同国家和民族间的联系网络十分活跃，其能量却并不必然地满足进行大规模国际商贸的需要。如同奥利维尔所指出的那样，中国朝鲜族人的生活背景是农村，他们

---

① Changchun Economic & Technological Dvelopment Zone〔Online〕, Available: http://www.chinarainbow.com/english/cckfq/kai.htm〔1999, March 8〕.

并不具有经商的传统，绝大多数想要从事商业活动的人，并没有长远的目标，而只想在短期内尽快致富，他们认为投资长远项目是得不偿失的。

到1990年代中期，延边朝鲜族人与北朝鲜的紧密联系仍是进一步与韩国发展贸易的障碍。据对延边一位朝鲜族人的访问，他说那些想要保持同北朝鲜做生意的人，通常是一些找不到韩国合作伙伴的人。虽然与北朝鲜的贸易已越来越无利可图了，仍有许多延边的朝鲜族商人为了保持与北朝鲜公司的伙伴关系而避免同韩国人接触。可见，"左的影响"仍是进一步扩大与韩国经济贸易联系的阻力。

尽管延边自治州已经作出了相当大的努力，中国其他地区却吸引了绝大多数的韩国投资。据韩国方面在1996年所作的中韩贸易研究，在没有提到图们江地区的情况下，认为长春市所吸引的韩国投资在吉林省占了大头。最受韩国投资者欢迎的地方是山东省和辽东半岛。辽东半岛与韩国相邻，两地各位于黄海的两岸。到目前为止，虽然延边朝鲜族人民所构筑的经济网络在吸引外资方面发挥着重要的作用，但实际到位的外资并未使延边州政府和企业界人士感到满意。

朝鲜族网络对于促进延边的家庭经济似乎比对企业界的推动更具有意义。朝鲜族人之间长期以来所形成的关系以及新建立的联系，使延边朝鲜族家庭的收入得到迅速增加；那些在韩国工作的家庭成员，即使有的人是非法打工，他们的收入对其家庭而言是一条特别容易改善生活的捷径。

要估计延边正式对外输出的劳务情况是有一定困难的。据有些文章研究，自1989到1993年，延边人与外国企业正式签订的劳务合同约有7 000个。由于在此期间，输出劳动力中的一部分人在国外同时被雇于多家企业，延边居民实际在国外受雇的人数要少于7 000人。一位研究人员声称，90%以上在国外工作的延边人是朝鲜族人。[①] 在这4年间，延边通过正式的劳动输出而收到的汇款达1400万美元，这就意味着每份劳务合同的平均价值约为2000美元。1992年前，未记录的中国朝鲜族劳动力在国外的人数尚未被估计过。1992年，一项估计认为在韩国约有23 000名中国朝鲜族非法劳工，假如每人每月的打工收入最低为1000美元的话，那么他们的总收入至少是每月2 300万美元。以此为基础进行计算，1994年在韩国有4万名未登记的中国朝鲜族人，并不

---

① 金中国：《吉林省边境民族地区朝鲜族与国外朝鲜民族关系问题》，见孙云来、沙云忠（译音）主编《吉林省边境民族地区稳定和发展的重要问题与对策》，北京：中国民族大学出版社，1994年，第242页。

是所有人的劳务收入都能寄回家乡的，虽然根据有关资料对他们在国外打工时间的长短及汇款回家的数量的多少进行估计是困难的，也是不可能的。但与1994年延边的实际国外投资资本积累为1亿1300万美元相比较，毫无疑问的是，这些人寄家的钱构成延边重要的外汇收入。

对非正式民间贸易的价值进行估计，同样是不准确的。据当地政府主管外贸部门的计算，每年延边与北朝鲜之间的民间贸易价值有可能超过1200万美元，与韩国之间的民间贸易价值则在撰写这篇文章的时候尚不得而知。

1995年，延边自治州的年人均消费量为2 803元人民币，在吉林省地市级的行政区域中为最高。与吉林省其他县镇的城镇人口相比，延边的城镇人口花起钱来就简直不当作一回事，他们平均每年每人消费4589元，这一数字比吉林全省城镇人口的年平均消费量要高出800多元，在全省排第二位。① 由此可以假定，延边人之所以有如此高的消费能力，很可能是受到其外汇收入的支撑。所以，从收入的层面上看，延边朝鲜族社区因其民族背景而在改革中获得了可观的经济利益。

结　论

在1980年代，延边的朝鲜族人民也被卷入到了中国的经济与社会改革的洪流之中，他们在改革进程中不得不寻找新的发展路子，重新获得一个民族的幸福地位。国家对人口流动及出国旅行政策的放宽，为朝鲜族人提供了能改善生活水平、并具有本民族文化特征的发展手段。延边朝鲜族人继承了本民族喜好流动的传统，在其邻近的周边国家、尤其是在南北朝鲜获得了各种可赖以营生的发展资源。他们为获得新的财富资源，利用了原有的民族联系，构建了新的联系网络。随着延边自治州在中央政府的鼓励下参与到国际贸易业务之中，当地政府开始有意识地扩展朝鲜族人的民族网络关系，探索如何利用这种关系促进本地经济。例如，延边州政府为了吸引来自朝鲜半岛以及海外朝鲜工商界的投资，组织以朝鲜族为内容的国际商贸洽谈活动。直到1990年代中期，绝大多数的关系和网络已经在基层构成。这种关系主要地是以迅速争取经济利益为目标，而不在乎建立起跨国家的长远而持久的贸易关系。虽然延边朝鲜族人民的生活水平在改革开放中有了显著的提高，但经济上取得的成就也与各种社会问题相伴随：已经过时的传统习俗又死灰复燃，分配不均问题日益严重，犯

---

① 《吉林省统计年鉴1996》，北京：中国统计出版社，1996年，第198–199、267页。

罪率上升；与韩国的密切联系也对延边朝鲜族人的民族认同产生了影响。

从基层开始形成的朝鲜族人联系网络的运作似乎正处于转变过程之中。首先，韩国的各种骗子乘中国改革开放之机浑水摸鱼，使许多朝鲜族人因被诈骗而在经济财产上蒙受了巨大损失，从而导致他们对韩国人的认同发生了危机，许多朝鲜族人已经开始反思自己一度对韩国的迷恋。其次，延边朝鲜族人生活水平显著提高后，也产生了新的社会经济问题（比如生活方式方面），于是批评的声音已经在延边的朝鲜族人中回响。第三，作为亚洲金融危机的一个后果，韩国的劳动力市场和就业资源已经明显地萎缩了；由于韩国不再可能像过去那样向流入的中国朝鲜族人提供工作的机会，延边朝鲜族人为保持住现有的生活标准，不得不寻找新的营生手段和发展机遇。北朝鲜在未来最终可能实行对外开放和经济改革的政策，将为中国的朝鲜族人提供意想不到的新的挣钱机会。

（张敏杰　译）

（《社会科学战线》2000 年第 4 期）

近代中国社会变迁（1860—1916）

（台湾）张玉法[*]

一、社会变迁的意义及原因

所谓社会变迁（social change），是由一个旧的安定、和谐而整合的社会，转变到一个新的安定、和谐而整合的社会的过程。一个旧的安定、和谐而整合的社会，处于平衡状态，遇到内外环境的挑战（譬如人口增加，使既有的生产不能满足人民生活的需要；譬如均富、平等、自由观念的传入或产生，使人要改变现状），社会产生改变，由一种改变产生一连串的改变，由于改变太多，产生社会的紧张与混乱，然后有一种新的方法稳定了改变后的社会秩序，变成一个新的安定、和谐而整合的社会。这个新社会，又处于平衡状态。这种从一个旧社会改变到一个新社会的过程，就是社会变迁。

社会变迁的范围至广，从一个家庭的变迁、小团体的变迁、种族的变迁，到一个国家的现代化，都包括在内。社会变迁约可分为两类，一类为演进（evolution），即非计划性的改变（unplanned changes）、不知不觉的改变，普遍存在于人类历史中，如佛教徒的减少、重商观念的兴起等。一类为改革（reform）或革命（revolution），即有计划的改变（planned changes），是经过人的意志力量，计划、执行，如都市计划及其执行、新学堂取代私塾等。有计划的改变是否能成功，受许多内外因素的影响。在近代历史中，社会变迁的最大因素是工业化和教育的普及。

社会所以变迁，是因为社会有流动性（flexibilities）和不稳定性（uncertainties）。变迁的原因之一是要维持社会的稳定与平衡，譬如人力需要少的地

---

[*] 作者单位：台湾中央研究院近代史所。

方向人力需要多的地方迁移（水平流动——移民、人口移向都市）、有能力的人向位置高的地方升迁（垂直流动）。这就是帕森斯（Talcott Parsons）的"社会平衡"（social equilibrium）理论①。再如高文化传向低文化、或低文化吸收高文化，使文化的差距减少，亦可增进两种不同文化社会间的平衡。从历史看来，只要一个文化的技术发展超过其邻近的文化，而邻近的文化又不能及时吸入其新技术时，必然被灭亡，故社会变迁只是适应新环境的一种过程②。

社会变迁常始于新观念的出现，止于新观念纳入此社会体系，如此社会体系拒绝此新观念，则变迁失败。

在社会变迁的过程中，会发现许多显著的改变，一种改变是社会的上下流动（social mobility），即掌握新工具、新思想或实行新制度的人可能成为社会和政治的领导阶层，而使那些保持旧工具、旧思想、旧制度的人没落下来。另一种改变是文化冲突，社会上既然产生新的价值观念，譬如以新工具为尚、以新思想为尚、以新制度为尚，必然与一些旧的观念发生冲突。诸种价值观念的冲突，又往往伴随利益的冲突，譬如既得利益者只有维系旧制度才能继续保持其既得的利益，自然反对新制度。不一定是新制度不好，而是新制度影响了他们的利益。再一种改变是社会失调，由于改变者最初未能掌握正确的改变方向，使社会愈变愈乱；或因反对势力太大，不能及时作有效的改变，就产生许多社会问题。社会失调是因，社会问题是果。如果社会问题产生太多，就会造成旧社会的解组（disintegration），而变迁成一种新社会。

近代中国社会，指19世纪中叶以后的中国社会，学者认为与资本主义社会有关。

研究社会变迁，可以找到许多指针（indicator）。一般说来，较大的指针，可以经济型态为准，可以社会心理为准，可以社会阶级为准，可以社会结构为准。对中国近代社会来说，以这些为指针的社会变迁，大都没有深入的研究。

台湾中央研究院近代史研究所，在1973—1979年曾经进行中国现代化的区域研究和中国现代化的专题研究计划，参加者10人，研究1860—1916年间中国在政治、经济、社会方面的变迁；先是分省研究，然后再综合作全国的研究。依据这个研究的部分成果，再参证其他资料，可以略窥1860—1916年间中国社会变迁的大势。此处讨论的，主要为社会阶层（Social Strata）的改变、

---

① Mohammed Guessous, A General Critique of Equibibrium Theory, *Moore and Cook*, eds, *Readings on Social Change*, pp. 16—23.

② C. M. Arensberg and A. H. Niehoff, *Introducing Social Change Chicago*, 1964, pp. 58—59.

人口的水平流动（Migration 或 immigration）和都市化（urbanization），其次谈谈思想变迁、经济变迁和聚落变迁。

二、社会阶层的变迁

社会阶层有许多分类的方法，对中国社会来说，传统的社会阶层分为士、农、工、商四大类。士是读书人，在清朝为在科举中得过秀才以上功名的人；农是以农、渔、牧业为生的人；工是以劳力或技术在制造、建筑、运输等业做事的人；商是工商、银行、运输等业者。这种分类，到1949年以前，大体仍可以适用。据1942年调查，云南昆阳县139 196个男女中（男20 478，女18 718），农民占85.8%，矿业及制造业占4.6%，公共服务业占4.4%，商业占1.9%，其他占3.2%[1]。分类中的矿业、制造业及商业都是商的范围，共占6.5%；公共服务业4.4%，是工的范围；其他3.2%，有工，也有士。可见农最多，商、工次之，士最少。不过自19世纪中期以后，这四大阶层的结构和人数比例，都逐渐发生变化。其一，新知识分子进入士阶层，逐渐取代了士绅的地位，而为社会的领袖群（social elite）。其二，商人的势力增加，商人的地位不断提高。其三，工阶层逐渐分化为工程师、技工和劳工三类，而劳工逐渐变成社会上的重要势力。其四，农民仍占人口中的大多数，但农民的地位较以前降低（传统中国重农抑商）。为了讨论的方便，我把士绅、新知识分子和富商作为社会领导阶层（elite），工人为社会的新兴势力，农民及小商人暂不讨论。附带提一提在传统社会中没有地位的青年和妇女。

近代中国，在1905年以前，社会领导阶层为得有功名的士绅阶层。士是获取考试功名等待做官的一些人，他们有权直接会见地方官，除非经皇帝下诏解除功名，不受刑罚。据1894年统计，全国有21 168个等待做官的士[2]。传统时代的士所以特殊，是因为：政府教育一批佐理政治的人才，故士为统治阶层或准统治阶层。士代表知识与道统，在社会上为四民之首，为社会表率；四民之上为官吏。是否读书人皆为士绅？张中礼认为生员和监生为下层士绅（lower gentry），五项（岁贡、恩贡、拔贡、选贡、附贡）、举人、进士为上层士绅（uper gentry）。何炳棣认为士绅不包括生员和监生，《儒林外史》的故

---

[1]　Chow Yung-teh, *Social Mobility in China*, New York, 1966, p. 12.

[2]　Robtert k. Douglas, *Society in China*, London, 1894, p. 116.

事，范进中了举人，才改变他的落魄现状①。五贡皆有任官资格，如今之普考，上一级的举人，如京考；最上一级进士，如特考。五贡以下无任官资格，尚不能列入士绅阶层。在1860—1905年的45年中，清廷授各种功名（包括生员、监生）给91万读书人，平均每年约2万人。士绅是政府官员的主要来源，云南昆阳县的例子，清代有915个生员至进士功名的人，大多来自官宦之家。②。

己身有功名者	915人未服官者的百分比	915人服官者的百分比
	—	—
上一代也有功名者	33.44	66.56
上二代都有功名者	20.98	79.02
上三代都有功名者	16.61	83.39
上四代都有功名者	14.09	85.91
上五代都有功名者	13.33	86.97

可以看出，士绅服官的机会，与累代服官的多少成正比例。

士绅在没有做官以前，做社会的领袖，依照他们的声望和影响力，士绅有等级③。村士绅、区士绅、县士绅、省士绅等不同的士绅可以作为农民与政府的桥梁：农民的问题由士绅反映到县级政府，亦可反映到省级政府和中央政府。县级政府或省级政府透过县级政府，或中央政府透过省级政府再透过县级政府，为农民解决问题④。

只有旧功名的，可以视为旧士绅，但得有旧功名的人，约有1/3的人后来又进入新式学堂，或到外国读书。有旧功名而又受新教育的，可以视为新士绅。最初，社会领导阶层的人都来自旧士绅，但到1905年以后，由于科举废除，旧士绅的地位渐为新士绅取代。在1860—1916年，社会领导阶层不仅来自新旧士绅，也来自新知识分子。新知识分子的人数，大约为士绅的10倍。在1905年以前，社会领导阶层来自新知识分子者极少，但其地位不断上升，到1912年民国建立以后，新知识分子就逐渐取代了士绅而为社会的领导阶层。

社会领导阶层除士绅、新知识分子外，还有富商。当时中国有四种商人，一种是普通商人，一种是盐商，一种是行商，一种是买办商人。普通商人分布很广，据1910年的统计，全国各地商会共有20万会员，其中不乏富商，为一个地区的社会领袖。盐商主要分布在沿海各省，约有数千家。因为盐为民生必

① Ping-ti Ho, *The Ladder of Success*, pp. 34-43.

② Chow Yung-teh, *Social Change in China*, pp. 38, 131, 77.

③ Chow Yung-teh, *Social Change in China*, pp. 38, 131, 77.

④ Chow Yung-teh, *Social Change in China*, pp. 38, 131, 77.

需品，盐商很赚钱，在 19 世纪中期以前，他们的势力很大，以后渐衰，主要原因：其他工商业兴起，盐商地位相对减低；盐税日重。行商指广州十三洋行的商人，只有几百家，由于在 1850 年代以前，他们垄断对外贸易，他们很有财势。但到 1850 年代以后，由于上海等地对外贸易发达，广州衰落，行商地位也衰落。买办商人最初于 19 世纪早期出现在广州，受雇于行商，替外国人做买办。1842 年五口通商后，买办也在福州、上海等地出现。由于他们是中外贸易的中间人，又因为他们常与外商接触，渐获得一些现代的企业观念，把经商赚来的钱，又转而投资于银行业、轮船运输业、矿业、工业，由于他们的努力，资本主义才在中国逐渐成长。

中国为农业社会，商人在近代以前被视为"逐什一之利"的小人，在社会上没有地位。近代以来受西方工商文化的影响，提倡商战，鼓励商人与外商从事竞争。商人的社会地位提高，政治地位也提高。

劳工作为社会中的新生力量始于 1860 年代。自 1860 年代以后，新式大工厂不断建立，工人的数目也日渐增多。工厂工人，1870 年有 1 万人，1894 年有 8 万人，1915 年有 65 万人。在 1894 年的 8 万工人中，77% 分布在上海、汉口和广州三个城市，其他天津、福州、南京、汕头、厦门等城市共占 23%。但在 1915 年的 65 万工人中，上海、汉口和广州三个城市的工人所占比例已不足 36%，其余都分布在全国其他各地。这可以看出工人的势力不仅日渐成长，而且日渐广布于全国各地，这颇有助于工人运动的发展。

清末广州有工会的出现，如 1907 年组有广州邮员俱乐部，1909 年组有广东机器总工会。民国建立后，工会组织继续发展，香港有华工机器总工会、上海有制造业工人同盟会、汉口有人力车夫工会等。

从社会人群看，还有两种改变，即青年和妇女的地位提高和活动日增。就妇女而论，近代以前的妇女，不能入学校、不能参加科考、不能就业，只是家庭中的一员，而不是社会中的一员。自甲午战后，有戒缠足、兴女学运动的展开，报纸、杂志也大力提倡女权，女子不缠足者渐多，政府也逐渐给予妇女教育的权利。妇女不仅在社会各行各业活跃起来，而且也参加了革命运动。民国建立，更有许多妇女团体，运动妇女参政，提倡女权，如上海的女子参政同志会、男女平权维持会等。1912 年，广东的省议员选举，有女子当选为议员。是年全国有 14 万女生分别在全国各地就读（男生约 280 万）[1]，这不仅是女权

---

[1] 陈国钧：《中外社会运动比较研究》，台北：中央文物供应社，1981 年，第 136—154 页。

运动的初步成绩，也是社会变迁的重要一环。

就青年而论，青年在传统社会中没有地位，知识青年也只在科第的阶梯上爬，很少关心国家事务。但受近代政治运动的影响、以及新教育发展的影响，青年不仅日渐关心国事，而且也容易聚集成一股大的力量。1895 年，时遭甲午战败，在北京参加进士考试的三千举人，联名上书，要求拒绝与日本讲和，并要求政治改革，可以说是近代青年运动的开始。其后留学生和新式学堂的学生，许多都投身于革命运动。1911 年广州黄花岗之役殉难的 86 烈士，平均年龄不足 30 岁。

研究社会阶层变动的人，最有兴趣的是社会流动（social mobility），尤其是向上流动（upward mobility），就是下层的人如何能提高其地位进入上层。1905 年以前，向上流动的方法主要的有三种：一是参加科考，二是建立军功，三是捐纳官衔。在明清时代，除军功外，教育和财富可以决定人的社会地位，在教育方面，由科考所造成的社会流动，明朝较清朝为大。

区　　分	前三代无任何功名者	前三代有生员功名者	前三代有高于生员功名者
明代进士总数	47.5%	2.5%	50.2%
清代进士总数	19.1%	18.1%	62.8%

就清朝而论，获得功名者常出于有功名之家。清代自 1644 年至 1904 年，全国共产生 26 747 个进士，其中江苏 2920 个，占第一位；浙江 2808 个，占第二位；直隶 2701 个，占第三位；山东 2260 个，占第四位。以下依次为江西、河南、山西、福建、陕甘、旗族、湖北、安徽、广东、四川、湖南、云南、贵州、广西、辽宁（只 183 人）。就 1860、1876、1904 三年的进士的情形：

年　　代	进士总数	前三代无任何功名者	前三代有生员功名者	前三代有高于生员功名者	前三代有高于三品官者
1860	146	24.0%	22.5%	53.5%	4.1%
1876	216	13.9%	22.7%	64.4%	2.3%
1904	243	36.2%	10.3%	53.5%	1.7%

举人的情形：

年代	举人总数	前三代无任何功名者	前三代有生员功名者	前三代有生员以上功名者
1855	1311	19.3	27.3	53.4
1879	1314	17.1	21.7	61.2
1897	1694	19.7	13.7	66.6

财富可捐纳功名。捐纳之制创于明朝，清代 1851 年左右太平天国起兵前，朝廷用人尚以功名为尚，捐纳次之，在太平天国起兵以后，由于需款恐急，则

捐纳为尚，功名次之①。1905 年以后的情形，有些改变，通常也有三种途径：受新式教育，最好受留学教育，学得新知识；可以在政府或其他行业中崭露头角。投入军队，建立军功，因军功而升官。经营工商业，借金钱的力量与政界接近。周荣德研究 1940 年代云南的昆明，他发现向上流动有七个途径：受教育：此为向上流动的一个基本条件，受教育的人至少容易做公务员、商店职员，不受教育的人常为农民、工人。行医：行医不仅赚钱，而且也受社区的尊敬。从军：从军以后，尤其升了军官以后，家庭的地位就提高。服官：官宦之家，社会地位高。从商：可因财富而提高社会地位。通婚：与社会地位高的家庭建立婚姻关系。从事社会改革运动者，这种人的家庭在社会上也有较高地位②。

三、人口的流动与都市化的发展

前述的社会流动是垂直型的，人口的水平流动也是一种社会变迁，本身并也促成社会变迁。在 19 世纪末至 20 世纪初期的中国，不管是国内各省间，还是从国内向海外，都有大规模的移民。大概说来，山东、直隶、广东、福建、湖北、河南为移出地区；满洲、台湾、南洋、湖南、四川、浙江、江苏为移入地区。人口流动对社会变迁所造成的影响是多方面的：（1）减低人口稠密地区的人口压力，使社会问题减少，内乱减少；（2）血统、语言、风俗习惯因移民而发生融合的现象，可促使民族的整合。（3）移民可以促使人口稀少地区的经济开发，尤其可以促使边疆地区中国化。（4）开发边疆利源，巩固边防。就实际情形而论：都市发展，上海人口膨胀迅速，即为一例。台湾原来是福建和广东两省人的移民地，所以台湾的社会文化与广东和福建相似。东北原来是山东和直隶两省人的移民地，所以东北的社会文化与山东、直隶相似。在这种情形下，中国边疆地区，如果没有足与中国内地抗衡的文化，而其居民又多半来自中国内地时，其社会文化就有与中原相同的趋势。不过，离开故乡、迁往新土的人，大都有进取的特质，故往往能在边疆地区形成一种与内地稍有不同的新文化。一个地区，如果移往边疆或海外的人多，这些移出的人常常回乡，也常常寄钱回乡，不仅能解决本乡的一些经济问题，而且也能带回一些新

---

① Ping it Ho, *The Ladder of Success in Imperial China*, pp. 42, 51, 113, 114, 116, 228.

② Chow Yung-the, *Social Mobility in China*, pp. 137–276.

观念，使本乡的社会发生改变。如东北的人会影响山东和直隶，东南亚的华侨会影响闽、粤。东北开放给关内各省移民后，东北农、工、矿业快速发展，到1920—1930年代，东北不仅是中国大豆的主要出口地，而且是中国主要煤、铁矿的所在地。据1927年调查，东北至少尚有荒地一亿一千万亩，北满荒地尤多。北满每方英里150人，江苏省每方英里875人①。东北的荒地，至少尚可容纳一、二千万人。

都市化是人口水平流动的一种，是人口自乡村移居城市的结果。人口为什么要自乡村移居城市？主要因为生产的中心由乡村移到城市，即农业渐不重要、工商业渐重要。当然由于公私机构、学校等大都集中在都市，都市的就业机会较多，而都市的交通及一般公共设施，如医院、水电、救火设备等，也较乡间为完备，也促使人口向都市集中，造成都市化的发展。

清末民初的中国，仍是农业国家，都市化的发展，只有沿江沿海的地区较显著。

论及城市化的发展，以各省区而论，大概说来，在19世纪末、20世纪初，江苏、浙江地区的城市发展比较快，这是由于交通建设进步、农工商业发达、教育扩张和政治活动增加的缘故。以江苏而论，1911年有2万5千至5万人口的城市9个，5至10万人口的城市1个，10万以上人口的城市7个；到1919年，2万5千至5万人口的城市仍是9个，5至10万人口的城市增为7个，10万人口以上的城市增为10个。江苏的城市以上海和南京为最大。上海的人口，1843年20万（一说27万），1872年25万，1891年40万，1911年100万，1921年150万，1930年308万（一说330万），1937年377万，1945年377万②。南京的人口，1843年50万，1901年20万，1916年37万。但另一方面，江苏有许多旧城市衰落，如苏州（丝业中心），1843年有50万人，后来由于太平军战争的破坏和丝织业的衰落，到1908年只有30万人，1910年代只有25万人。江苏的另外两个旧城市，扬州和镇江也衰落。扬州（盐商的集中地，有运河联络南北）在19世纪中叶有100万人，到1932年只有16万5千人。镇江（长江和大运河的交口）在1858年有30多万人，到1910年代只有14万人。扬州和镇江的衰落，除因太平军的破坏外，主因运河交通的阻塞，和津浦铁路的兴建。

---

① 朱偰：《满洲移民的历史和现状》，《东方杂志》25卷12号，民国17年6月25日，第16、18-19页。

② 1930、1937、1945年的人口数字，见《上海春秋》第7页。

浙江的都市型态，与江苏不同。江苏大城市比较多，浙江小城市比较多。譬如在 1921 年，江苏有 1—2 万人口的城市 33 个，而浙江有 66 个。浙江的唯一大城市是杭州，1843 年有人口 100 万人，后因上海开港及太平军之乱而衰落，后又恢复，1884 年有人口 25 万人，1911 年有人口 68 万人，1928 年有人口 81 万人。

广东和福建的城市型态与江浙不同，广东和福建只有旧城市的衰落，没有新城市的兴起。广东方面，广州原为最大的城市，因它在 19 世纪中期前是中国唯一的对外通商口岸，1842 年五口通商后，上海的对外贸易地位愈来愈重要，广州乃趋于衰落。其人口在 1891 年 160 万，1909 年为 80 万，到 1914 年只有 59 万。不过，到 1917 年广州建为革命基地后，人口又有增加的趋势，1930 年有 95 万，1949 年超过 100 万。福建方面，福州和厦门的情形与广州相似，它们虽然在开口通商之初（1842 年以后）稍为繁荣，但到上海对外贸易地位上升后，福州和厦门都衰落。福州在 1847 年有 60 万人，到 1910 年代只有 35 万人。1930 年在国民政府领导建设时期，福州一度繁荣，人口增至 50 万，抗战爆发，在 1938 年，人口又降为 30 余万。厦门在 1846 年有 35 万人，到 1918 年时只有 11 万 4 千人。1930 年又上升为 25 万人。

华北的城市发展，与华中和华南不同，在华中和华南，有新兴的城市，如上海；有旧城市的陆续发展，如汉口（为对外通商口岸，有长江和汉水的水运，平汉和粤汉铁路交通，1888 年 18 万人，1906 年 52 万人，1917 年 70 万人，1930 年 120 万人）；有许多旧城市衰落，如苏州、扬州、镇江、广州、福州、厦门。在华北，有新兴的城市，如青岛（1898 年以后由德人经营，1914 年以后由日人经营，1923 年由中国收回；1910 年有 16 万人，1927 年有 32 万人，1930 年有 35 万人，1938 年有 50 多万人）；华北地区旧城市衰落者不多，大多的旧城市都继续发展，山东方面，如济南，1906 年有人口 10 万，1911 年有人口 20 万，1917 年有人口 27 万；如烟台，1891 年有人口 3 万 2 千，1901 年有人口 5 万 7 千，1912 年有人口 10 万。直隶方面，如天津，1903 年有人口 32 万，1891 年有人口 95 万，1930 年有人口 130 万。如北京，1860 年代有人口 40 多万，1919 年有人口 53 万，1930 年有人口 140 万。华北的旧城市近代以来能够发展的原因，一因通商口岸的开辟，如烟台、天津；二因铁路的兴修，如青岛、济南、天津、北京都在铁路线上。

附带一提的是台湾的都市人口，战后五大都市人口增加的情形可如下表①

年　代	台　北	台　中	台　南	高　雄	基　雄
1947	326 646	147 233	176 245	170 604	99 170
1966	1 174 883	380 505	416 009	632 662	287 156
1979	2 196 237	585 205	572 590	1 172 997	345 392

台湾的城市化趋势，在全中国各省区中是最显著的。

就全中国而论，中国都市化的发展，在 1930 年为最好的时期，当时是十年建国时期，政治较安定，1928 年前连年的军阀战争，1937 年以后的抗日战争接着剿共战争，均影响都市的正常发展。故 1930 年的城市状况，对近代中国城市发展有代表性。当年，上海是全国人口最多的城市，有人口 330 万人。100—150 万人口的城市有三个，计②：

北京 140 万　　天津 130 万　　汉口 120 万

80 至 100 万人口的城市有二个，计：

广州 95 万　　香港 80 万

60 至 80 万人口的城市有三个，计：

南京 65 万　　长沙 60 万　　重庆 60 万

40 至 60 万人口的城市有五个，计：

福州 50 万　　苏州 50 万　　杭州 50 万　　南昌 50 万　　温州 45 万

20 至 40 万人口的城市有七个，计：

青岛 35 万　　济南 30 万　　厦门 25 万　　宁波 25 万　　镇江 20 万

汕头 20 万　　威海卫 20 万

上列 20 万以上的城市 21 个，城市居民共 1 500 万人，占全国四亿人口的百分之三多。不过，此一统计并不完全，其一，东三省的城市如大连、哈尔滨、沈阳等并未统计在内。其二，关内的城市，在 1938 年，长沙有 40 多万人、开封有 30 多万人、无锡和西安等都有 20 多万人③，并未统计在内。

---

① Abert R. O'Hara, Research on Changes of Chinese Society, Taipei, *The Orient Cuitural Service*, 1972, p. 149. 1979 年数字，见《台湾光复卅五年》，第 16–16 页。

② Rhoads Muphey, *Shanghai：key to Modem China*, p. 55.

③ David D. Buck, *Urban Change in China*, p. 12.

四、其他方面的社会变迁

社会变迁的范围很广，除前述者外，还可从其他方面观察，下面再从思想方面、经济发展方面、聚落结构方面、家庭转变方面，稍作说明。

1. 思想方面

传统中国受三种思想的支配①：儒家——复古主义、君主政体、家族主义、人治主义、礼治主义。道家——自然主义、无为主义、无政府主义。佛家——厌世主义、出世主义。

支配中国人生态度的三种哲学，看来没有一个是积极进取的，也没有维新的。近代以来，中国思想受外来思想的影响，发生巨大的变化，约可分为五个时期：

（1）轻视西洋文化时期（—1860 年）：对西人的通商、传教都采取拒斥的态度。1842 年以后受条约的约束，勉强为之。

（2）承认西洋文化有实用价值时期（1860—1894）：学习西洋的制船造炮之术、练兵之法以及开矿、修铁路、架电线，并讲求外交。

（3）西洋文化主导时期（1895—1920）：不仅物质文明摹仿西方，政治制度、社会制度以及学术思想无不以西方为典范。

（4）俄国思想主导时期（1921—1927）：五四运动以后国人对社会主义感兴趣，1921 年有中共成立，宣扬共产主义。

（5）中西文化综合时期（1928—1949）：指中国国民党治理下的三民主义文化建设。

表现在教育思想方面的，约分为三个时期②：

（1）清末：以儒家传统政治思想为主，西方实利主义为辅；

（2）民初：以西方民主思想为主，以西方实利主义为辅；

（3）北伐以后：以三民主义思想为主，以西方实利主义为辅。

无论从思想整体还是从教育思想来看，近代中国的思想都有许多变迁，由专利的转向民主的，由道德的转向实务的。

2. 经济发展方面

从中国历史看来，传统中国以家庭经济和集镇经济为主，当时无论乡村的

---

① 王造时：《中国问题分析》，北京：商务印书馆，1935 年，第 105、237–238 页。
② 王造时：《中国问题分析》，北京：商务印书馆，1935 年，第 105、237–238 页。

工业，还是集镇的工业，规模都很小，偏重本地区的自给自足。到清代中叶以后，由于外货的大量进入、新工业的发展、交通的开辟，不仅国家经济发展，世界经济也发展。中国的经济与世界经济息息相关，明末清初的海上贸易不说，从1842年一直到1949年，中国可以说是资本主义国家的市场，一次大战期间，列强忙于战争，运来中国的货物减少，中国的工业便能得到发展，战后各国的货物再度涌来，中国的工业再度受到打击而不振。1930年代，世界性的经济恐慌，国外的市场购买力低，中国的经济也发生恐慌。这些都是中国经济与世界连为一体的例子。近三十多年来，台湾的经济与世界其他各国的关系更密切，譬如中东的石油一涨价，就会提高台湾的工业生产成本，引起物价上涨。这种由地方上自给自足的经济，进到全国互通有无的经济，再进到全世界互相影响的经济，便是近代中国最大的经济改变。

由于经济体系由地方的扩大为国家的、世界的，而政治体系也已扩大为国家的、世界的，许多社会组织也扩大为国家的、世界的。在传统中国农村里，虽然有互助会、丧葬会、灌溉会、拳击会等组织[1]，县政府所在地也有育婴堂、栖流所等机构，但都是地方性的。近代以来有许多全国性的和世界性的社团组织起来，全国性的如1921年在北京成立的中国华洋义赈会，以赈济天灾、提倡防灾事业为宗旨，各省设有分会，会长梁如浩（曾任外交部长），副会长宝道（比利时人），总干事章元善，名誉副总干事艾德教（美国人，D. W. Edward），总工程师O. J. Tudd（美国人）[2]。世界性的如1922年在北京成立的世界红字会中华总会，以促进世界和平、救济灾患为宗旨，各省县皆设分会。该会设有字医院、平民学校、贫民工厂、育婴堂、残废院等[3]。

3. 聚落结构方面

近代以来，不论聚落形成的原因和内部结构，都发生变化。近代以前，聚落的形成约有四种原因：（1）氏族繁衍：一个族的人在一个地方繁衍，人口愈来愈多。（2）同乡聚居：一个省区的人外移到其他省区，仍聚居在一起，如山东人移到东北，仍聚居一地，而形成聚落。（3）建立共同防御：古代匪患多，散户不安全，聚户而居，建有圩（土围）或城墙，北方村落或城市，多有圩或城墙。（4）共同利用某种资源或共同修建一个庙宇：如共同使用一

---

① Daniel Harrison Kulp II , Country Life in South China; Phenix Village, Kwangtung, China, Columbia University, Teacher's College, 1925, p. 189.

② 末光高义：《支那の秘密結社と慈善結社》，1925年，第292-302页。

③ 末光高义：《支那の秘密結社と慈善結社》，1925年，第292-302页。

个水源，共同在一个庙宇祭祀①。近代以来，渐有新的聚落发生，如一个工厂所引来的工人，可以成为一个聚落（如六堵工业区），一个大学带来的学生以及供应学生生活的商店，可以成为一个聚落（如文化大学、东海大学），另外，一个港口的开扩（台中港）、一个车站的设立，都可以形成聚落，所以近代以来的聚落复杂，近代以前的聚落单纯。

传统社会以农业为主，聚落的形成亦以农村为主。有些地方，或因交通便利或有特殊物产或有各方所崇祀的神祇，而成为集镇。也有些地方，或为行政中心，或为国防要地，而成为城市。但一般说来，都比较小。近代以来，由于经济发展，农村转为集镇、集镇发展为都市者很多（青岛、上海原均为渔村）。

传统社会的聚落或以一个氏族为基础，或以同乡为基础，或以有共同目的的人（防御、用水、祭祀）为基础。近代以来由于职业的分工愈来愈多，移民和迁徙变得非常普遍，聚落的氏族复杂、乡土关系复杂、职业类别复杂，愈是近代的聚落愈是如此，故愈是住在大城市的人愈觉孤立。

近代以来，聚落中的文化书也有变迁。在传统社会，一般乡村通常只有一个私塾，教育儿童识字、读儒家；一个庙宇，不管信奉什么神，作为人民烧香许愿之所。近代以来，由于新教育的发展，乡村设有小学，传授各科新知识；基督教的传布，也带来新知识和新观念（男女平等）；由于报纸和杂志的流布，使知识、见闻都变成全国性的、甚至世界性的。这促使一个地区的人民养成国家观念和世界观念。

4. 家庭的转变

家庭的转变主要有三：家庭中的分子不再限于一个行业，子女常有独立的职业。成年子女与父母分居者渐多，前述两个转变都是促成分居的因素。研究社会现代化的人认为由大家庭（成年子女与父母同住）变为小家庭（成年子女与父母分居）是社会现代化的一个指针，传统中国社会的家庭，愈富有者愈为大家庭，愈贫穷者愈为小家庭。19 世纪中叶以后到 20 世纪初期的中国家庭，大概以每户 5—6 人者为多，数代聚居者很少。据何炳棣研究，1393 年（明）平均每个家庭 5.68 人，1812 年（清）平均每个家庭 5.33 人②。以 1942 年云南昆明的 11 220 个家庭为例，1—5 人者占 50.04%，6—10 人者占 40.46%，11—15 人者占 78.3%，16—20 人者占 1.36%，21—30 人者占

① 杨懋春：《近代中国农村社会之演变》，台北：巨流出版公司，民国 69 年，第 10-13 页。

② Ping-ti Ho, Studies on Population of China, 1368–1953, p. 10.

0.31%。其中的 26 个士绅之家，5 人者 1 家，6—10 人者 8 家，11—15 人者 9
家，16—30 人者 8 家。可见 90% 以上的家庭都在 10 口人以下，士绅之家则以
10 口以上者居多。

结　论

社会领导阶层、人口流动和都市化等方面的社会变迁，从 1860 年代以后，
百余年间，继续发展。1900 年代以来，新知识分子和富商渐居社会领导阶层
的地位，1910 年代以来有议员加入此一阶层。人口流动，较大规模的有五种：
一为太平天国之乱以后，未受战争蹂躏省份的人口，向受战争蹂躏的省份移
动。二为东三省开放汉人移垦后，山东、直隶省人大量移入东北。三为自太平
天国之乱期间及以后，东南沿海的居民和太平军余党移往南洋。四为抗战期间
沿海各省人口移往四川、云南、贵州等省。五为 1949 年后，大陆地区人口约
有百余万人移往台湾。至于都市化，沿海的大都市有香港、广州、上海、青
岛、天津、大连等，沿江的大城市有南京、汉口、重庆等。其他思想、经济、
聚落、家庭等方面的变迁都很大。社会变迁影响政治和经济发展，政治和经济
发展也影响社会变迁，研究历史，要注意各种因素的互动关系，不要把历史的
事件看成孤立的。

（《社会科学战线》2003 年第 1 期）

经济学对历史研究的影响

〔美国〕赵　冈[*]

现代的学术界各学科往往互动交流，而历史学与各种社会科学尤其如此。在各种社会科学中，历史学与经济学的互动最为密切，因为现代经济学的理论有较完整的系统，逻辑比较严谨。历来史学家吸收了许多经济学的素材、观点与成果。经济学在不断发展与演进，也就不断对历史研究造成重要影响。

马克思的历史观就采取了许多古典经济学的素材，譬如说，其劳动价值说就是取自古典学派的价值论，这是众所周知的。经济学在古典学派以后，曾有很多重要的演进与发展，然而马克思的理论自立门户以后，就不再与社会科学交流，自成一个封闭的思想体系。在国外，这种交流却在不断进行中。演变中的经济学理论，不但可以对现代社会的各种经济问题提出更精确的解释，而且可以找出解决的措施，也就是更能对症下药。另一方面，新的经济理论不断地影响史学家的史观。

20世纪五六十年代，西方的经济学界出现了一个新的部门，或者说是分科。一些经济学家把注意力由欧美的先进工业国家转到落后地区（现在改称为发展中国家），想要找出这些国家经济落后的原因，进一步指导这些国家发展国内经济。这一学派的理论称为发展经济学（Economics of Development 或 Economics of Growth）。

在早期研究经济发展的学者中，有一位德州大学的教授罗斯托（W. W. Rostow），他在1960年写了一本书 The Stages of Economic Growth。① 这本书的反响并不十分成功。因为他仍然抱着老的企图，希望找出一个放之四海而皆准的经济发展标准模式，分为若干阶段，让发展中国家遵循来赶上西方国

＊　作者单位：美国威斯康辛大学经济系。

① 　W. W. Rostow, *The Stages of Economic Growth*, Cambridge, 1960.

家，是马克思五种生产模式线性发展的翻版。经济学家已经不再抱持这种想法，不理会罗氏所提出的各个发展阶段，只对他提出的最后一个阶段——起飞阶段（take-off）感到若干兴趣。

罗氏之后，还是有许多经济学家着力研究发展中国家的经济，很多人还前往这些国家担任经济顾问。经济学家的视野大为放宽。这些经济学家看到的是这些发展中国家不但未曾与西方国家同步发展经济，而且落差是越拉越大，最大差距竟有几千年之遥。更重要的是，这些发展中国家经济落后的原因各种各样，不一而足，因而认为要建立一个放之四海而皆准的经济发展公式是不实际的想法，徒劳无益。① 历史学家也渐渐接受了此一事实，修正他们的史观，不再相信任何经济发展的标准模式。

差不多在同一时期，研究科技史的学者也提供了他们的研究成果。科技是生产力的基础，而生产力正是马克思史学所强调的，生产力是基础，它决定了生产关系及社会的上层建筑。在这方面最引起大家兴趣的是所谓李约瑟之谜（Joseph Needham's puzzle）。② 李约瑟花费数十年的精力与时间研究中国的科技史，是这方面权威。他发现中国的科技水平在宋代已经相当于英国工业革命前夕的水平，但是为什么工业革命不发生在中国宋代，而发生在几百年后的英国？生产力与经济状况为什么不是同步发展？先到的反而停滞？最近所谓的加州学派彭慕兰教授所写的《大分流》一书，也发出与李约瑟一样的疑问。

1970 年代初，芝加哥大学的佛哥（R. W. Fogel）及他的朋友英哥曼（S. L. Engerman）出版了一本奇书，名叫 *Time on the Cross*，他俩利用内战前南方各州大种植园（plantation）遗留下来大量的账簿与文字资料，对种植园中的黑奴生活详情及生产率作了详尽的研究与计算。③ 按照马克思的五种生产方式之理论，奴隶的生产力很低，只有在一个社会经济发展的早期存在过，最早是原始社会，继之就是奴隶生产方式，然后就被生产力较高的农奴制度所取代。这种发展顺序是由生产力的发展程序所决定的，不能跳跃，也不能超越。然而，在 1860 年美国内战以前，南方各州都在大量使用黑奴，开设大小不等

---

① 事实上，人类学家早已看到这一点，到今天还能在非洲一些地方看到过原始生活的部落，有些部落不但不发展，根本就从地球上消失了。中国是一个多民族国家，研究少数民族的学者也看到没有同步发展之事，有的少数民族也有濒于消逝之危险。

② Kenneth Pomeranz, *The Great Divergence：Europe，China，and the Makimg Of The Modern World Economy*, Prineeton, 2000.

③ Robert W. Fogel and Stanby L. Engerman, *Time on The Cross：The Economics of American Negro Slavery*, Boston, 1974.

的种植园，黑奴市场上的买卖十分兴盛。奴隶生产方式在 19 世纪盛行已是奇事，① 据佛哥等两教授研究，黑奴的生产力很高，比同时南北各地自由农民的生产力平均高出 34% 。种植园主人购买黑奴是获利很丰的投资事业。在 1860 年以前，使用黑奴经营种植园正是兴盛时期，一路走上坡，毫无衰亡之象。如果不是林肯以战争方式解放黑奴，奴隶生产制度还会在美国延续很久。两位教授计算得的结论是，19 世纪上半叶，美国南方各州的经济成长率实际上高于北方各州，如以人均 GDP 而论，1860 年美国南方各州已经超过 1950 年意大利的人均 GDP。这种种事实都完全违反五种生产方式的线性发展公式及生产力决定生产制度的史观。②

差不多就在这个时期，美国经济学界掀起制度学派的理论热潮。制度学派之出现固然是为了弥补新古典学派理论上的大缺陷——把市场经济制度视为固定不变的，再寻求均衡点，也是为了解答发展经济学所提出的大疑问——为什么这么多国家未曾发展生产力及经济水平？为什么先进国家与落后国家之间有这么大的经济落差？而且这落差还有日趋增加之势？制度学派的结论之一是与国家的制度之优劣有关。制度是最基本的因素，良好的制度能够快速提升社会的生产力；不良的制度使生产力进步迟缓甚至停滞。所以制度是因，生产力是果，是最后的表现。解释成这样的进化因果关系，彻底把马克思的生产力是因、制度是果的因果观颠倒过来。这样一来，五种生产方式直线发展的史观就被完全否定了。

制度学派的若干观点，不但可以帮助我们摆脱过去的框框，也提出了许多新的启示，尤其是对于农业史的研究。制度学派的理论实在涉及太广，而且此派经济学家还在不断提出新的观点与新的素材。简言之，这一派经济学家（以诺思 D. North 为代表）的中心理论是认为好的制度可以降低交易成本（transaction cost）。所谓交易成本是生产成本以外的费用与成本。这是一个比较复杂的概念，包括许多项目的费用。大体而言，交易成本包括下列重要费用：

（1）资讯成本（information cost）

---

① 美国使用黑奴的生产方式，就发生在马克思的时代，我奇怪为什么会找不到马克思对此事留下的任何评论。

② 我也很奇怪，Fogel 及 Engerman 这本书在中国大陆没有人提到过，当然更不会有人把它译成中文本，当然是因为它不合国内正统史学家的胃口。其实，在美国这本书也很受批评，有人称这两位教授是奴隶贩子（Slave Monger）。然而从学术观点看，这本书是在研究过大量史料之后才写成的，所述全是实情，全书共两册，其下册全部是附录及引用的资料来源，全部页数比上册正文还多。此书出版后不久，佛哥教授即荣获诺贝尔经济学奖。

（2）执行成本（enforcement cost）

（3）风险成本（risk premium）

这些项目对于研究中国经济史，尤其是农业史，有些重要启示。

在传统农业中，资讯成本很轻。农业生产是露天进行的，有目共睹，农户没有秘密可保，其他农户很容易就取得必要的资讯。因此，中国历史上出版了许许多多农书，指导农民耕作技术。这些农书中只有一小部分是由政府人员编写出版的，大部分是私家撰写出版的。既然无密可保，有文化的农户便乐得写成农书，一来作为自家用的手册，二来可以出售。

商业与手工业的历史就完全相反，生产是在室内进行，生产技术容易保密，为了技术垄断，就很少有人撰写并出版技术性的手册。私家技术传承完全是靠口传方式，不立文字，而且口传也是选择性的，传媳不传女，以避免女子出嫁后将技术外传。家庭技术保密，史不绝书，元稹有名的《织女词》就说：

> 东家头白双女儿，为解挑纹嫁不得。

为了家传技术保密而不许女儿出嫁，是最残忍的办法，比较人道点的办法是在少数两三家之间互相通婚，以免技术外泄更广，例如《老学菴笔记》卷六所载：

> 亳州出轻纱，举之若无，裁以为衣，真若烟霞，一州唯两家能织，相与世世为婚姻，惧他人家得其法也。

可见工商业的资讯成本极高。为了技术保密，业主不愿多雇工人，宁可小规模经营，博取垄断技术的利益。由于秘方是掌握在族内的少数几个人手中，往往会因家族之凋零以至秘方失传。因此，在中国科技史上，常常会有某些生产技术会再三被重新"发明"出来。在中国历史上，高级的生产技术大半是由官营手工业发明的，在这里生产规模大，技术公开程度高，然后再由官营手工业单位逐渐传至民间。

到了现代，农业生产的资讯成本大为升高，因为由使用传统投入（traditional inputs）转向使用新式投入（modern inputs），需要大量资讯。譬如说，农民传统上是单株选种，他们就没有办法进行杂交育种。这是农业转型的大困难。各国通行的办法是由政府创设农业推广所，降低使用新式农业投入的资讯成本。

其次再谈执行成本，将 enforcement cost 译成执行成本并不十分恰当。其实这就是花费在管理与监督的资源成本，都是人事管理问题，不论是奴隶、农奴、自由雇工，甚至高级主管经理人员，都涉及执行费用。现代的企业管理及工商管理之学科，在这方面有极大的贡献，大大降低了社会上的执行成本。优良的管理制度能够压低执行成本。与执行成本密切相关的是激励制度（incentives)。能够产生强大诱因的制度，能减少执行成本，就是良好的制度。激励制度可以说是执行成本的另一面，也可以说是监督管理的代用制度。此外还有许多代用制度，如像某些宗教教义、伦理规范、开会检讨，甚至于贴标语口号等等。

以监督费用而论，各生产行业之比重多寡不一，而以农业生产的监督最为困难，因为不像工业生产那样，工作者在较小的空间集聚操作，监工之人目之所及都能看到，农业生产是在平面展开，如果农场面积太大，就需要较多的监工者。在先秦时期，为了排水，田间有纵横的沟渠，田间来往较费时。其次，中国农业生产很早就走向精耕细作的路子，这种耕作方式，工序繁多，而且难定工作质量标准。因为这种种因素，中国从古代的井田制时期开始，就以家庭农场为主要耕作制度，也就是通常所谓的小农经济，包括自耕农及佃农。中国历史上的土地所有制可能规模很大，但经营耕作制度却都是小规模。除了屯田以外，很少看到有关民间大种植园的记载，即令是东汉以后的坞壁组织，也没有同时在大田中操作的大量描述与记载。中国自古以来，家庭伦理最强固，中国农业生产很早就以家庭农场为主。以家庭成员为劳动力骨干，具有最大最可靠的激励机制。家庭成员自动自发，不分昼夜，辛勤操作，不需从上而下的监督，把执行成本压缩到最小程度。好在传统农业生产没有什么规模经济，家庭农场在效率上没有任何牺牲。

现在，我们又可以回头讨论佛哥及英哥曼两人书中所记述美国南北战争前南方各州种植园的管理与操作。如果一百多年以前就有人对南方黑奴社会作过这样详尽的研究，并且写出这样一本书公开发行，或是马克思在美国发生南北战争前有机会走出大英博物馆，到美国南方旅行一次，实地看到生产力与制度的关系，他可能会改变他的史观。美国南方各州奴隶生产制是如此兴旺，种植园中黑奴的生产率远远超过当时的自由农民。种植园主人在黑奴市场上尽量挑选精壮的奴隶，这是事实；种植园资金雄厚，买进最肥美的土地，这也是事实，但这些都不是主要原因。种植园主人过量剥削黑奴，对待黑奴严苛，在很大程度上是人道主义作家过分的渲染。[1] 黑奴生产效率高主要是因为种植园创设了一套良好有效的管理监督制度，他们采取分工制度，将农业生产工序化为一个个单项的简单动作然后实施流水式操作方式（assembly line operation sys-

---

[1] 佛哥与英格曼书中曾经强调说明种植园中黑奴的物质生活条件不比一般平民差，工作时间也不比一般农民长，主人视黑奴为生财器具，在某种程度上还相当爱护，避免折损。我也常常说，汉简中记载当时大婢一人值二万，而田价是每亩百钱，作践死一名奴隶等于是损失了二百亩田地，主人应该在可能范围内保护奴隶，不使死亡。

tem）。在美国这种生产操作方式最早出现在农业生产部门，比福特汽车厂的流水作业要早一百多年。种植园管理当局又制定能够提供强烈诱因的奖惩办法。[1] 这样才使原本生产力低下的奴隶发挥高效率。

南北战争前，南方各州的主要农产品是谷物、烟草及棉花。其中谷物与烟草只能沿用传统生产方式耕作；棉花则生产工序较简单，产品质量划一，容易定出标准化的检验指标，在生产工作上可以实施新的流水作业方式。[2] 种植园有大有小，小的使用十来名黑奴，大的可能有百名以上的黑奴。种植园集中生产棉花。黑奴被分为若干生产小队，每队约有五人上下，工作时各有专责，并使用专业化的工具。现举书中所述种植园中播种队的操作情况为例。小队的五名队员按工序前后排成一线，然后依序前进。第一人专司犁土之责，第二人随后将翻开的土块打碎，第三人专门负责挖掘小洞，使用专用的工具，洞的直径与深度完全一致，第四人则随后向洞中投放棉种，第五人则铲土盖平小洞。至于收获季节，生产队也有一套严格分工的流水作业方法。

以上的分析与研究，证实制度之优劣可以决定生产力的结论是正确的。不过制度学派经济学家还有一个最终的问题有待解答。有的社会选择了优良的制度，有的社会选择了不很优良的制度。它们选择之初并无法预见以后长期发展的结果。制度学派有一套经济发展路径依赖的理论（path-dependence），也就是发展的累积性。今天的制度依赖昨天的制度而形成，明天的制度将依赖今天的制度而形成。所以当两个社会选择了不同的制度，便分道扬镳地发展下去，好的制度发展越来越快，不良制度发展越来越慢。两个社会不但不能同步发展，而且差距会日见扩大。那么最终的问题就是：不同的社会当初选定他们各自的制度时是根据什么来决定取舍呢？

对此，史坦佛大学的格瑞夫教授提出了一个答案。[3] 他要比较在环境与背景相似的情况下，有的社会建立了市场制度，而另外一些社会却走上了不同的方向。他选择了两个案例来比较：一个是意大利城市热那亚（Genoa），一个

---

① 有趣的是，种植园也发给黑奴一些"自留地"，不过不是每人平均分配，而是工作成绩优异的黑奴才能获此奖赏，故能发挥激励功能。

② 他们认为美国南部的种植园是第一批大型企业实行科学化管理的单位。有关种植园的特色，可读 Fogel 及 Engerman 的书第一章的总论；种植园管理黑奴的详细办法可见 pp203－215。

③ Avnor Greif, "Cultural Beliefs and The Organization of Society: A Historical and Theoretical Reflection on Collectivist and Individualist Societis", *Journal of Political Economy*, Oct 1994, pp. 912－950.

是地中海沿岸的马格里布（Maghrib）。两个城市在中世纪时商业是同样的繁荣，但后来的长期发展，却走向了完全不同的途径。格瑞夫认为两个地区的不同文化传统决定了，至少是深深影响了初始经济制度的选择。热那亚人承袭了罗马的传统及基督教文化，是纯粹个人主义社会，人们各自独立，各行其是，没有亲密的人际关系，为了解决 enforcement 问题，人们急切需要建立一套完善周密的法律制度及一个强势的政府作为执行机制；马格里布人则有他们独特的宗教信仰及社会规范，是典型的集体主义社会，民间已存有集体主义的奖惩制度，不急于建立健全的法律制度作为执行机制。

格瑞夫的结论是，文化与传统对于初始制度的选择有深刻的影响，再经过制度的途径依赖性与累积性，不同社会便分道扬镳，出现不同的发展轨迹。所以他认为中世纪基督教的个人主义社会播下了西方世界市场经济的种子，而集体主义文化则应对某些国家长期落后负最大责任。把社会的文化传统扯进制度选择的模式理论，使制度学派跨出了很新的一大步，把他们的理论架构大大拓宽，因为"文化传统"是一个很广泛的概念，可以包罗万象。譬如说，韦伯（Max Weber）的"新教伦理"之说，现在可以得到新的制度学派的内涵。

格瑞夫的研究与分析，对于研究中国史也能提供一些启示。在不同的文化传统中，我们不难找到许多社会规范可以作为法制的代用品。既然文化传统中已经有了现成的执行机制，也就不急于或不必尽全力，追求健全的法律体系。因而，中国重人治而轻法治，以义制利等等，也不难找出文化传统上的轨迹。中国的传统社会可以说是一个"半集体主义"的社会，"宗族伦理"就是这种半集体主义精神的载体。宗族组织在很多方面都涉及经济活动。族人可以集资从事经济活动，在某种程度上代替了一部分资金市场的集资功能，许多宗族设立了族产和祭田，可于必要时救助贫困的族人，多多少少发挥了一些保险业的功能。更重要的是各宗族立有族规与家法，族中有人犯罪，除非重犯，都会先在家庙或祠堂中由族长率领族人进行问询审判，或处以适当的惩戒，只有重大犯罪事件才送官处理。所以宗族组织本身就具有一套奖惩制度，国家法律变成了社会上执行机制的第二道防线。中国人不呕追求完善的立法，有其文化传统的背景。

从格瑞夫的分析研究，我们也可借鉴到儒家伦理的探讨。自从韦伯提出清教徒伦理创导了西方资本主义的发展，而儒家学说则不利于资本主义之出现与现代社会之建立，中国的新儒家学者在海内外极力驳斥韦伯的理论。他们认为儒家伦理实际上是发展现代社会的一项助力。君不见二战后亚洲四小龙——台湾、香港、韩国、新加坡的经济成长是全世界最快速的，而这四小龙都是儒家伦理深厚的社会。这里新儒家学者遭遇到一个严重的逻辑问题。如果说儒家伦理是现代化的助力，那么这种助力为什么在二战前未曾发挥作用，而都集中于二战后发挥作用，儒家文化毕竟已经存世二千多年了。从经济学的角度来看，这完全是误举了证据。二战后四小龙有傲人的经济成长率主要是大量移民的结果。学者早已注意到移民者都有一个特殊品质，他们放弃了家乡熟习的生活环境，而迁移到陌生的新地方，他们都具有冒险精神及创业潜力。中国留居海外的华侨，南洋的印度侨民，都有这种品质，与他们留在家乡的同胞有明显的区别。二战以后，由于政治变乱，韩国有大量难民逃到南方，中国则有大量人口移居到台湾、香港、新加坡。这四个地区境内突然移入大量富有企业精神的人，而这些人可能挟有一定数量的资金及经营企业的实地经验。这才是四小龙成功的主要原因之一。

不过细审之，我们可以从制度学派的理论分析得到启示，找到儒家伦理真正发挥优点的地方。在这里我们势必要把日本也牵进讨论，日本在二战前及二战后的经济成长都是很成功的。而日本加上四小龙都是儒家伦理盛行的地区。他们的共同经验才能说明儒家伦理在什么地方发挥了优势。

制度学派特别强调交易成本对经济发展快慢的关系，而交易成本中的一个重要项目就是执行费用。现代的管理学及质量管制的科学化，大大降低交易成本。但这方面至今还存在一个严重问题，管理奴隶容易，而驾驭高级经理难。经济学家称这是 principal-agent problem（委托代理人问题）。当一个社会的经济发展程度不高时，雇用及驾驭经理人员的问题不是很严重，因为企业的规模都不大，资本主可以亲自经营照料。但是一旦发展成庞大的股份公司，要找一个既有经营才干又对企业忠诚的 CEO（执行长，Chief-Executive officer）就不容易了。美国今天的工商界，形成了一个很特殊的 CEO 人才市场，各大公司都以极高价聘请这样的人才，其年薪通常以百万元为单位。即使这样的高薪还是难以保证 CEO 的充分忠诚，跳槽之事仍然不断发生。

中外历史上，在工商业兴起的初期都有任用家中亲人为经理人的习惯。但是在西方个人主义的社会中，自己的亲人也难保证其忠诚，所以最后都放弃了这种任用亲人的制度（Nepotism），改从人才市场上高薪招聘经理人员。然而在儒家伦理流行的社会中，宗族关系十分强固，宗族纽带足可以代替高薪的聘雇，族人出任经理，其忠诚度超过高薪聘雇的外人。所以至少在现代化初期，儒家伦理帮助解决了 principal-agent 的问题，为这些起步的企业节省了大量的执行费用，避免了经理人才的瓶颈。

最早得到这种利益的是日本。在明治维新初期，日本政府投下大量的资金，创设许多大型工厂与企业，效仿西方的新式生产方法。不久以后，日本就将这些试办的工厂与企业转售给民间，于是有资金的大商户在短短的几年之间接管了众多的大型企业，各行各业都有。这就是二战前三菱、三井等四大财阀的来源。当时日本尚没有活跃的经理人才市场，他们便派其子弟分掌这些企业，然后每个家族成立一个最高家庭会议，总揽全局决策。几十年间，每家财阀旗下都发展到几百家大企业，要不是儒家的亲属纽带提供了这样一个解决principal-agent问题的捷径，日本的财阀集团是不可能那样快速扩展的。日本大公司的经理人员之薪金远远落在欧美CEO年薪水平之下，儒家伦理保证了经理人员的高度忠诚。后来日本大企业普遍实行的终身雇用制（Nenko system），在某种意义上也是这种伦理的伸延。

中国的皖南地区是朱熹的家乡，宋明理学盛行，宗族组织最强固，明清时期的徽商在组织上就承袭了一些这种精神。然而当时的经济发展程度低，没有感到聘用经理人员的严重困难，也就未曾受到儒家伦理的实惠。直到20世纪上半叶，荣宗敬、荣德生兄弟创办新式工厂，在1922—1931这10年间创设9个纱厂，又与人合办及租办纱厂各一，加上几座面粉厂，这些企业都是交由无锡荣巷的子弟掌管，上海的永安公司系统也是如此经营，儒家伦理从此发挥了重要作用。二战以后，台湾的王氏、辜氏、蔡氏几家大财团的众多企业，甚至香港、新加坡、马来西亚、印尼的华侨企业，都是走的这条路。韩国则直接从战前日本财阀那儿学到了这套经营原则，所以起步比台湾还早几年。总之，儒家伦理帮助这些地区在现代化发展初期避免了经理人才市场的瓶颈，而且大大节省了这些企业的执行费用。

从上述分析，我们可以看出制度学派之理论帮助解决了新儒家的puzzle，儒家伦理与宗族精神在某个方面可以代替市场经济的激励机制。但是这种作用有阶段性，过去二千多年儒家伦理没能为现代化提供任何助力，只有在二战后，四小龙受其他因素影响开始现代工业化，才蒙受宗族精神的实惠，新儒家才看到这四个地区令人骄傲的经济表现。不过这种阶段性不久就会成为过去，不会永远发挥作用，最后还是要靠市场机能来解决企业的执行费用问题。

（《社会科学战线》2003年第3期）

务实求新的权威性专著

——评汪玢玲著《中国虎文化研究》

〔澳大利亚〕谭达先

东北师范大学汪玢玲教授的《中国虎文化研究》，在该校出版社面世了。这是一部集中华民族虎文化研究成果大成的 30 万字的图文并茂的专著。它树立了一个前无古人的学术研究新方向，在中国文化学研究上，有重大突破。

作者经过长期的研究，下了近十年的苦功，才著成此书。它跳出了传统文化学研究的范围，拓宽了中国虎文化研究的新范围，不应只被视为一本书，更确切地说，是一门新型的"中国虎文化学"。作者视野广阔，知识渊博，论据翔实，析理精微，又富于民族自豪感与爱乡爱国深情，她正向着中国虎文化研究的学术高峰逼近。作者在万里之外，空邮寄赠此书，笔者读后，获益良多。

此书取得了五大学术成就：

一、破陈规，辟新境，首创"中国虎文化学"

如果是单纯的"虎学"，作者可从动物学视角入手，研究诸如虎的形态、生理、生态、分类、分体和如何控制它等等。对此，在第一章《虎的自然生态及黠虎趣闻》中，由于作者作过精心的田野调查，写得亲切动人。但此书要研究的重点，并不在此，而在"系统化的中国虎文化学"，无前例可参看，应包括哪些内容，如何论析等等，有待从头探索，难度很大。比方说研究"中国文化学"这门科学，内容就很丰富，包括政治文化、经济文化、宗教文化、民俗文化、亲俗文化、农耕文化、狩猎文化、婚丧文化、饮食文化等等，有专著和成规可以参考，而"中国虎文化"有了"虎学"这个切入点的首章后，作为这门科学的总体架构应是怎样？基本内容的章节是哪些？学术界从未有人提过。要组成严密的公认的系统，作出科学的论断，更是有相当的难度。

作者从自己丰富的学养、较广的知识出发，根据这尚未定型的科学本体的可能性和必要性，作过较全面而务实的考虑，拟定出自己的总体架构、若干基本内容的章节，纳入古、近、现、当代资料，以中国汉族与少数民族的资料为主，适当收入少量外国资料，组成自己的总体架构，系统严密，论析科学。大致说来，一至六章近似史的纵的论析，七至十二章近似面的横的论析，十三章则又回到开头史的纵的论析系统上。以史的纵的与面的横的两个层面相结合，说透了自己的创见，章节的组成、内容的安排，务实求新随处可见，学术架构有科学性、前瞻性。

作者破陈规，开新境，首创"中国虎文化学"，使它成了新颖且具民族特征的"中国文化学"的派生学科之一。这种披荆斩棘的开拓精神极富创造性，也具有很高的学术意义，值得赞许。

二、视角多面化，学术体系独创

视角多面化，学术体系独创，在此书中有很鲜明的体现。作者说："（她）从自然科学（生物学）知识、社会民族学、民俗学资料架构和文化史学体系三方面的有机组合，贯彻全书始末。"这是就大原则说，作者是完全做到了。遵依这些大原则，她采用了多面化的视角，故汇合各章对学术问题的论析，就显示出虎文化的内容和多层次性，令人有新鲜感，极富趣味，很能吸引人。

试看各章依次采用的视角多面化的论断：第二章《虎崇拜的深远渊源》，是从考古学、古文献学（文字学）视角论述中国虎文化最早源于近万年前。第三章《虎图腾崇拜与虎神话》，是从原始文化史视角论析早期虎文化在民间信仰与民间文学中的表现。第四章《宗教与虎文化》，从宗教史视角论析其产生及其与道、佛、萨满三教的关系。第五章《古今民间崇虎习俗》，从民俗史视角析述各地各族九种独特的崇虎习俗。第六章《伏虎史话》，从猎虎史视角主要析述从原始狩猎时期起，君民在威猛、抟射两方面的传说史实与伏虎绝招。第七章《老虎传奇故事》，从民间文学视角析述真、善、美的传说，童话与寓言中虎文化的魅力及社会功能。第八章《东北崇虎与中原文化的渊源》，从文化交流史视角论析民族东迁到虎文化传播等史实。第九章《虎典虎谚》，从民俗艺术视角，论析年画、剪纸、联语等的虎文化内涵。第十一章《干支、虎与十二生肖》，从天干地支和生肖视角，论析有关虎文化的民族性涵义。第十二章《中国虎崇拜与美洲虎文化的渊源关系》，从国际文化交流史角度，论析中国虎文化输入美洲的悠久历史。第十三章《虎文化跃向新的阶梯》，从当前显示需要的视角，论析应重振虎威及其远景。以上多面化视角的研究，学术体系独创，可以说正把中国虎文化学建成了一座庄严的学术宫殿。

三、熔铸中、俄、美、日、韩、印等国文献资料，与田野调查心得紧密结合

作者于 1955 年后执教东北师范大学，耕耘民间文学、民俗学领域 48 个春秋，主编过《中华古文献大词典·文学卷》、省市《民俗志》各一卷，计有论著、编著 10 部、论文百余篇。浏览了大量古文献与地方文献，因得从数千种书目提要及各种"虎传奇"专书、类书历史、文人笔记与地方志中，选用虎俗精华资料，又熔铸入俄、美、日、韩、印等国及香港有关学术讯息，故此书"比就事论事、单项猎奇更富有底蕴"，真实贯彻、体现了作者自定的"敏求、博览、深思、勤撰"的著述要求。

先说熔铸文献资料。以第二章《虎崇拜的深远渊源》为例，根据考古与民俗文献，指出中华民族文化史悠久，龙虎文化源于远古自然崇拜和图腾崇拜。更指出"从原始生产方式来看，虎图腾所表现出的狩猎文化，应先于龙图腾而已见于神农氏的'断木为耜，揉木为耒'的农耕时期，因此可以推定虎崇拜可能更早于龙图腾崇拜。考古学家断定（河南濮阳西水坡原始墓葬中的）蚌制（被称为'中华第一虎'）的龙虎图案，约在六七千年前。"虎在龙右，以虎为首位，故"虎图崇拜可能更早于六七千年前"。再从黑龙江沿岸发现的虎岩画已有九千年的历史，虎文化又早源于伏牺化崇虎，因而又有"虎伏牺"之说。作者概括了历史上虎的活动，遍及中华大地，虎的三个亚种，分布于东北、西北、西南，中原、华南，有虎出没处，即留下地名及传说。熔铸入大量方志资料、史地知识，真实故事与传说、对联，末附"东北虎地名传说"二篇，书中文献资料与田野调查心得巧妙结合，遂使虎的声威、形象及其文化在东北地区的重要地位与广泛影响，得到了亲切可感的说明。

四、深挖科学内涵，著述个性鲜明

深挖科学内涵，此处指析述得立体化，既有面的宏观介绍，也有点的微观剖析。以第二章《虎崇拜的深远渊源》、第七节《龙蟠虎跃黄帝陵》为例。对于黄帝陵注意详引史料、文献，先说创建时代、地点及其形象等，并配以形象地貌图，赞为"天达地通昆仑山，龙盘虎踞黄帝陵"后，指出它是《古今图书集成》所载中部县的"凤岭"，留下"凤形"典故；又指出《黄陵志》亦云"时有仙人来往"，并说确为神秘吉祥的地貌，风水先生看出桥山是"巨龙"，但文献未记及南山的"卧虎"。作者遍找文献，终发掘出二事：（一）黄

帝与蚩尤战，曾记驱"虎豹"（部落名）助威；（二）《广博物志》卷九《玄女法》叙及"西王母遣使白虎之神乘白鹿集于帝廷，授以地图"。据此二事，作者推断这"很可能是比'天下第一龙虎'更早的祖陵自然龙虎神秘地貌的后世神话解说"。并插入了"黄帝陵神秘环境的地貌图"以助说明。如此，作者把龙虎崇拜上推至近万年前。此处是文献、资料、诗、文、图一齐配合，既形象亦饶著述个性。

第六章《伏虎史话》先设导论，略述原始狩猎时代，产生了虎图腾崇拜与打虎英雄，是人虎斗争结果；农耕时代不再以狩猎为主，故虎族繁衍，因之此期打虎成了虎文化发展的主导方向。又说《太平广记》收入秦至唐虎故事八卷八十篇，明清笔记小说虎故事不下千条，以上反映中国农耕时代，伏虎故事数量之多，这是面的概说。接着再就历代虎故事中表现"威猛"、"挎射"内容的，分为六节，如"古代打虎英雄传说"、"辽代诸帝射虎"等，加上详析，这是点的创新。全章有面有点，论析立体化，富著述个性。

五、时代性、民族性、民俗性鲜明

时代性鲜明在此是指论析力求鲜明，便于当前读者理解，古老词语也宜作浅析。如在《十二（地）支》表中，对"寅"的来源、涵义，先引《史记·律书》："万物始生蟥然也。"再引《汉书·律历志》："引达于寅。"二者词语难懂，作者作出"译义"："正月建寅，万物生发。"这就易理解了。书中也引入不少最新的形象的影照、图表、年画、剪纸等，有助于理解学术问题的新意。引用旅美学者张光直关于"虎是通天的工具"，使人了解美国专家的观点。引用1996年美国著名动物专家科诺夫妇到福建梅花山"寻找山大王"，千辛万苦，追踪虎迹，做了许多研究，也有助于启迪读者多方进行学术思考。

民族性鲜明是指书中引例富于民族色彩，并非纯引汉族的事例，而是博采各民族中最典型的事例。如第六章《伏虎史话》第六节《民间猎虎传奇》中，介绍了吉林长白山五六十岁的朝鲜族金学天，他的家族创造了丰富的狩猎文化，祖先流传下一部"狩猎经"——《高兴》，记录了家族的狩猎经验及捕获每种动物所用的方式、方法和工具，他对虎的"模拟文化"是"人类征服自然的活文献"。

民俗性鲜明，书中主要是指引较多反映民间的生活、习惯和俗文艺（包括民间文学）而言。较突出的表现，便是书中引用了不少的神话、传说、故事、掌故、趣闻、谚语、年画、剪纸、布老虎、虎雕等俗文艺作品，致使学术问题更易于理解。

　　总之，此书中的某些论点虽有可商榷之处，但从整体上看作者建成了一座具有鲜明民族特征的中国虎文化学宫殿，作了大量的可靠的拓荒工作，很值得国内外汉学家们学习。

（《社会科学战线》2003 年第 3 期）

全球化：再论其定义问题

〔英国〕扬·阿特·肖尔特[*]

尽管"全球化"这个词直到20世纪后半叶才被人们发明出来，但它却有着较为久远的历史起源。在英语中，名词"globe"数百年前才开始指"星体"，它曾一度被认为是圆的。形容词"global"除了早些时候的"球体的"意义以外，在19世纪晚期开始指"世界范围"[①]，动词"globalize"出现在20世纪40年代，是和"globalism"同时出现的[②]。"Globalization"第一次进入词典（美国英语）是在1961年。[③]"Globality"的一些概念，作为一种状况，则是在晚近一些时候才开始通用的。

全球化这个词在过去的几十年里还曾在其他语种传播，可以举出很多例子，如阿拉伯语中的"lil'alam"、中文的"quanqiuhua"、法文的"mondialisation"、俄文的"globalizatsia"和西班牙文的"globalizacion"。在世界各主要语种中，只有斯瓦希利语（东非）还没有得到全球化这个概念，这一例外也许可以解释为在非洲的精英圈内人们广泛地使用英语的缘故。小语种的情况也是一样，我们可以在芬兰语中找到"globalisaatio"，在尼泊尔语中找到"bishwavyapikaran"，在帝汶语中找到"luan bo'ot"，等等。

今天，全球化这个概念在一个跨学科、跨世界、跨理论研究、跨政治的范围内拓展了。数不胜数的学者们已经仓促地接受了全球化这个用滥了的词。很多研究所、学位项目、教材都集中到了这个问题上。从2000年以来，还出现

---

* 作者单位：英国沃里克大学政治学和国际研究系。

① 《牛津英语词典》第6卷，牛津：克莱顿出版社，1989年，第582页。

② O. L. 雷塞、B. 戴维斯：《地球上的民主：科学的人文主义引论》，纽约：创造时代出版社，1944年，第212、219页。

③ 《韦伯斯特新国际英语词典》，斯普林菲尔德：米利安出版社，1961年，第965页。

了一些新的职业性全球化研究协会；一些理论家甚至把全球化当作一个进行相应的社会调查的参数的中心。① 目前，全球化的概念趋于一种在弥漫中更加难以捉摸不定的状态。我们感觉到这个术语似乎意味着什么——并且是一些重大的东西——但是，我们远远不能肯定这些重大的东西到底是什么。对这个术语的持续的多种解释和混乱，引发了很多对"globaloney"、"global babble"和"glob-blah-blah"的怀疑论。②

一、死胡同

如果不说是绝大多数，也有很多现存的全球化分析是有缺陷的，因为它是累赘的。是以下四个主要定义导致了这一僵局：全球化作为国际化；全球化作为自由主义化；全球化作为宇宙化；全球化作为西方化。建立在这些概念上的论点不能打开通过现存词汇而不能达到的理解。在任何这四条线上展开分析，"全球化"提供不了分析的附加值。拒绝接受全球化在当代历史上的新奇性和转换潜能的评论家们，几乎一律都把这个词定义为四种累赘的方式中的一种或几种。

1. 国际化

当全球化被解释成国际化的时候，这个词就只指两个国家之间的交往和相互信赖的增强，从这个视角看，一个越加全球化的世界就是一个越有更多信息、思想、商品、金钱、投资及更多跨跃国界和版图的人民。对于某些学者来说，如保尔·赫斯特（Paul Hirst）和格雷厄姆·汤普森（Grahame Thompson），全球化是一个特别强烈的国际化形式，因此，这个全球是国际性组织的一个特别的子集合体。③ 另一些分析家则更是不加区分地认为"全球的"和"国际的"就是同义词，是可以互相换用的。

绝大多数对全球化进行量化的尝试，都已经把这个过程想象为国际化了。因此，打个比方说，用目前的 GDP 占有量来测量全球化。④ 同理，最近，有

---

① J. H. 米特尔曼：《全球化：一个优势上升的范式?》，《国际研究展望》2002 年 2 月，第 3 卷第 1 期。

② 参见 J. 罗森伯格：《全球化理论的谬论：辩论文集》，伦敦：维索出版社，2001 年。

③ P. 赫斯特、G. 汤普森：《正在讨论中的全球化：国际经济和治理的可能性》，剑桥：波利提出版社，1999 年，第 7-13 页。

④ D. 罗德里克：《贸易的全球管理似乎和发展很有关系》，纽约：联合国发展计划署，2001 年。

的顾问们和外国政策杂志一起做出的全球化指数，大部分是参照两个国家的跨边界活动算出来的。即是说，这个指数主要与外国直接投资、国际旅行、国际组织成员、国际电话流量等有关。再者，这些指标主要和外国投资有关；和国际旅行有关；和国际组织成员有关；和国际电信流通有关；等等。① 再者，这些指标只是在版图的基础上测定和对比的，即在此基础上说的一个国家比另一个国家更加全球化。的确，大多数把全球化作为国际化的解释都着重强调，当代的趋势正在重新扮演早些时候的历史角色。特别是这些分析不断地用成批的词汇提到 19 世纪后期的跨国贸易、直接投资和永久性移民的水平和 100 年以后是一样的，甚至那个时期更高一些。② 这意味着全球化（解读国际间的相互信赖）是一个随时间而盛衰的国家系统。这样，社会研究者可以轻松了，就像以前那样做调查就可以了。然而正是这些熟悉的在历史上不断重复的断言构成了反对把全球化定义为国际化的强大基础，如果全球化除了国际性以外，什么都不是的话——那么为什么还如此麻烦地去用一个新词来表述呢？那么，就没有人需要全球化的概念，以使更早些时候更大的国际交往和国际信赖方面的经验具有意义，如果是这样的话，这个概念在今天同样是多余的。

2. 自由化

第二种把全球化的讨论引入死路的常见分析是把这个概念等同于自由化。在这种情况下，全球化意味着一个从官方除去强压在两国之间的资源运动限制法，以形成一个"开放的"和"无边界"的世界经济。在这种理解上，全球化的出现是作为官方在削减和废除规章措施和贸易壁垒、外汇限制、资本控制及相应方面的限制的一些要求。

确实，在盘问最"反全球化"（anti-globalization）的抗议者时可以看到，他们只反对新自由主义的全球化，而不是全球化本身。可以说，这些批评者中的一些人已经采纳了一种重商主义者的立场，倡导"非全球化"（de-global-

---

① 《全球化的最后的呼啦?》，《外国政策》2002 年 1—2 月。

② 例如，R. 泽温，《金融市场是不是更开放了？如果是，为什么？并且有什么后果?》，见 T. 巴努利、J. B. 斯考尔主编《金融的开放和国家的自治：机会和限制》，牛津：克莱顿出版社，1992 年，第 43-83 页；R. 韦德：《全球化及其局限性：国家经济的死亡报告过于夸张了》，见 S. 伯格、R. 多尔主编《国家的多样性和全球资本主义》，伊萨卡：康乃尔大学出版社，1996 年，第 60-88 页；K. H. 欧如尔克、J. G. 威廉逊主编：《全球化与历史：19 世纪大西洋经济的演变》，康桥：麻州理工学院出版社，1999 年。

ization），把它让位给一个自由自足的、地区的、国家的或当地的经济。① 然而，大多数新自由主义的反对者们已经在寻求对全球化进行研究的不同方法——或者说"有选择的全球化"（alter-globalization）——这样会更好地促进人类安全、生态完整、社会公正和民主。很多人在主流圈内最近也认为，全球化在社会、环境和人权得到保障的条件下可以被挽救。他们因此也承认新自由主义政策对于全球化来说不是内在的、固有的。

全球化这个术语不必要地排演了一场赞成和反对自由经济的论辩。实际上，人们已经就"自由"市场的理论和实践问题辩论了几个世纪了，也没有引起全球化的讨论。例如，在19世纪50到70年代，当国际经济经历了实质上的自由化时，没人需要全球化这个概念。② 同样，全球化——作为自由化在今天也不能打开新的思路。

3. 世界化

第三个出现在全球化分析的死胡同中的是当这个概念用世界化表达出来时。在这种情况下，全球化被用来描述一个向所有居住在地球上的人民传播散布各种东西的经验。在这些思路上，"全球的"意味着"世界范围的"和"任何地方的"。于是乎就有了一个职业套装的全球化、咖啡正餐的全球化、芭比娃娃的全球化、反恐怖主义立法的全球化，等等。全球化——作为国际化经常被认为是必须包含世界范围的均衡化——文化、经济、法律和政治趋同。

这个概念也不能打开新的独特思路。诚然，一些引人注目的世界化已经在当代历史显露出来了。再者，近代大量的文化破坏似乎已经把信任让给均衡化命题了（尽管，正如下面将要详尽讨论的，全球化的动态实际上是更复杂的）。然而，世界化是一个世界历史的古老特征。人类通过跨大陆移民和到处扩展已有100万年的历史了。③ 各种被恰当命名的"世界"已经在地球的广大土地上伸延了几个世纪了，并且这些信仰当中，有好几个已经持有明显的宇宙神教的抱负。跨大洋贸易在过去的千年里已经把各种货物发放到远距离的各个场所。在早些时候却没有发明出全球化的概念来形容宇宙化，而现在也没有必

---

① 例如，J. 曼德、E. 戈德史密斯主编：《反对全球经济的状况和转向本土》，旧金山：塞尔拉俱乐部丛书，1996年；K. 何威森：《泰国的本土主义：一个全球化和对它的不满的研究》，考文垂：经社理事会/沃里克大学全球化和区域化研究中心工作文件，1999年，第39、99页。

② 参见A. 马利逊主编：《自由贸易和对它的接受1815—1960》，伦敦：路特利支出版社，1998年。

③ C. 甘布尔：《时间步行者：全球文明的前历史》，康桥：哈佛大学出版社，1994年。

要创造一个新词来分析这个老现象。

4. 西方化

第四个全球化的一般性概念是把全球化定义为西方化。正是如此，全球化被当作一个世界的特殊类型——在这个特殊类型中，现代性的社会结构（资本主义、工业主义、理性主义、都市化主义等等）传播到世界各地；在这个过程中破坏着先前存在的文化和地方的自决。顺着这个思路理解全球化，它就往往被解释为殖民化和美国化，以及"被西方氧化"和麦当劳帝国主义及CNN 帝国主义。对于这些批评者们来说，谈到全球化就是霸权主义话语、一种意识形态——即假定的发展掩盖着深远的毁灭和服从关系。①

诚然，可以有一个有说服力的理由，即当前大规模的全球化主要是由现代化的力量所导致的，如理性的知识、资本主义的生产、自动化技术和官僚政治的统治②（同时，早期的全球意识也不可辩驳地促进了现代性向人们突然袭来③）。反之，当代的全球化也曾经常插入现代模式，并把西方的社会关系更加广泛、深入地传播到我们的地球上。有时，这种西方化还包括激烈的强制性，这就确实使人们有理由把它描绘成帝国主义。再者，确实是有些统治机构、公司及西欧和北美国内社会组织已经在最热衷于当代全球化激进者的行列中了。

当然，坚持认为全球化和西方化之间曾经有过相互联系是一回事，而把二者的发展等同起来，就另当别论了。毕竟，现代性和西方文明除了出现在当代全球化的幌子下，也出现在许多其他的招牌下。再者，全球化可以原则上采取非西方化的方向（例如佛教的全球化、伊斯兰教的全球化，或者可能是未来后现代的全球化）。并且，如果说只要是有跨世界的社会解放运动，以及的跨世界剥削者和剥削过程的话，全球化就是固有的帝国主义的——这一点根本就弄不清楚。

无论如何，西方化、现代化和殖民化比当代的全球化有着长得多的历史。也许，当前的全球性的流行形式可以作为一个特殊的方面、阶段和现代性类型来分析。在这种读法上，全球化的定义就需要特别强调把"全球"的现代性

---

① 参见 J. 皮特利斯、H. 维尔特米耶：《摘掉面具的全球化：21 世纪的帝国主义》，伦敦：才德出版社，2001 年。

② 参见吉登斯：《现代性的后果》，剑桥：波利提出版社，1990 年；肖尔特：《全球化：批判性引论》第 4 章。

③ R. 罗伯逊：《全球化：社会理论和全球文化》，伦敦：塞奇也出版社，1992 年，第 170 页。

加以区分。并且，在这个探讨方法上，西方化和全球化也应互不搭界。总之，过去它们之间很多关于全球方面的讨论都在分析上是累赘的。以上概括出的四个相互间的定义覆盖了目前大多数学术的、社团的、官方的和大众的关于全球化的讨论，而全球一体论（globaloney）的批评者们则对那些自称对全球化有最新颖提法的历史的无知进行指责，也是很有道理的。

当然，这并不意味着那些关于国际间的相互依赖的新自由主义、世界主义对文化多样性、现代性和帝国主义的辩论不重要。的确，一个形成得很好的全球化概念可以在当前的日子里——这个语境下对这些问题具有重要意义。然而，把全球化定义为国际化、自由化、世界化或西方化，或者把它和这些概念对等看待，就一点意义也没有了。这样，我们不仅是简单地用新形式来对待旧知识，还失掉了我们需要把握的一个重要机会，并且也失去了在我们这个时代的某些关键的环境下行动的机会。

二、出路

有幸的是，以上批判的四个概念并没有穷尽全球化的可能性的定义。第五个概念的形成，使在新的历史条件下形成重要的新的洞察力成为了可能。这个研究方法把全球化认定为跨跃地球的——并且最近这个时期特别强调跨国土的人民之间的联系。从这方面看，全球化包含了减少对跨世界接触方面的障碍。人们变得更加能够——从物质上、法律上、文化上和心理上——在"一个世界"里互相参与事务、从事活动。

全球化这个词，在使用上，指在社会空间性质上的一个转移。把这个概念和另外四个以上讨论过的全球化概念相对照，那四个定义都假定了一个潜在的社会地理特征的连续体（这种假定通常是隐含的而不是明显的）。

1. 空间性

全球性这个词具有空间性。它说的是一些关于人类活动和经验场所的事情，特别是全球性认为——这个地球的世界是一个整体——是一个社会在它自己的权力中的一个场所。全球方面的讨论指人们不仅可以在当地、在一个省份内、在一个国家和地区领域里生活在一起，也可以建立环境；还可以生活在跨世界的空间里。在这里，整个世界是一个仅有的地方。为什么要突出空间问题呢？的确，大多数社会分析把空间方面作为一种未经探索的特定的东西。并且地理学也是社会生活的一个限定性特征。人们之间的关系总是发生在某处——一个地方、一个位置、一个区域、一个场所、一个地点。如果没有一个空间组成部分，对一个社会环境的描写就是不完全的。

再者，没有一个地理的范围，社会解释也不可能完整，空间非常重要。举一个现成的例子——地缘的差异意味着沙漠的游牧民和城市居民过着很不同的生活。空间是一个核心特征，既作为社会生活的原因，也作为其结果。另一方面，地缘环境呈现人们从事生产、组织、统治方式、形成集体、构建知识、和自然相处以及体验时间的不同方式。同时，文化、生态、经济、历史、政治和心理学也呈现空间的社会关系轮廓。

从这些非常强的相互联系上看，空间结构的变化会影响作为一个整体的社会。社会地理的重构是和知识模式的转移、生产模式的转移、政府模式、身份模式和社会生态模式的转移紧密相连的。所以，社会空间的变化——如全球化——就会浸入在更大的社会变化的动态中。

2. 全球性：跨地球的关系和超版图性

全球性在把世界作为一个仅有的社会空间这个意义上有两个特性。比较一般的特征是跨地球的连接性，这已经在人类历史上形成几个世纪了。比较特殊的特征是超国界性，在当代历史上，相对比较新。由于最近超国界性的出现，标志着一个对在这之前出现的领土统治主义的地理学的惊人突破，这个趋势有着潜在的、很大的和更广泛的社会变革意义。

全球性在较广义的跨地球关系意义上，指在地球上任何一点居住的人民之间的联系，是在整个世界关系中。地球这个球体于是成了它自己所拥有的一个社会空间。世界不再简单地是一个小一些的地理单位的集合，如国家和地区；而且它本身也是一个空间单位。因此，我们能够在"国际关系"（作为国家之间交往）和"全球关系"（作为在这个世界之内的交往）之间，作出一个关键性的区分。

当然，这种比较一般的全球性——跨地球的民族之间的联系——对于过去几十年而言一点也不新。正如很多研究者已经强调过的，长距离的、洲际的世界版图在人类历史上早就有其重要性了。例如，紧随着马丁·伯奈尔（Martin Bernal），古希腊文明从一个本地与印欧、埃及和腓尼基的影响的混和中发展起来。① 确实，古希腊的oikoumene概念把整个适于居住的世界均想象为一个独立的王国。② 珍妮特.阿布.路哈德（Janet Abu-Lughod）描述了一个13世

① M. 伯奈尔：《黑色雅典娜：亚非的古典文明的基础》，伦敦：自由联想丛书，1987年。

② A. L. 克罗尔布伯那：《作为一个历史文化集合体的古希腊oikoumene》，《大不列颠和爱尔兰皇家人类研究所杂志》第75卷，1945年，第9-20页；U. 汉纳兹：《跨国联系：文化、人民、土地》，伦敦：路特利支出版社，1996年。

纪从佛兰德到中国的"世界体系"。① 费南德·布罗德尔（Fernand Braudel）和其他一些人强调资本主义从一开始就已经有了跨世界的组成部分。② 15 世纪和 16 世纪的航海家们正是在一种全球的想象中激发了从事第一次环球航行的。欧洲的制图员们从 16 世纪起就开始详尽绘制了把整个世界作为一个整体的地图，包括 1688 年在威尼斯制造出一个印刷的球状物，其直径有一米多长，包括很多世界海岸的细节标识。③

确实，资料上的一些问题使测量全球化的尺度很难非常精确。大多数确立的指数，指的是跨边境的，而不是跨地球的流量。的确，"统计学"（statistics）这个词和"国家"（state）这个词共享一个词根，在历史上也曾大多是政府驱动的活动。④ 因此，正如最近所出现的情状，我们必须经常从国家之间的资料推算出全球的连接性，因而可能很容易滑入一个（累赘的）把全球化当作国际化的概念。发展一个与其不同的全球化的测量方法是当代社会研究优先考虑的问题。

尽管目前大量的国际统计显示，最近全球联系有了大幅度增长，然而，全球意识是不能用数字来测算的。大着胆子说——今天的人们一般都比任何一个时候更加意识到整个地球是一个独立的地方，并且更加倾向于想象地球是人类的家园——这一点也不过分。一百年前，全球意识一般还局限于人数有限的精英圈里，并且只是在他们的脑海里一闪而过。今天，随着地球仪进了教室，世界天气预报上了报纸，全球产品进了书橱，全球性成为了遍布全球的亿万人民的日常意识。

然而，最近的全球化的特征不仅仅是规模更大了，密度更大了；从质量上看，今天大部分的全球连接性也和以往有所不同。不像早些时候，当代全球化的显著标志是大规模分布的超版图性。正如这个词所指出的，"超版图的"关系是超越疆土地理的社会关系。它们相对来说不是从版图上连接的，即不是从地图上标出的地理表面上的国土，与相邻的水源和大气层相连接的。版图空间是由三个轴心线描绘的——经度、纬度和高度。在版图地理上，地方指由这三

① J. L. 阿布·路哈德：《在欧洲霸权之前：公元 1250—1350 的世界体系》，纽约：牛津大学出版社，1989 年。

② F. 布罗德尔：《15—18 世纪的文明和资本主义》第 3 卷《世界的展望》，伦敦：科林斯出版社，1984（1979）年。

③ J. 阿格纽：《地缘政治学：重新审视世界政治学》第 1 章，伦敦：路特利支出版社，1998 年；J. D. 威尔斯：《1688：全球历史》，纽约：诺顿出版社，2001 年，第 9-10 页。

④ 参见 M. 菩威：《当代真相记载：财富和社会的科学知识问》，芝加哥：芝加哥大学出版社，1998 年，第 308 页。

维坐标所标出的位置；距离指分隔版图位置的版土范围；边界指地球表面上地点的版图轮廓线条。并且，版图位置、版图距离和版图边界也不能定义出今日跨地球流动的整个地缘。这些全球的连接还经常具有同时跨世界的特点（即他们同时可以扩展到地球的任何地方）。因此，举个例子说，整个世界每秒钟就喝掉 3000 杯享誉世界的雀巢咖啡；① 电话网络的连接已经使跨洋电话像跨街区电话一样瞬间接通，这种超版图的全球关系没有在版图的坐标中适当地被描绘出来。

使地球缩小的趋势只是发生在版图地理之内的，而更新的跨世界展开的同时发生和瞬间性把社会缩小，跨跃了版图空间。至于超版图位置不是版图上固定的，版图距离很快就被覆盖，版图界限不会成为特别的妨碍。版图时空缩小的差异在于它是质量上的并且必须有一个更深层的地理结构变化。

大多数超版图性的上升是在最近。正如任何发展，长期的前例当然可以找到。例如，七年战争是一个"世界性战争"，同时在三个大陆发动。版图通讯技术随着跨大陆电话线的发展出现于 19 世纪中期。这个阶段也可以看到跨大陆商品市场的出现，全球品牌的出现，一个跨世界货币体制（以传统的黄金标准形式）的出现，及在社会运动中的全球协会组织（包括劳动和妇女激进主义者）的出现。1918—1919 年，全球性的猪流行病毒感冒传染病殃及了大量人口（导致 5000 万人死亡），可以和目前全球性的灾祸——爱滋病病毒 HIV/AIDS 相比（到目前 2000 万人死亡，另外 4200 万人感染了该病病毒）。然而，大多数超版图连接性的表现形式已经达到前半个世纪不可预期的水平。那个时候还没听说过飞机旅行、跨大陆之间的导弹、跨世界移民带着跨境汇款、卫星通信、传真、互联网、跨大陆电视广播直播、跨大陆产品连锁、跨世界零售商、全球信用卡、世界体育联赛的连续大餐或跨全球的人类发展的生态变化等等。当代世界历史在超版图的程度上远远超过了任何以前被人们知道的事物。

无论如何，当代兴起的超版图性的规模是相当大的，以至于我们可以把在地理学领域的版图主义的移动与在其他社会结构的转移连接起来。② 例如，就治理而言，版图主义的结束已经和中央集权的经济统治的黯然失色相互联系起来了，即中央集权的经济统治的情况是规章制度的产生和管理几乎是完全集中在版图状态上的。相反，在剧烈的全球性的影响下，今日的治理已经变成了更

---

①   www. nescafe. com/main_ nest. asp.

②   下面的观点见肖尔特《全球化：批判性引论》第 2 部分。

加多层次的和分散的，这个变化对定义以及公民权和民主的实践都有深远的意义。关于身份和社会集体，版图主义的结束和民族主义的衰落并肩而行，因为民族主义是完全从版图出发的，以版图为基础的民族性是大规模社会团结的主要框架。在生产领域，版图主义的结束曾和金融业的增长以及信息和传播工业的增长相互关联，也和相对的基础生产和传统制造业的下降有着相互关联。至于知识结构，版图主义的结束已经——或应该——伴随着对本体论和方法论版图主义的摒弃，换句话说，即对地理和地理研究总是而且仅仅是关于版图空间的诊断的摒弃。

3. 方法论上的隐含意义

如果当代社会地理学不再是以版图主义为特征，那么，我们就需要调整传统的社会研究习惯。方法论的版图主义是当前流行的地理、经济、管理、历史、文学、集体身份和社会的一般性常识观念的中心。因此，绝大多数社会和政治地理学家就边界版图单位（特别是国家）来构想这个世界。同样，宏观经济学家们一般就国家的关系（解读版图）和国际关系的领域（解读交互版图的）来研究生产、交换和消费。政治学的学生们也按惯例把治理当作版图问题，即作为一个当地的和国家的政府问题，后者有时遭遇"国家间的"组织（同样是版图间的规则）。同理，主流历史学家们也是在版图语境中考察（当地的和国家的）持续性和随时间而产生的变化。在文学界，文学研究一般都建构在国家的——版图的流派上，如英国文学、印尼文学等等。至于人类学家们，他们几乎不可避免地参照版图单位研究文化和社会（在当地和国家的民族意义上）。同时，版图主义的预设还导致社会学家通常作出这样的假定，从定义上看，社会是呈版图形式的（通常是国家的）——便有了阿尔巴尼亚社会、玻利维亚社会、中国社会等等。

像任何分析方法一样，方法论的版图主义包含了简单化。但实际的社会实践总是复杂得多。不管怎样，这个预设向早几代的学者提供了涉及面很宽的学术捷径。方法论的版图主义反映的是在边界版图单位时一个特殊时代的社会条件，它是被版图距离分隔的，是在距宏观的压倒一切的社会地理学框架非常远的位置上形成的。然而，版图主义的分析不是一个无时间限制或可以普遍应用的方法。几个国家——系统的出现、重商主义和工业资本主义的增长，以及民族身份的上升都可理解地鼓励了早些时候的研究者们采纳从版图方面角度进行研究的方法。而今天大规模的全球化——包括实质性的超版图扩展——应该刺激另一个方法论的重建，即非版图预设。

这就毫无疑问地引起了不同的基础学科的学术组织发出来自不同方向的抵制。为重新估价一个人对社会的完全理解去改变想当然的知识，去承受来自放弃一套原有的原则而建筑另一套原则所造成的破坏和混乱是很困难的，甚至是痛苦的。再者，后版图主义的方法论有一些既得利益集团可能会反对的政治意义。例如，后版图主义知识会在逻辑上不仅从底部切削国家—中心的研究，也从底部切削国家—中心的统治。

另一点不可辩驳的是，在当代全球化的世界里，给方法论的版图主义进一步释放生命是很危险的。例如，版图主义的一些假设明显地不适合理解——并且提出——跨地球的生态问题。同样，如果资本主义的主要部分正在相对脱离于版图空间、相对自治的运行的话，那么，旧的知识框架就不能充分地讨论一成不变的伴随着过剩积累过程的分配公正问题。同理，一个向今天的世界仅仅提供公民权和民主的版图建构的政治理论是过时的。因此，现在迫切需要后版图主义研究，它比各自独立的学术研究更紧迫。

三、限制条件

前面就一个在当代历史既有量上、又有质上的意义的社会空间的变化问题进行了讨论，强调了到底什么是全球化。然而，强调一下跨地球的连接和超版图的扩展所不包括的东西也同样重要。我们必须特别反对下面六个彼此无关联的序列。

1. 全球主义

那么，首先，超版图性的上升并不意味着版图空间就没有重要性了。我们不应该用忽视版图空间的全球主义的方法论代替版图主义。我们没有生活在一个"无边界的世界"①。尽管当代历史见证了版图主义的结束（那里社会空间实际上可缩减成版图的小方格），我们当然看不到版图性的结束。如果说社会地理学不再就单独的版图性而被理解，当然不是说版图性就已经变得无关了。

相反，版图的生产、版图统治机制、版图生态学和版图认同在 21 世纪一开始还是非常有意义的，即使它们没有像以前那样垄断局势。例如，许多交通线路如公路、铁路和航线还是在版图上固定的。另外，版图边界继续在物质商品贸易和民族运动方面施加很强的影响。② 从印度合法的出口要花上几个月的时间完成几十个批件。同时，数不清的本地化的产品也依然限制在特别的版图

---

① K. 欧荷马：《无边界的世界：相互联系了的经济的权力和策略》，纽约：哈玻科林斯出版社，1990 年；欧荷马：《把全球逻辑放在第一》，《哈佛经济论坛》1995 年第 73 卷第 1 期，第 119—125 页。

② 参见 J. F. 何里伟尔：《国界有多大关系?》，华盛顿特区：不鲁金斯机构，1998 年。

市场。基于版图的从农业和矿业派生出来的产品，大量的超版图产品诸如信息和通讯，在大规模生长的同时，还会留存下来。当美元和 Visa 卡付款迅速跨越全球时，许多其他货币形式在某个版图范围内继续有限制性地流通。今天，大多数人依然在当地银行持有银行账号或者根本不去银行。许多生态退化也和特别的版图位置相关，如过度放牧、盐碱化或有毒废物的堆放。就社会成员来说，一些观察家们已经认为，在一个正在消灭版图障碍的世界，与版图密切关联的身份甚至变得更重要了，而不是更不重要了。①

所以，版图主义的终结并没有标志着全球主义的开始。地理的超版图品质以外的东西还没有消灭版图的方面。

很清楚，今日世界的社会空间既是版图的也是超版图的。确实，在社会实践中，两种品质总是相互交叉的。超版图性仅仅是相对的解版图化的，并且当代的版图性仅仅是部分的超版图化。版图关系已不再是单纯的版图的，并且超版图关系也不全部是非版图的。因此，例如每一个互联网使用者都从一个版图位置进入电子空间。全球产品、全球金融和全球通讯总是"落脚"在版图的位置上。

当代社会懂得没有"纯粹的"独立存在于版图空间之外的全球性。最近加速了的超版图性的增长已经带来了一个相对的而不是完全的超版图空间。尽管版图性没有在超版权性上设置难以超越的限制，新的流动性依然要和版图位置交战。当前的世界正在全球化的过程中，还没有整个被全球化。

总之，当前的全球化不是正在用一个简洁的公式（全球主义）取代另一个公式（版图主义）。而是，超版图性的兴起正在对地理学带来更大的复杂性——并且通过扩展还涉及文化、生态、经济、历史、政治和社会心理学。一个版图主义——中央集权统治——国家主义的世界的相对简单性正在很快褪去。

2. 具体化

在前面关于超版图的和版图的空间点之间的相互关系的观点中，第二个需要谨慎的问题是有关具体化的问题。因为全球化是一个抽象概念，而不是一个具体的抽象条件。它对于区分不同的社会空间领域是有分析性帮助的。然而，具体地说，全球的并不是只对它自己的领域，不是与地区的、国家的、省份的、当地的和家庭的分离。没有从其他空间脱离的纯粹的全球环境，正如家庭的、当地的、省份的、国家的或者地区的领域不可能和其他的地理区域相封

---

① J. A. 肖尔特：《全球资本主义和国家》，《国际事物》1997 年第 73 卷第 3 期，第 425–452 页。

闭。所以社会空间不应该当作一个抽象王国的集合来理解，而应该理解为在一个整体中的范围的相互联系。事件和发展不是全球的、或者国家的、或者当地的、或者其他标度的，而是全球的和其他空间特质的交叉。全球是一个社会地理尺度，而不是一个在它自己权利内的空间。它对区分一个当代社会空间的全球特质有启发性的帮助，但是，我们绝不可以把全球的转变成这样一种"东西"，而这个"东西"是从地区的、国家的、省份的、当地的和家庭的"东西"分离出来的。

回避具体化问题，这些早期的全球研究显得特别重要。几个世纪的国际化研究一直都在很高的代价上遭受一个具体化了的把国家的和国际的区分开的后果，即把"内部的"和"国内的"从"外部的"和"国外的"分开。当然，在实践中，国家的"内"和"外"是深深地缠结在一起的。这样把国际化具体化的错误绝不能被带到全球化研究中。

3. 全球/本土两分法

社会空间维度的相互关联性（作为和分立版图的存在的对立）表明，在全球和地方之间建立对立面是错误的（正如很多已经这样做过事情）。这样一个两分法以新的形式使老的国内/国际的分离又复活了。具有典型意义的是，本地/全球的两极性已经把当地的描绘成直系的和亲近的，而全球的被说成是疏远的和隔离的；当地号称是提供安全性和社区性，而全球藏有危险和暴力；当地是自治和授权的场所，而全球是依靠和统治的王国；本地是真实的，全球是矫揉造作的。在这种断言下，众多的批判者反对全球化，要求地方化。①

相反，当地和全球的两者都具有可为的和不可为的潜力。的确，正如已经强调过的，在社会实践中两种品质是不可分的，因此，把一种环境称作"地方的"，而把另一种称作"全球的"，这种做法实际上是任意的和混乱的。一个社会条件不能根据它是否地方的或全球的而判断它是肯定的还是否定的，因为这个情景一般既是地方的，也是全球的。它是有关的地方的和全球的（及其他空间范围的）特别的混合，不是本地性对全球性。

4. 文化趋同性

多维社会空间的复杂性也就说明了把全球化和趋同性联系在一起是错误的（正如许多粗心的观察者已经如此做的）。跨地球性和超版图连接性的增长并不是因为这个事实本身减少了文化的多样性。毕竟全球的、地区的、国家的、省份的、地方的和家庭的社会空间方面可以缠结在无数的不同组合中。的确，

---

① S. A. 吴尔姆主编：《世界濒临消失的语言图表集》，伦敦：塞奇出版社，1993 年。

通过把一个更多的维度注入地理范围——因而其复杂性增加——全球化只能也增加文化多样性。

另一方面，文化均匀性的感悟在全球语境中可能被夸大了。表面上似乎是同样的跨地球语言，实际上可以广泛地包含各种变换着的词汇，并且可以在不同的社会语境中进行理解。因此，内罗毕市场的英语不是苏格兰高地的英语；并且，东洛杉矶的西班牙语社区的西班牙语不是圣地亚哥办公区的西班牙语。同样，接受研究显示，不同地区的跨世界观众可以把非常不同的意义塞入一个好莱坞巨型炸弹。在这方面，可以质疑的是多样化的观众实际上"看"同一部全球电影又相差多远。同理，全球市场营销人员不得不经常调整对跨世界产品的设计和广告以适应多样的文化语境。甚至一个全球的美国化的肖像，如麦当劳的菜单，也需要考虑到当地的感觉而在跨世界范围经营时做出相应变化。

无论如何，削减文化多样性对于像这样的全球化来说不是内在的、本质的。相反，跨地球和超版图的关系能容纳很大的文化异质性。因此，有多种世界宗教占据了互联网的位置，各民族的所有的生活方式（从散居在外的少数民族的到性少数群体）已经形成了跨边界联系。的确，全球化提供了机会，捍卫了文化多样性，正如许多土生土长的民族已经采用了联合国的机制和电子的大众媒体来促进和宣传他们的独特性。① 全球性也能助长文化革新。举一个特别的例子：法兰克福的青年人已经把非裔美国人的说唱音乐和摇摆舞文化的某些方面和他们的北非的成分及土耳其的传统结合起来，为他们的混血身份创造新颖的表达方式。因此，全球化既有同质化的效果，也有异质化的效果。在多样性和文化的交汇性两者之间的整体平衡，不在于这样的全球性，而在于语境环境。形成跨地球联系的社会权力关系在这方面特别的重要。因此，到了文化帝国主义困扰当代历史的地步，这在很大程度上是西方现代化的贪食，而不是全球化本身的结果。

5. 普遍性

对全球化的进一步限制条件是，作为增加了的跨越世界和超版图的连接性，必须注意这个潮流是在同等程度上触及所有人类。全球性把地球上任何地方的人们联系起来，但是并不意味着它把每一个地方的人们都联系起来，或在同样的程度上联系起来。对于早些时候不做这个要求的人们来说，在这个定义

---

① T. 道蒙特主编：《抵制的渠道：全球电视和地方的准许》，伦敦：BFI/第 4 频道，1993 年；F. 韦尔莫：《世界政治学上的本土声音：自从远古以来》，伦敦：塞奇出版社，1993 年。

下，全球性不是普遍性。相反，当代跨地球连接性的影响根据版图的和社会的位置不同，也有很大的不同。

就版图位置而言，全球的网络一般更多地包括了北美的人口、西欧的人口和东亚的人口。全球性的密度变化也发生在国家内的地区当中。例如，中国的沿海省份的全球化程度要比国家内陆地区大。在美国，住在硅谷的居民比达科他的居民更加浸润在全球的交流中。从整个世界上看，当代全球化的模式广泛地沿着城市——农村的线路，城镇一般比农村经历了更多的超版图性。

从社会位置来看，富人总体来说比穷人更容易进行跨越世界的联系。当那些有办法的人从他们的全球性银行跑到机场候机室时，千百万生活在今天的低收入人民还从来没有打过一次电话。从性别方面看，男人们在互联网的连接上比妇女多。① 其他不均衡的条目模式（并且受益的）还有，全球的流动可以就文明和种族来分辨。

需要肯定的是，当代全球性并不是一直只由北部、城市、精英、男性、西方、白人所独守。例如，在版图的边沿，跨越世界的联系甚至已经扩展到了非洲的边远村寨。② 在社会边缘，无家可归的里约热内卢人经常是首先要一台电视，甚至是把这个要求放在自来水的要求前面提出。③ 并且，尽管全球性已经可能变得无所不在了，但是，盛行的文化框架、资源分布和权力关系在今日的世界里已经产生了一个很不均匀的跨地球和超版图关系的分布。

6. 政治中立性

前面关于利用和形成跨世界的一些不平等机会的论述，突出了一个彻底的全球化的政治特点。把人类地理学和其他任何社会关系方面（如文化或者经济）相比较，它再中立不过了。空间总是包含政治学——获得过程、分布和行使社会权力。因此，跨地球的和超版图的连接一成不变地配置了权利关系，并且把权力和斗争联系起来，不管是隐而不见还是公开的。全球联系是在冲突和合作的聚集点上，等级和平等的聚集点上，机会和对机会否定的聚集点上。④

确实，在全球化中没有什么是与政治无关的。甚至跨地球的技术上的协调

---

① 联合国发展署：《人类发展报告1999》，纽约：牛津大学出版社，1999年，第62页。

② 参见 C. 皮欧特：《边远地区的全球化：西非的村庄现代性》，芝加哥：芝加哥大学出版社，1999年；E. 孟东萨：《西非社会的持续性和变化：全球化在加纳西拉沙的影响》，北卡罗莱纳杜伦：卡罗莱纳学术出版社，2001年。

③ 玛丽安娜：《无家可归的工人运动激进分子》（MTST），2002年1月28日。

④ 参见 E. S. 雷蒙德：《大教堂和集市：利努克斯及通过意外的革命而开放的溯源的思考》，剑桥：欧瑞利出版社，1999年。

也曾激发权力斗争。例如，19 世纪英国和法国政府就曾经为本初子午圈（为测量世界精度和世界标准时间用的）穿过他们各自的首都争论过。更加近些时期，不同的计算机操作系统向使用者提供了不同程度的始发服务和控制。

因此，当代全球化的任何分析都必须考察它所包含的政治方面。一方面，政治活动包括参与者们，即个人之间的权力关系、家庭的权力关系、协会之间的权力关系、公司间的权力关系及政府组织间的权力关系。另外，全球化的政治学还包括社会结构，即年龄群体之间的权力关系、文明之间的权力关系、阶级之间的权力关系、性别之间的权力关系、种族之间的权力关系、性取向之间的权力关系，等等。像任何重要的历史潮流一样，跨地球和超版图联系的生长授权给一些人，不授权给另一些人。

所以，作为一个政治过程，全球化是关于不同的利益和竞争价值的竞赛。全球性的扩展是（并且只能是）一般性的承载和政治上的代价。决定谁的权力上升了，谁遭受了目前流行的全球化实践之苦，并且考虑是否相反的政策会有更好的政治意义，这一点是很重要的。

的确，全球化的政治学基本上是关于选择的。多重的全球化是可能的。确实，和占统治地位的参与者、深厚的社会结构及长期的历史过程相联系的权力力量已经促进了最近的大规模的跨地球和超版图连接性的扩展。然而，所有社会参与——包括这篇论文的作者和读者——都有机会回应和形成这个浪潮。关于全球化的范围、速度、方向和后果，这一切没有什么是不可避免的。特别是，正如我们早些时候强调过的，全球化和新自由主义不是同一样东西。选择走还是不走全球化的道路可能是大家想要做的决定，比曾经流行于 18 世纪中期的方向选择更重要。当然，个人的与集体的决定（既包括主动的也包括被动的）可能会造成很大的差异。

这些伦理的选择和政治的移动，首先要包括一个人如何定义全球化。像以往一样，理论和实践是不可分的。应付当代全球性的挑战，人们需要一个不仅能提供从知识上能澄清问题的概念，它还应该能帮助人们就如何参与全球化作出正确的、明智的和负责的决定。正如我曾在其他文章中所指出的那样，作为跨地球的、超版图的连接性的全球性的概念能很好地为促进当代历史上的人类安全、社会公正和民主服务。①

① 参见肖尔特：《全球化：批判性引言》第 3 章；肖尔特：《新自由主义全球化的根源》，日内瓦：联合国社会发展研究所，2003 年。

结　论

　　本文认为，当用一个特殊的地理学的方式进行构想时，"全球性"和"全球化"可以对于用来理解当代各种社会关系的分析工具有新增价值。的确，最近几年的全球化讨论大都没有揭示什么新的东西。并且，确实，松散的思想和粗枝大叶的政治学使许多"全球化"的观点变得不那么有价值了。然而，这些缺点没有使这个概念在每个形式上都丧失信誉。毕竟，广泛的其他主要观念的胡乱使用——比如像"阶级"、"民主"、"理性化"和"灵魂"，这里随便提及几个——还不是把所有这些概念一起摒弃的理由。反之，一个作为把社会生活重新空间化的全球化定义可以开辟新的知识和以一种建设性的批评态度迎接当代历史关键政策的一些挑战。没有任何一个词汇可以像"全球性"和"全球化"的概念那样捕捉目前正在进行的大规模的跨地球生长（并且还经常是超版图的）连接性。这样的一个内省为在当代历史进行研究和行动提供了一个很有前途的切入点。

　　当然，在本文建立起来的全球化的概念绝不意味着它是关于这个名词的最终的解释。正如早些时候所强调过的，定义没有最后性的。本文的目的不在于发布最后的通告，而是提供一些暂时的想法，以激发进一步思考、辩论以及逐渐地促成对这篇文章的重写。

（李秀丽　译）

（《社会科学战线》2003 年第 5 期）

信息化和权力结构的变化

〔韩国〕金文朝*

以尖端科技为先导的未来新社会，其首要特征就是信息化，而信息化所导致的直接产物就是信息社会。有别于传统产业社会的信息社会，其特征大致可概括为以下三个方面：

第一，社会诸领域对人类智能及智力活动的依赖程度将大大提高；第二，所谓 CMC 的间接、抽象的相互作用取代了直接、正面的相互作用，"时空凝缩"（time-space compression）进程加快；第三，开放式信息的流动打破了"界限的封闭性"，部门间的界限因此变得模糊，亦即所谓"界限弛缓"特征。

但是，所谓信息化并非一个均衡的发展过程，它大致可分为计算机化（computerization）——网络化（networking）——弹性化（flexibility）三个阶段。

首先，计算机化是以计算机硬件普及为中心的技术设施构建为特征的阶段；其次，网络化是指由于计算机技术和远程通信技术的结合，而使交流沟通网络逐步扩散的过程；第三，所谓弹性化阶段，是指不仅社会结构的强直性在缓和，而且人们的思维方式和行为方式也变得舒缓松弛，时间、空间、结构、意识上的界限因之弱化的状态；最后的第四阶段（译者按：原文此处加入第四阶段），指尖端信息通信技术与多媒体技术相融合的电脑空间世界广泛影响到实际生活，并引起人们主观世界产生重大变化的阶段。

随着信息化的发展，现有的权力关系也会出现新的变化。至于未来信息社会的权力关系将向何种状态发展，目前虽尚未得出明确结论，但已有人提出两种观点。一种观点认为，随着信息社会的到来，将会使既有的权力结构日趋巩固；另一种观点则认为，现有的权力结构解体的同时，将伴随分权化的加速或

---

* 作者单位：高丽大学文科大学社会学科。

权力关系的重新调整。

一般来说，权力结构具有如下两种特征：其一，掌握着支配权力之源者最终具有合并其他权力之源的倾向。无论是武力、财力或智力、信息能力，只要能够在相关社会运用核心技能，其拥有者吸引其他权力之源的可能性就大。其二，占支配地位的权力之源将随着时代的发展而变化。如果说狩猎、采集社会的权力之源是体力，农业社会的权力之源主要是土地，那么在产业社会，物质或资本可以说是社会统治权力的主要源泉。因此，随着知识信息社会的到来，社会的权力结构状态很可能朝着与过去截然不同的方向发展。

为了进一步考察和分析上述多样化的未来信息社会的权力关系，有必要首先弄清信息的性质，即共享信息和私有信息。

信息在显示其稀缺价值时，就被赋予了权力，即能够先于他人接触到信息时，该信息就成为权力之源并对他人发挥影响力。但如果信息通信网覆盖到整个社会，且有价值的信息资料库已充分构建，由于任何人都能轻易接触其所需信息并有效利用，因信息价值差异所产生的支配隶属关系便会消除。也就是说，在信息共享的情况下，凭借稀有信息的权力行使将变得不再可能。

反观资本主义社会的信息，它是一种面向资本积累的具有私有财产性质的商品之一。这样，信息的社会附加值越高，对信息的接触、获取、利用等各项费用就越增加，结果不可避免的是，只有那些有付费能力的少数统治阶层才可能享用有价值的信息。换句话说，作为私有财产的信息，成为一种巩固既有权力关系的重要因素而发挥作用，从而导致信息的"贫益贫、富益富"现象的加剧。

在信息社会，决定权力的核心要素固然是信息知识，但不能因此盲目地局限于"信息知识等于权力"或"信息知识决定一切权力"这样简单的等式或逻辑推理。从根本上来说，所谓信息社会比以往任何社会都更具多元性和弹性状态，对形成、行使和维持权力的机制也应从更多角度去理解。

因此，为了使分析更加缜密，对信息社会的权力结构，可以从经济权力、智能权力和政治权力三个范畴进行区分。即：（1）与信息的性质相关联，围绕信息资源的所有关系，主要在个人对个人的基点上形成经济权利之长；（2）与信息精英的社会地位相关联，围绕对知识的利用，在集团成员之间形成智能权利之长；（3）与组织及控制方式相关联，以信息接触为中心，在国家和市民社会间形成政治权利之长。综合上述一系列假设，则如下表所示：

信息社会权力关系分类图式

分析单位	基本变因	派生变因	权力形态
个人对个人	信息资源	信息的所有程度	经济权力
集团对成员	集团内部级别	知识信息利用程度	智能权力
国家对市民社会	社会组织和控制方式	共享信息接触程度	政治权力

特别是通过信息网络形成的新的国家权力，与以往依靠领土、资源、人力、武力等物质要素的权力相比，大概是完全不同的形态，这是因为无形的信息将会以储存、管理、分配的能力为核心要素而发挥作用。那么，信息革命是增强国家的作用还是减弱国家的作用呢？对此，D. 伦佩特以"计算机体制"（cybercracy）来命名通过信息进行的控制，其后又提出了多中心性、开放性、柔韧性等一系列特征。

然而，如果计算机体制得到发展，国家机构能否变为更具水准、更加分权化的组织？这一问题目前尚无确切的答案。就像 D. 凯伦特所提出的："新技术一方面加速了分权化，但另一方面，由于组织核心加强了全盘审视的目光即最高视角（top sight），从而使复合式组织管理成为可能。"这是因为传统的位阶体系瓦解后，仍存在构建新形式的级别秩序的可能。

不仅如此，计算机体制除了导致权力转移和权力分布变化以外，使权力性质本身也发生质变，从而最终影响到统治的本质。随着计算机社会的到来，对统治类型的变化，B. 罗德采用 5 个命题归纳如下：（1）摆脱规章制度约束；（2）与民间机构的政策性共助；（3）公共机关的民营化；（4）远程统治方法的开发；（5）利用高端信息技术的组织配备或结构再调整。

但是经历了这一过程，统治方式的性质本身也在发生变化。历来以地域基础上的公共行政为基本目标的官僚制统治形态，转变为后近代的统治形态，于是丧失理念或大义名分的中介政治形成的危险性便不能不存在。随之而来的诸如水平化（horizontalization）、超地域化（deterritorialization）、虚拟化（virtualization）等计算机化的发展将打破国家权力，最终也有可能突出毫无内容的原子统治和以形式为主的时尚政治。这种统治方式不只是对归于杜绝专权的温和政治的暗示，而且在以阶级关系为首各种级别结构弱化的情况下，以超主体化的个人为对象形成的计算机统治，也可能导致与过去以被动大众为对象的精英专制相类似的网络专制体制（network despotism）。

因此，在这种可以预见统治体系转换的时代变革期，赋予我们的课题是关注全方位的情况变化，探索适应新的生活现实的、合理的权力行使方向和实践方案。

在计算机统治时代已明确到来的今天，与权力破坏倾向分明的国家机构和超主体化压力相对应，不仅追求正体性政治（identity politics）的市民社会的机能隔阂在日益缩小，而且两大活动的实践场所也因信息通信网络体系而逐步变得单一化。一部分学者主张的"生命政治"或"生活政治"时代正在到来的观点，恰恰印证了这一点。

但是，以微观权力为基础的计算机统治时代的国家机构，如果背离原来的公共技能而钻研"同意公法"（engineering of consent），满足于作为市场国家的作用，就不能完全确保内部自由度日益提升的复杂社会秩序。若此，国家也没有理由对超过生活水准，包括对享有正常生活方式、期待生活发生质变的市民社会的多种需求逐一进行干预，并使之得到充分满足。相反，我们认为，国家应把目前执行和调整作用大幅转移到民间领域，提高统治技能，来同时解决超小国家的无力无能和超大国家的效率低下问题，并与日益加强自律性统治力量的市民社会一起，共同构建国家—市民社会之间公私合作（public-private partnership）的有机体制，创造出希望与忧虑并存的未来社会的发展机遇。

可以这样说，随着信息化和尖端信息技术的发展，以往关于国家机能变化的研讨，其主流方向是行政体系将向何种方式转化，以及权力分布能否发生变化。这主要是因为人们认识到信息社会的未来是一种同质现象。但是，如果认为信息化过程是一系列复合式发展过程，那么不仅可以甄别各阶段的政策课题，而且也能推断出国家机能过渡的过程。特别是由于民间社会对公共政策的参与日趋活跃，以及非政府机构（NGOs）的作用不断增强，最终统治的本质将发生很大变化。从这一观点看，对包括权力性质在内的新的统治模式的研究，今后应当得到进一步加强。

（宋健　译）

（《社会科学战线》2004 年第 2 期）

美国与欧盟日渐疏离吗？

——关于文化的概念与文化差异的思考 *

〔荷兰〕杜威·佛克马**

　　几乎每天，报纸都在提醒着我们："美国与欧盟日渐疏离"，据推测，这一疏离过程开始于冷战结束后的 1989 年，巴尔干半岛危机中，欧盟与美国之间的分歧日益明显，而到了 2001 年 9 月 11 日恐怖分子袭击纽约世贸大厦时，这种分歧更为加大；最后，2003 年初在英国、澳大利亚分遣队和波兰军队的支持下，美军入侵伊拉克，这更是凸现了美国政策与欧洲各国（特别是德国和法国）不同反应之间的矛盾分歧。从政治的角度看，我们不再有可能用"西方"这一词指代某种统一的整体。这种表面的分歧是不同质文化的问题吗？或者说文化差异是不是这种分歧的深层次原因呢？

　　要得出这一问题的答案，我们有必要讨论一下文化是什么？以及如何去研究它？首先，我要区分一下政治文化、经济文化、日常文化、艺术文化等。请允许我对这些区别举例说明。美国与欧盟政治形式的差异可以被看作政治文化上的差异。2003 年 10 月，法国航空公司与荷兰皇家（KML）航空公司决定合并，工商业企业文化就成为了一个议题。媒体马上指出，法国航空公司与荷兰航空公司各自都有自己的公司文化。此类工商企业中的文化可以被称作经济文化。我们也可以从"多文化社会"这一概念中找到"文化"这一词汇，在这个概念中，文化指的是生活方式，日常生活态度，或者说是一种"日常"文化。最后，我们还可以将文学艺术表现的世界看成一种独特的文化。关于文艺文化，我们可以想一下现代主义的成规，这些成规源于欧洲，然后又从欧洲发展到北美和其他地区；而后现代主义的成规，则成形于美国的批评界，然后又

　　* 本文是国际比较文学学会名誉主席杜威·佛克马教授（Douwe Fokkema）2003 年 11 月 13 日在清华大学主办的中欧文化高级论坛上的主题发言，经作者同意发表。
　　** 作者单位：荷兰乌德勒支大学比较文学系。

从美国扩散到世界其他地方。在世界不同地方对于现代主义与后现代主义的不同强调反映出文化上的差异。但精确地讲，现代主义与后现代主义的历史也反映出这些文化差异不能简单地固定到任何特定的区域。文化现象总是会跨越边界，很难固定不动的。然而，我们不能被文化在社会现实中的琢磨不定性所吓倒，我们应该继续致力于建立一种概念清晰的、可以成为一种分析工具的文化理念。

到这为止，我们可以得出这样的结论：政治的、经济的、日常的以及文艺的文化之区分是有意义的。大概有人也会想到宗教文化，但是因为时间的关系，我在本文中就不细谈了。这些不同的文化层面—— 社会或国家的特征——是结合在一起的，但它们不是一定要相互反映的。更确切地说，它们经常是断裂和相异的，比如文学文化与日常文化、政治和经济文化之间就是迥然不同的。

我在本文中首先要将文化定义为一种成规体系，然后表现这些成规是如何嵌入叙述中的（关于语境与目标的叙述）。其次，我将从文化成规的角度分析罗伯特·卡根（Robert Kagan）于 2003 年出版的《天堂与权力》，最后回到欧洲与美国文化的比较，并着重于有关现代性与后现代性方面的内容。在分析我们面临问题的现代性与后现代性的解决方案中，我将继续引述罗伯特·卡根，同时也会涉及罗伯特·英格哈特，让—弗朗索瓦·利奥塔，以及其他涉及后现代的批评家。

文化是一种成规体系

将文化定义为一种成规体系意味着选择了描述与分析的手段。这表明我不能一味地做价值判断，但我可以这样认为：比较而言，某些文化成规可能波及更广，某些成规可能更复杂，大概成规越复杂，它的传播范围就越窄。

我对文化的研究重点聚焦于成规这一观念。这一观念在语言学家费尔迪南·德·索绪尔（Ferdinand de Saussure）1916 年出版的著作中出现，后由哲学家大卫·刘易斯（Davie Lewis）在 1969 年做了进一步详细描述。发明成规是为了应对特殊社会问题的出现，尽管有各种各样的解决方案，但某种调和的类型更为人所取。正如刘易斯所解释的：成规是一种明确的、默许的协议，目的是解决协调问题。在生理必要性与逻辑必然性之间，它找到了一个区域，在这个区域里面，人类行为存在着很大的自由度。打个比方来说，进食属于一种生理必要性，但进食的方式：是用筷子、刀叉还是像印度人那样用手指，是由成规习俗来决定的。成规的功能是协调人类的行为，以避免混乱的发生。正如在一张桌子上，不同的吃法只会产生一种混乱，在诸如交通或者国际事务中，有必要严格遵守现行的成规习俗。而此类影响公共空间的习俗，最终被制定到法典中。

"convention"（成规，也可译成习俗）这一词汇从字面上讲是指一群人的聚集，这些人在某一方面就一个需要协调的问题的解决达成一致意见。"习俗"比"风俗"更加能够促使一群人做出决定。这一思路来自于语言学家爱德华·萨丕尔（Edward Sapir），他在 1932 年对文化做出了这样的描述："文化的真正核心是具体个体之间的交往。"[1] 与社会学与人类学所不同的是，语言学、文学研究与符号语言学广泛使用"成规"这一词汇。比如，词的声音与涵义之间的联系主要是由任意的成规习俗决定的。

文化可以被看作一种系统的成规习俗，其共时连贯性与历时变化性都是可描述的。美国人类学家 A. L. 克罗伯（A. L. Kroeber）与克莱德·克拉孔（Clyde Kluckhohn）对文化的涵义作了广泛的研究并从二战开始就收集文化的定义，他们强调文化的系统性。他们这样写道："因为其变量是相互作用的，所以文化是系统的，或者说是有组织的。"[2]

大体上，任何成规都可以被其他成规所替代。如果有人穿过荷兰的南部边界，他就会发现比利时人和法国人比荷兰人更喜欢在问候和道别的时候握手。那么要在法国自如成功地迁徙，需要的不仅仅是掌握语言，还要了解诸如问候方式这样的主导性习俗。也许有人还会建议有必要在恰当的场合表现一下对法国葡萄酒和法国文学的了解。

事实上，问候方式是一个很基本的成规习俗方面的例子。印度人见面问候时，像祈祷的时候一样举起双手，中国人见面则常常握手。但 SARS 期间中国人则暂时停止了握手这一习惯，当然，他们有改变这一习惯的理由。这就表明行为规范会因为场景和目的的变化而发生改变，而成规习俗则从不具有严格的逻辑性。对于政治争端，人们可能用谈判的方式去解决，也可能诉诸武力或者就是简单地服输。环境可能决定哪种方案更恰当，但环境不能命令人们做什么。有的时候，尽管问题的某类解决方案可能被认为不尽人意，但是这恰恰是出于某些特定的专断的成规习俗，并由一种完全不用讲逻辑的背景决定。如果由于某种原因，人们不想握手了，他们可能会想出其他的问候方式，比如像印

---

① 爱德华·萨丕尔：《语言、文化与性格作品选编》，大卫·G. 曼德鲍姆编，加利福尼亚：加州大学出版社，1985 年，第 515 页。

② A. L. 克罗伯、克莱德·克拉孔：《文化：概念与定义评论》，纽约：温泰兹图书出版公司（Vintage Books），1965 年，第 374 页。

度人一样举起双手，或者点头，或者简单地说"你好"，"再见"等等。

文化被定义成一系列的成规习俗，其优点在于：成规是某些外在的可以研究的个体之间达成的一种协议，这样就可以对成规的概念以及文化的概念进行研究和操作了。研究某种情况下，遵循某种特定成规的一个群体是一件可能的事情。所以人们可以研究一个政治群体的构成，其成员对于使用武力的态度，他们在经济和日常生活中的偏好，还有他们对文学艺术的喜恶等等。

现代权力与后现代天堂

现在让我们将目光转向卡根的《天堂与权力》。这本书出版于2003年，最初的雏形是2002年发表在《政治评论》上的一篇文章。这本不到100页的小册子至少有两点是很独特的：首先，它大言不惭地公然赞赏美国的军事力量，藐视国际法；其次，他认为美国是"现代的"，而欧洲是"后现代的天堂"[1]，这点也是我要锁定的方面。卡根确实是在用文化术语来描述美国与欧洲的区别。他的文章开首就是这样的一个句子："现在，不要自欺欺人地认为美国人与欧洲人世界观是一样的了。"[2]

世界观的不同之处在哪里？他们是如何被合法化的？卡根与传统的观点，也是共和党内的观点一致，那就是：美国在国际事务中倾向于单边主义。他这样写道：美国人"不愿意通过诸如联合国这样的国际机构，不太喜欢与其他国家合作追寻共同目标，对国际法持有比较怀疑的态度，如果他们认为必要或者有用，他们会更愿意违背国际法行事"[3]。

然而，欧洲人在处理国际事务中表现出一种截然不同的态度。按照卡根的描述："他们小心周密地处理问题，试图间接微妙地影响他人。他们能够容忍失败，当解决方式不能马上奏效时，他们也会很有耐心。他们大体喜欢用和平的方式解决问题，趋向于用协商、外交和劝导的方式，而不是用威压的手段来解决问题。他们更愿意通过国际法、国际惯例和国际舆论来解决争端。他们试

---

[1] 罗伯特·卡根：《天堂与权力：新世界秩序中的美国与欧洲》，纽约：阿尔弗雷德·A. 克诺夫出版公司，2003年，第53页。

[2] 罗伯特·卡根：《天堂与权力：新世界秩序中的美国与欧洲》，纽约：阿尔弗雷德·A. 克诺夫出版公司，2003年，第3页。

[3] 罗伯特·卡根：《天堂与权力：新世界秩序中的美国与欧洲》，纽约：阿尔弗雷德·A. 克诺夫出版公司，2003年，第4-5页。

图用商业与经济纽带的手段将世界各国联系起来。"①

卡根承认这些只是一些大体的总结，但他用这些特色来解释他所谓的美国与欧洲"策略文化"②。美国有很大一部分人公开支持国家违背国际法行事，这是一种新的现象，正如在欧洲，不愿违背国际法也只是过去半个世纪里的新生事物。这种不同的习俗源于美国与欧洲所处的不同情况。

欧盟是谈判与折中的产物。1945 年以后，不论是军事上还是经济上，没有任何一个欧洲国家可以与其他的欧洲各国联盟相抗衡。在欧洲，事实证明这种谈判与折中模式是卓有成效的。1957 年在罗马成立的六国欧共体，到现在，已经扩充到 15 个国家，到 2004 年会达到 25 个国家。更多的国家正在列队等待希望加入欧盟。不需要军事劝说或者经济压力，任何新来者都可以自由地接纳各种有关司法、经济组织和政治政府的民主的欧洲条约。因为人员与货物可以自由流动，大多数国家又使用同一种货币——欧元，欧盟具有很强的吸引力，可以通过和平的手段在不断扩充的广大区域实施法律。另外，欧洲的模式是成功的，所以世界其他地区也正在效仿，比如拉丁美洲的巴西、乌拉圭、阿根廷、智利等国家正在建立一个名为 Mercosur（西班牙语）或者 Mercosul（葡萄牙语）的共同市场。

卡根认为由于欧洲在冷战中受到美国的军事保护，所以可以静静地进行它的经济与政治一体化。美国深知世界是一个灌木丛生的丛林，而欧洲正在向里看，忙于建设它自己的世外桃源。

让我们再进一步推敲卡根的观点，在他看来，美国人认为人天性是坏的，而欧洲人希望和期待人大体是好的，可塑的，甚至可以是完美的；"美国陷入历史泥潭之中，在一个国际法与任何规则都不可用的无政府主义的霍布斯世界中实施力量"，而欧洲则"正在脱离权力力量，走向一种由法律规则、国家协商与合作构成的自足的社会……正在进入一种后历史主义的平和与相对富足的乐土，一种伊曼纽尔·康德的'永久和平'"③。美国与欧洲之间的分歧是强与弱的对立，武力入侵与谈判的对立，单边主义行为与多边协商的对立。

---

① 罗伯特·卡根：《天堂与权力：新世界秩序中的美国与欧洲》，纽约：阿尔弗雷德·A. 克诺夫出版公司，2003 年，第 5 页。

② 罗伯特·卡根：《天堂与权力：新世界秩序中的美国与欧洲》，纽约：阿尔弗雷德·A. 克诺夫出版公司，2003 年，第 7 页。

③ 罗伯特·卡根：《天堂与权力：新世界秩序中的美国与欧洲》，纽约：阿尔弗雷德·A. 克诺夫出版公司，2003 年，第 3 页。

差异的阐释

这些分离与对立产生的原因很多。首先是军事力量的客观因素：美国国防预算比德国、法国与英国的总和还高3倍。另外，精良的技术使美国的士兵与设备有更强的御敌性。美国人比欧洲大陆的人更能够接受冒险①，而超级大国意识则更是促使美国政府进行军事冒险。另一个因素是美国政治经济利益的地缘因素。欧洲人在欧洲的疆土内没有什么可以畏惧的，欧盟对世界的关注点主要是经济的，而不是政治或军事的。相反，美国政府要关注的是一个全球性庞大的经济、政治和军事利益网络。卡根说欧洲人和美国人生活在不同的世界里，在这点上，他确实还是有道理的。

然而，美国的"战略性文化"有令人难以接受的矛盾之处。当美国总统布什公开声称为了世界的进一步和平而进行防御性战争的时候，联合国秘书长安南和其他人马上批评说那是一种违反国际法的行为。美国以为会有联合国的全力支持，结果最终上演的却是一场超级大国的独角戏。如果美国再重复这种先发制人的行为，或者再有其他国家来模仿，那后果将不堪设想。这种防御性的战争会引发其他防御性的战争，这样下去不仅不会使世界更安全，还会不可避免地造成混乱状态。尤其是在没有令人信服的理由时就开始一场防御性的战争的时候，比如对伊拉克的入侵，就只是因为假设了伊拉克有大规模杀伤武器，而这种假设是未经证实的，这样，后果更是不堪设想。

当乔治·布什宣称美国入侵伊拉克的原因之一就是想推翻独裁统治，给伊拉克人民以民主，一个本质性的矛盾就出现了。美国开始的这种单边行为本身就违背了安理会的民主决议。尽管美国总统宣称会教会伊拉克人什么是民主，但它在联合国的表现本身就是不民主的。越来越多的人认识到这种代价高昂的悖论远不能达到目的。当我听说美国根据这样难以成立的不民主的理由而入侵伊拉克时，我马上感到世界被美国拽着至少倒退了一个世纪。

作为一个欧洲人，我确实笃信沟通、折中与逐步进步。卡根认为这样的观点与纷繁复杂的世界相矛盾。那么，让我们来研究一下为什么美国进行单边军事行动。我已经提到了两个原因，卡根也有提到的：首先，美国的高科技军事力量使他们比欧洲人更冒险；其次，美国人更是强烈意识到他们居住的世界比

① 格尔特·霍夫斯蒂特：《文化与组织：大脑的程序软件》，纽约：麦格罗—希尔出版公司，1991年。

欧洲人的世界更混乱，因为欧洲人只是将兴趣与视野放到了欧洲大陆内部。

我认为还有第三个因素导致美国倾向于采取单边军事行动，而这一点，卡根是完全忽略的。这一点，要从美国的历史里找寻。美国的历史是暴力的历史，包括奴隶制（特别是南方各州），还有对成千上万印第安人的欺骗、杀戮与土地掠夺。最近的政治文章对奴隶制的谴责声不断，美国不再有肤色的歧视。但是美国的印第安人的境遇如何？从美国开始有最初的殖民者，荷兰人（在现在的纽约这个地方）到后来的英国、法国和西班牙的殖民势力，他们都是在欺骗印第安人。美国印第安人的灭绝就是一场种族屠杀。但是美国人的文化记忆中很少会有这样的记忆，当然卡根文章的阐释体系里也是不会有这样的内容的。在人人都有枪的美国家庭，在美国监狱的死牢里，在这场防御性战争的概念与事实中，这种种族屠杀被蒙上了一层官方暴力的面纱。

种族屠杀也困扰着欧洲，但欧洲各国用各种书籍、电影和电视节目来面对大屠杀这样的事实。最近，就在 2003 年 10 月 3 日，当德国庆祝德国统一日——国庆日时，德国总理格哈德·施罗德在马格德堡的官方庆典上发表讲话，最令人惊奇的是他之后的主要演讲者是 2002 年诺贝尔文学奖获得者伊姆雷·科茨(Imre Kertesz)。作为一个匈牙利人，他代表着 2004 年将要加入欧盟的 10 个东欧与中欧国家中的一个国家，同时作为一个从奥斯威辛集中营幸存下来的犹太人，他提醒每一个在场者不要忘记德国历史上黑暗的一页，不要忘记对犹太人的屠杀。欧洲人记得 60 年前的那场种族屠杀，但当今美国政府的政策制定者的文化记忆中是否还同样保留着对 16 到 19 世纪美国印第安人的种族屠杀的记忆呢？

欧洲人对 400 年前的殖民历史怀着愧疚感，而美国人似乎认为他们的经历中没有那样黑暗的历史，这是完全不正确的。在欧洲，大屠杀的幸存者使人们感到罪恶感和愧疚感，甚至需要心理宣泄来治疗，比如 2003 年 10 月 3 日，德国庆祝德国统一日时科茨所作的演讲就是一个例子。正如卡根所诊断的，欧洲"正在远离权力"。在欧洲尽力与过去协调之时，美国则完全忽略过去，全身心地想着未来。但是，对于过去经历的记忆是生活与政治成功的关键。

关于社会民主党的德国总理施罗德和匈牙利裔作家伊姆雷·科茨，有一点还需要说明。施罗德对于能够对美国的入侵行为说"不"很是自豪，但科茨批评德国的行为并不关涉美国的入侵。他支持美国的入侵行动，他将萨达姆·侯赛因与希特勒进行比较，他还提醒人们注意"慕尼黑条约"——1938 年 9 月，希特勒、墨索里尼、张伯伦和达拉第在慕尼黑签订的条约，将二战推迟了不到一年，但这被普遍认为是一种错误的绥靖政策。

出于本国的历史原因，有较多中欧与东欧的国家赞同美军入侵伊拉克。不论人们可能怎么想，我希望大家不要忘记这样的事实，那就是在德国国庆日，科茨不仅仅是提醒读者记住德国历史上黑暗的一页，同时也提出了一种与施罗德相反的政治观点。这一庆典表明了欧洲文化中的不同立场的共存与对话的特征。这是一种希腊遗风与犹太基督传统之间的对话，是清教徒与罗马天主教徒之间的对话，也是理性人文主义与宗教信仰之间的对话。欧洲民主的背景正是由这种对立性构成的。有人可能会怀疑美国是否有类似强烈的对话意识，因为美国传统的公众生活更多的是宗教与上帝的祈福。

现代与后现代

卡根没有提到宗教在美国政治生活中所起的作用，但是他却指出了美国与欧洲文化差异中很有趣的一面，这一点我们在前面也曾经一带而过。美国对于它自己的超级大国和拯救世界的地位深信不疑。卡根不无讽刺地指出，美国人"总是相信他们已经找到了人类幸福的秘诀，希望将这种发现传播到世界其他的地方"[1]。然而，欧洲人缺乏这种自信，用克里斯·帕登（Chris Patten）的话来说，"经过几代的偏见、战争和灾难，人们就容易走妥协与折中之路了"[2]。卡根将美国人的观点称为"现代的"，将欧洲人的观点称为"后现代的"。这种说法本需要进一步解释说明，但卡根没有这样做。"现代"不仅仅表示使用权力，"后现代"也不仅仅是拒绝使用权力。很令人惊讶的是，卡根严格地区分出现代的美国和后现代的欧洲，实际上，很多欧洲人更趋向于将北美认同为既是现代的又是后现代的。

"后现代"这一词汇是在 1946 年由欧洲历史学家阿诺德·汤因比在他的简写本《历史研究》[3] 中首次使用的，意思与现在的用法基本相当。他描述了经济与工业领域全球化的倾向（但没有用"全球化"这一词汇），认为国家不再是一个自足的实体，既面临区域主义也面临跨国公司的挑战。但是在汤因比使用"后现代"这个词以后，并没有很多人继续使用。直到 20 年后，美国文学批评界才开始广泛使用这一词汇。在讨论建筑和哲学中的后现代性时，这个词更广泛地被使用，最终成为了一个大众社会和政治研究中的寻常词汇。

---

① 罗伯特·卡根：《天堂与权力：新世界秩序中的美国与欧洲》，纽约：阿尔弗雷德·A. 克诺夫出版公司，2003 年，第 61 页。

② 卡根引用之语：出处同上，第 61 页。

③ 阿诺德·汤因比：《历史研究》1—6 卷，D. C. 索姆维尔删节本，剑桥：剑桥大学出版社，1946 年，第 34 页。

法国哲学家让—弗朗索瓦·利奥塔应加拿大魁北克政府所托，写出《后现代状况》这一报告，在报告中他对成规习俗通过宏大的叙述对某些社会行为合法化的现象进行了批判。他质疑启蒙主义传统，现代主义和科技进步等能够起的作用，并特别批判了哈贝马斯通过理性争论达到共识的观点（尽管不是非常令人信服）。美国社会学家罗纳德·英格哈特（1997 年）也跟进了利奥塔的后现代主义理论，他认为后现代主义那种排斥理性主义和现代主义进步的态度不会维系很久。对于英格哈特来讲（但不是对于卡根），后现代只是对现代的合理修正。英格哈特认为，后现代主义颠覆了宗教与国家的权威力量，对种族和文化多样性更加宽容，强调个人按照自己的意愿选择自己的私人生活。

英格哈特对于后现代的观点并不影响他与卡根的某些观点的一致性：即后现代主义只有在现代主义取得成功之后才能够成功发展。卡根认为欧洲后现代主义方式只有在美国军事主义的保护伞下才能够繁荣起来，英格哈特则认为后现代主义只能建立在现代主义所提供的物质稳定、人身安全、教育有效的基础上，是与任何权力机构相脱离的。

尽管后现代主义的话语源起美国，但英格哈特与卡根都看到，后现代主义态度在欧洲是更普遍的。英格哈特声称，斯堪的纳维亚各国与荷兰属于比较后现代主义的地区：因为"（统计数据）表明北欧各国与荷兰是地球上最为后现代的国家"。① 这一结论是英格哈特根据对 43 个国家人口的有关习俗信仰调查的大量数据得出的。

卡根发展了权力理论。美国政治圈子里的人总是希望将美国的民主模式强加给其他国家，他们认为军事力量可以解决问题，有的时候甚至有必要发动防御性战争。有必要明确的是，卡根的观点与以乔治·W·布什为首的共和党的观点是一致的。这种对强权与武力的宣扬是一种习俗，如果美国政府在实际国际政治实施中遇到难题，这种习俗也许会减弱。没有任何成规可以终生有效。如果环境变换了，世界的反应与美国所期望的不同，或者有了不同的目标，那么美国的政治文化也会发生变化。幸运的是，不论怎么去抱怨，美国是一个民主国家，很有可能 2004 年乔治·布什不会连任，会有另一个总统引入一种新的不那么单边的国际事务方针。

欧洲情况亦然。如果现在这种大多数人支持的协商与折中的成规习俗不能达到预期目的，欧盟内各个国家的合作趋势将减弱，民族主义将再一次兴起。

---

① 罗纳德·英格哈特：《现代化与后现代化：43 个国家文化、经济与政治变化》，普林斯顿大学出版社，1997 年，第 22 页。

大概欧盟也会认识到所谓的后现代成规只能建立在现代的组织，透明的政治民主，公众的安全以及军事防御基础之上。欧盟脆弱的结构必须能够抵御各种片面的区域与个体利益的冲击。不论卡根所谓现代的美国政策还是所谓后现代的欧洲态度都不是一成不变的。成规的观点不是静止的，它可能在一夜之间就发生变化。全球格局的些许变化，政治观点的转变都会影响成规。如果说今天的美国与欧盟在疏离，那么明天他们也许又会紧密联系在一起。

如果说英格哈特是根据一系列数据得出结论认为斯堪的纳维亚国家与荷兰是世界上最后现代的国家，那么这些国家的文学又是什么状态呢？是不是人们也会在这些国家找到最后现代的文学呢？在北欧和西北欧地区有很多后现代作家——比如扬·克杰斯塔德（Jan Kjaerstad）与彼得·赫格（Peter Hoeg）、荷兰的西斯·努特博姆（Cees Nooteboom）、哈瑞·穆利殊（Harry Mulisch）、阿农·格朗伯格（Arnon Grunberg）等，但是斯堪的纳维亚国家与荷兰文学中的后现代主义在文学中的地位与后现代成规在日常文化与政治文化中地位是不一样的。恰恰相反的是，一个社会越是具有后现代特征，就越不需要后现代文学。在扎根于现代主义的社会中可能更容易找到后现代文学，这是因为文学所描述的总是与现实不一样的，作者的观点与真实的数据也常会有差异的。

篇幅有限，我在这里讨论的是政治文化与日常文化，如果要进一步讨论现代主义与后现代主义文学文化，我还需要再写一篇文章。

（王敬慧　译）

（《社会科学战线》2004 年第 2 期）

世界化——地方化时期的
市民文化的形成

〔韩国〕 金成国*

目前，韩国社会并不完全具备形成市民文化必需的政治基础。但如果我们想把世界化、地方化的时代趋势转变为积极发展社会的机会，就绝不能放弃为形成市民文化的努力。对于历经一个多世纪，也就是刚刚才成立起市民社会的我们来说，市民文化的形成更昭示出促使韩国市民文化趋于成熟的历史当为性。

笔者基于对此的关心，希望创造性地重新构建被称为原因主义、地区主义、民族主义的韩国市民社会的历史的、结构的特性，使韩国的市民文化与世界化、地方化要求的文化变化相对应。市民文化提示应当清除歪曲了的集团性、地域性的利己主义，消除民族的封闭性和自满心理，使之朝着地区的市民共同体所强调自律性、公共性、普遍性的方向发展。

市民文化形成的核心课题是谁去做，什么发生变化和怎样使之变化。

第一，对于市民文化形成所必需的主要人际资源问题，最初应当直接动员那些在时间、物质上都有一定的空间，有智力、有教养，以及对未来充满希望，大多数都要求在现实中参与改革成果的中间阶层。在转型期社会，韩国的中产阶层作为既得权力阶层，不但能积极地维持现状，相比之下，更能成为社会改革的主导阶层，因而可以成为市民社会核心的组成要素。西欧中产阶层陷入个人主义、安逸享乐的消费之中，导致支撑西欧资本主义的清教徒式的劳动伦理和附议逐渐消失，最终面对今天的市民社会的道德落差和矛盾。韩国中产阶层坚定地追求规范的文化之时，必将迎来形成韩国市民文化的契机。

第二，认识文化我们必须区别于过去。不然，不要说标新立异的市民文化，即我们的、市民们的，就连市民文化能否形成都不能知晓。文化常常被当

---

* 作者单位：韩国釜山大学社会科学学院社会学系。

作人类生命的类型和生活方式的总和。但这个概念实际应用中太抽象概括。因此，我们通过分阶段地将人们的日常活动发展成为一种文化形式，从而更生动直接地理解文化的意义。如果文化可以从生命的方式的角度理解为在质量方面教育的过程中所发生的事情的话，我们的生活可以象征性地看作为增添空间、精练、兴趣风格等文化性质的阶段性的发展过程。

这里所说的空间当然是指对日常生活反省的时间，或者说对它赋予新的意义或对其已经存在的意义再一次地体味的休息时间，这也是文化生活的第一步。空间使我们明了要追求有质量、更富饶、更美丽的生活，就必须使我们的生活更精练。文化本来的意义教给我们与自然相区别的人为地精心管理（cultivation or nultiation），我们通过精练化（refinement or sophistication）获得了文化生活的繁荣。在重复这种精练过程中，如果我们各自发现或创造出个人独特的风格和个性，那时，文化生活将达到最高的成熟度。文化最终将使人们从拘束的生存和单调的生活中脱离出来，发展成为他们所追求的生活中的空间和精练性，风格和个性。

这样通过创造空间、精练和风格，可以加强我们日常生活的文化修养（生活的文化化），市民文化也可以在我们的日常生活中多少得以培养。这样，市民们在各自的生活中体验文化的活力的时候，就可以象征性地组成市民社会共同体的实体。因此，为了发展市民文化，当前的战略之一就是我们通过展开生活文化运动坚持不懈地改善市民生活中的日常生活基础，同时，培养人们的文化潜力。

最后，在资本主义社会为有效地形成市民文化，就必须灵活地讨论爱、恨、憎、恶和商品化。信息社会文化履行创造出高附加值的产业机能，世界化和文化输出的必要性也越来越大。当然，在现实中，商品化的大众文化正成为市民文化形成的直接威胁。市民文化尽管追求最终摆脱商品化和物质崇拜化，但它面对的第一个课题是必须在大众文化强烈的催眠中唤醒我们沉睡着的文化感受性和洞察力。不入虎（大众文化）穴焉得虎子，这就是韩国市民文化所处的两难境地。无论怎样，韩国的市民文化都必须具有与文化市场中作为商品的大众文化相区别的差异性，不仅仅是在韩国国内得到认定和通用的商品，必须成为在全世界具有竞争力的商品。为此，如果我们不去开展市民文化运动、开发安定牢固的内需市场，市民文化的萌芽就会成为剥削文化的变形，成为以艺术和表现的自由的名义埋葬掉的各种商业主义文化的牺牲品。

市民文化最终形成的关键在于市民文化的内容和水平有多少整体性和主体性，商品质量方面和作为它根基的土壤有多深（文化的土著性或适合性）；（中产阶层）可以拿出多少物质和肥料；人们对其花和果实（文化活动）喜爱的程度（文化需求和文化的合并性）以及人们顺利地使"文化商品和文化市场"发展的能力。当市民文化运动使我们不再被动地停留在观众角色，自觉地唤醒想象力，倡导参与创造的行为的时候，韩国市民社会和市民文化也就达到了成熟的阶段。为此，韩国社会必须在文化的水准上完成市民革命。我们将使得韩国的市民文化运动在地方水准上实现世界化要求的多种多样的文化整体性。进而实现地方居民们自发、积极地参与，在生活文化运动中达到"文化的生活化，生活的文化化"。那些市民文化运动的争论只有建立在地方市民彻底、自觉地认识确定地方自治制度和文化价值的基础上才有说服力。

（尚咏梅　译）

（《社会科学战线》2004 年第 2 期）

社会变化与韩国家庭

〔韩国〕 安炳哲*

产业化和技术的发展以及新的家庭意识形态变化是引起韩国社会家庭变化的因素，这些因素给韩国家庭带来了什么样的变化？本文对此进行了分析。以下是内容提要。

为了掌握过去 75 年（1925—2000）家庭人口平均数量的变化，本文对国情调查资料进行了分析整理。其结果是：家庭人口的数量从 1925 年至 1960 年一直在增加，1960 年后急剧减少。1960 年平均每个家庭 5.6 人，2000 年为 3.1 人。这种变化在家庭人口的分布中还可以得到印证。1960 年，人口在 4 人以下的家庭占家庭总数的 35.9%，1990 年是 71.3%，到 2000 年增加到 86.6%。相反，1960 年人口在 7 人以上的家庭占家庭总数的 32.9%，1990 年是 3.9%，2000 年减少至 0.9%。从以上数字看出家庭是在向小型化方向发展。

为什么从 1960 年开始出现家庭小型化的现象？首先考虑的是出生率的下降。1960 年，1 名妇女一生平均生育数（total fertility rate）是 6 人，1980 年是 2.8 人，2000 年是 1.5 人（权泰焕、金泰宪、崔镇虎，1995.12，统计厅，2001）。出生率减少是因为受到了包括 1960 年开展的家庭计划政策以及正式教育在内的韩国社会全面发展的影响。

另外，应考虑的是家族式大家庭在减少。像本文前面谈到的那样，家族式大家庭在 1966 年占家庭总数 31.4%，2000 年减少到 13.3%。家族式大家庭的减少造成了家庭小型化。

最后考虑的是单身家庭在增加。1966 年单身家庭占家庭总数的 2.3%，2000 年增加到 15.7%。单身家庭的构成比例上升造成了家庭小型化。

---

* 作者单位：汉阳大学情报社会学科。

以前有一种观点是韩国在进行产业化的同时，其家庭是"另一速度"在发展，即家族式大家庭会增加。对此，本人利用国情调查资料进行了重新分析，其结果可以看到以下事实。

第一，从家庭构成情况看，家族式大家庭不但没有"急剧地"增加，反而在减少。第二，包括农村在内，家族式大家庭的比例继续呈减少趋势。第三，这一期间，无论农村还是城市增加比例最高的是单身家庭。所以，可以说在家庭构成中变化最大的是单身家庭。

单身家庭增加的原因是异地求学、求职造成了家庭分化；独身人口增加；单身老人增加。另外，家族式大家庭的存在与是否喜欢父母和未婚子女组成的以夫妇为中心的家庭组成倾向有关。

从以下的数字可以看出1930年至1980年间结婚类型的变化。截止20世纪60年代，以相亲形式最后结婚的占80%以上，到了70年代后以相亲形式最后结婚的人继续减少。与亲朋好友介绍朋友相比较，出现了自己通过接触而直接相处后结婚的趋势。

这一时期的结婚决定权也在发生着变化。1930年代和1940年代结婚的人，被调查对象的72%的人回答是"父母包办"，这一时期婚姻可称为是"父母包办型"。1950年代和1960年代结婚的人，40%人回答是父母决定并征求本人意见。我们称这一时期为"父母包办并征求意见型"。1970年代和1980年代结婚的人，50%以上的人回答是"本人决定并征得父母同意"。我们称这一时期为"本人决定并征求意见型"。因为结婚是人生大事，本人意见对决定今后是否相爱或生活是否幸福十分必要。

初婚年龄也在发生变化，初婚的年龄上升和男女间年龄差在缩小。接受正式教育时间的增加是初婚年龄上升的重要原因。另外，就业机会的增加、选择配偶形式的流行变化以及男子服兵役等原因，对初婚年龄上升都造成了一定影响。

在夫妻关系中，丈夫与妻子的角色观念发生了变化。以男人为主的家长式家庭观念受到冲击，妻子要求两性平等的观念使家庭夫妻间平等。同时，夫妻的权力也发生了变化。这一期间，由于女性受教育水平提高而强化了女性在家庭中的决定权。因为女性有偿劳动增加使夫妻间的使命关系也发生了变化。在女性作用发生变化的同时，男性在家庭中的作用也发生了变化。

在父母与子女的关系中，父母的权威性在削弱，取而代之的是如何进行家庭基础知识教育，家庭教育的好坏成了问题的关键。

1980年代后，离婚率在不断增加。作为合法离婚的一个非常重要的理由是配偶有不正当行为，再有就是恶意抛弃对方，或者一方受到虐待。离婚率增加和离婚观念变化与妇女地位提高有关。

结论，本文讨论的韩国家庭变化的主要内容是：（1）家庭小型化和家族式大家庭。（2）初婚年龄上升和婚姻决定权。（3）夫妻间价值观念变化，妻子就业机会增加以及妻子决定权的增大。（4）父母对子女的权威削弱和家庭基础教育。（5）1980年后离婚率上升。

（朱晓东　译）

（《社会科学战线》2004年第2期）

地域革新体系和地域均衡发展

——韩国政府的新政策实验

金永玎 *

过去40年间，韩国经济戏剧性的成功产生了地域间不均衡发展这个悲剧性的发展矛盾。地域间政治的对立结构和互相竞争，将韩国社会全部赶进这个问题的漩涡中。阻碍社会一体化的最根本原因是地域之间的严重对立、首都圈和非首都圈扩大的划分矛盾和中部圈对非中部圈的挑战等，形成漩涡的中心。

为克服这种发展矛盾，韩国政府2002年2月颁布《实现地方分权和地域均衡发展》文件，制定最高国情目标。新政府的"战略"核心是，中央（首都圈和中央政府）集中的权限和财政尽可能地向地方移交，建设分权、分业、分散形的国家，并形成地域特色化发展的基础。事实上，韩国历届政府都没有轻视向首都圈和中央政府集中的问题。所有政权开始时都把"均衡发展"作为首要国情课题对待，并为此推行各种政策。例如，首都圈整顿计划、以据点为开发中心的地域发展计划、以定居生活圈为开发中心的地域发展计划、西海岸开发产业计划等有代表性的均衡发展计划。但是不均衡发展程度在政权交接之时与政权开始之时相比有所缩小的政府，韩国国民迄今为止尚未看到。以往政权提出的大部分战略不过是政治手段而已。刚刚落幕的金大中政府（国民的政府）正是这种情况。2001年1月，金大中政府为支援落后地域创设了《地域均衡发展三概念规划》。其中包括将大企业总公司移交地方、地域教育特色化、培育地域特色产业等75项改革课题。但是该计划没能取得任何成果，和金大中政府一起沉寂于历史长河之中。

现政府的地域政策与以往政府相比更加强烈。《国家均衡发展特别法》、《地域分权特别法》、《新净水道建设特别法》等所谓地域化3大方案，强制谋求地域均衡发展，其重视程度和决心可见一斑。

---

* 作者单位：韩国全北大学社会学系。

历届政权在政策的推进过程中，都用法律手段清除和制约障碍要素，推进自立型地域化的形成。但是现政府吸取前任教训，推行"内向型地域发展战略"，与以往政权相比战略内容有所不同。前任政府推行"指示、制度、外向型地域发展战略"，完全依赖中央政府的监督和指示。斟酌其要点，现政府的政策确实有很大变化。

为制定内向型地域发展计划，现政府具体的实践战略构成地域革新体系（RIS—regional innovation system），以引导建立地域自立特色发展的基础。这种地域革新力量构筑革新主体，比如说，地方大学、地方政府、地方企业、地方言论、地方非政府机构和地方官民研究所等。主体间能够建立相互交流的网络，以便挖掘地域发展的潜力，引导建立有特色的、自主地域发展观的基础。

现存的公共机构（政府机构 governmental actors——地方政府、国策研究所、亲政府企业、官变团体等）以及民间机构（非政府机构 non-governmental actors——大学、民间企业、民间研究所、言论、非政府组织 NGO 等），都参与了建立这种地域发展战略计划和实践过程，并用制度手段保障形成地方自治、协治、共治，构筑体制以促进地域经济成长，并完成地域单位政治活性化，强化地方分权的基础力量。这是具有社会学意义的发展。

本来从严格意义上讲，地域革新体系（RIS）是欧洲学者最先使用的学术性分析概念。在欧洲，地域革新体系构筑的基础是知识经济和高科技开发等。因此，高科技开发和应用是 RIS 可能进行的基本条件，诸如具有世界影响的地方大学、高技术研究所、高技术企业等。在具备这些条件的发达国家可以毫无顾虑地采用这种政策性术语。但是韩国地方的条件和发达国家完全不同，拥有正规大学和研究所的地域几乎没有。因此，现政府使用的独立的地方化的核心术语 RIS 是可以应用于所有地域产业和条件下的广义概念。

地域单位的 RIS 是参与主体通过网络和学习来创造革新力量的。其中通过地域自治，RIS 实现与某种试验模式相关的增长。一般来说，地域由物质单位和社会单位构成。物质单位即构成地域生产环境条件关系网（生产条件网络）；社会单位即制度和参与主体关系网的集合（统治）。地域革新最终是通过这两种条件的成长来完成的。但是两者不是独立成长而是通过无条件的互相影响来成长的。这种所谓可能无条件参与主体的相互作用和学习的场所（ILS）可以概念化。ILS 不仅是引导地域发展的思想观念，而且能够形成各种主体共同协议组织，例如，协议构成研究所、培训中心、专业社团等。韩国现政府为计划和推进地域革新产业，自发构筑 16 个广义地方自治团体、232 个基础地方自治团体和制定"地域革新协议会"计划。"地域革新协议会"是能够运作的、具备法律基础的计划。这个协议会就可以担当 ILS 的职能。作为生产条件网和地域自治的媒介，真正的协议会是能够自动引导内向型地域发展的机构。协议会现在正成为韩国国民关注的中心。

为具备特色化地域增长的生产条件，全国所有自治团体都根据"地域革新协议会"计划，对各种形态自发的、内向型的成长政策进行改进，中央政府对此在选择和集中的原则基础上进行支援。

（王静　译）

（《社会科学战线》2004 年第 2 期）

全球化冲击效应下东北亚区域情势发展的分析：冲突或合作

（台湾）　杨志诚[*]

当世界各国在感应到"全球化危机"的冲击之后，大部分国家无不积极采取应变措施；根据历史辩证理论，这种发展的情境必然会逐渐走上区域主义的脉络。[①] 欧盟的整合与运行、北美自由贸易区（NAFTA）的建构、亚太经合会（APEC）的机能扩张、东协十加一自由经济体的结盟、上海合作组织的运行等，都显示出这种历史辩证的趋势。然而，扮演世界战略要点的东北亚地区却依然令世界其他地区感受到局势的不稳定，到底这个缘由何在，确实值得探讨。

全球化冲击与区域主义的形成

如果全球化的浪潮是一个不可逆转的历史发展趋势，那么它必然会对当前的世界产生全面而深刻的影响。过去立基于民族国家的国际关系理论也会面临重大的考验，俨然将爆发革命性的"典范转移"。

具体而言，全球化是透过二大机能交错影响的过程及其形成的现象；这二大机能就是生活意识的同化机能及空间一体化的机能。而生活意识的同化机能基本上是透过市场的机制；空间一体化的机能则是透过一日千里的科技文明。

客观来观察，全球化的程序、现象及影响在新世纪中逐渐有迈向机制建构的发展迹象，影响所及势必将迫使人类文明的转型，显示了新时代的挑战和希望。[②] 面对这样的形势，基于自卫的本能，各国将更需要创造和发挥主体的优势，提升自我的"国家竞争力"，此即为"在地化"（localization）的思维，这

　＊　作者单位：台湾逢甲大学公共政策研究所。

　①　杨志诚：《跨越全球化挑战的天道主义》，《逢甲人文社会学报》2005 年第 10 期。

　②　Keohane R O, Nyejs, *Introduction*, Nyejs, Donahuejd, Governance in a Globalizing World, Cambridge, Massachusetts：Visions of Governance for the 21st Century, 2000, pp. 1-38.

也正符合了马克思的历史辩证理论：全球化与在地化的辩证互动关系。① 如果再进一步推演，那么历史的进化将会推向"正—反—合"的方向发展，只有同时考量全球化及本土化的国家政策，才能同时跨越全球化危机，并掌握新世纪的契机。缘此，所谓"顺天（外在形势）则昌、逆天则亡"，各国攸关国家发展的规划也应该迎合这种进化的方向，以前瞻性的思维，将全球化及本土化的互动关系加以整合，亦即国际情势将走向"区域主义"（regionalism）的脉动；各国国家发展战略的优势也必须着眼于"区域主义"的脉络，方能体现。这也完全符合中国道家"对立转化规律"的自然运行准则（即科学理论）。②

东北亚区域在全球战略体系的地位

国际区域主义的形成有如人类社群的结合一样，主要是基于国际间的地缘关系配合所衍生的生存机能而形成的，决定于地缘、意识及交流工具等因素。譬如，尽管传统陆权论认定欧亚大陆乃世界的大陆心脏，谁能掌握"该区域"，谁就能掌控世界③，这个理论也曾经促动了德国与日本的轴心联盟，但是由于当时缺乏有效突破地缘空间的交流工具及生存意识的统合机制，终究无法形成一个可被认定的"全球主义"或"区域主义"。然而，随着信息文明的发展、普世的利益意识以及交通建设的扩张，未来"大陆欧亚区域主义"的形成亦将可期；这也就是美国战略家布热津斯基在《大棋盘》一书中所显现的忧惧。④

相对来说，美国自跳出"门罗主义"之后，推动对外扩张的政策，逐渐发展以海权为主架的军力结构。事实上，马汉的海权论⑤ 也曾经促动了英国建构其霸权的时代。就在 20 世纪的下半叶，苏联取代了德日二国的企图，以

---

① MARXK, *Basic Writings on Politics and Philosophy* C. , Garden City, N. Y. : Double-day, 1959；SELSAM H. , *Dynamics of Social Change*, N. Y. : International Publishers, 1970.

② 曾宪年：《老子领导思想研究》，长沙：湖南师范大学出版社，2005 年，第 9–12 页。

③ Mackinder H J. , Democratic Ideals and Reality：A Study in the Politics of Reconstruction, London：Constable & Co. , 1919；Mackinder H J. , The Geographical Pivot of History, *Geographical Journal*, 1904（23）：421–437.

④ Brzezinskj Z. , *The Grand Chessboard：American Primacy and Its Geostrategic Imperative*, N. Y. : Basic Books/Harper Collins Publishers, Inc. , 1997：39, 148.

⑤ Mahan A T. , *The life of Nelson：the Embodiment of the Sea Power of Great Britain*, N. Y. : Greenwood Press, 1968；Mahan A T, 《海军战略论》，杨镇甲译，台北：军事译粹社，1979；Livezey W E. , *Mahan on sea power*, Norman：University of Oklahoma Press, 1980.

掌握大部分欧亚大陆的陆上霸权，与统领大部分海洋国家的美国霸权，对抗了将近半个世纪。就在这二大势力的碰撞下，海陆二权的"边缘地带"成了双方阵营在安全上的敏感地区。① 以美国的霸权领域来说，在早期是接壤欧陆的英国以及扼制中国的日本及菲律宾；后来扩大到西欧及围堵亚洲大陆的岛链防线，都被列为美国的重大国家利益。从苏联方面来看，欧陆方面的东欧地区以及亚洲大陆方面的西伯利亚地区、朝鲜和越南，也成为苏联全力防卫的地区。如果纯以地缘来看，海陆二权的边缘，一边是欧陆与大西洋接壤的大不列颠群岛（英国），另一边则是欧亚大陆与太平洋接壤的朝鲜半岛及中南半岛；而如果再加上生存意识的考量，欧盟、东南亚区域及东北亚区域将成为未来这一世纪国际局势发展的重要区域，美国之所以积极推动全球化，无异也是冀望透过全球化的机制得以掌控这些地区，以维系其霸权于不坠。

区域冲突或区域整合

从宏观的发展来看，尽管区域主义将蔚然成为未来的趋势，但并不意味着将必然会向着和平与合作的方向统合或整合。在目前世界三大重要的区域中，欧盟及东南亚区域在合作机制上都相对地有了比较显著的进展，而东北亚区域在这方面的努力，还有待鼓吹。本来，可预见的，新世纪的人类应该会在对抗的反省中普遍觉醒，认知到合作与成长才能有助于文明的提升及人性尊严的维护，这是理性发展的趋势。然而在现实的发展中，似乎又存在着各国自我利益的竞逐，以及历史演进而来的意识形态或文化的差异，冲突显然不会在一瞬间消除。目前在世界情势走向缓和的趋势下，被认为是世界四大火药库的地区（中东、南海、台湾海峡及朝鲜半岛），东北亚地区就占一半，虽然朝韩最近显现和解的曙光，但是否就能"和平统一"，相安无事呢？另外朝鲜发展核武的问题更牵动了该区域的安全议题及美国的关切，能否透过"六方会谈"得以"善了"，真的是有待观察与期望。

那么，东北亚区域到底是会冲突还是会整合呢？形式上看起来，冲突与整

---

① Spykman N J, Proposed the Rim-land Theory to Argue that the Rim-land Surrounding the Heartland can Contain the Heartland and Nullify its Influence, Spykman N J, *America's Politics: the United States and the Balance of Power*, Hamden, Conn.: Archon Books, 1942; Hauner M, *What is Asia to U. S. ?* London: Taylor & Francis, 1992.

合似乎是相互排斥的二种动能，事实上，它们彼此之间存在着辩证关系。① 卡赞斯坦（Peter J. Katzenstein）使用"竞争性合作"一词表达其辩证的内涵。② 德国哲学家康德在《纯粹理性批判》一书中指出，虽然在科学分析的方法上存在两种观察原则，一为统一性原则，另一为多样性原则，但是这两种原则的差别并不是本体论上的差别，而只是人类理性的双重表现。③ 人类知识必须调和这两大原则——统一性与多样性，才能建构人类的理性功能；这一个论点同时将可适用于解释区域主义的发展情势。

所谓"国者，人之积；人者，心之器"，因此人类社会形成的种种现象决定于基本的人性（human nature）——极大化自我利益（利益内容多样性）及理性（逻辑统一性）。所以，国家在国际社会中的行为也将是基于此两大原则思维的决策，基尔汉（R. O. Keohane）称之为"自我中心的利益思维"（Egoistic self-interest）及"体谅对方利益的自我利益思维"（Conceptions of self-interest in which empathy plays a role）。④ 也就是说，每一个国家在追求其自我利益的同时，会以其理性逻辑去追求实质的极大化。从人类原始社会的形成与进化历程来看，从自我中心的利益思维到提供个人实质最大化利益的社会建构，其整合的动机认知不外乎三大情境，即排除共同威胁、追求共同利益及霸权的

---

① Keohane R O, *After Hegemony: Cooperation and Discord in the world Political Economy*, Princeton, New Jersey: Princeton University Press, 1984, p. 1-2.

② Katzenstein P J., Introduction to the Book Titled A World of Regions: Asia and Europe in the American imperium, 《国际政治研究》2006 年第 2 期。

③ 康德：《纯粹理性批判》，李秋零译，北京：中国人民大学出版社，2004 年。

④ Keohane R O, *After Hegemony: Cooperation and Discord in the World Political Economy*, Princeton, New Jersey: Princeton University Press, 1984, p. 14.

合作号召；这三大情境并不是各自独立或排斥，而是具有互助及互补的关系。① 换句话说，人类社会形成的本质是各自追求极大化利益动机的矛盾冲突，而社会的合作及和谐是透过该三大情境的运作而建构的人为秩序。国际社会发展的情境也是遵循着这样的轨迹，尤其是在"无政府"状态（anarchy）的国际社会更符合于人类原始社会的情境。根据这个理论，东北亚区域的情势发展将有了一个评估的准则。

显然地，东北亚区域主义形成的主要动力乃来自于全球化对地区内各国的冲击所造就的危机认知。然而，全球化对各国的冲击，目前依然停留于现象效应的自我认知状态，还未能真正促成各国依循其自我国家利益的"追求行为"，尤其是各国在基于国家安全的利益思考上，② 更难以形成合作的意愿。事实上，早在上个世纪80年代，联合国就提出了图们江流域开发计划的构想，试图透过经济的合作，整合东北亚区域，以稳定该区域的政治情势和军事情势；③ 只不过，当时各主要国家并未感受到共同威胁，也不认为参与该地区的整合将有难以替代的共同利益，因而一方面缺乏合作的推动力，另一方面也因自我安全防卫的考量优先于合作的利益考量而终告失败。回顾当时，中国正醉心于南方的改革开放，日本则倾向于对东南亚的投资与开发，苏联及之后的俄罗斯都还处于重欧轻亚的政策思维。就算到了20世纪的末期，虽然各国对于"全球化危机"都有共同的基本认知，也都了解到整合东北亚区域对各国因应

---

① 这三大情境刚好分别是国际关系的三大理论或学派主张：共同威胁促成合作，是现实主义（realism）的主张，参见 Kenneth Waltz, Man, the state and war, New York: Columbia University Press, 1959；共同利益的追求将造就彼此的合作，乃自由主义（liberalism）的主张，参见 David Mitrany, The functional theory of politics, London: St. Martin's Press for the London School of Economics and Political Science, 1975；霸权的合作号召则是政治经济学提倡的"霸权稳定理论"，参见 Charles P. Kindleberger, The world in depression, 1929–1939, Berkeley, CA.: University of California Press, 1975, 及 Dominance and leadership in the International Economy, International Studies Quarterly, Vol. 25, No. 3, June 1981, pp. 242–254。本文认为，人类理性的价值判断应该是整体性对外在环境的自我反映，显然从人类历史的进化观点来看，外在环境是一种持续变易的整体现象和程序，因此不可能设定合作动机为单一性，此三种情境充其量只能被认为学术理论的三个理想形态（ideal types），现时的合作情境则应该是这三大情境不同程度的结合。

② 当前在全球化具有穿透国家主权的机能效应下，国家安全的内涵也已经超越了传统的军事意义，涵盖了政治、经济、社会及文化的综合性网络机能。

③ Tsuji H, The Tumen River Area Development Programme: Its History and Current Status as for 2004, Economic Research Institute for Northeast Asia, Discussion Paper, No. 0404e, Niigata, Japan, April 2004.

全球化挑战有其正面的效应。但是，目前全球化对各国的冲击依然停留于现象效应的状态，还没有达到安全议题所呈现出来的立即、迫切性的威胁感受，因此对于军事议题的考量被置于优先的地位，反而逐渐发展成区域性的权力平衡体制——中俄军事同盟对上美日安保体制。如此一来，区域整合的功能将难以形成，东北亚的区域主义也还有待建构。不过，区域主义既然是历史进化的脉动，东北亚区域的情势也将会回归于这个脉络；随着欧盟的扩张、北大西洋公约组织（NATO）东扩、东协10加1盟约的签署以及上海合作组织的建构，东北亚各国将感受更大的竞争压力，区域主义也将会酝酿于该共同威胁之中。

其次，促成区域整合的第二个情境是追求共同利益。前面也提到，联合国有鉴于该区域的情势不稳定，在1980年代提出图们江开发计划作为诱因，试图透过经济合作的参与，来降低该区域的冲突。然而，合作与共同利益并没有必然的逻辑关联，换句话说，合作所产生的成果对参与合作的不同国家并不会自动进行公平分配；另一方面，产出利益的合作，在劳役分担上也不尽然会公平合理。这种分摊和分配不均的情形常常会造成彼此的猜疑和猜忌，这也是矛盾冲突的来源。对于生产条件差异很大的东北亚体系，这种情况尤其严重。也因此，在世界贸易组织的体制中，就必须分类成已开发国家和开发中国家，分摊不同的责任与义务，也分享不等的利益，以追求最终均富的理想。可是，这个理想却必须立基于不均等的现实作为之上，而这个不均等的现实作为却又常常在彼此的猜疑或猜忌之中被否定，如果没有一个强有力的共同利益意识，根本无法找到立足点。

东北亚区域内各国的资源条件（包括天然资源、人力资源、科技水平、财力资源、生产力等）、历史文化背景、社会价值观、政经体制等，彼此之间差异性非常大，因此共同利益的意识很难形成，更枉论在共同利益的追求方式上取得共识。另外，具有地缘关系的国家之间，固然便于交流，进行合作；但同时也易于猜疑、猜忌、误解，进而冲突。一旦利益分配产生倾斜，猜疑和猜忌随即产生，甚至被扩大，就算同为资本主义意识的英国、德国和法国，也历经了两次世界大战的冲突。目前消除国际间猜疑和猜忌比较有效的方法就是建构透明化机制的国际组织（international regimes or institutions）或论坛（international forum），如东协论坛、东亚高峰会、上海合作会议组织、亚太经合会（APEC）、欧洲安全暨合作会议、欧盟等。然而，东北亚地区处于世界战略的海陆要冲，作为国际性的区域，不但内部缺乏共同利益的意识，也缺乏功能性的整合机制，难怪它会成为世界的重大火药库之一。表面上看，日本与韩国都是资本主义国家，利益意识应该非常相近，地缘关系也很密切，但也因密切的地缘关系，彼此猜疑和猜忌的情境超过了共同合作的利益意识，不仅两国的历史发展及文化意识如此，就算在当前的情势下依然如此。① 朝鲜的核武试射每每对准日本，表现出朝鲜的内部困境以及对美国的不满；随着韩国阳光法案的推动，其实也在某种程度上反映了当前韩国对日本的不满；加之中国因为台湾问题而对美国的制衡。像这些猜疑和猜忌都必须在一个透明化的机制下进行沟通协调，并对各国的利益意识进行整合，才能化解冲突，进一步寻求利益共识，建构合作机制。

第三个促成合作的情境是"霸权的合作号召"，这也就是美国国际政治经济学家金德博格（Charles P. Kindleberger）及吉尔平（Robert Gilpin）等人所提出来的"霸权稳定理论"②。这种情境的意涵简单地说就是，霸权有合作的意愿，其他的国家没有其他的选择，最好是选择合作，否则将受到这个霸权合作机制的惩治（punishment）。最明显的例证就是第二次世界大战后美国所建构的布莱顿伍德系统（Brettonwood system），包括关贸总协定（GATT）、国际货币基金会（IMF）及世界银行（World Bank）。这一个情境顺利地替美国确立了战后资本主义阵营的霸权地位，③ 也因为有了这个地位，当前才会产生中国威胁论的认知；也就是说，中国的崛起威胁了美国的霸权地位，而不是美国的国家安全。

这种霸权号召合作的情境，基本上必须有两个前提要件：体系内存在着霸权以及霸权提出具体的合作计划以显现合作的号召。霸权地位的确立又必须立基于两个条件，一个是强大的实力，包括军事、经济和政治，而这个实力相对

---

① 由于日本首相小泉纯一郎坚持参拜供奉包括二次大战战犯的靖国神社，导致与中韩二国的紧张关系，虽然新任的安倍首相积极试图改善这种情势，但彼此所存在的芥蒂和猜疑也非短期内靠政治高层的互动就能缓和。另外，攸关实质的问题，如领土纠纷、海洋资源的争夺、历史的仇视等，更不易消除。

② Kindleberger C P. , The World in Depression, 1929–1939, Berkeley, CA. : University of California Press, 1975；Gilpin R. , *War and Change in World Politics*, Cambridge；Cambridge University Press, 1981；Gilpin R. U. S, *Power and the Multinational Corporation*, New York：Basic Books, 1975.

③ 根据新现实主义（neo-realism）或结构现实主义（structural-realism），任何的霸权都自然必须面对所有可能的挑战者：霸权力图稳固既有的国际权力结构，而挑战者则必然积极积蓄国力，以试图改变既有的国际权力结构，重构新的结构。所以，任何挑战者的崛起或是任何崛起的挑战者，对于既有的霸权都形成地位的威胁，此为"中国威胁论"之由来。也因此，客观来说，从体系的角度来看，崛起本身就是威胁，哪里会有既崛起又和平的情境，"和平崛起"本身就存在着矛盾的内涵，难以取信于既存的霸权国家，也可能会受到邻邦的猜忌。

于其他所有的成员国来说，应该存在着相当的差距，使其足以超越挑战者的竞争及相关国家的顾忌，并透过其所建构的合作机制运行奖惩；另一个条件是有意愿和能力，透过合作机制，在体系内产制公共财（public goods），以体现追求霸权的意愿。① 以东北亚区域的发展情势来看，目前并不存在具有这种特质的霸权，就算在该区域运行权力的强权，甚或如美国这样具世界性实力的超强国，也都没有足够的能力在这个区域担负起这种角色。也因此，东北亚区域主义的型构目前可能还需要相当时间的酝酿。相对来说，或许一般人也正预期该区域能有一个崛起的霸权，以逐渐建构合作的机制。从当前新世纪政经发展的趋势来看，随着二条欧亚大陆桥的规划、运作，以及所谓新丝路的整建，配合新自由主义（neo-liberalism）的溢出效应（spill over），出现欧亚大陆强权的可能性似乎也很有可能。② 果若此，未来新世纪的竞争情势，东北亚的区域主义显然将会扮演一个重要的角色。

结　论

总结来说，国际体系仍然处于无政府状态，东北亚区域由于处于世界战略体系的敏感地带，尽管相关各国也能认知到合作与成长才能有助于文明的提升及人性尊严的维护。另一方面，在现实的发展中，似乎又存在着各国自我利益的竞逐，包括领土的纠纷和资源的争夺，以及历史演进而来的意识形态或文化的差异，冲突显然不会在一瞬间消除。然而不管如何，人类文明进化到今天这种程度，合作机能的建构终究会成为人类跨越冲突、维持生存与发展的必然趋势，而要达到这个目的，却又必须先从各国各自独立的矛盾立场去思考和运作；这不仅是基尔汉（R. O. Keohane）论证合作与自利之间的辩证关系得出

---

① Keohane R O., *After Hegemony: Cooperation and Discord in the World Political Economy*, Princeton, New Jersey: Princeton University Press, 1984, p. 20.

② 杨志诚：《新世纪全球化趋势下我国国家的战略规划》，《逢甲人文社会学报》，2001年第3期；Haas E B, *The Uniting of Europe*, Stanford, CA.: Stanford University Press, 1958.

的结论①，也是中国在《易经》哲学上揭示"致中和"的要义。②

人类从原始社会的矛盾冲突状态建构和谐社会的理性功能，主要是透过人为的三大情境：排除共同威胁、追求共同利益及霸权的合作号召。本文根据这三大情境，检视东北亚区域的情势发展，认为目前东北亚区域的冲突情境依然超过合作的动机和意愿。也就是说，东北亚区域作为一个国际社会的领域，目前仍处于矛盾冲突的状态，正有待相关各国透过政经意识的整合及交流机制的建构，以唤起各国的理性，运行机能的统合，进而才能形成东北亚区域的"区域主义"。

尽管如此，由于全球化的挑战和冲击，这一项被称为危机的现象，对世界各国来说将是一种共同威胁的意识认知，就在各国直觉性对其响应的"反全球化"计划和行动中，区域主义于焉酝酿。这是历史辩证的进化轨迹，这样的情势发展虽然会有时间的差距，但应该总会来临。东北亚区域虽然目前呈现出冲突的景象，但是吾人相信区域主义的形成必为未来发展的趋势，这是历史的力量，人力将很难使之逆转③；人类在面对威胁或挑战时，总会在响应、反省和调适的过程中，逐渐建构自我的理性，国家也是如此，就在这种挑战与响应的互动过程中，区域主义将跨越各国的自我利益和情感，也会同时缓和全球化的冲击效应，成为一种新的平衡体系。从近年来中日关系、日韩关系、日俄关系及中俄关系等等的发展进程，将可以得到证明。因而，吾人宁可相信历史发展的轨迹具有不可逆转性，那么，东北亚"区域主义"的形成将可期也。这不也正符合康德所揭示的"多样性原则"与"统一性原则"的调整功能吗？

（《社会科学战线》2007 年第 2 期）

---

① Keohane R O, *After Hegemony: Cooperation and Discord in the World Political Economy*, Princeton, New Jersey: Princeton University Press, 1984.

② 赞卡斯坦（Peter Katzenstein）不是以辩证理论演绎出区域主义是历史进化的趋势，而是采取历史结构研究途径（historical-structural approach）及比较分析的研究途径，以科学的态度审慎观察研究，对无政府体系、国际化体系和全球化体系做了反证，进而得出：新世纪以来，已有证据显示，区域主义渐趋成为新世纪国际关系的发展路径。

③ Katzenstein P J., *Introduction to the Book Titled A World of Regions: Asia and Europe in the American Imperium*,《国际政治研究》2006 年第 2 期。

审前报道对美国刑事审判的影响

高一飞　　〔美国〕Wadi Muhaisen*

　　在美国，公开刑事审判是强制性的。强制性公开的原因是为了向公众保证公正的诉讼程序被遵循，同时它也为社会对一个案件的关心及情感等情绪提供一个宣泄的途径。同样，科技的迅速发展、公众的更多关注及媒体数量的增多创造了另一个普通的现象，也就是产生了不少的"全国著名审判"。人造卫星、可移动的广播设备、电缆电视及其他新的科技已经在美国的刑事审判公开中被运用。电缆新闻网络（CNN）的普及、对著名的辛普森案件审判① 的浓烈兴趣及对"法庭电视"之类的电视节目的需求，表明了公众对现实法律艺术的永不满足的好奇心。

　　20 世纪 60 年代，当媒体开始关注民权及反对越战的同时，美国人民开始对更多有关审判的新闻感兴趣。一个有名的审判可以引起美国任何一个城市的媒体的注意，并且使审判开始前对案件的相关报道充斥着整个国家。消除审前报道对审判的影响的最有效的方法就是将案件的审判地点转到另一个城市和法院，但是如果该审判被在全国范围内报道了，该方法就会失效。②

　　在美国，刑事被告有获得公正审判的权利，而媒体和新闻有自由发表他们的言论的权利。我们将会讨论美国宪法中两个条款之间的冲突：保证刑事被告人能够获得不偏不倚的陪审团的公正审判；保证自由言论。文章中我们对立法和美国最高法院对这一冲突的规定进行评论，并提出对提高美国刑事审判公正性的建议。

---

　　* 作者单位：高一飞，西南政法大学法学院；WadiMuhaisen，美国科罗拉多大学。
　　① 辛普森是一个非常有名的美国运动员，他被控杀害了他的妻子及其妻子的男朋友。1995 年 10 月 3 号，洛杉矶陪审团认定辛普森无罪。这个案件引起了强烈的全国性关注。
　　② Newton N, Minow, Fred H. Cate, Who is an Impartial Juror in an Age of Mass Media? 40 AM. U. L REV, 631, 647（1991）.

一、媒体报道对美国刑事审判的影响无法避免

媒体对刑事审判的报道在过去的 30 年就有了很大的扩展，① 这在很大程度上给公众提供了有关特定审判的深刻的了解和广泛的信息。新闻对刑事案件审判过程的过多参与导致了由于受媒体影响而使陪审员产生偏见，进而引致不公正审判的上诉的数量也在增多。

过去，审判法官对是否允许审前报道拥有很大的裁量权。当被告对他们的定罪上诉，认为对其的审判违反了公正程序，上诉法院也通常给予原审法官极大的空间而驳回被告的上诉。美国法院假设所有的陪审员立场都是公正的，如果没有有关种族偏见的证据，所有的判决也被认为是公平的。

什么是著名的审判呢？

一个"全国著名的审判"是指在案件的调查程序和审前程序中，全国范围内的人们一直通过报纸、杂志、无线电广播和电视对此案有普遍深入的、持续的了解。② 有四种审判能够引起媒体关注从而使其变得在全国范围内众所周知：

涉及异乎寻常的罪恶，能够满足国民窥视之好的案件，例如帕梅拉·斯马特谋杀案；③

犯罪行为非常凶暴或者骇人听闻以致全国媒体都紧紧跟随的案件，例如查尔斯·曼森凶杀案、④ 杰弗里·大莫尔凶杀案⑤ 和俄克拉荷马州联邦中心爆

---

①   Roscoe C. Howard, Jr. , The Media, Attorneys, and Fair Criminal Trials, 4 KAN. J. L. & PUB. POLY 61, 61 (1995).

②   Robat S. , Stephen, Note, Prejudicial Publicity Surrounding a Criminal Trial: What a Trial Court Can Do to Ensure a Fair Trial in the Face of a Media Circus, 26 SUFFOLK U. L. REV. 1063, 1066.

③   See State v. , Smart, 622 A. 2d 1197, 1200 (N. H. 1993)（其报道了新汉罕布尔州共谋凶杀案，一位女士因为劝说青少年情人杀死丈夫而被宣告有罪。）

④   Sheppard V. Maxwell, 384 U. S. 333, 356 (1966) ［quoting State V. Sheppard, 135 N. E. 2d 340, 342 Ohio (1956)].

⑤   1991 年，杰弗里·大莫尔公开承认其在威斯康星州的密尔沃基地区谋杀并且肢解了 16 个年轻的男人。参见《谋杀及毁损身体的细节揭露》，ST. LOUIS POST-DISPATCH, July 25, 1991, at 1A.

炸案;① 被告是名人的案件，例如辛普森谋杀案；被害人是名人的案件，例如罗伯特·F·肯尼迪暗杀案。

美国大多数的刑事审判并不会引起公众或者媒体的关注。但是，当一个审判因为任何原因变得全国众所周知的时候，媒体和民众的注视使得审前报道成为审判法院法官难以解决的问题。另外，一个地方性的普通罪案一旦涉及"谋杀、神秘、性和悬念"就会成为全国性的案件。② 因此，媒体对案件审理的影响又是非常普遍的。与不出名的案件相比，对全国有名的犯罪的公开报道能够影响的潜在陪审员的数量更多。另外，潜在的陪审员很可能已经被有关犯罪、被告人或者被害人的公开报道层层包围。在全国范围内于审前有大范围公开报道的和细节描述详细的，属于全国著名的案件，应当将这些案件与纯粹涉及一个地方影响的案件区别开来。③

对于全国著名的案件，不能通过转移审判地点、选择未受影响的陪审员、封闭陪审团等方法达到目的，只能通过上诉审发回重审以达到公正审判。但是，可否通过限制媒体的报道达到目的的呢？

二、为何不能靠限制言论自由保证公正审判

美国宪法是美国最高的法律，宪法的前 10 条修正案被称作《权利法案》。宪法的这 10 条修正案是美国公民自由的主要来源，也是对政府权力进行限制的来源。任何与宪法规定相抵触的法律都是无效的。然而，当我们讨论对公开审判的公开报道时，有两个宪法规定可以适用，一个是第 1 修正案，一个是第 6 修正案。

宪法第 1 修正案规定："议会不能制定有关建立宗教或者禁止宗教信仰自由的法律；不能制定削减言论自由或者新闻自由的法律；不能制定削减人民温

---

① 1995 年 4 月 19 日，据可疑的俄克拉荷马州轰炸者蒂莫西·麦卡外和特里·尼克尔陈述，他们轰炸了 Alfred P. Murrah 联邦大楼，导致楼内男的、女的及儿童一共 168 人死亡。参见詹姆士·布卢克《专家表明：爆炸案审判的新地点引发负担》，《纽约时报》，1996 年 2 月 22 号，A22。

② Sheppard V. Maxwell, 384 U. S. 333, 356（1966）[quoting State V. Sheppard, 135 N. E. 2d 340, 342（Ohio 1956）].

③ 前足球明星辛普森被控谋杀其前妻尼科尔·布朗·辛普森及她的朋友罗纳德·高曼，经过长达九个月德审判之后，面对公众的关注和大量媒体报道，陪审团在不足四小时内裁决辛普森无罪。Not Guilty: Simpson Free After Acquittal, Boston Globe, Oct. 4, 1995, at 1, 22.

和地集会、基于所受冤屈请求政府救济的权利的法律。"美国媒体依赖该条款在审判开始前讨论刑事审判。这被称为"审判前公开报道"。公开审判的基本原理在于"公众对一个刑事审判的详细审查提高了案件审理的质量并且确保法律程序中事实的完整性,进而给被告和社会都带来利益"。公众观察和评论审判程序可以遏制政府滥用权力。①

美国宪法第 6 修正案通过对所有刑事被告都有受不偏不倚的陪审团公正审判的权利,它规定:"在所有的刑事起诉中,被告都享有获得犯罪发生地(该地区应当是法律预先确定的)的不偏不倚的陪审团快速、公开的审判的权利,享有被告知控诉的性质和理由的权利,享有与对其不利的证人对抗的权利,享有遵循法定程序获得对自己有利的证人的权利,享有获得法律援助的权利。"然而,最高法院同时承认,有时言论自由权和获得公正的审判的权利会发生抵触。有时公众对一个刑事审判的兴趣太过浓厚,就会使得提供一个在刑事审判中不偏不倚的陪审团成为难题。

这些宪法条文的规定存在抵触,② 因此,在全国著名的案件中,美国法院不得不努力权衡这些条文的规定。

公民需要通过公开的审判知道实施司法程序的威信和效力。审判是否公正? 是得到迅速处理,还是被拖延以至造成磨难? 然而,一般人没有时间去地方法院旁听审判,也没有时间连续多个小时收看有线电视转播的某些审判。他们是从新闻报道中获得消息,无论是从早报,还是从晚间电视或广播新闻。如果禁止新闻界旁听审判,那它就不能提供这一对"民治至关重要"的讯息。

但是,如何兼顾公平审判的需要呢? 如果罪大恶极,如果地方民情高涨,如果过度的舆论会影响挑选组成公正的陪审团,那么是否应该把新闻界排除在法庭之外? 根据最高法院的裁决,回答是否定的。首席大法官沃伦·伯格(Warren E. Burger)认为:"预先制约言论与出版是对《第一条修正案》所保护的权利的最严重和最不能容忍的侵犯。"法官手中有各种各样处理这类情况的办法,包括对被告和原告律师的禁令、把开庭地点改到一个不太情绪化的地方以及将陪审员隔离等等。

有关新闻界报道审判的要案是 1980 年的 "里士满报业公司诉弗吉尼亚州

---

① See In re Oliver, 333 U. S. 257, 270 (1948) ("对每一个刑事审判都会受到同时期的公众评论的影响的认识是对可能的司法权力滥用的有效制约。").

② 宪法及权利法案的制定者意识到了第一和第六修正案之间的潜在冲突。See Nebraska Press Ass'n V. Stuart, 427 U. S. 539, 547 (1976) ("难以相信宪法的制定者没有意识到受不偏不倚的陪审团裁判的权利和新闻自由的权利之间存在潜在的冲突。")

案"（Richmond Newspapers, Inc. V. Virginia）。由于一家自由媒体的努力，这个案子巩固了人民知情的权利。在这个案子中，一个人因谋杀被捕，但各种各样的问题导致三次审判无效。于是，当第四次审判开始时，法官、检察官和辩护律师一致认为，应该不将审判对旁人和新闻界公开。①

当地报纸提起诉讼，向法官的决定提出挑战。最高法院在其作出的重要裁决中，平衡了《第一条修正案》与《第六条修正案》（The Sixth Amendment）——新闻出版自由的权利与得到公平审判的权利的关系，法院认为，二者相辅相成。《第六条修正案》保障"及时和公开审判"的含义是，不仅保护被告不遭受秘密的私刑审判，而且还保护公众旁听和目睹审判的权利。鉴于弗吉尼亚州、甚至里士满市的全体民众，显然不可能都去旁听审判，因此，必须允许新闻界旁听和报道审判，协助确保审判公正进行。首席大法官沃伦·伯格关于"里士满报业公司诉弗吉尼亚州案"的意见书（1980 年）有一段经典论述：

> 《权利法案》是在审判应予公开这一悠久的历史背景下产生的。当时，公众旁听审判的权利被视为审判程序的一个重要方面；在"愿来多少就来多少的民众前面"举行审判被看作是"自由英国宪政的不可估量的优势"。《第一条修正案》所保护的言论和新闻出版等自由可以被理解为是对每个人出席审判的权利的保护，从而使那些明文规定的权利具有意义。"《第一条修正案》不仅限于保护新闻出版和个人言论，而且也禁止政府对公众获取信息的来源施加限制。"言论自由意味着某种听取的自由。在很多情形中，本法院都曾提到《第一条修正案》赋予的获取信息与观点的权利。就审判而言，《第一条修正案》对言论和出版的保障本身就意味着禁止政府断然关闭在《修正案》诞生以前就早已对公众敞开的法庭大门。"因为《第一条修正案》的语言并非模棱两可……它必须被视为——按照一个热爱自由的社会的解读——用明晰的语言所能表达的涵盖范围最广的一项规定。"②

虽然这个案子涉及的是刑事审判，但其理念同样适于民事审判。最高法院大法官小奥利弗·温德尔·霍姆斯（任期 1902—1932 年）曾说过，公众监督是正当行使司法的保障。他写道："（民事）案件的审判应该在公众的注视下

---

① Melvin Urofsky：《人民的权利——个人自由与权利法案》，http://usinfo. state. gov/regional/ea/mgck/rop/roppage. htm。

② Richmond Newspapers Inc. V. Virginia, 448 U. S. 555（1980），http://www. oyez. org/cases/1970-1979/1979/1979_79_243.

进行，这不是因为一位公民与另一位公民之间的纠纷需要公众关注，而是因为这是一个最佳时刻，让那些行使司法的人应该永远凭公共责任感行事，让每一个公民满意地亲眼目睹执行公务的方式。"①

近年来的技术发展把公众出席旁听审判的概念推入了一个新阶段。虽然在法庭使用摄像机目前不属于宪法权利，但许多州已经立法，允许转播审判。当电视最初问世的时候，由于摄像机的体积、对灯光的要求和每人都需要接话筒等原因，转播审判不切实际。今天，只需少数几架几乎不为人看见的小型摄像机就可拍下整个法庭，操作控制可在隔壁房间或在外面停放的一部面包车里进行。虽然转播审判一开始只是试验性的，但实践说明，电视转播审判颇受欢迎。一个叫做电视法庭（Court TV）的美国有线电视网，专门转播审判以及律师和法学教授的评述。在这里，媒体继续扮演公众与司法体系之间的中介角色，而通过这种新方式，观众更好地了解到正在发生的情况。

从《第一条修正案》的"言论和新闻出版自由条款"引申而来的"知情权"，在美国政治与司法观念中是一个较新的概念，但由此我们可以再次看到，民主体制和随之而来的自由，不是静止不变，而是随着社会本身的变化而演变。"人民知情的权利"与新闻自由紧密相关，但它是以更宽广的民主体制作基础。如果我们把民主体制理解为亚伯拉罕·林肯所说的"民有、民治和民享的政府"，那么，政府的事务实际就是人民的事务，而这也是自由的新闻机构的角色与公民的民主关怀的汇合点。这不是个简单的问题。人民和新闻界不必知道政府中的一切事务。显然，有关国家安全问题、外交事务和制定政策的内部辩论，不必当即受到公众审视。

虽然这听起来合情合理，但其实却包含着两股相互竞争的势力。一方面，所有层次的政府官员，即使是在民主社会里，都不情愿向新闻界或公众传递信息；另一方面，受公众支持的新闻界经常希望获取多于它理应得到的信息。为解决这一矛盾，美国国会于1966年通过了《信息自由法》（Freedom of Information Act，通常简称FOIA）。这项法律是应新闻界和公共利益团体的要求制定的，新闻界和公共利益团体提出，旨在使公众了解情况的现行联邦法律经常带来相反的效果。在对这项法律的解释中，法院的一贯立场是将信息公布于众属于常规，联邦政府部门必须对公民了解情况的要求作出及时和认真的答复。继联邦法律之后，各州也都制定了类似的涉及州政府运作情况及档案资料的信

---

① Richmond Newspapers Inc. V. Virginia, 448 U. S. 555（1980），http://www. oyez. org/cases/1970–1979/1979/1979_79_243.

息自由法规。

根据这一法律，公民个人和新闻机构都可以提出获取信息的要求，不过实际上，大多数要求是新闻机构提出的。个人，即便是训练有素的研究人员，很难找到充足的线索作为按照《信息自由法》索取信息的根据；而报纸和电视台拥有大批雇员，可以安排几组人马来处理一个问题，它们也拥有支付复印大量文件所需要的资金。

这样，美国的法律几乎没有直接限制媒体报道审判的规定，而只有通过法院自己安排适合公正审判的氛围或者上诉法院发回重新审判能够起到防止媒体影响公正审判的作用。

三、最高法院的模糊标准："综合评估"测试

公正审判如果因媒体报道而受到影响，可能在上诉中以违反公正审判而发回重审。对于报道是否影响了对被告的公正审判，1975 年，美国最高法院使用了一个叫做"综合评估"的测试。"综合评估测试"是指任何一个因素都不能单独使用，陪审员必须考虑所有的事实及前因后果，然后从这个整体画面中得出一个结论。

美国最高法院是美国最高级别的法院。最高法院的裁决对美国所有的法院都有约束力。"综合评估"的测试的目的正是为了判断审前公开报道是否能够引起偏见而导致审判不公正。① 依据该方法，最高法院就可以检查审判的情况、voir dire（挑选陪审团）的文字本以及其他影响公正的信息，以此判断被告是否得到了公正的审判。近年来，最高法院在发现陪审员的偏见方面一直很犹豫，往往不愿意否认陪审员的事实裁决的公正性。②

在最高法院检查时，审判法院必须检查审前公开报道的范围及性质以估量它引起偏见的效果。③ 如果可能的陪审团成员由于受公开报道的范围和性质的影响而产生偏见（或者未来的陪审员可能会因为公开报道而产生偏见，只不过现在还没有确定下来），那么审判法院必须采取必要的补救措施抵消公开报道的影响并且保证公正的审判。然而，这些措施必须不违反宪法的其他要求，尤其是保证新闻自由的第一修正案及保证快速、公开审判的第六修正案，它们

---

① See Murphy V. Florida, 421 U. S. 794, 799 (1975).

② Patton V. Yount, 467 U. S. 1025, 1038 (1984).

③ Sheppard V. Maxwell, 384 U. S. 333, 357 –360 (1966) [quoting State V. Sheppard, 135 N. E. 2d 340, 342 (Ohio 1956)].

会限制审判法官可能采取的保证公正审判的措施。① 这是法院在这些类型的案件中要面对的进退两难的局面。

因为改变管辖地不会减弱全国著名的审判中公开报道的影响，因此审判法官必须找到另外的可替代的措施。

最高法院采用一个"综合评估"的测试方法判断被告人对有偏见的陪审团裁判提出的上诉是否有理，因为这种方法发现了在前公开报道方面的固有的困难。这个方法缺少明确的标准，结果，这个方法引起了人们对该类审判的实际公正性的怀疑。②

保证陪审团不产生偏见的最有效的办法就是完全封锁新闻和公众意见。当然，英美国家普通法的历史使公开的刑事审判成为了政府的义务，并且公开性的假定现在已经成为美国宪法要保证的一个内容。③ 因此完全封锁新闻和公众意见是不可行的。④ 因此一旦审前公开报道出现，第一修正案和第六修正案之间冲突就是不可避免的。因为两个修正案在美国宪法中是平等的，所以法院必须满足每一个修正案所保护的相对立的利益。第 6 修正案要求不偏不倚的陪审员，而不是无知的陪审员，这意味着陪审员可以知道审判中不承认的或者不相关的事实和问题。

另外，公开报道本身是一个危险的现象，因为它传播的非常快而且经常在人们之间引起偏见，即使人们并没有意识到这一点。那些认为自己没有受到审前公开报道影响的陪审员可能是错误的。虽然经验主义的调查仍然是有限的，但是当审判和公开报道是同步进行的时候，那些接触据实的审前公开报道的陪审员明显的比那些没有接触审前公开报道的陪审员更容易对被告宣告有罪。⑤

---

① Scott Kafker, Comment, The Right to Venue and the Right to an Impartial Jury: Resolving the Conflict in the Federal Constitution, 52 U. CHI. L. REV. 729, 730-31 (1985) (considering constitutional conflict between First and Sixth Amendments).

② See Antonin Scalia, The Rule of Law as a Law of Rules, 56 U. CHI. L. REV. 1175, 1178-79 (1989) (criticizing standards-based totality of the circumstances approaches to legal issues as disregarding need for uniformity in law).

③ U. S. CONST, Amend, VI. The Sixth Amendment states: In all criminal prosecutions, the accused shall enjoy the right to a public trial Id. ; see Globe Newspaper Co. V. Superior Court, 457 U. S. 596, 603-07 (1982).

④ 这与审判过程中的封闭陪审团不同，审判过程中的封闭陪审团可以解决审判过程中的报道的影响问题，但是无法解决审前报道对潜在陪审员的影响问题。

⑤ Norbert L, kerr et al, On the Effectiveness of Voir Dire in Criminal Cases with Prejudicial Pretrial Publicity: An Empirical Study, 40 AM. U. L. REV. 665, 675 (1991).

另外，司法训诫对陪审团的裁定并没有实质的影响。① 事实上，由于审前公开报道，即使法官也发现很难决定一个潜在的陪审员的观点能够持续多久。②

自从有了冲突的宪法法律，而且因为每个案件在事实方面都是不同的，法院发现"综合评估"法很有魅力，通过允许他们基于特定原因而改变已经有的一审的结果。但是，这个方法使审判法官在解决正义方面有很大的自由裁量权，而法官的自主权会削弱法律的统一性。因此，法律下的平等对待受到损害，可预料的结果变得不确定，司法限制——受法律规则支配的民主体制的一个重要的特性——被忽视。

最高法院在采取救济措施上同样有很大的裁量权，上诉法院可以检查任何他们认为的"正当程序需要的审判氛围"及在陪审员选拔过程中"影响他们不偏不倚"的因素。③ 然而，对于未来案件中的审判法院，这个方法为其提供的方法即判例指导极少具有适用性。上诉法院简单地将现阶段的实际情况与过去的实际情况相比较并以此决定二者是否足够相当以保证一个相似的结果，这种比较是否恰当、如何比较，是一个难题。④ 退一步来说，即使这个方法是必要的，然而审前公开报道要求审判法官采用预先的措施来避免它的影响，目前的方法允许审判法院使用任何他们可以选择的方法，这样，当上诉法院再次回顾来检察和测试其措施是否适当的时候，结论是：他们所作的都是正确的。总的来说，上诉法院对许多案件的评论是适当的，但是它同样也会提供不必要的相反的结果。⑤ 当法律是明确的、可预见的时候，正义才能够得以实现，而目前在美国的著名的案件中并不是这样的情况。

没有确定的规则，法院就难以遵守法律的治理原则并且极有可能给法律强加一些任意性的特征。只有以规定的形式将其自身限制在自愿接受的纪律中，

---

① Sçalza, The Rule of Law as a Law of Rules, 56 U. Chi, L. Rev. 1175, 1184 – 85 (1989).

② Yount V. Patton, 710 F. 2d 956, 972 (3d Cir. 1983), Rev'd, 467 U. S. 1025 (1984).

③ People V. Manson, 132 Cal. Rptr. 265, 315 (App. Dep't Super. Ct. 1976). With respect to Irvin, Rideau, Estes, and Sheppard, the Court in Murphy stated:

④ Murphy V. Florida, 421 U. S. 794, 797–99 (1975) [Comparing Fact Pattern with Four Other Cases: Sheppard V. Maxwell, 384 U. S. 333 (1966)]; Estes V. Texas, 381 U. S. 532 (1965); Rideau V. Louisiana, 373 U. S. 723 (1963); Irvin V. Dowd, 366 U. S. 717 (1961)].

⑤ Antonin Scalia, The Rule of Law as a Law of Rules, 56 U. CHI. L. REV. 1175, 1178–79 (1989) (批评作为解决法律问题的方法的全体细节标准忽视了法律统一性的要求).

法院才能够成功地建立真正的法律规则。①

关于审前公开报道的法律规定必须是确定的和可预测的，是提供给上诉法院评价是否因媒体报道产生了陪审员偏见的、容易理解的标准。这一规定，应当通过提供一个可以帮助法官选择针对审前公开报道问题的预先方法的共同标准，而减弱可能的、对司法权威有危害的自由裁量。但是，最高法院提供的，显然是一个模糊的标准。

四、程序应当更具可操作性：我们的评论

我们相信，在美国众所周知的案件中，被告人获得公正的审判的权利是他或者她在一个公正的审判中遇到的主要问题。这个权利只有以一个有意义的方式、通过下面的简单的程序才能够得到保护，这个程序如果被遵循，公正的要求就会得到满足，这些程序已经被很多州的法院所采用：

转移审判地点。证明案件是一个全国知名的案件。如果在报纸、杂志、收音机、电视或者任何其他大众媒体中有普遍的、持续的全国性媒体的报道，案件就应当受到限制。辩护方应当提出一个审前的动议提醒法院：辩方感到该案件是一个全国知名的案件，这使得被告获得公正的审判的权利受到威胁。审核证据之后，法院可以认定该案件是一个全国知名的案件。如果在一个可选择的司法区域，公开报道非常少，认定该刑事案件是一个全国知名的案件，审判法院应当考虑同意被告提出的将审判地点转移到一个更好的管辖地的请求。

限制和约束诉讼参与人。在全国知名的案件中，法院同样应当利用它的权力约束所有的诉讼参与人，包括律师和法院工作人员。向任何未被授权的人、尤其是向媒体的任何代理人或者代表人揭露有关案件的任何信息会影响陪审团保持不偏不倚的能力。如果必要，法院应当命令陪审团暂时与世隔绝并且在审判期间及他们商议期间不能与媒体有任何联系。这种方法已经被有些法院所采用。

封锁所有的法院活动记录以确保所有定罪的证据没有被透露给法庭外的任何人。法院应当向公众封锁所有的法院活动记录以确保所有定罪的证据都没有被透露给法庭外的任何人，这些证据可能在法庭上没有被陪审员承认。当然，法院可以允许媒体的一些成员报道审判过程，但是在审判结束之前必须限制他们自己可以公布或者播放的事实或者证据。所以说，这种限制是不是针对媒体

① Scalza, The Rule of Law as a Law of Rules, 56U. CHI. L. REV. 1175, 1184-85 (1989).

的。当适用上述程序的时候，法院应当考虑第 1 修正案对言论自由及新闻出版自由的保证，而不能认为它妨碍了被告获取公正的审判。

在非常特别的案例中使用司法命令限制当事人和陪审员的言论。在许多案例中，公开报道干扰了被告获得公正审判的权利。使用替代性的方法，将会确保被告能够获得一个较为公正的审判，例如司法命令的方法，即在非常特别的案例中使用司法命令限制当事人和陪审员的言论，而不是绝对防止公众了解有关法律体系及刑事审判的知识。这种情况往往很少被采用。

第一修正案和第六修正案各自描述了美国宪法最基本的权利，当刑事审判受到大肆渲染的、容易产生偏见的公开报道的影响时，这两个修正案就会产生冲突。因为宪法没有规定这两个修正案中的一个可以比另一个优先适用。长期以来最高法院一直在寻找平衡二者的方法。但是，这种努力并没有结束，而仅仅是刚刚开始。

由上可以看出，现代美国，不受媒体报道影响的刑事审判是不可能的，铺天盖地的现代媒体，使公众愿意关注的案件的信息深入每一个人的头脑，而且禁止或者限制媒体报道和关注案件也是不允许的，因为这同时违背了言论自由权利的要求和在"愿来多少就来多少的民众前面"举行公开审判的要求。由于防止媒体影响审判的程序标准不具体，而由审判法官自由裁量，在一审中，对法庭的要求只能是抽象的，如何防止媒体审判，往往是由审判法官自由裁量决定。而最高法院的"综合评估"测试标准，作为一种事后的同意上诉请求、作为发回重审的理由的模糊标准，也是由最高法院自由裁量把握而不具备操作性。因此，各州法院的转移审判地点、限制和约束诉讼参与人、封锁所有的法院活动记录、在非常特别的案例中使用司法命令限制当事人和陪审员的言论还是可以探索的方法。但总的来说，避免媒体影响公正审判并无万全之策，目前，只有靠最高法院的"综合评估"测试和各法院自己的努力来获得相对的平衡。

（《社会科学战线》2007 年第 5 期）

中国经济对中国经济学家
提出的挑战[*]

〔美国〕 德怀特·帕金斯^{**}

对制约中国经济增长和结构性变化的各种力量的更好理解，可以使我们一举数得：中国经济政策的制定将具有更加坚实的基础，外界可以更好地了解中国所面临的挑战，有助于将"中国经验"纳入为更好地理解世界各国经济增长和结构变化而进行的比较研究。

认识到理解中国经济的重要性是一回事；设计一个有效的研究纲领，对制约中国经济的各种力量提出正确的见解是另一回事。如果对推动高收入后工业国家经济研究的因素没有清楚的认识，不了解这些因素对这些国家训练经济学家方式的影响，便难以提出有效的研究纲领。

在美国以及发展水平与美国类似的国家中，学术研究的动力来自两个方面：一方面，是为基础理论作出贡献的愿望；另一方面，是这些国家所面临的重大政策问题。关于这一点没有什么新意。工业革命在英国刚刚起步时，当时的经济学家亚当·斯密和大卫·李嘉图主要关注经济增长和发展问题。但是，到了 19 世纪末，这种对经济增长和发展的兴趣基本上从最前沿的研究中消失了；一直到第二次世界大战结束后，由于马歇尔计划开始实施，加上发展中国家面临着经济增长和社会发展的挑战，才使这些问题又回到经济学研究的中心。但也只维持了短暂的一段时间，很快，经济学家的首要兴趣又回到了微观经济效率、收入分配和歧视、宏观经济稳定等问题。在刚刚过去的 10 年中，对增长的兴趣的复兴主要集中于如何构造内生技术的增长模型，这是一个主要关乎处于技术前沿的高收入国家利益的问题。例外也是有的，特别是那些试图

---

* 英文标题为 The Challenge China's Economy Poses for Chinese Economists，原载 China E-conomic Review，No. 13，2002，pp. 412–418。译文发表已征得作者同意。

** 作者单位：美国哈佛大学经济学系。

确定经济增长主要源泉 的计量经济学研究和国民收入核算研究，但是这类研究得到的成果远远不能达到指导实际政策的程度。事实上，从这类研究中得出的一些政策建议，例如对资本形成和地理因素的再度强调，可能是相当离谱的。

美国和其他高收入国家制定的研究议程已经对这些国家的教育产生深刻影响，这一点使西方学术训练作用的发挥受到限制，如果这些限制不被认识的话。这种局限性在中国的学术训练中也同样存在，但这两个地区的局限性是不一样的。在中国最好的大学中，研究生阶段现代经济学教学质量已经得到迅速提升。虽然这些现代经济学课程理所当然地深受西方教学方式的影响，但这些大学是中国的大学，它们最关注的问题必定是与中国人、中国的决策者有关的问题。在美国，最好的应用研究工作通常都是由最关注美国的重大政策问题、最深切地了解美国社会制度的美国学者来完成的；同样，中国训练的经济学家必定高度关注中国的各种重大政策问题，深切了解这些政策问题产生和发展的制度框架。中国政府和社会已经越来越愿意接受对现行政策的各种严厉批评，因此，对中国经济问题的研究质量也将继续上升。从这个角度来说，我的批评并不是针对中国训练的经济学家，而是针对那些在西方接受训练、来自中国或对中国经济感兴趣的学者。

在中国之外接受学术训练并对中国经济有兴趣的经济学家（我指的主要是在美国接受训练的那些人，因为我最熟悉的就是他们）面临的挑战与中国经济学家面临的挑战不同，他们面临的挑战是如何将出色的理论和计量经济学转化为某种对理解中国经济增长和结构变化真正有用的东西。我怀疑你们中的很多人——和我在哈佛大学经济系的许多同事一样，都不觉得这有什么问题：你们接受过高水平的训练，并准备向世界，特别是向中国展示你们的能力。

为了说明我的观点，不妨先讲一下我自己的一段亲身经历。30 年前，我曾经在位于首尔的韩国开发研究院（Korea Development Institute，KDI）工作。在我就职之前，该研究院成立还不到一年，吸纳了来自美国和德国的 12 位训练有素的、拥有博士学位的经济学家，使当时韩国博士经济学家的数目增加到3 倍。这 12 位经济学家忙于做研究、写论文，大部分研究要么来自其在国外所从事的与论文有关的研究，要么受当时美国学者对美国经济所进行的研究的启发。当时的韩国开发研究院院长（后来成了该国的副总理）发现大部分研究对解释韩国问题没有什么帮助。事实上，他之所以邀请我和我的两位资深同事在这个夏天去韩国，就是想要我们帮助年轻的韩国经济学家把研究重点转移到更有用的领域。这位韩国开发研究院院长不需要我们帮助诊断出了什么问题，只是他觉得他自己想要说的东西，借我们这些哈佛教授的口说出来，他的手下更听得进去。

这样一来，就涉及更大层面的问题。在美国的经济学研究生课程中，理论是最优先的，其次是强大的计量技术，对许多国家进行实证比较研究——如使用"新增长理论"——也有较高的地位。应用研究虽然也受到尊重，但它们都专注于美国经济中的问题。正如我前面已经说过的，在美国，经济学研究生和青年教师在研究美国经济之前，通常都已经拥有大量与制约美国经济的各种制度有关的知识。但是，研究发展中国家经济问题的经济学研究生和青年教师对有关制度的了解比较少，而且，如果他们在这方面花费太多时间，可能有被称为"地区专家"的危险。

因此，许多关于发展中国家经济的研究工作无非就是收集大量的数据，然后利用经济计量学技术寻找某种统计上的显著关系。或者，发展中国家经济也可以作为关于金融危机或其他宏观经济失衡问题的创造性模型的启示，但这里强调的是模型本身的创造性，而不是对危机或经济失衡的全面理解。这些工作如果做得好，确实有助于改善我们的模型、增加我们对诸如教育水平与工人生产率等变量之间的关系的知识。但是，我们并不能在多大程度上了解主导经济的那些问题及其解决办法。

中国经济以及对中国经济的研究，在哪些方面符合我们上面描述的这个景象？中国（特别是在过去的 20 年里）正在经历一系列重大的结构性变化，在高收入后工业化国家中这些变化已经不再出现。这些结构性变化已经对中国社会和经济造成深远影响，而且目前尚不清楚这一过程将在何处结束。在美国，我们有数以百计的经济学家在老练地分析如何使本来已经很高效的资本市场变得更有效率一点儿。而在中国，只有少数几个训练有素的经济学家在绞尽脑汁地思考一个更加复杂的问题：我们到底需要什么样的金融机构，应该如何创建这些金融机构并使它们良好运行。中国可以借鉴发达国家的金融体系的优点，同时尽量避免其弱点，但绝对不能简单地照抄照搬。

研究中国经济问题是非常令人振奋的，因为我们是在研究真正的大问题。在将来的某一天，或许会有数以万计的训练有素的中国经济学家，分别研究一个又一个小问题，比如他们可能会去探究边际税率很小的变动将对储蓄和税收产生什么影响，或者会去讨论经济萧条对汽车轮胎需求的冲击。但是，就目前而言，经济学家们需要集中关注的是结构性变革这一真正意义上的大问题。虽然从某种意义上说，所有发展中国家的经济都面临着同样的问题，但是中国面临的大问题尤其令人振奋。这是因为，一方面，中国是大国，这里无论发生什么，都是世界意义上的大事件。另一方面，与大多数发展中国家相比，中国在短时期内所经历的变化要大得多，这样说，不仅仅因为中国的经济增长速度快，也因为中国经济的高速增长伴随着其经济体系的彻底变革这一事实。

那么，这些大问题究竟是什么？经济学家又应该如何探讨这些问题？在此，我先举几个例子，然后再回过头来讨论，一位经济学家如果想作出有意义的贡献的话，应该怎样来调整自己的研究取向。

（1）最有意思的结构性变化问题之一是城市化问题，这是本次会议的主题。① 中国在 1979 年以前（在某种程度上也在这以后）脱离了见之于其他许多国家的城市化模式。向市场经济的转型以及户籍制度有效性的下降，迅速降低了政府控制城市化模式的能力，不过政府的控制能力仍然没有完全消失。人均收入的增加，既是迅速城市化的原因，也是迅速城市化的结果。与此同时，中国在基础设施建设方面的投资——从道路、住宅到电力，对城市化的步伐也有决定性的影响，它在一定程度上决定了人们以何种速度迁移到城市、迁往哪些城市、到达目的城市后生活条件又将如何。

在这方面，住房政策有深远的影响。一种极端的政策选择是对进入城市的人的住房问题视而不见，听任贫民窟包围城市，这正是 20 世纪 50 年代发生在马尼拉、圣保罗、香港等地的情形。另一种极端的政策选择是努力建立一个庞大的公共住房体系，新加坡、20 世纪 50 年代以后的香港实行的就是这种制度。如果中国能够承担如此大规模的住房建设工程，并建造出足够多的物美价廉的公寓，那就意味着更多的人将迁移到城市。如果城市生活太有吸引力，那么结果可能是大量失业人口和就业不足的人口从农村转移到城市，最终大城市将会变成所谓的"黄金贫民区"。② 而且我们要记住，中国的城市周围并没有香港与深圳之间的那种栅栏，也没有新加坡周边的国际边界，因此，要限制移民是很困难的。

正如本次会议的主题所表明的，中国要减少农业人口、增加城市人口或非农人口，还有很多重要问题要解决。在美国，城市经济学是城市化进程已经结束之后（即大多数人口已经转移到了城市之后）才出现的。在中国，城市化正在进行，我们可以试图去理解和影响这个进程，这是一个极其难得的机遇，

---

① 本文是作者根据他在中国留美经济学会 2001 年年会上的发言改写的，该会议的主题是中国城市化问题，其名称为"中国城市化：增长与发展的挑战和战略国际研讨会"（International Conference on Urbanization in China：Challenges and Strategies of Growth and Development）。

② 美国从来没有出现过真正意义上的"黄金贫民区"。但部分城市经济学家担心，如果对美国某些城市中已经存在的贫民窟进行过多的升级改造，可能会导致原本不能在那些城市找到生产性工作职位的人大量涌入。

同时也意味着重大的挑战。或许真的没有其他选择——中国将不得不重复美国、日本、欧洲那种随着人均收入增加而城市化程度上升的模式，但未来究竟会如何发展，我们现在确实不知道，因为在经济增长与城市化之间存在什么关系这个问题上，现有的比较研究仍然极为有限。

（2）与城市化密切相关的一个问题是，中国的区域发展将如何推进。中国中部地区和西部地区怎样才能发展起来，一直是中国决策层最为关心的问题。在过去，中国的区域发展政策一直是由开发自然资源的意愿或军事动机推动的（比如20世纪60年代的"三线建设"）。分权后，决定一个地区发展什么、如何发展的是省级政府。

在一个规模已经达到大洲一级的市场经济内部，区域经济如何发展？在这方面，我们并没有多少可供借鉴的国际经验。欧盟已经取消了内部人口迁移的各种障碍，因而它的经验对一个庞大的发展中国家没有什么意义；苏联在斯大林主义指导下的区域经济发展，存在着大量的扭曲现象，今天显然没有什么人想重复那种经历。这样一来，有可能发挥正面或反面的指导作用的，就只剩下美国或许还有巴西的经验了。在美国，20世纪上半叶——特别是在第二次世界大战期间，发生了大规模的劳动人口迁移，其迁移目标是北部和西部地区；到了20世纪下半叶，则发生了工厂和资本的大规模迁移（制鞋业、纺织业、机械制造业），其方向是南部地区。在中国，目前的格局似乎是劳动和资本都在向沿海地区转移。这种模式不可能是有效的市场力量的反映。那么它出现的原因究竟是什么呢？劳动力转移到沿海地区是合乎情理的，因为那里的工资比较高，但是资本不是应该转移到工资较低的地区吗？资本没有转移到内地，是因为那里的基础设施缺乏，还是因为那里的金融基础过于薄弱，抑或是因为内地的政府仍然没有转变观念，他们仍然只是计划者、管制者和寻租者，因而阻碍了想追求比较优势的风险资本家往内地转移资本的进程？我不知道这个问题的答案，也没有看到其他人能给出更令人信服的答案，尽管在这方面已经出现了一些研究。不管经济学家有没有去研究，中国的区域发展仍然会继续下去。虽然如此，我还是坚持认为，如果我们能够更好地理解影响中国区域发展的各种力量，那么中国的经济发展就可以从中获得很大的好处，而且我们对中国区域经济发展的性质了解得越多，世界其他地区也就越容易借鉴中国的经验。

（3）我最后一个例子来自一个相当不同的经济学领域，不过我本人对它特别感兴趣，而且它也是许多中国经济学家和决策者关注的问题。在这个领域，国际比较研究相当薄弱，能够提供的指导极为有限。这是属于产业组织和企业财务领域的一个问题。

界定核心问题也许很容易，但是要给出答案，那就完全是另一回事了。这个问题的起点是：中国现在的产业组织结构承自中央计划时期，企业原来只不过是一个巨大的计划官僚等级下的低级分支。改革开放后，从 1984 年起开始允许成立较小的地方企业（乡镇企业），以填补计划体系的空隙，于是乡镇企业进入繁荣发展时期。然后，在 20 世纪 90 年代，外国直接投资（FDI）开始对产业组织产生重大影响。除了外国直接投资这一例外，这一继承的结构与中国目前经济发展水平和市场取向所要求的产业组织结构没有多大关系。这样一来，摆在人们面前的问题就是，哪种产业组织结构是中国真正需要的？迄今为止，关于这个问题，有很多争论。很多人认为日本的财阀体制和韩国的大商社模式就是中国未来的方向，不过由于日本最近经济发展陷入停滞，韩国也卷入亚洲金融危机，这种呼声已经有所降低。在这方面，国家应向何处去？对此没有一种清楚的认识。数以千计的"集团"被组建，又不断被重组、兼并和收购活动急剧增加。

在中国这种规模的发展中国家，企业结构应该是怎样的？现有的产业组织理论，并不能给我们提供多少指导。也没有人能保证，只要有了兼并和收购决策所需的制度——法律框架，政府靠边站，各种市场力量就能带来一个有效率的结果。这不仅仅是指导这一过程的法律是否到位的问题。制定一个新法律是容易的；但要建立一个独立的、有效的司法体系来实施这些法律，又是另一回事了。在这个领域，像在许多其他领域一样，政府之所以要插手，是因为法律制度过于薄弱，不能为企业根据市场情况作出独立决策提供一个适当的框架。

将企业财务理论应用到中国和其他许多发展中国家时，也会发生同样的问题。在西方，大量文献讨论的是如何设计破产法，以确保最终的结果是有效率的。但是，这些文献大多数甚至可能全部，都假定法律将按照制定的那样实施。在中国和其他大多数发展中国家和转型经济体中，没有什么比这个假设更远离现实了。再比如，少数股东权利问题，在后工业化发达国家，这个问题的解决已经有了坚实的基础，但是在中国，不管法律是怎么写的，小股东的权益依然少之又少，在其他发展中国家的情况也大抵如此。这种情况在某些国家已经开始有所改变，比如在韩国；但是在中国，股东在大多数情况下甚至没有权力雇用和解雇管理者。

当然，或许中国政府能够找到一些方法，或多或少地解决这些产业组织和企业财务问题。然而，到目前为止，经济学家们在为政府决策提供参考方面仍然没有什么作为，因为他们并没有对各种可能的结果进行细致分析。当然律师也没有作出应有的贡献。在一个司法体系软弱的体制中，如何使法律真正得到实施？一些律师一直在努力尝试解决这一问题，但实在太困难了，仅仅少数几个法律学者的关注是远远不够的。

以上这些例子，都涉及重大的结构性问题，它们都是我们必须更好地加以解决的问题。类似的例子还可以举出很多。毫无疑问，在座各位都有自己心目中的"大问题"。那么，经济学家应该如何着手解决这些问题？我的答案并不复杂：

首先，经济学家必须愿意提出和探讨这些重大的结构性问题。出发点应该是：对中国未来发展而言，什么是真正重要的问题，而不是欧美经济学界当前碰巧关注哪些热点问题。

接下来，经济学家必须对制约这些结构性变化的制度（法律或其他各种的）有通透的理解。

与上面这个步骤密切相关的一点是，对于用来回答上述问题的数据的性质必须有充分的了解。如果没有可用的数据，那么就得先搞清楚如何去获取所需的数据。千万不要随随便便地拿到一些现成的数据，就匆匆忙忙地开始回归计算。

同时，你不能只看到中国发生的事情。你需要有一个进行比较研究的框架；而且要进行比较研究，就需要目标国家的大量资料，这时很可能需要你自己去做一些相关的基础性研究，因为有关的基本资料可能尚不存在。

只有在完成了以上所有步骤以后，你学到的强大分析技术才真的有助于你得到可靠的答案，因为只有这样，你的研究才是有科学依据的。

这些步骤说起来似乎很简单，但真的实行起来绝非易事。如果一位学者不满足于拿一些现成的数据来进行简单的回归分析，而是对几个国家的经济增长和结构变化进行深入的比较分析，是一件特别困难的工作。这项工作必须以对多个国家的相关制度的深刻了解为基础，它将是一项必须持续几十年的研究，甚至可能是终身性的。那么，这种研究方式能让你们在美国大学得到工作或终身教职吗？我建议的研究策略可能不是让你们在一个重要的西方研究型大学中得到高薪职位的快车道。但是我相信，如果你们做得足够出色，这种研究策略会为你们带来一个或更多的诺贝尔经济学奖。更重要的是，无论它是否能给你们带来教职或诺贝尔奖，只要你的研究对于解决这些重大问题发挥了有效的作用，你就为中国以及其他面临类似问题的发展中国家做了一些有意义的事情。

（贾拥民 译，马春文 校译）

（《社会科学战线》2010 年第 1 期）

俄罗斯走出酗酒困境的策略

〔俄罗斯〕Г. Г. 扎伊格拉耶夫[*]

一、俄罗斯的"酒危机"

酗酒问题一直困扰着俄罗斯。[①] 21 世纪初，这仍然是一个亟待解决的问题。当前普遍酗酒对个人命运、社会民众身心健康所造成的破坏性影响超过以往。事实上，各个指标——酒类消费水平，酗酒诱发的居民发病率、死亡率和犯罪率，青少年和女性饮酒比例——都表明目前酗酒问题的严重程度。酗酒已经威胁到俄罗斯社会和国家保持活力的社会经济、道德基础。1989—2008 年，主要指标——人均酒消费量增长了 1.4 倍，人均绝对饮酒数量达到 15 升（纯酒精），[②] 几乎比世界卫生组织认定的特别危害人体健康标准（8 升）高 1.9 倍。21 世纪初，俄罗斯在酒消费量，至少在饮酒的不良结构方面居世界前列。[③]

纵酒诱发的高发病率、高死亡率是酗酒危害的最突出表现。根据医学统计资料，目前有 260 万俄罗斯人遭受饮酒引起的疾病折磨，但实际数量会大大超过在防治所接受医疗照顾的人员数字。据专家估计，这个数字可能在 500 万左右，或者占居民总数的 3.4%，超过大多数欧洲国家 1.5—2 倍。形势严峻不仅表现在饮酒引发疾病的人数上。按照内务部统计，酗酒犯罪人员数量在 1000—1200 万之间，占居民总数的 7—8%。酗酒、嗜酒严重威胁着广大民众的生命和安全，破坏了社会道德准则和家庭幸福。每年与酗酒有关的死亡人数

---

* 作者单位：俄罗斯科学院社会学研究所。

① 许多研究人员认为，16 世纪中叶前俄国不存在普遍酗酒现象。当酒产品销售成为国家收入的来源，政府千方百计鼓励酒类生产，情况发生了变化。

② 酒消费水平包括合法和非法生产的白酒、家酿酒及其他代用品。

③ 俄罗斯居民饮用的烈性酒占 72.3%，而大多数国家这个比例为 25%—30%。

在9—10万人之间，其中，近1万人死于饮酒诱发的疾病，年均3.3—3.4万人死于酒精中毒，2.3—2.4万人被醉酒人员夺去性命，近2.5万人死于司机酒后驾车。①

青少年和女性经常饮酒标志俄罗斯酗酒问题严重。根据社会学研究资料，在20世纪最后1/4时间里，初次饮酒人员的年龄结构从16—17岁下降到14—15岁，这无论对青少年的身体和智力发展，还是对整个俄罗斯民族的健康和工作能力都构成重大威胁。女性酗酒现象越来越普遍，也威胁着民族的身心健康。20世纪最后10年间，男性酒精意外中毒死亡率为31.1%，女性为53%。饮酒引发的疾病发病率也大致相当。这个时期内，首次接受医疗照顾的醉酒患者数量上升到居民总数的12%，女性这一比例上升到28%。②

为了说明酗酒数量增多对家庭关系和儿童教育造成的破坏性影响，仅列举以下几组数字：儿童保育院的孤儿中（72万名），有60多万名孩子属于社会孤儿，即其父母在世，但通常由于酗酒成性被剥夺了做父母的权利；根据俄罗斯科学院心理学研究所的资料，每年有200万左右孩子遭受贪杯父母的折磨，5万名孩子因此离家出走。③

根据2009年我们对6个地区1600人所作的调查，2/3的受访者对日益增加的酗酒现象及其带来的消极后果（酒后犯罪、饮酒产生的疾病、与酗酒有关的死亡率）表示严重关切。人们最为担心由于父母酗酒、儿童和青少年饮酒所造成的家庭不幸、儿童无人照顾现象。因此，很自然产生以下问题：为什么俄罗斯社会越来越担忧居民酗酒现象？在酒类消费水平相当的情况下，为什么不同国家表现出来的消极后果严重性和强度存在巨大差别？当然，俄罗斯的酒消费增长迅速在其中发挥了重要作用，但酒消费水平本身并不是评价饮酒产生的消极后果严重性的决定因素。法国、葡萄牙、意大利、西班牙的人均酒消费水平略低于俄罗斯，但是酒后犯罪率和饮酒诱发的疾病发病率却明显低于俄罗斯。绝大多数研究人员倾向于认为，造成这种局面的主要原因是恶劣的自然气候条件，特别是近几个世纪以来（16—20世纪），在俄罗斯国家酒政策的影响下，形成了极为苛刻的条件，受其影响开始了普遍酗酒过程。一方面，逐渐形成了特殊的酒消费结构，烈性酒占优势，即"白酒消费模式"；另一方面，独特的酒消费文化逐渐成形。其特点是除了豪饮外，还有一整套喝酒的传统和

---

① 俄罗斯国家统计委员会、内务部和卫生部1990年代的统计资料。
② 联邦委员会制定反毒品、酗酒、嗜酒措施工作组材料。
③ Аргументы недели, 2008, 5 июня.

习俗，要求在不同场合皆以酒待客，从而使酒成为人们日常生活中须臾不可缺少的东西。在评价上述因素对于俄罗斯普遍酗酒产生的影响时，В. М. 别赫捷列夫写到："俄罗斯民族所处的环境差强人意，很不幸地拥有了享用 40 度伏特加酒的特权。而环境明显优越得多的西方民族主要喝葡萄酒和啤酒。烈性酒对胃和肠道刺激性大，使血液剧烈冲击胃壁和肠壁，并且会迅速渗入血液，危害特别大。而淡酒则没有这些危害性。"他指出，俄罗斯形成了比较野蛮的喝酒方式。这位学者接着写道："喝多少酒是一回事，怎么喝则是另外一回事。在我国文化水平落后的情况下，人们喜欢一饮而尽，经常不吃东西甚至空腹喝酒。同样多的酒，这种喝酒方式比其他喝酒方式有害得多。"[1] 酗酒的危害性增加还表现在其消极影响不仅仅殃及醉酒者本人及其亲人，民众生命活动的各个方面，首先是广大居民的社会和法律保护面临负面影响。酗酒、嗜酒越来越成为实现人的生命和安全权力、获得相应的教育和维持富足生活的必要职业、免受酗酒者暴力和蓄意伤害的制约因素。综上所述，可以得出一致的结论：多年来愈来愈普遍的酗酒现象在 20 世纪和 21 世纪之交发展成为俄罗斯真正的民族灾难，对公民的社会和法律保护构成现实威胁。

二、普遍酗酒的原因

首先应当从客观存在的困难和俄罗斯经济、社会和政治领域大规模的激进改革带来的消极后果中寻找酗酒的原因。历史实践证明，社会发展的转折阶段总是伴随着犯罪和酗酒激增，政府在改革中的严重失误使局面更加紧张。在改革过程中，数以百万计的人口生活条件急剧恶化，这部分人在社会上无着落，心理缺乏安全感，对生活丧失信心，客观上导致居民对酒的需求大幅提高。很多人把喝酒当做逃避现实、缓和紧张程度、排遣烦恼和忧愁的特殊方式。

社会财产状况差别扩大，两极分化严重，致使大部分居民彼此疏远。这很大程度上预先注定民众意识里对社会准则，包括对喝酒的道德和法律约束萌生消极态度。在当前的社会结构中出现了一个规模较大、缺乏阶级意识的无产者阶层，这部分人是犯罪、酗酒、吸毒现象增多的温良土壤。根据居民经济社会问题研究所的专家统计，目前日常社会联系中断、生活陷于困境的人数近1100 万。[2]

---

[1]　Бехтерев В. М. Алкоголизм и борьба с ним. Л. , 1927, С. 7–8.

[2]　Независимая газета, 2000, 26 сентября.

国家实行的错误政策导致酗酒过程完全失去控制，这是问题的关键所在。1992年，国家放弃对酒类产品生产和销售的垄断权，向市场关系过渡，使这个领域彻底陷入混乱。实施这项政策的初衷是放宽酒类管理，事实上取消酒类消费的国家调节，但是它使酗酒一度盛行，给社会带来严重后果。缺乏国家监督，征收高额酒类产品税，导致非法生产活动猖獗，非法酒商品交易活跃。大量价格低廉、但常常不适于饮用的伏特加酒涌入市场，这也是大规模酒精中毒事件频发的主要原因。可以根据国家统计局的资料判断假酒对人民健康和生命安全造成的危害：意外酒精中毒事件从1991年的1.61万起上升到1994年的5.55万起，然后2005年下降到3.5万起。

非法生产的酒类产品数量很大（1998年达到60%），甚至在政府采取一系列措施纠正自己的失误之后，非法酒产品占有的份额仍然很高（根据经济发展部的资料，约占40%）。此外，国家还面临着新的大规模手工酿酒。根据我们对居民进行的调查和专家提供的资料，大部分农村居民（60—70%）喝家酿酒。现行法律不限制酿酒自用，从而使同以销售为目的的手工酿酒的斗争成为一项艰巨而难以解决的任务。42%的受访者指出，国家将无法通过实施类似的政策缓解普遍酗酒的尖锐问题。这绝非偶然。

能否通过切实有效的国家政策改变酗酒状况，化解其对社会造成的消极影响呢？以往俄罗斯同酗酒进行的斗争实践表明，国家在这方面的努力（1917年前的4次酒改革，苏联时期1958、1972年和1985年采取的大规模措施）付之东流。而且每次激烈反酗酒斗争之后，社会都会面临更大规模的酗酒。

我们认为，以前的大规模反酗酒举措没有收到预期效果，其原因很大程度上与消除这种社会丑恶现象采取的方法、手段、途径不符合酗酒的本质有关。试图通过禁酒（1914年俄国颁布的一项毫无结果的法律）或者严格限制酒类产品的生产和销售（1958—1960年、1985—1987年）解决问题的努力失败了。强化对醉酒状态下违反道德规范和法律行为的处罚力度——这是受传统制约、片面解释酗酒本质带来的结果。这种观点将普遍酗酒的主要原因归结为酒类产品管理宽松、社会对纵酒人员行为的监督乏力、民众教育程度不高。对以上原因还需要补充一点：在反酗酒活动中实际上忽视了该问题的科研成果。特别是20世纪下半叶，对酗酒原因的解释已发生实质性变化，趋向于承认饮酒同满足人类的某些需求存在联系，起源于人际关系，来源于习俗文化、人们的生活条件和生活方式，即在对该问题的研究中，绝大多数研究人员转向深刻揭示酗酒的本质原因。总结科学认识——这是最近50—60年里社会学、心理学、医学、法学代表人物积极研究的结果。需要适时指出的是，在这个领域进行的大规模社会学研究极大地推动了对酗酒这一复杂社会现象本质的认识。

按照社会学方法解释普遍酗酒、嗜酒原因，其最重要的要素包括：同酒的生产、销售有关的经济要素（高利润、管理松散、酒类产品的销售结构不合理——烈性酒占主导地位）；客观上有利于促进酒类产品消费的经济社会要素（人们的生活、劳动条件差、教育和文化发展水平低、社会不公与压力、人际关系疏远、孤独）；社会心理要素（人们意识里已经形成固定的喝酒传统和习俗：见面、过度疲劳、祝贺健康、为逝者祈祷、庆贺购物、发奖金和工资等；正在成长的青少年固有的社会模仿心理）；反映人类天性的心理学要素（追求快乐、乐观情绪、精神的满足和愉悦）；影响产生酒类需求和需求实现方式的社会文化要素（文化层次低、精神和文化需求不高、道德教育缺失）；引发嗜酒的心理生理学要素（神经系统衰弱、遗传、代谢过程紊乱等）。

因此，普遍酗酒的原因是各种不同条件和因素的复杂集合。只有对整个集合施加必要的影响才能使目前的形势发生积极变化。遗憾的是，国家酒政策的内容依旧局限于运用行政和法律手段严格限制酒的买卖，加大对各种酒后违法和不道德行为的惩治力度。

三、制定新的国家酒政策的背景分析

那么，是否可以通过国家酒政策有效控制居民饮酒呢？

在苏联反酗酒的所有最重要阶段（1958、1972 和 1985 年），国家酒政策明显忽视了民众的客观需求和生活水平，忘记了在人们的意识里适量饮酒是一种社会准则，是生活文化和生活方式不可或缺的一部分。除了对普遍酗酒缺乏综合的解决办法，国家酒政策的内容常常没有考虑到这种社会现象的一系列特殊性。与其他社会消极现象不同，饮酒源于人类的特定需求，是这种需求获得满足的方式和可能性。人们喝酒的目的是追求享受、振作精神、舒缓压力、发泄不快、建立联系等。尽管这些感觉是短暂的、虚幻的，是自我欺骗，但人们主观上很享受微醉的感觉，"酒不醉人人自醉"，酒的诱惑力即在于此。绝大部分人对此给予正面评价。生活不定，对社会缺乏信心通常会使人沉湎于醉酒，忘却烦恼和困难，逃避现实生活。

我们认为，为了深刻认识以前数次反酗酒运动失败的原因，必须借鉴历史经验。这些措施不仅没能减少民众纵酒现象，而且使后来酗酒形势更加复杂。

这方面，1985—1987 年苏联反聚众酗酒的教训具有特殊的教育意义。聚众酗酒规模大，危害也大，其活动造成了全新的、更复杂、更难以解决的酗酒局面。为了完成既定任务，人们采取了各种各样的极端措施——从严格限制、禁止酒类的生产和销售到施加行政、道德和政治压力。反聚众酗酒取得了重要成果——酒产品的生产和销售规模大幅下降（1985—1987 年间俄罗斯年人均酒产品销售量从 10.4 升下降到 3.8 升），但在需求不变的情况下，导致酒精稀缺。因此出现大规模的投机买卖，家庭酿酒遍地开花，与饮酒有关的非传统犯罪数量激增，酒类非法生产成为普遍现象。

根据全苏贸易行情和需求科学研究所资料及我们的统计，家酿酒的数量与国营企业生产的酒产品规模不相上下，而且形成了极其不合理（从产生的后果角度）的酒消费结构：1990 年代初，烈性酒（伏特加酒、家酿酒）的比重超过 80%，而 1980 年代这个数字为 49%。① 这项欠考虑的政策还带来另外一个后果：与纵酒有关的犯罪形势明显恶化。各种酗酒犯罪指标经过短暂的（1985—1987 年）下降之后不可遏制地迅速增加：仅 1989—1990 年间，酗酒犯罪数量就增加了 20% 多，未成年人犯罪数量增加了 1/3 强。在酒精短缺的条件下，非传统的违法活动猖獗——仅 1988 年就有 100 多万人由于情节严重的流氓行为、倒卖酒精、盗窃生产资料、生产和销售家酿酒等原因被追究责任。②

反聚众酗酒还造成另外一个消极后果。我们认为，这个后果对反酗酒、嗜酒斗争造成的消极影响最大。这就是民众意识发生深刻变化，居民对国家酒政策的支持下降，消极情绪增加。内务部全俄科技研究所对居民每年进行的调查（作者参加了调查）表明，平均 2/3 的被调查者对国家酒政策持消极态度，其中 80% 以上受访者对酒类生产和销售政策提出严厉批评。

酗酒问题依旧非常突出，也更加迫切需要解决。探索解决这个问题的途径和手段为学者和经验专家提出了阐述反聚众酗酒失败原因的任务。我们认为，其中最主要的原因是国家着手解决如此复杂和棘手的社会问题时缺乏预防和消除酗酒的明确构想，付诸的行动缺乏科学论证。无论是在反聚众酗酒的基本方向、主要任务和阶段确定上，还是在实现既定任务手段和方式的选择上，一开始就为主观主义留下了广阔的自由空间。构想简单，基本出发点不明确，中长期任务不清晰，凡此种种最终导致在实践活动中犯下严重错误。事实上，人们并不认为酗酒是一种反社会现象。在绝大多数成年人看来，传统意义上的"适量"饮酒并非不道德的、违法的。

作为人类行为最重要的调节器，日常生活中早已形成的规范、风俗和传统从未要求人们完全禁酒。这种情况下，政权机关一味地人为宣传脱离实际的彻底禁酒口号不能不引发人们的负面反应。这表现在反酗酒政策的战略和战术制

---

① 国家统计委员会资料。

② 俄罗斯内务部资料。

定上：反酗酒活动缺乏科研保障，与其说这是由于国家科研能力薄弱，不如说是政府显然不愿意运用反酗酒、嗜酒斗争中多年积累的科学实践经验。通过分析这些经验教训，学者们得出一系列关于解决问题的方法和手段的结论。其中包括：禁止和限制性措施不能构成酒政策的主要内容；民众饮酒的原因不在于酒的生产和销售，而在于人际关系、具体的生活条件；民众已经形成行为和交际的技能与定式，减少甚至取消酒产品的反酗酒努力会与人们的利益发生冲突，并引发消极反应。政府未能科学认识 1985 年改革以前形成的不良局面。这一时期居民酗酒现象迅速增加，其中包括由于在酒类贸易和销售领域普遍实行禁令造成的酗酒。① 人们纷纷到大街上、小公园、单元门口、地下室喝酒，② 结果不仅酒的消耗量上升，而且危害社会的行为激增。统计结果表明，当街饮酒（饮酒量相同情况下）使违法概率平均增加 2.7 倍，对社会道德产生负面影响，聚众酗酒的丑态暴露于人们的视听之下。同时，在人们的意识里形成一种认识，酗酒是一种普遍现象，旁人无须指责。

显然，在不远的将来，客观上绝大多数居民生活的经济和社会条件仍不会乐观，这些人对社会缺乏信心，许多人的价值观沦丧，道德精神和文化水平下降。这种情况下，不可能减少酒消费量和减轻饮酒带来的消极后果，但是一定程度上稳定和缓解酗酒形势是十分现实的任务。为此，首先必须彻底修改国家解决酗酒问题的政策，消除其固有的不确定性、不彻底性和片面性。

四、制定国家酒政策的建议

为了提高效率，需要制定全面的酒政策。既要尽可能地考虑此类社会现象传播的特点和原因，又要兼顾到社会的现实可能、历史经验与俄罗斯民族的文化传统和风俗。制定和有效实施酒政策要求国家明确阐述对普遍酗酒的官方立场。我们认为，制定和实施酒政策最重要的出发点是应当承认：

1. 普遍饮酒是存在深层矛盾的社会现象，因此需要采取包括不同措施的灵活酒政策。一方面，应当承认节制、适量的饮酒原则，提高酒文化；另一方面，采取一定的制裁手段，严厉对待酗酒。

2. 由于饮酒和酗酒的社会及社会心理制约性，预防工作必须与努力改善

---

① Вестник Академии наук СССР, 1991, No. 8.

② 赫鲁晓夫时期曾经颁布命令，禁止所有位于车站、机场、车站附近区域的贸易、公共饮食企业销售伏特加酒；禁止在靠近工业企业、教学机构、儿童福利机构、医院、疗养院的地区和公众休闲场所销售伏特加酒。

人们的现实生活条件、提高人们的文化和道德水平、围绕酗酒现象营造相应的道德心理氛围结合起来，逐渐决定性地取代酒在人们生活中占据的地位。能否实现这个目标取决于国家的重建过程在多大程度上能够顺利进行，社会经济、政治关系将会发生怎样的深刻变化。积极落实现行政策，尽一切可能提高人民的物质和文化水平，实现社会公正，丰富人民生活，培养理性的、人人都能享有的酒消费选择，为逐步消除酗酒奠定基础。

承认预防和消除酗酒工作的社会优先地位，很自然地产生普遍预防和专门预防措施的对比问题。采取预防措施的目的是由于某种原因使人难以实现喝酒的愿望，把酒的危害降到最低。同时需要指出，改善人们在各个领域的生命活动条件不会自动消除酗酒或者明显减少酗酒，它仅仅为此创造了客观可能性和前提条件。这些可能性能否实现很大程度上取决于专门预防措施成熟与否，取决于社会意识对酒持何种态度。

3. 客观上为从社会生活中彻底消除酗酒创造有利的前提条件，这是一项着眼于未来的任务。因此，在社会发展的现阶段制定有效的预防和减少酗酒行动纲要，需要客观分析和考虑现实条件及可能性，提出切实可行的目标和任务。这包括：对居民开展预防性教育；制定和实行青少年反酗酒教育制度；加强对酗酒犯罪人员的社会监督；研究和巩固控制预防和消除酗酒过程的基础和原则；鼓励广泛的社会团体有意识地积极同酗酒、嗜酒现象作斗争。

4. 国家事实上失去对局势的监督是造成酗酒问题日益严重的最主要因素之一，包括由于行政和强力部门贪污受贿盛行，妨碍了酒生产和销售领域的秩序整顿。

由于各种原因，居民对酒精饮料保持较高需求。客观上必须满足这种需求，这给国家提出了迫切的任务：一方面，保证国家对酒产品生产和销售环节的有效监督（保持并坚决实施酒类生产和销售垄断）；另一方面，大力加强国家对酒消费的调节力度，限制酒消费量的增长，减少饮酒带来的消极后果。为此必须采取有效措施，通过销售价格、时间、地点限制酒类流通；制定并坚决实施经济和法律措施，取缔非法酒贸易；修改使手工酿酒合法化的国家政策，这项政策推动了手工酿酒的大规模普及，尤其是在农村地区。

5. 改变俄罗斯特殊的酒消费文化（白酒消费模式）是走出酗酒困局的最有前景的方式。这是一项长期而艰巨的任务，需要国家付出巨大努力。①

---

① 在福利和社会保障水平显著提高的条件下，西欧国家居民到 30 岁酒类消费水平稳步下降，饮酒引起的消极后果减少。

这在反酗酒斗争中占有特殊地位，应当进行更加深入的研究。众所周知，俄罗斯此前推行的国家禁酒政策对这种酒消费文化的形成发挥了决定性作用。走马灯似的酒改革（酒垄断、包收酒税、消费税制度、重新实行酒垄断）不仅以酒产品销售给国库带来大量收入而告结束，而且使越来越普遍、越来越荒谬的酗酒现象猛增。

酒垄断（15世纪下半叶前开始形成，17世纪下半叶最终确立）给俄罗斯民族带来很大不幸。正是在这个时期小酒馆被彻底铲除，取消酒产品自由销售，沙皇的酒馆完全占据统治地位。在这里只能喝酒（不吃东西），很快就使人酩酊大醉。因此形成一种认识：俄罗斯普遍酗酒，豪饮是俄罗斯民族的特点。人为推行白酒消费模式，同时采取严厉的惩罚措施减少家庭淡酒（家酿啤酒、啤酒、蜜酒）生产。酒垄断政策的实施迫使人们寻找各种借口取得在家庭条件下生产酒类饮品的许可，使许多新的、甚至不尽合理的喝酒传统、习俗深入生活。这些传统、习俗至今仍然发挥着巨大作用。在民众意识里，饮酒是某些场合必要的行为规范的认识占上风，从而使饮酒成为习俗，得到社会的认同，破坏这个社会规范通常会受到道德谴责。

按照包税制（1765—1863），俄国民众必须杜绝啤酒和蜜酒酿造，人们基本上喝伏特加酒。① 结果到20世纪初，在酒精饮料消费结构中伏特加酒占93%（到21世纪初这个份额为80%，目前为72.3%）。在普遍酗酒和出现大量消极后果的危机条件下，作为克服令人担忧局面的最重要手段，改变俄罗斯酒消费模式和酒文化的必要性已经成熟。社会对此表示深切关注，2007年11月在安全委员会主持下国家杜马举行圆桌会议，会上代表们首次明确承认大量饮用烈性酒给国家带来致命的危险。代表们指出，居民人均替代酒精饮料消费量达5升，这加深了酗酒的危机形势。会议得出一致结论，转变酒精饮料的消费模式能够拯救国家，如啤酒消费模式。

除了必须克服和改变几个世纪以来形成的喝酒定式——白酒消费模式，俄罗斯还缺乏生产葡萄酒的有利条件。近年来，葡萄酒的生产条件恶化。由于苏联解体，葡萄种植地区处于俄罗斯边境以外，俄罗斯本身的经济状况也不乐观，而且1985—1987年反聚众酗酒毁坏了大面积的葡萄园，葡萄产量减少到原来的1/5（库班地区目前的葡萄原料产量不超过6000万升，而在1980年代中期产量为2.2

---

① 实行包税制期间（1765—1863），为了增加预算收入，提高伏特加酒产量，国家采取一系列措施，禁止啤酒和蜜酒酿造，结果人们只能喝白酒。

亿升①），因此，暂时还不具备使用葡萄酒取代烈性酒的条件。唯一可行的方案是最大限度地发展啤酒生产。北欧国家（挪威、瑞典、芬兰）的一系列经验证明，大幅降低白酒份额，积极改变酒消费结构是切实可行的任务。

6. 必须抓紧制定经过科学论证的俄罗斯联邦酒政策。该政策构想不仅需要借鉴国际上解决这个问题的有益经验，而且需要考虑俄罗斯酗酒形势的基本特点及成因。得到法律强化的政策能够成为一系列广泛措施的基础，这些措施将有助于提高国家努力解决普遍酗酒问题的效率。落实这些措施要求各个国家机关、社会组织和社会研究机构共同付出努力，强化监督与协调。我们认为，最好由隶属于俄罗斯联邦政府和各地区行政首脑、有独立人员编制的各部门联合委员会担任反酗酒的组织和协调机构。

为了确保反酗酒努力取得应有的成效，必须解决酒政策及其纲要实施的财政保障问题。没有相应的拨款，很难指望成功解决如此复杂的社会问题。根据许多国家的经验，类似纲要的融资任务通过在协调中心建立社会基金的途径解决。从酒类产品销售收入中提取2—3%的比例构成该项基金。必须为国家酒政策的制定提供科研信息保障。否则，无论是制定有效的纲要，还是针对酗酒问题作出其他决策都是不可想象的。

从不同角度对酒类消费问题进行的国家统计和科学研究还不能客观反映居民酗酒情况，包括不同社会群体和民族、不同地区酗酒的普遍程度。为完成这项任务，希望在联合委员会成立科学方法论分委会，赋予其组织和协调科学研究、收集和分析国家和各地区酗酒状况的统计和社会学信息、提出完善预防活动和解决与饮酒有关问题的意见和建议的职能。

最后，制定和实施联邦法律，从法律上强化经过科学论证的解决酗酒、嗜酒问题的新方法，明确国家酒政策的目的和内容、达到这些目的的途径和手段：确定酒政策的社会优先方向，组织对青年人进行全面的反酗酒教育，保障公民的健康，预防酗酒，为嗜酒患者恢复社会名誉，建立为酒政策提供组织、财政、科学信息保障的必要的法律基础。这符合缓解俄罗斯极端严重的酗酒状况、降低其对社会各个领域的破坏性影响的需要。

（张广翔、钟建平　译）

（《社会科学战线》2010 年第 6 期）

---

① Аргументы недели，2007，22 ноября.

经济转型期间中国农村贫困与收入决定因素的变化

夏庆杰　　宋丽娜　　〔英国〕Simon Appleton*

引　言

中国的贫困问题主要存在于农村。① 1980 年经济改革起步时，中国绝大多数农村人口（76%）生活在贫困线以下，快速的经济增长使中国农村贫困率到 2001 年时下降到 12%。② 这是有史以来速度最快的贫困率下降。中国政府宣布中国提前实现了联合国设定的在 2015 年使贫困人口减少一半的新千年减贫目标。面对这一惊人的减贫速度，人们疑问中国农村快速减贫的原因是什么？经济转型期间中国农村贫困与收入的决定因素有哪些、发生了哪些变化？

关于前一个疑问，国内外学术界已做了大量研究，并且有了较为明确的结论。Khan③、Riskin④、Sicular et al. ⑤ 等认为：改革开放初期农村贫困率快速

* 作者单位：夏庆杰、宋丽娜，北京大学经济学院；Simon Appleton，英国诺丁汉大学社会学与社会政策学院。

① A. R. Khan, "Poverty in China in the Era of Globalization," *Issues in Development Discussion Paper* 22 , Geneva: International Labour Organisation, 1998.

② M. Ravallion, S. Chen, "China's (Uneven) Progress against Poverty," *Journal of Development Economics*, No. 1, 2007, pp. 1–42.

③ A. R. Khan, "Poverty in China in the Era of Globalization," *Issues in Development Discussion Paper* 22, 1998.

④ C. Riskin, "The Fall in Chinese Poverty: Issues of Measurement," *Incidence and Cause. Prepared for the Keith Griffin Festschrift Conference at Political Economy Research Institute*, 2004, April, pp. 23–24.

⑤ T. Sicular, X. Yue, B. Gustafsson, S. Li, "The Urban–rural Income Gap and Inequality in China," *Review of Income and Wealth*, No. 1, 2007, pp. 93–126.

下降可归因于农村土地承包责任制，而 1990 年代中期农村贫困率的减少是由于农产品收购价格的上升。然而，1980 年代后期、1990 年代初期和后期农村贫困率停止下降甚至有所上升的原因有：农村土地承包责任制对提高农民收入的影响殆尽；当经济改革的重点由农村转向城市，特别是沿海开放城市和吸引外资加工业时，1990 年代初期和后期工农产品之间的贸易条件发生了不利于农村和农业的变化；[1] 此外农村乱收费现象严重；[2] 尽管 1990 年代政府放松了对农民工进城务工的限制，但是国企改革导致的大规模职工下岗加剧了农民工就业的困难，这迫使农民工接受低于政府规定的最低小时工资率；[3] 另外，农民工进城打工对农村减贫的作用有限，因为农村贫困人口外出打工的可能性较低；[4] 中国政府在 1986 年实施了农村扶贫项目，[5] 然而在 1986—1995 年期间农村扶贫项目对农村收入增加影响不大。[6] 但是，改革开放以来中国农村贫

[1] C. Riskin, "The Fall in Chinese Poverty: Issues of Measurement, Incidence and Cause," *Prepared for the Keith Griffin Festschrift Conference at Political Economy Research Institute*, 2004, April, pp. 23–24.

[2] A. R. Khan, "Poverty in China in the Era of Globalization," *Issues in Development Discussion Paper* 22 *International Labour Organisation*: Geneva, 1998; A. R. Khan, C. Riskin, "Inequality and Poverty in China in the Age of Globalization," New York: Oxford University Press, 2001.

[3] S. Appleton, J. Knight, L. Song, Q. Xia, "Labour Retrenchment in China: Determinants and Consequences," *China Economic Review*, 2002, No. 2–3, pp. 252–275; S. Appleton, J. Knight, L. Song, Q. Xia, "Contrasting Paradigms: Segmentation and Competitiveness in the Formation of the Chinese Labour Market," *Journal of Chinese Economic and Business Studies*, No. 3, 2004, pp. 195–205; S. Appleton, L. Song, Q. Xia, "Has China Crossed the River? The Evolution of the Wage Structure in Urban China," *Journal of Comparative Economics*, 2005, No. 4, pp. 644–663.

[4] Y. Du, A. Park, S. Wang, "Migration and Rural Poverty in China," *Journal of Comparative Economics*, No. 4, 2005, pp. 688–709.

[5] Y. Liu, "Poverty Alleviation in the People's Republic of China's Rural Areas: Problems," *Policy Strategy and the Role of Science and Technology*, In OECD's *Development Centre SeminarsTechnology and Poverty Reduction in Asia Pacific*, Paris: OECD Publishing, 2002, pp. 187–200.

[6] A. Park, S. Wang, G. Wu, "Regional Poverty Targeting," *Journal of Public Economics*, No. 1, 2002, pp. 123–153.

困率快速下降，农村经济增长或者农户收入增长起到了关键作用。①

然而关于后一个疑问即在经济转型期间中国农村贫困与收入决定因素及其变化趋势的研究似乎有限，这是由于关于中国农村贫困问题的研究大多以国家统计局（NSB）的入户调查数据为基础②。NSB 数据没有记录被调查户及其成员的生产及非生产特征。因此，NSB 数据不便用以对农户的贫困和收入的决定因素进行参数分析。相比之下，中国家庭收入分配课题组（CHIP）农村入户数据则避免了这个缺陷。鉴于此，本文拟使用 1988 年、1995 年、2002 年 CHIP 农村入户调查数据对农户贫困与收入的决定因素进行多元回归分析。

分析农户人均收入决定因素通常使用普通最小二乘法（OLS）。普通最小二乘法及其变种的问题是它只能在均值水平上反映相关解释变量对被解释变量的影响，即使是使用面板数据也是如此。显然，解释变量如农户劳动力的受教育程度对被解释变量（农户人均收入）的影响会随着农户人均收入的由低到高的变化而有所不同。相比之下，Koenker 和 Bassett 提出的分位数（Quantile）回归则可以把解释变量对被解释变量的影响在后者的整个分布上都显示出来。③ 从 Buchinsky④ 使用分位数回归分析美国工资收入结构变化以来，分位

① M. Ravallion, S. Chen, "China's (Uneven) Progress against Poverty," *Journal of Development Economics*, No. 1, 2007, pp. 1–42；夏庆杰、宋丽娜、S. Appleton：《经济增长与农村反贫困》，北京大学经济学院工作论文，2009。

② A. R. Khan, "Poverty in China in the Era of Globalization ," *Issues in Development Discussion Paper* 22, Geneva: International Labour Organisation, 1998; S. Chen, Y. Wang, "China's Growth and Poverty Reduction: Recent Trends between 1990 and 1999," *World Bank Policy Research Working Paper* 2651, 2001; M. Ravallion, S. Chen, "China's (Uneven) Progress against Poverty," *Journal of Development Economics*, No. 1, 2007, pp. 1–42.

③ R. Koenker, G. Bassett, " Regression Quantiles," *Econometrica*, 1978, No. 1, pp. 33–50; R. Koenker, G. Bassett, "Robust Tests for Heteroscedasticity Based on Regression Quantiles," *Econometrica*, No. 50, 1982, pp. 43–61.

④ M. Buchinsky, "Changes in the U. S. Wage Structure 1963—1987: Application of Quantile Regression," *Econometrica*, No. 62, 1994, pp. 405–458.

数回归在分析收入的决定因素上已获得越来越多的应用。[1] 在农户收入函数分析中，如果再有几轮在不同时间调查的截面数据，我们就可以更准确地发现不同解释变量对农户收入整个分布区间不同分位数点上影响的变化趋势，因而有助于我们发现农户收入结构的变化趋势。为此，本文拟根据 CHIP 农村入户调查数据、使用普通最小二乘法和分位数回归方法考察中国经济转型期间农户收入结构的变迁。

本文结构如下：第二部分介绍本文所使用的数据、对贫困测算的方法及计量经济学方法。第三部分使用 Probit 模型、普通最小二乘法和分位数回归等多元回归分析来在微观层次（农户）上探究摆脱贫困和增加收入的决定因素及变化趋势。第四部分给出本文结论。

数据和研究方法

本文使用中国社会科学院经济研究所在 1988 年、1995 年和 2002 年所收集的中国家庭收入项目（Chinese Household Income Project，CHIP）农村入户调查数据。关于 CHIP 数据采集的详细介绍和说明，请参见 Griffin & Zhao[2]、Riskin et al.[3]、Gustafsson et al.[4] 等研究报告。CHIP 入户调查是在国家统计局全国家庭入户调查的样本框基础上的抽样，具有全国代表性。[5] CHIP 数据

[1]　R. Koenker, K. F. Hallock, "Quantile Regression," *Journal of Economic Perspective*, No. 4, 2001, pp. 143–156; J. Knight, L. Song, "Increasing Urban Wage Inequality in China," *Economics of Transition*, No. 4, 2003, pp. 597–619; J. A. F. Machado, J. Mata, "Counterfactual Decomposition of Changes in Wage Distributions Using Quantile Regression," *Journal of Applied Econometrics*, No. 3, 2005, pp. 445–465; J. Angrist, V. Chernozhukov & I., Fernandez–Val, "Quantile Regression under Misspecification, With An Application To The U. S. Wage Structure," *Econometrica*, No. 74, 2006, pp. 539–563; J. Angrist, J. Pischke, *Mostly Harmless Econometrics: An Empiricist's Companion Princeton*, Princeton University Press, 2009, pp. 269–291.

[2]　K. Griffin, R. Zhao (eds.), *The Distribution of Income in China*, London: Macmillan & Co., 1993.

[3]　C. Riskin, R. Zhao, S. Li (eds.), *China's Retreat from Equality: Income Distribution and Economic Transition*, Armonk: M. E. Sharpe, N. Y., 2001.

[4]　B. A. Gustafsson, S. Li, T. Sicular (eds.), *Inequality and Public Policy in China*, New York: CUP, 2008.

[5]　CHIP 农村数据的初衷是力图具有全国代表性，但是由于财力的限制，1988 年 CHIP 数据涵盖了 29 个省，1995 年 19 个省，2002 年 22 个省。另外，随着农民工进城的增加和城市化速度的加快，CHIP 农村数据的全国代表性也受到了一定程度的削弱。

有两个长处：第一，该数据提供了一个比 NBS 数据更全面、更精确的家庭收入评估（参见 Khan et al. ①）；第二，该数据含有调查农户及其成员的生产及非生产特征信息，因而可以对农户脱贫、增收的决定因素进行多元统计回归分析。本文在计算农户收入过程中根据 Khan et al. ② 提出的方法计算收入，包括了根据房主自用住房租金折合收入的估计值。附表 1 根据 CHIP 数据对我国农村农户收入来源及其变迁进行了描述。

关于贫困线，本文直接使用 Ravallion 和 Chen③ 的中国农村贫困线。Ravallion 和 Chen 与中国国家统计局合作设计了中国农村贫困线，即按 2002 年不变价格计算的每人每年 850 元人民币贫困线。使用 Ravallion 和 Chen 贫困线省去了把国际贫困线转换为中国货币贫困线时的购买力平价（PPP）争议。

从方法论上讲，多变量回归分析有助于我们更深入地理解农户贫困和收入的变化模式和趋势。另外，如前所述，1988 年、1995 年、2002 年 CHIP 农村入户调查数据的一个主要优势是其涵盖被调查户及其成员的生产及非生产特征。因此，在利用 CHIP 数据优势的基础上，我们打算采用三种估计方法来考察农户贫困及收入的决定因素。第一、二种方法是根据 AppletonS. ④、夏庆杰等而来的。⑤ 具体来说，第一种方法是使用 Probit 模型分析哪些因素有助于农户摆脱贫困。我们依然使用 Ravallion 和 Chen 的农村贫困线：即按 2002 年不变价格计算的每人每年 850 元人民币。关于农户贫困和收入的决定因素，我们侧重考虑改革开放以来影响农民经济状况的主要社会经济政策的变化及其影响，即农村土地承包责任制、允许农户从事非农经济活动、逐渐放松对农民工进城打工的限制等。这些政策的影响极为惊人，如农村 5 亿劳动力的 1/3 已脱

① A. R. Khan, K. Griffin, C. Riskin, R. Zhao, *Household Income and its Definition in China*, paper 1 of Griffin, K., R. Zhao (eds.), London：The Distribution of Income in China Macmillan, 1993.

② A. R. Khan, K. Griffin, C. Riskin, R. Zhao, *Household Income and its Definition in China*, paper 1 of Griffin, K., R. Zhao (eds.), London：The Distribution of Income in China Macmillan, 1993.

③ M. Ravallion, S. Chen, "China's (Uneven) Progress against Poverty," *Journal of Development Economics*, No. 1, 2007, pp. 1–42.

④ Appleton, "The Rich are Just Like Us, Only Richer：Poverty Functions or Consumption Functions? Evidence from Uganda," *Journal of African Economies*, No. 4, 2001, pp. 433–469.

⑤ 夏庆杰、宋丽娜、S. Appleton：《中国城镇贫困的变化趋势和模式：1988—2002》，《经济研究》2007 年第 9 期，第 96–111 页。

离农业进城打工、① 还有约 1/3 在当地从事非农个体经营或在非农打工。② 因而，除了常规的解释变量如受教育程度、是否少数民族、政治背景（如家有党员或从事公共工作的成员）之外，我们还把影响农户收入的劳动力择业分布因素也包括在解释变量中。从而，本文的解释变量包括：户主性别、农户劳力性别的均值、农户劳力年龄的均值及其平方项、农户劳力受教育程度的均值③，农户生产类变量如农户人均实际耕种土地亩数的对数、农户人均资本的对数、农户劳动力数量的对数，与政治背景相关的变量如农户党员数量与该户人口数之比，职业变量如农户公共工作人数、非农业专业人员或职员人数、非农个体经营人数、村干部人数、非农打工职工人数、从事纯农业劳力数等与该户劳力数之比。此外，我们还对以下变量予以控制：农户家庭人口数的对数、省份虚拟变量（由于篇幅的限制我们没有报告关于省份变量的估计结果）。

　　第二种方法是使用普通最小二乘法（OLS）用经过取对数的家庭人均收入变量对农户及其成员的生产及非生产特征进行回归。农户收入函数如下：

$$Lny_i = \beta'X_i + \varepsilon_i \tag{1}$$

其中 Lny_i 为农户人均收入的对数，X 是一个代表解释变量的向量（与以上 Probit 模型中农户贫困的决定因素相同），β 是其对应的系数，它可能随时间改变，ε 表示随机误差项。用普通最小二乘法（OLS）和截面数据估计农户收入的决定因素在理论上面临以下两个问题。第一，在本文所侧重探讨的诸多农户收入决定因素可能具有内生性问题。在内生性存在的情况下估计出的农户收入函数可能是有偏的。从理论上讲，应采用工具变量进行二阶最小二乘法回归（TSLS）、或者采用广义距法（GMM）回归以消除内生性。然而由于本文使用了 3 个不同年份跨度 14 年的截面数据，调查时所设计的问卷有很大区别，因而无法为这 3 个年份的数据找到相同工具变量。如果在对这 3 个年份截面数据进行回归中使用了各不相同的工具变量，那么可能导致我们无法对 3 个年份截面数据农户收入函数的诸多决定因素进行比较。权衡之下，我们采用 OLS 对 3 个年份的截面数据进行回归、而且回归时使用具有相同解释变量的农户收入函

---

　　① 刘军、陈兰：《当前农民工流动就业数量、结构与特点》，《新华文摘》2005 年第 20 期。

　　② 王德文：《刘易斯拐点和中国经验》，载蔡昉主编《中国人口与劳动问题报告 No. 9：刘易斯转折点如何与库兹涅茨转折点回合》，北京：社会科学文献出版社，2008 年，第 88–103 页。

　　③ 根据 O. Ashenfelter, C. Rouse, "Income, Schooling, and Ability: Evidence from A New Sample of Identical Twins," *Quarterly Journal of Economics*, No. 1, 1998, pp. 253–284. 劳动力受教育水平的均值是一个家庭不可观测能力的更合理的代理变量。

数模型，这样有利于对不同年份的相同变量系数进行比较。

OLS 的问题是它只能在均值水平上反映相关解释变量对被解释变量的影响，即使是使用面板数据也是如此。显然，解释变量对被解释变量的影响会随着被解释变量分布的由低到高的变化而有所不同。相比之下，Koenker 和 Bassett 提出的分位数（Quantile）回归则可以把解释变量对被解释变量的影响在后者的整个分布上都显示出来。① 在收入和贫困分析中，如果再有几轮在不同时间调查的截面数据，我们就可以更准确地发现不同解释变量对农户收入分布各个分位数点上影响的变化趋势。因而，我们采用的第三种估计方法是分位数回归。具体来说，我们把（0，1）均匀分布分为 1000 个等距离的分位数数点 $u_i (i = 0.001，0.002，\cdots，1.000)$，接下来根据 $u_i (i = 0.001，0.002，\cdots，1.000)$ 对每轮截面数据进行 1000 个分位数回归，以得到 1000 个分位数数回归系数。② 再用这 1000 个回归系数（以被解释变量的 1000 个分位数点为横轴）画出曲线图。这样，我们就可以根据该曲线图观测到解释变量对被解释变量整个分布的各个分位数点上的影响。

分位数回归公式如下：$Q_\theta (lny \mid X) = X'\beta(\theta)$　　　　　　（2）

其中对于 $\theta \subset (0，1)$ 来说，给定回归变量向量 X，$Q_\theta (lny \mid X)$ 表示对数农户人均收入 lny 分布上的第 θ 个分位数。为与 OLS 回归结果相比较，在分位数回归中我们依然使用与方程（1）中相同的解释变量向量 X。$\beta(\theta)$ 为分位数数回归系数向量。

给定 $\theta \subset (0，1)$，通过变换 β 最小化式（3）来估计 $\beta(\theta)$ ③，

$$n^{-1} \sum_{i=1}^{n} \rho_\theta (lny_i - X'\beta)　　　　　　（3）$$

其中 $\rho_\theta(u) = \begin{cases} \theta_u，& if u \geq 0 \\ (\theta - 1)u，& if u < 0 \end{cases}$。关于分位数回归的具体推导过程，请参见 Koenker。④

---

① R. Koenker, G. Bassett, "Regression Quantiles," *Econometrica*, No. 1, 1978, pp. 33–50；R. Koenker, G. Bassett, "Robust Tests for Heteroscedasticity Based on Regression Quantiles," *Econometrica*, Vol. 50, 1982, pp. 43–61.

② 由于我们使用 1988、1995、2002 等 3 年的 CHIP 农村入户调查数据，因而总共要进行 3000 个分量回归，在加上将这 3000 个回归中得到的回归系数整理成按农户收入分布由低到高的 1000 个分量点排列的数据表格，整个工作量巨大自不待言。

③ R. Koenker, G. Bassett, "Regression Quantiles," *Econometrica*, No. 1, 1978, pp. 33–50.

④ R. Koenker, *Quantile Regression*, Cambridge：CUP, 2005.

关于分位数回归结果的解释和分析，我们采用了 Angrist 和 Pischke① 的解释法。②

关于农村贫困和收入差距决定因素的多变量回归分析

我们首先使用 Probit 模型分析农户脱贫的决定因素及其变化，接下来使用普通最小二乘法和分位数回归方法考察农户收入决定因素及其变迁。我们打算首先考察农户人力资本如农户劳动力受教育程度、潜在工作经验的经济回报。更为重要的是在中国经济转型过程中，农民离开土地从事非农工作，如在当地打工、从事非农个体经营，特别是有史以来最大规模的农民工进城务工大大拓宽了农户收入来源渠道，也大幅度提高了农民收入；因此分析农民所从事职业对农户收入的影响就更具有现实意义。表 1 报告了使用 Probit 模型估计影响农户脱贫的影响因素，表 2 给出了使用普通最小二乘法估计了影响农户收入的影响因素，图 1-10 报告了使用分位数回归方法得出的农户收入决定因素的曲线图。在以下的分析中，我们把 Probit、OLS 估计结果（表 1、2）与根据分位数回归结果绘制的曲线图（图 1-13）放在一起分析，目的是对影响农户收入、贫困、收入差距的因素有更好的理解。

① J. Angrist, J. Pischke, *Mostly Harmless Econometrics：An Empiricist's Companion*, Princeton：Princeton University Press, 2009, pp. 269-291.

② 相对于 OLS 回归而言，分位数回归在经济学分析中的应用可能还处于正在兴起阶段。因而，关于如何解释分位数回归结果的权威说法也不多，可能还有不同看法。美国普林斯顿大学 Joshua Angrist 教授既是一位计量经济学家又是一位劳动经济学家，在分位数回归计量经济学上有重要的理论建树（Angrist, Chernozhukov & Fernandez-Val, 2006）。2009 年普林斯顿大学出版社出版了 Joshua Angrist 和 Jörn-Steffen Pischke（伦敦经济学院教授）的计量经济学专著"Mostly Harmless Econometrics：An Empiricist's Companion"，其中第七章就分位数回归的应用及如果对其结果进行分析和解释给予较为详细的论述。本文对分位数回归结果进行解释时主要参考的是 J. Angrist, J. Pischke, *Mostly Harmless Econometrics：An Empiricist's Companion*, Princeton：Princeton University Press, 2009, pp. 269-291 的方法。

表1 关于农户贫困的 Probit 回归分析

	1988	1995	2002
户主性别	−0.03 (−1.82)*	0.02 (0.94)	0.01 (0.87)
农户劳力性别均值	−0.03 (−1.93)**	0.00 (−0.14)	−0.01 (−1.21)
农户劳力年龄均值	4.98E−04 (0.30)	−6.28E−05 (−0.04)	−2.45E−03 (−4.68)***
农户劳力年龄均值平方项	8.86E−06 (0.39)	1.54E−05 (0.67)	3.59E−05 (4.63)***
农户劳力受教育年限均值	0.01 (4.61)***	0.01 (3.21)***	0.00 (6.15)***
农户人口数对数	−0.11 (−8.60)***	−0.11 (−7.45)***	−0.04 (−7.03)***
少数民族农户	−0.05 (−3.40)	−0.07 (−4.40)***	0.00 (0.81)
农户人均耕地亩数对数	0.01 (1.90)*	0.04 (5.95)***	0.01 (3.13)***
农户人均资本数对数（元）	0.01 (8.18)***	0.01 (5.16)***	0.00 (4.92)***
农户劳力个数对数	0.06 (6.12)***	0.02 (2.30)**	0.01 (3.79)***
农户党员个数占该户人口数比例	0.19 (4.34)***	0.15 (3.26)***	0.00 (−0.22)
农户村干部个数占该户劳力数比例	0.16 (3.03)***	0.08 (1.82)*	0.06 (3.72)***
农户乡及乡以上干部个数占该户劳力数比例	0.09 (1.49)	0.37 (3.93)***	n. a.
农户个体经营人数占该户劳力数比例	0.03 (0.70)	0.24 (1.76)*	n. a.
农户非农专业人员和职员个数占该户劳力数比例	0.17 (3.36)***	0.15 (2.00)**	0.07 (2.21)**
农户非农打工人数占该户劳力数比例	0.09 (4.61)***	0.20 (10.08)***	0.03 (5.54)***
农户农业劳力个数占该户劳力数比例	−0.01 (−0.41)	−0.05 (−4.32)***	0.00 (0.38)
观测值个数	10 140	7985	9173
准 R 平方	0.15	0.23	0.24

注：（1）＊＊＊表示1%水平上的统计显著性；＊＊表示5%水平上；＊表示10%水平上。

（2）非贫困（Probit）的因变量为0和1变量，其中，非贫困＝1，贫困＝0，非贫困的条件是农户人均实际收入高于"每人每年850元人民币贫困线"。表中报告的是虚拟变量的预测概率、连续变量的边际效应。

（3）省份虚拟变量也包含在模型中，但未报告。

表2 关于农户收入决定因素的OLS回归

1988OLS		1995OLS	2002OLS	
户主性别	−0.10 （−4.02）***	−0.01 （−0.27）	−0.06 （−2.15）**	
农户劳力性别均值	−0.05 （−1.52）	0.04 （1.01）	−0.16 （−5.32）***	
农户劳力年龄均值	1.71E−03 （0.56）	−4.12E−03 （−1.33）	−1.18E−02 （−5.31）***	
农户劳力年龄均值平方项	1.46E−05 （0.35）	6.26E−05 （1.44）	1.31E−04 （4.21）***	
农户劳力受教育年限均值	0.02 （8.47）***	0.02 （6.79）***	0.04 （12.52）***	
农户人口数对数	−0.45 （−19.99）***	−0.43 （−15.74）***	−0.56 （−24.85）***	
少数民族农户	−0.15 （−6.01）***	−0.09 （−3.03）***	−0.05 （−2.00）**	
农户人均耕地亩数对数	0.04 （4.09）***	0.09 （8.37）***	0.00 （−0.20）	
农户人均资本数对数（元）	0.04 （12.78）***	0.03 （9.50）***	0.03 （11.62）***	
农户劳力个数对数	0.22 （12.69）***	0.13 （6.50）***	0.17 （10.00）***	
农户党员个数占该户人口数比例	0.53 （8.1）***	0.29 （4.37）***	0.27 （6.01）***	
农户村干部个数占该户劳力数比例	0.55 （7.42）***	0.32 （4.99）***	0.41 （9.74）***	
农户乡及乡以上干部个数占该户劳力数比例	0.08 （1.06）	0.89 （11.05）***	0.43 （3.40）***	
农户个体经营人数占该户劳力数比例	0.41 （5.77）***	0.79 （4.87）***	0.93 （7.20）***	
农户非农专业人员和职员个数占该户劳力数比例	0.52 （7.13）***	0.78 （8.29）***	0.46 （7.46）***	
农户非农打工人数占该户劳力数比例	0.46 （13.05）***	0.58 （19.2）***	0.28 （15.96）***	

农户农业劳力个数占该户劳力数比例	0.00 (-0.04)	-0.19 (-8.42)***	0.06 (1.89)*
常量	7.02 (82.61)***	8.24 (98.61)***	8.88 (144.24)***
观测值个数	10 140	7985	9173
调整后的 R 平方	0.30	0.38	0.36

注：（1）＊＊＊表示 1% 水平上的统计显著性；＊＊表示 5% 水平上；＊表示 10% 水平上。

（2）收入（OLS）的因变量为农户人均实际收入的对数。

（3）省份虚拟变量也包含在模型中，但未报告。

1. 人力资本的影响

我们首先分析人力资本变量的影响，即农户劳力年龄均值及其平方项、农户劳力受教育程度均值。表 1 和表 2 显示：1988 年时农户劳力年龄均值及其平方项的回归系数很小且在统计上不显著；相比之下，1995 年时这两个变量的系数在统计上依然不显著，而且农户劳力年龄均值变量的系数为负；2002 年农户劳力年龄均值变量的系数仍为负，但是这两个变量的系数在统计上已显著。这意味着 1980 年代末期劳力年龄或经验对农户脱贫和增加收入没有影响。这可能是由于农村工作多为体力劳动，因而成为熟练工时间较短。1990 年代以来，农民工进城打工的数量快速增加。农民外出打工的可能性随着年龄的增加而下降。原因是：与没有家庭牵挂的未婚青年相比，已经结婚生子有家庭负担的农村劳力多选择在当地工作；而且一般认为外出打工收入比当地高。因而，在 1995 年和 2002 年年龄对农户脱贫和增加收入的影响为负；年龄与收入之间的关系呈"U"形，最低点分别为 33 岁和 45 岁。然而，由于年龄系数远小于 0.1%，年龄对农户脱贫和增加收入的影响极其微小。

从表 1、2 和图 1 可发现农户劳力受教育年限均值对农户脱贫和增加收入具有正向影响、其系数在统计上显著，且分位数回归系数在相同年份和农户收入分布的不同水平上差距不大；或者说在相同年份，农户收入差距没有随农户劳动力受教育程度差距的扩大而增加。更为重要的是农户劳力受教育年限对收入的影响在上升，该系数由 1988 年和 1995 年的 2% 上升到 2002 年的 4%。换句话说，2002 年时农户劳力受教育年限增加一年将导致农户收入增加 4%。分位数回归（图 1）还显示：在 1988—2002 年期间，受教育程度在扩大收入分配差距上的作用不断扩大。从图 1 还可以看出，对于最贫困的农户来说，教育的重要性随收入增加而提高；或者说对于最贫困的农户而言，受教育的经济回报率较低。这说明在所有收入水平上，农户劳力的受教育水平对农户收入都具有显著影响，而且其重要性与日俱增。因而提高农村人口的教育水平对提高农户收入及减少贫困具有重要作用。

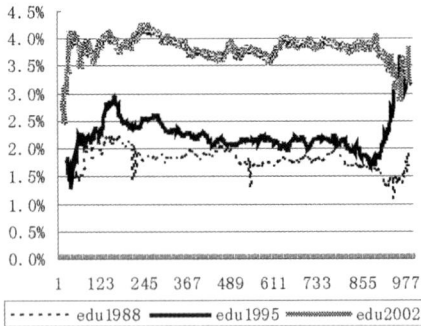

图1　农户劳力受教育年限均值的回报率

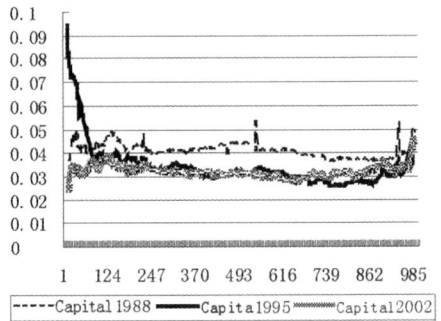

图2　农户人均资本的弹性

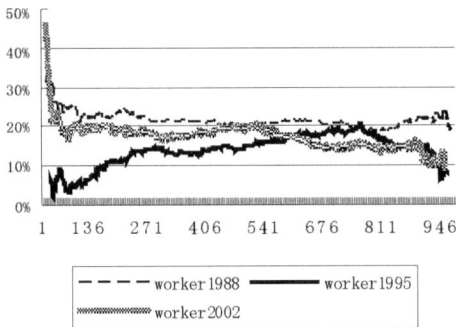

图3　农户劳力的生产弹性

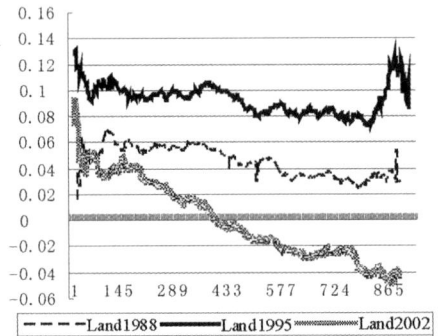

图4　农户人均土地的弹性

2. 农户生产要素的影响

我们首先考察农户资本变量。在1988年、1995年、2002、2003年的入户数据Probit和OLS回归结果中，农户人均资本对数变量系数均在统计上显著为正，在Probit中其系数很小（分别为1%、1%、0%）但在OLS中系数大（分别为4%、3%、3%）（表1、2）。即农户资本在不同时点上均对农户脱贫和增加收入具有正相关，但其重要性随时间而下降。在分位数回归中农户资本系数在相同年份不同收入水平上差距不大（图2）；即在相同年份，农户收入差距没有随农户资本变量弹性的提高而扩大。此外，我们还观测到农户资本变量的弹性不断随时间下降，或者说由农户资本变量弹性导致的收入分配差距在1988—2002年期间不断下降，这可能是资本回报率递减规律的结果。

在资本之后，我们分析农户土地变量。应该说土地是农业中最重要的生产要素。在表1的Probit模型中，农户人均实际耕种土地亩数对数变量的系数由1988年的1%增加到1995年的4%；在表2的OLS模型中，农户人均实际耕种土地亩数对数变量的系数由1988年的4%增加到1995年的9%。这说明：

土地变量对农户脱贫和增加收入上的作用大幅度上升。这可能是中国政府在1990年代中期提高农产品收购价格的结果。① 根据相同数据，夏庆杰等发现：与非农打工农户相比，纯农业农户在此期间的贫困率增幅最小。② 另外，土地变量系数即土地对农户收入的贡献在相同年份随农户收入水平的上升而下降（图3）。这意味着在相同年份，农户收入分配差距随农户土地数量的增加而下降。或者说，与中等收入农户及更富裕农户相比，土地因素在中低收入农户和最贫困农户之间造成的收入差距更大。或者说与中低等收入农户和最贫困农户相比，中等收入农户及更富裕农户对土地或农业收入依赖较少。这可能是由于中等收入农户及更富裕农户从非农打工特别是非农个体经营中获得了更多收入，因而土地在他们中间造成的收入差距较小。

然而，2002年时土地变量对农户脱贫依然具有显著影响（Probit回归），但其系数回降到1988年的水平（即1%），土地变量在农户收入决定过程中（OLS回归）不再显著。更有趣的是随着农户收入分布从低到高的变化，土地变量系数由最贫困户分位数点上的正5%下降到最富裕户分位数点上的负5%，且该系数曲线与横轴在略低于中位数分位数点的位置相交（图3）。这说明2002年时，农户收入分配差距随农户土地数量的增加以更快的速度下降（与1988年、1995年相比）。或者说，在2002年时，对低收入农户和最贫困农户（处于农户收入分布30%以下的农户）而言，土地因素在他们之间依然造成较大的收入分配差距。然而，对于中等收入农户来说，土地因素在他们之间的收入分配差距没有显著影响。对中等收入以上农户及更富裕农户，土地会减少他们的收入分配差距。即低收入农户和最贫困农户依然严重依赖农业收入；而对中等收入农户及更富裕农户来说，将土地流转出去、完全脱离农业会释放出更多的劳动时间从事非农经济活动，从而获得更多收入。

最后，我们研究农户劳力对农户收入的贡献。在Probit回归中（表1），农户劳动力数量对数变量系数在统计上显著，但是其重要性却在不断下降（由1988年的6%下降到1995年的2%，2002年又进一步下降到1%）；与此同时，在农户收入函数的OLS回归中（表2），农户劳力的生产弹性由1988年的22%下降到1995年的13%，但是2002年时又回升到17%。这说明：农户

① C. Riskin, "The Fall in Chinese Poverty: Issues of Measurement, Incidence and Cause," *Prepared for the Keith Griffin Festschrift Conference at Political Economy Research Institute*, Amherst: University of Massachusetts, 2004, April, pp. 23–24.

② 夏庆杰、宋丽娜、S. Appleton：《经济增长与农村反贫困》，北京大学经济学院工作论文，2009年。

劳动力数量对农户脱贫和增加收入具有正向作用，但其重要性不断降低。此外，图4显示1988年时农户劳力的生产弹性在各个收入水平上差别不大；或者说农户收入差距没有随农户劳动力数量的增加而扩大。然而，1995年时该曲线比较特殊，从农户收入分布的以100等分计量的最低分位数点到第77个分位数点之间该曲线由2%上升到21%，在此之后又下降到6%；或者说在第77个分位数点以下农户收入分配差距随着农户劳动力数量的增加而扩大，但在第77个分位数点以上农户收入分配差距随着农户劳动力数量的增加而减小。到2002年时，该曲线在中位数以下基本处于水平状态，只是从农户收入中位数开始该曲线呈下降趋势；即在中位数以下农户收入分配差距没有随着农户劳动力数量的增加而变化，从农户收入中位数以上农户收入分配差距没有随着农户劳动力数量的增加而减小。

归纳起来说，在农户是否贫困户的决定因素中，以上3个农户生产要素的增加均会提高农户摆脱贫困的可能性，但其重要性随着时间的推移在不断下降。在农户收入决定因素中，以上3个农户生产要素对农户收入水平影响的变化还表明农户生产要素的差别对农村收入不平等的影响在不断缩减。

以上发现意味着以下几点。第一，在农户收入的决定因素中，劳动力的贡献要比资本和土地的贡献大得多，这说明农村经济活动依然是劳动密集型的。农户劳力生产弹性随农户收入分布从低到高的变化及随时间的变化特征可能或多或少反映了中国政府关于三农政策的调整。1988年时农村土地承包责任制的有力影响依然存在，尽管该政策的作用已处于末期。因而，对大多数农户而言，家庭农业在农户收入来源中起着主导作用（表2）。此外，农村土地承包责任制要求各村庄将其拥有的土地在农户之间根据农户家庭人口数或依照农户处于劳动年龄的劳力人数进行平均分配。因而，这样的家庭农业不会在农村造成太大的收入差距。Ravallion和Chen[1]、夏庆杰[2]等关于农村收入差距变化的发现均肯定了这一点；与后来年份相比，1988年时的基尼系数是最低的[3]。

到了1990年代中期，农村经济状况发生了很大变化，如农村土地承包责任制对提高农户收入的作用已经殆尽；政府大幅度提高了农产品收购价格；政

① M. Ravallion, S. Chen, "China's (Uneven) Progress against Poverty," *Journal of Development Economics*, 2007, No. 1, pp. 1-42.

② 夏庆杰、宋丽娜、S. Appleton：《经济增长与农村反贫困》，北京大学经济学院工作论文，2009年。

③ M. Ravallion, S. Chen, "China's (Uneven) Progress against Poverty," *Journal of Development Economics*, 2007, No. 1, pp. 1-42.

府允许农村非农经济活动和对农民工进城务工限制的放松导致农村劳动力大批脱离农业，如当时有超过 1 亿农村劳动力在当地从事非农经济活动或外出打工；① 乡镇企业发展处于鼎盛时期等。这些巨变的结果之一是中国农村变成了收入差距较大的社会，如 1995 年时 60% 之多的农村居民的经济状况不如 1988 年、收入差距严重恶化。② 结果之二是农户越来越多地依赖于非农经济活动带来的收入。理论上，与家庭农业相比，农户非农经营中的劳动力边际劳动产品应更高一些；另外，农户非农经营收入中还有企业家才能的利润。这些因素导致农户的劳动力弹性随收入水平提高而上升；但最富裕农户应更多依赖其企业家才能而不是劳动力数量。在表 2 中，农户个体经营人数与该户劳力个数比例（即代理农户企业家才能的变量）对农户收入影响的系数由 1988 年的 41% 上升到 1995 年的 79%。

21 世纪以来，中国政府重新开始重视三农问题，进一步提高了农产品收购价格，并取消了对农民工进城务工的限制。因而我们发现了决定农户收入的劳动力生产弹性在经历下降之后又得到了恢复，特别是对于中低收入农户而言。

总而言之，与中等收入及更低收入农户相比，上中等收入及其更高收入农户的劳动力弹性总是低一些，而且随着时间推移这个特征在不断被强化。这可能是由于对于上中等收入及更富裕农户而言，商业经营能力在决定农户收入的过程中比劳动力的作用更重要。图 8 肯定了这一点，即农户从事个体经营人数与该户劳力个数比例变量在决定富裕农户的收入中起着更为重要的作用。

---

① 国家统计局（NSB）：《中国统计年鉴（1995 年）》，北京：中国统计出版社，1996 年。

② 夏庆杰、宋丽娜、S. Appleton：《经济增长与农村反贫困》，北京大学经济学院工作论文，2009 年。

3. 政治因素和职业的影响

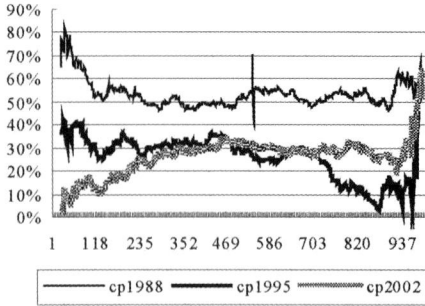

图 5　农户党员个数占该户人口数的比例

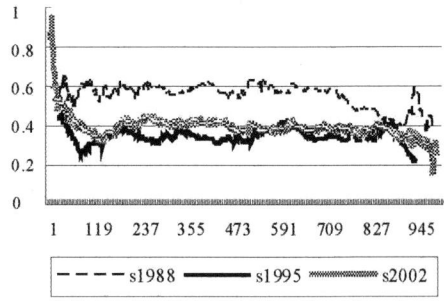

图 6　农户村干部数占农户劳动力人数比较

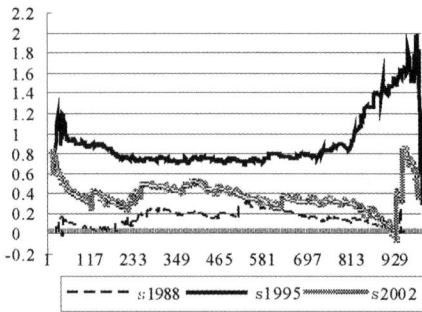

图 7　农户乡及乡以上干部数
占该户劳力个数比例

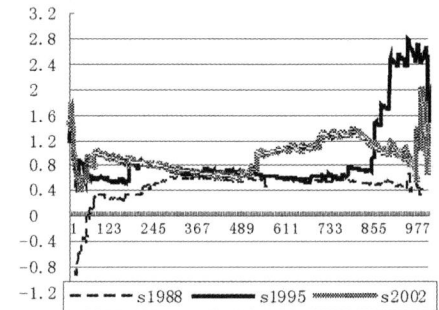

图 8　农户企业主个数占该户劳力个数比例

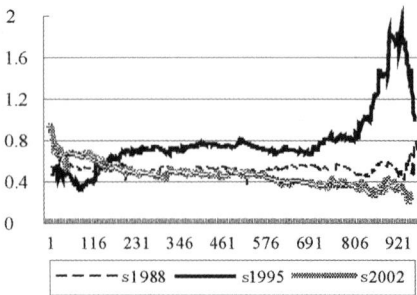

图 9　农户非农专业人员及职员
个数占该户劳力个数比例

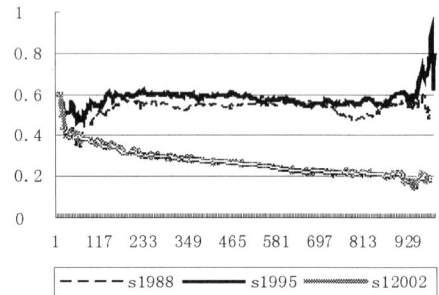

图 10　农户非农受雇人员个数占该户劳力
个数比例

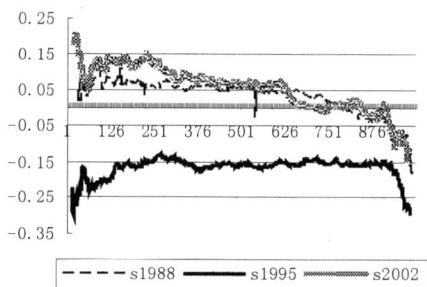

**图 11 农户农业劳力个数
占该户劳力个数比例**

相对城镇而言，农村党员数量少得多。因而，农村党员成为乡村干部的可能性要高得多。另外，一个人的政治背景与他/她的职业选择密切相关。这也是为什么我们把农村劳力的政治背景和职业对农户收入的影响放在一起考察的原因。

Probit 回归结果显示（表 1）：在 1988 年和 1995 年时，农户党员数占该户人口数比例变量的提高显著有助于农户摆脱贫困，但其作用不断下降（由 1988 年的 19% 下降到 1995 年的 15%），2002 年时该变量对农户脱贫不再具有显著作用（系数为 0%）。OLS 回归结果显示：在农户收入决定过程中，农户党员数占该户人口数比例变量的系数由 1988 年的 53% 下降到 1995 年的 29%、2002 年时又下降到 27%（表 2）。① Appleton 等② 也发现到 2002 年时中国城镇劳动力市场上的党员工资溢价的增长已经接近尾声。分位数回归结果（图 5）也呈现类似趋势。此外，分位数回归结果还揭示：1988 年时在收入分布（以 100 分位数计）的第 10 个分位数以下农户收入分配差距随着该变量的增大而大幅度下降，但在收入分布的第 10 个分位数以上农户收入分配差距随着该变量的增大而上升，而在第 10—90 个分位数区间上农户收入分配差距没有随着该变量的增大而变化；1995 年在中位数以下农户收入分配差距没有随着该变量的增大而变化，在中位数以上农户收入分配差距随着该变量的增大而下降；2002 年时在中位数以下农户收入分配差距随着该变量的增大而上升，在中位数以上农户收入分配差距随着该变量的增大而下降。农户村干部数占该户劳力数比例变量系数也呈现类似的变化，例如在 Probit 回归中（表 1），该变量的提高显著有助于农户脱贫，但其重要性不断下降（由 1988 年的 16% 下降到 1995 年的 8%，2002 年进一步下降到 5%）；在农户收入决定过程中（表 2

---

① 换句话说，如果一个四口之家有一个党员，那么该户的人均收入在 1988 年会增加 13%，2002 年时这个增量下降到 7%。

② S. Appleton, J. Knight, L. Song, Q. Xia, "The Economics of Communist Party Membership: The Curious Case of Rising Numbers and Wage Premium during China's Transition," *Journal of Development Studies*, 2009, No. 2, pp. 256–275.

的 OLS 回归结果），该变量由 1988 年的 55% 下降到 1995 年的 32%，但 2002 年时又恢复为 41%。① 分位数回归结果（图 6）也呈现类似趋势。此外，分位数回归结果还揭示：1988 年时在中高收入水平以下农户收入分配差距没有随着该变量的提高而变化，但在中高收入水平以上农户收入分配差距随着该变量的提高而下降，1995、2002 年时也是如此。这可能是由于在最富裕农户的收入决定过程中，企业家因素起着更重要的作用。

相比之下，在 Probit 分析中，农户乡及乡以上干部数占该户劳力数比例变量在 1988 年不显著，但在 1995 时该变量系数非常显著（为 37%），即该变量的提高有助于农户脱贫；② 在农户收入决定过程中，该变量在 1988 年也不显著，但 1995 年和 2002 年该变量非常显著（其系数分别高达 89% 和 43%）。③分位数回归结果（图 7）也呈现与 OLS 回归结果类似的趋势。此外，分位数回归结果还揭示：1988 年时在收入分布的中位数以下农户收入分配差距随着该变量的提高而缓慢上升，但在中位数以上农户收入分配差距随着该变量的提高而缓慢下降；1995 年农户收入分配差距随着该变量的提高而缓慢下降；2002 年时在中位数以下农户收入分配差距随着该变量的提高而缓慢下降，在中位数以上农户收入分配差距随着该变量的提高而快速上升。

这些发现意味着与政治背景相关的变量在农户收入的决定过程中起着重要的作用，而其重要性随着农户收入分布的由低到高的变化和随时间推移而不断降低。但是对最富裕的农户而言，这些与政治背景相关的变量对他们收入的影响不大，尽管在 1988 年有一些例外。或者说与政治背景相关的变量对农户收入的重要性逐渐让位给市场因素，如农户劳力的受教育水平和农户的企业家才能等。

与以上和政治背景相关的变量对农户脱贫和增收影响的变化趋势完全相反，农户中个体经营人数占该户劳力数比例变量对农户摆脱贫困的作用在 1988 年时没有显著影响，1995 年时则会使农户脱贫的可能性提高 24%（表 1）；④ 在决定农户收入过程中，该变量的系数由 1988 年的 41% 上升到 1995 年

---

① 同样，如果一个拥有两个劳力的农户其中一个劳力为村干部，该户的人均收入在 1988 年会增加 28%，但到 2002 年这个增幅下降为 20%。

② 2002 年该变量没有观测值，因而没有回归系数。

③ 如果一个拥有两个劳力的农户其中一个劳力为政府干部，该户的人均收入在 1995 年会增加 45%，但到 2002 年这个增幅下降为 22%。

④ 2002 年该变量没有观测值，因而没有回归系数。

的79%，2002 年又进一步上升到93%（表10）①。在呈现类似变化趋势以外，分位数回归结果（图8）还显示：1988 年时大约在中位数以下农户收入分配差距随着农户中个体经营人数占该户劳力数比例变量的增加而缓慢上升，在中位数以上农户收入分配差距随着该变量的增加而缓慢下降；1995 年时在第80 个分位数点（以100 计的分位数点）以下农户收入分配差距没有随着该变量的增加而变化，但在第80 个分位数点以上农户收入分配差距随着该变量的增加而急剧上升；2002 年时大约在中位数以下农户收入分配差距随着农户中个体经营人数占该户劳力数比例变量的增加而缓慢下降，在中位数到第80 个分位数点之间以上农户收入分配差距随着该变量的增加而缓慢上升，但在第80 个分位数点以上农户收入分配差距随着该变量的增加而又有所下降。总之，该变量对农户收入的重要性随着收入水平的提高而上升；对于最富裕农户而言，该变量的影响更为显著。这些变化表明市场因素如企业家才能在决定农户收入过程中起的作用在农户收入分布的各个水平上都非常重要，而且该作用与年俱增。换句话说，该变量对扩大农村收入差距起着越来越大的作用。相对于城市而言，市场因素对农户收入的影响变化得更大。这可能是由于政府对农村的管制要少得多。

接下来我们分析与政治背景关系不大的职业变量。农户中从事非农业的专业技术人员及职员占该户劳力数比例、农户非农打工人数占该户劳力数比例两个变量在不同年份都很显著；前者对农户摆脱贫困的正向影响在不断下降（表1，由1988 年的17%下降到1995 年的15%，2002 年又进一步下降到7%），在农户收入决定过程中该变量的系数由1988 年的0.52 增加到1995 年的0.78，但在2002 年下降到0.46（表2）；后者系数也呈同样的变化趋势，即对农户摆脱贫困的有利影响由1988 年的9%上升到1995 年的20%、但2002 年又下降到3%（表1），在农户收入决定过程中该变量的系数由1988 年的0.46 增加到1995 年的0.58，也在2002 年下降到0.28（表2）。这些发现说明非农受雇工作对农户收入而言在1988—2002 年整个时期里都起着重要作用，但在1988—1995 年期间这种作用呈上升趋势，而在1995—2002 年期间则呈下降趋势。这可能是由于企业家才能的作用在后期更为显著。分位数回归结果（图9、10）在显示了与上述 Probit 和 OLS 结果类似的变化之外，还揭示：1988 年时农户收入分配差距没有随着这两个变量的增大而变化；1995 年时农户收入分配差距随着这两个变量的增大而略微有所上升；2002 年时农户收入

①　如果一个拥有两个劳力的农户其中一个劳力为非农业经营人员，该户的人均收入在1988 年会增加20%，在1995 年增加40%，到2002 年这个增幅进一步上升为47%。

分配差距随着这两个变量的增大而缓慢下降。这说明：这两个变量对农户收入影响的变化在 1988—1995 年期间加剧了农村收入不平等、在 1995—2002 年期间减少了这种不平等。换句话说，1995 年时非农打工是农户增收的主要手段；而 2002 年时，非农打工只是在中低收入农户的收入决定过程中起着较为重要的作用，富裕农户可能更主要依赖于非农个体经营收入或者说企业家才能。

最后，我们研究农业劳力人数对农户收入的影响。农户中农业劳力个数占该户劳力数比例变量系数 1988 年时在统计上不显著，1995 年时显著为负 0.19，2002 年时为 0.06（显著程度为 10% 即边缘显著）（表2），对农户摆脱贫困的作用也呈现类似变化（表1）。这说明农业耕种对农户增加收入和摆脱贫困不重要或呈负面影响。分位数回归结果（图11）显示从事农业耕种对农户收入的影响随着农户收入分布由低到高的变化不断下降。因而，只有脱离农业才会提高农户收入，尽管这种趋势在 2002 年受到弱化。

根据与本文相同的数据，夏庆杰等①曾发现了一个令人费解的现象：在 1988—1995 年期间有外出打工的两个农户组别在农户总数中的比例和他们的贫困率一起上升。但在表 1 中我们也发现：从事非农打工活动在任何年份均有助于农户摆脱贫困，然而从事家庭农业则会增加农户陷入贫困的可能性，从事非农个体经营对农户摆脱贫困作用不显著。正是由于这个原因，农民才不断脱离农业和非农个体经营而在当地或外出从事非农打工工作，从而使从事非农打工的农户组别的农户数量迅猛增加。但是由于在 1988—1995 年期间农村收入差距急剧扩大、1995 年时高达 60% 的农民的经济状况不如 1988 年，整个农村的贫困率都在增加，因而非农打工农户组别贫困率的上升也是预料之中。

---

① 夏庆杰、宋丽娜、S. Appleton：《经济增长与农村反贫困》，北京大学经济学院工作论文，2009 年。

4. 少数民族因素、其他控制变量的影响

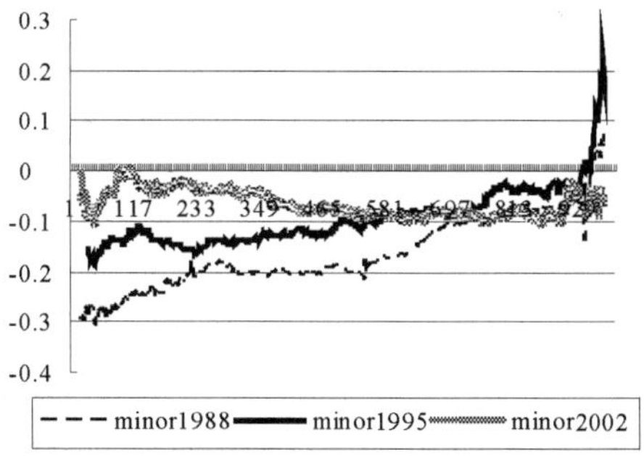

图12　少数民族农户与汉族农户的收入差距

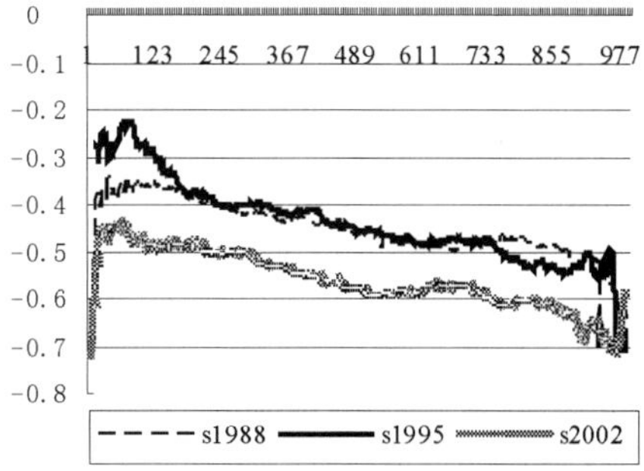

图13　农户家庭人口数的弹性

表1显示，与汉族农户相比，少数民族农户在1988年成为贫困户的可能性为5%、1995年为7%、2002年该影响不显著。1988年时少数民族农户的收入比汉族农户低15%，1995年时低9%，2002年时这种差距进一步降低为5%（表2）。这意味着在中国经济转型期间，少数民族农户收入的增长速度快于汉族农户。考虑到少数民族地区没有计划生育或者说少数民族家庭的人口增长得更快，这种变化是惊人的。图12揭示了在1988年和1995年作为少数民族对农户收入的负面影响随着农户收入分布由低到高的变化不断下降，但2002年时呈相反变动趋势。因而，少数民族农户特别是那些处于收入底层的农户分享到了中国经济增长的好处。

在考察了主要变量之后，我们分析其他控制变量如户主性别、农户劳力性别均值、农户人口特征等对农户收入的影响。户主性别变量在1988年和2002年在统计上显著但分别为-10%和-6%，在1995年不显著。如果入户调查时男性户主在外打工，那么该户可能报告其户主为女性。因而，户主系数为负可能反映该户男性户主在外打工的事实，即户主为女性的农户收入更高。

农户劳力性别均值变量只是2002年时在统计上显著，其系数为-16%。一般认为，男性劳力会比女性劳力的生产力高一些，但这里的发现却相反。我们无法解释这一现象，有待于进一步研究。

最后，农户收入函数中的农户人口数对数变量在统计上都很显著，其系数1988年时为-0.45、1995年为-0.43、2002年为-0.56（表2）；另外，农户人口数多不利于农户摆脱贫困，但其负面影响在不断下降（表1）。鉴于我们已经控制了农户劳力个数及其他与劳力相关的变量，这个发现在预料之中，即家庭人口数多的农户会大幅度降低其人均收入水平，进而陷入贫困。分位数回归结果（图13）表明：在相同年份里，农户收入越高，农户人口数对该户收入的影响越小；或者说，在相同年份里，农户间收入分配差距随着农户人口数的提高而下降。

总 结

本文使用 1988 年、1995 年、2002 年 CHIP 农村入户调查数据考察了影响中国农村农户摆脱贫困、增加收入的因素及其变化趋势。

多变量回归特别是分位数回归结果表明农村劳力受教育水平的提高会增加处于各个收入水平上的农户收入，而且这种重要性与日俱增。因而，增加农村的公共教育投资将有力地帮助农村人口脱贫致富。农户劳力对增加农户收入的贡献要比土地和资本大得多。农户生产要素对提高农户收入、减少农村贫困、拉大农村收入差距上的作用在不断缩减。2002 年时的一个有趣的现象是土地和中等收入水平农户的收入之间几乎不相关；对于上中等收入农户和最富裕农户而言，土地的贡献为负。因而，对于中等收入及其以上的农户来说，将土地流转出去、脱离农业会释放出更多的劳动时间，进而从非农业经济活动中创造更多的收入。

农户收入函数回归结果还表明：与政治背景相关的因素如农户中党员、政府干部、村干部对提高农户收入水平和摆脱贫困具有重要作用，但同时也推动了农村收入差距扩大；然而随着时间的推移，这种重要性在不断下降。与此相反的是农户的企业家才能在决定农户收入水平上的重要性随着农户收入分布的从低到高的变化而提高，而且其重要性与年俱增；另一方面也拉大了收入差距。从事非农受雇工作对提高农户收入、减少贫困也具有重要作用，也扩大了收入差距；但是 1995 年以后该重要性下降。还有一点，即从事农业的劳力数量比例对增加农户收入或者在统计上不显著或者起负作用。总而言之，多元回归分析的一个重要涵义是与政治背景相关的因素在决定农户收入过程中的重要作用正在逐渐让位给人力资本如教育、企业家才能等市场因素。

农户收入函数分析还表明：在中国经济转型期间，少数民族农户收入的增长速度快于汉族农户。考虑到少数民族地区没有计划生育或者说少数民族家庭的人口增长得更快，这种变化是惊人的。更为重要的是少数民族农户特别是那些处于收入底层的农户分享到了中国经济增长的好处。

　　最后，2002 年时农村贫困率（7%）比城镇贫困率（0.07%）① 高很多。因而，如前文所述，中国的贫困问题主要在农村；或者说，中国的反贫困资源应该更多地安排在农村。从长远看，摆脱贫困应当只是中国反贫困战略中的第一步，更根本的应根除农村人口的生产和生活能力（Capability）的贫困，② 即我国应该逐步健全和完善"以人为本"的社会经济制度安排建设，为农村人口提供高质量的教育和医疗设施、社会救助体系等，从而从制度上保障农村人口的生产和生活能力不断提高。21 世纪以来，中国政府在制定政策方面对三农问题给予了更多的关注。2006 年以来，中国政府不仅取消了有史以来就存在的农业税，而且对农户从事农业生产予以补贴。与此同时，中国政府还帮助居民建立了新型农村合作医疗体系。最新的发展是政府正式允许农户将耕地流转给农业经营大户、提高农产品收购价格、整合农民工异地基本养老保险衔接规章，并为生活在官方贫困线以下的农民提供最低生活保障，③ 有条件的省份还实施了农村养老保险补贴、农村高龄老人补贴等社会保障措施。因此，我们可预期不仅农村贫困率会持续下降，而且农村的人类发展条件会不断改善。

　　　　　　　　　　　　　　　　　（《社会科学战线》2010 年第 7 期）

---

　　①　这是根据 Ravallion 和 Chen 给出的按 2002 年不变价格计算的中国城镇贫困线（即每人每年 1200 元人民币）和 2002 年 CHIP 城镇入户调查数据计算出的城镇贫困率。

　　②　A. Sen, *Development as Freedom*, New York: Oxford University Press, 1999.

　　③　在 2008 年底以前，政府只给具有城镇户口的生活在贫困线以下的城镇居民提供最低生活保障。

美国刑事陪审制度简史

〔美国〕 阿尔伯特·阿斯楚兰 *

一、美国宪法第六修正案的背景

1791 年，美国通过宪法第六修正案，规定"被告享有由犯罪行为发生地的公正陪审团予以迅速和公开审判的权利"，美国宪法的第 3 条第 2 款则规定："除弹劾案外，一切犯罪由陪审团审判"，而这是美国 1789 年宪法规定的为数不多的对于个人权利保障的条款。

事实上在宣布独立之前，1774 年第一次大陆会议作出的《权利宣言》当中就呼吁陪审团审判权。有 12 个州在制宪会议之前制定了书面刑法，而这 12 部刑法唯一的共同点就是对于刑事被告受陪审团审判权利的规定。而在制宪会议上，对于受陪审团审判权的要求也成为联邦党人和反联邦党人之间最为一致的共识。

美国宪法起草者对于陪审团的广泛接受在很大程度上是缘于独立战争之前陪审团在抵制英国统治过程中所扮演的积极角色。① 例如，在独立战争之前，陪审团使得在殖民地的诽谤法事实上处于失效状态。在英国，17、18 世纪共有几百人因为诽谤而获罪，而同时期，北美殖民地诽谤罪的指控却不超过 6 起，最终也仅有 2 起被判罪名成立。除此之外，北美殖民地的陪审团也制约了其他的英国法的适用。当时的马萨诸塞总督就抱怨当地陪审团所参与的审判是

---

* 作者单位：美国芝加哥大学法学院。

① 较之 17 世纪，18 世纪的北美殖民地的刑事陪审已经变得十分普遍。但需要指出的是，不同的殖民地在陪审团的使用问题上差别巨大。例如，在新英格兰殖民地当中，罗德岛是一个极端，通常在危害超过酗酒罪以上的所有刑事诉讼过程当中使用陪审团，而另一个极端就是纽黑文地区试图用神意法来取代英国法，从而事实上废止了陪审团制度。

由被告的同伙，至少是对被告持友好态度的人所进行的非法交易。① 有鉴于此，后期英国统治者开始对北美地区陪审团的权限进行限制，例如当时的英国国会就曾经恢复了亨利八世（Henry VIII）时代的一项法律，将被指控犯有叛国罪的殖民地居民递解回英国进行审判。②

也正是由于这一原因，1776 年《独立宣言》当中直接列举了对于英皇乔治三世（George III）剥夺北美人民受陪审团审判权的种种挞伐。15 年之后，宪法第六修正案承诺在所有的刑事审判当中，美国人民都享有陪审团审判的权利。

二、陪审团构成的变迁

学界一般认为美国宪法的权利分配分为两类：即分配政府权力的结构性权利以及对于个体的保障性权利。③ 巧妙的是，享有陪审团审判权即是刑事被告人的权利，也是民治的一种体现，即是说，美国宪法第六修正案中对于陪审团审判权利的规定兼顾或者融合了上述两种基本的权利分配模式。

近些年，美国很多学者开始强调宪法起草者所表征的精英主义，而陪审团制度同时也被认为是这些精英所建构的民主化试验的重要一环。④ 但问题是，最初美国陪审团的体系设计显然无法满足时下的一般"民主"、"平等"理念。当时每个州都将充当陪审员的权利赋予男性，除佛蒙特州之外，其他州中只有有产阶级或者纳税人才可以充当陪审员，有三个州同时仅仅允许白人成为陪审员，而马里兰州则取消了无神论者的陪审员资格。⑤

1. 早期美国陪审制度对于白人男性的限制性规定

在英国，尽管陪审员的资格没有像竞选下院议员那样严苛，但是有产的要求仍然使得 3/4 的成年男性不能成为陪审员。然而，在美国，因为土地价格低

---

① Stephen Botein, *Early American Law and Society*, New York: Random House, 1983, p. 57.

② Edmund Burke, *Letter to the Sheriffs of Bristol*, New York: Little Brown, 1889, pp. 189–192.

③ Akhil Reed Amar, *The Bill of Rights as a Constitution*, 100 Yale L. J. , 1991, pp. 1183–1185.

④ Jennifer Nedelsky, *Private Property and the Limits of American Constitutionalism: The Madisonian Framework and Its Legacy*, Chicago: University Of Chicago Press, 1990, pp. 35–38.

⑤ 南卡罗来那州，佐治亚和弗吉尼亚州不承认黑人的选举权，参见 Albert Edward McKinley, *The Suffrage Franchise in the Thirteen English Colonies in America*, Pennsylvania University Press, 1905, pp. 475–476。

廉并且存量较大，情况就显得与英国完全不同。即使在全民的投票权成为现实之前，已经有至少过半数的成年白人男性可以参加选举，绝大多数有选举权的人同时有资格成为陪审员。

1789 年通过的《联邦司法法》（The Federal Judiciary Act）将陪审员资格的厘定权从联邦法院转移到了州。大多数情况下，州对于陪审员资格的规定参考其对于选举权的规定。然而，很多州又规定了额外的要求——诸如智力、品行之类，还包括特别的要求诸如纳税或者持有财产。①

到了 19 世纪早期，美国经历了选举权从针对有产者到针对成年白人男性的普选制的变革。② 但这种对于选举权要求的民主化并没有伴随着对于陪审员适任资格规定的民主化。事实上陪审员资格的民主化总是非常严重地滞后于选举权的民主化。在很多州，很多没有财产的白人男性、黑人以及妇女在其获得了选举权之后很久才获得担任陪审员的资格。

一直到 1946 年，美国最高法院才运用自身对于联邦司法的监督权推翻了那些将工薪阶级排除出陪审团的规定，从而开始使得陪审制度逐渐摆脱之前一直被作为经济和社会上优势族群的特权工具的窠臼。③

事实上，特别是在 19 世纪的前半段，形式上的陪审员遴选资格规定不能如实地反映究竟是什么样的人在司法实践中充当陪审员。当时的司法官员在征召陪审员时具有非常大的自主权。如果适格的陪审员没有出现，法院工作人员可以让不适格的旁观者填补这个空缺。在很多司法区当中，适格陪审员的缺席以及旁观者的填补都是非常常见的。当时印地安纳州梅伦县 60% 刑事案件陪审员的都是由旁观者临时充当的。④

在 19 世纪的美国，对于陪审团的诟病往往集中于陪审员的素质低下。例如，印第安纳州的一位观察家将陪审员描述为混沌之徒，并且基本上是酒鬼。内战之后在西部的一次游历之中，马克·吐温笔下的陪审员也认为乱伦和纵火是一回事。⑤ 他评价到，"我们所拥有的陪审制度是举世无双的，但这样的制

---

① 例如，1811 年达拉威尔州法就要求征召那些清醒、有判断力以及合法财产的所有人来充当陪审员。参见达拉威尔州 1829 年法典第 118 条。

② 1777 年，佛蒙特州成为第一个建立白人男性普选制的州。Chilton Williamson, *Property, Suffrage and Voting in Windham*, 25 Vt Hist, 1957, p. 135。

③ Thiel v Southern Pacific Co. , 328 US 217, 1946.

④ David J. Bodenhamer, *The Pursuit of Justice: Crime and Law in Antebellum Indiana*, Garland: Garland Press, 1986, pp. 83-88.

⑤ Mark Twain, *Roughing It*, New York: American Press, 1872, pp. 342-343.

度的受制于找到十二个无所不知的陪审员的困难性"。

2. 早期美国陪审制度中的非洲裔美国人

陪审员资格的平等之路对黑人和妇女来说更为的艰险，对他们而言，至今这还是一段未尽的征程。

美国最初的 13 个州当中只有 3 个正式地否认美国黑人的选举权，而有一个时期自由的黑人的确在美国南部大量地参与了选举。然而到了 1830 年，很多州都剥夺了黑人的选举权。或许，正如黑人有的时候会具有选举的权利一样，少数美国黑人在早期陪审团当中的确也扮演了若干角色。据考证，1860年，黑人作为陪审员第一次出现在马萨诸塞州的沃塞斯特，而这也被认为是历史上美国陪审制度中第一次正式出现非洲裔美国人的身影。①

1864 年，美国国会立法允许黑人在联邦审判中出庭作证，而内战结束之后，其又立法承认黑人在各州审判当中作证的权利。对于这种措施持反对意见的人认为如果允许黑人作证来指证白人的话会不可避免地导致以后将黑人纳入陪审团当中来。然而，支持者却对此嗤之以鼻。后者认为尽管儿童和妇女可以作为证人出庭，但其不可以作为陪审团成员，即否认黑人作为证人和作为陪审团成员之间的必然联系。

战后，南方的黑人强调了对于陪审团整合的重要性。而战后重建时期某些司法区也开始承认黑人可以作为陪审员。这一时期，美国刑事陪审当中出现了四个值得注意的法律进展。首先，在 1868 年，宪法第十四修正案规定，州不能制定或者实施任何违反美国公民合法权利的法律。该修正案还禁止州否认任何人受法律平等保护的权利。其次，两年之后，宪法第十五修正案规定，"合众国公民的选举权，不得因种族、肤色或以前是奴隶而被合众国或任何一州加以拒绝或限制"。再次，1875 年通过的《联邦民权法》规定美国公民不得因为所属种族而被剥夺在美国的任何州或者任何法院担任大陪审团或者陪审团成员的资格。② 最后，1879 年通过的《联邦陪审员遴选法》推翻了早期国会的法案，重新规定了在联邦司法体系当中种族歧视的陪审制度，从而将重建时期所进行的对于陪审团的改革推向了死胡同。直到 1880 年，美国最高法院才在 Strauder v West Virginia 案③ 中认定此类成文法违宪。

---

① 参见 Leon F. Litwack, *North of Slavery: The Negro in the Free States*, Chicago: University of Chicago Press, 1961, pp. 1790–1860。

② 参见 1988 年美国法典第 18 章第 243 条。

③ Strauder v West Virginia, 100 US 303, 1880.

3. 早期美国陪审制度中的女性

较之黑人在陪审制度中的差别对待，美国女性所面临的歧视有过之而无不及。事实上直到 1920 年，美国也只有几个州允许女性担任陪审员。① 直到 20世纪 40 年代，美国妇女才开始享有普遍参与陪审团的权利。

三、陪审团解决法律问题权利的废止

1. 美国陪审团对于事实和法律的认定权

美国陪审团在何时以及通过何种方式获得了解决法律问题的权利现在尚不清楚。实际上，直到 18 世纪北美殖民地陪审团开始挑战英国统治权利的政治案件出现之前，陪审团解决法律问题的权利似乎从来没有受到重视。美国陪审团解决法律问题的权利大致也可以认为产生于当时的这样一种特定情况，即在缺乏法律书籍和受过良好训练的法官的情况下，陪审员似乎和其他人一样也可以解决法律问题。

尽管美国陪审团判断法律问题的权利或许产生于缺乏法律训练法官的时代，但这样的一种受陪审团审判的权利被视为是公共司法信任的一种象征。新罕布式维尔最高法院的一位农民出身的法官指令陪审团应当依据常识而不是普通法对于案件加以认定，他认为，清醒的头脑和诚实心灵的价值远远大于律师的法律。与此同时，约翰·亚当斯也认为，让陪审团违背自己的意见、判断以及良知而一味听从法官的法律指引来进行案件审理是十分荒谬的。②

2. 对于陪审团判断法律问题权利存废的论争

独立战争之后，约翰·亚当斯的观点日益受到挑战。就陪审团是否有权进行法律认定这一问题开始出现质疑，19 世纪末，法律专业主义开始明显占据上风。

在 1850 年之后，很多法院开始认为法官而不是陪审员享有解决法律问题的权力。在 1850 年和 1931 年之间，至少 11 个州明确了法官的司法解释专属权。

时至今日，美国 50 个州中只有 3 个州的宪法③ 规定陪审员可以判断事实和法律问题。但这也仅仅是形式上的规定而已，在具体的司法实践中并没有真

---

① 犹他州、华盛顿州、堪萨斯州和新泽西州。

② Richard E. Ellis, *The Jeffersonian Crisis: Courts and Politics in the Young Republic*, Oxford: Oxford Press, 1971, p. 115.

③ 佐治亚，印第安纳，马里兰。

正适用。① 美国其他司法区的司法实践也清楚地表明，法律问题由法官来决定。陪审团对于案件的最终厘定必须采纳法官作出的法律指导意见。②

3. 争议的问题所在

20 世纪的美国陪审制度，虽然形式上受制于命令式的法律指导，但事实上却往往对其置若罔闻。而 19 世纪早期的陪审团，形式上允许抛弃咨询性质的法官指导，但却经常遵循这样的指导。事实上，对于这个问题习惯性的说法——该由法官还是陪审团解决法律问题——倾向于掩盖所涉及的问题实质。这样的区分以及其与法官和陪审团之间责任的关系并不明显，甚至可能并不存在。在殖民地的北美洲，只要遵守基本的公正和适当程序，解决问题机构身份的界定似乎并不重要。

然而在可以使用的制定法增加的同时，两种类型的法律判断之间的紧张关系也在增加，而机制性的安排不能很快地对此加以适应。有时，陪审员被要求解决法律上的技术问题。有的时候律师也在陪审团面前就这些问题采用多少类似于在法官面前一样的方式加以争论。随着美国社会的日益多元以及陪审员范围的扩大，认为陪审员的良知会产生良好的、共同的、对于法律一致的回答无疑是不符合实际情况的。

4. 可能的解读

尽管陪审团享有解决法律问题的权利具有很重要的象征意义，但这种象征代表了一类界定法律系统的问题。对于美国陪审团解决法律问题权利的丧失仍然有不同种解读：

对于司法研究运动的批评家、公共选择学者或者马克思主义者而言，这样的发展似乎是美国司法专业主义私利作用的结果。

但是对于由法官代替陪审员这种现象也同样存在各种解释。陪审员最开始是用来解决法律书籍和专业人员短缺的难题。政府式的争议解决服务的消费者倾向于法律原则的指引而不是具有原始状态的群体性争议解决办法，商业上的利益或许可以用来衡量法律专业化所能提供的确定性。

两种假设当中或许都有合理的成分。在殖民地时期，陪审团是最能代表社会大众的政府部门。独立之后，州立法机构和其他机构或许能够更好地代表整个社会。更为民主的立法使得陪审团对于法律的功能更加弱化。而由殖民地时期陪审团所承担的民主角色现在更好地为其他机构所承担。陪审团解决法律问

---

① Sparks v State, 91 Md App 35, 603 A2d 1258, 1277, 1992.

② Mortimer R. Kadish and Sanford H. Kadish, *Discretion to Disobey: A Study of Lawful Departures from Legal Rulesd*, Stanford: Stanford University Press, 1973, p. 50.

题能力的丧失部分上也是对于法律的回归。或许，美国司法体系本身就是精神分裂性质的，因为在法庭之上的法律太多，而在幕后有效地解决问题的办法则不够。

四、法庭对于宪法第六修正案的实际废止

如果询问在美国是否还可以发现陪审团审判，答案是肯定的。法院每年会提供样本来供公众检查，有线电视频道也充斥着此类报道。

然而，一项数据统计可以用来引领对于现在美国陪审团审判制度的现实讨论。在州法院的重罪审判当中93%的被告承认有罪。通过诉辩交易进行的重罪判决比例高于轻罪案件。而且，接近半数的判决是在没有审判团的情况下由法官所决定的。

宪法规定所有的刑事案件，除了弹劾，都由陪审团审理。其还规定，在刑事起诉当中被告享有及时且公开的由公正的陪审团审判的权利。对此，有学者认为美国人似乎应该将法律文本当中的"所有"这个词替换成"实际上没有"，毕竟，现实版本的刑事犯罪解决系统与宪法版本的理论建构存在根本性的不同。①

在宪法第六修正案制定的时候，由法官审理严重的刑事案件还没有听说。仅仅在1930年联邦法院才允许非陪审团的审判。有人在1928年做了一项研究，报告了从1839年开始88年里重罪判决当中陪审团审判和认罪审判之间的比例。在这期间开始的时候，只有25%的判决是根据有认罪请求而审理的。在曼哈顿和布鲁克林，这个比例甚至更小，只有15%。19世纪末，诉辩交易的比例为80%，1926年为90%，目前已经上升为96%。②

诉辩交易已经成为解决美国19世纪末20世纪初本国严重犯罪的主导手段。美国刑事程序已经从司法程序更多地演变成为行政程序。

与此相对，少数由陪审团所进行的审理却几近拖沓冗长，在1990年，美国历史上历时最长的陪审团审判案件在历经两年九个月之后终于完结。③

---

① John H. Langbein, *On the Myth of Written Constitutions*：*The Disappearance of Criminal Jury Trial*, 15 Harv J. L. & Pub Pol, 1992, pp. 119–121.

② New York State Division of Criminal Justice Services, 1990 Crime and Justice Annual Report, Bureau of Criminal Justice Statistical Services, 1991, p. 162.

③ Bruce Buursma, "LA Child Abuse Case Ends in Acquittals," *Chi Trib*, Jan 19, 1990, p. 1.

程序的过度繁琐已经感染了美国的陪审团审判制度。冗长的、有违隐私权的陪审团选择程序，蹩脚的证据规则，频繁的证人质证程序，法庭上专家证人之间的斗争等都使得陪审员面对更多不可理解的问题和事项，并且使得审判成为少数人的专利。

结　论

美国人受到陪审团审判的权利已经成为过去。无产的白人、黑人、少数族裔、妇女终于在音乐厅当中寻找到了自己的位置，可这个时候，乐队解散了。19 世纪关于究竟是法官还是陪审团是解决法律问题的主角的争论已彻底告终，现在，检方已经俨然成为法律和事实的最终判断者。

（李立丰　译）

（《社会科学战线》2010 年第 11 期）

金融危机和移民政策

——日本案例

〔日本〕樽本英树*

2007 年夏季，美国爆发次贷危机，引起了史无前例的商业衰退，并蔓延到全球。商业衰退不仅给经济带来了影响，也给全世界人民日常生活的各方面带来很大影响。东亚也不例外。对于东亚社会学家来说，深入探索此次商业衰退给本国的影响是一项必要任务。首先，为承担此项任务，本文将关注移民问题。无疑我们现在处于一个全球移民时代，人们可以轻松来往于各个国家。这个时代也因跨境运动的质量和人数而独具特色，尤其是全球化移民的加速，跨国主义也应运而生，相同的社会移民区，相同的生活、信息和大家的团结，都已经超越了国界的限制。① 其次，为了探讨商业衰退与移民之间的相关问题，本文将从国际的角度对此问题作出分析。面临"向主权挑战"的国际移民，所有的国家都在力图制定和实施移民政策，以解决全球大移民问题。② 最后，作为研究东亚国家的第一步，本文将关注东亚国家——日本近期的经历。

---

* 作者单位：日本北海道大学大学院文学研究科。

① Castles, Stephen and Mark J. Miller, *The Age of Migration: International Population Movements in the Modern World*, London: Macmillan Press, 1993；樽本英树『よくわかる国际社会学』京都：ミネルヴァ书房、2009；岐阜県、ブラジル人帰国费支援 问い合わせ杀到」『読売新闻』2009 年 5 月 5 日，http://chubu.yomiuri.co.jp/news kan/kan0903054.htm；Accessed on July 15 2009.

② Joppke, Christian, ed., *Challenge to the Nation-State: Immigration in Western Europe and the United States*, Oxford: Oxford University Press, 1998；Tarumoto, Hideki, Multiculturalism in Japan: Citizenship Policy for Immigrants, in John Rex and GurharpalSingheds, *Governance in Multicultural Societies*, Aldershot: Avebury, 2004, pp. 214 – 226；Tarumoto, Hideki, "Is State Sovereignty Declining? An Exploration of Asylum Policy in Japan," *International Journal on Multicultural Societies*, Vol. 6, No. 2, 2004, pp. 133 – 151, http://www.unesco.org/shs/ijms/vol6/issue2/.

为探索调查商业衰退中的移民政策，本文提出了一个研究问题：在这次经济风暴中，国家会如何对待移民潮？通过对这个问题的调查研究，让我们了解日本是如何在变化的环境中生存下去的，从而获取一条线索对东亚国家的移民政策做一个比较学习。

一、移民政策的理论假说

为明晰日本与其他东亚国家的移民政策，要先在此介绍一下移民的理论模式和公民资格政策。此模式称为 Hammer = Kiodo = Tarumoto（HKT 模式）。最初，Tomas Hammer ① 提出了 HKT 模式的原型，而后小井土彰宏② 和樽本英树 ③ 分别进行了改进。通常，管理国际移民采取五界法。界 1 为自然或地理界线，防止非法移民进入国土；界 2 为管理合法或暂时居住在该国的外国人；界 3 为永久居留者；界 4 为本国国民，大部分通过入籍而拥有该国国籍。尽管界 4 已经取得公民资格权力，但作为"二等"公民的移民者，仍然不能完全享有他们的权利。换句话说，国家设立界 5 就是为了在享受基本权利上划分出二等公民和一等公民。④

因此，面对全球性的移民，国家制定了移民和公民资格政策，通过设定多个界线来有效地处理移民问题。

我们能够通过 HKT 模式了解国家在次贷危机引发的经济风暴中是如何对待并反对国际移民的吗？依照常理，经济衰退必然导致国家关闭边境以防止大批移民的涌入。因此，全球性的移民主要是由全球化的资本主义引起的，移民

---

① Hammar, Tomas, *Democracy and the Nation State：Aliens, Denizens and Citizens in a World International Migration*, Aldershot：Avebury, 1990.

② Koido, Akihiro（ed.）, *International Comparison of Migration Policies：Japan and Immigration Issue in Globalization Series*, Vol. Ⅲ, Tokyo：Akashi Shoten, 2003. （小井土彰宏编『移民政策の国际比较-グローバル化する日本と移民问题第3卷』东京：明石书店、2003）。

③ Tarumoto, Hideki, "Towards a Theory of Multicultural Societies, Department of Sociology," Hokkaido University, ed., *Sociological Perspectives on Contemporary Societies：Essays in Honourof Professor Hajime Kobayashi's Retirement from Hokkaido University*, 2004, pp. 84 - 96; Tarumoto, Hideki, "Un nouveu mod`ele de politique d'Immigration et de citoyennet¡äe？：approche comparative`a partir de l'exp¡äerience japonaise," *Migrations Soci'et'e*, Vol. 17, No. 2005, 102, pp. 305-337（Traduit del'anglais par Catherine Wihtol de Wenden）, 2005.

④ 一部分二等公民为从本国前殖民地回到宗主国并持有宗主国公民身份的移民者。在日本，从中国归国的人即为二等公民。

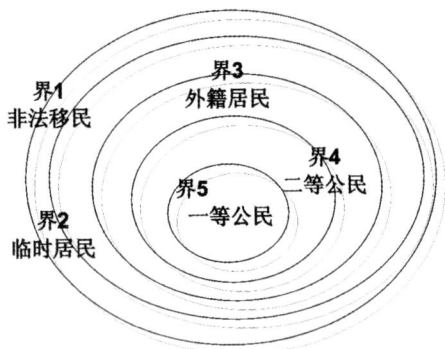

Hammer＝Kiodo＝Tarumoto（HKT 模式）

跨境是为了找到更好的工作。如果这样的话，在经济风暴中，国家必然要关闭边境以防止更多的国际移民涌入。在本文中，我们暂且称这个假设为"关闭边境假设"。

这个假设与近期经济衰退中的日本移民政策相符吗？为了验证关闭边境假设，本文将调查近期抵达的移民：界 1 的"非法"移民，界 2 的日系人、外国受训人员以及护理移民。

二、"非法"移民：界 1

国家划定界 1 的目的是为了阻止"非法"移民进入国土。但是，没有哪个国家能够有效地阻止这些移民入境并停留在本国。日本也不例外，根据司法部的统计，"非法"移民的数量 5 年内降低了，从 2008 年 1 月 1 日的 149 785 人减少到 2009 年 1 月 1 日的 113 072 人，一年内减少了 24.5%。司法部称 2004 年以来的下滑是由于其政策的实施，① 但是此说法还需调查。尤其是 2008 年"非法"移民数量的下降，相比之下，经济衰退对其产生的影响更有说服力。

当然，不管其政策奏效与否，司法部也的确为制定和实施应对"非法"移民政策作出了努力。但这项政策并不是基于逻辑因素而是基于确保国家完整的层面。该政策近期的案例明确地显示日本始终坚持国家完整。

---

① Japan International Training Cooperation Organization（JITCO），Trainees whom JITCO supported（as of the end of May 2009），http://www. jitco. or. jp/about/data/statistics - trainee. pdf；Accessed on July 16.

一个被称做卡德朗的菲律宾家庭，在日本已经非法居住了 15 年，夫妻俩除了非法滞留从没有过犯罪记录，一直在日本勤奋地工作。法院判决将该家庭驱逐出境后，他们仍然希望继续留在日本，并请求司法部给予他们特殊的居民身份以确保他们在日本的合法地位。① 但司法部否决了他们的请求，驱逐他们返回菲律宾，只有一个在日本读初中的女儿留了下来。② 鉴于媒体对此案进行了强烈的批评，司法部于 2009 年 7 月公布了给予特殊居留身份的条例。该条例明确了一个条件，即一个家庭中应该有一个孩子在日本的小学、初中或高中就读，这样就可以获得特殊居民身份。

这个案例证明日本政府将要对"非法"移民关闭界 1，但这并不归因于经济压力，而是确保国家完整。因此，关闭边境假设并不太适合"非法"移民的政策。③

三、短期外国停留人员：界 2

为了规范对短期外国停留人员的管理，国家制定了界 2。目前，在界 2 有 3 种类型的短期停留者：日系人（日本血统）、外国研修生（外国受训人员）和护理移民。

1. 日系人（日本血统）

日系人主要是来自巴西和秘鲁的日本后裔。通常，外国工人不允许从事未受训工作。但修改后的 1990 年移民管理和难民认证条例允许日系人从事任何技术型工作包括未受训工作。结果，不顾其目的，国家利用日系人来填补未受训劳动力的短缺。④

---

① 在司法部长的处理与决策下，非法移民可以被授予特别居住许可证。

② 「カルデロンさん、比に帰国の両亲见送り悲しみこらえる」『朝日新闻』2009 年 4 月 13 日，http://www. asahi. com/national/update/0413/TKY200904130186. html；Accessed on August 7 2009。

③ 除了非法移民，还有一种类型的移民，寻求政治避难者，也归属于界 1。他们是如何受到现有衰退的影响的，这是个很有趣的话题，但本文没有篇幅对此进行讨论。有关近期日本的避难政策和国家主权问题，请参阅 Tarumoto, Hideki, "Is State Sovereignty Declining? An Exploration of Asylum Policy in Japan," *International Journal on Multicultural Societies*, Vol. 6, No. 2, 2004, pp. 133–151, http://www. unesco. org/shs/ijms/vol6/issue2/。

④ Tarumoto, Hideki, "Multiculturalism in Japan：Citizenship Policy for Immigrants," John Rex and GurharpalSingh, eds., *Governance in Multicultural Societies*, Aldershot：Avebury, 2004, pp. 214–226.

目前的经济衰退冲击了日本，日系人比日本雇员更早失去了在工厂和建筑工地的体力工作。为了处理日系人的失业问题，日本中部的一个地方政府——都道府县，实施了为日系人返乡提供金融贷款的政策。① 而且政府也开始为日系人返乡提供帮助。国家政府出台这项金融援助政策的目的就是禁止受资助的日系人再返回日本。但此项政策却遭到了人道主义者们的批评。因此，参照西班牙的政策，国家政府修改了禁止再入境的政策，改成 3 年内禁止入境。②

2. 外国研修生（外国受训人员）

界 2 中第二种类型的移民为外国研修生（外国受训人员）③。外国研修生计划最初设立的目的是通过国际技术交换实现国际贡献。外国受训人员将在入境后接受半年到 1 年的培训，并在日本从事最多 3 年的技术工作。

尽管此项目初衷如此，外国研修生还是被用以填补日本未受训劳动力的短缺。在此次严重的经济衰退中，从 2009 年 1 月至 5 月，外国研修生的数量减少到 23 890 人，减少了 26.8%。④ 外国研修生政策很大程度上受经济的影响。

另外，有关外国研修生的很多问题也随即出现，揭示了他们在衰退中的脆弱。第一，尽管外国研修生政策的制定是基于工作技术的国际交换，但外国研修生并没有从事政策中所指的未受训工作。第二，政策的目的性和政策产生的结果之间的巨大差异使外国研修生身处恶劣的工作环境，如低收入、工作时间长、受伤和死亡事件的增加。第三，雇佣者试图侵犯外国研修生的人权，美国国务院的报告中指出了这一点。第四，也有外国研修生"示威"的例子，比如向法院起诉，将自己锁在房子里。⑤

因此，不管其初衷是什么，事实上外国研修生政策是因经济因素应运而生的，关闭边境假设正迎合了外国研修生政策。

---

① 「岐阜県、ブラジル人帰国費支援 問い合わせ殺到」『読売新聞』2009 年 5 月 5 日，http://chubu.yomiuri.co.jp/news kan/kan090305 4.htm; Accessed on July 15 2009。

② 「日系人の帰国支援事業再入国制限は原則 3 年間」『朝日新聞』2009 年 5 月 11 日，http://www.asahi.com/politics/update/0511/TKY200905110259.html; Accessed on July 15 2009。

③ 西原和久教授提供了关于外国研修生（Kenshusei）的翻译的建议。

④ 外国研修生是指申请表格由日本国际研修协力机构提供支援服务的那部分人（JITCO 2009）。

⑤ 莫邦富「日本の農業は、中国人研修生をもう搾取できなくなる」『都市問題』Vol. 100，No. 3，2009，68-74；小野寺信胜「名ばかりの国際貢献、実体は低賃金労働者確保の末期症状」『都市問題』Vol. 100，No. 3，2009，40-48 頁。

3. 护理移民

界 2 中第三类短期外国滞留人员就是护理移民，是近期日本刚刚呈现出来的重要的移民问题。

日本于 2008 年 8 月从印度尼西亚，2009 年 5 月从菲律宾引进护士和护理工作人员。司法部认定这些护理人员为未受训工作者，是不允许停留在日本并工作的。但是，日本已经开始接受他们是出于两个主要原因：第一，社会的老龄化趋势和目前护理的短缺使公众对护理移民的接受程度有所提升。第二，日本政府分别与菲律宾和印度尼西亚订立了经济伙伴关系协议（EPA），在降低货物税收和护理移民过境方面创立了"战术联系"①。

护理移民政策显示，尽管在衰退期，日本仍力图放开界 2，这项政策与关闭边境假设恰恰相反。

有两件事要提一下。第一，尽管日本开始引进护理移民，但对外国护士和护理人员的选拔还是很严格的。护士需持有本国的护士资格和具备 3 年的工作经验；护理人员需大学 4 年毕业并接受护理工作培训，或者毕业于护士学院。② 而且，要在日本获得正式的工作，护理移民必须参加日本语国家考试，护士必须 3 年内通过，护理人士必须 4 年内通过。这些要求对来日本前不懂日语的外国移民是相当严格的。因此，日本政府并没有完全为护理移民放开界 2。

第二是护理移民政策出台带来的影响。传统上外国工作人员从事的是经济生产工作，在工厂或建筑工地工作，所以他们很少有机会与日本人面对面地接触。护理移民不存在这样的特点。护理工作是在人和社会的交往中典型的人对人的服务。护理移民必须要面对面地接触普通的日本人，也使得他们在日本社会是可见的。这种可见的特点导致日本成为一个多元文化的社会。

如果环顾亚洲其他国家，我们发现不仅是护理移民，其他类型的外国工作者也涉足人和社会再生产过程中。例如，很多外国的护理人员进入新加坡家庭工作。外国人嫁到韩国，与他们的丈夫生活在一起。这种类型的移民——护理移民，外国护理人员、外国新娘——被称为"外国护理人员"，实现了人和社会再生产的功能，有别于经济领域的货物生产。因此，他们也从个人角度促进了全球

---

① Martin, Lisa, "The Rational State Choice of Multilateralism, John Gerard Ruggie 1993," *Multilateralism Matters：The Theory and Practice of an Institutional Forum*, New York：Columbia University Press, 1993.

② 宣元锡「看护・介护分野の外国人受け入れ政策とその课题」川村千鹤子・宣元锡编著『異文化间介护と多文化共生–谁が介护を担うのか』东京：明石书店、2007、74–115 页。

化。这种个人领域的巨大社会变化使日本是否继续采取措施为护理移民长期放开界 2 的意图尚不明确。

四、结论和理论思考

面对现在的衰退，国家如何处理全球化和跨国主义加速引起的国际大移民？为了调查这个问题，本文提出了以上的关闭边境假设，在衰退中，国家会以经济因素力图关闭边境以阻止大批国际移民的涌入。该假设适合近期日本的移民政策吗？

表 1　移民类型和移民政策

类型	界边	因素
日系人	关闭	经济
外国受训人员	关闭	经济
"非法"移民	关闭	国家完整
护理移民	开放	老龄化社会

HKT 模式中对于界 1 和界 2 的有关移民政策，关闭边境假设还不能被正式采用（表 1）。假设对日系人和外国受训者的政策是好的，由于经济形势的下滑，国家很明确要对两类移民关闭界 2。另外，针对"非法"移民，国家也力图关闭界 1，但是关闭的缘由与其说是规避经济动荡，不如说是为了坚守国家完整。最后，对于护理移民，尽管经济处于衰退期，国家还是有意要放开界 2 的。

为什么关闭边境假设并不同时适应所有的政策呢？至少应该有三个原因。

第一，对于"非法"移民政策，国家并没有按经济规律行事，而是依其他规律行事。甚至在快速变化的经济环境下，国家的政策制定和实施都受到了限制。在严重衰退期，改变政策是很难的。特别是国家会习惯性地沿袭衰退之前的政策因素。比如，加强国家完整与达成外交关系协议。

第二，衰退不是社会变化的唯一类型，还有其他需要国家来应对的社会变化。为了了解国家政策的变化，我们至少要把社会变化划分成长期和短期。衰退属于短期社会变化，将持续 3 到 4 年，最多是 10 年的时间。这也意味着针对日系人和外国受训者的政策受到了短期的社会衰退影响，而护理移民的政策则绝大多数受长期的社会变化和老龄化社会影响。当然，这种社会变化的划分——长期和短期——并不是绝对的而是相对的，但为了了解衰退和金融危机的影响，有必要区分两种类型的社会变化。① 因此，这种划分关闭边境假设的实效性与这些政策是不同的。

第三，如第二点所说，界1和界2的移民类型有不同的特点。一方面，日系人、外国受训人员和"非法"移民者通常会在其停留的国家加入全球资本主义发展的生产过程。他们是工厂里的生产要素，建筑工地的建设要素。另一方面，护理移民也进入了人类和社会再生产的进程中。他们提供了人对人的服务，在医院或护理站照顾年老的人群。换言之，这些都取决于负责接受外籍工人的经济部门采取什么样的态度。② 这种不同的移民类型也使得国家在实施政策时会有所不同。

这三点澄清了为什么关闭假设并不适合界1和界2的移民政策。

五、横跨东亚的比较研究

综上所述，在全球化背景下，跨国主义、金「岐阜県、ブラジル人帰国費支援 問い合わせ殺到」『読売新聞』2009 年 5 月 5 日，融危机和经济衰退，日本采取了多种方式在国家主权的基础上处理移民问题。在复杂的环境下，追寻社会秩序政策对于日本来说是相当困难的。关闭边境不是成功解决这个问题的唯一政策选择。

在衰退下，其他国家也是如此吗？位于世界一端的东亚在国际移民上有着不同类型的经验和历史。例如，从 20 世纪 80 年代末，韩国从一个向外移民国家转变成一个移民国家，接收"非法"移民和外国受训人员以填补其未受训劳动力的短缺。2000 年后，韩国面临着移民问题，如引进客籍工人、外国新娘，以及社会的"多元文化"。③

在中国，加速向外移民，去国外赚钱已经成了一个很大的问题。同时，移

---

① 金益基教授对此处给予了友好的建议。

② 韩相震教授对此处给予了友好的建议。

③ Tarumoto, Hideki, Tarumoto, Hideki, "Museums in Multicultural Societies: A Japanese Case, The National Folk Museum of Korea," *The Roles of Museums and Multiculture in Korea*, Seoul: The National FolkMuseum of Korea: 99-9（Korean version）; 樽本英樹『よくわかる国際社会学』京都：ミネルヴァ书房、2009; Yomiuri Shinbun, Gifu Prefecture Will Provide Financial Assistance to Brazilians for Their Returning: Numerous Inquiries, *Yomiuri Newspapter*, March 5 2009,「岐阜県、ブラジル人帰国費支援 問い合わせ殺到」『読売新聞』2009 年 5 月 5 日），http://chubu. yomiuri. co. jp/news kan/kan0903054. htm; Accessed on July 15 2009.

民数量在增加，中国政府应该考虑如何提供公民身份并融合他们。

如要全面了解金融危机中国家在移民政策下是如何作为的，那就必须要对这些东亚国家进行比较研究。

致谢：本文初译本发表于 2009 年 7 月 20—22 日在中国西安举办的中国社会学会第 19 届年会金融危机和东亚社会论坛。由衷感谢邴正教授、矢泽修次郎和邀请我发言并主持本次论坛的中国同仁们。另外，我希望转达对中国、韩国和日本与会学者的问候，创造了这样一个气氛活跃的论坛，以及对我的论文的肯定。本研究受助于两个赞助单位：科学研究费基盘研究（日本文部科学省），日本学术振兴会；全球 COE 项目"再塑日本边境研究"（日本文部科学省）。

（李雪　译）

（《社会科学战线》2010 年第 12 期）

经济困境与家庭冲突

〔韩国〕安炳哲[*]

此研究的目的是阐释1997年经济危机对家庭关系造成的影响。主要关注经济困境和家庭冲突之间的关系。

12年前,在外汇危机的情况下,韩国必须接受IMF提供的救济基金。危机前韩国的经济是相当好的,甚至经济专家也没有预料到危机的爆发。1990年代,失业率在2%左右,但是1998年增长到6.8%,1999年2月增长到8.6%。[①]

与1999年2月相比,近期的失业率是很低的,但是就业的不稳定性依然存在。很多家庭处于经济困境之中,无法满足家庭成员的需求。

此研究中,经济困境是指"经济生活状况对个人和家庭的潜在压力"[②]。伏伊达诺夫认为,经济困境是个多层次的概念,包括客观和主观的就业与收入状况。[③] 就业的客观状况是指就业的不稳定性;主观状况是指就业的不确定性。收入的客观状况是指经济贫困;主观状况是指经济负担。

尤其要提到的是,就业的不稳定性包含许多层面,如就业与失业的次数和期限、就业量不充足、就业流动下跌、无能力获得入门职位、被迫提前退休。

---

* 作者单位:韩国汉阳大学信息社会学部。

① National Statistical Office, *Social Indicators in Korea* (*in Korean*), 1999; 2000.

② P. Voydanoff, "Economic Distress and Family Relations: A Review of the Eighties," *Journal of Marriage and the Family*, 1990, 52, pp. 1099–1115.

③ P. Voydanoff, "Unemployment: Family Strategies for Adaptation," in P. Voydanoff (ed.), *Work and Family*, California: Mayfield Publishing Company, 1984; P. Voydanoff and Brenda W. Donnelly, "Economic Distress, Family Coping, and Quality of Family Life," in P. Voydanoff and Linda C. Majka (eds.), *Families and Economic Distress: Coping Strategies and Social Policy*, Newbury Park, CA: Sage, 1988, p. 98.

就业的不确定性是对失业概率和再就业前景的主观评定。经济贫困包括低收入、财力资源短缺、收入下降。经济贫困源于工作的不稳定性、失业或者就业收入不合理。经济负担是一个人现行财政状况的主观评价，包括所谓适当的财力资源、财政困扰以及对个人未来经济状况的展望。[1]

目前我们所处的经济困境也与就业和收入的主客观状况有关。在此研究中我们将要阐释 1997 年后外汇危机对家庭关系的影响，侧重于夫妻矛盾和父母与孩子的矛盾。

一、文献回顾

在社会科学领域，阐释经济压力对家庭生活影响的研究涉及诸多方面，如贫穷、失业、收入变化和预算统计策略。[2] 这项研究方法可概括为经济困境对就业的影响以及收入对家庭成员和家庭关系的影响。

根据之前的研究，较之蓝领工人，失业工人在家庭关系上更缺乏合意、交流与和谐，[3] 与配偶的关系也更紧张。[4] 另外，与那些具有控制型的家庭相比，失业蓝领工人和白领男士缺少了配偶的支持，而且存在着更频繁的争执和较低的家庭和谐。[5] 这些发现得到受访者的支持，失业夫妇越缺少相互支持矛盾就会越大。[6]

① P. Voydanoff and Brenda W. Donnelly, "Economic Distress, Family Coping, and Quality of Family Life," in P. Voydanoff and Linda C. Majka (Eds.), *Families and Economic Distress: Coping Strategies and Social Policy*, Newbury Park, CA: Sage, 1988, p. 98.

② Elder. Glen H., Jr., Rand D. Conger, E. Michael Foster, and Monica Ardelt, "Families under Economic Pressure," *Jouranl of Family Issues*, Vol. 13, No. 1, 1992, pp. 5–37.

③ Larson, Mildred L., *Meaning-based Translation: A Guide to Cross-language Equivalence*, Lanham, MD: University Press of America, 1984.

④ Brown, C., Hamilton, J., & Medoff, J., *Employers Large and Small*, Cambridge: Harvard University Press, 1990.

⑤ Atkinson et al., "Effect of Prolonged Clonidine Treatment and Its Withdrawal on Noradrenaline Turnover in the Cerebral Cortex and Medulla Oblongata of the Spontaneously Hypertensive Rat," *Naunyn-Schmiedeberg's Archives of Pharmacology*, Vol. 336, No. 1, 1986.

⑥ Liem. J. & Liem. J. H., "The Psychological Effects of Unemployment on Works and Their Families," *Journal of Social Issue*, Vol. 44, 1988, from Voydanoff, P. "Unemployment: Family strategies for adaptation," In P. Voydanoff (ed.), *Work and Family*, California: Mayfield Publishing Company, 1990.

经济困境关系收入，也关系婚姻和家庭关系。有一个样本就是莱克与埃尔德在大萧条下对美国家庭所做的研究。根据《伯克利指导》研究小组的一组纵向数据，他们验证了相对收入减少（1929—1933）对婚姻关系和性格的影响。伯克利加州大学人类发展研究所从 1928 年开始在伯克利地区对 112 个家庭的不同生活状况进行了资料搜集。莱克和埃尔德对截止 1941 年的资料进行了分析，分为三个阶段：大萧条之前（1930 年及之前）、大萧条时期（1933—1935）、大萧条之后（1936—1938，1939—1941），结果显示，经济损失造成了中产阶级和工人阶级婚姻质量的明显下降。这个结果反映了丈夫一方收入减少所带来的尖锐意义。在经济压力下，夫妻不和现象增加，如男人缺少资历使其更难相处，变得更敏感、易怒、脾气暴躁。①

但是，经济困境带来的就业和收入问题并不同样发生在所有家庭。经济困境的影响因家庭的适应性和和谐度不同而不同。适应性较好和和谐度较强的家庭，当他们面对与就业和收入息息相关的经济困境时，会处理得更好。适应性较差和和谐度较低的家庭，当他们面对与就业和收入息息相关的经济困境时，就处理得不好。在处理过程中，家庭成员的积极交流是很重要的。②

总之，失业和收入减少给家庭关系带来了严重的影响，这种影响也因家庭资源不同而不同，比如家庭和谐度和交流。

二、研究方法和样本特征

1. 采样和数据搜集

本研究以调查研究为基础，采样和数据采集的过程如下。首先将目标区域限定在首尔市区，通过两个渠道进行调查——对小学、初中和高中学生家长的调查，以及通过研究机构对失业家庭的调查。

对学校的调查在 9 个学校进行——3 个小学、3 个初中、3 个高中。在选择学校的时候考虑到了社会阶层背景——3 个上层阶级、3 个中层阶级、3 个底层阶级居民区。在小学，调查涉及 5 年级的家长；在初中和高中，涉及 8 年级和 11 年级的家长。总共发放 630 份问卷，每个学校 70 份。其中一半的问卷要求由父亲回答，一半的问卷由母亲回答。回收率为 94.3%。在这 499 份用

---

① Liker, Jeffrey K. and Glen H. Elder, Jr, "Economic Hardship and Marital Relationships in the 1930s," *American Sociological Review*, Vol. 48, 1983, pp. 343–359.

② P. Voydanoff, "Unemployment: Family Strategies for Adaptation," in P. Voydanoff (ed.), *Work and Family*, California: Mayfield Publishing Company, 1984, pp. 65–68.

来做最终经济分析的问卷中，未包含不适合作为分析的问卷。调查于 1999 年 7 月 1 日至 7 月 15 日进行。

有失业经历的家庭调查由专业研究机构进行。被调查人为居住在首尔城区的失业家庭的丈夫、妻子和孩子。从中选取了 200 个人进行采样，他们来自写字楼或从事失业人员事务的办公室，35 人为流动人员。在选取的时候也考虑到几个因素。首先，选取了 100 位男士，他们或处于失业状态，或在外汇危机后经历过失业，还包括 100 位他们的配偶。其次，失业人员的职业有白领和蓝领工人。调查于 1999 年 7 月 1 日至 7 月 31 日进行。

2. 方法

（1）因变量

在本研究中，因变量是夫妻之间以及父母和孩子之间的矛盾，被分为轻微矛盾和严重矛盾。轻微矛盾的界限为"去年你们夫妻间或父母与孩子之间经历过小的争执吗？"严重的矛盾即"去年你们夫妻之间或父母与孩子之间有过叫喊、辱骂、恐吓、推搡或殴打吗？"高分即意味着矛盾深。

（2）自变量

自变量包含经济困境变量，如就业的不稳定性、就业的不确定性、经济贫困、经济负担以及家庭资源变量，如家庭和谐度和夫妻间的交流。衡量方法如下：

就业的不稳定性：这个变量是根据丈夫和妻子的就业状况来衡量的。丈夫的就业率是一个假设变量，由 3 种情况来衡量——没有经历过失业、失业后重新就业、没有工作。妻子的就业状况也是假设变量，由 5 种情况来衡量——没有经历过失业、失业后重新就业、由家庭主妇转变成就业人员、没有工作、家庭主妇。

就业的不确定性：这个变量是根据丈夫一年内失去目前工作的可能性来衡量的。高分意味着失去工作的可能性高。

经济贫困：这个变量是根据每月支付账单的困难度来衡量的。高分即意味着困难大。

经济负担：这个变量是根据家庭目前经济状况与外汇危机前的状况之间的比较来衡量的。高分即意味着困难大。

家庭的和谐度：这个变量是根据经济危机中家庭和谐的程度来衡量的。高分即意味着高和谐度。

夫妻间的交流：这个变量衡量的依据为夫妻间能够通过交流了解相互之间的想法和感觉。高分即意味着交流良好。

3. 样本的特点

表 1　样本的特点

（计量单位：N）

变量	丈夫	妻子
年龄	平均=43.0 范围=26—60 (678)	平均=39.9 范围=21—57 (677)
教育		
中学毕业或以下	12.2	18.0
高中或高中毕业	42.6	51.7
大学或以上	45.1	30.3
	(680)	(677)
职业		
技术	12.9	14.6
管理	13.3	2.4
办公室或科技	20.7	10.8
自我雇佣	24.0	23.9
销售或服务	7.6	20.9
受训工人	6.1	7.8
未受训工人	15.4	19.7
	(488)	(335)
经济危机前后就业状况		
没有失业经历	44.1	24.3
经历过失业，但是现在已经重新就业	30.0	11.5
危机前为家庭主妇，危机后就业	0.0	18.1
目前未就业	25.6	3.6
家庭主妇	0.0	42.4
	(630)	(634)

变量	危机前	危机后
主观阶级划分		
上层阶级	0.1	0.0
中上层阶级	12.8	4.3
中产阶级	45.1	32.4
中下层阶级	31.5	37.5
底层阶级	10.5	25.8
	(696)	(698)

变量	百分比	变量	百分比
平均月收入		家庭类型	
900 000 万以下	22.7	父母和一个未婚的孩子	84.5
900 000—1 800 000 万	38.0	父亲和一个未婚的孩子	1.3
1 800 000—2 700 000 万	19.3	母亲和一个未婚的孩子	1.6
2 700 000—3 600 000 万	11.3	大家庭（如数代同堂的家庭）	6.7
3 600 000 万或以上	8.6	其他	5.8
	(673)		(672)
孩子的数量	平均=2.0 范围=0—7 (699)		

从表1我们可以看到，丈夫的年龄从26岁到60岁不等，平均年龄为43岁；妻子的年龄从21岁到57岁不等，平均年龄为39.9岁。丈夫的教育程度，45.1%为大学或以上学历，42.6%为高中毕业或接受过高中教育。妻子的教育程度，51.7%具有高中学历或接受过高中教育，30.3%为大学或以上学历。丈夫的教育程度比妻子的要高。

其次，我们测试了职业的分布。丈夫：24%为自我雇佣，20.7%为办公室职员，15.4%为未受训工人，13.3%为管理人员，12.9%为专门职业者。妻子：24%为自我雇佣，20.9%为销售员、社会工作者，19.7%为未受训工人，14.6%为专门职业者。

下一步，我们测试了外汇危机前后的就业状况，发现25.6%的丈夫目前没有工作，30%经历了失业，但又重新就业，44.1%没有失业经历。妻子3.6%没有工作，11.5%失业后再就业，18.1%在危机前还是家庭主妇在经济危机后就业，约42%为家庭主妇。

从被调查者的阶级身份来看，在危机前和危机后有变化。危机前，45.1%的被调查者为中层阶级，但是危机后降到32.4%。危机前，10.5%的被调查者为底层阶级，危机后增至25.8%。总的来说，中上层阶级和中层阶级减少，低中层阶级和底层阶级增加。这种阶级的下滑趋势从平均月薪也可以看出来。

从家庭类型，84.5%为双亲家庭和一个未婚的孩子，6.7%为大家庭（如数代同堂的家庭），约3%为单亲家庭。每个家庭孩子的数量为0到7个，平均数量为2个。

三、结果分析

1. 经济困境和婚姻矛盾

我们采用多元回归分析方法找到夫妻矛盾中因变量的相关影响。从表2中可以看出，轻微夫妻矛盾中，就业变量比收入变量的影响大。轻微家庭矛盾在丈夫失业的家庭比丈夫没有经历过失业的家庭发生的频率更高。结果显示，这种家庭矛盾在妻子失去工作的家庭比全职太太家庭发生的频率要高。在韩国，丈夫被认为是家庭的主要经济支柱。一旦家庭的主要经济支柱变得不稳定，轻微家庭矛盾即增加。同时，在危机后为了渡过家庭经济难关，妻子外出工作的家庭中这种夫妻矛盾也有所增加。结果显示，在妻子为主要经济支柱或夫妻共同为主要经济支柱的家庭，轻微家庭矛盾也有所增加。

而严重的家庭矛盾，只有经济贫困变量在数据方面显现出重要的影响。即在支付月账单有困难的家庭，其婚姻关系中的严重家庭矛盾，如语言或肢体暴力会增加。

从分析中可以看出，经历就业方面变化的家庭，如丈夫就业的不稳定或妻子在经济危机后就业，都存在更多的轻微婚姻矛盾。但是，尽管在就业方面发生着变化，但如果尚有经济能力支付月账单的话，像语言或肢体暴力这样严重的家庭矛盾就不会发生。用经济困境差异来解释夫妻矛盾差异的度，轻微矛盾为 0.06，严重矛盾为 0.05。

但经济困境对夫妻关系的影响不是所有家庭都一样，这种影响是依家庭和谐度和夫妻交流的程度而变化的。

表 2   夫妻矛盾回归分析[1]

自变量		模式一		模式二	
		轻微矛盾	严重矛盾	轻微矛盾	严重矛盾
经济困境变量	丈夫的就业[2]				
	失业后再就业	0.12**	0.07	0.06	0.01
	失业	0.09*	0.07	0.02	0.02
	妻子的就业[2]				
	无失业经历	0.03	0.01	0.02	0.00
	失业后再就业	0.07	0.02	0.05	−0.01
	受雇的家庭主妇	0.11*	0.06	0.09*	0.04
	失业	−0.02	−0.04	−0.01	−0.04
	经济贫困	0.05	0.17***	0.02	0.14**
	经济负担	0.07	0.01	0.04	−0.02
家庭资源变量	家庭和谐			−0.20***	−0.23***
	夫妻交流			−0.26***	−0.18***
	Adj R^2	0.06***	0.05***	0.21***	0.17***

说明：*、**、***分别为 p<0.05、p<0.01、p<0.001。

1）回归系数是规范化的回归系数。

2）这些变量为假设变量，参考组为无失业经历的丈夫和作为家庭主妇的妻子。

表 2 中的第 2 项显示了多元回归分析的结果。在此分析中，我们添加了家庭资源变量，如家庭和谐度和夫妻交流作为自变量。如表 2 显示，家庭资源变量比经济困难变量对夫妻矛盾带来的影响更大。特别是受家庭和谐和夫妻交流变量制约的轻微夫妻矛盾中，丈夫的就业状况并没有重要的影响。因此，丈夫的就业状况是间接而不是直接地通过家庭和谐和夫妻交流对轻微夫妻矛盾产生影响。

数据显示，经济危机后妻子的就业对轻微夫妻矛盾有着很大的影响，甚至控制着家庭资源变量。这意味着妻子取得工作的家庭更容易发生轻度的争执和口角。

一些变量，如夫妻交流、家庭和谐、经济危机后妻子的就业，对轻微夫妻矛盾都有重大的影响。对于严重矛盾，家庭资源变量的影响，如家庭和谐和夫妻交流是较强的，而在经济困境变量中，只有经济贫困变量有重大的影响。经济困境变量和家庭资源变量的度阐释了夫妻矛盾的变量，轻微矛盾为 0.21%，严重矛盾为 0.17%。

总的来说，丈夫和妻子有关就业的变量对轻微矛盾来说是很重要的，与收入有关的变量像经济贫困对严重矛盾来说是重要的。但是，经济困境对所有的家庭意义并不相同。本研究显示，经济困境的影响因家庭和谐和夫妻交流不同而不同。

2. 经济困境和父母与孩子的矛盾

我们做了多元回归分析，找到了自变量对父母与孩子的矛盾的相关影响。首先，我们将经济困境变量回归到父母与孩子的矛盾上，如表 3 所示。从结果可以看出，经济困境变量并没有阐释父母与孩子的矛盾。经济贫困的家庭，父母与孩子的轻微矛盾更多。但是与丈夫没有失业的家庭相比，在丈夫失业的家庭，父母与孩子的矛盾要低。结果意味着丈夫的失业并没有增加父母与孩子的轻微矛盾，如小的争执与口角。表 3 中的第 1 项在数据上来讲并不重要。

其次，我们做了多元回归分析，包括经济困境变量和家庭资源变量。结果显示，对于父母与孩子的严重矛盾，家庭资源变量如夫妻交流和家庭和谐对该矛盾的影响很大。

父母与孩子之间的轻微矛盾，除了家庭资源变量，丈夫的失业和经济贫困从数据上看有很大的影响。丈夫失业不仅影响父母与孩子的矛盾，也对控制家庭资源的变量数据有影响。与丈夫没有失业经历的家庭相比，在丈夫有失业经历的家庭，父母与孩子的轻微矛盾更低。尽管丈夫失去了工作，但父母与孩子的关系似乎并没有变得更糟糕。

与严重的夫妻关系的矛盾相比，经济贫困对父母与孩子的轻微矛盾影响很大。这就意味着经济贫困导致夫妻之间的言语和肢体暴力，但并没有导致父母与孩子之间产生严重的矛盾。表 3 中的第 2 项，自变量在父母与孩子之间的矛盾变量中占 8%。

表3　父母与孩子矛盾回归分析[1]

自变量		模式一		模式二	
		轻微矛盾	严重矛盾	轻微矛盾	严重矛盾
经济困境变量	丈夫的就业[2]				
	失业后再就业	-0.01	-0.02	-0.05	-0.06
	失业	-0.11 *	-0.03	-0.14 **	-0.07
	妻子的就业[2]				
	无失业经历	0.01	0.02	-0.00	0.00
	失业后再就业	0.02	-0.02	-0.00	-0.04
	受雇的家庭主妇	0.03	0.06	0.02	0.05
	失业	-0.02	-0.01	-0.02	-0.00
	经济贫困	0.13 *	0.06	0.11 *	0.05
	经济负担	0.00	0.02	-0.03	-0.02
家庭资源变量	家庭和谐			-0.20 ***	-0.14 **
	夫妻交流			-0.12 *	-0.20 ***
	Adj R^2	n. s.	n. s.	0.08 ***	0.08 ***

说明：＊、＊＊、＊＊＊分别为 $p < 0.05$、$p < 0.01$、$p < 0.001$。

1）回归系数是规范化的回归系数。

2）这些变量为假设变量，参考组为无失业经历的丈夫与作为家庭主妇的妻子。

总体来说，经济困境对父母与孩子的矛盾影响不大，而家庭资源变量如家庭和谐和夫妻交流则有着更多的影响。

结　论

在本研究中，我们阐释了1997年外汇危机对家庭关系的影响，主要着重于经济困境和家庭矛盾。结果如下：

我们做了多元回归分析，找到自变量的相关影响，从结果上发现轻微的家庭矛盾中，丈夫和妻子的就业相关变量很重要；在严重矛盾中，与收入相关的变量很重要。轻微的夫妻矛盾如小的争执和口角在就业相对变化的家庭发生的较多，这种变化体现为丈夫就业的不稳定或经济危机爆发后妻子出来就业。但是，尽管在就业上发生了变化，如果尚有能力支付家庭月账单的话，严重的夫妻矛盾如言语和肢体暴力不太可能发生。

父母与孩子的矛盾，经济困境变量没有太大的说服力。父母与孩子的轻微矛盾在家庭经济清贫的情况下会增加。与丈夫没有失业经历的家庭相比，在丈夫有失业经历的家庭，父母与孩子的矛盾是较低的。结果意味着丈夫的失业没有使父母与孩子的轻微矛盾增加，如小的争执和口角，表3的第1项数据看来并不重要。

但是，经济困境对所有家庭的意义并不相同，经济困境的影响也因家庭和谐和夫妻交流而有所不同。在多元回归分析中，从数据上可以看出，在轻微的家庭婚姻冲突的情况下，丈夫的就业状况统计率对家庭和谐和夫妻交流并没有起多大的作用或者影响。因此，我们可以断定丈夫的就业状况并不直接影响轻微夫妻矛盾，而是间接地通过家庭和谐和夫妻交流对其产生影响。

根据本研究，家庭资源变量如家庭和谐或夫妻交流对夫妻矛盾的影响要比经济困境变量大。这也适用于父母与孩子的矛盾。

总之，与父母和孩子的关系相比，经济困境对夫妻关系的负面影响更大。另外，家庭资源变量如家庭和谐与夫妻交流要比经济困境变量更好地阐释了家庭矛盾。本研究显示，在经济危机中家庭和谐与良好的交流是很重要的。

（李雪　译）

（《社会科学战线》2010 年第 12 期）

19—20 世纪初俄国公民社会的发展

〔俄罗斯〕Б. Н. 米罗诺夫*

B. 克柳切夫斯基是俄国史学巨擘，他曾提出一个人的性格不受他的意识决定，一个国家的管理形式也不取决于社会公众舆论。在我看来，这位伟大的历史学家针对俄国提出的思想是一个无需证明的公理。我们与之根蔓相连，同生同在，从未怀疑过它的正确性。但是这个思想真的像我们习惯上认为的那样正确吗？为了验证这一点，首先需要明确几个概念。

公民社会——建立在政治自由和权力基础上的社会，其成员之间经济、文化、法律和政治关系成熟。公民社会不依附于国家，彼此互相影响。公民社会具有三个重要特征：（1）多元化。不同的意识形态、反映不同团体利益的形形色色的社会组织共存；（2）尽管存在着竞争和利益冲突，但是不同思想体系、组织之间能够就基本价值观达成共识；（3）存在和平解决社会冲突的机制，保证将社会舆情、愿望和要求反馈给政权机构，并监督其执行。通过协商而非暴力方式解决社会与国家之间的矛盾和冲突。公民社会的基本特点形成后，无论个体还是社会与国家，都不是对立的，因为国家也是社会的一部分，接受社会的监督。在公民社会产生和形成过程中，以最有文化修养、社会觉悟最高的群体为代表的社会与国家处于对立状态，他们积极提出并推动改革的实施。因此，社会团体、社会和阶层组织及制度等公民社会要素构成了俄国特殊的、独立的社会思想力量，在一定程度上充当了官方政权反对派的角色，但同时它又是合法的，为国家和整个社会所承认。公民社会以不同方式，主要是通过社会舆论对官方政权施加影响。①

---

* 作者单位：俄罗斯科学院圣彼得堡历史研究所。

① Витюк В. В. , Становление идеи гражданского общества и ее историческая эволюция, М. , 1995；Политология. Энциклопедический словарь, М. , 1993；Романенко Л. М. , Гражданское общество (социологический словарь-справочник), М. , 1995.

2

社会舆论——社会对于本民族和国家生活中现实问题的共同趋向性态度。① 这个概念在 17 世纪末产生于英国，18 世纪在西方主要国家得到普遍承认。俄国直到 18 世纪最后 1/3 时间才接受关于社会舆论的认识，术语本身的使用更晚，1830—1840 年间的秘密警察报告和 19 世纪 50 年代的报刊才开始使用这个概念。② 公民社会是一种自由主义的民主社会理念，同任何理想一样，永远都不可能完全实现，人类社会共同体只是不同程度地接近这个目标。

社团组织——能够对官方政权施加影响的社会团体、社会和阶层组织及制度。制定和实施政策时，政权机构需要考虑社团组织的意见。

知识界——作家、记者、脑力劳动者、社会活动家等，他们致力于思考国家的社会生活，有个人的见解，并能够通过某种方式反映自己的主张。尽管知识界常常乐于接纳有自由思想的官员，但由于这些人通常与国家机关的职务存在联系，从而一定程度上使其在社会与国家之间划定界限，特别是 19 世纪中叶以前。

知识分子——知识界的一部分，他们在某种程度上与现行制度处于对立状态。

社会化——社会互相影响的过程，在这个进程中社会文化（观点、见解、价值体系、行为方式）传承给下一代。

国家管理主体——统治、管理、决策或者是对决策具有影响力的个人或者法人。

一、国家的支柱：官僚和军队

在公民社会中，国家与社会团体互相影响。可以根据人力状况，有条件地评估某一方的物质力量。表 1 列举的资料一定程度上与对官员的定义是吻合的。后者是担任公职、直接从事国家管理的专家的总和。

---

① Энциклопетия государства и права, В3т. Т. 2. М., 1926, С. 77–81.

② Милюков П. И., Очерки по истории русской культуры, В 3 т. Т. 3, Национализм и европеизм. М., 1995, С. 337；История русской литературы, В 4 т. Т. 1. Л., 1980, С. 572–574.

表 1　17—20 世纪初俄国官员的数量和社会构成（不包括波兰和芬兰）

	1690 年	1755 年	1796 年	1875 年	1880 年	1897 年	1913 年
官员总数（千人）	4.66	12.0	21.3	119.3	129.0	144.5	252.9
其中（%）							
小职员		62	26	26		30	
有品级的官吏		38	74	74		70	
贵族出身	14	22	33	34		26	
地主出身	8	36					
官员出身	49						
僧侣出身	30	5					
商人出身	7	1					
居民数量（百万人）	12.2	21.1	37.4	59.3	92.1	116.2	155.4
每千人官员数	0.39	0.57	0.57	2.01	1.40	1.24	1.63

资料来源：Миронов Б. Н.，Социальная история России периода империи（ⅩⅧ-начало ⅩⅩ в.）. Генезис личности, Демократической семьи, гражданского общества и правового государства. В 2 т. Т. 2. СПб.，2003，С. 200.

如何对表 1 内容进行解读呢？官员相对于居民数量的增加标志着国家机器及其管理职能加强；反之，官僚机构的缩减则意味着其参与国家管理的能力弱化。18—19 世纪上半叶，由于管理普遍官僚化、农奴制进一步加强以及地主和农民之间关系紧张程度加深，最高政权需要强有力的暴力和监督机器。这种情形使统治集团抛开欧化，转而采取补充措施强化国家机器。废除农奴制以后，随着城市和农村自治制度的发展，国家监督公民的需求下降。地方自治局和新的城市自治机关削弱了地方政府机构的职能，将中央政府从不具有全国意义的琐碎事务中解放出来。实施改革的最高政权基本上达到了目的：1857—1897 年间，官员的相对数量，即每千人中的官员数下降。相应地，各省、县实行官僚统治的范围缩小，社会自治范围扩大。忽略不记在社会自治机构就职的专家，1880 年代官员的数量为 32 万人。① 由此可以得出结论，19 世纪 80 年代初社会比国家更多地参与日常生活的管理。

传统上认为，俄国官僚机构实行独裁和超级统治，这与事实不符。比较俄国和西欧国家的官员数量就可以证明这一点。19 世纪中叶，每千人官员数俄

---

① Миронов Б. Н.，Социальная история России периода империи（ⅩⅧ-начало ⅩⅩ в.）. Генезис личности, Демократической семьи, гражданского общества и правового государства. В 2 т. Т. 2. СПб.，2003，С. 202.

国为 2 人，不列颠 4.1 人，法国 4.8 人；1910 年，这个数字相应为俄国 6.2
人，① 英国 7.3 人，法国 17.6 人，德国 12.6 人，美国 11.3 人。② 无论是官员
数量，还是社会职员数量，俄国都逊于西欧国家。正如 Д. 门捷列夫所言，可
以说俄国管理不足。夸大国家机器的力量或许是将对苏联的认识复制到革命前
俄国的结果。的确，苏联时期官员的相对数量超过革命前俄国的 5—10 倍。

18—20 世纪初，正规军相对数量和绝对数量的变化大致与官员数量的变
化一样——绝对数量增加，但 19 世纪中叶以前相对于居民数表现出增长势头，
此后呈下降趋势（见表 2）。

表2　1680—1913 年间的俄国正规军数量

	1680 年	1725 年	1764 年	1801 年	1850 年	1897 年	1913 年
军队数量（千人）	164	210	226	379	1118	1133	1320
居民数量（百万人）	10.2	16.0	23.7	38.8	57.1	125.7	159.0
军人数量（%）	1.6	1.3	0.95	0.98	1.96	0.89	0.83

资料来源：Миронов Б. Н.，Социальная история России периода империи（ⅩⅧ-
начало ⅩⅩ в.）. Генезис личности，Демократической семьи，гражданского общества и
правового государства. В 2 т. Т.2. СПБ.，2003，С. 210.

1874 年以前，正规的职业化军队使国家保持较高的独立性，不依赖于社
会团体。这是因为军队与社会脱离，成为最高政权手中顺从的工具。1874 年，
普遍兵役制取代税民兵役制，服役期缩短，平民知识分子充实了军官队伍。这
产生了深远的影响：与以往相比，军队同社会的联系更加紧密，与沙皇之间的
关系越来越疏远。由于上述原因，军队摆脱了沙皇的绝对权威，仅仅执行那些
为军官和士兵们理解和情愿去完成的任务。对此，在第一次世界大战时曾指挥
一个军的俄国著名将军、军事理论家 Н. 叶潘钦说过一句意味深长的话："现
代军队不会从事盲目的王朝战争，总之不会从事那些目的和任务不被民众理
解，或者没有引发民众同情的战争。"③ 这样，无论是从充实武装力量的角度，
还是从武装力量数量的角度，根据前述内容可以得出结论，作为维系政权的力
量，18—19 世纪上半叶军队的作用上升，而改革以后其作用下降。

---

① 表 1 指的是在国家机关供职的官员，这里则包括在国家和社会机构任职的官员。

② Менделеев Д. И.，Кпознанию России. СПб.，1906，С. 67 - 68；Рубакин Н. А,
Россия в цифрах，СПб.，1912，с. 62；Rogger H.，*Russia in the Age of Modernization and Rev-
olution*：1881 - 1917，London - New York，1983，p. 49.

③ Епанчин Н. А.，На службе трех императоров. Воспоминания，М.，1996，С.
168.

二、社团组织与国家

17—20 世纪初，统治者制定政策时，除了官僚机构和军队以外，还需要顾及哪些社会团体的利益、关注哪些社会团体的舆论？换言之，社团组织是由哪些人构成的？

莫斯科公国时期，这部分人包括有权参加缙绅会议的人：世袭贵族、僧侣、终身贵族、工商区居民。18—19 世纪上半叶，知识界包括贵族、知识分子、上层市民——基尔德商人和僧侣。1870—1913 年间，组成这个群体的是一些具备一定资格的人，即获得参加地方自治局和城市杜马选举权力、从 1906 年开始获得国家杜马选举权力的各阶层代表。

17 世纪，社团组织数量占整个居民总数的 8% 左右；18—19 世纪上半叶，这个数字约为 2.5—4%；1870—1892 年为 10%；1893—1905 年为 7%；1906—1917 年达到 16%。同时，参加社团组织的人员的社会构成很稳定——主要是贵族、僧侣和上层工商业者。①

三、民间的政治交流

17—20 世纪初，尽管农民、小市民、手工业者、小商贩、工人及其他非特权阶层民众的文化程度不高，但是他们关于国家发生的重大事件、法律变化的消息十分灵通，并且在自己的圈子里就这些话题展开讨论。民众形成了对现实问题的看法，而且会牢记最重要的历史事件。研究流言资料来源问题的政治警察认为，改革前的民众舆论（包括改革后的农民舆论）不是像知识界那样通过在报刊上发表言论形成，而是在个体之间直接交流的过程中形成的。

专业宗教人士负责教徒之间的信息传播。农民、小市民、工人之间通过士兵、僧侣、外出打工农民、朝圣者、乞丐等自发实现信息传播，参与此类信息传播的还包括采购商、货郎、割草者、牧人、纤夫等常年各处奔走的人员。同时代人称其为"流动报纸"。例如，1875 年作家 C. 马克西莫夫在介绍这些人时写道："他们是流动的活报纸，传播五花八门的内部消息，其中有些人甚至

---

① Миронов Б. Н. , *Социальная история России периода империи*（ⅩⅧ-начало Ⅹ Ⅹ в. ）. Генезис личности, Демократической семьи, гражданского общества и правового государства. В 2 т. Т. 2. СПб. , 2003, C. 210–211.

深谙汇率和交易所价格。"①

各种各样的新闻很快传到偏远的地方。19 世纪上半叶，钦差大臣们对农民获知他们抵达时间和视察路线的速度感到非常惊讶。随着铁路的出现，口头传递信息的速度更快了，但是信息的形成和传播还停留在以往的形式上。每次大规模群众运动之前都会流言四起，在没有电话和电报的情况下，这些传言迅速扩散到多个省份，传播给成千上万的人。② 1847 年，释放全部迁居到高加索防线人员的谣言迷惑了近 2 万名来自中部诸省的地主农民。③

修道院充当了信息中心的角色。每逢宗教节日，来自多个省份的人员都会涌向这里。作为重要的贸易形式，每个城市和农村定期举办的展销会和集市的作用也不容忽视。在全俄各地贩运商品的货郎（1860 年超过 1.1 万人）也成为信息的传播者。无论在农民中间，还是在下层市民之间，展销会都是形成社会舆论极其重要的场所。正是在这里，城市与农村、不同省份的农民互相走到一起：18 世纪末有 3000 余个展销会，1860 年代超过 6000 个，1911 年则达到1.6 万个，数百万人参加了这些展销会。近 30 个展销会具有全俄性质，包括马卡里耶夫、伊尔比特、科列诺、斯文、基辅、里加、阿尔汉格尔斯克、奥伦堡、伊尔库茨克等地举办的展销会，聚集了来自全国各地的数万民众。这些分布在俄国不同地区的城市同莫斯科和彼得堡一起不仅控制着俄国的全部贸易，而且成为形成民众社会舆论的中心。18 世纪最后 1/3 时间里，展销会不仅从经济意义上，而且从信息和文化意义上将整个国家联系在一起。④

城市和农村的小酒馆（实际上禁止女性进入这些地方）向普通百姓传递了大量信息。酒馆对于信息匮乏的农村具有特别重要的意义，成为名副其实的乡村俱乐部。男人们经常聚集到那里：冬季频繁些，夏季由于工作繁忙少些。节假日酒馆的人很多，但平时晚上人也不少。人们在这里打听新闻、市场行情，进行交易并按照俄国的习俗喝酒庆祝。⑤

---

① МаксимовС. В. ，Избр. Произв. В2 т. Т. 2. М. ，1987，С. 434.

② Рахматуллин М. А. ，Крестьянское движение в великорусских губерниях в 1826 – 1857 гг. М. ，1990，С. 163.

③ Семевский В. И. ，Крестьянский вопрос в России в Ⅷ и первой половине Ⅸ века. В 2 т. Т. 2. СПб. ，1888，С. 580.

④ Арутюнов С. А. ，Инновации в культуре этноса и их социально-экономическая обусловленность//Этнографические исследования развития культуры. М. ，1985，С. 243 – 247.

⑤ Кимбалл А. ，Деревенский кабак как зародыш гражданского общества во второй половине Ⅸ в. //Общественные науки и современность. 2004，No. 6.

人们在村民大会上讨论一部分人提出的想法，会议进行系统整理，然后通过自己的成员将智力劳动成果传播到其他村社和地区。一切都是自发完成的，而且常常是由于简单的偶然性因素。尽管如此，根据一些个别情况，仍然形成了某种常态的具有普遍规律性的东西。依靠源源不断的信息，分布在广大地区的农民在社会和精神上过着一种共同的生活，他们作为独立的亚文化群和观点一致的大型社会群体繁衍生息。①

普通市民的情况也是如此。农民和底层市民获取信息的空间一样，他们的社会习俗与家庭生活方式对此起了促进作用。由于市民与郊区农民之间的经济、文化和婚姻联系日益加强，城市与农村之间出现了大规模的"钟摆式移民"，人口在 2.5 万人以内的中小型城市居民的情况非常相似。

多数情况下，当涉及战争、君主更迭以及专制制度利益时，政府会尝试利用一切可能施加影响的手段，有意识地引导社会舆论：神父的宣传、地方政府的思想灌输、沙皇的威信、流言和轶事的传播、印刷品等。这种方法有时会取得一定的效果。例如，政府成功地为叶卡捷琳娜二世时期俄土战争、1830—1831年和 1863—1864 年波兰问题政策、1870—1880 年巴尔干政策营造了适宜的社会舆论。

从 19 世纪最后 1/3 时间开始，报刊和印刷的文学作品逐渐走进人民的生活，但是其对底层市民的影响明显大于对教育程度不高、不相信出版物的农民的影响。1883 年，有 130 万农民的发达的莫斯科省农村居民仅订阅了 350 份期刊，其中半数由同时作为阅览室的小酒馆订阅。到 20 世纪初，农民的社会舆论很大程度上是人民智力创作的结果，城市及其他因素的影响不大。但是随着时间的推移，后者的作用增强。特权阶层一直在向农民传播知识，宣扬自己的主张。从 19 世纪最后 1/3 时间开始，由于大众文化水平提高、地方自治局的活动、实行普遍兵役制和陪审制度、农民外出打工的发展和激进派政治上活跃等原因，这项活动得到空前发展。城市里存在的但与俄国农民传统价值观不十分相容的新思想通过 19 世纪末 20 世纪初的通俗民间文学得到传播。据不同

---

① Щербина Ф., Передача и обращение народных знаний//Устои. 1885, No. 5, C. 1-24.

估计，这些读物拥有 500 到 1500 万读者。①

底层市民和农民自发或者有意识形成的社会舆论具有同质性和普遍性，而且也不像知识界那样划分出众多的不同解释、门派和方案，因为个人主义尚未深深扎根于底层市民和农民中间。可以说，农民就是这样考虑问题的。当时的知识分子对任何一个重要问题往往都无法形成一致意见。当涉及民众自身、东正教或者沙皇问题时，民众的社会舆论会表现出积极的或者消极的倾向。但是当问题超出他们的切身利益时，随时需要参加的战争除外，社会舆论便显得很冷淡。18—19 世纪的民众，特别是农民对政治漠不关心，这方面与知识分子存在着巨大差别。

这样，底层市民和农民对生活中的原则性问题具有自己的、真正社会意义的理解，反映了大多数社会团体的舆论倾向。但国家通常首先考虑知识界的主张。民众意见影响力较小，因而很少会发展成为政治行为。当这种情况发生在暴动、罢工等时期，这些行为就具有自发性和局部性特点。但认为民众意见不会影响政府政策的想法是一种误解。例如，18—19 世纪像普加乔夫起义这种规模的群众运动只爆发过一次，但无论是统治集团、地主，还是人民自己都没有忘记这次起义。1905—1907 年革命过程中，农民和工人发现了自己的领袖，确切地说，亲社会主义的党派顺应民众需求并得到了支持。民众意见的作用大为提高，尽管最高政权下意识地将知识界和自由政治党派视为自己的主要对手。

四、社会与国家的沟通渠道

在缺少公开性和实行严格的报刊检查制度的条件下，最高政权如何探索能够满足大部分社会群体意愿的折中政治路线，当局通过什么方式了解社会舆情并加以考虑？

国家机器的职员是社会的一部分，在遵循个人得到普遍认同的利益的同时，他们某种程度上能够满足国家与社会沟通的需要。官员来自不同的社会阶层，但最高层来自领地贵族。例如，1858 年，在欧俄 49 个省份中，67% 以上的贵族生活在农村，不足 33% 的贵族居住在城市里。19 世纪和 20 世纪之交，

---

① Пругавин А. С., Запросы народа и обязанности интеллигенции в области просвещения и воспитания. СПб., 1895, С. 215 – 216; Рейтблат М. А., От Бовы к Бальмонту. Очерки по истории чтения в России во второй половине XIX в. М., 1991; Brooks J., *When Russia Learned to Read*: *Literacy and Popular Literature*, *1861–1917*, Princeton, 1985, pp. 178–210.

情况发生了变化：1897 年，只有 43% 的贵族留在农村，57% 的贵族生活在城市。这些人积极从事农业和工业生产，同市场联系紧密，因而对商人、小市民情绪有所认识。这种情况可能是贵族奉行政治保守主义的重要因素。这有两个原因：一方面，客观上为了维护自己的物质和社会利益，这个阶层的代表热衷于保留现行制度，保证其在社会上的特权地位；另一方面，通过与农民、商人、小市民的近距离接触，领地贵族了解了民众的君主政体政治理想，而且显然受到其影响。激进派和自由主义知识分子提出的自由和公民权利要求在多数贵族看来与俄罗斯民族格格不入，是人为从西方国家输入俄国的。通过忠实于自己的贵族实现与社会的沟通是最高政权奉行政治保守主义的重要因素。

政治警察是不同时期所有专制国家最高政权与社会和民众沟通的重要渠道。其活动的依据是罗曼诺夫王朝初期倡导的"君主的言行一致"原则。彼得一世时期政治警察的地位得到加强，1826 年改编为沙皇私人办公厅第三厅，1880 年重新整合，并入内务部警察厅序列。政治警察活动的主要目的是收集社会舆论和居民意愿、需求信息。宪兵司令 A. 本肯多夫在 1827 年社会舆论年度概述中写道："对于国家政权来说，社会舆论就是战争期间军队指挥人员手中的地图。准确编写社会舆论述评的难度不亚于绘制精确的地图。"① 通过自己不十分广泛的密探网，政治警察非常专业地研究了各个阶层的社会舆论状况。1880—1917 年间，秘密工作人员的数量不超过 1 万人。② 到 1917 年 2 月，密探达到 4 万人，超过活跃的革命者数量。③ 尼古拉一世时期所有的官员，包括各部的大臣们在宪兵面前都"战战兢兢，就像要挨打的孩子一样"，既害怕因政治上不可靠而获罪，又担心受到不具备专业能力、滥用职权的指摘。尼古拉一世和亚历山大二世专制体系中的第三厅填补了代表机关监督者的空缺。作为政治侦查的中央机关，第三厅同时还是监督整个执行部门的最高机构。

政治警察并不总是能客观地评估社会舆论状况，其报告中存在美化现实的倾向，因为君主们更喜欢看到"美丽的"、安慰性的景象。1916 年底，沙皇制度被推翻前夕，警察厅在报告中非常乐观地描绘了国内局面，影响了沙皇及其

---

① Граф А. X. , Бенкендорф о России в 1827 – 1830 гг. //Красный архиф. 1929. Т. 37, С. 141.

② Перагудова З. И. Политический сыск в России （1880–1917）. М. , 2000, С. 234–238.

③ Лурье Ф. М. , Политическая полиция Российской империи//Санкт - Петербургское общество историков и архивистов. Ежегодник "Английская набережная, 4". СПб. , 2000, С. 101–134.

亲信对政治形势作出准确评估。

从 1810 年开始，全体国民正式获得向沙皇呈递请愿书的权力，贵族及其等级组织早在 1775 年就已经获得此项权力。但是长期以来人们一直积极运用这种方式向最高权力机构表达自己的主张，包括 18 世纪，尽管当时从形式上禁止采取这种手段。正式批准请愿权以后，1810 年成立了沙皇呈文受理委员会，1884 年更名为呈文办公厅，1895 年更名为呈文受理办公厅。1810—1884 年间，该委员会共收到 7.5 万份诉状和 60 万份呈文，其中 26% 得到满足，其余的转交给相应机构研究；6.3% 最重要的呈文呈报沙皇本人。呈文数量逐渐增加：1825 年 1.16 万份，1893 年 2.14 万份，1899 年 3.23 万份，1908 年 6.54 万份。1908 年，沙皇直接签批的呈文占呈文总数的 12%，而且全部得到肯定性答复。26% 的呈文被驳回，48% 的呈文转交其他机构。① 沙皇呈文受理办公厅不仅监督法院的司法制度执行和遵守法纪情况，而且是社会与专制制度的重要联系渠道。

需要指出的是，亚历山大二世遇刺之前，当沙皇出现在民众中间时，包括沙皇散步、旅行、参观教堂等，国民可以亲自向其陈诉自己的吁请。例如，尼古拉一世和亚历山大二世每天都在固定的、众所周知的时间到宫廷堤岸上散步，愿意的人可以直接向沙皇递交呈文。

19—20 世纪初，社会意见通过各种研究某些迫切问题的委员会的专家传递给政权机关。这些意见在政府制定政策和法律时经常被采用。这个传统在 17 世纪时就已经存在，当时为了收集民众意见，沙皇组建了全俄缙绅会议。18 世纪，在出现某种经济和社会问题时，政府在地方机构的帮助下发放调查表向专家们征求意见。例如，1767 和 1787 年，曾向地方政府询问粮食涨价的原因。② 改革前，政府不止一次请求商界发表对拟议中的城市自治和司法改革的看法。③ 社会团体代表以专家身份参与了所有大改革方案的制定。④ 改革

① Писарев С. Н., Учреждение по принятию и направлению прошений, приносимых на высочайшее имя. 1810–1910. СПб., 1909, С. 152, 180–181, 217.

② Миронов Б. Н., Статистическая обработка Сенатской анкеты о причинах повышения хлебных цен // Математические методы в исторических исследованиях. М., 1972, С. 89–104.

③ Mironov B. N. "Bureaucratic or Self-Government: The Early Nineteenth Century Russian City," *Slavic Review*, Vol. 52, No. 2, 1993, p. 251–255.

④ Джаншиев Гр., Эпоха Великих реформ. М., 1900, С. 33–34, 200–204, 251–257, 305–312, 516–520.

后，在制定许多具体改革措施时，专家们或者应召到首都，或者通过地方政府或专门的调查表向专家提出咨询。

等级组织——商人协会、贵族会议，改革后的地方自治局和城市杜马的申请书和信函也是国家与社会的沟通渠道。其中许多得到肯定性批复或得以知悉。18 世纪最后三分之一时间里，报刊开始广为人知，作用不断增强。民众常常也会采取不合法的方式与政权机构进行"沟通"：宴请、游行、集会等。

在我们研究的时间内，即 19 世纪—20 世纪初，举办宫廷庆典、沙皇巡游全国、会见民众是国家生活不可分割的部分。其主要目的就是创造非正式的、非公务性的与民众交流的机会。巡游其间，沙皇通常亲自了解地方需求，受理呈文，接见大量来自城市、农民协会、哥萨克、当地非俄罗斯民族的代表团。

早在阿列克谢·米哈伊洛维奇时期，沙皇就是国外报刊的忠实读者，从叶卡捷琳娜二世开始，他们又成为国内报刊的热心读者。尽管存在着报刊检查制度，但 19 世纪中叶允许的公开性还是为官僚机构和社会各界提供了国家形势的各种信息。

社会与国家沟通的所有渠道同时发挥作用，但不同时期某些渠道会居于主导地位，这很大程度上取决于沙皇的个人喜好。17 世纪时主要的沟通渠道是呈诉状和缙绅会议。18 世纪上半叶最高政权主要通过贵族实现与社会的联系。这些贵族在国家机关担任公职，同时保留地主和平民身份。报刊在叶卡捷琳娜二世时期走上社会舞台。女皇亲自参加报刊就民众关心的问题展开的辩论，甚至试图通过她发行的杂志领导社会舆论。为了解民众的需求和愿望，女皇极其高明地利用了 1767 年对立法委员会代表发布的训令。

亚历山大一世对社会舆论很敏感，对此一直非常关注。长期犹豫不决之后，他批准了政府活动纲要。这份纲要是在沙皇的姐姐叶卡捷琳娜·巴甫洛夫娜的沙龙里制定的，她身边聚集了一批在莫斯科颇具影响力的贵族（纲要是由 H. 卡拉姆津起草的）。尼古拉一世发明了一种出人意料的了解和倾听社会舆论的方法。执政之初，他仔细研究了十二月党人的口供。在审讯过程中，曾向他们提出以下问题：秘密协会的目的和企图、参加协会的动机、现行体制中哪些方面不受欢迎及其原因。根据沙皇的旨意，侦查委员会对证词进行了系统整理并呈交给沙皇。从中得出的结论成为沙皇制定新政策的基础。尼古拉一世非常重视秘密警察情报的作用，在他当政期间，秘密警察达到了这个领域欧洲的最高水平。

1850 年代后半期开始，随着亚历山大二世登基，报刊在表达社会舆论的方式中脱颖而出。沙皇每天不仅阅读所有的主要报纸，而且还阅读当时俄国禁止的 A. 赫尔岑主办的《钟声》杂志。据目击者称，他很关注杂志上发表的东西。正是在这个时期，"社会舆论"的概念流行起来，政府和社会一致认为报刊是反映社会舆论的常用和主要渠道。"报刊"和"社会舆论"作为同义词使用并非偶然。沙皇及其政府越来越依赖报刊。这是因为，第一，他们需要关于事态发展、社会舆论的信息，需要了解新的思想动态；第二，沙皇及其政府需要得到社会的信任和支持。19世纪60年代，内务部把统计报刊上发表的针对政府的批评性意见列入常态工作。这些意见在报刊事务管理总局以所谓的"内阁评述"形式记录在案。报刊上所有关于地方政府不良行径的报道都会进行登记并核实。如果消息确认属实，相关责任人会受到处罚；反之，会在官方报刊中发表反驳的文章。其他各部也采取类似的方式。不同团体为了自身利益积极运用报刊进行院外活动，对政府施加影响。社会性组织，包括地方自治局有意同国家行政机关保持距离。1894年地方自治局职员回绝了政府提出的给予其国家职员地位的提议就明显证明了这种趋向。

尼古拉二世继承王位以后，社会舆论对国家政策的影响更加活跃。报刊的作用加强，同以往相比，地方自治局和城市杜马对社会舆论的形成和表达发挥越来越大的作用。1906年开始，国家杜马——所有党派（从极右翼到极左翼）的喉舌——的重要性增加。社会可以合法地影响议会的立法工作。政府不仅关注社会舆论的变化，而且本身也利用报刊影响社会舆论，包括创办报纸。著名国务活动家 C. 维特就利用报刊左右尼古拉二世。

1785年各省成立贵族协会。地方当局不得不考虑的社会舆论成为影响本省政策的因素。19世纪初，由于缺少自己的报纸，莫斯科和其他一些大城市的贵族通过特殊的信息资料来源——所谓的"短篇小说作者"了解政治新闻。这些人像"活报纸"一样，走门串户，传播各种消息，当然其中掺杂了个人的评论。19世纪上半叶普遍出现的文学—音乐小组和沙龙成为贵族社团组织的中心，俄罗斯思想在这里产生、培育和发展，并进一步形成社会舆论。造谣中伤不仅对于贵族协会成员，而且对于地方官僚机构都"比手枪更可怕"。在谈到19世纪上半叶时，赫尔岑写道："省长权力的大小同该省与彼得堡的距离成正比，但是在彼尔姆、维亚特卡、西伯利亚等没有贵族的省份，他的权力会成几何级数增长。"赫尔岑举例说明了地方贵族协会如何对抗飞扬跋扈的地方行政机关，并解除不受欢迎的行政官员，包括省长的职务。同时代的 A. 洛赫维茨基是著名法律学家，熟知19世纪上半叶的行政制度。他从行政机关滥用权力的角度将俄国的省份划分为贵族省和官员省，即以有无贵族协会为标准。"后者（官员省）官员的肆意妄为不会遇到任何阻碍：没有社会舆论，没有经过选举由贵族担任的重要职务，不存在社会。除了贵族以外，我们还没有培育出强有力的、受过良好教育的阶级"。贵族协会和地方行政机关一致认为贵族会议是社会舆论的传播者。"某种意义上，贵族成为不同于作为国家代表的省长的省合法代表……因此，没有贵族的地方也就不存在社会：只有官员和没有个性的群众，其中的市民阶层也是一些庄稼汉。西伯利亚各省、奥洛涅茨省、阿尔汉格尔斯克省和其他部分省份就属于这种类型。农奴的分布图可以使人们相当准确地理解不同省份的社会力量。"①

但是商人社团组织敢于发表自己的意见，甚至在改革前商界就曾对地方行政机关施加压力。后者违法乱纪时，会遭到强烈的反对。举几个例子，1789—1802 年，为了制止警察勒索，卡卢加城市杜马同省行政机关进行了激烈的斗争。诉争耗时长久，行政机关采取了所有可能的手段，包括对市长 И. 鲍里索夫处以辱刑，最终杜马取得了胜利。最高当局的干预发挥了作用。大卢基城市杜马同市长们斗争了 14 年（1804—1818），要求返还以前交给他们支配的城市土地和古要塞。杜马使用了各种手段，包括向省长上诉、流放、威胁，最后达到了自己的目的，任命了一位忠实于市民需求的市长，他们的合法要求得到了满足。

社团组织探索各种各样的方式对当权者施加影响。例如，1997—1998 年在俄罗斯非常受欢迎的电视节目"玩偶"在尼古拉一世执政时期就有先例。Н. 列斯科夫在《高级僧侣生活轶事》中讲述了这方面的故事。1840 年代后半期，在省城奥廖尔，省长特鲁别茨科伊公爵与主教 П. 斯马拉格德不和。贵族俱乐部主任、退役少校 А. 舒尔茨是当地社会的核心人物，他不知疲倦，语言犀利，作品毫不留情，利用自己雕刻的人物使当地的公开性和讽刺作品具体化。舒尔茨在自家窗台上做了两个标本：一只戴着玩具头盔的红色公鸡，长着镀金的距，留着络腮胡子；一只留着胡子的山羊，头上戴着一顶黑色僧帽。山羊和公鸡互相对峙，保持着打斗的姿态，偶尔姿势还会改变。奥妙就在于此。看看公爵和高级僧侣之间的态势如何，即其中的一方如何战胜另一方，这件作品就是基于这样的构思。一会儿公鸡用喙攻击山羊，后者低着头，用脚掌扶住滑向脑后的僧帽；一会儿山羊用蹄子蹬踩公鸡的距，用角猛顶公鸡的颔部，迫使其向上仰起头，公鸡的头盔掉到脑后，尾巴垂了下来，贪婪地张开大嘴，仿佛在高声求救。大家都知道这其中的含义并据此评论斗争的过程，"高级僧侣与公爵是如何在舒尔茨家的窗台上打斗的"。这是奥廖尔首次短暂出现公开性，并且这种公开性未经检查。不可能对此视而不见，因为经常出现这种情

---

① Лохвицкий А. В., Губерня: ее земские и правительственные учреждения. В 2 ч. Ч. 1. СПб. 1864, С. 117, 122–123.

况：山羊脖子上挂着一块石板，上面写着"教民"几个大字，而在标题下面写着"某日：借了100卢布和两大块白糖"或者类似的什么东西。不能采取任何办法反对此事，因为无论是预先检查，还是警告制度对这个代表公开性的装置不具效力。列斯科夫指出，"滑稽的公开性装置"产生了很大影响。毋庸置疑，至少"最严厉、极其勇敢的高级僧侣真的害怕了"①。

Э.斯托戈夫是尼古拉一世时期的宪兵军官，1830年代曾经在辛比尔斯克省服役。他在自己的见闻录中讲述了省长与地方贵族之间关系的趣闻。根据他的讲述，贵族们"高傲、和睦、齐心协力"，因此省长受到社会舆论的监督。由于和当地贵族发生冲突，三位省长接连离职。А.扎格里亚日斯基于1831—1834年担任该省省长，有传言说他勾引了巴拉塔耶娃公主。诽谤引发了强烈的抗议，扎格里亚日斯基被立即解除职务。第二位省长И.日尔克维奇（1834—1837）同样由于与贵族关系不和而去职。他对贵族没有给予应有的尊重，社会评价其行为不当，因而被迫辞去职务。第三位省长И.霍穆托夫因为自己的妻子受到牵连。她在一个小范围里说，辛比尔斯克的贵族社会对她，一个贵妇人来说无足轻重。这番话引起了贵族对她丈夫的一致反对。这位省长想同贵族们和解，举办舞会并准备了七八十人的午宴。但贵族们商量好了不去参加舞会，而且故意戏弄他，整个晚上赶着空无一人的四轮马车围着省长的住宅转。最后霍穆托夫被派到贵族较少的维亚特卡省任职。②

随着新的城市杜马和地方自治局的建立，省长们不仅被迫仔细倾听贵族的社会舆论，而且也越来越多地考虑市民们的主张。为了顺利履行自己的职责，需要表现出高超的外交艺术，省长不仅要考虑沙皇、各部驻省代表的意见，而且还要竭力讨好、说服地方自治局、城市杜马、贵族会议和媒体的头头脑脑。我认为，地方和中央的领导人热衷于获得地方自治机构授予的荣誉市民称号有力地证明了官僚机构对社会舆论的依赖程度。1863—1915年共授予2000多人荣誉市民称号。③ 甚或其中主要的动机是引起沙皇对自己的关注，那些想要获得称号的官员们也必须赢得城市社会的好感和尊重。

民众主要通过控告、告密、反抗等形式向政权机构表达自己的意见。一般逐级向行政机关提出控告：从下级行政机关到最高行政机关，再到枢密院。每

---

① Лесков Н.，Собр. соч. В 11 т. Т. 6. М.，1957，С. 402–408.

② Стогов Э. И.，Записки жандармского штаб - офицера эпохи Николая Ⅰ. М.，2003，С. 127，131–132，171–172.

③ Нардова В. А.，Институт почетного гражданства городов в дореволюционной России（Правовой аспект）//Россия в ⅪⅩ-ⅩⅩ вв. СПб. 1998，С. 171–182.

年各级部门受理的申诉达数千起。相应部门对诉状进行登记、核实，如果反映的情况属实，责任人会受到惩罚。尽管这些程序耗时很长，但不能说这条沟通渠道没有任何用处。诸多申诉方式中，告密比较突出。这不是单纯的个人申诉，而是向政权的代表机构控告品行不良的官员。告密可以匿名，也可以署名。原则上人们不喜欢匿名告密。不管对待告密的态度如何，但是不可否认，这种形式一定程度上弥补了检察院和法院对政府官员工作监督的不足。在法治国家，检察院和法院的作用是保护公民利益，防止行政机关滥用权力，使普通人有机会监督政权机关的活动。通常是在没有其他途径对行政机关施加影响的情况下，人们（绝不总是阴谋家或者恶棍）才会采取告密的方式。政权机构不仅把告密看做了解社会情绪的重要资料来源，而且认为这是发现不足的有效手段。因此，告密得到认真对待：登记、核实、采取措施。

当然，告密有时出于解决个人恩怨、搞阴谋、贪图钱财等目的。但是显而易见，在缺乏公民自由和普通百姓没有监督国家机关权力的条件下，告密发挥了对国家有益的职能。大改革以后，俄国出现了公开、公正而快捷的审判、行政司法制度，匿名告密的数量大幅减少，"告密"一词本身也成为一种表面上的形式，尽管控告的数量增加了。民众不再畏畏缩缩，开始控告以往认为正常的东西，到以前不敢去的地方告状，甚至一直上诉到沙皇本人。

直到 1906 年，俄国公民才获得通过罢工、集会、示威等方式表达自己主张的合法机会。但他们总是非法使用这些手段。暴动成为人民表达自己对官方政策消极态度的最重要渠道。民众通常将国家政策同行政机器而非沙皇联系在一起。需要指出的是，多数沙皇会对暴动作出适当的反应，调整国家政策。1773—1775 年普加乔夫起义后，政府近 25 年没有提高税赋，尽管存在着通货膨胀。地主也不再增加地租。在 1905—1906 年农民运动影响下，地租下调，农业工人工资上涨，这些措施使农民增加 1 亿卢布收入，使地主收入减少20%。① 1905—1907 年革命后，政府取消了赎金，允许工人成立工会等。

民众的反抗是最高政权了解真实情况的好时机。骚乱不会动摇现行制度，反而使其得到巩固。第一，骚乱是"救生筏"，人民通过这种形式表达自己的不满，采取一些破坏性行为，杀死对民众困苦状况负有责任的官员、地主、贵族等，这会暂时缓解人民对现行体制的消极关系，为新的"容忍和期待"阶段的来临创造前提条件。第二，政府废除了那些恫吓民众、使民众失去领袖人物的最不得人心的措施（流放、监禁、死刑）。最高政权通过调整管理制度、

---

① Прокопович С. Н., Аграрный вопрос в цифрах. СПб., 1907, С. 45–46, 51.

修补社会关系，达到了巩固现行体制的目的。1648 年起义后，政府修订了新的法典，采取了一系列改革措施；普加乔夫起义后改革了地方管理制度；十二月党人起义后国家实施了农村改革，筹划废除农奴制，改变经济制度等；1905—1907 年革命以后实施了斯托雷平改革，进行了大规模的政治变革。1880—1900 年的工厂立法是对日渐高涨的工人运动作出的回应。

五、志愿性团体

19 世纪 60—70 年代改革以前，纳税的市民和农民被强制组成社会团体——教区、村社、工商区村社、车间、小市民和商人协会、商业行会等。事实上不存在自愿性的联合会或者团体。相反，非纳税居民（贵族、僧侣、平民知识分子）从 18 世纪最后三分之一时间开始成立各种志愿性团体——协会、俱乐部、沙龙、分会等。这些志愿性团体有三个基本特点：（1）为维护成员共同的利益而建立；（2）与地方或者中央国家权力机关不存在关系；（3）成员资格自愿。在叶卡捷琳娜二世执政时期，俄国出现了第一批不同类型的团体组织：宣传公益知识的启蒙教育协会（自由经济协会）、消遣性协会（彼得堡和莫斯科的英语俱乐部）、秘密协会（共济会分会）等。俄国的公民社会正是起源于叶卡捷琳娜时期。这绝非偶然，当时出现了志愿性协会——这是公民社会诞生的标志。

大改革前，团体性组织发展缓慢，其原因是成立较为困难（需要征得沙皇的同意），最主要的问题是社会主动性不足。19 世纪 60 年代，协会章程转由各部大臣批准，从 1890 年代中期开始，批准权限进一步下放到各省省长。1906 年实行的协会联合会临时办法规定，团体的成立及其登记、禁止和关闭程序不必经官方许可。各省由地方政府、地方和城市自治组织代表组成管理协会事务的专门机构，负责登记和监督协会的活动。如果其活动脱离了章程，该机构有权暂时中止甚至关闭协会。1917 年 4 月，开始按照司法程序办理团体组织的登记和关闭事宜。①

协会成立的条件放宽，社会主动性提高，促进了协会数量的增长：19 世纪中叶志愿性协会（慈善、宗教和大学生组织，俱乐部等）只有数十个，1910 年则超过 5000 个。改革后强制性团体作用下降，志愿性组织作用上升；

---

① Туманова А. С., Самодержавие и общественные организации в России. 1905 – 1917 годы. Тамбов, 2002, С. 91–92, 169.

志愿性团体填补了强制性团体衰落造成的组织真空。为了便于评述，我们将团体分为七类：宗教团体，互助协会和经济团体，慈善和救济协会，艺术文化协会，科技、文化教育、地方志和职业进修协会，休闲俱乐部，秘密的政治和宗教协会。除极少数情况外，这些团体主要集中在城市，自愿产生，没有地方政权机关的直接参与，一部分团体得到后者的支持。志愿性团体的资金来源主要有会员自愿交纳的会费、慈善资金、个人捐款，国家很少给予补贴。

团体的人数在几十人到数百人之间。改革后喀山省的城市里有 100 个左右的团体组织，人数从 60 到 1200 人不等。19 世纪末到 20 世纪初，省会唐波夫活动着 69 个团体，成员从几十人到近千人。① 仅 1906—1909 年间，全俄就成立了 5000 个左右团体。② 20 世纪初，喀山平均人数达 190 人的协会有 20 个。③ 1861—1914 年间，100 个协会共吸收了 2.4 万多名会员。同时，许多人，特别是名誉会员和协会创办人同时参加了几个协会。20 世纪初，甚至在一些大城市（例如有 19 万人口的喀山）精英俱乐部和协会的人数仅 2000 人左右，即不足城市成年男性的 5%。④ 有意思的是，这一比例与参选地方自治局和城市杜马权力的登记选民数字相当。1856 年，奥匈帝国有 2200 个团体，1910 年这个数字达到 8.5 万个。⑤ 当代美国一直以来就被认为是一个志愿性团体国家，75% 以上的美国成年男女至少加入 200 万个团体中的一个团体。⑥ 然而美国最早的志愿性团体是在 17 世纪初随着第一批移民一起出现的。托克维

---

① Туманова А. С. , Общественные организации города Тамбова на рубеже ⅩⅨ-ⅩⅩ веков. Тамбов, 1999, С. 135.

② Степанский А. Д. , Материалы легальных общественных учреждений Царской России（середина ⅩⅧ в. - февраль 1917 г. ）//Археографический ежегодник. 1978. М. , 1979, С. 73.

③ Зарин А. Н. , Клюшина Е. В. , Общественные организации городов//Очерки городского быта дореволюционного Поволжья. Ульяновск, 2000, С. 416–467.

④ Хэфнер Л. , "Храм праздности": ассоциации и клубы городских элит в России（на материале Казани: 1860 - 1914 гг. ）//Очерки городского быта дореволюционного Поволжья. Ульяновск, 2000, С. 467, 494.

⑤ Хэфнер Л. , "Храм праздности": ассоциации и клубы городских элит в России（на материале Казани: 1860 - 1914 гг. ）//Очерки городского быта дореволюционного Поволжья. Ульяновск, 2000, С. 480.

⑥ Смелзер Н. , Социология. М. , 1994, С. 172; Крашенинникова В. , Россия и Америка - холодная война культур. Как американские ценности преломляют видение России. М. , 2007, С. 344.

尔早在 1835 年就指出，世界上任何一个国家都无法像美国那样成功地运用团体的原则，涵盖如此之多的人。

俄国的团体承担了部分改革前由国家行使的职能——教育、社会、慈善及其他部分职能，而且逐渐具有政治职能。贵族、官员、企业主和自由职业者联合在一起，形成了新的社会阶级结构要素——中产阶级。可以说，团体发挥了"坩埚"的职能，公民社会的核心——中产阶级在其中经受了熔炼。

团体也开展一些社会性活动。这些活动不是强制加入团体的前提条件，不是国家或者阶层义务，也不是一种连环责任。团体发挥了教育机构的重要作用，是社会自由、自愿、个性活动的学校。由于改革后所有的团体都实行会员资格自由、民主和公开性原则，其成员都有机会利用民主程序，诸如参加会议、进行表决、公开讲演、选举、批准章程或预算、必要的汇报、监督、维护团体利益、寻求妥协等。当然，强制性团体也会采用某些民主程序，但都不十分明确、清晰，仅仅是一种形式上的体现。毋庸置疑，团体成员开始从事社会活动时，他们会运用民主实践知识。

六、社团组织对政权的影响

每个大型社会团体都有自己对国家重大事件、现实问题的看法。这些意见能够对国家政策产生影响，有助于最高政权采取权宜之策。需要修正帝俄时期国家政策与社会利益、社会与政策脱节的认识，尽管这种认识在历史文献中很普遍，而且得到许多权威史学家的认同。

如果抛开宫廷琐事和阴谋及其他一些无关紧要的事情，关注具有原则性意义的政治决策，分析社会与国家之间的关系，可以得出若干初步结论。帝俄时期沙皇很少忽视大多数贵族、上层资产阶级和知识阶层的意愿，在沙皇看来，这些人是社会和社会舆论的代表。战术性的失误不少，但是如果最高政权违逆大多数人的意愿，最终没有给社会带来福利（彼得一世时期就是如此），那么它就会被迫放弃自己的计划，并作出让步（叶卡捷琳娜二世、亚历山大一世、亚历山大二世、尼古拉二世）。如果不如此，那么沙皇或者实际的统治者就会失去权力、王位甚至丢掉性命（Э. 比伦、A. 缅希科夫、彼得三世、保罗一世）。不能否认，通常沙皇是非常明智的，能够意识到对社会作出让步是不可避免的，并对此作出回应。1917 年，尼古拉二世就显示出了足够的智慧，实际上没做任何抵抗就放弃了权力。

结　论

维护国家的最高利益是最高政权一贯遵循的原则。长期以来，这保证了社会稳定，实现了经济、文化和政治的适度进步，对外政策取得了一定成就，延缓了专制制度的统治。国家与社团组织之间、国家权力机关与社会自治机构之间的力量对比发生平行变化：1861 年以前政府行政机构的力量呈增长势头，大改革后则出现下降趋势。权力之争是改革后社团组织与国家对立的主要原因。力量的对比发生有利于社团组织的变化。这产生了两方面的后果：其一，政府官僚机构担心失去自己管理国家的主导地位；其二，激起了社团组织按照力量对比与沙皇及其政府分享权力的愿望。彼得一世以前全体居民都是同一政治文化的载体，但是从 18 世纪开始，由于推行欧化，社会上层与下层的政治文化开始出现差别，协商的政治文化转变为冲突的政治文化。社会分裂是俄国社会群体的典型特征。这种局面使社会更加依附于最高政权，保障了后者的独立性，使之依靠保守派，向自由主义者作出让步，压制激进分子，采取超阶层的平衡政策。

俄国公民社会起源于 18 世纪最后三分之一时间，到 1917 年前其基本要素已经形成：出现大量的社会志愿性团体、具有批判思想的社团组织、自由的媒体、独立的社会舆论、政党、议会等。从 18 世纪初到 1917 年，俄国社会经历了从国家管理客体到国家管理主体的发展道路。同时，社团组织扩大了自己从特权社会集团到全体民众的社会界限。

17—20 世纪俄国的政治进程发生了翻天覆地的变化，但是帝俄时期俄国的政治现代化没有实现：社会和国家没能通过和平方式解决全部问题，没能通过妥协达成一致，不能适应不断发生变化的生活条件。1917 年，饱受对抗性矛盾煎熬的两种社会文化群体没能经受住第一次世界大战的考验，俄国政治现代化进程中断。

（张广翔、钟建平　译）

（《社会科学战线》2011 年第 1 期）

21 世纪韩国社会发展模式及国家与市民社会关系的再构成

〔韩国〕金成国*

一、从福利到安全：转型期新的社会发展模式

当前世界正处于急剧的变化当中，伴随着科技革命的迅猛发展，社会结构本身也发生着变化。网络的普及使当前社会处于人与技术、技术与技术相互融通的时代。技术的革新促进了生产力的提高，冲破了以往的生产关系，雇佣形态的多样性与动态性或者说不安定性也在不断增加。与此同时，以经济全球化为主导的新自由主义的竞争体制不顾越来越多的反对声音依然呈蔓延之势。

新自由主义能否克服资本主义的不足依然是未知数，但西欧式福利国家的失败已不可否认地成了历史。福利国家的危机发生在政治经济领域，其在理论上存在的结构性矛盾，即没有持续的利润追求就不能形成资本积累和把社会弱势群体以及市场竞争的失败者在体制内进行统合的政治正当性之间存在的结构性矛盾，决定了资本主义福利国家不会长久存在。

原来作为社会发展核心价值的福利概念，现在已被更直接的安全的价值所替代。作为 21 世纪最重要的概念——风险社会，已超越先进国家与落后国家、富人与穷人等问题成为全球性问题。与风险社会相对应，安全或安全社会的价值正广泛而迅速地为人们重新认识。特别是安全问题，不仅与生态破坏、资源枯竭和气候异常等全球危机问题纠结在一起，也与核战争等危及人类生存的问题一样成为全球性的致命问题。如果说福利问题是与社会少数弱者关联的问题，那么，安全问题则是与全人类关联的问题。福利可以通过物质——制度减

---

* 作者单位：韩国釜山大学社会学系。

少其严重性，安全问题则必须诉诸文化心理—政治军事等手段加以解决。福利的失败使人渐渐地陷入痛苦之中，而安全问题的失败则是性命攸关的。

如果我们把安全问题作为 21 世纪社会发展的价值或目标，那么，从文明史的角度讲，安全问题就可以看作从过去以西欧为中心的现代到后现代的转型过程。

从认识论的角度来看，依据理性或合理性来强调历史发展的现代文明的结果，是"市民"革命与民主主义国家体制的确立、资本主义经济发展与物质的丰饶、祛魅的价值观与科学技术的发展等。但现代文明也造成了结构性的矛盾，例如现代民主主义的形式化、帝国主义战争、阶级分化以及先进国家与落后国家间的差距、环境污染与生态破坏、人的异化和商品化。因此，随着现代的危机深化，人们对后现代或后现代主义的关心与努力开始增加。

后现代是对现代的理性以及合理性的绝对认知的批判，比起西欧中心的普遍主义，它更强调多样性的特殊主义或真理的相对性的意义。后现代对现代的历史成果，即（暴力的）国家体制和（剥削的）资本主义体制的正当性和合法性提出了强烈质疑，从文化的角度揭示了追求后物质主义、超越主义、直观主义、生态主义和新共同体主义等新的理念和价值的时代趋势。

与后现代相伴的是社会结构更富可变性和非预测性，社会关系也会出现流动性——混成性——重叠性的特征。其结果是弱化了现代社会提供的普遍主义安定或信念等，取而代之的是尊重多样性与差异、追求冒险与放浪的游牧主义生活样式登上了社会舞台。同时，后现代社会也面临着现代社会所留下的风险社会的诸多问题，时代也提出了后现代社会要具备处置不确定性、非预测性、突发性和爆发性等因素的安全社会所具有的特征。

基于上述背景，本文以 21 世纪转型期时代背景为前提，对韩国社会追求的发展模式和市民社会—国家的关系再构进行探讨。

二、韩国社会发展模式概观

长期以来，从政治、经济和文化等领域对韩国社会发展的不同模式多有阐述。本文不仅要关注 1960 年以来韩国社会的不同发展模式，同时也选择性地考察了其与当今发展模式的连贯性以及切实性。然后对比检讨以朴世逸和金萤基为代表的所谓追求韩国社会新理念的新右派及新左派。最后，想介绍一下笔者提出的市民社会主导型分权国家论。历史上，国家主导型发展论和发展国家论之间一直存在争论，但它们仍然是作为韩国社会发展模式的主要理论，而笔者的市民主导型模式却反映了最近抬头的"发展国家论的退潮"①。

（一）国家主导型的开发独裁时期（1960 年至 1980 年）

1．1960 年代的中产层社会论

20 世纪 60 年代，是以朴正熙军人政权为主导的国家主导型或者国家命令型的社会发展时代，当时社会发展的最高目标是使韩国完成从落后国家向中等发展国家、由农业社会向工业社会的跃进。因为当时大部分国民基本属于贫困阶层，所以经济发展的主要任务是扩大中产层，当时很流行的政策口号是"我们也要过好日子"，"未来的 80 年代是中上层社会、我的汽车社会"等。

事实上，伴随着初期资本主义工业化的成功、农民阶层的瓦解和都市劳动阶层的确立，韩国社会初具中产层社会的面貌。其后，随着经济的持续增长，中产层（白领阶层）已成为韩国社会的中心或主导势力。尽管对中产层的性质有保守与进步的争论，由于白领阶层支持反独裁运动并积极地参与社会各项事务，所以社会上对白领阶层也给予了较为公正客观的评价。②

但是，随着 1990 年代后期金融危机的爆发，韩国社会中产阶层的神话渐渐褪色，特别是伴随着最近兴起的新自由主义，经济的不景气以及日渐严重的两极分化，使得中产层在未来韩国社会的发展中仅被赋予了表象意义。

从阶层的角度看，一定比重的中产层才是缓解社会不平等矛盾的缓冲阶层，现在日渐缩小的中产层比重可能预示着未来韩国社会将发生更加严重的阶级对立与矛盾。所以从政策角度上看，如何培育与扩大中产层是当务之急，也是韩国社会发展的目标。

2．1970 年代与 1980 年代的反独裁——民主化论

1970 年代，随着反民主维新体制的确立，与其对应的反独裁势力的斗争阵线得以强化与扩张。当时经济成长虽日见成效，但是与一般国民不同的是，主导社会的知识阶层及大学生却把民主化强调为比经济成长更为迫切、更为重要的社会价值。

对通过经济的增长以掩盖兵变政府的独裁体制并使其合理化的集权势力而言，追求民主化的社会势力的登场，无疑对自身的体制构成了威胁，也是一个

---

① Lim, Hyun-Chin, *Globalizing Asia*: *A New Development Paradigm*, a paper presented at The International Conference on The Global Futures of World Regions, organized by the Korean Sociological Association, 28–29 September 2006, Convention Center, Sheraton Grand Walkrhill, Seoul, Korea.

② 金成国：《民众的中产层化或中产层的民众化：中产层社会探索》，载《社会批评》创刊号，首尔：Nanam 出版社，1988 年。

严重的挑战。所以，集权的支配势力，一方面更加强化发展经济的国家目标，另一方面把追求民主化的势力在意识形态领域规定为敌对势力，进行残酷镇压。尽管最终独裁体制因自身内在矛盾而瓦解，但独裁势力却利用民主化势力内部的矛盾，一手炮制了光州事件，凭借内乱危机成功地延长了独裁体制。

进入 1980 年代，贫富差距扩大、劳动条件恶化、劳资冲突加剧，经济增长的矛盾日益显现。与此同时，民主化运动借助更具专门性与组织性的斗争势力成长起来并得到了全体国民的支持，劳动阶层也参与到反独裁运动当中，社会主义理念、平等价值等得到了更广泛的传播，这些都为日后具有左派倾向的政权的登场奠定了基础。由此，在韩国社会形成了所谓工业化势力（强调经济发展）与民主化势力（强调反独裁斗争）的主要政治集团，进而民主化势力分化成支持自由民主主义和资本主义市场经济的自由主义者与支持社会民主主义的分配正义和优先考虑福利国家建设的平等主义者。

民主化斗争的结果确立了自由民主主义制度，试图使民主主义实践从形式水准提高到务实水准，同时，对自由民主主义局限的批判也逐渐增多。依笔者的判断，威胁韩国民主主义的最具结构性的问题在于，以帝王式总统为最高核心的权力过分集中。

（二）国家主导型的国家—市民社会协力期（1990 年代以后）

1. 金泳三文民政府时期的市民社会论

金泳三文民政权的诞生使韩国的社会可以用"市民社会总爆发"来加以形容。市民自由得以体现，市民参与积极，特别是非政府组织的市民社会团体如雨后春笋般地诞生。它们继承和发扬了过去的民主化运动，使韩国的市民运动进入了全盛期，作为韩国社会发展模式的市民社会论应运而生。

市民运动所关注的问题从过去后期民主运动强调的诸如阶级对立、分配正义等传统工业社会问题，进而转入后工业社会所强调的如女性、环境、地域（地方自治和地域共同体）等问题。新社会运动方式代替了旧社会运动方式，新社会运动不再采取以体制变革为权力斗争目标的激进的革命方式，而是采取了非暴力的、渐进的、体制内的、合法的社会运动方式。

市民社会论对长期以来占支配地位的国家中心的发展模式是一种批评，同时也是一个重大挑战。众所周知，在韩国社会，国家中心主义直到现在还发挥着强有力的作用。从三国时期就形成强大的国家体制的韩国社会，特别是统一新罗以后因为发展了单一国家中央集权主义统治体制，所以，国家的存在意义深受信任。进而因为饱尝日本统治时期的亡国之恨以及建国后不得不接受国家分裂的现实，对一般国民而言，国家的归属感或期待感，比起其他国家的人来说相对较高，也更强烈。

市民社会论由于强调与国家相对的市民自律空间，对参与民主主义或是直接民主主义的扩张作出了很大贡献。实施地方自治正反映了这一趋势。金大中政权后期开始的全国性的地方分权运动如火如荼，提出了首都圈与地方差距等问题，所有这些都是在市民运动、地域运动或是居民运动的发展过程中自然而然地发生的。

民主社会论主张把民主化运动在体制内更加具体地深化，以监督与牵制中央集权的国家权力，赋予诸如市民权力的形成、市民参与、分权与分散等政治问题以及经济正义、环境正义和男女平等等新社会价值以重要性，得到了多数国民的积极支持与认同。其结果使贫富差距和地域差距问题被看做国家统合的最优先课题，使国民认识到生态价值、女权主义是社会发展的先进目标。

近来，市民社会因市民运动的政治化与权力集团化而备受责难，显露出其作为国家权力的相对势力的局限。治理或协治的概念已粉墨登场，这就明显地制约了市民社会的主导作用，市民社会的一部分为国家殖民化，从而丧失了独立——自律的能力，暴力或犯罪的非市民领域也在增加。

作为分裂国家的韩国必须要克服结构宿命论，民族的统一问题与后冷战时代的到来一并为人们所关注。与市民社会论多少有些不同的金大中政权所追求的阳光政策，促进了南北冰冻关系的化解。这种包容性的对北政策，强化了亲北势力与反美势力，也为民族主义的统一势力的集结作出了贡献。统一国家的理论，从政治经济学上来说，被传统的富国强兵的价值观所引导，强调国家体制结构的重要性，这与要求国家权力分散的市民社会论充满了冲突。伴随地方自治的强化，还未扎根的草根民主主义与统一国家论的国家主义的复活还有可能联系在一起。

2. 卢武铉参与政府时期的国家均衡发展论

卢武铉参与政府时期最具象征或代表意义的社会发展模式就是国家均衡发展论。虽说有出于大选策略层面的考虑，但通过革新同时追求地方化和世界化，建设让全国各地都富裕的社会，现实上成了当时不可回避的紧迫课题。

具有悠久历史的中央集权主义体制的韩国社会，首都圈与地方之间的不均衡是历史的产物，取消它虽非常紧迫但一时也很难找出对策。卢武铉政权试图通过把首都圈行政部门转移到地方这种激进的方法加以解决，其结果非但没有提高首都圈的地域价值，反而使地方相对处于濒死状态。最近随着大首都圈论的提出，使居住在地方的人们处于更加焦躁不安的状态。

不顾均衡发展论自身是否合适而盲目推进，当然会遇到阻力，结果必然难以实施。究其原因，从长远的角度看，在国家的层面去缓和特定的不平等必须要有政策的连贯性，特别是地域间的不平等，其背景与原因非常复杂，缓解起来非常吃力。世界范围内的情形概莫能外，资本主义竞争体制是贫者越贫、富者益富，这决定了处于劣势的地域很难从竞争中胜出。

均衡发展论立足于一种分配正义论，需要庞大的国家财政支持，由于韩国经济长期停滞不前，其前景也处于不容乐观的状况。特别是与统一相关联，对北的支援与投资的费用将会大幅度增加，财政基础非常脆弱，而且地方财政的自立程度较低，因此对于均衡发展，中央政府将会以下降式的形态加以促进。

最近，由于高速铁路的开通，忠南圈有迅速纳入首都圈的趋势。有鉴于此，还不如把全国都变成单一的首都圈（用超高速铁路使光州到首尔缩短到 1 小时，釜山到首尔缩短到 1 小时 10 分）。要不然就得制定一个能让地方起死回生的特别对策，或者直接承认所谓的地方均衡发展的目标只不过是一个政治虚构。之所以这样说，在于评价地域间的均衡发展成功与否的指标，不过是将全国分为几个单位，从收入、教育、就业、文化空间等相互进行比较，这种宏观计量指标的虚构性屡屡被加以指责。

被看做最富裕的或者谁都想去的首尔，也有相当数量的贫民以及生活上需要保护者。如果从与生活质量相关的角度考虑，如上下班时的交通堵塞、空气污染、噪音、高物价、住房价格和高犯罪率等，首尔绝不是有魅力的都市。工业化初期，韩国的农村由于过剩人口无法脱贫，为了分解农民层，农民只得背井离乡，农村也正是在这样的苦痛中得以发展了。如今韩国地方（地方城市和大部分的农村）处于人口减少及经济衰弱的危机中，这就需要谋求新的智慧与方法来应对。

不平等问题发生在地域、阶层、性别、教育、职业类别、企业规模等领域，这些不平等问题当中最难解决也最复杂的便是地域问题。地域均衡发展的问题具有高度的政治敏感性，其原因就在于韩国特有的地域主义投票的倾向。

（三）21 世纪国家和市民社会的治理探索期

1. 先进化理论①

创造了汉江奇迹的韩国，为了从发展中国家的行列里摆脱出来从而迈进发达国家行列做了种种努力，不幸的是遇到了经济危机，经济上长期停滞不前，一些势力否定解放以来韩国社会发展的评价渐渐多起来。批判的主要对象设定为资本主义市场经济、自由民主主义政治体制以及与美国的军事同盟关系等。从亲北或者极左派的观点展开议论，把民族自主及统一视为最高政治价值，把分配正义作为经济政策优先考虑的课题，很容易看出其民族主义—社会主义的

① 朴世逸：《大韩民国发展战略》，首尔：21 世纪图书出版社，2006 年。

理念指向性。

在否定与批判韩国现代史的氛围里，先进化势力逐步形成，他们与统一化势力划清界限，认为韩国社会发展要更加高度关注工业化和民主化；对外高度关注世界化、知识信息化和东北亚秩序可能发生的急剧改变；对内高度关注低出生——老龄化问题、朝韩问题，这些问题都可能导致国家能力变弱。为了克服时代变化的挑战，21世纪的国家目标应放在先进化上。先进化应发生在所有的社会领域，为了促进先进应剔除五种反先进化思想，即修正主义历史观、结果平等主义、集团主义、反法治主义和大众迎合主义。

先进化模式揭示了国家—市民社会关系中很有趣的主张，即国家应指向有德国家、文化大国、精神强国，形成由连带性与补充性支配的自由共同体社会。因此，市民社会比起追求利益集团间的妥协与调和的多元主义价值，偏好通过思索与讨论追求共同体的共和主义价值。自由民主主义国家因个人自由的过剩和公共责任的不足而招来失败，其危险性很高。基于此判断，先进化模式强调共同体秩序，以克服自由主义的局限。

2. 可持续的进步论①

如果说作为韩国社会发展模式的先进论，强调社会文化的层面，是构筑在自由主义基础之上，那么可持续的进步论则把重点放在了经济—地域，维持左派指向的观点。金莹基的可持续的进步论从理念上被看做韩国的新左派，他以"革新主导的共同成长"为中心展开。韩国社会所需要的新成长体制，是以地方分权、革新（企业革新、地域革新、教育革新、政府革新）、统合（经济统合、社会统合、政治统合、可持续的人力开发）为基础的发展模式，这种模式追求的是高成长与高福利以及低费用与高效率。

可持续的进步论作为指向参与——连带——生态价值的韩国式的第三条道路，具有以下的政策范式：（1）分权——革新——统合政策的实现；（2）公正的市场经济的实现；（3）经济成长与社会统合的追求；（4）革新主导的内生地域发展；（5）国家至上主义与市场万能主义的克服；（6）社会对话与社会妥协的追求；（7）公正的全球化追求。上述政策范式，以内部相互对立要素之间的调和为前提，即公正的市场竞争对垄断大资本的市场支配力与中小资本劣势做必要的调和，社会统合有必要调和经济成长成果的分配过程，为了新自由主义世界化的公正性，有必要调和先进国家与落后国家。

---

① 金莹基：《可持续进步的发展模式：韩国经济的第三条道路》，首尔：Hanul 出版社，2006 年。

因此，可持续的进步论，作为具体的实践方案，要追求五大社会妥协：
（1）为了企业支配结构改革，利害关系者间经营参与的大妥协；（2）大企业
与中小企业间协力构筑的大妥协；（3）劳动者（大企业劳动者与中小企业劳
动者，正规职业与非正规职业）间的雇佣与工资的大妥协；（4）劳资间劳动
市场动态性的大妥协；（5）首都圈与地方间相互发展的大妥协。作为可持续的
进步论，它试图寻求动员强制和暴力的开发独裁与股东资本主义为基础的新自
由主义间的平衡妥协，为此，以发展联合势力来代替过去的成长势力，以求渐
进式的发展。

把可持续进步论改进到政治学观点的任爀伯认为，为了韩国政治的先进
化，韩国社会已经转变到了后现代的新游牧社会了，进而主张新游牧民主主
义。① 新游牧民主主义将完成以下社会作用：（1）通过组织的简化达到低费
用、高效率的政治；（2）能迅速应答市民要求的速度的政治；（3）能够联系
市民与政治代表，市民与市民的网络政治；（4）指向开放的民主主义价值创
造的后阶级政治；（5）能够认可复合型—大众型政体的包容政治；（6）能够
维持网络安定的可信赖的政治。为了新游牧民主主义的发展，市民社会必须打
消冷嘲主义与搭便车的态度，自发地进入到"参与市民"的角色。

任爀伯的新游牧主义民主主义论提供了一个国家与市民关系的非常直接且
有意义的视角，一方面他比较注意后现代社会现象中的有关包容、开放性和沟
通等市民社会的价值；另一方面，他也强调国家层面上所要求的共和主义的秩
序与信赖。

3. 能动的均衡论②

2005 年，纪念光复 60 周年研究项目提出了能动的均衡论的概念，笔者参
与了该课题。当时，笔者就判断作为未来韩国社会的发展模式，均衡论具有较
强的说服力。之所以这么说，是因为该理论恢复了作为过去韩国社会发展的动
态性，也消解了曾经作为问题的不均衡，同时也揭示了能够说明过去、现在和
未来连贯性的向心性与象征性。

社会发展的概念或者价值本身需要有一种模式来说明对立—冲突的特征，
无疑能动的均衡能起到最好的作用。笔者以能动的均衡论为出发点，设定了未
来韩国社会发展的方向是先进化，把发展样式理解为分权国家的治理—妥协的

---

① 任爀伯：《21 世纪韩国政治大趋势：新游牧民族主义》，载任爀伯等编《21 世纪韩
国政治规划及任务》，首尔：民音社，2005 年。

② 任爀伯：《21 世纪韩国政治大趋势：新游牧民族主义》，载任爀伯等编《21 世纪韩
国政治规划及任务》，首尔：民音社，2005 年。

均衡。把能动性的源泉理解为政治的参与层面或者市民权力的形成层面，经济领域追求的生活的质量，生态的可持续性的层面，文化层面的新的共同体，即市民社会的能动性是实践新社会运动的社会价值。这些价值包括生态主义、后现代主义、女权主义、地域主义、共同体主义、后物质主义和后国家主义等。

能动的均衡模式最大的优点在于冲突和矛盾对立的发展价值一同被追求、被实践。历史是在矛盾中发展的，如果不维持这样的矛盾紧张，又会产生新的矛盾，也就谈不上历史的进步。如果把社会的矛盾限定在封闭空间，就会使不正之风与腐败呈蔓延之势；如果限定在开放的空间，就会在新的矛盾中得以稀释。就像对社会发展的价值认识一样，现在也是重新认识发展过程重要性的时候了。

三、国家—市民社会的再构成：活力的市民社会和均衡的国家

为了在国家—市民社会的关系再构的层面上来探讨作为未来韩国社会发展模式的能动的均衡论，首先提出市民社会主导型的社会发展和活力的市民社会。[①]

（一）均衡的分权国家的维度

作为均衡者或社会秩序的维持者，国家在民主主义的扩大过程中，要走分权国家的道路。特别是像韩国这样的权力独裁国家，要求权力的分散。分权国家的四个层面的指向如下。

1. 保障安全的最小国家

分权国家可以减少对市民社会的暴力性、强制性和制约性。但是，最小国家应该消弭由于垄断资本的支配力和市民社会内部的各种支配势力而导致的暴力。最小国家要确保市民社会的安全性。排除威胁市民社会的暴力的最重要理由是现代社会因各种暴力增加而变成风险社会。为了最大限度地减少暴力，国家使用强制措施被法律认可。但是国家的规定和干涉就算是调整的形式，也要尽量采取非暴力的自律的解决方式，国家的介入是最后的手段。国家的支配和市民社会的抗争之间，为了维持和平的均衡，也要排除由国家权力而引起的各种暴力。

2. 保持正义的道德国家

要想国家权力的弱化不至于使国家能力衰弱，那么国家必须维持伦理和道德的正当性。在政治哲学上，国家存在的依据在于道德性和伦理性。东方所追求的德治是现代国家需要恢复的。西方现代国家建立在国富兵强的理念上，所

---

① 金成国：《活力的市民社会和国家均衡发展》，载韩相震编《民族政治和均衡外交》，首尔：Nanam 出版，2006 年。

以他们强调具有生产性和效率性的经济发展和国家安保。对于追求发达国家的韩国来说应该指向道德和伦理。要想不靠强制来统治，就必须树立道德国家。国家作为社会正义的卫士，在可能的时候所赋予的道德和伦理的正当性，不但可以净化国家权力，还可以净化市民社会内部的各种腐败和暴力，因为市民社会的很多矛盾是国家权力的矛盾扩散的结果。

3. 作为共同体的网络国家

网络社会的到来提高了社会关系的连贯性，增大了相互作用的密度。分权国家的权力分散不是权力的丧失，而是通过权力的共有而扩大权力效果。它可以减少由于权力的集中而导致的乱用权力和误用权力的危险。通过把权力分配给国民，可以更加接近民主主义的理想。

权力的分散可以通过信息的聚集体——网络来实现。特别是权力在地理上的分散，可以在超越时空的网络上很容易实现。通过网络来实行权力，可以减少个人的私下关系。网络本身具有构造上的共同体属性，所以各种国家的权力通过网络而分散——再构成——再结合，不会让少数支配集团垄断权力，而会促进与大多数支配集团的关联性和共同体性质。①

4. 自治自律的守法国家

民主主义通过法律而统治。其实，法治主义是维持和发展民主主义的最好机制，所以才会有"恶法也是法"的主张。韩国民主主义的危机大部分是在破坏和无视宪政时发生。特别是韩国的国家政治里有很多僭越法律的非法执政者，他们把不法行为狡辩为统治国家的政治行为，让自己的非法合理化。这是无法原谅的无耻行为。

很多人把韩国国家权力的支配者理解为利用法律支配被支配者。但是，如果在法律面前人人平等的话，首先执政者和权力者要以身作则，权力者违法的危害效果比一般人更加严重。

因此，要实现法治国家的理念，就要履行守法的义务。其实到现在为止提出的最小国家、道德国家和网络国家都是为了实质意义上形成法律制度的约束力。没有法律的强制力，任何的公权力都可能被滥用或是非法使用。

（二）活力的市民社会维度

市民社会的活力性在从国家的制约转向自身的自律时得到发挥。按照国家

---

① 笔者用的是把市场包含在市民社会里的国家—市民社会的二分模型。金成国：《韩国市民社会的结构不稳定及市民权力形成的任务》，载金日铁编《韩国社会结构的理解》，首尔：Arche 出版社，2002 年。

的强制命令和要求而发生的所谓御用舆论等对社会发展没有积极意义。如果老子所言的"无为而无不为"不虚的话，就算国家不强制市民，市民也会自发跟从。

1. 参与主义和妥协的抵抗

市民社会的力量在于市民的权力。市民的权力是指市民得到国家相当一部分的权力，直接参与和决定主要的政策。没有市民参与的权力分散只能带来满足豪族势力和私人关系的结果。比如没有实行好地方自治制度，少数的掮客和中央权力的下属人员会任意地统治地方。

最近各种市民运动团体代替日常生活繁忙的市民发挥作用，被批判为"没有市民的市民运动"，一些权力势力我行我素成为权力集团。如果反映市民政治意愿的政党正当履行责任的话，那些向往政治和权力的市民运动和市民团体就会弱化或者消失。

但是，现在国家的强制力和暴力还很高，所以市民运动不但有妥协的作用，还有对国家权力的抵抗和批判作用。如果说初期民主主义的生长过程中需要市民激进的抵抗，那么在民主主义的成熟过程中则需要市民的妥协的抵抗。市民社会的妥协抵抗性与市民社会本身的异质性和多样性而导致的利害关系相冲突，有的时候可以维持国家权力的妥协关系。

2. 后物质主义社会和可持续性

市民社会的腐败是由物质上的利害关系引起的。不进行合理的经济关系而是选择私人关系，非法的优待的理由是因为想独自占有物质上的补偿。市民社会破落的大部分情况是和国家权力的物质优待（比如各个地区的开发）有关系。和国家一样，市民也应该有道德性。所有的市民没有必要都成为君子，从现代资本主义社会强调的金钱崇拜里脱离出来，就可以享有市民的自由和解放。现在正是需要市民社会的道德运动的时候。但是 21 世纪要求的市民社会道德价值是物质的欲望和消费的价值。

西方市民社会里存在着市民文化和市民宗教的精神。韩国社会最急迫的最重要的价值可持续性，是通过后物质秩序而体现的。市民社会的后物质秩序或生态的价值转换可以防止国家权力的物质的或物理的强制和诱惑。

3. 自治社会和自我组织

市民社会和国家很难克服权力当事者的支配顺从机制。有权力的地方一定有抵抗，市民的历史是对国家抵抗的历史。但是，随着市民社会越成熟抵抗也就逐渐变成妥协的抵抗，与此并行的是，市民社会作为独立和自律社会的自治和自主能力不断丰富。

自我组织性不是依据国家构成人员的法律规则，而是依据对别人的理解。所以，自治不能依靠自上而下的结构，而是要通过水平的自我制约来维持。当然，自治失败的危险很大，很容易导致非效率性。自我组织性如果不进行训练，也可能会成为煽动和组织的牺牲品。

结论：为了市民社会主导型发展的社会妥协

现实中的韩国社会需要"发展转换或再构成"。一方面，现代社会的危机和风险社会正在登场；另一方面，作为信息技术革命后果的无处不在的网络时代正在到来。危机和机会并存。尽管有长期的经济停滞和两极化趋势，韩国仍然在世界上以强国的身份来宣传自己。韩国社会的发展目标是进入名副其实的发达国家。但不是以前的弱肉强食的发达国家，而是发展经济、尊重道德价值的发达国家。

为了进入发达国家，韩国社会发展的最合适的模式是能动的均衡。市民社会成为能动的源泉，国家保持能动过程中的均衡。换句话说，代替以前的国家主导型发展模式，需要市民社会主导型模式。虽然国家的作用依然很重要，但是在民主主义社会里，社会发展的主体是当然的有效率的市民社会。和支配未来的后现代文明以及国家主义秩序与规律相比，更需要市民社会的转型和自律。

后现代社会的民主主义不是单一的民主主义模式，而是实验、选择、批判和代替民主主义（比如参与民主主义、直接民主主义、共和主义、审议民主主义、生态民主主义等）的过程。以多样性和差异性为核心的后现代社会同时需要这些民主主义。但是，任何一个民主主义都不是万能的民主主义。应该是大众、民众、多数人参与的民主主义，即市民社会统治和监视的民主主义。考虑到现时代的发展轨迹，韩国社会发展模式也应该从国家主导型转向市民社会主导型。

市民主体的民主主义虽然具有应然性但是路途很遥远，最为重要的是为形成市民社会主导型的社会发展而扩大市民的权力。为此，最根本也最有效果的政策方案是探索社会妥协。在历史上，国家和市民社会为争取权力关系上的机制不断引起对立、矛盾，发达国家在民主主义的发展过程中面对危机的时候，发挥社会妥协的智慧。韩国社会也要形成市民、劳动者、企业和政府四大势力合力的大妥协，克服面对的政治、经济和文化的危机，形成安全社会。①

（张海东　译）

（《社会科学战线》2011 年第 2 期）

---

① Lind, M., "The Catalytic State," *The National Interest*, Vol. 27, 1992.

中国的国际货币战略与地区合作

〔日本〕村濑哲司*

以全球金融危机为契机，国际社会对以美元为中心的现行国际货币体系的质疑不断增多，对于国际货币体系改革及其未来展望也出现各种各样的争论。但是就现阶段的情况来看，以美元为基础货币的国际货币体系仍将持续，并缓慢地向以美元为中心的多元储备货币体系转换。特别提款权（SDR）的作用是有限的。

现阶段中国的国际货币战略由人民币国际化、东亚区域货币金融合作与国际货币体系改革三个领域构成。中国货币当局的目的是准备在 2020—2030 年左右中国经济规模赶上美国时，使人民币成为多级储备货币体系的一极。但我认为，其前景并不乐观。

现在，欧美发达国家和新兴发展中国家之间的经济关系正在发生巨大变化，预计这种不稳定的国际关系今后还会持续下去。而且对中国而言，为了同时实现人民币国际化和人民币稳定这两个目标，区域合作是必不可少的。为了实现东亚地区的共同利益，中日两国必须在实体经济和货币、金融领域开展合作。

本文第一部分以不稳定的国际货币体系为背景讨论并展望其未来的发展方向，第二部分探讨中国国际货币战略的政府意图与相关的学术研究动向，试图说明为了实现人民币实际汇率的稳定，必须开展区域内合作，第三部分阐述日本的相关立场和中日合作的重要性。

---

* 作者单位：日本龙谷大学经济学部。

一、不稳定的国际货币体系

1. 成为转折点的全球金融危机

2007 年美国次贷危机引发的全球金融危机，从全球经济走势和今后的国际货币体系来看，是一个具有重要意义的转折点。在实体经济领域，作为全球金融和经济中心的美国成为这次危机的震源地，并迅速波及欧洲，严重打击了欧美发达国家的金融和经济，而且其负面影响仍将持续较长一段时间。另一方面，以中国为首的新兴市场国家不仅没有受到危机的严重影响，而且其经济刺激政策效果明显，使经济较快得以恢复，成为世界经济增长的引导性力量。

全球金融危机的原因何在？首先是不符合这个时代的金融管制和监督体系以及银行、投资银行、保险公司、对冲基金等金融机构使用高杠杆率大肆扩张业务造成的。有鉴于此，以欧美为中心，世界各国正在对金融管制和监督体系进行大规模的重新调整。其次是美国长期以来的经常收支逆差和东亚地区、产油国的经常收支顺差之间所谓的"全球失衡"导致全球流动性过剩，为金融业发展失控创造了条件。这不仅产生了有关改革以美元为中心的现行国际货币体系的争论，而且从现实情况来看也成为中国政府在 2008 年末正式启动人民币国际化政策的契机。

（1）围绕国际货币体系的争论

围绕国际货币体系展开的争论以及相关文章可以按时间序列依次整理如下：中国人民银行周小川行长的论文，联合国专家委员会报告书（委员长 J. 斯蒂格利茨，哥伦比亚大学教授），*Foreign Affairs*（*F/A*）杂志刊登的 B. 艾肯格林的论文，Chatham House（英国皇家国际事务研究所）报告书，等等。它们的共同点在于，都认为无法维持现有的美元单独支配体系，要点归纳如下：

周小川主张，国际储备货币应该从特定国家（美元是美国的货币）分离开来，应该是国际机构管理的超国家储备货币。具体来说，他建议可以在 IMF 管理下重新调整 SDR 的构成货币，并适当地创造和分配、扩大其使用范围。①

《有关国际货币金融改革的联合国专家委员会报告》（2009 年 9 月 21 日）认为：一方面，现行美元储备货币体系是不稳定、不公正并且同充分就业目标背离的；另一方面，应设定以 IMF 管理下的 SDR 为储备资产的全球储备制度

① 周小川：《改革国际货币制度》，中国人民银行官方网站，2009 年 3 月 23 日；《关于储蓄率》，中国人民银行官方网站，2009 年 3 月 24 日。

（美元、欧元等复数储备货币体系是不稳定的，且不太理想）。

B. 艾肯格林在《美元的困境》（*F/A* 杂志，2009 年 9—10 月号）一文中认为：第一，应该将国际货币体系变革为以美元为基础、以欧元和人民币为从属性储备货币的多元储备货币体系（在第一次世界大战前以英镑为中心、马克和法郎并存的多元储备货币体系就曾发挥过类似的作用）；第二，人民币有望成为亚洲地区的储备货币以及从属性的（不是基础性的）储备货币；第三，以 SDR（特别提款权）代替美元使其成为支付手段和具有流动性的储备资产是困难的。

题为《超越美元：重新思考国际货币制度》的 Chatham House 报告书（2010 年 3 月）认为：应当大力发展适合美、欧、亚这三大经济圈、以美元为中心并以欧元和亚洲货币（人民币的可能性较大）为辅的多元储备货币体系。同时，应该将 SDR 作为国际储备货币以及超国家货币，扩大其使用范围。

（2）G20——主要 20 个工业国家和地区首脑会议的定期化

雷曼冲击以后不久，为了协商如何应对全球性的金融和经济危机，全球主要 8 个工业国家（G8）加上中国、印度、巴西等新兴市场国家的 G20 紧急首脑会议于 2008 年 11 月在华盛顿举行。这个"金融峰会"经过 2009 年 4 月第二次伦敦峰会，在 2009 年 9 月于匹兹堡举行的第三次 G20 首脑峰会上被定位于"国际经济合作的第一论坛（Premier Forum）"，今后将定期举办。①

在第一次金融峰会召开前，围绕着国际货币体系的未来曾有过激烈的争论。法国总统萨科奇指出："美元已经不能被称作是唯一的基础货币……不能让 20 世纪的结构持续到 21 世纪"，对此，当时的日本首相麻生太郎则回应道："对我们而言，应该努力支持美元体系。"② 但是，在首脑会议上，有关国际货币体系的问题却没有被提到议事日程，而是继续对以下问题予以关注：

"能够确保实现强劲、可持续、均衡成长的结构"：以 IMF 作为事务局，对 G20 成员国的政策开展相互评价。

强化国际金融管制：为抑制银行的过度风险偏好行为而制定管制方案。

有关 IMF 等国际金融机构：将 IMF 的资金规模扩大 3 倍（作为其重要一环，"金砖四国"相继表明将购买 SDR 计价的 IMF 债券，其中，中国购买 500

---

① G20 财长和中央银行行长会议创设于 1999 年 12 月，最初的目的是在亚洲货币危机以后在 G7 等发达国家和发展中国家之间讨论国际经济问题，每年举行一次。G20 首脑会晤改为定期举办以后，第四次峰会于 2010 年 6 月在多伦多、第五次峰会于 2010 年 11 月在首尔举办，2011 年法国担任主席国的第六次峰会后将变成每年举办一次。

② 《日本经济新闻》2008 年 11 月 15 日。

亿美元，印度、俄罗斯、巴西等国各购买 100 亿美元，日美欧将融资 1000 亿美元以上），IMF 新增 2500 亿美元 SDR 的计划于 2009 年 8 月开始实施，有关 IMF 的配额，将从过多的代表国家向过少的代表国家转移至少 5%。

抵制贸易保护主义：不对贸易和投资设置新的壁垒（匹兹堡峰会声明）。

表1　G20 中国以及其他国家的 GDP 比例

国家和集团	2000 年 GDP（ppp）占全球比例	2009 年				2015 年预测 GDP（ppp）占全球比例	2030 年推测 GDP（ppp）占全球比例
		购买力平价 GDP（ppp）		名义 GDP			
		10 亿美元	比例	10 亿美元	比例		
"金砖四国"	16.4%	16 414	23.4%	8948	15.4%	28.8%	40% 以上*
其中中国	7.2%	8765	12.5%	4909	8.5%	16.9%	30.2%
G7	48.9%	28 489	41.0%	30 991	53.5%	36.4%	21.1%**
其中美国	23.6%	14 256	20.4%	14 256	24.6%	18.3%	11.7%
其中日本	7.6%	4159	6.0%	5068	8.7%	5.3%	3.3%
其他 8 个国家	10.1%	7205	11.0%	4826	8.2%	10.1%	n. a.
G20 总计	75.4%	52 108	74.7%	44 765	77.1%	75.3%	n. a.

说明："金砖四国"指巴西、俄罗斯、印度、中国。G7 指美国、日本、德国、法国、英国、意大利、加拿大。其他 8 国指阿根廷、澳大利亚、印度尼西亚、韩国、墨西哥、沙特阿拉伯、南非、土耳其。G20 指上述 19 个国家加上欧盟主席国、IMF 等。＊为中印占 38.1%，＊＊为加拿大除外。

资料来源：IMF, *World Economic Outlook*, April 2010。2030 年推测来自日本内阁府《世界的潮流》2010 年第 1 号。

作为应对全球金融危机的对策，举办 G20 紧急首脑会晤并替代 G7 成为国际经济合作的第一论坛定期举办，具有巨大的政治意义。G7 从其前身 G5 时代开始到目前历经近 40 年时间，一直作为国际经济协调的平台发挥着重要作用，尤其是在货币问题上，实际上是由美、日、德三国发挥着决定性作用。但是，以发达国家经济地位的相对下降以及中国等新兴市场经济体的迅速成长为背景，伴随着世界经济重心的转移，2008 年以后，G20 成为讨论世界经济问题的最主要的舞台（参见表1）。G20 有超过 30 个国家或机构参加，因此其运营的实际效果不能说没有问题，但可以肯定的是，其重要性今后必将不断提高。中国温家宝总理在 2010 年 3 月的全国人大会议上做政府工作报告时指出，"我们会继续将 G20 金融峰会等重要的多边活动作为主要的平台，积极参与国际体制的变革进程，维护发展中国家的利益"，阐明了其重视 G20 的立场。另一方面，"金砖四国"为了明确与发达国家之间的区别并推进政策协调，2009 年 6 月在俄罗斯的叶卡捷琳堡举行首次首脑会晤，并在会议共同声明中指出，"新兴国家和发展中国家应该提高在国际金融机构中的发言权"，表示出对 IMF 改革的积极态度。同时，该声明在基础货币问题上也指出，"稳定且多样化的货币体系的必要性日益提高"。2010 年 4 月在巴西利亚举行的第二次"金砖四国"首脑会议上，各国一致同意加强在 IMF 改革方面的协调，推进（不经过美元）本币计价贸易结算的研究。①

2. 走向以美元中心的多元货币体系

确保黄金与美元兑换的布雷顿森林体系于 1971 年崩溃之后至今，美元一直维持着其基础货币的地位。从制度上看，美元同日元、马克（欧元）等其他国际货币没有什么不同，但美元却一直维持着基础货币的特权。其原因可以举出以下三点，即对美元的信任、人们具有大量使用美元而产生的交流网络的外部性以及惯性（比如要改变美元计价合同的困难）。但后两点原因会随着美元信任度的下降而减弱。对美元的信任源于美国的经济实力（规模、成长力、财政以及对外收支健全性等）、规模巨大且富有流动性的金融和资本市场、政治体制、压倒性的军事实力等等。

美国经济从 1980 年代到 2000 年前后为止，约占了世界名义 GDP 总量的 3 成。"冷战"结束后作为唯一的超级大国依然发挥着领导世界的作用。但是 2000 年以后，欧盟诞生及其地位的提升、中国及其他新兴市场国家的迅速崛起，导致美国经济的相对比重逐步降低。而且，以"9·11"恐怖袭击为契机而开始的军事活动及其经济后果（双赤字扩大），导致对美元未来走势的质疑不断增多。碰巧在这个时点上，爆发了全球金融危机。

那么，在今后 10—20 年内将会形成什么样的国际货币体系呢？从结论上来说，以美元为中心的多元储备货币体系仍旧会不稳定地存在一段时间。美国的名义 GDP 很有可能在 2020 年被中国超越，但不论是从富裕程度还是从综合国力方面来看，它仍将继续处在世界的顶端。

问题在于，美国拥有持久性的经常收支和贸易收支逆差以及全球最高的对外纯债务余额。由于 2009 年其国内经济疲软，经常收支逆差大幅缩小（从 2006 年占 GDP 6.0% 的最高点下降到 2009 年的 2.9%）。美国经济的未来走势，取决于奥巴马政权的 5 年出口倍增计划、国内储蓄率恢复情况等正面因素与财政赤字持续存在等负面因素之间的博弈。日本龙谷大学竹中正治教授最近以美国对外总资产和负债的货币构成以及收益率差距，试算出今后 20 年间其对外纯债务的持续可能性。根据他的计算，如果贸易逆差占 GDP 比重缩小到 4% 左右，在美元缓慢贬值的同时，对外资产和负债的收益率差距维持 +3% 的话，美国的净对外负债会收敛并趋于均衡（欧洲中央银行分析，1981 年到

---

① 《日本经济新闻》2009 年 6 月 17 日、2010 年 4 月 16 日。

2008 年的美元收益率差距平均为+3.08%）。也就是说，维持未来美元信用度的两个最重要的弱点——贸易逆差和对外债务扩散问题，只要能维持过去 30 年的倾向不发生根本性变化，就应该不会演变成严重的问题。①

在"多元"储备货币体系中，继美元之后的货币是欧元。现在，欧元作为储备货币仅次于美元（2009 年末外汇储备比例占 27%，IMF）。同时，欧元在欧洲周边地区也成为重要的贸易投资结算货币。在此次金融危机中，欧元不具有单一国家主权背景的弱点暴露无遗，欧元兑美元的市场价一度从最高点下跌 25% 以上。但是，从中长期来看，欧洲经济货币同盟的解体是难以想象的。而且，以这次危机为契机，欧元区以及欧盟会加强其合作的政治经济基础。第三个"多元"货币的候补是人民币，对此将在下一部分详细论述。

那么，SDR 果真像周小川行长和联合国专家委员会所期待的那样具有相当于货币的功能吗？随着 SDR 的分配以及向民间的开放，它可能会作为储备资产发挥作用，但是其作为结算手段的利用会极为有限。SDR 若要作为结算手段被使用，需要在建立结算体系等便利性以及在交易费用方面优于（至少要同等于）美元等主要货币，显然，这种可能性很小。ECU 曾经一度被作为储蓄和债券发行的"货币"而使用，但在贸易结算领域却几乎从未被使用过。SDR 在多元储备货币体系下发挥重要作用的可能性不大。

在现阶段，美元信用尚未出现致命的问题，其交易网络的外部性和惯性仍将确保美元主要结算货币的地位（2007 年外汇交易中美元的使用比例是 87%，BIS）。作为储备资产，美元的比重（2009 年末外汇储备比例占 62%，IMF）会随着储备货币和 SDR 的多样化而逐渐降低，但作为最主要的结算货币会使其继续确保最主要的储备资产货币的地位，欧元会作为准基础货币而存在。人民币能否成为与中国国力相符的国际储备货币，在很大程度上取决于中国的货币战略。以美元为中心的多元储备货币体系在各种货币相竞争的状态下，仍会继续发挥一定的作用，但是会变得更加不稳定。

二、中国的国际货币战略

1. 经济政策的优先顺序
中国政府已经制定了到 2020 年建设"全面小康社会"以及实现社会主义

---

① 竹中正治「グローバルインバランスとドル基軸通貨体制の行方」、日本総研『Business & Economic Review』2010 年 2 月号、56–78 页。

"和谐社会"的基本政策目标。因此，中国必须在将经济高速增长作为最主要目标的同时，着手解决三个差距（城乡差距、地区差距、贫富差距）所集中反映出来的收入分配问题以及其他结构性问题。我们可以从以下几个现象来确认这一点。比如，尝试将投资和出口拉动的传统经济增长模式转型为以内需（投资与消费）拉动为主的经济增长方式；在到 2010 年为止的 7 年里，"三农问题"一直是中国共产党和政府的最优先课题，等等。

2007 年 3 月 16 日，温家宝总理在记者招待会上坦诚地提到中国存在深刻的结构问题。"中国经济存在很大的问题，即依然存在着不稳定、不均衡、不协调、不可持续的结构性问题。'不稳定'是指投资的增速过快、贷款过多、货币流动性过大、对外贸易和国际收支不均衡。'不均衡'是指城乡之间、地区之间、经济和社会发展之间不均衡。'不协调'是指投资和消费之间不协调，经济增长过于依赖投资和出口。'不可持续'是指我们没有解决好节能、节省资源、生态环境等问题。这些问题是我们当前面临的、迫切需要解决的紧要问题，也是需要我们付出长期努力去解决的问题。"①

中国的国际货币战略的确应该结合上述中长期基本目标和当前面临的结构性问题来考虑。人民币的国际化意味着实现货币的完全可交换性，为此需要实现资本交易的自由化。届时，就像"不可能三角形"所表示的那样，中国若要维持金融政策的独立性，就需要转型为浮动汇率制。资本自由化和浮动汇率制度尽管从资源分配的角度上看是合理的，但是对国内经济的稳定来说是一个不稳定因素，有可能深化中国经济深层的结构问题，因此中国政府不得不对此极为慎重。

中国已经成长为仅次于美国的经济大国，因此也需要考虑自身的国际责任问题。中国在人口、经济规模、贸易额、能源消耗量等方面占世界第一、第二的份额，其一举一动都会对世界经济产生巨大影响。中国的供需左右着粮食等国际商品和资源、能源以及国际海运等方面的价格。不仅如此，中国资金的投资目标、中国游客的动向等也会备受瞩目。人民币汇率以及资本交易的开放程度会对上述所有方面产生影响。

2. 中国国际货币战略的方向与目标

关于中国的国际货币战略，虽然还没有来自中国首脑的直接言论，但可以在一定程度上从中国人民银行相关人员的发言和论文把握其方向和未来前景。

---

① 转引自田中修『検証：現代中国の経済政策決定：近づく改革開放路線の臨界点』東京：日本経済新聞出版社、2007、494 页。

（1）人民币的可交换性和资本自由化

在 2001 年中国加入 WTO 之后的几年间，关于人民币的可交换性和资本自由化的讨论一时间成为热点话题。① 虽然这些讨论的最终目标是实现人民币的完全可交换性，但具体什么时候可以实现，却一直未能明确。

2003 年，当时的外管局局长郭树清曾有下述发言：货币的交换性包括以下三种，即限定在经常交易中的部分交换性，许可一部分资本交易的基本交换性以及完全可交换性。人民币已经具备了经常交易的部分可交换性，待条件成熟以后放宽资本交易管制，可以在中期实现基本可交换性。因此，要加快实施"走出去"战略，可以在考虑具备一定条件的情况下实施由国际机构来承销人民币计价债券、引入境内合格的投资者制度等。他指出："通过这些措施，在实现人民币在资本交易中的基本可交换性之后，需相当长的时间来实现完全可交换性。"②

在 2009 年 9 月的达沃斯会议上，温家宝总理针对人民币问题做了如下阐述："人民币在国际市场的地位有了一定程度的提高。但是现在人民币依然只能在经常项目中进行交换，资本项目还没有实现可交换性……虽然有贸易结算试点等项目来推进人民币国际化，但是真正要成为国际性货币，还需要相当长的时间。"③

（2）阶段性地实现多元储备货币体系

2006 年，中国人民银行行长助理（现中国人民银行副行长）易纲曾对中国经济过度依赖美元的体制敲响了警钟。他在展望 2020 年以后世界经济发展的基础上，主张打破美元和欧元主导的储备货币体系，实现包括人民币在内的多元储备货币体系。其宗旨可以简要概括为如下内容：

现代国家间竞争的成败关键在于货币竞争，由于基础货币国掌握着国际经济交易的主导权，因而人民币必须成为基础货币或准基础货币（本位货币），而且其实现是可能的。在实现过程中，应该采取渐进式战略。首先，在贸易关系紧密的周边国家和地区确立人民币作为主要交易货币的地位，在这些国家成为储备货币，从而实现人民币的区域性国际化。其次，发展开放的人民币国际资本市场，向海外投资者提供人民币计价的金融资产。在这个阶段，人民币成

---

① 在 2005 年 2 月召开的 G7 财长和中央银行行长会议上，人民银行行长周小川指出："以有效的风险防范为前提，有选择性地、阶段性地放宽对跨境资本交易的管制，逐渐实现人民币资本交易的可交换性。"《中国周报》2005 年 2 月 15 日。

② 新华社记者访谈，见《中国周报》第 18 号，2003 年 12 月 2 日。

③ 转引自田中修：《对宏观经济政策的摸索（6）》，2009 年，未刊稿。

为真正的储备货币，中国再也不需要积累巨额的外汇储备。如果同美元和欧元相比，人民币价值提升且收益性提高，那么人们理所当然地会选择人民币（货币替换问题），人民币也会成为完全可交换的货币。①

（3）积极参加国际货币体系改革

如前所述，在 G20 伦敦首脑峰会召开前的 2009 年 3 月，周小川行长发表了有关改革国际货币体系的论文，在国际金融界引起巨大反响。下面，有必要简要地归纳一下他的主要观点。

理论上国际储备货币有三个特点：一是以稳定的基准为基础，以明确的规则来发行；二是根据需求变化灵活调整其供给；三是其调整必须和特定国家（比如美国）的利害关系脱钩。国际金融制度的理想目标，是创造出一个脱离个别国家的国际储备货币，由此解决个别主权国货币的根本性问题（追求国内经济政策和国际流动性供给之间的矛盾），实现稳定的国际流动性的供给和管理。

在这种大框架下，现实中要采取渐进性的、个别的推进方式。曾经作为流动性辅助手段来设计的 SDR 具有成为超国家储备货币的可能性和特征，并且 IMF 可以通过 SDR 来解决资金筹备和发言权等问题。为了扩大 SDR 的利用范围，他提出了四点建议：一是设立 SDR 结算制度，二是促进贸易和投资等民间交易，三是创设 SDR 计价的金融资产，四是变更构成货币和决定基准（扩大货币范围、采用 GDP 标准）和分配方法等。而且，IMF 还应该通过设立 SDR 计价的基金等方式来发挥其作为全球性机构来创造和管理流动性的作用。

继周小川论文之后，中国人民银行"中国金融稳定报告"2009 年版也明确表示出类似意向。即现行的国际货币体系和治理结构存在着缺陷，对少数国家货币过度依赖的体系增大了风险，进而加剧了危机，因此中国需要积极参与到国际货币体系改革当中。具体说来，中国应该积极参与国际合作，促进国际金融制度改革，维持全球性的金融稳定。中国应该促进灵活且多样的区域金融合作，支持建设区域性货币援助机制。中国应致力于减少国际货币制度过度依赖少数几个储备货币的状况，强化对储备货币发行国的监控，改善国际储备货币的发行机制，推进国际货币制度改革。而且，有必要通过改善 IMF 和世界银行等国际金融机构的治理结构，扩大发展中国家的代表权和声音。②

日本福井县立大学名誉教授凌星光对近期中国国际货币战略的新动向进行了梳理，指出："在胡锦涛主席出席 2008 年 11 月的 G20 华盛顿会议和 2009 年

---

① 易纲：《以人民币第一战略促进和平发展》，《中国经济报告》2006 年 12 月 14 日。

② People's Bank of China, *China Financial Stability Report* 2009, June 2009.

4 月的 G20 伦敦会议期间，中国国内围绕着国际货币战略问题开展了认真的讨论，确立了有关国际货币制度改革的基本方针。中国的基本观点是，应该从美元一极体系转变为多极货币体系，再发展成为国际共同货币体系。当前的课题是使人民币成为多极货币体系中的一极。为此，人民币的国际化必不可少，从最近出台的政策来看，似乎要把东盟 10+中国作为其实验场所。"①

3. 三位一体的国际货币战略

在中国，学术界的研究成果会在一定程度上反映到政府层面的决策中。中国社会科学院和大学、研究机构发表的有关国际金融和货币问题的论见，会通过人民银行或国务院以及中国共产党的组织在制定政策时作为参考。应该以这种视角来重视中国学术界有关国际货币战略的争论。

（1）国际货币战略的三个层面

学术界关于中国国际货币战略的主流观点形成于全球金融危机爆发前后，由人民币国际化、东亚区域货币合作和国际货币体系改革等层面构成（见表2），并主张三者之间相互关联并同时推进。②

表 2　中国的国际货币战略概念

	现在的动向	10—20 年后	最终目标	备　注
人民币国际化	·贸易中的人民币结算 ·香港离岸中心等	·区域化、亚洲化 ·到 2020 年为止把上海建设成为国际金融中心	·实现完全可交换性（国际货币） ·多极货币体系的一极	与美、日、欧并列的资本自由化和确立对货币的信任是关键
东亚区域内合作	·围绕区域内货币合作的争论 ·实施 CAFTA *	·实现人民币货币圈 ·东盟 10+3 自由贸易地区	东亚共同体	·不可能实现共同货币 ·建立外汇协调机制成为焦点
国际货币制度改革	·重视 G20 ·改革 IMF ·分配 SDR	·以美元为中心的多极储备货币体系 ·SDR 职能的扩充	超国家储备货币体系	大框架之下的现实性、渐进性、个别性的推进

资料来源：由笔者编写做成。

说明：＊为中国东盟自由贸易协议。

---

① 凌星光「中国・ASEAN 自由贸易区の始动と人民元の国际化戦略」『国际金融』2010、1210 号。

② 余永定：《国际货币体系改革和中国外汇储备资产保值》，《国际经济评论》2009 年 4 月 29 日；何帆「人民元国际化の现实的选择」『国际金融』2010、1209 号。

第一个层面，关于人民币的国际化，目标是从边境贸易中的人民币结算开始，逐步扩展到以东盟各国为中心的贸易交易中广泛使用人民币（亚洲化或区域化），将人民币发展成为区域性储备货币和基础货币。通过这些阶段后真正实现国际化的人民币应该是"促进国际货币体系的多元化，制约美元泛滥，给世界经济带来稳定"的货币。①

中国政府 2009 年开始实施人民币的国际化。同年 7 月，以东盟为对象开始边境贸易的人民币结算，而且在 2010 年 6 月将境外区域扩大到全世界。香港被定位于人民币离岸中心，许可进行银行存贷款、发行债券和其他人民币计价商品的交易等业务。2009 年 4 月，国务院公布要在 2020 年之前，将上海发展成为国际金融中心。这也可以间接地理解为，到这一年年末为止实现人民币的国际化。

人民币国际化也有相应的成本。因为伴随着人民币国际化的进程，国内经济稳定的风险会相应提高，因此需要做好预防准备。诸如让外汇汇率更加具有弹性，完善对冲手段，提前实行金融制度改革，等等。必须指出的是，人民币国际化的进程最终是由市场来决定的，政府的作用仅限于提供动力和消除妨碍因素的层面上。

第二个层面，区域内货币合作的核心是建立类似于以往欧洲货币体系（EMS）和"蛇洞"（共同浮动汇率制）的汇率协调机制。从现状来看，东亚已经以"清迈倡议"形成了危机管理框架，但是依然看不到发展到汇率协调阶段的动向。其原因之一，可能是因为人民币缺乏交换性，"在人民币国际化的中期阶段，汇率协调有可能成为亚洲货币合作的主要课题"②。但是，针对将来当汇率协调机制成为东亚货币合作的政策课题时，中国是否应当积极参与其中的问题，中国学术界则存在分歧。

对此，持否定态度的代表是中国社会科学院世界经济与政治研究所的姚枝仲先生。他的主张是，中国在与除日本之外的其他东亚各国之间存在着非对称竞争压力（即在贸易领域东盟各国来自中国的竞争压力比它们给予中国的竞争压力要大），因此为了使人民币成为中心货币，没有必要放弃人民币的独立地位而参与区域汇率协调机制，如盯住共同一篮子货币。③

另一方面，吉林大学的李晓、丁一兵教授从重视人民币汇率稳定的角度认

---

① 李婧「人民元の台頭とアジア化? 国際化戦略」上川孝夫、李暁『世界金融危機日中の対話』横浜：春風社、2010。

② 何帆「人民元国際化の現実的選択」『国際金融』2010、1209 号。

③ 姚枝仲「非対称競争圧力と人民元のアジア戦略」『国際金融』2008、1191 号。

为，人民币参与区域内货币合作是必不可少的。区域货币合作对于人民币汇率的稳定将发挥正面作用，将有助于维护中国的经济金融稳定和安全，提高在亚洲的经济影响力。这是"为了将人民币发展成为区域性基础货币的必要过程"，"仅依靠非对称性的竞争压力无法将人民币发展成为区域内的主导货币，有可能重蹈'日元国际化'失败的覆辙……人民币区域化进程应该走同日元进行协调的道路"①。

此外，B. 艾肯格林教授则主张，将来在亚洲采用单一货币的可能性非常低，中国想要将人民币发展成为区域储备货币，不需要同周边国家共享金融政策。"不是要像巴黎和柏林那样积极发展成为区域货币联盟，基本上北京方面会选择等待。等待的时间越长，人民币在亚洲的影响力将会越大。"②

第三个层面，关于国际货币体系的改革，对具有根本性缺陷的、以美元为中心的现行国际货币体系进行改革的关键，是如何实现美元的非基础货币化。但是，围绕着推进改革的争论却主要集中在 IMF 和世界银行治理结构的改革方式和 SDR 职能的扩充问题上。中美两国都清楚地认识到，任何伤害美元信用的行为和言论都会侵害双方的国家利益。中国推进国际货币体系改革的行动，并不是要废除美元的主导地位，而是要通过有限、可能的改革来尽可能地保护自身国家利益。③

前中国人民银行货币政策委员会委员余永定是联合国斯蒂格利茨委员会的委员，他认为中国和联合国委员会的意见之间有很多共同点，并就 IMF 等国际金融机构（IFI）的治理结构改革提出了以下四点倡议：第一，IMF 应该调整既有的政策，放弃自由市场原理主义；第二，关于治理结构的改革，应通过增加基础票，采取反映现实的配额核算方式，改善秘书理事等选举方法，废除事实上的否决权等措施，拓展 IMF 决策的基础，增强 IMF 的公平性；第三，强化 IMF 的资金基础，新增分配 SDR；第四，为了强化 IFI 的作用和治理结构，让联合国也参与进来，并且为了防止美元的暴跌和扩充 SDR 的作用，应讨论并构想出一种用各国所持有的外汇储备（美元余额）来交换 SDR 的方

---

① 丁一兵「アジア通貨協力と中日の協調：中国の視点と構想」上川孝夫、李暁『世界金融危機 日中の対話』横浜：春风社、2010。

② Eichengreen B., "The Dollar Dilemma," *Foreign Affairs*, Sep/Oct 2009.

③ 管涛：《国际金融危机与储备货币多元化》，《国际经济评论》2009 年第 5-6 期。

案。①

（2）实现国际货币战略的障碍

中国政府以及学术界所追求的中长期目标可能是，让人民币与美元、欧元并列成为多极储备货币体系中的一极，并将 SDR 的职能扩大到民间交易领域，人民币作为其构成货币获得与美元对等的份额。在东亚，暂且不论人民币是否参与到区域内货币合作中，首先要致力于建立人民币区域基础货币的地位。实现这一目标的期限暂时不太明确，但是考虑到上海国际金融中心要在 2020 年之前建成，我们应该将这一点作为参考。② 附带说明，重新考虑 SDR 构成货币的时间是每 5 年一次，2010 年、2015 年以后就是 2020 年。因此，可以判断实现人民币国际化的时间应该是在 2020 年以后当中国的名义 GDP 超过美国的时候。

在上述中国国际货币战略的三个层面中，最基本的就是"人民币的国际化"，余下的两个领域不管是区域货币合作还是国际货币体系改革，若人民币没有实现国际化，中国的影响力仍旧是有限的。但是，人民币要想成为与美元、欧元、日元、英镑（SDR 构成货币）等货币比肩的可自由兑换的货币，就目前的情况来看，到 2020 年能否实现依然存在着一些疑问。

一种货币作为国际货币使用的程度主要取决于三个条件：一是该货币的发行国保持均衡的国力，在国际社会上被其他国家所信赖；二是该货币在交易过程中所受到的管制较少，自由使用的体系完备；三是该货币存在具有流动性的、自由的金融市场。

不管是日元还是人民币，货币的国际化进程均取决于以上三个条件的实现程度。③

国际信赖与信息公开问题紧密相关。2010 年，中国虽然已经成为世界第二经济大国，但是信用评级只是 A1（穆迪）、A+（S&P），与新加坡（AAA）、日本（AA）相比都较低。信用评级是国际机构投资者非常重视的指标之一，提高评级级别对于人民币的国际化具有重要意义。评级公司列举出的中国面临的问题主要有：统计等信息公开的问题、地方财政的不透明性、银行的潜在不

---

① Yu Yongding, "The Impact of the Global Financial Crisis on the Chinese Economy and China's Policy Responses," *Research Center for International Finance*, June 22, 2010, pp. 34 – 38.

② 中国银监局上海分局副局长张光平指出，到 2020 年为止人民币占世界外汇储备的 3%，在理论上并非是不可能的。路透社，2009 年 5 月 20 日。

③ 见原日本财长、国际货币研究所理事长、财务省特别顾问行天丰夫 2009 年 10 月 16 日在 *Foreign Press Center Briefing* 上发表的观点。

良资产、经济政策过于依赖行政手段等等。其中，大多数问题都是能够解决的。比如，关于信息公开的问题，如能早日参与 IMF 的特别数据公布基准（SDDS，到 2010 年 4 月有世界主要的 64 个国家参加），将会有效地提高统计的国际信赖性。

将来，有可能成为人民币国际化阻碍因素的是货币管制问题。现在，中国的资本交易管制逐渐趋于宽松，但还不知道何时才能达到美、日、欧等国家的自由化水平。人民币的外汇交易集中在上海的外汇交易中心（CFETS），它何时才能在伦敦、纽约市场上自由地被交易呢？中国政府的货币三原则（保持主动性、可控性、渐进性）与国际货币的条件不太符合，因为国际货币是不以政府干预为前提的。所以，中国迟早会被迫放弃管制。另一方面，香港的人民币离岸市场化进程，初期看来作为实验场所具有一定意义，但最后也将会向全世界开放门户。而且，中国人民银行作为政府的一个部门而不具有独立性，这一点也会成为人民币在市场上取得信任的阻碍之一。

对货币的管制问题导致中国"经济大国，货币小国"的不均衡局面。如果不彻底改变中国政府的管理、控制取向，那么人民币国际化将很有可能停留在区域内，而无法成为世界性的国际储备货币。但是，对自身基因的改变并非易事。即使政府已经发现了这个问题，还是有可能从国内政策的优先顺序出发，难以进行必要的调整。

（3）建立区域货币制度的必要性

东亚经济在中国的带领下将会成为 21 世纪的经济增长中心，同时直至在东盟 10+3 框架下成立自由贸易地区为止，其一体化进程会仍将持续下去。区域经济持续稳定增长的关键在于，区域货币之间的相互稳定和对抗外部冲击（货币金融危机、石油危机等等）的能力。展望 2030 年，伴随着美元的相对衰退，国际货币体系有可能出现比现在更加不稳定的状况，如何应对这个问题应该是中国以及东亚各国面临的重大课题。

中国面临的困境在于，如何同时实现人民币的国际化与稳定。日元相对于美元和德国马克（欧元）来说实际汇率变动率很高，过去和现在都是不稳定的货币。其原因在于，日元背后没有一个像欧洲货币机制（EMS）一样的货币圈，使得日元一直是一个"孤独的货币"。如果中国以"非对称竞争压力"为背景而拒绝区域内货币合作，单独追求人民币货币圈，那么与中国接壤的周边国家有可能选择盯住人民币。但是，东盟各国和韩国很有可能会继续采用独立的汇率体系。在凝聚力较弱的东盟 10+3 框架下，很难想象清迈倡议多边化能够作为危机对策来发挥作用，人民币有可能步日元的后尘。相反，如果将人民币作为区域货币体系的一员来定位，那么就会像以前的德国马克一样，在区域内发挥主导权的同时实现其实际汇率的稳定。

东盟各国计划 2015 年之前成立东盟经济共同体（AEC），但是区域内货币稳定框架还没有被纳入计划当中。考虑到东亚经济一体化的未来，东盟货币等区域内货币的稳定最好是在东盟 10+3 框架内实现。应该在参考 EMS 的同时，认真研讨亚洲货币制度（包含人民币、日元、韩元）的建设问题。

亚洲货币机制（AMS）的建设需在东盟 10+3 框架下进行，但是货币篮子以及汇率机制（ERM）的设计应灵活进行，而且参与国最好是从满足条件的几个国家率先开始。① 比如当初，货币篮子以美元、欧元、日元等货币作为构成货币，在 ERM 中有中国和东盟各国参加。这意味着事实上的人民币货币圈已经成立，但是东盟 10+3 能否提供制度性框架依然是一个重要问题。从政治经济学的角度来看，对于东盟各国来说，相对于盯住人民币而言更为偏好盯住 AMS 内的货币篮子。以后，货币篮子应该是被 ACU（亚洲货币单位）来替代，在这个阶段应该研究日本如何参与到 ERM 中来。

在东亚，实体经济的一体化在不断深化。AMS 不仅是东亚整体货币稳定的基础，而且也有助于在将来的国际货币体系中形成能够与美元和欧元匹敌的以人民币为代表的第三极，这是非常有可能实现的（参见表3）。由 AMS 来稳定日元的实际汇率对日本也是有利的。

表3　国际货币体系的前景（2020—2030）

人民币的国际化	顺利进展	国际货币体系展望	美元、欧元、人民币三极体系，人民币成为 SDR 主要构成货币
		东亚货币金融合作展望	有可能形成以人民币为中心的亚洲货币体系，人民币交易自由且汇率稳定，香港与上海竞争国际金融中心地位，人民币形成对日元的绝对优势
	陷入管制困境	国际货币体系展望	美元、欧元两极体系；SDR 构成货币维持现状（ $ 、¥、£ ），不包含人民币
		东亚货币金融合作展望	区域货币体系不能建立，货币当局对人民币的管制持续，香港成为人民币离岸中心和国际金融中心，上海成为国内金融中心，人民币与日元抗衡

资料来源：由笔者编写做成。

---

① EMS 是由 ECU（欧洲货币单位）、ERM（外汇市场机制）、信用框架等三个要素构成的。欧元的前身 ECU 是货币篮子、ERM 是构成货币的固定汇率体系、信用框架是短中期融资制度。EMS 加盟国和 ECU 构成货币以及 ERM 参与国并不一定是同一个国家。英国从一开始就是 EMS 加盟国，但是它参与 ERM 只是在 1990—1992 年间而已。在 ECU 的 12 种构成货币中，没有包含 1995 年加盟欧盟的奥地利、芬兰（这两个国家参与了 ERM）和瑞典（没有参与 ERM）。

三、日本的立场与中日合作

1998 年亚洲经济危机以后，日本的名义 GDP 是 38 060 亿美元，在东亚主要 10 个国家和地区中所占的比重是 65%，而第二位中国的 GDP 是 9610 亿美元，占 16%。2010 年，日本和中国的排名发生变化以后，两国之间的相对经济规模有可能与上述情况相反。随着综合国力的提升，邻国的国民过上富裕的日子，中日之间的收入差距缩小，这是令人高兴的事情。笔者希望到那个时候日本能够作为成熟的中坚发达国家而受到全世界的尊敬。这个愿望能否实现则靠日本人自身的努力。在此，先假定日本是中坚发达国家。

中国在东亚经济中发挥决定性的影响力已经成为事实，日本应该冷静接受这一现实。同时，日本应该考虑，为了中国和日本以及其他东亚各国的共同繁荣，日本应该做些什么？为此，不仅要在经济、政治、安全保障等问题上进行综合性的研究和讨论，而且届时日本的基本视角应该是如何作为全球社会中的亚洲的一员而存在、如何促进地区共同利益、尊重中日之间的对话与合作等等。世界经济合作的"第一论坛"从 G7 变成 G20，象征着有关贸易、投资、货币和金融、援助、环境等领域的讨论会更加多元化和复杂化，相关国家和地区之间作出利害调整会更加困难。至今为止，日本是 G7 中唯一一个非欧美国家，一直以来扮演着发展中国家和发达国家之间对话桥梁的作用。但是，现今这种作用正在逐渐淡化。今后，在越来越不稳定、区域化倾向越来越强化的国际经济背景下，日本应更加明确"亚洲中的日本"这一意识，积极参与和策划区域内的经济讨论，并将其结果反映到世界层面的讨论场所中去。

在东亚，如何调整好中国日益突出的影响力与区域整体的共同利益，是一个重大的课题。日本早稻田大学天儿慧教授认为，中国构想在 10—20 年内形成一个由美国+欧盟+东亚共同体组成的三极中心型国际秩序，"而且，强调东盟的主导作用，只是口头上的，从现实上来看……正在积极构建中国主导下的区域合作机制"。他指出，中国虽然否认"华夷秩序"，但"问题是中国人本身无意识的行为指向性"，"对于他们（东盟各国）来说，在亚洲维持日本的存在是不可缺少的"①。

---

① 天児慧「東アジア共同体の新アプローチと日中関係」『国際政治に見る欧州と東アジアの地域統合の比較研究─規範、安全保障、国境、人の移動─』2010 年 3 月（課題番号 20252006 研究成果報告書）。

东盟和韩国不希望中日之间任何一个国家掌握地区霸权。随着中国在政治、经济、军事方面的影响力快速提高，它们应该是希望日本在该地区积极地提出区域性的构想。日本和这些国家之间，政治体系和基本价值观是可以共享的。

毋庸置疑，在促进地区合作问题上，中日之间的对话与合作必不可少。在当年亚洲经济危机爆发时，日本曾提出过亚洲货币基金（AMF）构想，中国却没有给予支持，理由是担心日本通过影响力的扩大而谋取政治利益，当时中日之间的对话窗口几乎不存在，结果导致中方没有能够理解日方的真实意图。即使是现在，也有必要在货币与金融领域继续加强双边的意见交流，扩大双方对话的窗口。这不仅要在政府和官员的层面，也要在学术界层面上加强交流。

人民币发展成为国际货币对于日元来说是互相竞争的关系，同时对于区域合作来说是一件令人期待的事情。人民币和日元作为贸易交易货币或者投资运用、筹措货币都是互相竞争的关系，但其中究竟哪种货币能够在区域内或者世界范围内成为主要的中心货币，还需要由市场来决定。

人民币国际化是中国参与区域货币金融合作的前提条件，意味着中日两国之间进行合作和发挥领导力的重要性将有所提高。中方对中日合作的期待也非常之大，如有学者指出，中日应"强化关于外汇政策的信息交流，共同推进人民币汇率和日元汇率之间的稳定。中日两国要从现状出发，首先人民币要构建不包含日元的局部层面的汇率稳定圈，再根据具体条件，考虑将日元纳入这一稳定圈来。其中，中日两国要在汇率政策问题上维持密切的交流，应共同推进东亚经济的稳定持续的发展"[1]。

总之，东盟10+3首脑会议在1999年第一次共同宣言中宣告"强化东亚（货币金融领域中的）自助救援机制"之后发展成为清迈倡议（危机管理机构）。在2007年的第二次共同宣言中，虽然在事前准备的会晤中同意将EASG（东亚研究小组）的最终报告付诸实施，但是有关货币合作的新构想却没有纳入报告中去。在东盟10+3创立20周年的2017年，预计将公布第三次共同宣言。笔者期待，能将AMS作为未来构思而明文化，并且通过中日两国共同发挥领导责任，促进相关议题在区域内更加活跃地讨论。

（张 虎 译）

（《社会科学战线》2011年第3期）

---

① 李晓「グローバル金融危機下における東アジア通貨金融協力の経路選択」『国際金融』2009、1205号。

健康的生活方式
——进一步，退两步

〔俄罗斯〕C. H. 瓦尔拉莫娃　　H. H. 谢多娃*

当代社会健康殊为重要。人性化是文明发展的矢量。社会价值空间内，人们开始关注人自身及其生活质量、个体的权利和自由，生活价值观不断强化。这一切决定了无论在国家政策层面还是在人们生活策略层面健康问题都具有现实意义。每个公民的健康决定着一个国家、一个民族的生命力。正如德国哲学家叔本华所说："在一切幸福中，人的健康胜过任何其他幸福。我们几乎所有的幸福都取决于健康。"

健康首先取决于自己。苏格拉底说："人是自身健康最好的守护者。如果人关心自己的健康，那么很难找到比他更清楚如何对自身健康有益的医生。"如今，医学技术突飞猛进，治疗疑难杂症的手段不断发展，但是人对自身健康的负责态度和及时预防仍然具有十分重要的意义。

一

培养居民的健康生活方式是现代医疗卫生事业发展的主题。相关学者在欧洲社会学学会第八届会议上的发言表明，发达国家正在进行相关医疗改革。①积极倡导培养健康生活方式是俄罗斯卫生体制近期和长远发展纲要的重点。2003 年，俄罗斯卫生部批准了 "2003—2010 年保护和增强居民健康行业纲要"。未来 3 年，培养健康生活方式在落实国家优先规划主导方向上占据突出

---

* 作者单位：俄罗斯国立社会大学社会评级中心；俄罗斯科学院社会学研究所。

① Журавлева И. В., Здоровье и болезни в европейском обществе//Социол. исслед. 2008. No. 2, C. 15–16.

位置。① 主要任务已经明确，剩下的问题是民众是否准备回应国家发出的明确倡议。国家卫生政策能否顺利实施取决于居民对此作出的反应。为回答这个问题，我们探讨一下人们对自身健康的态度，首先是其对自身健康状况的评价。

离开其他生活环境，人们无法对自身健康状况作出客观评价。C. A. 叶菲缅科指出，人们常常将健康的自我评价与个人的能力和品质评价、对未来生活的憧憬以及在其他人中间的地位联系在一起，这是经济社会条件适应性的独特反映，而且带有固有传统和文化价值观的烙印。② 根据研究结果，可以得出结论，被调查者对自身健康状况的评价接近客观：70—80%的情况下与医疗登记资料相吻合。A. B. 列舍特尼科夫同意这一观点，认为尽管自我评价不是实际健康状况的精确指示器，但可以使人们更好地认识存在的情况。在有代表性调查基础上研究居民自我感觉的评价体系是合理的。③

社会调查资料显示，俄罗斯居民对自己的健康状况持适度积极评价。大多数人（65.3%）的评价为"良好"（好、较好），28.8%的被调查者认为自己的健康状况"不好"或者"较差"（表1）。这些指标与患病率的评价接近：71.2%的被调查者健康状况良好（根据患病率情况），与健康状况的积极自我评价比例接近（63.5%）。23.1%的被调查者认为自己身体较差，1年内生病4次或以上（健康状况的消极评价比例为28.8%）。

表1　被调查者对本人健康状况的评价（占被调查者百分比）

健康的自我评价	2005	2008	最近 1 年患病率	2008
良好	34.7	20.9	没有生病	21.0
较好	33.8	44.4	很少，1—3 次	50.2
较差	20.3	20.8	经常，4 次及以上	23.1
差	7.2	8.0		
难以回答	4.0	5.9	难以回答	5.7

但是，健康状况总体的积极自我评价不应当使人们产生误解。必须注意到，在全部积极自我评价中，只有20.9%的人确信自己的健康状况良好，2倍多的人（44.4%）选择了谨慎的评价"较好"。而且2005—2008年，对健康

---

① Концепция развития системы здравоохранения в Российской Федерации до 2020 г. Сайт Министерства здравоохранения и социального развития, РФ: http://www.minzdravsoc.ru/.

② Ефименко С. А. , Потребители медицинских услуг в бюджетных организациях и их самооценка здоровья//Социол. исслед. 2007, No. 9, C. 110–114.

③ Решетников А. В. , Социальный портрет потребителя медицинских услуг//Экономика здравоохранения. 2000, No. 12, C. 5–19.

状况持绝对积极评价的比例下降（从34.7%下降到20.9%），低于谨慎、适度积极评价的比例（从33.8%上升到44.4%）。

官方统计数据证实了居民自我评价的研究结果。虽然近2年俄罗斯人口发展出现一些积极的态势，但是居民的健康指数并不令人满意：俄联邦统计局的资料显示，居民患病率没有下降（表2）。

表2　2000—2007年居民患病率（登记初次确诊病人）

	2000	2001	2002	2003	2004	2005	2006	2007
合计（千人）								
全部疾病	1063 28	1043 22	1067 42	1073 85	1062 87	1058 86	1088 42	1095 71
每千人								
全部疾病	730.5	719.7	740.1	748.6	744.9	745.9	763.9	771.0

只有11%的被调查者称最近1年健康状况好转，而且主要持谨慎评价"有所改善"（8.8%）。26.7%的人认为自己健康状况下降，22.3%的人认为自己的健康状况略有下降。

对居民健康自我评价进行的分析表明，自我评价取决于被调查者的年龄及不同的人口社会属性。如果青年人当中88.9%的人健康状况基本良好，其中42.6%的人身体状况绝对良好，那么老年人类似的指数相应仅为39.7%和7.9%。绝大多数（51.8%）老年被调查者健康状况不佳，身体绝对不好的比例为18.8%（青年人相应为9.7%和1.5%）。此间似乎并无令人诧异和矛盾之处：被调查者健康的自我评价与年龄之间存在联系已经是老生常谈。[1] 但不应该忘记，健康自我评价并非基于年龄标准简单确定客观指数，而是具有较强的主观成分，比如人的情绪、对生活的信心、个人社会地位的考量以及周围人的态度等。C. A. 叶菲缅科强调指出，良好的健康状况总是"身体、心理和社会因素能够保持和谐平衡状态"[2]。因此，俄罗斯老年人健康指数低（对其年龄而言完全可以解释）与其悲观的处世态度有关，这不仅从医学角度表明老

---

① С. А. Ефименко в этой связи ссылается на исследования И. В. Журавлевой; И. П. Артюхова, А. Ю. Сенченко и др. （Красноярский край, 2002 - 2003）; Л. Л. Максименко, А. К. Курьянова （Ставропольский край）; А. М. Лукашева （Москва, 1993 - 1994）; О. Е. Коновалова （Рязань, 1999）; Ю. А. Хозяинова, Н. М. Угненко, С. Н. Евсеевой（Смоленская обл. , 1984, 1994）и др.

② Ефименко С. А. , Потребители медицинских услуг в бюджетных организациях и их самооценка здоровья//Социол. исслед. 2007, No. 9, С. 110-114.

年人健康指数不高，而且预示着社会结构的某种缺失。

表3　不同年龄和物质条件居民的健康状况评价与患病率

（占每个年龄组被调查者百分比）

	最近1年从未生病	认为自己健康状况良好
年龄		
18—24	27.3	42.6
25—34	26.2	30.6
35—54	23.0	18.3
55岁及以上	11.9	7.9
物质生活状况		
贫困者	16.2	5.0
低收入者	18.1	17.3
中等收入者	20.6	20.4
高收入者	22.3	24.9
富裕者	43.3	23.3
性别		
男性	26.7	25.3
女性	16.2	17.2

比较一下不同年龄组最近1年从未患病的被调查者与认为自己健康状况良好的被调查者的份额。青年人当中，27.3%的被调查者最近1年从未生病，但认为自己身体健康者占42.6%（表3）。相反，同一时间内只有11.9%的老年人从未生病，7.9%的老年人认为自己身体健康。尤其是不仅高龄被调查者（55岁及以上）低估自己的健康状况，而且中年人（35—54岁）也存在这种趋势。他们当中，23%的人最近1年从未生病，18.3%的人认为自己身体健康。根据这些数据可以推断，俄罗斯人对自身健康态度的转变非常早。到中年时期，人们开始先验地悲观接受"末日黄昏"的来临，并最终出现健康问题。

除年龄外，还存在一个区分人们对自身健康态度的传统社会断面，即物质生活状况。调查资料显示，富裕者最近1年从未患病的人数是贫困者的2.7倍（表3，相应为43.3%和16.2%）。健康自我评价指数的差距更大，达4.6倍（23.3%的富裕者认为自己健康状况良好，而贫困者的这个数字只有5%）。

不过，物质生活状况与患病率之间的稳定联系正在被打破。至少一些外国社会学家在欧洲社会学学会第八届会议上部分批驳了"贫穷催生疾病，富贵带来健康"的思维定式。西班牙学者指出，糖尿病是现代生活中的富贵病，在发达国家非常普遍，而贫穷国家实际上鲜有糖尿病患者。智利研究人员注意到，希望生育时，居住在大城市、具有较高文化水平的知识女性会比工人阶级女性遇到更复杂的医学难题。①

不管多么令人难以置信，相关研究未发现男性和女性对自身健康状况的忧虑程度存在实质性区别。16.2% 的女性最近 1 年内从未生病，几乎相同数量（17.2%）的女性认为自己身体健康。而男性的比例相应为 26.7% 和 25.3%。

可以得出结论，在大多数俄罗斯居民对自己的健康状况持适度积极态度的背景下，健康自我评价指标下降的趋势明显。物质生活水平较低的中年群体（35 岁及以上）最担心个人健康问题。

二

健康自我评价指标的下降势头，以及专门机构官方公布的居民患病率令人担忧。2020 年前俄联邦医疗卫生制度发展构想中列举的数字表明，致死病例显著上升。专家认为，俄罗斯人口死亡率提高的原因是老年人口比重上升和利用新诊断方法发现的疾病数量增加。

俄罗斯民众如何看待患病率攀升的主要原因呢？调查过程中就此提出了两个问题，其一涉及俄罗斯居民死亡率上升和寿命减少的普遍原因；其二建议对自身健康状况恶化的具体原因作出评价（如果存在这种情况）。

对上述问题答案进行的分析表明，被调查者认为，社会经济因素（图1）是罪魁祸首：生活水平低（49.2%）；优质医疗服务昂贵，看不起病（42.3%）。第二类原因包括药品价格居高不下、生态环境差、饮食不良以及不正确的生活方式（32—33%）。23.4% 的人认为，生活节奏过快和经常性的压力缩短了俄罗斯居民的寿命。还有 13.5% 的人指出人们得不到充分休息。

广义的健康生活方式问题在寿命缩短和过早死亡原因中占重要位置。相关研究显示，人们已经认识到健康生活方式的重要性。在 4 类对健康产生消极影响的因素中（生理因素、生产因素、行为因素和客观因素），按照对健康的影响程度，与生活方式、被调查者本人对健康的态度等有关的行为因素居第 2 位（仅次于生理因素）。② 80.4% 的青年学生认为生活方式对健康的影响最大。③

---

① Колесникова Н. С. , Новации в социологии медицины и здоровья. Заметки участника Ⅷ конференции ЕСА//Социол. Исслед. 2008, No. 4, С. 89-91.

② Ефименко С. А. , Потребители медицинских услуг в бюджетных организациях и их самооценка здоровья//Социол. исслед. 2007, No. 9, С. 110-114.

③ Белова Н. И. , Парадоксы эдорового образа жизни учащейся молодежи//Социол. Исслед. 2008, No. 4, С. 84-86.

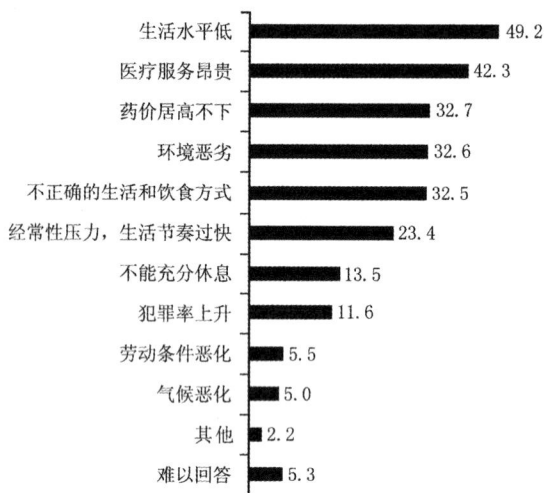

生活水平低 49.2
医疗服务昂贵 42.3
药价居高不下 32.7
环境恶劣 32.6
不正确的生活和饮食方式 32.5
经常性压力，生活节奏过快 23.4
不能充分休息 13.5
犯罪率上升 11.6
劳动条件恶化 5.5
气候恶化 5.0
其他 2.2
难以回答 5.3

图1 俄罗斯人对人口死亡率上升和寿命下降主要原因的认识
（占被调查者百分比，答案可多选）

在分析对莫斯科和沃罗涅日房屋管理人员进行的纵贯研究成果时，И. П. 波波娃指出，与保持健康生活方式有关的实践活动对健康状况的改善或者恶化非常重要。①

我们的调查同样提出了个人健康恶化的原因问题。其中，健康生活方式得到了多角度展示：工作、家庭的压力和令人紧张的环境；休息和运动问题；过量吸烟和饮酒等。分析证明，人们认为生活方式是保持健康的重要因素。经常性的压力和无法充分休息是导致健康状况下降的原因，相应有 29.7% 和 24.8% 的被调查者将其归为第二重要的原因（图2），仅次于自然和不可抗拒过程的衰老（41.1%）与逐渐加剧的慢性和遗传性疾病（38.3%）。

压力和不能充分休息是健康状况下降的重要原因。这不是俄罗斯特有的现象，许多国家都存在类似趋势，人们更多地把生活的重心放在实现自我价值、职业和仕途升迁。所有这些成就的取得都需要付出一定的代价，包括与家人团聚、休息和恢复体力的时间。美国商人约翰·韦恩迈克尔说过一句经典的话："如果你无论如何不能找到时间休息，那么你将很快被迫找时间去治病。"

如今许多俄罗斯人为生存和理想的地位拼搏奋斗，由此带来长期的精神压

---

① ПоповаЮ. П. , Динамика состояния здоровья, измеряемого на базе GHQ: тенденциии социальные факторы. Опыт анализа лонгитюдного опроса//Здравоохранение РФ. 2006, No. 3, С. 23-27.

原因	百分比
年龄，衰老	41.1
慢性或遗传性疾病	38.3
不能享受优质医疗服务	31.9
工作和家庭压力大，环境压抑	29.7
预防、治疗和药费短缺	28.8
环境恶劣	28.0
长时间得不到休息和体能恢复	24.8
饮食质量差	15.0
疏于治疗	12.5
不运动	10.2
在有害生产条件下工作	9.1
过量吸烟	5.0
过度饮酒	1.7

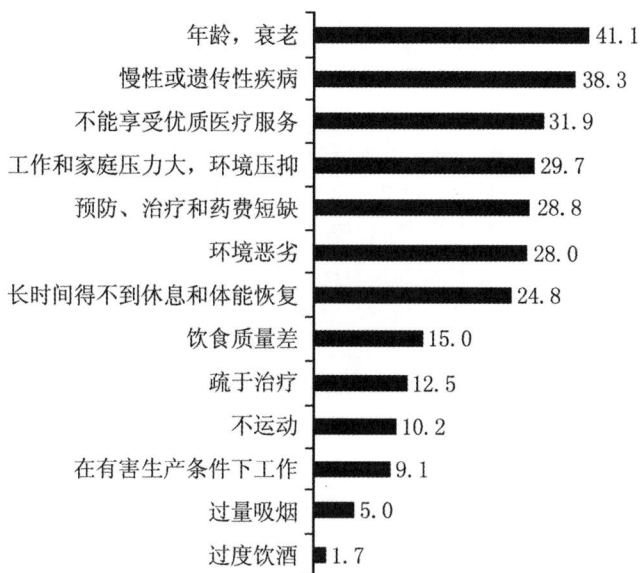

图2　居民对最近1年自己健康下降原因的评价
（占最近1年健康状况下降被调查者百分比，答案可多选）

力，这是健康状况下降的主要原因。所谓的中产者阶层身体状况最脆弱，尽管这些人工作上一帆风顺，但同时他们也失去了健康。企业主（45.8%）更经常抱怨工作和家庭的压力、紧张的环境损害了自己的健康，多数企业和机构负责人（43.9%，表4）也有同感。另一方面，压力对未就业者的健康也产生负面影响。失业人员中，37.5%的被调查者认为压力是健康状况下降的原因。

25—34岁的风险人群位于生活价值金字塔的顶端，工作、晋职、赚钱耗费了他们相当的时间和精力。这个年龄组中认为压力是损害健康的原因的被调查者比例最高（45.2%）。35—54岁被调查者中，34.1%的人持以上见解。

中高收入群体抱怨压力造成健康下降的比例极高（34.1—34.3%）。贫困人员和低收入者的这个指数较低（相应为22.2%和18.9%），富裕者当中则没人认为压力是损害健康的原因。看来家境殷实的人可以不那么紧张地工作，相比那些依靠个人力量取得一定地位的人要轻松得多。

不能充分休息和恢复体力与压力和紧张的环境对健康的影响存在联系，长期疲劳对健康极为有害。58.3%的企业主认为过度劳累是自己健康状况不佳的原因（表4）。马不停蹄地工作、没时间休息的人中，企业和组织的领导及副职居多（31.7%）。

表4　压力和休息不足导致健康下降在不同经济社会群体的分布
（占最近 1 年健康状况下降被调查者百分比，答案可多选）

	健康状况下降的原因	
	压力	缺少休息
年龄		
18—24	29.8	19.1
25—34	45.2	32.9
35—54	34.1	27.7
55 岁及以上	20.1	20.4
物质生活状况		
贫困者	22.2	22.2
低收入者	18.9	22.2
中等收入者	34.1	26.1
高收入者	34.3	25.5
富裕者	–	20.0
职业情况		
在私营企业工作	45.8	58.3
预算企业领导	47.4	26.3
预算单位职工	39.4	20.5
非预算企业领导	40.9	36.4
非预算单位职工	31.8	27.7
无业人员	37.5	25.0
学生，大学生	33.3	25.0
未工作的退休人员	15.4	15.0
从事家务者	29.6	44.4

还有一类人由于不能按时和充分休息以及恢复体力，造成健康状况下降。不管多么令人难以置信，这部分人没有正式职业，单纯从事家务劳动。尤其在休息不足方面，家庭妇女身体的脆弱程度甚至超过领导者（分别为44.4%和31.7%）。由于活动范围仅限于家庭，使家庭妇女自己及家人产生一种错觉，认为她们经常休息，没什么要紧事做。可能恰恰相反，操持家务的人总是忙忙碌碌。实际上，经常奔走于"厨房——孩子——教堂"三点之间的紧张程度丝毫不亚于上班族，没条件休息。

由此，深受压力和缺乏充分休息等不良因素影响的人，一方面包括俄罗斯新兴中产阶级的代表，他们是现代经济发展的动力；另一方面包括失业人员和从事家务者。

分析健康状况下降的原因（图2）可以发现，因饮食不好、由于工作繁忙疏于治疗、忽视运动、在有害的生产条件下工作导致身体状况恶化的回答不多

（9—15％）。承认过量吸烟和饮酒等不良习惯造成健康下降的比例更低（相应为5％和1.7％）。被调查者认同健康生活方式的重要性，但在分析个人健康状况指数下降情况时，他们更倾向将其归咎于较少取决于自己的客观原因（压力大、没时间休息等），而不愿意强调直接取决于个人意志的情形（不能适度吸烟和饮酒）。据专家估计，吸烟、过量饮酒、高血压和高胆固醇是目前威胁俄罗斯人健康的4个主要因素。可归因于这4种因素的死亡率占总死亡率的87.5％。酗酒对丧失劳动能力的人寿命的影响居首位（16.5％）。①

我们的研究发现了一个有趣的现象。在统计资料客观反映吸烟、饮酒等不良嗜好的负面作用，同时对其在损害健康方面的意义认识不足的情况下，俄罗斯民众仍然突出强调戒烟戒酒是保持身体健康的重要手段。调查过程中，至少42—46％的被调查者宣称戒烟戒酒是保护健康的途径（图3）。这大概是由于国家的工作，包括通过新闻媒体进行的宣传与社会舆论是吻合的。考虑到居民的实际健康状况以及不良习惯对健康的影响，可以认为，部分宣称戒除陋习的人是为了寻求给出一个得到社会赞同的答案。另一方面，从未遭受不良习惯之苦的人经常谈论告别不良习惯的必要性和益处。例如，女性更经常主张戒烟戒酒（56.6％和51.8％），而作为吸烟和酗酒主要风险群体的男性类似回答则明显偏低（相应为32.8％和29.2％）。

三

那么除了宣称戒除不良习惯以外，俄罗斯人还采取哪些措施保持身体健康呢？27.6％的被调查者认为及时服用药物是保持健康的重要方法（按照认同程度，排在戒烟、戒酒之后），其中女性34.1％，男性19.7％。老年人更加关注治疗的作用（37.8％，中青年人为20—25％）。有趣的是，莫斯科、圣彼得堡等大都市的居民更经常在患病初期使用药物治疗（38.9％，其他城镇为25—28％）。个中原因可能是这些地区制药业网络发达，药店广布。

1/5的俄罗斯人尝试应对身体状况下降状况，安排时间休息和恢复体力（21.5％）。但这部分人更多的是定期"从现实生活中消失"，而不是每天常态性注意劳逸的正确平衡。

---

① Концепция развития системы здравоохранения в Российской Федерации до 2020 г. Сайт Министерства здравоохранения и социального развития. РФ: http://www.minzdravsoc.ru/.

戒烟	45.8
戒酒	41.5
及时用药	27.6
安排时间休息	21.5
正确的饮食	20.2
运动	18.3
及时就医	17.7
服用补充食品和维生素	17.6
了解健康知识	14.0
遵守作息制度	13.6
定期体检、防治	12.1
不关心身体状况	15.3
难以回答	6.8

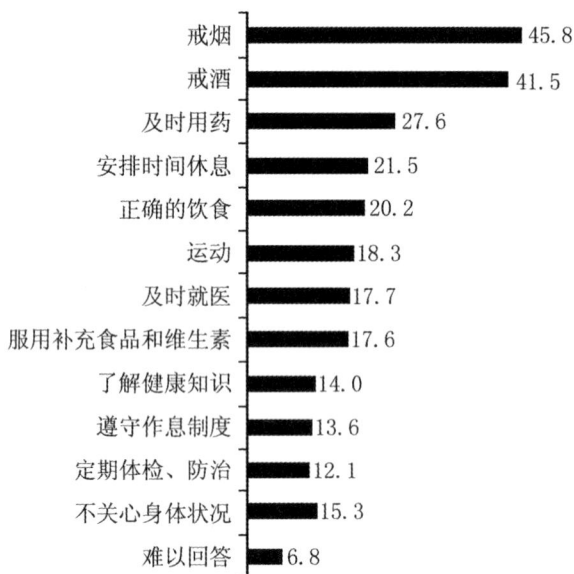

图3　保持健康的方法（占被调查者百分比，答案可多选）

为保持健康，现在许多人强调遵守正确的饮食习惯（20.2%）、服用补充食品和维生素（17.6%）。随着体育和健身中心的建立，以及印刷物和电子媒体的宣传支持，体育运动越来越普及。调查资料表明，18.3%的被调查者从事运动。

医生们认为预防和及时诊断是战胜疾病的重要保证。大部分俄罗斯人还不习惯体检，仅有12.1%的人关注自身健康，定期进行临床检查。只有17.7%的人在患病时能及时就医，并严格遵守医嘱。14%的人收看与健康有关的电视节目，阅读专业性书刊，按照专家的指导，尝试对抗疾病和保持健康。

对俄罗斯居民在实践中运用的保持健康的方法进行分析，可以得出结论，除了戒除不良习惯以外（主要是从无不良嗜好者的角度出发），没有其他任何一种方法为大多数居民认可。尤其是某些研究证明，真正采取一定措施保护自己健康的人更少。

调查过程中，研究人员个别探讨了保持健康的某些方法，如正确的饮食习惯、从事运动、及时就医等。

在回答"您是否注意自己的饮食习惯，遵守饮食制度"问题时，近半数被调查者（48.5%）表明了自己一定程度上对饮食的负责态度。但是，遵循专门的饮食原则——独立挑选或者医生推荐的食品——的人较少（7%和5.1%）。大多数被调查者（36.4%）只表示"努力食用健康食品"。

从事运动的人占俄罗斯总人口的 32.4%，但是经常运动的人只有 9.3%，其他大都属于常立志者，只是偶尔从事运动（结伴、游泳、大型活动、看医生后等）。

研究过程中，人们对保持健康的另外一种方法——及时就医——给予特别关注。研究证明，仅有 13.6% 的被调查者总是遵循这条原则；33.5% 的人多数情况下求助医生，但不总是如此；通常大多数人（52.9%）根本不去看病。

大约 9—14% 的被调查者坚持按照上述三个方面保持个人健康。他们严格遵守自己制定或者医生推荐的饮食规矩，定时运动，按时就医。近 1/3 的人偶尔能控制住自己。

俄罗斯人的健康指数不高，重视健康生活方式的人很少。这一结论得到其他研究人员的证实。例如，研究青年人自我保护行为的某些怪异现象时，Н. И. 别洛娃引用了 И. В. 茹拉夫廖娃、Л. С. 希洛娃和 В. З. 科甘等人的研究成果。这些学者指出，人的健康需求与其为保持和增进生理及心理富足所付诸的努力不相称。尤其是在他们看来，人在生物层面的健康需求表现为企望自我保护，随着人社会化程度的加深，这种需求发生转变，不断发展，进而成为实现其他生活需求（物质福利、实现其他目标等）的潜在条件。①

同时，专家们强调指出，将健康视为工具的态度本身就是对冒险行为"放行"，因为这会使人在生命力资源有限的条件下产生经营健康的定式，导致身体长期有意识承受超额负荷，尤其是额外或者大量的繁忙劳动、经常性加班、在有害劳动条件下工作等。延长工作时间对劳动者来说常常意味着付出健康的代价。②

可以说，目前民众对健康生活方式的关心程度较低。这个问题虽非俄罗斯所特有，但是在俄罗斯表现得尤为尖锐和突出。许多专家认为，这主要是长期实行免费医疗、全体居民都能享受医疗服务的结果。"几代苏联人因此对个人健康的自我责任意识衰退，认为关心居民健康是卫生部的事。"③ 不论如何，大多数俄罗斯居民对保持健康缺乏责任，培养健康生活方式的心理意愿不足。与发达国家居民相比较，俄罗斯人的自我保护水平很低，尤其是 1990 年代初，

---

① Белова Н. И. П, арадоксы здорового образа жизни учащейся молодежи// Социол. Исслед. 2008, No. 4, С. 84–86.

② Шилова Л. С., О стратегии поведения людей в условиях реформы здравоохранения//Социол. Исслед. 2007, No. 9, С. 102–109.

③ Шилова Л. С., О стратегии поведения людей в условиях реформы здравоохранения, С. 103.

主要表现在不良习惯（吸烟、饮酒等）盛行、不及时就医、健康知识和信息匮乏、缺乏预防疾病的习惯等。①

另一方面，医疗和社会保险制度的构建不尽合理。尽管制定了大量的疾病预防规划，但医疗卫生事业的实际优先方向仍然是治疗数量不断增加的患者，而非预防疾病和保护健康者的身体。

四

近年来，宣传报道工作呼吁居民培养健康的生活方式，出现了新的机遇（私立医院开始提供更全面的医疗服务、发展体育基础设施等），加之俄罗斯的文化准则与外国日趋接近，所有这些为人们更加有意识地关注自己的健康创造了条件。但是，远非所有人都能够把握住新机遇。研究明显证明，享有优质医疗服务与人们的物质生活水平之间存在高度的依存关系。其他研究资料也证实了贫困者的医疗卫生需求遭排斥的趋势。相关数据表明，低收入居民多倾向于自我治疗，到疾病晚期才去就医，而且热衷非传统和伪传统医学的廉价服务。② 与此相联系，Л. С. 希洛娃得出结论，当代条件下居民，尤其是最贫困居民针对健康的行为策略比苏联时期更具风险，因为不断攀升的医疗费用开始"吞噬"其他维系生存的家庭预算支出。③

另一方面，专家注意到由于逐渐普及健康生活方式理念所产生的"逆向效应"——受媒体渲染炒作助推，人的健康追求本身成为一种病态。国外研究人员最先对此表示忧虑，他们谈到了作为全球化表现形式之一的医疗化（医学的影响延伸到以前与人体健康不存在联系的全新社会生活领域的过程）对大众意识的消极影响。特别是由于医疗化的发展，目前正在形成新的"理性无知"现象，首先涉及食物。某些美食讲座实际上是强行向人们推销营养食品。为了显得自己入流，他们需要了解维生素、蛋白质、良性或者恶性胆固

---

① Шилова Л. С., Проблемы трансформации социальной политики и индивидуальных ориентаций по охране здоровья//Социальные конфликты: экспертиза, прогнозирование, технологии резрешения. М. : Институт социологии РАН, 1999, С. 86-114.

② Пиетиля И., Дворянчикова А. П., Шилова Л. С., Российское здравоохранение: ожидания населения//Социол. исслед. 2007, No. 5, С. 81-88.

③ Пиетиля И., Дворянчикова А. П., Шилова Л. С., Российское здравоохранение: ожидания населения, С. 82.

醇知识，并对地方特色的传统菜肴提出质疑。① 学者们认为出现了受文化制约的病理综合征，部分群体对健康的担忧趋于极端。饮食和身体保养过度合理化，激进地尝试消除各种西方文化的非健康生活方式，会导致出现特殊的"卫生压力"的危险，以及"先验愈合"的病理表现，并最终诱发实际病症。②

运动同样可能对健康造成损害。例如，欧洲国家体育组织的运动员经常服用可以促进肌肉增长的药物。专家认为，一系列药物可能具有滞后的副作用，甚至会影响以后几代人的健康。

俄罗斯社会存在"超健康生活方式"综合征，其原因是过度关注个人健康，甚至达到病态程度。导致生活方式非健康转型的主要因素之一是媒体的非专业性和不负责态度。分析青年类电子杂志的内容表明，其中关于健康生活方式的基本信息非常肤浅，主要反映防止冒险举动的行为模式的转换。这些方法主要针对少女，而且41%以女性读者为对象的出版物以关注外表容颜为主。③结果，对许多人而言，追逐迷人的外表和化妆品卫生成为目的本身，却忽略了其他或许更为重要的东西。

无论如何，如今健康成为个体的社会属性，它能够在市场经济条件下使人保持竞争力，获取物质保障，长期从事自己的职业，以及安度晚年。研究表明，在决定个人健康的因素中，生活方式居主导地位，占50—52%（18—20%取决于遗传因素，20%取决于周围环境，10—12%取决于医疗条件）。④居民健康是国家的战略潜力和维护国家安全的重要因素，宣传和培养健康生活方式是国家的优先任务和全社会的责任。

（钟建平、张广翔　译）

（《社会科学战线》2011年第5期）

① Колесникова Н. С., Новации в социологии медицины и здоровья. Заметки участника Ⅷ конференции ECA//Социол. Исслед. 2008, No. 4, C. 89–91.

② Колесникова Н. С. Новации в социологии медицины и здоровья. Заметки участника Ⅷ конференции ECA, C. 90

③ Белова Н. И., Парадоксы здорового образа жизни учащейся молодежи//Социол. Исслед. 2008, No. 4, C. 84–86.

④ Лисицын Ю. П., Перестройка здравоохранения и задачи научных исследований стратегии//Здоровье человека в условиях НТР. Методологические аспекты. Новосибирск, 1989, C. 11–12.

国际刑事法院吓阻国际刑事违法行为的能力：一种理论上的评估

〔美国〕克里斯多夫·W. 穆林斯　达恩·L. 罗特[*]

2002 年 7 月 1 日，伴随《国际刑事法院罗马规约》的生效，国际刑事法院正式诞生，其宗旨在于对战争罪、种族灭绝罪和危害人类罪的主要责任人进行追诉。[①] 尽管就追诉前述犯罪人已经存在诸多理论，但是许多从事国际刑事司法研究和实务工作的人士，包括为国际刑事法院工作的人员，都宣称国际刑事法院具有吓阻力，且有能力剥夺国际刑事违法行为人的豁免权。

国际刑事法院的检察官路易斯·莫雷诺-奥坎波（Luis Moreno-Ocampo），在最近的缔约国大会第八次会议上的发言中，一开始就突出强调了国际刑事法院收监起诉的每起案件中所涉及的核心犯罪。他声称该法院对每一起案件、每一个涉案人均有吓阻力。[②] 正如我们在最近的文章中所指出的，[③] 莫雷诺-奥坎波先生并不是唯一坚持推进国际刑事追诉特别是国际刑事法院具有吓阻力观念的人。从事国际刑事司法研究和实务工作的人士，通常认定或至少假定国际刑事法院具有强力吓阻效果的可能性。例如，佩贾姆·阿卡万（Payam Akha-

---

　　[*] 作者单位：美国南伊利诺斯大学犯罪学和刑事司法系；美国欧道明大学社会学和刑事司法系。

　　[①] 一旦侵略罪的定义法典化，同样将纳入国际刑事法院的管辖。

　　[②] 路易斯·莫雷诺-奥坎波：《缔约国大会的发言》，http://www.icc-cpi.int/NR/rdonlyres/CDF496C7-7BA7-4AA3-B670-1EE85BC3E3E8/281268/20091118ASPspeech.pdf，2009-11-18。

　　[③] 达恩·L. 罗特和克里斯多夫·W. 穆林斯：《超越国际刑事审判的法学定位：国际刑法和其控制的关联性的犯罪学洞察》，《国际刑法评论》2010 年第 1 期。

van）① 曾提出，早期的国际法庭的起诉就已经营造出"需对国际犯罪负责"的理念，并且已经"在国际社会内对国际犯罪起到了长期抑制的作用"。虽说某些吓阻的华丽词藻仅仅是象征性的政治修辞，从事国际刑事司法领域的人确信国际刑事法院具有防范国际刑事违法行为发生的能力。犯罪学作为一门学科，对克制（desistence）的理论研究已经投入了很多，因而在对国际刑事法庭是否具有吓阻效应的理论（和实际调查）研究中处于有利地位。

犯罪学通常忽视国际刑法和国际刑事司法，同样的，国际刑事司法机构和实务工作者也会忽视犯罪学的研究。这很令人遗憾，因为犯罪学非常有助于对国际犯罪的理解，也有助于国际刑事司法管理方法的形成。有鉴于此，本文以当前吓阻理论的理论原则为基础，结合现存的实证研究结果，来验证国际刑事法院对国际刑事违法行为、尤其是违反国际人道主义法的行为所具有的潜在抑制效力。为此，我们将阐述当前吓阻理论的主要观点，并批判地探讨其是否能产生以及如何产生为众多从事国际刑事司法研究和实务工作的人士及国际刑事法院本身所认定的实效。

一、吓阻理论的一般原则

吓阻理论起源于启蒙时代，因此其各种模式都是犯罪学的最初尝试。其中，最直接的就是人类行为模式。该模式假定行为取决于个体对行为可能产生的快乐/利益与痛苦/成本的计算。一旦快乐大于痛苦或者利益大于成本，行为就值得去做。当法律被纳入这个计算模式中时，最好能使行为产生更多的痛苦或者使行为的成本高于收益，因而通过归责性的惩罚，可以在一个群体中产生一般性的吓阻力，并进而对具体个体产生特定的吓阻力。正如该模式的早期版本所阐述，法律对行为的吓阻能力基于与惩罚有关的三个变量：及时性、确定性和适当性。如果惩罚更及时②、更确定，与犯罪造成的痛苦更相称，吓阻的效力就越大。不仅犯罪学家对这种吓阻模式进行了彻底的实践检测，许多学者也对其基本假定和预测进行过调整。

---

① 参见佩贾姆·阿卡万：《超越豁免权：国际刑事审判能否防范未来的暴行》，《美国国际法杂志》，No. 7，Vol. 27，2001。对立的观点参见詹姆斯·斯尔克（James Silk）：《国际刑事审判和人权保护：法治或法的傲慢》，http://www.islandia.law.yale.edu/sela/es-ilk.pdf，2009 年 12 月 6 日。

② 基于经验犯罪学的本质和刑事司法的实际功能，就不必就及时性的吓阻作用进行更多的探讨了。

　　吓阻理论得以强化的人性假定是基于人类是理性经济人这一信条，即使其仅是一种有限的理性。[1] 这种认为决策的形成基于对成本—收益进行清楚而理性的分析，即使受有限的信息和/或时间和空间的影响，并不考虑非理性的决策。然而，有充分证据表明多数犯罪行为都受决策中非理性因素的驱使。大量的定量研究证实许多其他类型的犯罪也发生于非理性的判断、感情和情绪。

　　实际研究证实，一般吓阻效果的主要变量——类似于街头犯罪和白领犯罪——是确定性。毫不奇怪，当罪犯无法感知可能会受到何种惩罚时，就会很少抑制自己的犯罪行为，更不会考虑惩罚的及时性与适当性问题。一旦这些因素（即及时性、确定性和适当性——译者注）被控制，大部分对个体自认犯罪机率的研究表明惩罚的严厉性与犯罪决策间很少有关联。这一点已经被相关研究所证实，即通过在现实世界中修改量刑结构从而对犯罪行为产生的影响来验证。即使这些关联性在不同人群中也具有较高的情境性和多样性。

　　另一方面，社会地位和身份也极大地影响着吓阻效果。[2] 当把最简单的理性选择模式进行扩展，就会凸显出不同社会地位会导致个人的成本收益计算的不同。简单地说，假定个体失去的越多，他越可能停止或拒绝额外的犯罪，因为其成本（后果）也越高。基于此，就有了下面的假定，越可能会精心策划国际刑事违法行为的人，越会对由此所导致的法律制裁，即"他们所失去的"——社会或政治地位，比较敏感。国家或军队中拥有特权的个体，如能认知法律的合法性和确定性，将会感受到较强的吓阻力。

　　然而，最近关于法律对街头犯罪的吓阻效力的研究显示，传统的吓阻概念具有一个严重缺点。也就是说，从定义和量化两方面而言，学者倾向假定吓阻效力是一个双元结果。罪犯或实施犯罪，或不实施犯罪。然而，刑罚的威胁会影响犯罪的实施方式，即引发情境性的吓阻。[3] 在住宅盗窃案中，罪犯如果惧怕被抓，就会尽量在住宅里花费较少的时间，进而会限定其犯罪方案于较小的

---

　　[1]　赫伯特·西蒙：《人类的模型》，纽约：John Wiley，1957。

　　[2]　麦克·斯塔福和马克·沃尔：《一般和特殊吓阻的新构想》，《犯罪与违法行为研究杂志》1993年第3期；雷蒙德·帕特诺斯特、莎莉·辛普森：《法人犯罪的理性选择理论》，载尼尔·索尔和约翰·保罗·怀特《特权型犯罪：白领犯罪文选》，纽约：牛津大学出版社，1992年，第194–210页；雷蒙德·帕特诺斯特、莎莉·辛普森：《制裁对于道德的威胁和诉求：法人犯罪的理性选择模式检测》，《法律与社会评论》2006年第30期。

　　[3]　理查德·赖特：《住房搜查：吓阻理论和未能吓阻的住宅盗窃》，载马克·庞格雷宾《关于罪犯的研究：犯罪者们的视角》，Newbury Park，CA，Sage，2004。

地方以便搜寻和拿走财物。① 虽然犯罪没有被完全避免，但总体成本已经降下来。国际刑事司法对于武装冲突中的违法者也会产生类似的影响。违法行为可以在根本上降低其频率和强度，或者呈现出新的特点。为了理解部分吓阻是如何起作用的，现在让我们来检验一下产生国际刑事违法行为的结构性决策的过程。

二、犯罪构成

归根到底，还是个人的决定导致了犯罪。在一个组织内部，则明显分为两个阶层：高层领导和大众阶层。由于国际刑事法院的司法管辖权仅限于《国际刑事法院罗马规约》中的广泛的或系统性的刑事违法行为，个人引发的（不要与个体犯罪意向混淆）局部的战争罪不在其考虑范围。且国际刑事法院仅处理对战争罪负有主要责任的人，而不是基层士兵，因此我们在此仅关注高层领导及吓阻力对其的影响。

战争罪、种族灭绝罪和危害人类罪，从本性上来看，都是由组织或政权体制所实施的，如政府、军队或准军事组织。他们通常是高度官僚化的，以大量的资源为基础，建构起或最小限度地统合起多数个体，并将他们的行为导向设定的共同目标。如同韦伯以后的理论家所知，复杂组织中的行为通常是高度理性的，至少具有价值理性（如韦伯）或具有有限的理性（如西蒙）。

关于种族灭绝罪的大量研究指向了理性在激化这类现象中的关键作用。②通过对施行过程的机械化和官僚化，人性因素和情感犹豫即使不被排除，也会被削弱。③ 大部分有关的研究都基于纳粹大屠杀，但是该模式很难用于所有群体屠杀暴行。要知道，卢旺达种族灭绝的施行并不是来自上层，而是受到情感的驱使。在此，有人可能会质疑理性模式，因为在那儿发生的大部分杀戮完全是非理性的。然而，当这一问题和过程涉及高层领导时，理性的决策过程仍然适用。很难想象那些人在花费心思密谋和计划此类事件时，会丝毫没有考虑可能会因此承受的刑事责任。

---

① 理查德·赖特（Richard Wright）：《住房搜查：吓阻理论和未能吓阻的住宅盗窃》，马克·庞格雷宾《关于罪犯的研究：犯罪者们的视角》，Newbury Park，CA，Sage，2004。

② 参见阿莱特·斯缪勒斯：《国际犯罪的实行犯：类型学视角》，载罗乐夫·哈夫曼和阿莱特·斯缪勒斯主编《超国家犯罪学：国际犯罪的犯罪学视角》，Intersentia，United Kingdom，2008，pp. 233–263。

③ 唐纳德·G. 达顿等：《大屠杀：从军事屠杀至种族灭绝》，《攻击与暴力行为》2005 年第 10 期。

由于实施国际刑事违法行为的组织至少具有部分理性，因此研究这类现象的人广泛地认为在行为实行过程中该组织具有一个或者一组特定的目的。所有组织会利用其资源去完善整体目标并实现该目标。就像街头犯罪，单一事件的发生好像是无序的、随意的、完全没有目的，一旦将一系列事件联系起来分析，并考虑事发的背景，就会很容易看到，危害人类罪、种族灭绝罪或侵略罪都是有目的导向的行为。

此外，系统性暴行往往服务于某些组织的策略性目的。能达到国际刑事法院的检察官办公室进行调查的程度，案件本身无疑是严重的、影响广泛的并且/或者系统性的。单个案件不足以被调查，除非其被认为非常严重。正如检察官办公室所指出的，虽然许多国际机构要求调查美国入侵伊拉克的战争罪，但是需要指明的是，伊拉克不是缔约国成员，因此国际刑事法院对此无管辖权，而不论犯罪级别达到什么程度。如果战争罪是发动战争的一部分，那么其也可以作为某种理性决策的副产品。因此，吓阻力也可以嵌入到该决策程序之中。

高层领导策略性地利用这些实践去实现他们所致力的目标。如果我们假定，其上述过程是理性的（即使是有限的理性），且策略的施行要求大量辅助理性，那么吓阻效力就有发生的可能。在有意识地决定倾尽全力去达致目的的决策过程中，领导层会致力于考虑行为的结果来制定具体行动中的"做什么"和"怎么做"。然而，我们仍然会明显看到预期的吓阻效果并未如现实所愿。这就如我们所论及的，由于一些结构性和实践性问题，国际刑事法院的吓阻效果会受到一定的削弱。

三、确定而现实的吓阻力的结构性和功能性障碍

1. 管辖权

国际刑事法院的建立是补充性的，用来调查和追诉那些国家本身不愿或不能调查和追诉的案件。它只能审查那些发生于 2002 年 7 月 1 日《国际刑事法院罗马规约》生效之后的案件，且当事国家已经批准了该规约。此外，要想使案件纳入到国际刑事法院的管辖范围，还必须符合下列有关罪行发生地域的三项条件中的任何一项：一是罪行必须发生在缔约国的领土（或其控制的领土）、船舶或飞行器上，或者是由缔约国的国民（如武装部队）所实施的。二是一国即使不是国际刑事法院的缔约国，但同意接受国际刑事法院的管辖。①

---

① ICC-CPI-20050215-91。

例如，由于牵扯到内战，科特迪瓦政府主动接受了国际刑事法院的管辖。因为科特迪瓦虽然在 1998 年签署了《国际刑事法院罗马规约》，但国内立法却没有批准该规约，因而其不是规约的缔约国。三是在上述两项条件均不符合的情况下，联合国安理会可以向国际刑事法院推荐案件并授权国际刑事法院对该案行使管辖权。苏丹达尔富尔案即属于这种情形。

其结果是，如果安理会授权，发生在非缔约国的罪行也要面临可能的调查。另一方面，虽然安理会有能力去建议调查，但是有否决权的缔约国① 或者与其结成强大联盟的国家，事实上仍可能获得豁免。而当缔约国及其执行者不受国际刑事法院管辖时，国际刑事法院的吓阻能力就会大大降低，因为其确定性被否定，而这正是有效吓阻的关键。正是这种可能性，强化了布什政府对国际人权法表现出不屑一顾的傲慢态度。从入主白宫的第一天起，布什政府就与国际刑事法院对抗，② 因为他知道其军事行动中的任何争议性的犯罪行为都会以国际外交关系为手段从政治上得到处理。由于美国可否决安理会的任何决议，所以不会受到国际刑事法院起诉的威胁。同样的，俄罗斯也不会在车臣的军事活动中检点自己的行为。此外，这些有否决权的国家曾长期涉足他国事务，因为后者在冲突中存在大规模侵犯人权的行为。而这些当事国的领导人确信（无论正确与否）盟国会使用其否决权保护他们使其免受国际刑事法院的追诉。因此，国际刑事法院对他们的吓阻力就会被削弱。以美国和以色列的关系为例，美国一直保护以色列使其免受国际刑事法院可能对其在加沙和约旦河西岸军事行动的制裁。

此外，抛开管辖权这一弱点，即使安理会把案件提交给国际刑事法院，仍然存在着无权执行这一问题（这点将在下面谈及），并且某些国家和领导人认为国际刑事法院缺乏合法性。比如，苏丹总统奥马尔·巴希尔就曾说："以真主的名义，我们不会把任何一个苏丹人交给国际刑事法院。"③

进而，虽然曾有二例武装冲突，由于利益的考虑，一个国家试图将犯罪交于国际刑事法院管辖，发生在苏丹和刚果民主共和国的即是如此。但在这两个案件中，涉案国并没有与国际刑事法院通力合作，而是利用国内诉讼从政治上

---

① 例如美国和俄罗斯。

② 达恩·L. 罗特、罗特克里斯多夫·W. 穆林斯：《象征性姿态和国际社会控制的产生：国际刑事法院》，Lexington，NY，2006；达恩·L. 罗特、罗特克里斯多夫·W. 穆林斯：《国际刑事法院和美国的对抗》，《犯罪、法律和社会变迁》2006 年第 45 期。

③ 《猜想：为国际刑事法院而战》，2009 年纪录片，公共广播系统。更多细节或订购该影片，参见 http://www.pbs.org/pov/reckoning/，2009 年 12 月 14 日。

主张二者相辅，尽力避免国际刑事法院的介入。苏丹就曾建立了一个纯粹具有象征意义的审判程序，试图削弱国际刑事法院对其政府首脑和军事领导在达尔富尔地区的所作所为进行指控。①

反过来看，对那些国际刑事法院正在追诉而在国内没有被指控的犯罪人，国际刑事法院可以继续调查。此外，热尔曼·加丹加（刚果军阀——译者注）的辩护曾挑战过国际刑事法院对其案件的审理资格。加丹加的辩护理由之一就是他可以在刚果民主共和国国内受审。上诉庭驳回了这一管辖权异议，指出就国际刑事法院正在追诉的案件，他在刚果民主共和国并未面临起诉。同时，上诉庭进一步指出，一旦国际刑事法院的案件终结，该国仍有充足机会寻求国内诉讼。

前述决定和行为强化了国际刑事法院的权威性和合法性。通过坚持其立场，国际刑事法院也表明了一旦案件启动就尽其一切能力结案的决心。国际刑事法院不会受到试图削弱其权威的政治压力的影响，也不会允许任何政体通过象征性法律诉讼程序来包庇罪犯。国际刑事法院要想获得一个非政治化的国际司法机构的好名声，并提升其吓阻力的潜能，这种立场是必不可少的。如果这一姿态能一直保持下去，国际刑事法院所一直追求的一般吓阻力就会得到增强。更重要的是，如走向反面则会成为吓阻力的梦魇。

2. 调查和逮捕

国际刑事法院在调查权上严重受限，不能够传唤任何国家或调取任何记录。虽然国际刑事法院可以向个人签发逮捕令或传票，但检察官和国际刑事法院缺乏被授权的警务机构以确保上述权力的实施（《国际刑事法院罗马规约》第54—58条）。检察官仅有权要求嫌犯、被害人和证人出庭。但这均有赖于有关国家或缔约国遵守承诺交出与调查有关的证据、嫌犯或证人。这实际上就意味着要完全依赖缔约国或联盟组织对逃犯进行拘禁。这就是减损国际刑事法院的吓阻确定性的另一因素。即使在国际刑事法院能够启动案件并签发逮捕令的情形下，通过藏匿或仅仅通过案发国拒绝合作，嫌犯仍然能够逃避司法制裁。迄今为止，在国际刑事法院已经启动的4个案件中，有2个就出现了上述情形。

国际刑事法院第一个逮捕令是捉拿约瑟夫·康尼（Joseph Kony）和圣主

---

① 详尽的讨论参见达恩·L. 罗特、罗特克里斯多夫·W 穆林斯：《非洲：地方性报告》，载 M. 谢里夫·巴西奥尼（M. Cherif Bassiouni）主编《国际刑事司法的追求：冲突、受害人和后冲突正义的世界性研究》第2卷，Antwerp：Intersentia，2010，pp. 357-514。

抵抗军（the Lord's Resistance Army）的首领。到本文撰写之时，逮捕令仍然未被执行，圣主抵抗军仍然在其地盘上活动。没有任何势力愿意或能够动用所需的军力来逮捕他们。而且康尼还试图利用国际刑事法院的逮捕令作为谈判的筹码，号称他会自动投案并接受乌干达法庭，而不是国际刑事法院的审判。① 然而，与此同时，2009 年末至 2010 年这一段时间内，圣主抵抗军仍在中非共和国和民主刚果共和国的偏远地区继续其大规模强迫征召成年人和孩童入伍。公开对抗和蔑视国际刑事法院对苏丹一应罪犯所签发的逮捕令。最初，国际刑事法院签发逮捕前政府部长艾哈迈德·穆罕默德·哈桑和贾贾威德（Janjaweed）首领阿里·穆罕默德·拉赫曼。政府对哈桑的去向一清二楚，也曾多次拘禁过拉赫曼。但巴希尔政权就是拒绝把人犯提交给国际刑事法院。这种保护显然削弱了国际刑事法院的吓阻能力。但最近的一些情况进一步削弱了国际刑事法院废止豁免权和产生潜在吓阻的能力。②

2009 年 3 月 4 日，国际刑事法院在追求国际公正方面采取了一项大胆的举措，即签发逮捕一位现任国家元首，即苏丹总统奥马尔·哈桑·艾尔·巴希尔。在一定意义上说，这是一项深思熟虑的行为，进而表明任何人不能豁免于国际刑事法院的诉讼。要不是受各国政府和前述提到的结构性限制的阻挠，这些行为应该非常有利于国际刑事法院应有的潜在吓阻效果的产生。2009 年 7 月，在非洲国家联盟第十三届国家和政府峰会后期，大会通过了决议，拒绝承认国际刑事法院的逮捕令。就其本身而言，这一行为比其他任何具有相同作用的行为更有损于国际刑事法院的吓阻能力。同样地，巴希尔总统的重新当选，并作为第一个面临国际逮捕令却再次当选的国家元首，以及仍然持续的对平民的暴力和犯罪，都负面影响国际刑事法院的吓阻力和行使其职权的能力。

另一方面，法非峰会不选择埃及而重定地点是为了避免因巴希尔的出席而带来的麻烦，因为欧盟规则要求不与受到国际刑事法院起诉的人接触。尽管如此，事实上其他国家和政府对巴希尔和国际刑事法院间的争议很少有实际的回应，这又进一步削弱了国际刑事法院潜在的吓阻能力。即使逮捕被执行，嫌犯受到拘禁，国际刑事法院有限的财政和人力资源也阻碍了其吓阻力的发挥。

---

① 这表明康尼一方根本没有诚意。过去十几年间，这套诡计已经使圣主抵抗军领袖多次豁免。参见罗特克里斯多夫·W. 穆林斯、达恩·L. 罗特：《血腥、强权和骚乱：后殖民时代非州的国际违法行为》，New York，Peter Lang，2008。

② 然而，需要指出的是，巴尔·艾德瑞斯·阿布嘎达（达尔富尔叛军首领）愿意出席 2009 年 5 月 18 日的国际刑事法院的预审庭。

3. 国际刑事法院的能力有限

目前，2010 年国际刑事法院的预算表明，现有资源只能够进行 3 场审判，多一场都不行。检察官办公室在目前情况下能够进行 5 次调查和维持 5 次正在进行的审判的剩余调查。另外还有其他 8 个正在调查的案情还要继续。检察官办公室认为，未来 3 年他们有能力开展至少 4 项新的调查和进行 10 项当前或新案情的初审。① 然而，就组织和财政能力而言，国际刑事法院的运作已达到极限。如捐赠不增加，也没有《国际刑事法院罗马规约》新缔约国的加入而带来的额外资助，国际刑事法院的活动将继续高度受限。② 以前，国际刑事法院有能力支撑其对在押嫌犯的审判，但是如果在押嫌犯的数量继续增加，则他们等待审判的时间将无疑会延长。预算明显地限制了检察官一定时间内的开庭数量。此外，从 2009 年末开始，国际刑事法院遭遇了预算空缺，限制了其活动能力，包括听证会和司法程序都受到延迟。③ 正如欧文所述，"国际刑事法院在 2010 年面临着严重的运作和法律的挑战，因财政限制使其三项主要的审判只能在单间审判室进行……国际刑事法院目前在同一时间内只能负担一个审判室的费用。国际刑事法院下一年的年度预算表明案件审理只能一次进行一个或者交替进行"④。

潜在的问题是，这会削弱国际刑事法院的合法性，尤其在哪个案子立案哪个不立案的决策背后，似乎存在某些断案逻辑或者偏见（不管是来自检察官办公室或其他机构）。⑤ 如果检察官的断案逻辑是基于预算的考虑，那么国际刑事法院履行其执法使命和实现目标的能力就会大打折扣。

国际刑事法院受限的能力极大降低了其吓阻效果。因为，犯罪人意识到国际刑事法院仅能在一定时间进行少量的调查，而非常有限的立案将降低对他们的犯罪行为进行起诉及其他司法活动的确定性，这对抑制豁免权毫无益处。理性的人会看到，某一案情被调查的可能性很小，而进入审理程序的案件则更

---

① L. M. 奥坎波：《在国际刑事司法协商大会上的发言》，联合国总部，纽约，2009 年 9 月 11 日。

② 2008 年 10 月，八个理事国公开了其捐献额。总数是 2 028 571 欧元，占总体预算的 2.24%，ASP-08-0461 pps2-3。

③ 参见瑞秋·欧文：《国际刑事法院审判受预算缩减的冲击》，战争与和平研究所，2009 年 12 月 13 日。

④ 参见瑞秋·欧文：《国际刑事法院审判受预算缩减的冲击》，战争与和平研究所，2009 年 12 月 13 日。

⑤ 比如，当前对国际刑事法院的批评都集中于非洲国家被排除于世界之外。

少。国际刑事法院无法同时处理 3 个以上的案件的事实，大大降低了任何案子中任何罪犯可能会受到司法审判的机率。

4. 对国家元首和高级官员的吓阻效力

总之，虽然国际刑事法院具有强大的吓阻潜能，理论上也能得到证明，但是目前资源的匮乏和管辖权的局限限制了这些潜能。《国际刑事法院罗马公约》规定的刑事违法行为是在层级组织内处理的。这种层次组织的决策涉及吓阻理论者在犯罪分析中所强调的理性分析，而这也表明刑罚是可以改变的。如此的理性分析很大程度上取决于确定性。但不幸的是，对于世界范围内国家暴行的被害人，起诉的确定性非常之低。究其原因主要包括国际刑事法院需要缔约国遵守承诺，国际刑事法院的管辖权、本身能力和执行力受限以及关于其一般吓阻力的证据明显不足。

四、国际刑事法院对国家元首和高级官员之外的人的吓阻力

"几个世纪以来最严重的犯罪，多数没有受到惩罚。正因为如此，我们设立了国际刑事法院，但我们是否能把他做好呢？"①

如果我们所期望的是一个国际司法体系，恰如国际刑事法院和国际刑事司法的支持者所宣扬的那样，那么我们就必须考虑国际刑事法院对国家元首和高级官员之外的人的吓阻力，不管目前检察官办公室对这一问题，即"起诉基层士兵"是否感兴趣。② 要知道，如果国际刑事法院代表"全球正义"并将确保"世界和平"作为目标的话，豁免权的终结和吓阻效力应该延伸至国家元首和高级官员之外的人。③ 在这一艰巨任务下，国际刑事法院有可能决定"为了正义"有必要考虑将其立案对象扩展到包括最主要案犯以外的人。正如检察官所言："国际刑事法院所考虑的不应当只是发生在法庭内的事件，而应考虑国际刑事法院对世界的影响。"④

国际刑事法院自身承认，其主要任务是审判那些对国际刑事违法行为负主要责任的人。中低阶层的犯罪人不是其目标。实际上，这也是当前案件的具体

---

① 《猜想：为国际刑事法院而战》，2009 年纪录片，公共广播系统。更多细节或订购该影片，请参见 http://www.pbs.org/pov/reckoning/，2009-12-14。

② 《猜想：为国际刑事法院而战》，2009 年纪录片，公共广播系统。更多细节或订购该影片，请参见 http://www.pbs.org/pov/reckoning/，2009-12-14。

③ 检察官办公室：《司法的利益导向》，2007 年 9 月的司法利益的政策文件。

④ 检察官办公室：《司法的利益导向》，2007 年 9 月的司法利益的政策文件。

现状。目前，国际刑事法院所有的逮捕令都签发给高级官员。虽然是受财力等所限，但是这样无疑使众多中低层次的罪犯继续逍遥法外。当国际刑事法院仅仅审判首脑，并限制于大范围的、系统性的违法案件时，基层兵士是不会顾忌参与偶发的、机会性的战争犯罪。因而，指挥官会如实地告诉其下属，他们不用担心针对他们依命令而实施的暴行的国际法律诉讼。由此可见，豁免权并未在真正意义上被终结。

国际刑事法院的核心使命是在各国中强化他们自主审案的能力。他承诺协助国家建立起有力的独立司法机构去审判中低层级的犯罪人。但正如本文所述，国际刑事法院在这一点上实际上罕有作为。如果这些使命性的目标彰显出来，吓阻效果至少在某些方面能够实现。这就导引我们去研究低层级犯罪的性质。①

一旦一项计划付诸实施，尽管可能只是一系列命令授权官兵和整个部队从事国际刑事违法行为，就须有人去具体实施违法行为。犯罪学的理论和研究是否对评估在基层具体执行犯罪的官兵中有无潜在的吓阻力提供任何帮助呢？仔细研究后会发现，国际犯罪分子与西方的街头犯罪人确实无太大区别。民主刚果共和国内的刚果解放运动、刚果爱国者联盟、爱国抵抗者部队、国民统一阵线的成员，苏丹贾贾威德的成员，塞拉利昂的革命统一战线的成员，卢旺达的内部哈瓦米成员（Interhawame），多是那些经受严重歧视和不公平待遇的青年男性，他们与世界范围内的街头犯罪人的一般人口特征并无显著不同。

上述研究表明，对街头犯罪的大量专项定性研究突显出并剖析了犯罪人的决策是理性与非理性的过程相综合的产物。虽然实施犯罪的具体要素，如犯罪目标选择，经常是理性而又局限的选择的结果，但是犯罪决定通常是在较强的非理性情境下作出的。沉缅于对愉悦的追求会使犯罪行为框定在药物滥用和现象学意义"急需现金"的情感之内，因此经常使街头犯罪成本与收益的理性权衡短路。② 许多犯罪人在犯罪时受到心理激化药物的影响，从而进一步削弱

---

① 尽管在国际刑事法院能力范围之外，这一层级的核心问题仍然是如何终结实行特赦和后冲突的诉讼。当某些特赦的国家不适用国际犯罪和国际司法机构时，需要巩固的能力是定位于国家层面，无成效的磋商或措词严厉的赦免为中低层级犯罪人打开了免罪的后门，使他们免受国际刑事司法审判。

② 理查德·怀特、斯科特·德克尔：《论工作：街头生活和住宅盗窃》，波士顿：Northeastern University Press，1994；《持械盗抢：抢劫和街头文化》，波士顿：Northeastern University Press，1997。

他们在决策过程中保持理性的能力。① 药物加上犯罪亚文化的影响就是为什么很少法律对街头犯罪具有吓阻力的主要原因。

当我们在分析国际刑事中低层次违法者的情境经历时，虽然情况并不是与上述所描述的完全一致，但我们可以看出其中的类似之处。卢旺达国际刑事法庭的多数证词表明内部哈瓦米的成员过度地酗酒和吸食大麻。塞拉利昂的童子军们经常在打仗前被迫吸毒。② 当前的研究也表明在武装冲突的情境下，士兵的情绪高度紧张和兴奋，从而失去理智，恣意妄为地实施暴行。③ 这种高亢的情绪状态使法律的吓阻效力短路，所以对低层级犯罪人的国内诉讼通常仅有报应价值而没有吓阻效力，因为他们犯罪时的心理状态不可能有理性的决策过程。

军事生活和活动的特点也说明了其缺少功能性理性，而更多地是价值理性在起作用。小群体内部的个人间的联系和直接的社会和人际环境极大地影响了士兵的想法和做法。此外，基层武装根本不会受到国际追诉，而至多会在国内被追诉。而且，他们经常会获得豁免。即使豁免权声明不包含国际犯罪，但很难想象这些底层士兵都知晓并理解国内法庭与国际法庭的区别以及他们不同的管辖范围。总的说来，国际刑法对基层武装的吓阻效力更弱，更别说国际刑事法院了。

结　论

客观地说，要想终结战争罪、种族灭绝罪和危害人类罪的主要责任人的豁免权，需要的不仅是吓阻力，诉讼的报应也有标志性的价值。许多暴力事件的被害人希望对罪犯提起诉讼，但并不因为诉讼和审判可以防止类似事件的再次发生，而是为他们遭受的痛苦声张正义。即使范围有限，国际刑事法院的诉讼

---

① 参见特雷弗·班纳特（Trevor Bennet）：《毒品和犯罪："新亚当"项目的第二发展阶段的结果》，内政部研究 205 号，发展和统计理事会，英国，伦敦，2000 年；理查德·怀特、菲奥纳·布鲁克曼（Fiona Brookman）、特雷弗·班纳特：《英国街头犯罪的动态前景》，《英国犯罪学杂志》，No. 1，2006，pp. 1-15；美国司法部、全国司法研究所：《毒品、酒精和其他相关的被捕者》，Washington DC, US DoJ., 2003。

② 瑞秋·布雷特（Rachel Brett）、厄马·施佩希特（Irma Specht）：《青年军：他们为什么选择战斗？》，Boulder CO, Lynne Rienner, 2004。

③ 唐纳德·G. 达顿等：《大屠杀：从军事屠杀至种族灭绝》，《攻击与暴力行为》2005 年第 10 期。

确实可以帮助减轻被害人对豁免权的憎恨。① 当犯罪人在公开的、公正的程序中受到审判时，国际法律秩序和"法治"的理念才能得到国际社会的认可。这当然可以通过国际刑事法院现有的案件本身，以及国内和国际社会层面的司法裁定和判决文本的措辞，得到进一步强化。例如，如果国际刑事法院使用宽泛的措辞来解释领导的责任，② 就会有较高的机会将高级官员绳之以法，基于他们"应该知道"的推理。因为否认和推卸责任在层级性组织内非常普遍，也是争取豁免的辩护理由，明确国际刑事法院不会接受"缺乏直接证据证明罪犯事先知晓"为辩护理由有助于提升国际刑事法院的吓阻效力。

我们不是说吓阻效力的弱化会完全减损国际刑事法院的使命和价值。我们也不希望抹杀由于国际刑事法院的发展而在国际司法领域所取得的成就。此外，我们也承认寻找证据、被害人、证人非常复杂，更无需细述案件本身。我们只是希望对国际公共论坛中似乎公认的国际刑事法院对国际刑事违法行为具有或者可能具有吓阻力这一观点予以反击和纠正。当然，考虑到国际刑事法院的合法性，我们也不否定其积极的一面。最近，国际刑事法院第一次出现了犯罪人自愿面对司法而不是屈服于逮捕令的情形。巴尔·艾德瑞斯·阿布嘎达（达尔富尔联合抵抗阵线高级首领）在 2009 年 5 月，主动向国际刑事法院投案并接受国际刑事法院审判。他被控作为指挥官承担 2007 年 12 名非洲联盟维和人员死亡的责任；尽管他在国际刑事法院继续认定自己是无辜的。就对潜在的国际刑事违法行为人的吓阻效力而言，阿布嘎达的投案和自愿接受国际刑事法院审判的行为是一个积极的信号。

此外，从对检察官办公室所施加的压力产生的反应可以看出，出于对国际刑事法院及其干预和潜在追诉的恐惧，吓阻力已经在哥伦比亚案中产生一定影响。国际刑事法院的调查发现，30 多个国会议员和总统乌里韦，直接地或通过准军事组织的财政支持间接地参与了暴行的实施。在国际刑事法院的压力下，"案件导向正确的方向"③（此案在国内起诉）和出现了潜在的被追诉的可能，司法部长马里奥·易家兰（Mario Iguaran）发表声明说："有必要采取法律行动了……不能再允许豁免现象出现了……我们必须寻求司法公正，起诉

① 《猜想：为国际刑事法院而战》，2009 年纪录片，公共广播系统。更多细节或订购该影片，请参见 http://www.pbs.org/pov/reckoning/，2009 年 12 月 14 日。

② 达恩·L. 罗特：《判决：检察官诉 Tihomir Blaškić 案评论》，2004 年 7 月，Case No. IT-95-14-A。参见安德烈·克利普、哥兰·斯鲁伊特：《国际刑事法庭案件集：前南国际法庭》，Vol XX. Hart Publishing, Oxford, 2010。

③ 《猜想：为国际刑事法院而战》，2009 年纪录片，公共广播系统。更多细节或订购该影片，请参见 http://www.pbs.org/pov/reckoning/，2009 年 12 月 14 日。

并进行审判，因为如果我们不那么做的话，国际刑事法院就来敲门了。"① 这也许只是一个象征性姿态或政治言论，但它确实暗示了国际刑事法院潜在的吓阻力。

同样例子也适用乌干达事件，来自国际刑事法院的压力并结合了政治上的孤立，使得圣主抵抗军处于紧张状态，高层指挥官开始纷纷叛变。比如，作战指挥官帕德里克·马卡斯（Patrick Makasi）叛变并告诉国际刑事法院的调查人员："在丛林中，国际刑事法院成为被议论的主要对象，有时甚至一天被讨论五次……约瑟夫·康尼（Joseph Koney）非常害怕国际刑事法院。"② 这也解释了约瑟夫·康尼在生效的逮捕令下达后为什么一直试图逃避抓捕并通过协调为自己开脱的原因。尽管如此，与前述对被起诉的恐惧相矛盾的是，暴力仍在继续，强制征兵制度仍在进行。

正如我们所指明的，我们不是要淡化国际刑事法院迄今为止的重要影响，而只是想阐明如果要使国际刑事法院的吓阻力得以全面实现，此文列举的有关问题和缺陷，主要是确定性，必须予以解决，同时也要关注其他法学、犯罪学和社会学的影响因素。这就要求全球政治要员全力协作，协助国际刑事法院，确保被害人的正义，制约超级政治大国、经济大国未来可能作出的国际刑事违法行为。总之，恰如奥坎波所言，"掩盖罪行也是犯罪的一部分，安理会不应参与掩盖罪行"③，全球政治共同体也不能这么干。此外，国际刑事法院必须使预期的有罪必纠的确定性成为既定事实，不论涉案人是政府高官还是基层士兵，有罪必纠。如果没有这样高度的确定性，包括预期的和实际的确定性，国际刑事法院就会失去多年来苦心经营起来的一切。

（李海滢　译）

（《社会科学战线》2011 年第 9 期）

---

① 《猜想：为国际刑事法院而战》，2009 年纪录片，公共广播系统。更多细节或订购该影片，请参见 http://www. pbs. org/pov/reckoning/，2009 年 12 月 14 日。

② 《猜想：为国际刑事法院而战》，2009 年纪录片，公共广播系统。更多细节或订购该影片，请参见 http://www. pbs. org/pov/reckoning/，2009 年 12 月 14 日。

③ 《猜想：为国际刑事法院而战》，2009 年纪录片，公共广播系统。更多细节或订购该影片，请参见 http://www. pbs. org/pov/reckoning/，2009 年 12 月 14 日。

什么原因导致中国工资
收入差距扩大？

——来自反事实参数分解分析的证据

夏庆杰　　宋丽娜　　〔英国〕Simon Appleton[*]

导　言

　　改革开放以来，中国工资收入差距与中国国内生产总值呈快速增长态势。然而，1990 年代以来工资收入差距扩大，特别是国有垄断企业和其他企业之间的工资收入差距扩大已在全社会引起广泛关注和不满。例如，工资收入最高行业与最低行业之间的人均工资之比由 1990 年的 1.76 倍上升到 2005 年的4.88 倍。[①] 本文使用入户调查数据得到的分析结果进一步佐证了以上根据宏观产业数据得到的结论。在工资收入的基尼系数增加的同时，工资收入分布的高分位数和低分位数之比在不断上升，例如工资收入分布的第 90 个分位数和第 10 个分位数之比由 1988 年的 2.82 上升到 2002 年的 4.96（根据本文所用CHIP 数据）。因而，一个应该探讨的问题是：工资收入差距扩大是不是一个严重的社会经济问题？如果回答是肯定的，那么造成这个问题的原因是什么？然而，到目前为止还没有关于这个问题的明确答案。

　　根据经济理论，即使是处于一般均衡状态的完美市场经济，也会有局部不均衡的存在。例如，可能会有行业间工资差距的存在。原因是在其他条件不变的情况下，新兴高技术产业的工资总会比夕阳产业高得多。在这种情况下，即使是工资差距很大，也不需要对新兴高技术产业的高工资进行直接限制；当

---

　　* 作者单位：夏庆杰、宋丽娜，北京大学经济学院；Simon Appleton，英国诺丁汉大学社会学与社会政策学院、英国诺丁汉大学经济学院。

　　① 国家发改委：《中国居民收入分配年度报告》（2006），国家发改委网站，2007 年；岳希明、李实、史泰丽：《垄断行业高收入问题探讨》，《中国社会科学》2010 年第 3 期。

然，政府可以对高工资课税和实施最低工资制度等。相比之下，处于转型过程中的中国经济市场不健全、国有企业特别是国有垄断企业在整个国民经济中处于统治地位。国有垄断企业可能制定垄断价格、获得垄断利润、支付给其职工高于劳动边际产品和市场价格的高工资。

国有企业群体本身也处于转型过程中。1990 年代中后期国有企业改革之前，国有企业职工工资是根据国家工资制度制定的，其中职工的职称级别是工资的最主要决定因素，而职工的生产特征如受教育程度和技能得到的经济回报较低。[1] 然而，1990 年代中后期国有企业为解决人浮于事问题和提高效率而大规模减冗员。[2] 与此同时，政府也开始加强具有重要战略地位的大型国有企业的地位。[3] 国有企业的改革和重组也导致其工资和奖金大幅度上升。即使在大规模裁员期间，国有企业仍然提高了未下岗职工的工资。[4] 国家发改委报告在 1990—2005 年期间国有企业、集体企业、其他所有制企业的平均工资年增长幅度分别为 15.3%、13.5%、12.9%；此外，金融保险业、邮政通讯业、水电供应业的平均工资年增长幅度同期更高一些，分别为 20.2%、17.0%、16.4%。[5] 因此，中国著名经济学家吴敬琏认为工资收入差距扩大主要是由国有垄断企业和腐败造成的;[6] 岳希明、李实等也发现国有垄断企业造成的职工收入差距过大。[7]

---

[1] Knight J., L. Song, "Why Urban Wages Differ in China," in K. Griffin & R. Zhao (Eds), *The Distribution of Income in China*, pp. 216-284, London: Macmillan, pp. 221-239; Zhang J. S., Y. Zhao, A. Park, X. Song, "Economic Returns to Schooling in Urban China, 1988-2001," *Journal of Comparative Economics*, No. 3, 1993, pp. 730-752.

[2] 到 2003 年底，下岗职工达 2818 万人（国务院新闻办：《中国的就业状况和政策白皮书》，北京，2004 年）。换句话说，约 1/4 的国企职工下岗（Appleton, S., J. Knight, L. Song & Q. Xia, "Urban Retrenchment in China: Determinants and Consequences," *China Economic Review*, No. 13, 2002, pp. 252-275）。

[3] 如银行等金融、电讯、铁路运输、国家电网、原子能、石油、空间技术、水和煤气供应等行业的大型国有企业。

[4] Appleton S., L. Song & Q. Xia, "Has China Crossed the River? The Evolution of Wage Structure in Urban China during Reform and Retrenchment," *Journal of Comparative Economics*, No. 4, pp. 644-663.

[5] 国家发改委：《中国居民收入分配年度报告（2006）》，国家发改委网站，2007 年。

[6] 吴敬琏：《在"中国经济 50 人论坛"长安讲坛上的讲话》，北京，2006 年 6 月 25 日。

[7] 岳希明、李实、史泰丽：《垄断行业高收入问题探讨》，《中国社会科学》2010 年第 3 期。

在国企改革的同时，中国经济的其他方面也在迅速变化。首先，对农民工进城限制的放松导致进城民工数量由 1990 年的 1500 万剧增到 2003 年的 9800 万。① 更有趣的是绝大多数民工在城镇从事个体经营或者默默承受着低工资的工作。② 第二，由于中国市场巨大、劳动力便宜、经济高速增长，巨额外国直接投资（FDI）流入中国，如 2003 年，中国超过美国成为全世界吸引 FDI 最多的国家（530 亿美元）。③ 外资企业为吸引高技术和高能力雇员而支付大大高于内资企业的工资。④ 第三，在国有企业部门规模缩减的同时，非国有企业迅猛扩展。例如，非国有企业部门生产的增加值在中国 GDP 中的比重由 1992 年的 53% 增加到 2001 年的 62%，其创造的就业份额在同期由 39% 上升到 68%（不包括进城农民工自谋职业的数量）。⑤ 因而，与 1980 年代末期相比，21 世纪以来的中国劳动力市场已大大改观、更富有竞争性。

基于以上对 1980 年代末期以来中国经济巨变的概述，我们假设国有垄断企业的高工资和劳动力就业配置体系、工资支付体系的市场化是推动工资收入差距扩大的主要动力。为验证这个假设，我们使用具有全国城镇职工代表性的 1988、1995、1999、2002 年中国家庭收入项目（CHIP）城镇入户调查数据；在方法上我们使用普通最小二乘法（OLS）之外，更主要使用分位数（quantile）回归方法及根据该方法进行的反事实参数分解分析。

一、数据和方法

1. 数据

本文的研究以中国家庭收入项目（CHIP）中的 1988、1995、1999、2002 等 4 个年度的城镇家庭入户调查数据为基础。CHIP 入户调查是由一些研究中

---

① 国务院新闻办：《中国的就业状况和政策白皮书》，北京，2004 年。

② Appleton S., J. Knight, L. Song & Q. Xia, "Contrasting Paradigms: Segmentation and Competitiveness in the Formation of the Chinese Labour Market," *Journal of Chinese Economics and Business Studies*, No. 3, 2004, pp. 195–205.

③ OECD: *Trends and Recent Developments in Foreign Direct Investment*, June 2004.

④ Appleton S., J. Knight, L. Song & Q. Xia, "Contrasting Paradigms: Segmentation and Competitiveness in the Formation of the Chinese Labour Market," *Journal of Chinese Economics and Business Studies*, No. 3, 2004, pp. 644–663.

⑤ 国家统计局：《中国统计年鉴（1992）》，北京：中国统计出版社，1993 年，第 99 页；国家统计局：《中国统计年鉴（2001）》，北京：中国统计出版社，2002 年，第 134 页。

国经济问题的国际学者和中国社会科学院（CASS）经济学所的研究人员所设计（其中包括本文作者），样本采用国家统计局的具有全国代表性家庭调查项目的子样本。CHIP 数据样本在 1988 年抽取了中国大陆 31 个省份中的 10 个、在 1995 年抽取了 11 个、1999 年抽取了 6 个、2002 年抽取了 12 个。为 CHIP 入户调查所设计的问卷比官方收入调查问卷更加详细，特别是关于收入和劳动问题的调查部分。我们为各年的截面数据分析构造了一个实际工资变量，它包括：奖金、价格补贴（这一项在 1988 年物价补贴取消之前非常重要）以及在边远山区工作的地区性津贴、实物收入和第二职业收入。① Griffin & Zhao、② Riskin et al. 、③ Li & Sato、④ Gustafsson et al. ⑤ 等对各年的 CHIP 入户调查数据及其结果进行了详细介绍。

　　CHIP 城镇入户调查仅仅覆盖了具有城镇户口的家庭。因此，我们的研究未涵盖没有城镇户口但也居住在城市里的农民工家庭。仅仅估计具有城镇户口的就业人口的工资函数在方法上是恰当的。原因在于行政性的控制使出生在农村的人很难获得城镇户口，因而任何样本选择偏差几乎都是可以忽略的。将分析限定在拥有城镇户口的子样本上使我们能够考察特定群体工资结构的改变并据此得出福利状况相应改变的推断。但是，没有包括农民工在内也使我们不得不遗漏城镇劳动力市场中的一个重要方面。而且，由于这一时期进城农民工急剧增加，这种遗漏的损失也变得越来越严重。⑥ 中国政府 1988 年开始允许农

---

①　名义工资通过区域城镇消费物价指数调整为实际工资。

②　Griffin K. , R. Zhao（Eds. ）*The Distribution of Income in China*, London：Macmillan & Co. , 1993.

③　Riskin C. , R. Zhao S. , *Li China's Retreat from Equality：Income Distribution and Economic Transition*, M. E. Sharpe, Armonk, 2001, New York.

④　Li S. , H. Sato（ed. ）, *Unemployment, Inequality and Poverty in Urban China*, London and New York：Routledge Curzon, 2006.

⑤　Gustafsson B. A. , S. Li, T. *Sicular Inequality and Public Policy in China*, Newyork：CUP, 2008.

⑥　与正文提到的原因一样，到目前为止还没有关于进城农民工的高质量数据。然而，根据官方估计，流动人口（也就是那些不在户籍所在地生活的人口）从 1983 年的约 200 万增加到了 2000 年的 6100 万左右（Fleischer B. M. , D. Yang, "China's Labor Market. Paper presented at the Conference on China's Market Reform," *Stanford Center for International Development*, Stanford University, September 2003, pp. 19–20. ）。虽然并不是这些人口都在较大的城镇就业，但大多数人将会如此，而且我们认为官方的估计是保守的。

民进城经商，从此以后政府逐渐放松对农民工进城的限制。① 进城农民工的增加可能对城镇职工中的不同群体带来了不同的影响。具体来说，农民工可能对那些与他们具有类似特征或者在类似部门工作的城镇居民的工资增加具有抑制作用。换句话说，对于那些受教育较少和那些在服务部门、商业部门工作的城镇职工而言，这种抑制效应的影响更大一些。②

2. 方法

我们打算采用两个步骤来检验本文的假设，即工资收入不平等和差距扩大主要是由国有垄断企业的高工资和劳动力配置体系的市场化造成的。

第一个步骤是分位数回归分析。OLS 的问题是它只能在均值水平上反映相关解释变量对被解释变量的影响，即使是使用面板数据也是如此。显然，解释变量对被解释变量的影响会随着被解释变量分布的由低到高的变化而有所不同。相比之下，Koenker & Bassett 提出的分位数（quantile）回归则可以把解释变量对被解释变量的影响在后者的整个分布上都显示出来。③ 从 Buchinsky 使用分位数回归分析美国工资结构变化以来，④ 分位数回归在分析工资收入的决

① Linge G. , D. K. Forbes , "China's Spatial Development：Issues and Prospects，" in：Linge，Godfrey，Forbes，Dean K.（Eds.），*China's Spatial Economy – Recent Development and Reforms*，Hong Kong：Panther Press，1990，pp. 1–24.

② 1999 年的入户调查集中于那些已经在城里稳定下来的农民工，目的是考查他们和那些拥有城镇户口的职工的异同。Appleton S. , J. Knight, L. Song & Q. Xia , "Contrasting Paradigms：Segmentation and Competitiveness in the Formation of the Chinese Labour Market"，*Journal of Chinese Economics and Business Studies*，No. 3，2004，pp. 195–205。超过一半的农民工是个体户，而城镇居民中仅有 1% 是个体户。因而进城民工并不会直接和城镇居民在劳动力市场上竞争。农民工所受教育更少、更年轻，大多数是男性。农民工工作岗位的分布也和城镇居民有显著的区别，农民工大量集中就业于服务业和零售业部门，只有很少的农民工就业于高技术和工业部门。

③ Koenker R. and G. Bassett, "Regression Quantiles，" *Econometrica*，No. 1，1978，pp. 33–50；Koenker, R. and G. Bassett, "Robust Tests for Heteroscedasticity Based on Regression Quantiles，" *Econometrica*，Vol. 50，1982，pp. 43–61.

④ Buchinsky M. , Changes in the U. S. "Wage Structure 1963—1987：Application of Quantile Regression，" *Econometrica*，Vol. 62，1994，pp. 405–458.

定因素上已获得越来越多的应用。①

在解释变量向量 X_i 给定的情况下,$Q_\theta(lnW_{it}/X_{it})$ 表示第 i 个人第 t 年在第 θ 个分位数点上的对数工资。对于某特定年份而言,条件分位函数(conditional quantile function)可以定义为:

$$Q_\theta(\ln w_{it} \mid X_{it}) = X'_{it}\beta_{it}(\theta) \tag{1}$$

其中,X_{it} 是一个代表解释变量的向量(包括职工的受教育年限、潜在工作经验及其平方项、性别、是否党员、是否少数民族、工作特征如职业、就业企业所有制、行业、最后是省份虚拟变量),$\beta_{it}(\theta)$ 是其对应的系数向量。当 $\theta = 0.10$ 时,$Q_\theta(\ln w_{it} \mid X_{it})$ 描述的是给定 X 条件下 lnw 在第 10 个分位数点的取值;当 $\theta = 0.50$ 时,$Q_\theta(\ln w_{it} \mid X_{it})$ 描述的是给定 X 条件下 lnw 在中位数点的取值。

第二个步骤是反事实分析。中国经济转型过程中工资支付体系的变化可以分解为两种变化。一是工资支付决定过程中各个决定因素的变化,即职工个人生产及非生产特征、工作特征的变化。二是工资支付决定过程中各个决定因素系数的变化,或者说工资支付结构的变化。为得到由职工个人生产及非生产特征、工作特征的变化所导致的工资收入不平等和差距指标的变化,我们采用 Machado & Mata 方法,即在根据分位数回归结果模拟出来的工资收入不平等和差距等指标的基础上,对由职工的受教育水平、职业、就业企业所有制、就业行业的变化所导致的工资收入不平等和差距等指标变化进行反事实分解。更为主要的是,为探究工资支付结构变化即解释变量回归系数变化所引致的职工工资收入不平等和差距等指标变化,我们在 Machado & Mata 方法的基础上进行创新,即在根据分位数回归结果模拟出来的职工工资收入不平等和差距等指标的基础上,对由职工的受教育年限、职业、就业企业所有制、就业行业等回归变量系数的变化(即工资支付结构变化)所导致的工资收入不平等和差距等指标变化进行反事实参数分解。

以上反事实分析构成了本文的第二个研究步骤。具体来说,根据 Machado and Mata 方法,对工资分布密度的变化可以进行如下反事实分解:

① Koenker R. , K. F. Hallock, "Quantile Regression," *Journal of Economic Perspective*, No. 4, 2001, pp. 143–156; Knight, J. , L. Song , "Increasing Urban Wage Inequality in China," *Economics of Transition*, No. 4, 2003, pp. 597–619; Machado J. A. F. , J. Mata, "Counterfactual Decomposition of Changes in Wage Distributions Using Quantile Regression," *Journal of Applied Econometrics*, No. 3, 2005, pp. 445 – 465; Angrist J. D. , J. Pischke, *Mostly Harmless Econometrics: An Empiricist's Companion*, Princeton: Princeton University Press, 2009, pp. 269–283.

$$\alpha(f(w(1))) - \alpha(f(w(0)))$$

$$= [\alpha(f^*(w(1); X(0))) - \alpha(f^*(w(0)))] + \underset{\text{coefficients}}{}$$ (2)

$$[\alpha(f^*(w(1))) - \alpha(f^*(w(1); X(0)))] + residual.$$
$$\underset{\text{covariate}}{}$$

其中 $f(w(t))$ 表示基于 t 年可观测的样本 $\{w_i(t)\}$ 的工资对数 w 的边缘密度 （marginal density） 估计值， $f^*(w(t))$ 表示基于 t 年模拟出来的样本 $\{wi^*(t)\}$ 的工资对数 w^* 的边缘密度的估计值， $t = 0, 1$。 $f^*(w(1),$ $X(0))$ 表示 $t = 1$ 时的反事实密度，如果所有解释变量具有 $t = 0$ 时间下的分布； $f^*(w(1), X^i(0))$ 表示 $t = 1$ 时的反事实密度，即如果只有部分解释变量 X^i 具有 $t = 0$ 时间下的分布。

进而，某解释变量 x_i 变化对职工工资收入不平等和差距等指标总体变化的贡献可由下面的指标来衡量：

$$\alpha(f^*(w(1))) - \alpha(f^*(w(1); x_i(0)))$$ (3)

根据 Machado & Mata 方法，我们也建议对由某个解释变量回归系数 i 跨期变化对职工工资收入不平等和差距等指标总体变化的贡献可由下面的指标来衡量：

$$\alpha(f^*(w(0); \beta_i(1))) - \alpha(f^*(w(0)))$$ (4)

其中 $f^*(w(0); \beta_i(1))$ 表示当所有解释变量具有 $t = 0$ 时的分布、解释变量 x_i 系数取 $t = 1$ 时的系数 $\beta_i(1)$、其他解释变量系数维持 $t = 0$ 时的状况不变情况下的对数工资 w 的密度估计值。根据式（6）我们可以对由某方面的工资支付结构的变化（如职工就业企业所有制变量系数的变化或者职工受教育变量系数的变化）导致的工资不平等和差距指标变化进行反事实分解。从而，我们可以检验本文的假设，即国有垄断企业的高工资是否导致工资差距扩大进行检验。

Machado & Mata 方法的关键部分是通过大量分位回归构造实际工资分布的模拟分布 $\{wi^*(t)\}$。这个过程实际上是从收入的条件分布过渡到边缘分布（或者说无条件分布）的过程：多个分位回归可以被用来刻画收入条件分布的特征，而根据分位回归的结果再加上重新抽样的过程相当于是把条件分布通过积分得到无条件分布。为此，我们首先需要对某截面数据进行 n 个分位数回归以得到 n 个分位数回归系数 $\dot{\beta}t(u_i)$（其中表示被解释变量分布上的分位数点

u_i),① 接下来从解释变量 $X(t)$ 中有放回地随机抽取 n 个观测值,并用 $\{x_i^*\}_{t=1}^n$ 来表示,最后我们得到 $\{w_i^*(t) = x_i^*(t)\hat{\beta}t(u_i)\}_{t=1}^n$。Machado & Mata 对该方法有更具体的说明。

二、反事实参数分析:什么因素导致职工工资收入扩大?

本文的初衷是检验假设即国有垄断企业的高工资和劳动力配置系统的市场化是导致工资差距扩大的主要因素。如上部分所述,职工工资收入不平等和差距指标变化可以被反事实地(counterfactually)分解为由分位数回归的各解释变量的变化(即职工各种就业结构的变化)所导致的变化。通过这种反事实分解,我们可以观测到职工个人的生产及非生产特征的变化、职工工作特征的变化如何导致他们收入不平等和差距指标的变化。我们也对由职工的性别、受教育年限、职业、就业企业所有制、就业行业等回归变量系数的变化(即工资支付结构变化)所导致的工资收入不平等和差距指标变化进行反事实参数分解。

在实际操作中,我们以基尼系数变化和职工工资收入分布由低到高的不同分位数之间比值的变化(以下称之为"直接"工资差距变化)来描述由某个解释变量变化(在其他解释变量保持不变、所有解释变量系数保持不变的情况下)对职工工资收入差距的影响(见第247-249页表1—3)。其中,职工工资收入分布由低到高的不同分位数之间的比值包括:代表高工资的第90个分位数与代表低工资的第10个分位数之间的比值即 $90^{th}/10^{th}$ 及 $90^{th}/50^{th}$、$75^{th}/25^{th}$、$10^{th}/50^{th}$ 等。我们总共对每个解释变量变化(或每个解释变量系数变化)导致的职工工资收入不平等和差距指标变化进行了 10 轮反事实模拟,接下来取收入不平等和差距指标变化的平均值,目的是消除单个模拟可能产生的偏差。在每次反事实模拟中,我们首先从某年的解释变量数据中有放回地随机抽取 999 个观测值,接下来从该年分位数回归得到的解释变量的 999 个分位数系数中再有放回地随机抽取 999 个观测值,最后根据同样程序随机抽取反事实分

---

① 按照 Machado & Mata,需要在 U(0,1):u_1,$\cdots u_n$ 中随机抽取 n 个 u_i。但实际应用中,我们参照 Albrecht, J., Björklund, A., Vroman, S. "Is There a Glass Ceiling in Sweden?" Author(s), *Source*: *Journal of Labor Economics*, Vol. 21, 2003, pp. 145–177 和 Rica S., Dolado J., Llorens, V., "Ceilings or Floors? Gender Wage Gaps by Education in Spain," *Journal of Population Economics*, Vol. 21, 2008, pp. 751–776. 的做法,只是在(0,1)均匀分布上按等距离步长取 999 个分位回归点。

解分析所用的解释变量或者解释变量系数；在每轮模拟中，一旦对所用解释变量和解释变量系数进行随机抽取后，该随机样本在该轮的模拟中保持不变；在下一轮模拟中，对所用解释变量和解释变量系数进行重新随机抽取。

1. 职工工资收入差距扩大与职工个人的生产特征

我们首先考察教育变量，即市场因素对职工工资收入的影响。高中毕业生及其以上各层次，如技校、大专、大学等类职工在就业职工样本中占的比例在1988—2002年间不断增加；相比之下，初中、小学及小学以下各类职工所占的比例在此期间不断下降。[1] 因而，中国就业人口的受教育水平在1988—2002年间获得大幅度提高。反事实分解分析揭示：职工受教育程度提高及结构优化首先导致整个样本的职工工资收入基尼系数在1988—1995年间下降0.01（即职工收入差距略微缩小）、在1995—1999年间上升了0.013、在1999—2002年间又增加了0.003（见表1）；另外，职工受教育程度提高及结构优化也导致以不同分位数之间比值表示的"直接"工资差距在1988—2002年间不断扩大（见表2）。

与职工受教育结构相关的工资支付结构的变化（即职工受教育结构变量系数的变化）也导致职工工资收入不平等和差距指标扩大。其中，基尼系数在1988—1995年间上升0.01、在1995—1999年间增加0.005（见表1）；此外，以不同分位数之间比值表示的"直接"工资差距在这两个时期里也在上升（见表3）。然而，与职工受教育结构相关的工资支付结构的变化却导致基尼系数在1999—2002年间减少了0.001；但是以不同分位数比值表示的"直接"工资收入差距在该时期依然上升，只是其幅度要小一些（见表3）。总而言之，我们相信以不同分位数比值表示的"直接"工资收入差距变化比以基尼系数表示的工资收入不平等变化更具有说服力。另外，夏庆杰等揭示不同受教育水平之间的工资收入差距越来越大。[2] 因而，与职工受教育结构相关的工资支付结构的变化在1988—2002年间导致了职工工资收入不平等和差距指标的扩大。由于改革前受教育回报被压抑，因而由经济改革释放出来的市场力量正在逐渐修正计划经济下的工资支付体系，即支付给具有较高受教育程度的职工越来越高的工资。因此，这种变化是可以理解的。

与教育因素对职工工资收入差距的影响相反，职工潜在工作经验的变化实

---

[1]　由于篇幅限制，关于 CHIP 城镇入户数据中职工个人的生产性及非生产性特征、工作特征的分布状况没有在本文给出。

[2]　夏庆杰、L. Song、S. Appleton：《经济转型期间城镇工资支付结构的变迁》，《中国人口科学》2009 年第 6 期。

际上减少了职工工资收入不平等和差距指标。反事实分析发现：由于职工工作经验变化导致的基尼系数在1988—1995年间下降了0.004、在1995—1999年间下降了0.005、在1999—2002年间又下降了0.005（见表1）；以不同分位数之间比值表示的"直接"工资差距也以类似的趋势在下降（见表2）。CHIP数据显示：低经验职工群体（潜在工作经验在10年及其以下）、中低经验群体（11—20年经验）、高经验群体（41—50年经验、51—60年经验）在职工总样本中的比例在下降，低经验群体由1988年的20%下降到2002年的13%、中低经验群体由1988年28%的小幅度下降到2002年的26%、高经验群体在同一时期由4%下降到2.6%。相比之下，中等经验群体（21—30年经验、31—40年经验）在职工总样本中占的份额又1988年的47%上升到2002年的58%。一个重要的事实是中等、中低、低经验群体在1988—2002年间一直占职工总样本的95%以上。低经验群体和中低经验群体所占比重的下降、中等经验群体所占比重的大幅度增加可能与中国职工的低教育群体的下降和高教育群体的上升相对应，即经济改革期间中国人力资本的改善和优化。由于工资会随着工作经验增加而上升，因而低经验群体和高经验群体所占比重的下降有可能导致工资收入差距下降。

与职工潜在工作经验的影响一致，与潜在工作经验相关的工资支付结构的变化（即潜在工作经验回归系数的变化）也导致职工收入不平等和差距指标缩小，但1988—1995年间除外。具体来说，与潜在工作经验相关的工资支付结构的变化导致基尼系数在1988—1995年间增加了0.008、但在1995—1999年间减少了0.002、接着又在1999—2002年间大幅度减少了0.01（见表1）。因而，1990年代中后期以后，潜在工作经验的经济回报不断下降。与潜在工作经验相关的工资支付结构的变化也导致以不同分位数比值表示的"直接"工资收入差距在1995—1999年间上升、在1988—1995年间和1999—2002年间下降（见表3）。夏庆杰等发现潜在工作经验的回报在相同年份随工资水平提高而下降、也随时间推移而下降，但是1995年除外。如前所述，改革前工资支付制度的核心是职称级别或者工作经验。因而，由改革释放出来的市场力量不过是在逐渐修正被过高的工作经验回报。或者说，与潜在工作经验相关的工资支付结构的变化正在减少职工工资收入不平等和差距。

2. 职工工资收入差距扩大与职工个人的非生产特征

现在我们考察职工个人的非生产性特征，如性别、是否共产党员、是否少数民族等与工资收入差距的关系。在职职工性别比例（男性职工所占比例由1988年的52%逐渐增加到2002年的56%）、党员与非党员比例（党员职工所占比例由1988年的23.5%逐渐增加到2002年的28.8%）的变化造成职工工资收入差距不断扩大。由于女性职工和非党员职工在 1990 年代中后期的大规模国企裁员中更容易下岗，因而男职工比例增加和党员职工比例增加是预料之中的结果。反事实分析结果为：男职工比例的增加导致基尼系数在 1988—1995 年间上升了 0.001、在 1995—1999 年间又上升了 0.003、在 1999—2002 年间进一步上升了 0.002；党员职工比例的增加造成基尼系数在以上 3 个期间分别上升了 0.001、0.003、0.003；由男职工比例增加和党员职工比例增加导致的以不同分位数之间比值表示的"直接"工资差距也分别呈现出职工工资差距不断扩大，性别工资差距和党员工资溢价都在不断上升。把以上事实归纳起来可以说，男性职工增加和党员职工增加导致工资收入差距扩大是预料之中的。

对比之下，由职工性别相关的工资支付结构变化（性别变量回归系数的变化）及由职工政治面貌相关的工资支付结构变化（党员变量回归系数的变化）所导致的职工工资收入差距的变化略有不同。反事实分解分析显示：由职工性别相关的工资支付结构变化导致基尼系数 1988—1995 年间上升了 0.003、1995—1999 年间又上升了 0.002、在 1999—2002 年间进一步上升了 0.001；由职工政治面貌相关的工资支付结构变化造成基尼系数在以上 3 个期间分别上升了 0.000、0.005、−0.001。或者说由职工性别相关的工资支付结构变化及由职工政治面貌相关的工资支付结构变化所导致的基尼系数的上升幅度在不断下降。然而，由职工性别相关的工资支付结构变化导致的以不同分位数之间比值表示的"直接"工资差距在持续上升（但 1995—1999 年间除外）；由职工政治面貌相关的工资支付结构变化导致的以不同分位数之间比值表示的"直接"工资差距也在不断增加。[①]

尽管少数民族职工比例略有增加，少数民族职工增加比例本身及与少数民族相关的工资支付结构变化（少数民族变量回归系数的变化）都没有对职工工资差距造成显著影响（见表 1—3）。因而，在中国城镇劳动力市场上没有针对少数民族职工的工资歧视。

3. 职工工资收入差距扩大与职工就业企业的所有制结构

表 1 揭示：企业所有制结构变化导致职工工资收入差距扩大，即基尼系数在 1988—1995 年间上升了 0.001、在 1995—1999 年间又上升了 0.003、在 1999—2002 年间下降了 0.001。企业所有制结构变化导致的"直接工资差距"也呈现类似变化模式（见表 2）。企业所有制结构变化在前两个时期里造成职

---

① 就类似问题，Appleton, et al. (2005) 给出了更详尽的分析。

工工资差距上升，但是在 1999—2002 年间导致该差距略微缩小。实际上，1988 年以来，特别是 1999 年以后国有企业及城镇集体企业规模在大幅度缩减、而私有企业规模急剧扩大。

与企业所有制相关的工资支付结构变化造成了职工工资收入不平等和差距指标更大幅度扩大。与企业所有制相关的工资支付结构变化造成基尼系数在 1988—1995 年间上升了 0.012、在 1995—1999 年间上升了 0.010，在 1999—2002 年间进一步大幅度上升了 0.045（见表 1）。与企业所有制相关的工资支付结构变化造成"直接"工资差距同样大幅度上升（见表 3）。夏庆杰等的研究表明在控制所有必需的解释变量的情况下，各种回归分析中呈现的国有企业和私有企业之间的大幅度工资差距在 1988—2002 年的整个时期里都存在，其中外资企业是个例外；国有企业和城镇集体企业之间的工资差距在不断上升。因而，在国有企业工作存在着大量的工资升水。2002 年除外，城镇集体企业所占的就业份额在各类所有制企业中处于第 2 位，因而国有企业和城镇集体企业之间工资差距的不断上升将造成职工之间的工资收入分布更为不均等。尽管外企比国企工资高而且这种差距在不断扩大，但是外资企业的工资是市场导向的，并且外资企业的就业份额非常微小（低于 2.5%），对工资分布差距扩大的影响不会很大。因而这些发现不能拒绝本文的假设（或者说吴敬琏教授的论断），即国有垄断企业的高工资是造成工资差距扩大的主要因素。国有垄断企业可以制定垄断价格、攫取垄断利润、支付其职工高于市场价格和国企职工边际劳动产品的高工资、支付给垄断国企高层管理人员不可思议的高工资和奖金。即使在大规模裁员期间，国企依然在给其职工提高工资。

4. 职工工资收入差距扩大与职工职业结构特征

职工职业结构的变化也导致职工工资收入差距不断扩大（见表 1—2）。私人企业主、白领阶层以及其他无法归类职业的职工等职业在所有职业中所占比重在 1988—2002 年间不断扩大，而蓝领职工所占比重在不断缩小，白领阶层特别是私人企业主阶层要远比蓝领职工收入高，而且这种工资收入差距在不断扩大。因而，职工职业结构的变化也导致职工工资收入差距不断扩大是在预料之中的（见表 1—2）。与职业结构相关的工资结构变化却导致基尼系数在 1995—1999 年期间和 1999—2002 年间略有减少，也导致"直接"工资差距在 1988—1995 年间和 1999—2002 年间有所下降（见表 1，表 3）。然而，OLS 回归表明白领阶层和其他职业的工资差距在不断扩大。

5. 职工工资收入差距扩大与职工就业产业结构特征

总的来说，职工就业产业结构变化（产业结构解释变量变化）和与产业结构相关的工资结构变化（产业结构解释变量回归系数的变化）均导致以基

尼系数表示的工资收入不平等指标、以工资收入分布分位数之间比值表示的
"直接"收入差距大幅度上升，与产业结构相关的工资结构变化在 1999—2002
年间造成基尼系数下降（见表 3）。不同产业间职工工资收入差距不断扩大已
在全社会引起广泛关注。在分位数回归及反事实参数分解过程中，我们已经控
制了职工个人的生产及非生产特征，如受教育程度、潜在工作经验、性别、是
否共产党员、是否少数民族、职业特征、就业企业所有制特征等，因而由职工
就业产业结构变化和与产业结构相关的工资结构变化导致的职工收入差距变化
不是一个值得忧虑的问题。这是由于中国正在经历经济转型、高速经济增长、
产业结构升级换代，如信息、能源、金融及其他高技术产业迅猛上升，而纺织
等夕阳产业在国民经济中的地位相对下降。中国经济的这种从体制到结构的快
速转型必然会带来职工工资差距变化。相反，与企业所有制相关的工资支付结
构变化，特别是国有垄断企业高工资导致的职工工资收入差距扩大才是应该关
注和予以解决的问题。

总　结

在利用 CHIP 1988 年、1995 年、1999 年、2002 年城镇入户调查数据的基
础上，本文探讨了导致中国职工工资不平等和差距指标扩大的原因。在研究过
程中，使用了分位数回归方法，针对回归中每个解释变量跨期变化的反事实参
数分解方法以及对回归中每个解释变量回归系数跨期变化的反事实参数分解方
法。其目的是考察究竟是哪些因素导致了中国职工工资不平等和差距指标不断
扩大。计量分析结果不能拒绝本文的原假设，即由经济改革释放出来的市场力
量和国有垄断企业的高工资是驱动中国职工工资不平等和差距指标不断扩大的
主要动力。

1980 年代末，特别是 1990 年代中后期以来，中国企业所有制结构经历了
显著变化，即国有企业和城镇集体企业大幅度缩小、而私有企业则急剧扩张。
反事实分析表明，职工就业企业所有制结构变化导致职工工资收入不平等和差
距指标略微上升。相比之下，与职工就业企业所有制相关的工资支付结构变化
却导致职工工资收入不平等和差距指标的大幅度扩大。因而这些发现不能拒绝
本文的部分假设，即国有垄断企业的高工资是造成工资不平等和差距指标扩大
的主要因素。

关于由职工受教育程度代表的市场因素，反事实分解结果显示：职工受教
育水平的提高、与职工受教育水平相关的工资支付结构的变化均导致职工工资
不平等和差距指标扩大。

至于另一个市场因素——潜在工作经验，反事实分析表明：职工工作经验结构的变化、与职工工作经验相关的工资支付结构的变化导致职工工资收入差距在不断下降。低工作经验和高工作经验职工群体在职工总样本的比重不断下降，而中等工作经验群体的比重则不断上升。在其他条件不变的情况下，职工工资随工作经验增加而上升，因而以上中国职工的工作经验结构构成的变化可能导致职工工资收入差距下降。改革前工资支付制度的核心是职称级别或者工作经验。因而由改革释放出来的市场力量不过是逐渐在修正对过高的工作经验回报。或者说，与潜在工作经验相关的工资支付结构的变化正在减少职工工资收入差距。

关于非市场因素，反事实分析发现：由国企大规模裁员造成的男性职工比例和党员职工比例的上升（女职工和非党员职工被裁员的可能性更大）导致职工工资收入不平等和差距指标不断扩大。此外，与职工性别、是否党员相关的工资支付结构变化也导致职工工资收入不平等和差距指标不断扩大，但是其幅度在不断减小。少数民族职工比例略有增加本身、与是否少数民族相关的工资支付结构变化都没有对职工工资收入不平等和差距带来显著影响。这说明在中国没有针对少数民族职工的工资歧视。

关于职工的工作职业，反事实分析揭示：职工就业产业结构变化和与产业结构相关的工资结构变化均导致职工工资收入差距不断扩大。在分位数回归及反事实参数分解过程中，我们已经控制了职工个人的生产及非生产特征、职业特征、就业企业所有制特征等，因而由职工就业产业结构变化和与产业结构相关的工资结构变化导致的职工收入差距变化不是一个值得忧虑的问题。相反，与企业所有制相关的工资支付结构变化，特别是国有垄断企业高工资导致的职工工资收入差距扩大才是应该关注和予以解决的问题。

表1　职工工资分布跨期变化的反事实参数分解

	1988—1995	1995—1999	1999—2002
基尼系数的跨期变化	0.107	0.030	−0.027
解释变量及其系数对基尼系数跨期变化的贡献			
解释变量	−0.009(−0.017,0.017)	0.017(−0.078,0.122)	−0.005(−0.018,0.003)
解释变量系数	0.126(0.095,0.142)	0.023(−0.044,0.084)	−0.002(−0.024,0.019)
残差	−0.010(−0.027,0.019)	−0.010(−0.100,0.070)	−0.020(−0.042,0.015)
单个解释变量对基尼系数跨期变化的贡献			
性别	0.001(−0.003, 0.006)	0.003(−0.002,0.012)	0.002(0.000,0.004)
党员	0.001(0.000,0.002)	0.003(−0.003,0.011)	0.003(0.001,0.004)
少数民族	0.000(−0.003,0.001)	−0.001(−0.007,0.001)	0.000(−0.001,0.001)

受教育因素	−0.001(−0.012,0.011)	0.013(−0.014,0.053)	0.003(−0.001,0.008)
潜在工作经验	−0.004(−0.012,0.004)	−0.005(−0.014,0.000)	−0.005(−0.012,−0.002)
职业	0.001(−0.007,0.006)	0.001(−0.009,0.006)	0.007(0.003,0.010)
所有制	0.001(−0.004,0.007)	0.003(−0.011,0.013)	−0.001(−0.005,0.003)
产业部门	0.004(−0.006,0.012)	0.021(−0.054,0.106)	0.004(−0.010,0.017)

单个解释变量系数对基尼系数跨期变化的贡献

性别	0.003(0.002,0.004)	0.002(−0.002,0.005)	0.001(−0.012,0.006)
党员	0.000(−0.001,0.001)	0.005(0.004,0.007)	−0.001(−0.009,0.002)
少数民族	0.000(0.000,0.001)	0.000(−0.001,0.000)	0.000(−0.001,0.000)
受教育因素	0.010(0.008,0.013)	0.005(−0.003,0.023)	−0.001(−0.053,0.019)
潜在工作经验	0.008(0.006,0.012)	−0.002(−0.010,0.003)	−0.010(−0.019,−0.004)
职业	0.000(−0.001,0.002)	−0.008(−0.015,−0.003)	−0.003(−0.015,0.001)
所有制	0.012(0.009,0.016)	0.010(0.006,0.017)	0.045(0.028,0.065)
产业部门	0.009(0.005,0.014)	0.017(0.010,0.026)	−0.017(−0.112,0.036)
常量	0.083(0.071,0.102)	0.109(0.069,0.212)	−0.044(−0.136,0.007)

表2 由解释变量变化带来的职工工资分布分位数比值跨期变化的反事实参数分解

	p90/p10	p90/p50	p10/p50	p75/p25
1988—1995				
性别	0.01(−0.14,0.06)	0.01(−0.02,0.04)	0.00(−0.01,0.01)	0.02(−0.04,0.07)
党员	0.05(−0.07,0.20)	0.00(−0.03,0.03)	0.00(−0.02,0.00)	0.02(−0.01,0.05)
少数民族	0.00(−0.03,0.03)	0.00(−0.02,0.02)	0.00(0.00,0.00)	0.00(−0.01,0.02)
受教育因素	−0.06(−0.25,0.22)	0.02(−0.05,0.11)	0.01(−0.02,0.03)	0.00(−0.08,0.09)
潜在工作经验	−0.24(−0.52,0.02)	−0.03(−0.07,0.05)	0.01(−0.01,0.05)	−0.04(−0.14,0.03)
职业	0.14(0.07,0.23)	−0.01(−0.04,0.04)	−0.01(−0.03,0.00)	0.05(−0.03,0.11)
所有制	0.07(−0.21,0.22)	0.00(−0.04,0.06)	0.00(−0.02,0.01)	0.02(−0.10,0.09)
产业部门	0.08(−0.23,0.31)	0.01(−0.07,0.08)	−0.01(−0.02,0.01)	0.02(−0.02,0.06)
1995—1999				
性别	0.02(−0.16,0.20)	0.02(−0.04,0.12)	0.00(−0.01,0.02)	0.02(−0.04,0.06)
党员	0.09(−0.06,0.32)	0.02(−0.02,0.06)	0.00(−0.02,0.02)	0.03(−0.01,0.06)
少数民族	0.01(−0.01,0.12)	0.00(−0.01,0.02)	0.00(−0.01,0.00)	0.00(−0.01,0.02)
受教育因素	0.05(−0.28,0.51)	0.04(−0.04,0.15)	0.00(−0.03,0.03)	0.05(−0.02,0.15)
潜在工作经验	−0.11(−0.37,0.22)	−0.02(−0.11,0.03)	0.01(−0.01,0.03)	−0.02(−0.07,0.02)
职业	0.11(−0.09,0.28)	0.03(−0.02,0.09)	0.00(−0.02,0.03)	0.06(0.02,0.10)
所有制	0.14(0.00,0.30)	0.02(−0.02,0.06)	−0.01(−0.02,0.01)	0.07(0.02,0.11)
产业部门	0.13(−0.12,0.51)	0.00(−0.14,0.09)	−0.01(−0.03,0.01)	0.07(0.02,0.12)
1999—2002				
性别	0.07(−0.18,0.31)	0.02(−0.03,0.10)	0.00(−0.03,0.02)	0.01(−0.07,0.06)
党员	0.09(−0.09,0.28)	0.03(−0.02,0.07)	0.00(−0.01,0.01)	0.02(−0.01,0.06)
少数民族	0.00(−0.02,0.04)	0.00(−0.01,0.00)	0.00(0.00,0.00)	0.00(−0.01,0.01)
受教育因素	0.18(−0.10,0.50)	0.04(−0.04,0.18)	−0.01(−0.02,0.01)	0.07(−0.01,0.19)

潜在工作经验	-0.09(-0.34,0.17)	-0.02(-0.07,0.03)	0.00(-0.02,0.03)	-0.05(-0.11,0.00)
职业	0.24(0.06,0.55)	0.03(-0.04,0.09)	-0.02(-0.03,0.00)	0.05(-0.03,0.10)
所有制	0.01(-0.14,0.15)	-0.01(-0.05,0.02)	0.00(-0.02,0.01)	0.02(-0.03,0.06)
产业部门	0.28(-0.09,0.45)	0.02(-0.06,0.08)	-0.02(-0.03,0.00)	0.09(0.02,0.13)

表3　由解释变量系数变化带来的职工工资分布分位数比值跨期变化的反事实参数分解

	p90/p10	p90/p50	p10/p50	p75/p25
1988—1995				
性别	0.23(0.16,0.32)	0.04(0.00,0.08)	-0.01(-0.02,0.00)	0.04(0.02,0.08)
党员	0.06(0.00,0.14)	0.01(0.00,0.03)	0.00(-0.01,0.00)	0.01(0.00,0.02)
少数民族	-0.02(-0.08,0.01)	-0.01(-0.04,0.00)	0.00(0.00,0.00)	-0.01(-0.02,0.00)
受教育因素	0.08(-0.03,0.18)	0.04(0.00,0.09)	0.0(0.00,0.01)	0.03(0.00,0.07)
潜在工作经验	-0.23(-0.40,0.02)	0.00(-0.04,0.06)	0.02(0.01,0.03)	-0.03(-0.09,0.03)
职业	-0.12(-0.19,0.00)	-0.02(-0.06,0.01)	0.01(0.00,0.01)	-0.03(-0.04,-0.01)
所有制	0.61(0.32,117)	0.13(0.08,0.21)	-0.02(-0.06,0.00)	0.09(0.04,0.14)
产业部门	0.31(0.09,0.63)	0.06(-0.03,0.12)	-0.01(-0.03,0.01)	0.05(0.00,0.13)
常量	-0.35(-0.77,0.11)	0.18(0.03,0.35)	0.07(0.03,0.10)	0.02(-0.12,0.19)
1995—1999				
性别	0.06(0.00,0.11)	0.01(0.00,0.04)	-0.01(-0.02,0.00)	0.02(0.00,0.05)
党员	0.02(-0.01,0.06)	0.01(0.00,0.02)	0.00(-0.01,0.00)	0.01(0.00,0.02)
少数民族	0.01(-0.01,0.05)	0.00(-0.01,0.01)	0.00(-0.01,0.00)	0.00(-0.01,0.01)
受教育因素	0.15(0.06,0.28)	0.07(0.03,0.13)	0.00(-0.03,0.02)	0.05(0.00,0.07)
潜在工作经验	0.08(-0.08,0.18)	0.05(0.01,0.07)	0.00(-0.02,0.02)	0.04(0.02,0.07)
职业	0.00(-0.06,0.04)	0.01(0.00,0.04)	0.01(-0.01,0.02)	0.02(-0.02,0.04)
所有制	0.19(0.15,0.27)	0.07(0.04,0.09)	-0.01(-0.03,0.00)	0.07(0.05,0.09)
产业部门	0.16(0.03,0.21)	0.05(0.02,0.09)	-0.01(-0.02,0.00)	0.03(0.00,0.06)
常量	1.51(1.10,2.14)	0.40(0.31,0.49)	-0.10(-0.15,-0.05)	0.44(0.35,0.52)
1999—2002				
性别	0.22(0.04,0.32)	0.02(-0.02,0.06)	-0.01(-0.02,-0.01)	0.06(0.01,0.11)
党员	0.16(0.07,0.29)	0.04(0.01,0.10)	0.00(-0.01,0.00)	0.03(0.02,0.05)
少数民族	0.00(-0.01,0.03)	0.00(-0.01,0.01)	0.00(0.00,0.00)	0.00(-0.02,0.00)
受教育因素	0.06(-0.10,0.18)	0.07(0.02,0.13)	0.01(0.00,0.02)	0.05(0.02,0.07)
潜在工作经验	-0.28(-0.74,-0.08)	-0.01(-0.07,0.04)	0.02(0.01,0.05)	-0.02(-0.07,0.02)
职业	-0.20(-0.40,-0.07)	-0.01(-0.06,0.04)	0.02(0.01,0.02)	-0.02(-0.05,0.01)
所有制	0.26(0.04,0.40)	0.06(0.02,0.09)	-0.01(-0.02,0.00)	0.07(0.04,0.12)
产业部门	0.39(0.19,0.58)	0.01(0.08,0.17)	-0.01(-0.02,0.01)	0.11(0.05,0.21)
常量	1.11(0.03,2.01)	0.31(0.11,0.50)	-0.02(-0.05,0.04)	0.17(-0.06,0.41)

有限责任公司的现代化

——德国公司法文本竞争的嬗变

〔德国〕克里斯托夫·太贺曼*

一、德国有限责任公司法改革的缘由

1. 法律文本竞争的应对

正如欧洲法院在"Inspire Art"判例中所揭示的那样，在所有欧盟成员国中，德国似乎是法律文本竞争带来冲击最大的国家。① 通过分析在某一国设立公司而在另一国运营公司这种情况，贝西特、梅耶、瓦格纳等人指出，新设公司的大量外流情况最多发生在德国，其次是荷兰和挪威。② 研究表明，这种现象的发生可以通过公司设立程序中所耗用的直接和间接成本来解释。Horst Eidenmüller 教授通过进一步分析得出这样的结论：即存在相当数量的选择英国私人有限公司类型进行注册的公司创始人本应该选择德国有限责任公司（GmbH）形式。此种现象可以从如下事实得到解释：德国有限责任公司设立的数量还没有超过在德国运营的英国私人有限公司的数量。③ 很明显，众多对

---

* 作者单位：德国维尔茨堡大学民商法与公司法研究所。

① ECJ Case 167/01 of 30 Sep, 2003, for an Assessment of the Case, See amongst Many Others H. J. de Kluiver, "Inspiring a New European Company Law? – Observation on the ECJ's Decision in Inspire Art from a Dutch Perspective and the Imminent Competition for Corporate Charters between EC Member States," *European Company and Financial Law Review* (2004): 121 and C. Kersting & C. Schindler, "The ECJ's Inspire Art Decision of 30 September 2003 and its Effects on Practice," *German Law Journal* (2003): 1277.

② M. Becht, C. Mayer & H. F. Wagner, "Where do Firms Incorporate?" *Working Paper*, 4, Available at : www. ssrn. com/abstract=953820.

③ See the Figures Given by H. Eidenmüller, *Die GmbH im Wettbewerb der Rechtsformen*, Zeitschrift für Unternehmens– und Gesellschaftsrecht (ZGR) 2007, 168, 173.

有限责任公司制度感兴趣的企业家在先前德国公司法律制度体系下会避免选择这种公司类型。

这一现象对在 2008 年 11 月生效的德国公司法立法改革法案产生了双重影响。首先，根据德国公司法设立的有限责任公司所产生的资本负担和行政上的负担已大为减少，如此立法的目的在于吸引更多的德国企业家在本国设立有限责任公司，否则这些企业家会选择德国以外法律制度相对宽松的国家设立公司；其次，公司法中的债权人保护规则转移到破产法，从而使该规则能够适用于所有经营管理中心设在德国的有限责任公司，而无论这些公司是按照德国公司法设立的还是按照其他国家的公司法设立的。这种立法改革的目的是为了避免潜在的对债权人利益保护上的差异，此种差异是因公司法中基于公司注册地的公司设立地主义和破产法中基于公司经营管理所在地的公司主要利益中心主义两者的结合所造成的。①

2. 有限责任公司法现代化发展的其他方面

有限责任公司法改革的两个主要方面将会在本文中重点阐述，改革的其他方面在本文中只会被简单提及：② 首先，有限责任公司法定资本筹集和维持制度更为灵活。之前德国公司法上所谓的"隐性实物出资"制度被修改了——该制度对股东出资的刚性要求逐渐减弱。关于公司资本维持问题，公司之间的"现金池"制度扮演着重要的角色。其次，股份转让制度趋向于为非本公司股份实际持有人对公司进行善意并购提供便利。在并购过程中受让方如果出于善意并且依据公司商业登记备案中所提供的股东名单行事，便能够获得法律所认可的目标公司股权。最后，这也是近期德国公司法改革法案的目的所在——防止有限责任制度被滥用而导致有限责任公司这一商事组织形式的终结。③ 这一问题已经在早一期的《欧洲公司法》期刊中有详细的论述，故在本文中将不

---

① For a Detailed Analysis of the Recent Jurisdiction Interpreting the Term "Centre of Main Interest," see B. Wessels, "The Ongoing Struggle of Multinational Groups of Companies under the EC Insolvency Regulation," *ECL* 2009, pp. 169.

② For further Analysis, see U. "Noack & M. Beurskens, "Modernising the German GmbH – Mere Window Dressing or Fundamental Redesign?", *European Business Organization Law Review*, 2008, pp. 97. See also the Special Issue of German Law Journal (www. germanlawjournal. com) vol. 09, No. 09 with contributions by G. Bachmann (GLJ 2009, pp. 1063–1068), M. Beurskens & U. Noack (GLJ 2009, pp. 1069–1092) and J. Schmidt (GLJ 2009, pp. 1093–1107).

③ D. Kleindiek, "Abuse of the GmbH by Organized Corporate Gravediggers," *European Company Law*, 2008, p. 237.

再进一步论述。

二、有限责任公司设立的便捷化

通常情况下，设立德国有限责任公司比设立英国私人有限公司要更加耗时。原因在于德国的公司设立程序在以下三个方面都需要审查：有限责任公司的公司章程都要进行公证；公司最低注册资本应达到 25 000 欧元；如果公司在未来打算开展的任何业务需要行政机构特别批准，那么在公司注册登记前必须取得该批准。

1. 取消商业许可作为公司登记注册的必要条件

有关德国公司法改革方向的辩论中，一致的意见是，公司开展特殊业务必须得到行政机构许可与公司注册登记的必要程序予以分离，与此相关的条款在有限责任公司法中已经被废除。从此，无论公司将来开展特殊业务是否已经取得了行政机构的批准都不会影响有限责任公司的正常登记注册。

2. 公证的相关问题

有关公证的事项更为复杂。与英国公司法中关于公司设立方面没有公证事项相比较，德国公司法中公司设立所涉及的公证事项是需要改革的。在公司法改革法案的草案初稿中，联邦司法部提出的一个标准公司章程模式被列入其中。该草案允许有限责任公司在没有任何公证事项的情况下注册登记。然而，公证员和相关学者对联邦司法部提出的标准公司章程模式进行了批评，指出该章程模式没有提供一个充分解决公司内部事务问题的框架方案。① 正如一名公证员所指出的：在法律咨询中如果按照标准公司章程模式为当事人提供法律建议，无疑会导致职业责任。② 因此在本法案的最终版本中，替代公证功能的标准公司章程模式还是被取消了。与之相反，一个标准的公证范式（公司章程

---

① See for example, W. Bayer, T. Hoffmann & J. Schmidt, "Satzungskomplexität und Mustersatzun," *GmbH-Rundschau* (2007): 953; F. Karsten, "Kann Man eine GmbH auf einem Bierdeckel gründenä," *GmbH-Rundschau* (2007): 958.

② O. Vossius, "Die Europäische Privatgesellschaft – Societas Europaea Privata," *Europäisches Wirtschafts- und Steuerrecht* (2007): 438, at 442, fn. 28.

模式审查）被引入了。① 该模式减少了公证事项的收费。但是这一模式同样也遭到了公证员的批评，被指不够完备。另一方面，在当事人需要更多建议的情况下公证员需要给予其更多的选择，并且应当适当地对标准公司章程模式进行偏离以便创制出更加适应客户个性需求的公司章程。

因此，德国公司法仍然保留了公证员在公司登记过程中的参与程序。他们能够提供相对廉价的法律咨询建议，在公司登记文件方面能够防止提交文件的错误、遗漏甚至虚假、欺诈现象的发生。对于一人公司而言，公证的相关费用大约是 300 欧元，相较于标准公证模式，公证费用有了进一步的降低。这些费用涵盖了公司章程起草以及公司登记注册所需要的相关文件的费用。通过公证员与公司登记注册处的工作人员进行电子数据的交换大大加速了公司登记注册的进程。时至今日，一个标准公司从登记注册开始到完成只需要短短几天的时间。虽然相比较而言英国私人有限公司的登记注册所耗用的时间要短于德国，但是德国公证界人士指出，正是由于他们的参与才使得德国从未发生过"企业身份欺诈"② 之类的现象。③

3. 最低注册资本问题

传统德国公司法在公司设立这一问题上有最低注册资本的严格要求，有限责任公司的最低注册资本为 25 000 欧元，股份有限公司的最低注册资本为 50 000 欧元。如果有限责任公司章程要求股东现金出资，则在公司登记注册时仅需要出资 12 500 欧元（参见德国《有限责任公司法》第 7 条第 2 款）。然而即使是这样适中的注册资本要求似乎也阻止了相当数量的企业家按照德国公司法要求设立有限责任公司。因此，联邦司法部在公司法改革的最初草案中要求降低公司最低注册资本额至 10 000 欧元。尽管学界仍在质疑最低注册资本的基

---

① Section 2 (1a) GmbH-Gesetz："Die Gesellschaft kann in einem vereinfachten Verfahren gegründet werden, wenn sie höchstens drei Gesellschafter und einen Geschäftsführer hat. Für die Gründung im vereinfachten Verfahren ist das in der Anlage bestimmte Musterprotokoll zu verwenden."

② The Companies House is Warning in Dramatic Terms："You'll only Lose your Company Once"（see：www. companieshouse. gov. uk/infoAndGuide/coIdFraud. shtml），Corporate Identity Fraud Includes Company Names being Changed without Permission or Third Persons being Appointed as Officers of the Company.

③ J. Clausnitzer,"Deutsches Firmenrecht Versus Europäisches Gemeinschaftsrecht," *Deutsche Notarzeitschrift*（2008）：484, 486.

本功能,① 但是在草案中宣布降低公司最低注册资本的决定还是遭到了已经以德国有限责任公司形式注册的中小型企业的抵制。他们担心自己已经使用的这种企业组织形式的声誉会因此受损。立法者最终还是决定不改变原来公司最低注册资本的相关制度,而是创设一种新型的公司组织形式——该公司组织形式不需要任何最低注册资本,这就是所谓的"企业主公司(有限责任)"。② 这就产生了一个有趣的现象:虽然有限责任公司的法定最低资本制度在公司法中依然存在,但是通过"企业主公司"的创设,最低资本要求作为获得有限责任的强制性先决条件事实上已经被取消了。

4. 企业主公司(有限责任)

"企业主公司"规定在德国《有限责任公司法》第5a条中,该条款规定,如果公司注册资本低于25 000欧元的法定最低限额,则必须在公司名称中明确标注"企业主公司(有限责任)"字样。因此,该类公司在不提高最低注册资本的情况下依然能够获得有限责任。公司设立者所支付的唯一对价就在于要在公司名称中明示"企业主公司"字样,以此告知第三方,本公司是低于最低注册资本的非常规型有限责任公司。

为了弥补注册资本不充足的问题,德国《有限责任公司法》第5a条第3款规定"企业主公司"每年必须把公司盈余的25%作为其法定储备金。一旦公司法定储备基金达到25 000欧元,则"企业主公司"就可以转化为常规型有限责任公司。然而没有任何方式保证"企业主公司"一定能够创造出利润。此类小型公司通常只有一个股东,该股东同时也是公司的董事。他可以通过管理公司获得固定工资作为取得报酬的方式,这样他也就失去了为公司创造更大利润的动力。这也就解释了为什么众多的"企业主公司"都很少积累利润,进而转变为常规型有限责任公司。

下面的数字则能够说明该类型公司是成功的。在短短的一年时间里,已经注册了超过16 000家"企业主公司"③。虽然与之进行比较的数据——同一时期由德国企业家登记设立的英国私人有限公司的数量还没有公布,但是很显著

---

① See for instance, B. Grunewald & U. Noack, "Die Zukunft des Kapitalsystems der GmbH – Die Ein-Euro-GmbH in Deutschland," *GmbH–Rundschau* (2005): 189; C. Teichmann, "Reform des Gläubigerschutzes im Kapitalgesellschaftsrecht," *Neue Juristische Wochenschrift* (2006): 2444, 2446.

② First Proposed by J. Gehb, G. Drange & M. Heckelmann, "Gesellschaftsrechtlicher Typenzwang als Zwang zu neuem Gesellschaftstyp," *Neue Zeitschrift für Gesellschaftsrecht* (2006): 88.

③ For Updated Statistics see www. rewi. uni–jena. de/Forschungsprojekt_ Unternehmergesellschaft–site–rewi. html.

的是，在 2008 年 11 月 1 日到 2009 年 9 月初这段时间内注册设立的"企业主公司"数量已经远远超过了 2005 年度由德国人注册设立的英国私人有限公司的数量，这是在贝西特、梅耶、瓦格纳等人的研究报告中所能获取的最新数据。①

长期来看，德国法院和公司法律师对于"企业主公司"是否持乐观态度还有待于进一步观察。一个很奇特的现象是设立一个"企业主公司"甚至要比设立普通有限责任公司更加耗时费力。仔细分析后我们会发现，之所以更加耗时费力，原因在于"企业主公司"设立者甚至无力支付创设公司所需要花费的公证费用和商业登记注册的费用共计约 300 欧元。②

三、债权人保护规则向破产法的转移

遵循欧洲法院裁决，对于欧盟公司设立问题，德国法院采取了"公司注册地主义"而放弃了传统的"实际本座主义"的适用。③ 因此，不断增加的在其他国家设立公司的现象就会衍生出对债权人的司法保护问题。在传统德国公司法律制度模式下，债权人保护条款被视为是公司法的一个组成部分，然而，根据"公司注册地主义"，公司法中的债权人保护条款是不能被适用于在德国以外国家设立的公司的，这样一来，依循公司注册地主义将债权人保护条款置于破产法中也就不足为奇了。但在公司破产的情况下，公司注册设立地的破产法也将被排除适用，因为欧洲破产条例所指称的破产法是公司主要利益中心（公司经营管理中心）所在地国的破产法。④ 此种情况下，在德国运营的英国公司的股东或董事将会基于法律的差异而从中获益——德国《有限责任公司法》中关于债权人保护的规则以及英国破产法中有关债权人保护的规则都会被排除适用。因此，本次公司法改革的第二个方面就在于将债权人保护规则向破产法整体移转。

---

① According to Becht, Mayer & Wagner (see *supra* n. 2), 30, Incorporations of Private Limited Companies in the United Kingdom but Operating in Germany Amount to 12, 019 in the year 2005.

② See the Report by W. Bayer & Th. Hoffmann, "Die Musterprotokoll – Unternehmergesellschaft (haftungsbeschränkt)," *GmbH–Rundschau* (2009): R 225.

③ See Bundesgerichtshof, *Neue Juristische Wochenschrift* (2005): 1648.

④ See *Supra* n. 6.

1. 提起破产程序的义务

根据改革之前的德国《有限责任公司法》，在公司负债数额超过资产数额或者进入破产状态时，有限责任公司董事有义务提起破产程序，① 这项义务规定于该法第 64 条。因此，该条款适用于依据德国公司法成立的公司。然而对于在德国以外国家注册成立的公司破产时董事是否依然负有提起破产程序的义务还是有疑问的，即使该公司的主要利益中心所在地为德国。这在之前的破产法中是没有相关规定的。或许有人会认为可以把有限责任公司法中关于债权人保护的特别条款作为破产法的一部分，但是立法者更加倾向于在德国《破产法》中对这一问题重新作出明确规定。

提起破产程序的义务已于 2008 年 11 月 1 日被规定于德国破产法中，该项义务的措辞已经发生了变化。在没有任何自然人为其债务承担责任的法律实体中，一旦公司进入破产状态或者是其负债数额超过了资产数额的情况下，公司董事即有义务提起破产程序。如果公司董事没有提起或怠于提起破产程序，则他们需要承担因失职导致的破产程序延迟所衍生的相关债务风险。② 实务中这种损失或许可以通过下列方法具体计算出来：即计算在破产程序本应该开始而没有开始所导致延迟而产生的公司资产进一步减损的数额。债权人也许会认为，如果董事能够按时提交申请破产的相关文件，他们的要求就可能完全被满足或者得到更大的收益。

2. 股东贷款

除了遵守有限责任公司最低资本制度的相关规定外，有限责任公司股东对公司的投资数额是不受其他限制的。很明显，对于公司的某个特殊时期所从事的特定业务，25 000 欧元这一最低注册资本也许会是不充足的。许多公司是具备较高注册资本额的，而其他没有这么高注册资本额的公司会选择向第三方借贷（例如银行或其他债权人），股东自身对公司提供贷款的情况也是常有的。在通常情况下此类贷款也会被视为等同于第三方贷款。但是在公司法改革之前，如果股东在公司危机的情况下对公司提供贷款，则这些贷款就会被强制性地转化为等额的公司股份。在其后发生的破产程序中，股东贷款的求偿权也是次位于其他债权人的。

上述基本思路听起来是符合逻辑的：一个注定要破产的公司是不应该依靠

---

① See s. 15a Insolvenzordnung.

② This Obligation is Based on German tort law（s. 823 subs. 2 Bürgerliches Gesetzbuch），See C. Poertzgen, "Die künftige Insolvenzverschleppungshaftung nach dem MoMiG," *GmbH–Rundschau*（2007）: 1258, at 1259.

股东提供贷款而人为地维持下去的。股东应该对其作出明确的决定，要么对公司进行清算并将剩余资产分配给债权人，要么增加公司资本，对于新增的这部分资本只有在公司资产负债表处于德国《有限责任公司法》第 30 条所规定的状态时公司才负有返还义务，即公司剩余资产的数额大于负债数额的情形。接受股东贷款将会衍生出公司本应该用于偿付债权人债务的那部分资产灭失的风险。因此在公司危机的情况下，股东所提供的贷款是被视为等额的公司股份的。

股东贷款的相关法律制度遭到了强烈的批评。① 受到批评的主要原因在于对股东贷款的法律规则已经发展成为一个令人困惑的成文法制度与判例法制度的大杂烩。根据德国《有限责任公司法》第 32a 条的规定，股东贷款适用于该条款有关公司危机的规定，然而实践中却很难判断何种情形属于公司的危机状态。此外，法院在司法审判中倾向于逐渐扩大该规则的适用，例如股东在公司正常运转时期对公司的贷款如果直到公司危机时还没有撤回，那么该笔贷款将会被强制性地转化为等额的公司股份。即使股东通过与公司签订合同的方式允许公司使用其资产，例如机器设备或者不动产，并且在合同签订时在法律层面已经被确认为是贷款债权，那么一旦公司进入破产状态，其对这部分债务依然不负有偿还义务。而联邦最高法院把返还股东贷款视为对公司资本分配的做法则使这一问题变得更加复杂化。

基于此，公司法改革后不再强制性地要求股东贷款转化为等额公司股份。对于何种情形构成公司危机的判断问题亦不复存在。法院对于通过公司贷款转化的方式来保护公司资本的做法也已经被放弃。与之相反，立法者选择将这一问题放在破产法中作出专门规定。在破产程序中，股东贷款受偿的顺位仅次于第三方债权人提供的贷款。② 在公司破产程序正式开始之前的一年内，任何对于公司股东贷款的偿还都必须向公司返还。③ 在股东允许公司使用自己资产的情况下，公司可以在破产程序启动后的最多一年内继续使用这些资产。④ 但是这只适用于公司对这些资产必须使用的情形；公司股东有权要求公司支付对这些资产进一步使用所产生的费用。

---

① Cf. the reform proposal by U. Huber & M. Habersack, "GmbH-Reform: Zwälf Thesen zu einer mäglichen Reform des Rechts der kapitalersetzenden Gesellschafterdarlehen," *Betriebs-Berater* (2006): 1.

② Section 39 subs. 1 No. 5 Insolvenzordnung.

③ Section 135 subs. 1 Insolvenzordnung.

④ Section 135 subs. 3 Insolvenzordnung.

3. 董事责任规则

公司法改革的另一个趋势是加大董事责任。在公司法改革之前，公司董事仅对因没有及时提起公司破产程序而引发的资金损失负责。① 在修改后的有限责任公司法中新增加了董事因向股东支付现金而导致公司破产所应当承担的责任。② 然而，如果破产的结果在他们向股东支付现金的时候能够被清楚地预见到，董事将只承担个人责任。一方面，这样的规定似乎是一个合理的规则，即能够降低股东和董事合谋损害债权人利益的可能。另一方面，这意味着董事需要随时检查公司资金的未来流动性，以便于保证公司对股东的支付能力不受到影响，这似乎可以被视为是对公司债务偿付能力的一种测试。③

结　论

德国公司法立法者的第一个目的，即在公司设立上创设较为宽松的法律环境已经达到。在短短不到一年的时间里"企业主公司"吸引企业家注册公司的数量要大于以前年度英国私人有限公司的数量。④ 此类公司运行的经济效果成功与否还有待于进一步观察。然而，该制度被视为公司设立制度层面的改良——为缺乏资金设立普通有限责任公司的企业主提供了设立公司的可能，并且此类公司的设立是依照大众广为熟悉的德国公司法而非相对陌生的英国公司法。

至于德国公司法改革的第二个目的，即通过德国破产法规制在其他国家注册设立、在德国运营的公司是否能够获得成功，目前下结论还为时过早。债权人保护规则在德国破产法中得到了加强，以便于加大对利益中心在德国的外国公司进行规制。现在还没有足够的案例证明这种做法成功与否。但是公司实务界有报告指出，存在充足的证据显示，在公司法改革之前已经有利益中心和公司运营地在德国的英国私人有限公司资产出现亏空。

鉴于欧洲设立公司自由化的程度，破产法中的债权人保护规则适用于外国公司的合理性是否可以参照欧洲法院所采用的四步测定法加以认定尚未完全明

---

①   See K. Schmidt, "GmbH-Reform auf Kosten der Geschäftsführer?" *GmbH-Rundschau* (2008): 449.

②   Compare Supra at n. 30.

③   For a First Analysis of the New Provision see B. Knof, *Die neue Insolvenzverursachungshaftung nach § 64 Satz 3 RegE-GmbHG*, Deutsches Steuerrecht 2007, 1536

④   See *Supra* at nn. 24 and 25.

朗，欧洲破产条例所强调的公司利益中心地法的要旨看起来似乎与欧洲基本法的规定是一致的，尽管后者与之前德国及其他欧盟成员国所采取的实际本座主义在功能上具有可比性，然而欧洲法院已经提供了与破产条例相关的几个裁决，并未质疑裁决的合法性。① 这证实了一个普遍的观点，即超国家立法对国家立法进行限制是不允许的。② 而对公司利益中心所在地与国家破产法这二者的联结进行限制的合法性仍然是一个有待澄清的问题，这一问题在本文中无法得到完全的阐述。然而作为一种倾向，这种限制的合法性也许体现在其不仅没有妨碍公司设立本身，而且更适应了后一阶段即公司破产阶段对公司实际债权人利益保护的需要。

（王彦明、吕楠楠　译）

（《社会科学战线》2012 年第 7 期）

---

① See the Landmark Decision Eurofood（ECJ, C–341/05）Commented by Th. Bachner, "The Battle over Jurisdiction in European Insolvency Law," *European Company and Financial Law Review*, （2006）: 310.

② For this General View, see C. Teichmann, Binnenmarktkonformes Gesellschaftsrecht, 2006, at 156.

世界海洋危机

〔俄罗斯〕Ю. A. 叶尔绍夫*

作为当代世界最主要的能源，石油广泛用于交通运输、石化等行业，被称为"黑色黄金"，但石油也会给其所到之处——海洋、河流或者地表——的所有生物带来致命危险。2010 年 4 月 20 日，墨西哥湾"深水地平线"海洋石油钻井平台发生重大原油泄漏事件，面积逾 250 平方公里的油污漂向美国路易斯安那州和佛罗里达州沿岸，给当地经济和海洋环境造成严重破坏。为应对这起漏油事故，共动用救援人员 4.5 万名、船舶 6500 余艘和飞机 110 多架。受害者提出诉讼 12 万起。据泄油事件责任方英国石油公司计算，事故造成 322 亿美元的损失，赔偿总额可能达到 200 亿美元。

众所周知，对鱼类生存而言，水体中石油的最高浓度不能超过 0.05 毫克/升。因此，一吨石油可污染 2000 万立方米水，尤其是厚厚的油层覆盖水面，造成的损失难以估量。据专家估计，目前每年平均约 600 万吨石油和石油产品流入大海。随着石油开采和石油产品生产的增加以及运输量的增长，海洋受污染的风险将显著提高。

人类对世界海洋资源的开发日趋活跃，海洋也越来越激烈地对抗这一过程。2011 年 3 月 11 日，日本东北部海域发生大地震并引发海啸，造成福岛第一核电站发生核泄漏事故，海水受到放射性污染。同其他许多自然灾难一样，这起事故应当使在富饶但充满危险的海洋从事经济开发者有所警醒。

一、民众生活和财富的源泉

海洋约占地球表面积的 71%，对于我们生活的星球意义重大。海洋是生

---

* 作者单位：俄罗斯国立高等经济学院世界经济与国际政治系。

物圈的重要组成部分，被称为"地球之肺"，源源不断地为人类提供氧气保障。空气中约70%的氧气来自海洋浮游生物的光合作用。①

海洋为居民经济活动提供了广阔空间。各种船舶穿行于世界海洋之间，这里有丰富的生物资源，海底蕴藏着大量人类刚刚着手开采的矿物资源。海洋是最重要的鱼类和海产品基地，中国、挪威、美国、加拿大、智利、印度尼西亚、冰岛、日本等沿海国家不仅是渔业大国，而且是重要的鱼类和海产品出口国。② 值得一提的是，鱼类捕捞业以较小生产单位为主。例如，在占世界渔业份额80%的亚洲，70—80%的渔业经济属于小型经济。③

此外，海洋具有双重意义，既可以连接不同国家，也能够隔断彼此的联系。海岸边界上不乏防御工事、边防哨所、军事基地、机场和港口等典型的国家特征。例如，俄罗斯拥有3.88万公里海岸线，占边界总长度的72%。④

海洋是俄罗斯开展对外贸易活动的重要门户，俄罗斯约60%的进出口货物依靠海洋运输。俄罗斯的大陆架集中了大量油气资源，⑤ 锡、钛、镍、钴及其他矿物质蕴藏量丰富。

二、辽阔而脆弱的海洋

海洋污染主要来自人类经济活动，其中包括人的因素以及科技发展水平落后，难以保证技术问题的安全解决。后者是2010年4月墨西哥湾"深水地平线"钻井平台漏油事件的关键原因。4·20事件成为美国历史上最严重的生态灾难，这是一个分水岭。此后，世界各国开始重新评估防止和消除石油及石油产品开采运输生态风险措施的可靠性。墨西哥湾（已有数百座石油钻井平台进行采油作业）、美国和世界其他地区开采大陆架油田的生态安全问题随之浮出水面。今天仅在美国深水钻探就保障了30%的石油开采量。⑥

到目前为止，全球大陆架共发现3000座油田，其中1000座左右处于开采

---

① Колодкин А. , Гуцудюк В. , Боброва Ю, Мировой океан, Международно - правовой режим, М. : Статус, 2007, С. 314.

② World Trade Organization, *World Trade Report*, Geneva, 2010, p. 210.

③ *AO Extrabugetary Programme on Fisheries and Aquaculture for Poverty Alleviation and Food Security*, Rome, October, 27–30, 2009, p. 5.

④ Войтоловский Г. К. , Долгосрочные цели, М. , СОПС, 2010, С. 4.

⑤ Войтоловский Г. К. , Долгосрочные цели, М. , СОПС, 2010, С. 4.

⑥ *Oil and Gas Journal*, September 6, 2010, p. 34.

状态。现在海洋为人类提供了32%的石油和25%的天然气。① 1/3 的汽车、飞机、拖拉机和坦克使用的汽油，以及1/4燃具使用的液化气来自海底石油。

2005—2009 年间，半数以上的新油气储备位于大陆架，其中依靠深水和超深水钻探技术发现的油田占40%。

墨西哥湾石油泄漏事件并非世界采油史上的首次事故。美国每年发生数千起小型泄油事故，大规模原油泄漏则极为少见。但鉴于钻探深度呈增加趋势，发生事故的风险将上升。对灾难统计进行的分析表明，设计失误和在生产过程中技术系统发生故障占事故原因的50%，极端自然现象占30%，航行事故占15%，其他原因（恐怖活动、战争造成的生态后果等）占5%。②

英国劳埃德保险公司提供的资料说明了国际航行包括石油运输的危险程度。据其估计，往来于世界2800多个港口的船只超过4.6万艘，长期在海上生活的海员达120万人，其中完全可能存在不轨之徒。③ 以索要赎金为目的劫持油轮事件屡见不鲜。

目前，恐怖活动的威胁日益加强，全球海洋出现若干高风险区域——达摩克利斯之剑高悬于最活跃的海上交通要道（见下表）。

世界贸易中最薄弱的主要石油供应线

最薄弱的地点	石油供应方向	基本特征描述
霍尔木兹海峡	欧洲、日本、美国、中国	最重要的海上石油运输通道。油轮航道宽3公里，是波斯湾国家唯一的海上石油输出门户
马六甲海峡	日本、中国、东盟国家	向东亚国家供应石油的重要水道，航道最窄处宽2.7公里。由于亚洲石油消费的预期增长，该航道的重要性日益凸显
苏伊士运河	欧洲、美国	连接红海和地中海
曼德海峡	欧洲、美国	连接红海和亚丁湾
"苏迈德"石油管道	欧洲、美国	连接红海和地中海
博斯普鲁斯海峡	欧洲	长30公里，连接黑海和地中海，航道最窄处不足1公里

---

① Виноградова О, Мексиканский залив и Исландия: что общего? //Нефтегазовая вертикаль, 2010, № 12.

② Супруненко О, Овсянников А, Если завтра грязнет …//Нефть России, 2010, № 9.

③ Российская газета, 3.04, 2004.

"友谊"石油管道	欧洲	从俄罗斯向欧洲供应石油
波罗的海石油管道系统	欧洲	向波罗的海港口供应俄罗斯石油

资料来源：IEA，*World Energy Outlook*，Paris，2009，p. 118.

需要进一步研究墨西哥湾石油泄漏事故造成的后果。已经弄清的是，在原油大量外泄过程中事发水域叶绿素浓度急剧下降，墨西哥湾海水以及墨西哥湾暖流的循环可能遭到破坏，这将对整个欧洲的气候产生严重影响。①

三、结论仅仅是这些吗？

这场灾难引起国际社会的高度关注。美国宣布暂停在墨西哥湾进行石油钻探作业，取消阿拉斯加州和弗吉尼亚州大陆架油气田区块拍卖计划。与此同时，开始讨论暂停10年深海石油钻探的可能性，据美国能源部估算，此举将使美国石油开采量每年减少数千万吨。②

美国政府迅速对燃料能源综合体的采油部门进行彻底改革，旨在强化大陆架油田勘探工作的管理，提高现行安全标准，加强新项目安全评估可靠性的监督。

美国总统奥巴马建议由石油公司完全承担墨西哥湾漏油事故造成的损失。针对这起事件，2010年6月，美国司法部对英国石油公司（钻井平台租赁方）、越洋公司（钻井平台所有人）和哈里伯顿公司（为油井提供固井服务）启动刑事和行政调查。司法部部长埃里克·霍尔德表示："我们将处罚所有违法者。要知道，事故已经变成一场灾难。"③

埃克森美孚石油公司、康菲公司、雪佛龙公司和壳牌公司等大型油企迅速作出反应，宣布成立海上油井封堵公司，这个非营利机构的主要任务是防止深度超过3000米的油井发生泄漏事故。④ 英国石油公司后来也加入其中。

俄罗斯政府对事件表示关切。2010年5月，俄联邦总统梅德韦杰夫委托相关部门制定"防止石油污染俄罗斯海域法"。在多伦多二十国峰会上，梅德韦杰夫总统提议设立专门基金，旨在发生重大漏油事故的情况下补偿消除石油

① Независимая газета，Приложение Н-Г Энергия，2011，11，января.

② *Oil and Gas Journal*，July 19，2010.

③ Эксперт，2010，7-13，июня.

④ Независимая газета，2010，14，сентября.

泄漏后果的支出。采油企业应为此类基金提供资金。

在俄罗斯的积极参与下，多伦多二十国峰会通过决议，呼吁交流海洋环境保护和防止石油勘探、开采和运输事故的经验。2010 年 11 月韩国首尔二十国峰会再次提议交流世界海洋保护经验。2010 年 11 月 30 日，在向联邦委员会发表的年度国情咨文中，梅德韦杰夫总统提出交流防止和消除海上石油泄漏后果先进经验的任务。

俄罗斯完全有理由对海上开采石油可能发生的事故表示担忧，因为未来 10—20 年预计将大规模利用萨哈林大陆架、北极海域（巴伦支海、伯朝拉海、喀拉海）和里海的油气资源。2005 年 5 月，俄罗斯联邦自然资源和生态部部长 Ю. 特鲁特涅夫表示，到 2015 年大陆架资源将保证开采 5000 万吨石油和 1500 亿立方米天然气，2020 年将分别达到 9500 万吨和 3200 亿立方米。[1] 根据俄罗斯石油公司、卢克石油公司、俄罗斯天然气工业股份公司、北海油气公司、北极大陆架油气公司和北极海洋油气勘探公司及其他油气企业的预测数据，到 2020 年海洋石油占俄罗斯石油总开采量的比重将达 17%，海洋天然气占俄罗斯天然气总开采量的 21%，2030 年将分别达到 23% 和 27%。[2]

不过，如果实施新的大陆架开发准入制度，开发俄罗斯大陆架的期限和规模可能发生重大变化。这里指的是取消 2008 年通过的《俄罗斯联邦地下资源法》修正案。根据该修正案，只有国家股份不低于 51% 且在大陆架经营时间不少于 5 年的企业才能够在大陆架开采石油。符合上述要求的只有俄罗斯天然气工业股份公司和俄罗斯石油公司，虽然这些企业以开采陆地石油为主，但它们也能够在大陆架进行油气开发活动。俄罗斯联邦自然资源和生态部建议像现行法律要求的一样，允许其他俄罗斯企业以及外资占 50% 的公司参与大陆架开发，但对此尚未作出最终决定。

四、牢记以往的教训

墨西哥湾原油泄漏事件使加快北极大陆架开发的问题取得进展。2011 年 1 月 15 日，俄罗斯政府总理普京宣布，俄罗斯石油公司和英国石油公司就联合开发储量为 50 亿吨石油和 10 万亿立方米天然气的北极大陆架区块达成一致。

---

① Нефть России，2010，№ 9.

② Нефть России，2010，№ 9.

普京表示，政府打算为项目的实施提供最有利的税收制度和行政制度。① 在合资企业中，俄罗斯公司占 67% 的股份，英国公司占 33% 的股份。② 此外，双方将互换股票，英国石油公司将持有 9.5% 的俄罗斯石油公司股份，俄罗斯石油公司将持有 5% 的英国石油公司股份。这宗交易价值大约 78 亿美元。虽然斯德哥尔摩的仲裁法庭以一纸决议终止了双方协议的实施，但相关谈判仍在继续。

专家建议 5—10 年后开始开采北极大陆架石油，而整个俄罗斯北极地区新油气田开发纲要预计持续 50 年。对俄罗斯而言，开采北极地区石油从客观上来说非常必要。根据俄罗斯联邦自然资源和生态部资料，俄罗斯 75% 以上的矿区处于开发状态，矿区平均采空率接近 50%。③ 俄罗斯的石油采收率略超过 30%，而世界该项指数则为 40—45%。

墨西哥湾发生的生态灾难使人们从全新角度看待另一个污染海洋环境的现实威胁，即与船舶运输石油和石油产品有关的威胁以及液态能源的管道运输威胁。回顾一下近年因油轮事故引发的最严重石油泄漏事件：

——1967 年 3 月，"托利·卡尼翁"号油轮在英国西南部的锡利群岛触礁，十余万吨原油污染了约 270 公里法国和英国海岸；

——1978 年 3 月，美国"阿莫戈·卡迪兹"号油轮在法国布列塔尼沿岸搁浅，约 300 公里海岸线受到污染；

——1979 年 7 月，"大西洋女皇"号和"爱琴海船长"号油轮在加勒比海相撞，29 万吨原油外泄到海水中；

——1989 年 3 月，埃克森公司所属油轮"瓦迪兹"号在阿拉斯加海域搁浅，数万吨重油流入大海，2000 公里海岸受到污染；

——1991 年 1 月，占领科威特的伊拉克军队从油轮中向波斯湾水域倾泻了 150 万吨原油，并且点燃了 700 口油井；

——2002 年 11 月，"威望号"油轮在西班牙海域附近断裂并沉没，6.4 万吨重燃料油泄露。该事件后欧盟全面禁止单壳油轮进入本国水域。

在 1970—2008 年的近 40 年间，世界海运规模增长了 2 倍多，从每年 26 亿吨增加到 82 亿吨。④ 按吨海里计算，同期海运总规模从 10.6 万亿增加到

① РИА Новости, 15.01, 2011.

② Независимая газета, 17.01, 2011.

③ Интервью секретаря Совета безопасности России Н, Патрушева "Российской газете", 14.01, 2011.

④ UNCTAD, *Review of Maritime Transport*, 2009, UN, N.Y., 2009, p.8.

32.7 万亿。① 2008 年，石油及石油产品运输约占海运总量的 34%（27 亿吨，其中石油 18 亿吨，石油产品 9 亿吨）。② 全球 45% 以上的石油和约 25% 的石油产品经由海路运输。③ 2009 年，油轮和液化气运输船占世界船舶总吨数的 38%。

    油轮载重量增长迅猛：1966 年载重量超过 16 万吨的油轮全世界仅有一艘，目前则约有 600 艘。一旦该吨级油轮发生事故，世界海洋将遭受巨大污染，30 万吨油轮出现事故可能产生的后果更是难以想象。

    事故风险与船队的船龄结构存在联系。目前 40% 油轮（占船舶总吨位的 13%）的船龄达 20 年或以上。④

五、国家与企业：谁执牛耳？

    针对完善防止海洋污染的国际立法问题，借鉴墨西哥湾原油泄漏事件的经验，从事石油勘探、开采和运输的石油公司一致持明确立场。专家认为，依靠及时使用结构完善的油井，即依靠技术手段墨西哥湾事件或可避免。援引专家们的观点，石油公司建议完善这一方面的国际立法，但并不认同制定某种统一的国际措施或成立政府间监督机构是有效之举。石油企业认为，安全领域新技术和先进经验的引进应当与遵守既有碳氢化合物钻探和开采规定的严格监督举措相结合。

    石油企业不支持在整个油气领域建立强制相互保险基金的建议。它们强调，墨西哥湾事件后大型跨国公司成立的海上油井封堵公司的任务就是预防不可抗力情形，足以应对所有问题。

    与追求尽量减少国家参与事故预防措施体系的石油企业不同，政府首先是美国政府努力强化自己在海洋碳氢化合物开采方面的立场。2010 年 7 月白宫成立的海洋政策倡议小组发表若干建议，其中主要倡导成立国家海洋委员会，以加强国家对该领域工作的协调。

---

    ①   UNCTAD, *Review of Maritime Transport*, 2009, UN, N. Y., 2009, p. 76.

    ②   UNCTAD, *Review of Maritime Transport*, 2009, UN, N. Y., 2009, p. 8.

    ③   UNCTAD, *Review of Maritime Transport*, 2009, UN, N. Y., 2009, p. 8; *BP Statistical Review of World Energy*, June, 2009.

    ④   UNCTAD, *Review of Maritime Transport*, 2009, UN, N. Y., 2009, p. 41.

六、海洋需要什么样的法律？

目前，关于海洋污染问题的国际立法众多。1954 年，第一部防止海洋油污染的国际公约通过。此后，陆续签订了其他类似条约，其中包括 1982 年诞生的《联合国海洋法公约》。这一条约意义重大，被认为是关于世界海洋污染问题的基本文件，是"一个比以往任何国际条约都更为广泛的多边条约"。

该领域国际法规的制定与国际海事组织的活动密切相关。这个组织是联合国主管海运事务的专门机构，1959 年成立，主要负责提高航行可靠性和安全性、防止船舶和海上设施造成海洋污染等任务。在世界范围内，国际海事组织制订了 40 多项公约和议定书，提出近千条规则和建议。国际海事组织大会为国际海事组织的领导机构，由 163 个成员国的代表组成，每两年召开一次。俄罗斯积极参与国际海事组织事务。

目前，世界 98% 以上的商业船队遵守国际海事组织制定的国际海洋运输基本公约和生态法规。其中防止石油泄漏的相关规定主要包括：

——缔约国必须采取一切必要措施防止、减少及控制任何来源的海洋环境污染，为此目的，使用切实可行的方法，不使第三国及其海域受到损害；

——一旦发生海洋环境污染事件，有关国家必须立即通知其他国家和国际组织；

——缔约国对于其管辖下的自然人或者法人因海洋环境污染而受到的损害，应保证其迅速得到适当赔偿；

——缔约国应保证悬挂其国旗航行的船舶上具备防止石油污染的紧急措施预案；

——任何违法行为均应受到船旗国法律的惩罚；

——制定严厉追究油轮所有人责任的制度，实行强制责任险。

根据 1982 年的《海洋法公约》，在联合国框架内设立了三个专门机构：国际海底管理局、国际海洋法法庭和大陆架界限委员会。为实现罗蒙诺索夫海岭和北极部分大陆架权力的合法化，俄罗斯联邦向联合国大陆架界限委员会提交了外大陆架划界提案。

海上恐怖主义以及其他破坏国际航行安全的非法行为，包括海盗行径，是引发海洋环境污染的特殊威胁。此类犯罪适用于 1988 年通过的《制止危及海上航行安全非法行为公约》和《制止危及大陆架固定平台安全非法行为议定书》。包括俄罗斯在内，上述公约共有 95 个缔约国。2001 年，俄罗斯有条件批准了该公约：俄罗斯联邦宪法禁止向第三国引渡俄罗斯公民。联合国环境规划署通过的《区域海洋项目》涉及一系列地区，作为管理海洋和海洋资源以及控制海洋环境污染的区域性手段，该项目仍在发挥重要作用。

多数沿海国家的法律具有多样性，既考虑到国际公约的地位，又兼顾反映自身特点的本国法律。挪威、美国和英国的立法质量很高。遗憾的是，俄罗斯的海洋环境保护立法差强人意，主要表现在缺乏连贯性、界定模糊、多数法律文件不规范、缺少基本法等。俄罗斯是世界上海岸线最长的国家之一，且大陆架面积巨大，急需先进、有效而全面的海洋生态立法。通过国家杜马酝酿已久的《防止俄罗斯联邦海域石油污染法》迫在眉睫。

分析保护海洋环境、防止海洋污染的当代国际法律可以得出结论：到目前为止，世界总体上形成了完备的海洋环境法律基础，包括涉及所有海洋保护措施的数十项公约、议定书及协议。可以断定，世界法学的新方向——世界海洋生态立法——形成，这一立法实际上普及到所有国家，涵盖各类污染。同时，由于大量国际性文献形式不一、系统性差，针对世界海洋利用及保护，需要制定统一、通用的生态法。

七、"海洋宪法"之设想

大多数国际法律只涉及石油、石油产品和其他液态物质运输过程中的海洋污染，以及海洋废弃物污染。在国际法律实践中，实际上缺乏由于石油勘探、开采、储存和运输（包括石油管道）等生产活动造成的海洋石油污染问题立法。因此，需要制定一部巩固保护世界海洋健康最重要准则的法律——"海洋宪法"。鉴于海洋钻探的预期增长趋势，此类文件的出台无疑大有裨益。

这份法律文件将为国际社会带来双重益处。第一，有助于解决海洋环境保护和消除石油泄漏后海洋环境的恢复等生态问题；第二，可以为国际能源安全提供额外保证，协调石油供应因事故暂时中断而被打破的碳氢化合物供给平衡。

世界油气工业发展预测决定了制定新的海洋生态保护一揽子文件的必要性。随着越来越复杂的深水和超深水钻探技术的应用，大陆架的快速开发不可避免。海上石油运输业的预期增长以及恐怖分子和海盗对国际航运日益增加的威胁也证明了制定此类文件的合理性。

笔者认为，新的海洋环境保护文件宜规定以下内容：

——建立国际公海大型石油项目技术监控组织，保证项目的可靠性和安全性；

——组织投资调查，保证防止海洋污染措施得到充分投资，为科学技术研究提供充足的拨款；

——成立石油开采事故风险和海洋污染国际保险机构，尤其是在气候条件恶劣地区和引进深水开发新技术条件下；

——国际金融机构更加积极地参与以提高世界海洋资源开发安全性为宗旨的重大项目融资；

——在采油平台所在地以及最繁忙的航线上对海洋生态状况进行综合而有效的固定卫星监测，同时建立可靠的灾难发布体系；

——在强制措施方面，运用联合国宪章追究导致海洋环境污染和生态灾难发生的蓄意或玩忽职守行为的责任；

——在联合国主导下，组建应对自然及技术灾难（包括海洋环境污染）的国际紧急力量，配备相应的物质资源和技术手段，以保证迅速对紧急事态作出反应。

俄罗斯是重要的海洋和能源大国，净化海洋以及保证国际能源安全与其利害攸关。因此，在制定彻底解决世界海洋保护问题的措施方面，可以期望俄罗斯发挥积极作用。2010 年 11 月，俄罗斯政府通过外交渠道向部分国家领导人递交了保证国际能源安全公约草案，建议就此开启专家级谈判。该草案认为石油开采和运输可能引发的事故对国际能源安全构成威胁，并载有制定在海洋石油勘探、开采、运输过程中防止重大事故以及消除事故后果议定书的规定。国际社会应认真研究俄罗斯提出的倡议，共同致力于拯救已经危机四伏的世界海洋。

（张广翔、钟建平　译）

（《社会科学战线》2012 年第 8 期）

韩国对华投资趋势变化的实证分析

〔韩国〕 高正植 *

一、研究目的与研究方法

　　随着中国经济结构与投资环境的改变，韩国企业对中国的投资趋势也发生了相应变化，这一点已被研究证实。本文通过对过去 20 年间（1990—2010年）韩国对华投资统计资料的分析，意在阐释在中国经济结构与投资环境出现变化的同时，韩国企业对华投资趋势也出现相应变化的现象。用事实证明了各种投资类型在投资规模、投资方式、投资目的等方面存在的差异，同时运用统计数字验证了各种投资类型投资趋势的变化。

　　本文使用韩国企业对华投资的业绩统计数据，分析了韩国对华投资趋势与中国经济结构及投资环境之间的互动关系。文章从投资规模、投资方式、投资目的等层面对韩国对华投资进行了分类，并分析了各种类型的对华投资出现的变化趋势，同时将 20 世纪 90 年代至 21 世纪初划分为几个时间段，验证不同时期投资趋势的变化。本文也试图运用方差分析的方法，验证各投资时间段的投资规模与投资方式、投资规模与投资目的、投资方式与投资目的在统计学角度上的差异。文中还运用 Multianova Test（差异分析）方法，分析了 20 世纪 90 年代至 21 世纪初不同时间段内，韩国对华投资在统计学角度是否存在差异；同时以对华投资个案为例，分析了各种投资类型之间在统计学角度是否存在差异，从而说明，随着中国经济结构和投资环境出现变化，韩国对华投资的模式也发生了变化。

* 作者单位：韩国培材大学校中国学部中国通商系。

二、韩国对华投资趋势分析

1. 对华整体投资类型变化趋势分析

首先，将投资规模分成大企业、中小企业、个人及私人企业进行验证。结果显示：20世纪90年代后，大企业对华投资呈持续增长的势头。而中小企业的对华投资，1992年达到最高峰之后，开始持续下滑。个人及私人企业投资与大企业和中小企业投资情况相比，变化幅度不明显；但进入21世纪后，个人及私人企业的投资出现了增长的趋势（见图1）。

其次，我们把投资方式区分为独资投资、合作投资、合资投资进行分析（见图2）。20世纪90年代，独资投资呈持续下滑趋势，21世纪又呈现稳定增长趋势。而合资投资从20世纪90年代至21世纪初一直呈下滑趋势。合作投资一直在10%幅度之内上下浮动。

从投资目的角度分析，投资目的可分两个阶段：第一阶段，利用廉价劳动力、进入当地市场、促进出口是韩国对华投资的主要目的。第二阶段，开发资源、克服贸易保护、确保原材料、引进先进技术等是一般投资的目的（见图3）。20世纪90年代上半期以利用廉价劳动力为目的的对华投资达到高峰，之后持续回落。自21世纪初以来，以进入中国当地市场为目的的对华投资呈现明显增长趋势。以促进出口为目的的投资，其增长幅度稳定在20%左右。以获取资源为目的的投资项目，从20世纪90年代下半期开始剧增，21世纪则呈下降趋势。以克服贸易保护、引进先进技术为目的的投资呈现整体下滑趋势（见图4）。以确保原材料来源为目的的投资则在2%的振幅内徘徊。

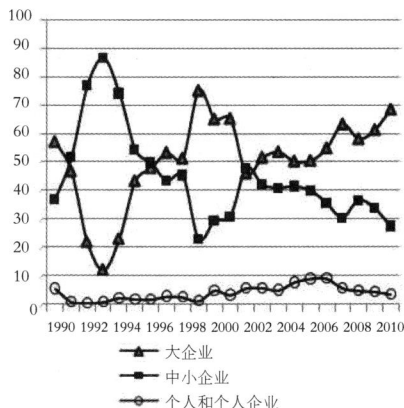

图1　韩国企业对华投资规模变化

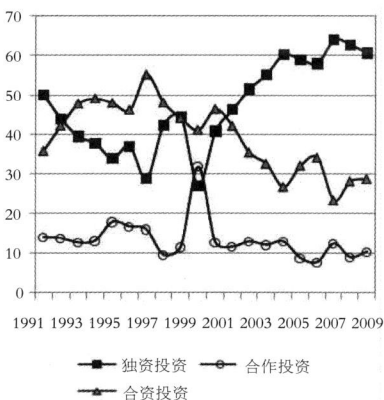

图2　韩国企业对华投资方式变化

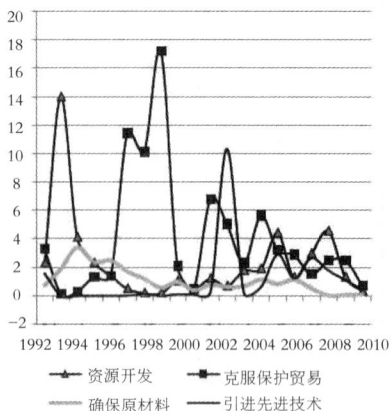

图3　韩国企业对华投资目的变化　　　图4　韩国企业对华投资目的变化

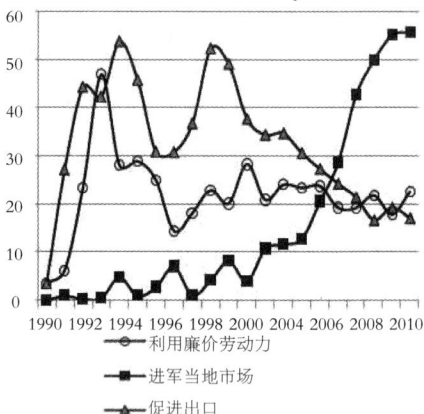

综合来看，韩国对华投资中，大企业投资、独资投资、进入当地市场为目的的投资呈增长趋势。而中小企业投资、合资投资、以利用廉价劳动力为目的的投资则呈现下滑趋势。一般来说，大企业以进入当地市场为目的的投资主要采取合资投资或合作投资的形式，而韩国大企业进入当地市场为目的的投资形式是以独资投资为主。

2. 对华个案投资类型的趋势分析

本文拟将韩国对华投资划分为以下几组进行分析：投资规模与投资类型、投资规模与投资目的、投资类型与投资目的。韩国对华个案投资类型变化趋势分析结果概括（见图5—10）如表1所示：第一，从投资规模和投资方式上看，大企业和中小企业的独资投资都有所增长，而合资投资则有所下降。合作投资则呈持平状态（见图5、6）。第二，从投资规模和投资目的层面考虑，大企业和中小企业以利用廉价劳动力为目的的投资呈下滑趋势，而以进入当地市场为目的的投资则呈上升趋势。以促进出口为目的的投资方面，大企业情况持平，而中小企业维持负增长（见图7、8）。第三，从投资方式和投资目的来看，在以利用廉价劳动力为目的的投资中，独资投资、合资投资与合作投资三种形式都呈负增长，而在以进入当地市场为目的的投资方面，呈正增长。但在以促进出口为目的的投资中，独资投资和合资投资呈负增长，而合作投资则呈正增长（见图9、10）。

表 1　韩国对华投资个案的趋势变化整理

		投资规模		投资方式			投资目的		
		大企业	中小企业	独资投资	合作投资	合资投资	利用廉价劳动力	进军当地市场	促进出口
投资规模	大企业			+	中性	−	−	+	中性
	中小企业			+	中性	−	−	+	−
投资方式	独资投资	+	+			−	+	−	
	合作投资	中性	中性			−	+	+	
	合资投资	−	−				+		
投资目的	利用廉价劳动力	−	−	−	−	−			
	进入当地市场	+	+	+	+	+			
	促进出口	中性	−	−	+	中性			

说明：图 6—10 概要。

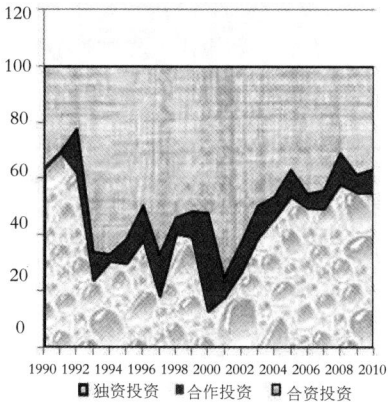

图 5　韩国大企业对华投资方式的变化

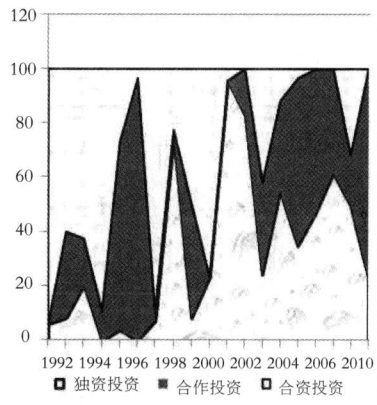

图 6　韩国中小企业对华投资方式的变化

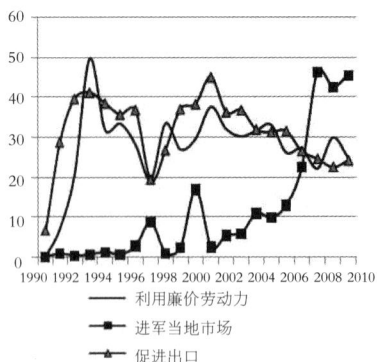

图 7   韩国大企业对华投资目的变化

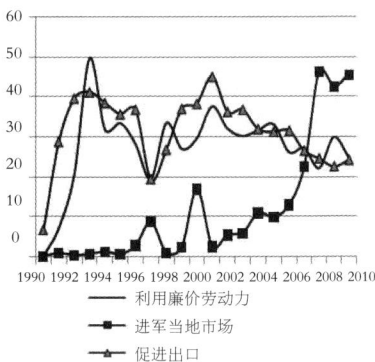

图 8   韩国中小企业对华投资目的变化

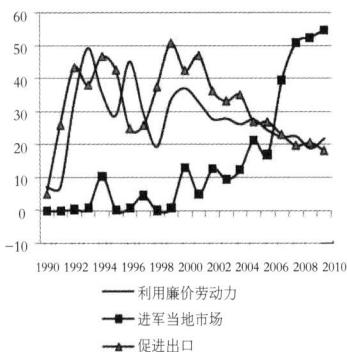

图 9   韩国对华独资投资——投资目的变化

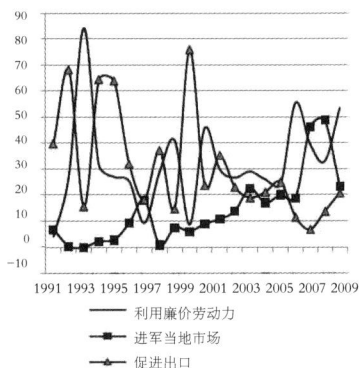

图 10   韩国对华合作投资——投资目的变化

三、韩国对华投资各种类型之间的差异以及对不同时期投资趋势变化的验证

本文运用统计学 ANOVA 方法，来验证各种韩国对华投资类型之间的差异以及不同时期韩国对华投资的趋势变化。首先，在不同时期，不同类型的韩国企业对华投资，在投资规模、投资方式、投资目的角度都存在差异（见表2）。即从投资规模角度上看，大企业和中小企业、个人和私人企业的投资类型存在差异；在投资方式上，独资投资、合作投资、合资投资的投资类型也存在统计学意义上的差异。在投资目的上，存在着利用廉价劳动力、进入当地市场、促进出口、确保原材料、克服贸易保护、引入先进技术等差异。20 世纪 90 年代至 21 世纪初不同时期的投资规模、投资方式以及投资目的，在不同时期也存在统计学意义上的差异。从而验证了进入 21 世纪后，韩国对华投资趋势出现

了变化。

表 2　韩国对中国整体投资类型在统计学上的差异验证结果

对华投资整体分类		F 比例	P-数值	是否采纳
投资规模	按投资规模分类	14. 486 45	9. 19E-06	＊＊＊
	按投资时期分类	45. 433 63	1. 09E-08	＊＊＊
投资方式	按投资方式分类	19. 887 36	3. 38E-07	＊＊＊
	按投资时期分类	42. 355 84	2. 59E-08	＊＊＊
投资目的	按投资目的分类	14. 896 07	8. 04E-13	＊＊＊
	按投资时期分类	43. 4968	1. 05E-09	＊＊＊

说明：＊＊＊P<0. 01，＊＊P<0. 05，＊P<0. 1确率的显著性水平下采纳。

表 3　韩国对中国投资中分类类型统计学的差异检验结果

对华投资整体分类 F 比例			P-数值	是否采纳	
按投资规模分类 按投资方式分类	大企业	按投资方式分类	10. 806 11	0. 000113	＊＊＊
		按投资时期分类	37. 6529	1. 03E-07	＊＊＊
	中小企业	按投资方式分类	0. 460 906	0. 633 17	
		按投资时期分类	1. 720 129	0. 195 226	
按投资规模分类 按投资目的分类	大企业	按投资目的分类	10. 439 62	3. 44E-08	＊＊＊
		按投资时期分类	27. 9733	6. 48E-07	＊＊＊
	中小企业	按投资目的分类	23. 200 67	9. 19E-16	＊＊＊
		按投资时期分类	57. 179 37	1. 39E-11	＊＊＊
按投资方式分类 按投资目的分类	独资投资	按投资目的分类	11. 658 84	5. 08E-09	＊＊＊
		按投资时期分类	47. 009 26	4. 57E-10	＊＊＊
	合作投资	按投资目的分类	15. 5302	1. 71E-11	＊＊＊
		按投资时期分类	20. 43 699	1. 59E-05	＊＊＊
	合资投资	按投资目的分类	10. 32 775	4. 12E-08	＊＊＊
		按投资时期分类	19. 89 044	2. 02E-05	＊＊＊

说明：＊＊＊P<0. 01，＊＊P<0. 05，＊P<0. 1确率的显著性水平下采纳。

　　我们把韩国对华投资变化趋势以个案形式进行细化分析，验证不同投资类型之间存在统计学意义上的差异，主要内容如表3所示。即在投资规模与投资方式、投资规模与投资目的、投资方式与投资目的层面上对韩国对华投资情况进行细化分析，结果显示，韩国对华投资的趋势变化具有统计学意义，大企业对华投资无论在投资方式上还是投资目的上都呈现具有统计学意义的差异。比较20世纪90年代和21世纪初不同时期的对华投资变化趋势，呈现的差异都具有统计学意义。而中小企业的投资方式则没有呈现出具有统计学意义的差异，投资目的却呈现具有统计学意义的差异。同时，对比20世纪90年代至21世纪初中小企业对华投资的投资目的，可以看出其变化趋势已经具有统计学意义。

　　从投资方式和投资目的上看，独资投资、合作投资和合资投资等所有投资方式在投资目的、投资时间层面都呈现统计学意义上的差异。也就是说，在投资形态中，投资目的具有统计学意义的差异。在 20 世纪 90 年代和 21 世纪，韩国对华投资都显示了投资形态在投资目的上具有差异。

结 论

综上所述，韩国大企业对华投资、韩国企业对华独资投资、以进军当地市场为目的的对华投资呈现较强的上升势头。而韩国中小企业对华投资、中韩合资投资、以雇佣廉价劳动力为目的的投资等方面则显露出下滑趋势。韩国对华投资趋势的变化，与中国经济结构和投资环境的变化密切相关。也就是说，20世纪 90 年代，在中国外向型经济持续增长的情况下，韩国对华投资企业主要是以雇佣廉价劳动力为主要目的的中小企业。而进入 21 世纪后，随着中国内需市场的快速发展，韩国对华投资呈现大型企业大举进军中国内地市场的迅猛势头。

韩国对华投资主体主要分为大企业和中小企业。21 世纪中期以后，无论是大企业还是中小企业，都以进军中国内地市场为目标，投资方式优选独资投资。一般来讲，投资内地市场首选合资投资或合作投资两种形式，但本文研究结果表明，韩国企业对华投资更偏爱独资形式。这种现象应该引起我们的关注。因此，今后的重要课题是，探明韩国企业对华投资过程中独资投资企业激增的原因。

（李雪 译）

（《社会科学战线》2002 年第 10 期）

俄罗斯的控烟政策

〔俄罗斯〕Л. С. 扎西莫娃　　Р. К. 玛吉亚诺夫*

《2020 年前俄罗斯联邦卫生系统发展方案》（2008 年制定）和《2010—2015 年国家阻止烟草消费政策实施方案》都规定，要将减少吸烟作为健康政策的组成部分。俄联邦卫生与社会发展部（卫生与社会发展部 2012 年改组为卫生部——译者注）就健康问题组建了工作组，① 专家团队围绕所拟定的"2020 战略框架"研究"健康与人居环境"的问题。

俄罗斯应按照 2008 年加入的世界卫生组织《烟草控制框架公约》② 的规定进行控烟。该公约为缔约国设定了最低限度的立法要求，鼓励它们主动制定更多的最低限度措施。

俄罗斯经济状况与居民健康信息监测中心开展的全国性调查，以及其与俄罗斯国立高等经济学院和萨马拉国立医科大学于 2010 年进行的大学生调查，为研究提供了实证基础。其中前一项调查历时 16 年（1994—2009），样本覆盖了俄罗斯 160 个居民点的 1.2 万多人，其代表性被认为达到了国家级水平。后一项调查的样本选取了莫斯科、彼尔姆、萨马拉的大学生 914 人。

---

* 作者单位：俄罗斯国立高等经济学院基础研究中心。

① Приказ М 418 от 8 июля 2009 г. , О рабочей группе Минздравсоцразвития России по нормативно - методическому обеспечению реализации мероприятий, направленных на формирование здорового образа жизни у граждан Российской Федерации, включая сокращение потребления алкоголя и табака.

② 2008 年 1 月 10 日俄罗斯联邦政府部长会议批准俄罗斯申请加入世界卫生组织通过的《烟草控制框架公约》。

俄罗斯人的吸烟状况

俄罗斯是世界上居民吸烟比例最高的国家之一：60—65%的男性居民和17—25%的女性居民吸烟，其中男性吸烟比例最高的年龄段是25—44岁（该年龄段有68.3%的男性吸烟），女性吸烟比例最高的年龄段是19—24岁（该年龄段有37.9%的女性吸烟）。如图所示：

俄罗斯各年龄段居民的吸烟比例（%）

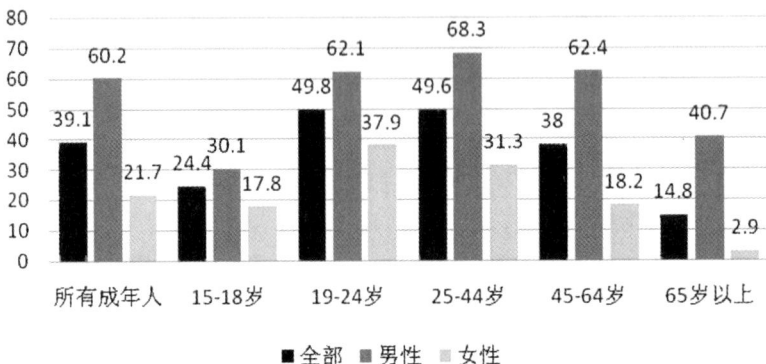

俄罗斯各年龄段居民的吸烟比例图

资料来源：Global Adult Tobacco Survey，GATS，2009。

根据俄罗斯经济状况与居民健康信息监测中心的数据，从1994—2009年，俄罗斯的吸烟人数一直在增长。不过男性的吸烟比例一直比较稳定，而女性的吸烟比例却从1994年的9.2%增长到2009年的15.4%，这种变化主要应归因于年轻女性。而且这些数据并不包括某些特定人群（如因犯、边缘群体等）的烟草消费，他们之中吸烟者的比例一向很高。此外，关于青少年吸烟的问题是由父母代答的，而父母可能不知道其子女是否吸烟。

吸烟者平均每日的吸烟量也在增长：男性吸烟者1994年日均吸烟15支，2009年增加到18.1支；女性吸烟者则从7.8支增加到12.9支。同时17—24岁的年轻人日均吸烟量从11支增为14支，18岁以下的青少年则从8支增为10.3支。

对俄罗斯3个城市的大学生的调查结果显示，他们之中吸烟者比例为25%。

根据俄罗斯联邦社会局的报告,① 在 13—16 岁的俄罗斯青少年中, 2/3 有过吸烟的经历, 超过 1/3 的人经常吸烟。开始吸烟年龄从 1993 年的 15 岁下降到现在的 11—12 岁。

由于社会对吸烟的宽容态度, 俄罗斯的被动吸烟者数量庞大。全球成人烟草调查 (GATS) 的数据显示, 45.7% 的男性和 27.7% 的女性在工作场所受到被动吸烟的危害, 34.7% 的成年人在家中被动吸烟, 51.4% 的成年人在公共场所 (国家机构、卫生机构、饭店、酒吧或夜总会、咖啡厅、公共交通工具、大中小学等等) 被动吸烟。被调查的大学生中, 有 21% 每天经常遭受二手烟危害, 另有 11% 的人偶尔遇到二手烟危害。

2009 年, 经常吸烟者平均每月花费 567.6 卢布用于购买香烟 (1 盒 20 支装的香烟平均价格为 24.8 卢布)。

吸烟的代价

为了治疗吸烟导致的疾病, 如癌症、梗塞、中风以及护理早产婴儿等, 吸烟者本人和国家都耗资巨大。在俄罗斯, 每 14 卢布的医疗救助中, 就有 1 卢布用于治疗与吸烟有关的疾病。②

吸烟致死及其他死因所占的百分比表

主要死因	男性		女性	
	35—69 岁	75 岁及其以上	35—69 岁	75 岁及其以上
恶性肿瘤	43	36	2	5
肺癌	89	90	10	15
肺病	60	61	12	20
心血管疾病	25	10	3	5
其他原因	1	7	10	15
所有原因	25	20	2	3

资料来源: Доклад Общественной палаты Российской Федерации "Табачная эпидемия в России: причины, последствия, пути преодоления" М., 2009. C. 11.

吸烟者的过早死亡。根据世界卫生组织的数据, 与吸烟直接相关的疾病导致了全球 10% 的死亡病例和 5% 的艾滋病病例。最新的估计显示, 在欧洲国

---

① Доклад Общественной палаты Российской Федерации: Табачная эпидемия в России: причины, последствия, пути преодоления. М., 2009.

② Доклад Общественной палаты Российской Федерации: Табачная эпидемия в России: причины, последствия, пути преодоления. М., 2009, C. 12.

家，吸烟者的平均寿命比生活方式健康的人少7年；而在俄罗斯，这一差距为10—12年。俄罗斯人的主要死亡原因在很大程度上与吸烟有关，每年大约35万人死于与吸烟有关的疾病。如上表所示：

吸烟者遭受外伤的可能性较高，遭遇事故和不幸、引起火灾的概率更高。根据美国肺脏协会（American Lung Association）的数据，有多年烟龄的人，由于注意力和反应性的下降，会比不吸烟者更容易遭遇工伤事故。2010年夏季，由于用火不当造成的森林火灾给俄罗斯带来重大损失。

业务成本。所有国家的雇主都因员工吸烟而蒙受重大损失。据俄罗斯超级工作（SuperJob）① 网站统计，31%吸烟员者工作时日均吸烟3—4根，工作中近37%吸烟者每小时吸烟一次，每次吸烟就会浪费5—10分钟。据专家统计，如果某公司有15名吸烟员工，月均工资3万卢布，员工日均吸烟4次，每次在吸烟室耗时5分钟，那么该公司月均浪费约15万卢布。

而且，吸烟者比其他员工更频繁、更长时间地生病，因此耽误更多的工作日，给雇主带来额外的损失。俄罗斯国立高等经济学院利用俄罗斯经济状况与居民健康信息监测中心的数据研究表明，吸烟员工因病耽误工作日的可能性比不吸烟者高9%。② 而且俄罗斯超过35岁的吸烟者比生活方式健康的员工患病更频繁，病期更久。

吸烟员工的劳动生产率比不吸烟者低，而且吸烟数量与劳动生产率的下降成正比。每天吸烟1盒以上的人的劳动生产率仅为不吸烟者的75%。③

员工的吸烟还给雇主造成其他形式的成本，如雇主必须配备专门的吸烟处，清理这些地方也耗资不菲，等等。

员工的代价。近年来就业和薪水问题越来越困扰吸烟者。某些特定职业要求职员无不良嗜好。现在许多公司拒绝雇佣吸烟者。根据超级工作网站的统计，俄罗斯目前仅有2%的企业管理者不接收沾有这一不良嗜好的人。但是在美国和西欧国家，很多人因为吸烟而被拒之门外。世界卫生组织从2006年起

---

① www. SuperJob. ru.

② Бердникова А. , Засимова Л. , Колосницына М. , Лукиных О. , Экономические оценки факторов, влияющих на общественное здоровье（на примере курения и избыточного веса）//X Международная научная конференция по проблемам развития экономики и общества. М. : Изд. дом ГУ-ВШЭ, 2010.

③ Stewart, W. F. , Ricci, J. A. , Chee, E. , Morganstein, D. , "Lost Productivity Work Time Costs from Health Conditions in the United States: Results from the American Productivity Audit," *JOEM*, Vol. 45, No. 12, 2003 December, pp. 1234-1246.

已经不再雇佣吸烟者。

根据外国和俄罗斯的调查数据，吸烟者即便找到了工作，薪水往往也低于其不吸烟的同事。在俄罗斯，男性吸烟者与不吸烟者之间的工资差距能达到 6.6—14%。①

发达国家对吸烟的经济成本的调查显示，吸烟者往往还花钱用于酗酒和吸毒。而俄罗斯的调查证实，仅仅由于吸烟引起的生产率降低而造成的经济损失，就占到国内生产总值的 0.8% 至 2%。②

国家干预的必要性

尽管从现代经济学的理论来看吸烟的危害是毋庸置疑的，但是国家的任何干预都应该具有正当性。有人认为，如果人们的消费选择是以可靠的信息为基础，理性合理且不对第三方造成负面影响，那么国家的干预也就没有必要。现在我们分析一下国家干预烟草消费的条件。

吸烟的外部效应包括：吸烟引起的火灾，被动吸烟造成的损害，以及治疗吸烟类疾病的巨额支出——如果这些支出由国家预算或者强制医疗保险资金来承担的话。假如每一位病人都独自承担医疗费用，社会应该关心的就是向吸烟者告知吸烟对健康的危害，让他自己作出合理的选择，是"吸烟还是不吸烟"。如果公民或者雇主购买了医疗保险单，那么吸烟者个体的保险单额度应该高于不吸烟者，因为他患病的可能性更大。

在包括俄罗斯在内的许多国家，医疗支出由国家承担，这样吸烟者的医疗费用部分地转移到不吸烟者身上。

遗憾的是，被动吸烟造成的经济损失俄罗斯还没有人计算。不过，考虑到被动吸烟的规模，这一数字可能非常巨大。

对吸烟危害性的认识。各国的吸烟者并不能很好地了解吸烟对健康的消极后果。尽管很多人都听说过"吸烟有害健康"，但是大多数民众并不清楚这种危害究竟是什么。对莫斯科 15—16 岁青少年的调查显示，他们中有一半以上

---

① Засимова Л., Курение на работе и оплата труда //Мотивация и оплата труда. 2010. N4 (24).

② Бердникова А., Засимова Л., Колосницына М., Лукиных О., Экономические оценки факторов, влияющих на общественное здоровье (на примере курения и избыточного веса). X Международная научная конференция по проблемам развития экономики и общества. М.: Изд. дом ГУ-ВШЭ, 2010.

的人要么根本不知道与吸烟有关的任何疾病，要么只知道肺癌。①

对俄罗斯大学生的调查结果表明，他们对于健康生活方式的认识因其具体行为的不同而有差别。而且在有不良嗜好的人中，对健康生活方式产生误解的比例特别高。比如，43%的男性吸烟者与40%的女性吸烟者认为，自己的生活方式是健康的。此外，对于"您认为自己为维护自身健康所做的努力足够吗"的问题，他们所有人都作出了肯定回答。

虽然有些吸烟者知道自己遭受的风险很大，但他们认为这种风险的大小与可证实性比不吸烟者要低。他们甚至倾向于觉得，这种风险不会偏偏针对自己。

吸烟者是理性的吗？国外学者的研究表明，价格在过去或者可预见的未来的上涨会减少有害商品的消费，因此个人是理性的。这就意味着，国家应该允许由消费者自己承担因可能的健康问题而产生的经济负担，即所谓的消费者自己买单。

与此同时，关于吸烟对健康的危害和对尼古丁上瘾的危害，年轻人了解得更少，结果他们严重低估了今后吸烟的代价，高估了自己尽早戒烟的能力。对戒烟意愿的调查也说明了这一点。比如在萨马拉医科大学，76%的吸烟大学生都宣称，5年之后就不会再吸烟了。但是他们这种乐观的愿望未必能够实现，因为根据全球成人烟草调查（GATS）的数据，在试图戒烟的俄罗斯人中，只有11.2%的人取得了成功。

吸烟者在某种程度上是理性的，而在某种程度上又是目光短浅的。所以我们得出结论：国家不仅应该关注吸烟者给他人和社会增加的支出，还应该关注吸烟者自身付出的代价。

俄罗斯国家干预烟草制品消费的可能性

香烟价格调控措施被认为是国家控烟政策的最有效工具，它通常包括烟草制品消费税、原材料关税或者对卷烟实施最低限价等。提高价格可以防止不吸烟者开始吸烟，并促使吸烟者拒绝烟草消费和（或）减少吸烟。

行政措施包括：在公共场所禁烟，限制向儿童出售烟草制品，禁止烟草广告，迫使相关单位建立室内空气清洁系统等等。这项措施应当保护不吸烟的民众免于受到烟雾的侵害，预防儿童和年轻人吸烟。

---

① Сдерживание эпидемии, Правительства и экономическая подоплека борьбы против табака. ВОЗ, 2000.

信息措施包括：香烟包装上的特殊警告标志（或者图示警告），揭露吸烟危害的反广告活动，允许匿名咨询的热线等等。此举的目的在于确保民众理性选择，了解吸烟代价的相关信息，同时降低不知情的吸烟者的内部成本。药物措施则用于帮助那些决定戒烟的烟民。不过遗憾的是，这些药物并不是很有效，因为预防吸烟成瘾比染上烟瘾后再戒烟更容易。①

以往的调查经验显示，国家的控烟政策对年轻人群的影响最为强烈。第一，与有多年烟龄的吸烟者相比，他们的习惯性力量更小。第二，青少年没有自己的可支配收入，这就意味着他们的烟草消费支出可能比成年人少得多。第三，年轻人受模仿效应影响很大，因此导致双倍的作用：最开始，由于国家采取措施，每一个开始吸烟的青少年都减少烟草消费，然后由于周围人的影响，烟草消费出现再次下降。

所以我们建议，可以采取针对年轻人烟草消费的措施。

提高价格将减少香烟的消费。俄罗斯经济状况与居民健康信息监测中心在2009年进行的抽样显示，年轻男性购买1盒香烟的平均价格为21.52卢布，标准差为10.01卢布，年轻女性的相应数据分别为24.71卢布和10.70卢布。调查表明，大学生群体比年轻人总体上更青睐高价烟。例如，2010年男女大学生购买1盒香烟平均价格都接近50卢布，标准差为20.5卢布。之所以会有这种平均价格的差别，一是因为大学生比该中心调查问卷中的年轻人的平均收入高，二是因为被调查大学生所居住的城市——莫斯科、萨马拉和彼尔姆的物价比国内平均水平高。

对大学生的调查表明，每日平均吸烟量与香烟价格之间存在着依存关系。这种依存关系一方面表现了吸烟者对香烟价格变化的反应，另一方面也证明了必须大幅度提高烟草消费税，因为小幅提高并不会起到应有的效果。我们的计算显示，如果1盒香烟的价格提高10卢布，那么一个吸烟者平均每天的烟草消费量将下降0.35支；提高100卢布则下降3.5支。尽管提高香烟价格具有明显的作用，但是在大型烟草公司的积极影响下，急剧提高烟草消费税并没有被视为普遍的做法。不过，俄罗斯国立高等经济学院与社会学调查公司的调查显示，如果将1盒香烟的价格提高至75支100卢布，只有9%的人极端不满，38%的人表示满意，还有27%的人对此无所谓。所以国家有可能比较顺利地提高烟草消费税，而且这项措施有助于民众特别是年轻人减少吸烟。

---

① Доклад ВОЗ о глобальной табачной эпидемии: Создание среды, свободной от табачного дыма. 2009.

降低被动吸烟水平。被动吸烟即俗称的"吸二手烟"比原先外界所知道的还要危险，一些与吸烟者共同生活的人，患肺癌的几率比常人高出6倍。被动吸烟对婴幼儿、青少年及妇女的危害尤为严重。对儿童来说，被动吸烟可以引起呼吸道症状和疾病，并且影响正常的生长发育；对于孕妇来说，被动吸烟会导致死胎、流产和低出生体重儿；被动吸烟亦会增加成人呼吸道疾病、肺癌和心血管疾病发病的危险。在被动吸烟的影响下，吸烟的可能性会增加14.5%，这正是年轻人开始吸烟的重要原因之一。这种结果说明，必须至少在工作场所反对二手烟。应当指出，决策者不必对实施禁烟令和对违反禁令者处以高额罚款的效果而感到担心。根据俄罗斯国立高等经济学院和社会学调查公司的调查数据，82%的居民赞成在公共场所对吸烟进行限制。我们的调查也显示，大学生也倾向于支持这项措施，只不过对于不同的公共机构，他们的支持度会有很大差别。比如，支持在医院禁烟的人数占被访大学生的90%以上，其中包括部分吸烟者，而只有64%的不吸烟者和43%的吸烟者支持在工作场所禁烟。

开始吸烟年龄的降低。随着烟龄的增加，每天吸烟的数量也会增多。所以烟草消费的特点就是对其形成依赖性——昨天的消费会影响到现在，而现在的消费也会影响将来。而且随着时间的推移，为了从吸烟中得到同样程度的满足感，人会越来越多地吸烟。

俄罗斯经济状况与居民健康信息监测中心的数据表明了烟龄对每天吸烟数量的影响：烟龄每增加1年，女性吸烟者每天吸烟的数量增加0.4支，男性吸烟者则增加0.7支。同时每多吸1支香烟都会给吸烟者的健康和经济带来损害，因为这种习惯增加了吸烟者的日常开支。所以应该让吸烟者知道上瘾的特点和由此导致的累加负面效应，这一点非常重要。对于怂恿儿童和青少年吸烟的人，应该给予严厉打击，在这方面国家还有很多工作要做。

随着可支配收入的增长，吸烟的可能性会降低。收入的增加通常会伴随着人的社会地位、习惯和偏好的改变，富裕的人开始更关心自己的健康，所以会选择不吸烟。虽然俄罗斯经济状况与居民健康信息监测中心的数据和对大学生的调查都表明，随着收入的增加，女性吸烟的可能性也在增多，而且这一点也为外国的调查结果所证实，但是那些成功的、对生活满意的男性吸烟的可能性却变得更小。

这种现象需要有更加完整的解释，但是对于国家调控来说，这种规律性是一个严峻的信号。最近烟草公司的市场营销活动越来越多地用于占领女性市场，结果，俄罗斯30份最流行的杂志上有70%的香烟广告是针对女性读者的。为了扭转这一消极趋势，必须全面禁止香烟制品的广告和赞助。根据俄罗斯国立高等经济学院和社会学调查公司的数据，86%的俄罗斯人支持这一措施。

要向包括父母在内的民众告知上瘾加重的特点。父母吸烟会使子女吸烟的可能性增加12.7个百分点，而且年轻男性每天吸烟的数量也会增长（而对于年轻女性来说，父母吸烟只会影响她们开始吸烟，而不影响其每天吸烟的数量）。国家的政策措施应该让父母知道，他们对子女的健康负有责任，并促使他们不在子女面前吸烟。

综上所述，要减少吸烟，俄罗斯还有很多工作要做，但也确实有实施控烟综合措施的条件。而这些措施的实行，如大幅提高烟草消费税、在公共场所禁烟、全面禁止香烟广告和赞助等等，会防止大量年轻人吸烟。

（张广翔　译）

（《社会科学战线》2013年第4期）

从合约到履行：
中国劳动立法实施问题研究

〔美国〕弗吉尼亚·E. 哈伯*

在全球化背景下，跨国公司跨国界地利用劳工和资金资源，而劳动关系和就业实践却基本上由国内法进行规范。① 的确，发展中国家对劳动标准的实施不力曾遭到广泛的讨论，人们指责其引发了一种"底线的竞争"。在这种竞争中，投资和就业的压力会使劳动、环境和社会方面的法规配置走向最低的百分比。在这点上中国是个明显的例子。不仅是因为中国劳动法律的实施不力，也由于中国的发展使其成为了外国投资者的首选目的地和世界市场的主要参加者。然而，2008 年三部基本劳动法律的颁布实施，表明了自 1994 年《劳动法》实施以来，中国劳动立法的第一次重要重构，也反映了中国在过去短短30 年间建立一个完善的法律体系的巨大成功。但是，在漫长的中国经济体制和法制改革中，建立一个庞大的法律体系要比确保法律的有效实施简单容易得多。② 中国确实已经建立了规范劳动就业的法律框架，可中国劳动法制度一直执行不力，并且理论上的法律制度和实践之间的差距仍然很大。本文就从这一重要问题着手。

* 作者单位：美国堪萨斯大学法学院。

① 这是国际劳工组织、国际工会联盟、联合国以及其他国际组织，为促进国际法对基本劳动权利的广泛认可所做的努力。Jennifer A. Zerk, Multinationals And Corporate Social Responsibility, 262–64, (2006)。

② E. g., Jianfu Chen, Chinese Law: Towards An Understanding Of Chinese Law, Its *Nature And Development*, 363 (1999)。

一、执法的基础：监管策略、执法体系和执法进程

（一）激励法律的遵守：威慑和协作策略

说到企业为什么要遵守法律这样的问题，积极的动机来源于善意的意愿，或是一种"企业道德"的意识；而消极动机则来自于对违反管理要求后果的恐惧。① 因此，对企业的监管手段在本质上可以被界定为以威慑为基础的方式和以服从为基础的方式。以威慑为基础的执法体系，是基于公司作为经营性的经济主体要遵从基本的成本—效益规律。② 在威慑体制的范例下，被管理者诉诸消极的动机，即对惩罚的畏惧，从而推动法律的实施。因此，行政监督和检查成为最主要的执法手段。③ 协作策略则是假设被管理公司是在积极的动机下运作，也就是他们能做出一个正式的承诺表示遵守法律。④ 在这种模式下，管理者和被管理公司一同为实现执法目标而努力，并且大部分执行手段依赖积极的激励与奖励，而不是惩罚。⑤ 与威慑方式强调对过去行为的处罚相比，协作策略是以服从守法所需要的条件，着重强调潜在的环境和违法的事实而不是违法者。⑥

不管采用什么样的方式，要想所有公司全面地遵守法律法规是不可能的，

---

① E. g. Fiona Haines, Corporate Regulation: Beyond "Punish Or Persuade" (1997); Timothy F. Malloy, Regulation, Compliance and the Firm, 76 TEMP. L. REV. 451, 465–66 nn. 43–46 (2003).

② 在劳动环境中，违法效益可能包括低工资、低福利、工作场所安全成本。除了潜在更高的雇主违法成本，最重要的代价就是对违法成本纠正的支出，再加上罚金以及相应的风险。See Robert A. Kagan & John T. Scholz, The "Criminology of the Corporation" and Regulatory Enforcement Strategies, in *Enforcing Regulation* 67 (K. Hawkins & J. Thomas eds., 1984)。

③ 监管的目标是"使处罚足够的高、威慑力足够的大，使违法行为变成经济上的非理性。" E. g., Peter J. May, Compliance Motivations: Affirmative and Fegative Bases, 38 *Law & Soc'y Rev.* 41 (2004).

④ E. g., Peter J. May, Compliance Motivations: Affirmative and Fegative Bases, 38 *Law & Socy Rev.* 41 (2004).

⑤ Jay A. Sigler & Joseph E. Murphy, Interactive Corporate Cimpliance: An Alterbative To Regulatory Compulsion, (1988).

⑥ Clifford Rechtschaffen, Deterrence vs. Cooperation and the Evolving Theory of Environmental Enforcement, 71 *S. Cal. L. Rev.* 1181, 1186–1187 (1998).

也是不可取的。因为处罚既不能太轻，这样无法制止合理的违法现象；也不能太重，这样超过了公司负担的限度。① 所以，管理者在制定和实施处罚中面临着"威慑陷阱"。同时，这种模式也受到管理机构有限的执法资源的限制。而协作策略强调执法机构与被管理群体之间持续的相互作用，这可能会导致一种"服从陷阱"——执法部门可能会被管理群体所"俘虏"，而不愿或不能客观坚定地执行法律。由于不同公司遵守法律的积极性和能力有巨大差异，以及任何单一的个人或公共执法策略在实施中都会面临诸多的挑战，因此需要一种更灵活的管理机制和准确的实施办法。同时，复杂性的经济、政治和社会因素，也要求出台多面性的、适应性的实施政策。2008 年劳动法改革将加快这一方式出台。

（二）劳动法在中国的实施：执法体系和进程

1. 公共执法：劳动监管、行政处罚和合作策略

（1）威慑为基础的执法策略

劳动法中的威慑性措施赋予了劳动行政部门和劳动监察员主要的执法职责，承担着通过劳动监督来执行劳动法的任务。在法律的授予下，他们有进行检查与行政处罚的权利。然而，实践中法规对处罚程度的限制极大地减轻了行政处罚的威慑力量。结果，处罚太轻与强加的风险太远，以至于不能充分地激励雇主自愿守法。这样的执法困境主要有以下几点原因：

强制执法的分层性。中国的劳动执法采取分层的方式，监察员首先发出警告，要求企业更正违法行为；在"轻度违法"情况下，如果企业采取了补救措施，就不能对企业进行处罚；"严重"违法的情况，就可能被立即处以罚款。如果企业采取了改正措施，也必须减轻处罚。事实上，这样的模式在某些方面很像艾尔丝和布莱斯怀特所说的管理金字塔。合作战略构成了座金字塔的基础，当其他方法不能成功时，就向金字塔中更高等级的制裁前进。② 然而，当违法雇主被"捕捉"后一旦承认改正错误，就不能对违法行为产生一个直接的有效的后果。这样雇主几乎就没有动因来积极遵守法律了。而且，艾尔丝和布莱斯怀特的金字塔理论的成功要依赖于强硬政策在政治上的支持，以及金

---

① Christine Parker, The "Compliance" Trap: The Moral Message in Responsive Regulatory Enforcement, 40 *Law & Soc'y Rev.* 591, 591–592 (2006).

② Ian Ayres & John Braithwaite, Responsive Regulation: Transcending the Deregulation Debate, (1992).

字塔顶端严厉的处罚的威慑力量。① 历年来地方劳动执法都缺乏这两种因素。

地方利益和监管机制。人们已经认识到，劳动法律的执行不力是中国分散的行政管理体制和地方政府在吸引投资、增加就业、促进经济增长中的竞争而导致的结果。由于劳动和就业卫生安全部门的人事和资金由人民政府任命和支配，所以省级和地方政府有权在各自的辖区内设置执法优先权。面对违法事件，劳动监察员就需要在维护社会稳定与捍卫法律的需要性之间进行权衡，找到正确的利益平衡点。但是，依照地方经济状况要想严格执行法律是不切实际的。同时，地方官员与雇主之间的紧密联系助长了腐败。这些现实削弱了制裁的威慑效果和执法机构的合法权威，而这些往往是威慑策略成功的根本条件。

低处罚、低风险。尽管行政处罚可能很严重，但事实上强加的高制裁却很少。实践中，劳动监察比威慑执法更具有合作性，它是一种改变违法者而不是惩罚违法者的手段。尽管有一个威慑性的管理框架，而实际中的执行还是旨在劝诱违法者遵守法律。这样，低挑战和监察实践中协商的本质，降低了官方应对违法行为的速度和准确性，而这却是成功威慑的关键。

缺少顶端的权威政策。行政罚款在劳动监察中只是一根"棍子"。对大多数的违法者劳动监察员不能暂扣营业执照，也不能增加制裁；对抵抗行政调查和命令的唯一惩治措施就是增加2万元人民币的罚款。结果，劳动监察员可能成为违法者故意妨碍、拖延和逃避处罚的牺牲品。没有一个严厉的制裁措施的威慑，削弱了加强合作性措施所需的合法性和权威性，以及执行金字塔底端处罚的力度。

（2）合作为基础的执法策略

除了传统的劳动监督程序，近年来部分地区的地方政府开始支持以合作遵守为核心的执法策略，这些地区往往是历年法律遵守情况比较糟糕和劳动纠纷高发地区。② 例如，深圳和广州的劳动部门已经采用黑名单制度，公布那些经常违反法律的企业的名字，目的在于警示那些违法者使之自觉守法，以及提醒

---

① 金字塔顶端的高处罚增强了执法机构的感知能力，以及扩大了以此为基础的合法化执法的影响。金字塔低端比上一层扩大了处罚范围的方式也很成功。See Christine Parker, The "Compliance" Trap：The Moral Message in Responsive Regulatory Enforcement, 40 *Law & Soc'y Rev.* 591，591–592（2006）。

② 支持一种以服务为导向的执法方式 See, e. g., Shenzhen Labor Inspection, at 36。1989 年深圳成立了中国第一个劳动检查机构，并且在 1993 年颁布了行政法规来调整劳动检查和行政处罚。

潜在的劳动者这些公司的不良记录。① 相似的计划也证明在反对雇主拖欠退休金上产生了很好的效果。② 这些关于合作执行策略的地方性试行措施也及时地成为了一种有效的手段。

2. 个人维权：劳动纠纷解决及其他

（1）行政上访和报告

在法律实施中，个人维权的机制同样补充了行政执法的不足。其中主要的补救方式是向劳动部门投诉或者向工会、立法机关、法院、其他行政机关，甚至是中央当局进行信访。通常，信访部门的回复都旨在化解劳动者与雇主之间的冲突，或者将具体的纠纷转给法院或仲裁机构。③ 请愿的最终结果以及官方的回应速度，普遍取决于劳动者的请求力度、他们与地方当局的关系以及他们通过媒体和集体抗议获得社会影响力的能力。个体的投诉往往被忽略。④ 此外，上访不是没有代价。检举违法行为的劳动者有的会丢掉他们的饭碗、得不到工资，以及其他来自雇主的报复，尽管劳动法明文规定禁止报复行为。由于这些因素，检举虽然是法律认可的救济途径，但它不足以抑制或阻止违法行为。当然，对于劳动部门和其他国家部门来讲，控诉则提供了一个重要的信息渠道。

（2）通过劳动仲裁和法院解决纠纷

20 世纪 90 年代早期起，劳动争议案件数量便急剧上升。这一现象表明劳动者有能力通过正规程序获得违法行为的赔偿。然而，这些增长的劳动案件也引起了疑问，就是为什么诉讼爆炸没有对全面守法产生显著的影响。本文将其

---

① 违法者在银行、担保、政府招投标，以及其他商业领域都会遭到阻碍。See China Csr. com, Shenzhen Exposes 12 Companies for 4 to Paying Salaries, Jan. 3, 2008, http://www. chinacsr. com/2008/01/03/1997-shenzhen（last visited Jan. 15, 2009）; also Xie Chuanjiao, Work Safety Offenders to Be Put on Blacklist, China Daily, Oct. 8, 2008, available at http://www. chinadaily. com. cn/bizchina/2008-10/08/content_ 7087578. htm（describing similar national programs by Saws）。

② Mark W. Frazier, What's in a Law? China's Pension Reform and Its Discontents, in *Engaging The Law In China* 108（Neil J. Diamant et al. eds. , 2005）.

③ Gnerally Carl F. Minzer, Xinfang: An Alternative to Formal Chinese Legal Institutions, 42 *Stan. J. Int'll.* 103（2006）; China's Legislature Focuses Supervision on *Workers'Safety*, *Environment*, *People's Daily*, Mar. 9, 2006, available at http://english. peopledaily. com. cn/200603/09/eng20060309_ 249203. html（reporting migrant worker petitions and visits to the NPC）.

④ 在深圳，只有激烈的或集体性案件中的工人情愿更可能被及时受理。See Isabelle Thireau & Hua Linshan, The Moral Universe of Aggrieved Chinese Workers: Workers' Appeals to Arbitration Committees and Letters and Visits Offices, 50 *CHINA J.* 83, 94,（2003）。

部分解释为，是由于制度、程序和实践的局限减少了违法者预期应承担责任的风险。①

劳动纠纷解决的成本—效益挑战。首先，由于行政罚款和损害赔偿金都是补偿性的，所以不能用以防止将来违法行为的发生。就这样的回报来看，历史上的诉讼成本对多数潜在的原告来说都太高了。尽管劳动者可以通过集体劳动诉诉来解决纠纷，但是严格的立案标准、原告在诉状中的署名制度，以及集体仲裁案件中的费用制度，都限制了集体诉讼发生的可能性。② 其次，劳动者在提出诉求时也面临着大量的逻辑和信息上的障碍。③ 尽管现在全国和地方条例的修改，包括一些新法引进的条款，已经进一步减少了那些实践和程序上的障碍。这样虽然减少了预期成本，但同样也减轻了潜在的威慑影响。

工会与代表危机。更基本的挑战在于有效的劳动者代表的缺失。虽然，中国在核心的劳动标准上逐步靠近国际标准，但仍然没有承认官方工会以外的组织。所有的工会必须在中华全国总工会的管理和领导下成立。④ 虽然法律赋予了工会重要的角色，⑤ 但由于体制、机制原因，工会作用远没有充分发挥出来。⑥ 企业层面的工会又都是受雇主们的资金支持，毫无疑问地受管理者支配。工会在组织集体行动上也缺乏权威。他们没有能力组织罢工，相反当一场纠纷出现时，为了恢复生产，他们还必须协商出解决的方法。虽然工会在一些典型案件中会为劳动者的权利而不懈努力，但是，当这个纠纷会引发集体行动时，他们往往会和解。这种代表的匮乏使劳动者更没有能力去追求集体诉求，

---

① 一种可能的解释就是，2007 年劳动争议仲裁的数量相比于民事案件的数量以及中国的雇主数量而言依然很小。见中国统计年鉴［China Stat. Y. B.］, tbl. 22-25（reporting 4. 7 million civil cases filed in 2007 and 5. 4 million in 2008）。（该年鉴中报告了 2007 年 470 万件民事案件和 2008 年 540 万件民事案件）。但这仅仅只能提出这样的疑问，就是案件数量为什么没有增长或者是案件没有带来广泛的影响。

② See Note, Class Action Litigation in China, 111 *HARV. L. REV.* 1523 (1998).

③ Mary E. Gallagher, Mobilizing the Law in China, "Informed Disenchantment" and the Development of Legal Consciousness, 40 *Law & Soc'y Rev.* 783 (2006).

④ 中国同样没有签署《世界劳工组织章程》第 87 号和 98 号文件，这些协议包括了结社自由以及对集体谈判的承认。http://www. ilo. org/ilolex/cgi-lex/ratifce. pl? C087（last visited Oct. 29, 2009）。

⑤ See Feng Chen, Between the State and Labour: The Conflict of Chinese Trade Unions' Double Identity in Market Reform, 176 *CHINA Q.* 1006 (2003); Feng Chen, Legal Mobilization by Trade Unions: the Case of Shanghai, 52 *CHINA J.* 27 (July 2004).

⑥ See Trade Union Law, Arts. 4, 6.; See also Chen, Between the State and Labour.

这也限制了劳动诉讼的集体影响力。

（3）非正式劳动纠纷的解决

由于上述原因，劳动仲裁和法院在处理劳动纠纷和激励守法上的作用，并没有像他们文件中显示的那样有影响力。也许，对于寻求救济的劳动者来讲，正式的法律行为可能并不是最有效的途径。所以，劳动法也强调非正式的纠纷解决方式，例如安抚、私下和解、调解，这都是一种快速化解基层劳动纠纷、减轻仲裁和法院压力的方式。例如调解能使劳动者及时得到赔偿并且避免诉讼拖延，但前提是劳动者必须降低赔偿请求。① 因此，调解到底是增加还是削弱了这种威慑力，要看雇主对于仲裁或讼诉带来的高成本风险的评估。如果雇员提起讼诉的可能性低，雇主就会接受即使与裁定或判决的损失数额无关的调解方案。

（4）个人维权的法外模式

不管是《劳动法》、《工会法》，还是随后的规章条例都没有明确肯定罢工的权利。尽管如此，过去十年里群体性事件很多。多数的群体性事件都是面对法律和行政对救济限制而做的诉求。② 群体上访成为了劳动者日益使用的手段，他们通过产量损失的负面报道，劳动部门的调查和处罚以及增加营业额的方式来威胁雇主。诚然，要求得到正式的法律批准仍然是有很高风险的，规模的不可预测性以及官方的回应同样减少了他们的威慑效果。然而，大型的群体上访通过对雇主形成真正的成本压力，以及迫使当地政府、仲裁委甚至是法院的官员们采取行动，还是能产生巨大的影响。当地记者对企业的非法行为越来越大胆的报道，也成为劳动者抗议劳动违法行为的一种主要方式。然而，单靠他们还是不能促使雇主们自觉守法。

（5）行为准则

企业的行为规范和社会评估项目也是一种执法的选择方式，比如 SA8000。守法行为往往通过社会审计进行监控和执行，如果雇主长时间不遵守准则就会有失去商机的危险。但是，这一方式也有诸多局限：企业行为准则是厂商或雇主们低投入的守法，其强制度很低。同时，准则的运作也很难被监管，熟悉的

---

① 关于劳动纠纷的调解，见 Aaron Halegua, Getting Paid: Processing the Labor Disputes of China's Migrant Workers, 26 Berkeley J. int'l l. 254, 263 (2008)。如果雇主不愿意调解，则可能通过上诉来拖延原告的请求。HO, supra note 32, at 188–193。

② Feng Chen, Subsistence Crises, Managerial Corruption and Labour Protests in China, 44 *CHINA J.* 41, 62–63 (2000).

厂商们也会很轻易地逃避审计而不是改善生产状况。① 尽管如此，企业行为规范仍然是对公共和私人执法行为的重要补充。虽然这些行为规范和标准没有赋予雇员们执行的权利，但是很多规范也采用了内部监督、管理、培训和回报机制，这样能更好地保证职工和管理人员遵守规定。在中国，对这种企业规范运用的研究表明，它们确实能够提高劳动标准和加强劳动者对维护基本劳动权利的意识。

二、2007 年劳动法改革及影响：中国新劳动法律中的实践

中国新的劳动法律没有在 1994 年的《劳动法》及相关条例的基础上增加雇主的基本职责。接下来的讨论将通过威慑/服从理论，来思考在激励措施上每部新法律可能会对雇主进行怎么样的重新排列，以实现更大程度上的自愿遵守法律的愿望。但是，这些努力是否在实践中能激励雇主遵守，很大程度上依赖于劳动者作为私人执法力量的主动性，因为新立法并没有改变公共执法的方式和手段。

（一）守法信息的送达以及确保其被接收

规则只是对公共政策目标的一种表达，通过立法传递的政策信息对社会产生的影响可能远比规则本身的内容更重要。②《劳动合同法》通过直接规定行政处罚的依据，以及在一些案件中处罚的数额限定，向地方执法官员传递了一条清晰的信息。它首次创造性规定了在政府机构没有执行法律而给劳动者带来损害时，劳动者有权通过个人诉讼请求损害赔偿。是否所有案件最终都成功地运用了这项依据，也许并没有这些权利所表达的地方政府有执行法律的义务来的重要。然而劳动法律对行政法规和地方规章的过分依赖，也使法律规定更多地是作用于劳动部门，而不是雇主、雇员和司法审判。③ 它同样也削弱了个人维权的威慑力量，使劳动者在面对如何通过诉讼来维护自己的合法权利时很难

---

① Ngai-Ling Sum & Pun Ngai, Globalization and Paradoxes of Ethical Transnational Production: Code of Conduct in a Chinese Workplace, 9 *Competition & Change* 181 (2005). 关于中国公司的逃税问题，见 Dexter Roberts & Pete Engardio, Secrets, Lies, & Sweatshops, *BUS. WK.*, Nov. 27, 2006, at 50。

② See Cass R. Sunstein, On the Expressive Function of Law, 144 *U. Pa. L. Rev.* 2021 (1996); Richard H. Pildes, The Unintended Cultural Consequences of Public Policy: A Comment on the Symposium, 89 *Mich. L. Rev.* 936, 938-939 (1991).

③ Sean Cooney, Making Chinese Labor Law Work: the Prospects for Regulatory Innovation in the People's Republic of China, 30 *Fordham Int'l L. J.* 1050, 1066 (2007).

作出决定。

（二）《劳动合同法》与《就业促进法》中的激励守法措施

1. 个人维权的威慑作用

《劳动合同法》和《就业促进法》通过设立新的雇员请求的基础扩展了诉讼领域。这也增加了违法行为的潜在成本。此外，《劳动合同法》扩大了"劳动关系"的范围，明确了雇主派遣劳动者的责任，首次规定了雇主违反书面劳动合同的规定和违法解除合同的赔偿责任。《劳动合同法》通过设立更清晰的救济方式和对违法行为造成的损害更强硬的处罚，加强了当前劳动法律的威慑影响。同时，通过限制对违约的反诉，也削弱了雇主赢得诉讼的能力。

2. 以遵守为导向的规定

《劳动合同法》带来的这些变化更大程度上反射出了一种以威慑为导向的规范方式，这种方式以提高潜在的违法成本为基点。然而，《劳动合同法》也有一些独特的规则实际上是以服从为导向的，旨在产生一种更好的雇主利益的结合和规范目标。例如规定了无固定期限合同，这条规则也促使了雇主们都能预先签订劳动合同，以减少长期的责任。再者，对兼职劳动者的新规定也是这部法律以触及雇主自身利益来保证其遵守的另一领域。

（三）《劳动争议调解仲裁法》中的守法激励

1. 劳动者索赔的方式扩大

《劳动争议调解仲裁法》有两处关键的改变，就是扩大了劳动仲裁的范围，以及减少了劳动者在正式的劳动纠纷解决程序中的阻碍。首先，考虑到多数劳动者无法在60日之内意识到雇主的违法行为并提出请求，《劳动争议调解仲裁法》将提起仲裁的期限扩大到了"劳动者知道或应当知道权利受到侵害后"1年以内。其次，这部法律取消了提起劳动仲裁的所有费用。并且，在仲裁过程中劳动者要求先予支付工资、医药费或者赔偿损失，不执行会"实质上影响申请人生活"的，也不再要求申请人提供担保。最后，在应对2008年末很多工厂关闭的情况下，法律规定诉讼当事人可以直接向关闭、吊销营业执照和破产企业的投资人提起诉讼。

2. 高额索赔的可能性

这些新的限制性法规以及仲裁费用的减免，对原告提出比之前的法律更高的损害赔偿金也有间接的影响。此外，在工资要求上的限制条款上，在劳动关系结束前并没有实际有效运作。任何未支付工资的请求在劳动关系结束前都得到全额赔偿，而劳动关系结束后请求支付拖欠工资就必须在法定期限内提出。如果劳动者的请求适度地增加，那么对案件协商的可能也会增加，这在诉讼和纠纷解决中起到了杠杆作用。

3. 延迟的处理

从往年来看，大多数劳动仲裁案件是在之前法律规定的 60 日内做出裁决，但是延期的情况也是常见的。① 从仲裁到一审、二审可能要耗费 12 到 18 个月的时间；敏感案件还可能持续多年。② 这部《劳动争议调解仲裁法》承诺减少那些程序上的拖延，将普通案件的受理到解决的期限缩短为 45 天，疑难案件可以额外增加 15 天。而这部法律由于太仓促而没有明确法院在多久期限内应该作出撤销裁决的规定，而这一点将决定新程序的真正实用性。最后，值得注意的是，很多与劳动相关的案件还是需要法院来解决，诸如就业歧视、无争议的工资请求。有些案件劳动者可以在仲裁和诉讼间进行选择，以求更快更好地获得补偿的机会。③ 由于这种劳动仲裁和法律的平行关系能否真正的促进劳动纠纷的有效解决还不清楚，所以需要在法院和仲裁之间有一种更好的方法来处理未决的劳动案件。

4. 提高仲裁员资格

法律效力的实现一部分是依靠执法机构的合法公正。对他们的公正执法的社会信心可以提高法律的实效。④ 虽然人们对地方保护主义以及仲裁员、法官公平中立的担心并没有缓解，但是中国近几年在提高司法、行政官员的能力和素质上还是取得了惊人的进步。《劳动争议调解仲裁法》在这方面也同样做了努力，要求申请人必须有司法或与法律相关的经验，或者在工会、人力资源管理以及类似职位上有至少 5 年的工作经历。法律也规定了诉讼当事人有权对与案件有利益关系，或私自接见一方当事人，以及接受当事人请客送礼的仲裁员的资格提出质疑。这些措施保证了进一步提高仲裁质量，也提高执行策略的实效。

5. 重视调解

《劳动争议调解仲裁法》用一个完整的部分介绍了调解规定，虽然它在很

---

① Interview with District Labor Arbitrator in Guangzhou, P. R. C. （Sept. 17, 2003），案件平均结案天数为 90 天；中华人民共和国劳动争议调解仲裁法释义 Explanation Of The Labor Arbitration Law 243（王建平 Wang Jianping] et al. eds.）（2008）。广东劳动争议仲裁案件的解决天数为 40 天到 50 天。

② 2003 年 9 月，在中国广州与黄小燕的访问；2003 年 9 月 28 日与深圳劳动仲裁员的采访。See Also China Labour Bulletin, Help Or Hindrance To Workers：China'Sinstitutions Of Public Redress（2008）。调查显示有一个案件持续了 13 年。

③ 例如，人身损害赔偿往往高于工伤赔偿，见 2008 年与黄小燕的访问。民事侵权法在名誉侵权救济上也规定了比劳动法更广的范围。See Dong Baohua & Dong Runqing, Case *Analysis On Latest Prc Labor Contract Law* 687–90（2007）。

④ 关于自愿守法的重要性，See Tom R. Tyler, Why People Obey The Law（1990）。

大程度是沿用之前劳动争议调解程序的规定。然而，中国雇主怎样在和解纠纷和对薄公堂上进行选择，以及调解和和解怎样才能扩大法律行动的威慑力，这些都还需要更深入的研究。一个劳动者如果在《劳动合同法》规定中能够得到双倍赔偿，可能不会愿意在和解或调解中让步。而且，在一些案件中，成功的诉讼是可以在雇主身上产生影响的。基于所有这些因素，在新法律下，雇主们对劳动违法和问题解决上承担的潜在责任就增加了。

三、补救的证明：广东省早期的执法情况——劳动合同案件

这一部分主要对新立法"落实到实践"的途径做了初步的分析。由于新立法范围广阔，所以不可能详细阐述实施的每一方面。在此，本文就结合其他两部新法律的相关规定，集中介绍雇主与劳动者签订书面劳动合同的一些基本要求。

（一）行政回应：影响公众执法

《劳动合同法》要求雇主签订书面劳动合同，这一规定的执行成为社会保障部的政策重点，也成为合同执行率上严格的目标。① 然而，在过去的几年里，深圳、广州以及珠三角其他投资集中地开始调整他们的工业政策来支持高技术发展。② 转变劳动密集型工业的政策并未因《促进就业法》增加就业的规定而有所缓解，这样的政策则被视为鼓励了大型企业执法不严。由于这些原因，劳动执法部门在 2008 年早期接受采访时表现出对劳动密集型产业转变前景的镇静，强调政府正致力于减少劳动力流动和外来务工人员的数量，以降低犯罪率和鼓励长期定居。从那段时期起，大量制造业工厂的倒闭使劳动力市场处于一个极不稳定的状态，促使地方政府集聚人力财力处理劳工抗议以及解决劳动者未支付的工资问题，这一度使《劳动合同法》的实施中断。③ 尽管如此，广东省领导继续坚持，企业倒闭是为更多的高科技雇主提高空间，这是

---

① Mohrss，2007 年劳动和社会保障事业发展统计公报，2008 年 3 月，Available at ht-tp://www. molss. gov. cn/gb/zwxx/2008-06/05/content_ 240415. htm。

② Chi-Chu Tschang, China Rushes Upmarket, *BUS. WK.*, *Sept.* 17, 2007, at 38-39.

③ Edward Wong, Factories Shut, Workers are Suffering, *N. Y. TIMES*（*online version*），*Nov.* 14，2008，available at http://www. nytimes. com/2008/11/14/world/asia/14china. html? hp（last visitedNov. 18, 2008）；Sky Canaves, World News：Factory Closures Strain China's Labor Law, *WALL ST. J.*, *Jan.* 17, 2009, at A6；Gong It Alone, Supra Note 125, at 14-16.

新政策"腾笼换鸟"的一部分。① 尽管已有一些相反的证据，但地方当局仍然坚持全球金融危机不会削弱他们新劳动执法的力度。由于在萧条的经济环境下，过激可能会被认为是相当严厉的手段，所以宽松的执法方式更容易被人接受。持续"改善"广东省投资环境的承诺是否会刺激劳动当局采取更强硬的措施，还不得而知。

（二）真正的服从？对雇主的影响

对于那些真正愿意遵守现行的劳动法律的雇主来说，新法律并没有增加新的负担。而《劳动合同法》真正的目标是那些之前不愿意遵守《劳动法》的雇主们。虽然对新立法的反应各不相同，但在这些目标人群中，多数雇主的响应暗示着执行困难仍然存在。

1. 退出

《劳动合同法》颁布后大量的推测集中在新立法对潜在成本的影响，它是否会导致大批制造业岗位被取缔，以及成群的中小企业连续关闭。实际上，在中国已经经历的一次企业倒闭浪潮中，② 很难找出一个实证例子来证明是严厉的劳动法规导致工厂倒闭。显然，由于正值金融危机，新立法对雇主来说确实增加了一些成本。对于40%的雇主来讲，这增加的成本至关重要。相反，大型的跨国公司和其他大型企业对这里的成本并不特别敏感，基于对法律良好的遵守情况也表明了他们对此并不担心。然而，自新劳动立法通过的这两到三年来，制造商们一直苦苦挣扎着，他们必须面对增长的工资率、强劲的货币和税收政策、严格的产品质量标准以及更高的产品成本，这些都使利润降至极薄的边缘。③ 这也说明，在2008年早期，公司经营正面临经济结构性的调整，转嫁高成本劳动力。而新劳动法提高劳动成本正加快了这一转变速度。

2. 正式的遵守

《劳动合同法》的一个基本目标是促进稳定的劳动关系和保障职业安全。对雇主调查的证据显示，新立法已经在合同实践中刺激了一些调整。然而，雇

---

① Bill Meyer, China Factory Closure a Sign of Deeper Pain, *INT'L BUS. TIMES*, Oct. 21, 2008, available at http://www. ibtimes. com. hk/articles/20081021/china – factory – closure _ 1. htm (hereinafter Deeper Pain).

② E. G. , Don Lee, Some Owners Deserting Factories in China, *L. A. TIMES* (*online version*), *Nov.* 3, 2008, http://articles. latimes. com/2008/nov/03/business/fi–factory3 (last visited Nov. 18, 2008) . See also supra notes 235–236.

③ Bill Meyer, China Factory Closure a Sign of Deeper Pain, *INT'L BUS. TIMES*, *Oct.* 21, 2008, available at http://www. ibtimes. com. hk/articles/20081021/china – factory – closure _ 1. htm.

主的这些反应只是为了缓解《劳动合同法》对劳动力成本的影响，而不是对过去实践的根本改变。一方面，在人力资源调查中显示，只有 10% 的雇主会因为《劳动合同法》的颁布而裁员，20% 则考虑到《劳动合同法》规定的较高的补偿费用，而不希望频繁地终止合同。但是，接近 30% 的企业计划增加雇佣劳动服务机构和派遣劳动者。这样的方式给了雇主更大的灵活性和较低的成本，因为临时工和试用期职工的工资要比正式职工低，并且能更轻易地解除关系。伴随着财政危机的到来，这种情况已经变得非常普遍。

3. 规避

2007 年《劳动合同法》颁布后的几个月内，雇主设法逃避法律的影响，从大规模解雇到签署"劳务合同"而不是"劳动合同"等等。几乎所有的这些规避法律的做法，都被《劳动合同法》以一定方式直接排出，并且成为合同无效的依据。同时，合同内容和订立中的缺陷也可能会加大法律上的挑战，甚至使雇主们联合起来规避责任。因为现在所有合同的修改必须是书面的，一旦纠纷产生，劳动者不能依靠单方的意思表示来"修改"书面合同中的不足。调查结果表明，劳动者一直不能按照《劳动合同法》的规定提供劳动合同的副本。① 在这样的环境下，要确认和制裁非法的劳动合同条款和其他违法行为变得更加困难。

（三）动员响应：影响个人维权

《劳动合同法》和《劳动争议调解仲裁法》颁布后几乎很快便点燃了底层劳动者要求雇主遵守法律的强烈的要求。提出申请的类型清晰地证明了此立法的影响。然而，国家企图通过法定程序解决劳动纠纷的努力，似乎使有争议的劳动关系更加复杂，并且增加了雇主和地方机构的成本，这些成本在一些案件中超过了劳动者最终获得的利益。仲裁费用的免除以及更快捷的解决方式鼓励了劳动者在尝试与雇主协商之前，就立即通过诉讼途径。重要的是，劳动仲裁机构和法院还没有足够的人员来处理这些海量的劳动案件。由于资源的受限，劳动官员更重视调解和早期结案，也使他们雇佣更多的人员，更依赖兼职的仲裁员以及建立更多的潜在的地方组织，来解决劳动冲突。由于劳动仲裁和执行劳动法的资金成本都落在了地方政府身上，那么培训和资金的困难至少在短期内是个挑战。这些局限都可能增加基层执法人员在解决劳动纠纷时的压力。

诚然，劳动仲裁委员会和法院的数据只是动员机制中的一小部分。此外，

---

① 深圳调查显示，在被调查的劳动者中接近 1/4 的工人没有收到劳动合同的副本。

中国的劳动纠纷其发起、审批和组织历年来都被法律规定。① 近几年的劳动争议很少是为了新的法律权利，更多是为了"生存需要"，要求地方当局填补雇主们不能给予的漏洞。如果历史可以为鉴，这一标志可以表明法律在超越正规程序之外，比遵守自身更有力量。

（四）教训和影响

从这些发现中可以得出一些观测结果。首先，新立法支持了广东的公共执法政策，这些政策正在转变为更严格的规章条例。其次，新立法最基本的几项目标——扩大劳动合同制度，消除劳动仲裁和诉讼的阻碍——开始受到重视。这也说明了，对基层劳动者的动员才是对雇主提出了一个真正的违法风险。劳动仲裁和诉讼的高涨迫使雇主们面临更高的解决纠纷的诉讼成本。然而，个人维权是否会对那些一直嘲弄劳动法律的雇主带来预期的威慑影响，还很难说。如果不能在阻止雇主们"俘虏"地方当局上有根本的改变，或者加强地方劳动仲裁委和法院的独立性，根除腐败，加强仲裁裁决和判决的执行，那么劳动诉讼中的这些威慑作用只能是有限的。② 此外，新的劳动立法可能会被认为操之过急。过去，鼓励劳动者提出法律权利，而不解决根本性的制度，加上实践上的限制，已经导致了法律成为一纸空文。③ 如今，由于仲裁委和法院在新劳动法给予的高期望的压力下作出回应，使劳动纠纷的解决任务更加繁重④法律潜在的目标——保护劳动者权益和促进"和谐与稳定"的劳动关系，可能很难实现。因为很多案件也仅仅从字面上遵守，而非从精神上履行书面合同的义务，这也混淆了《劳动合同法》明确合同双方权利和义务的目标。

四、建议和结论

中国近几年劳动立法上的改革已经在劳动诉讼中产生了不小的进步。然而，新规范的有效运行需要一种"法律环境"，没有了它，中国新的劳动立法只能在遵守法律的雇主中产生履行的效果，却不能纠正企业中不合法的实践。

---

① Kevin J. O'Brian & Linjiang LI, Rightful Resistance in Rural China (2006).

② Interview, Bloomington, Indiana, Nov. 19, 2008. Other Employers Share These Views. See *Going It Alone*, *supra* note 125, at 27.

③ Mary E. Gallagher, Mobilizing the Law in China: Informed Disenchantment and the Development of Legal Consciousness, 40 *Law & Soc'Y Rev.* 783 (2006).

④ 中国南部的地方政府已经清楚地认识到了这些风险。Yang Su & Xin He, Street as Courtroom: State Accommodation of Labor Protest in South China, (City U. H. K. Working Paper Series, 2009)。

法律只是实现了形式上的遵守，而非实质上的。所以，真正为雇主"整平游戏场地"需要地方政府、劳动者和基层社会团体的联合行动，并且想要从本质上改变劳动关系还需要中国工会这个真正作为劳动者利益代表和维护者的复兴。

（一）强有力的公共执法

虽然进一步推进个人维权的监管改革可能会刺激企业在一定程度上的改变，并且立法已经在这方面取得了重要的进步。面对这些积极的进展，地方劳动部门现在需要更多的批评，通过强有力的公共执法来创建一个以遵守为导向的商业环境。对长期违法者实行严厉的罚款与处罚是一种方法。然而，反对新的威慑方式的观点是，这种过激的、自上而下的执法，在实践中可能会在两种企业间产生相反的效果。一种是很愿意遵守法律的企业，一种是对规则的合理性与合法性抱有矛盾心理的企业。[1] 由于自愿遵守中国劳动法带来的强大的市场激励，多数大型的西方跨国公司归入了第一类企业，相反，很多全球供应链条中最底层的，在成本上竞争的企业，属于另一类。强硬的措施会导致规避和不信任管理，并且导致更低的遵守率和更高的执行成本。根据很多雇主面临的严峻的财务状况，仍然存在很多威胁。然而，根据当前的监管实践以及中国法律对雇主程序上的保护，过于激进的执法似乎不能证明是正当的。如果没有有力的、一致的强制性规定，那些守法的公司会一直处于不利的竞争中，而违法者得不到制裁。的确，新法案已经催化了省级和地方执法强硬政策的出台，这也许可以及时地改变珠三角地区一些雇主的现状。同时，地方执法机构如劳动局、安全稽查大队与工商登记行政部门，在监督审计和信息共享上能更好地合作，也是解决挑战的一个途径。地方官员也可以和私人审计师、法律顾问、企业的监管部门，以及维护劳工权益的非政府组织、教育等维权机构相互配合协作。允许公民社会组织拥有更大的独立性操作空间，可以促进真正的伙伴关系以推进目标实现。

（二）深化合作策略

即使引进了强有力的威慑战略，但是当前合作性的行政执法比较灵活，注重教育和和解，也是一种重要的补充。公布执法行为是地方当局采取的一种技术性的策略，既可以打消违法者的念头，也可以起到教育的作用。降低小企业的守法负担以及对自律企业提供额外的鼓励，也是必要的。因为守法的成本和

---

① Malloy, Regulation, Compliance and the Firm, 76 *Temp. L. Rev.* 451, 465–66 nn. 43–46 (2003).

缺乏有效的内部控制机制，也会削弱那些愿意守法企业的遵守能力。① 这样的计划可以轻松地构建在当前的执法活动中。例如，广东当前的绩效制度，就是奖励那些最大程度守法的企业。这样的方式也可以发展为一种守法的认证，认可那些参与了项目的企业在守法计划、内部管理体系、审计程序上的行为。参与者将会得到监管上的优惠，例如税收优惠，减少申报义务以及在一些项目投标中的优先地位，或者免受刑事处罚。地方当局同样可以与独立的认证机构合作，对那些意图达标的小企业提供技术性的帮助，这样可以降低建立一个守法体系的成本。企业可能要求定期的更换认证，如果企业正遭受高发的劳资冲突、工业事故以及其他的严重违法行为，那么将丧失认证。在全省范围内实行这种活动可以降低地方商业利益争夺带来的风险，避免地方的相互竞争，为不管在省内哪个地区经营的参与企业都能提供最大化的利益。

（三）工会的重要性

显然，一个更广泛的守法文化要在中国南部的工业中心盛行，需要多个相辅相成的执法策略。确保有效的劳动者代表则是这些努力成功的基础。在订立合同过程中，只有强大的工人代表，才能保证劳动合同不会成为管理者在仲裁和诉讼中的挡箭牌。的确，由《劳动争议调解仲裁法》引发的大量的劳动争议，使有效的工会和工人代表在谈判和维权中变得极为重要，但是它同样也需要一些企业层面的程序，来帮助那些有心守法的企业在劳动纠纷发生前，有效应对紧张的劳资关系。历史上韩国、日本以及中国台湾的劳工组织，都表明了独立和积极的工会并不会导致敌对的劳资关系，并且可以向劳动者保证更大的公司福利。② 建立工会和其他给予劳动者话语权的内部机制，同样可以带来积极的工作环境，这样不仅可以守法，还能提高效率。③ 尽管近几年工会的成员正不断扩大，但是中国工会是否能抓住新立法的机遇，实现更大的作用仍然不

① 在庞大的公司里面，管理和制度上的障碍同样可以击垮公司的内部合规制度 See Malloy, Regulation, Compliance and the Firm, 76 *TEMP. L. REV.* 451, 465 – 66 nn. 43 – 46 (2003); 关于公司违法行为中组织形式上原因的讨论 See Christofher Stone, Where The Law Eend 233–236 (1975)。

② The Process Of Industrialization And The Role Of Labour Law In Asian Countries 6–7 (R. Blanpain ed., 1996) (characterizing union-management relations in these countries asdecentralized and cooperative).

③ 有效的国家法律与遵守行为的提高息息相关 Richard Locke et al., Does Monitoring Improve Labor Standards? Lessons from 4ike, 61*Indus. & Lab. Rel. Rev.* 3 (2007; 广东雇主们的劳动实践情况调查, See Stephen J. Frenkel, Globalization, Athletic Footwear Commodity Chains and Employment Relations in China, 22 *ORG. Studies* 531, 541– 542 (2001)。

明确。2008 年 8 月，全国总共会发布的指导方针，试图分离管理者和高级工会领导。如果能贯彻这项指导，这将是完善中国工会的重大进步，能更好地为劳动者利益服务。然而，国家在集体劳动诉讼中不可能放松限制，允许独立的工会组织，或使官方工会脱离党的领导。因为国家很质疑这样的改变会带来的长期影响。

（四）结论：法律的派生力量

也许我们不能很快的知道，"像往常一样"的深化改革是否会在接下来的几年里发生，法律运行中广泛的社会和经济因素是否能够会发挥重要作用。同时，宏观经济变化带来的长期影响现在还未知。因此，本文的这些发现和提出的建议必然只是初步的。虽然，从中国劳动法改革的早期实施中已经得出一个重要的经验教训，法律在影响公司行为和地方政策上只是衍生性的，主要是通过雇员的诉讼来实现其约束力。因此，新法律真正的力量在于肯定、发展和调动了中国劳动者的诉求和期望。通过正式的法律程序进行的基层劳动行动，也可以反过来给雇主和地方当局施加压力。公共执法策略可能更适合推广"执法文化"，而私人和公共相结合的执法机制，相辅相成，相互促进，将会最有效。但是，由于地方当局对雇主们的有力支持、对真正职工代表呼声的高涨，以及违法形态的多样化，使未来这个"世界工厂"的商业文化和劳动关系，更有可能发生自下而上的改变。

（王天玉、黎婉婧　译）

（《社会科学战线》2013 年第 8 期）

互联网时代的网络依赖性
及人格缺失

〔乌克兰〕H. B. 科蕾特妮科娃*

  网络已经从新兴技术迅速变身为日常交流工具，可为任何一个潜在用户提供其感兴趣的丰富资料。在使信息不断普及创造更多价值的同时，网络的负面效应在 20 世纪末就已显现。英国心理学家 M·格里菲斯最先关注人类对计算机及虚拟事物的依赖性，其早期研究的对象为赌徒的行为特征。① 但此前科幻作家 K. 赛马克便在小说《帝国城市》中警告过："在技术发展的过程中没有比一味地迷恋技术更愚蠢的事情了。我们将机器奉若神明，某种意义上讲我们的灵魂已出卖给了技术……技术之外更高层次的价值追求被完全忽略……在技术的影响下个体的社会认知逐渐退化。"②

  对于那些过度沉迷于传媒技术（如彩电、放映机、游戏机、计算机、网络）的人来说，虚拟世界已悄然改变其现实生活。10 年前波兰学者就对芝加哥伊利诺州立大学图书馆计算机室内大学生的行为描述如下："不同肤色和专业的学生坐在高高的凳子上，上百个互不相识的人肘挨肘坐着，有时甚至邻桌人的肩膀都已妨碍到自己的手自由敲击键盘。图书馆内一片沉寂，学生们都目

---

  * 作者单位：乌克兰哈尔科夫民族大学大众传媒中心。

  ① Griffiths M. D. Internet Addiction：An Issue for Clinical Psychology？// Clinical Psychology Forum 97. P. 32 – 36；Гриффитс М. Избыточное применение Интернета：онлайновое аддиктивное поведение//Тезисы дистантных зарубежных участников симпозиума "Интернет-зависимость：психологическая природа и динамика развития". 10 июня 2009 г. Доступно в Интернете：http：//www. psy. msu. ru/science/conference/ internet/ 2009/theses/ html.

  ② Burszta W. J. , Kuligowski W. Dlaczego kosciotrup nie wstaje. Ponowoczesne pejzaze kultury. Warszawa：Wydawnictwo Sic！, 1999.

不转睛地盯着彩色屏幕。一些人在浏览世界各地图书馆的资料，一些人在浏览自己的邮箱，还有一些人在努力地敲打着些什么，一会儿脸上流露出几分笑意，一会儿眉头紧锁，一会又忍俊不禁；其余的人或流连于网上聊天室，或沉醉在虚拟游戏里，或在网络部落里，他们会与自己的'固定伙伴'互相交流、倾诉情感，并相约在网上会面，有时也会在现实中见面……但因图书馆座位有限，他们有时不得不与网友道别并约好下次在网上相见，然后把座位让给那些已经等了很久、迫不及待想玩电脑的人。他们走时既不看一眼继续待在那里的人，也不留意那些为暂时摆脱孤独而刚到那里的人。敲击键盘的声音和笑声再次响起，虚拟天堂又重现了。"①

这一描述足以显示人对网络的依赖及个性丧失的现象。与之前青少年积极参加社会活动、组织家庭联谊、关注创作活动相比，如今部分青少年经常畅游于网络虚拟世界中。社会学家、心理学家以及媒体专家的调查研究表明："在沉溺于网络的人中经常会遇到害怕性功能障碍的各类人，这些人同时还饱受强迫症、内心恐惧以及孤独的折磨。"② 本文对信息通讯技术的探究是从现代社会中信息全面普及所产生的社会影响角度入手，而非将其看作单纯的技术设施。

一、使用信息通信技术对人个性的影响

对作为人类活动媒介的新兴通讯技术的通讯流程及个性发展特征的研究，已成为微观社会学领域新的研究方向，大众生活和个人生活中通讯技术的双面性已成为该社会调查研究的主要课题。在虚拟互动过程中，每个人都以不同的方式加入网络资源使用者的行列中。信息爆炸、网上交际规范、互联网交流以及社会关系的疏远等正在取代以往的电子民主、互动交流多样性，展现自我的创造自由性。

许多学者研究虚拟互动对个体的影响问题，他们倾向于认为："在信息通讯技术全球化的背景下，一种全新的个性正在产生，随着大众传媒和互联网的发展人类也经历了再次社会化的过程。个体的现代社会的行为模式、社会法则和社会价值观经常在虚拟空间中体现。"一些学者认为虚拟个性的形成是与个

---

① Саймак К. Д. Империя；Город. Романы. Рига：Полярис，1994. C. 81.

② Shapira N. A.，Lessig M. C.，Goldsmith T. D.，Szabo S. T.，Lazoritz M.，Gold M.，Stein D. J. Problematic internet use：proposed classitication and diagnostic criteria. Depression & Anxiety，17. 2003，pp. 207-216.

人身体及社会关系的发展同步进行的。B. H. 谢尔宾娜认为："广泛的交际能力是该个性的主要特征。"① Д. B. 伊万诺夫将虚拟个体描述为"陷入虚拟世界中的后现代人类"，他们已经意识到虚拟世界的习俗、其标准的操控性及摆脱现实世界的可能性，并乐此不疲。②

心理学家 A. E. 沃斯库斯基在解释新个性形成中互联网的意义时指出：再也没有比网络更适合的工具，它促使许多相互作用的主体在感知、动机、情感调节上同步化。③ 由于其技术特点，通讯技术在激发个体意识、潜意识以及促进其心理和生理机能发展等方面具有重要作用。类似作用首先影响无心理防备的社会群体，包括儿童及未成年人。

虚拟个性已对人类的现实心理和社会活动产生影响，而当个体全面参与到信息交流中时则会引起极大的内在变化。这些变化涉及认知、沟通及个性等领域，它促使活动操控环节、主体与主体之间以及主体与信息系统之间时空的协调特征、目标设定过程、活动动机的调整发生变化。④

首先应关注的是在虚拟互动过程中个人需求的客观性。根据心理学家对基本需求的描绘，我们可以把互联网使用者分为信息及交流需求者两大群体，具体分为如下类别：以学习为目的的网络用户，其主要目的为搜索新信息、提升职业技能、获取专业建议；以交流为目的的用户，其主要目的为亲朋好友间的沟通以及商务交流；自身发展需求的用户，其主要目的为完成创作、自主进修、展示成就；以休闲为目的的用户，其主要目的为游戏、休闲、娱乐；以交友为目的的用户，其主要目的为认识新朋友、寻求合作、寻找志同道合的人加入到某组织、寻找同伴等。需要指出的是互联网的信息及交流需求是相辅相成的，否则普通的交流媒介也可实现其中的一个功能。

---

① Щербина В. И. Сетевые сообщества в ракурсе < социологического > анализа. Опыт рефлексии становления " киберкоммуникативного континуума " . Запорожье： Просвита，Бердянский педагогический институт，2001. C. 76.

② Иванов Виртуализация общества. Версия 2.0 . СПб. ： Петербургское востоковедение，2002. C. 32.

③ Воискунский А. Е. Психологические аспекты деятельности человека в интернет-среде // Тезисы 2-й Российской конференции по экологической психологии. Москва，12–14 апреля 2000 г. М. ： Экопсицентр РОСС. C. 240–245. Доступно в Интернете：http:// www. spychology. ru/ internet/ ecology / 01. stm.

④ Арестова О. Н. ，Бабанин Л. Н. ，Воискунский А. Е. Мотивация пользователей Интернета // Гуманитарные < исследования > в Интернете. Доступно в Интернете：http:// www. relarn. ru：8080/human/miticaton. txt.

我们在感受信息通讯技术带来的便利之时，也应注意其负面影响。信息技术过度使用的负面影响如下：信息"超负荷"、技术压力、沉迷游戏、网络依赖、网络人物模仿、逃避现实。

信息技术使用的负面效果证明虚拟互动可能导致个性缺失。交际行为专家Л. М. 季姆拉诺娃对"丧失（deprivation）"一词的解释如下：（1）个体基本生活需求的缺失过程；（2）需求不能充分满足；（3）贫困。① 在社会百科全书中"丧失"的解释为：个体需求不能得到充分满足。② 因此，缺失是指个体某种需求长时间得不到充分满足时所产生的一种生活状态，如行为受到限制或者贫困。

心理缺失会导致智力、情感以及个性发展的滞后。上述多媒体技术的消极影响可能导致个体的社会性缺陷，不仅包括心理缺陷，还包括生理方面的缺陷。个体的社会功能退化及社会功能不能充分发挥导致个体意愿无法满足及社交范围逐渐缩小。

虚拟互动的社会心理缺失可以为个体的一种状态，在该状态下过度使用新型信息技术会导致信息通讯及其他种类需求不能被充分满足，其后果就会造成心理缺陷及个体性格、社会、职业、物质价值观改变。这种缺失体现在由信息"超负荷"引起的某些不便和麻烦中、经常同电脑交流导致人际关系的生疏、网络交流过程中个性的丧失、长时间使用电脑造成个体重要社会功能丧失、由信息量不断增加引起的挫败感。

二、信息"超负荷"

信息"超负荷"和技术压力是虚拟互动导致心理缺失最典型的形式。实际上所有信息通讯工具（广播、电话、电视、电脑、手机、全球互联网）创建的目的都是满足人们获取信息及知识的需求。信息需求主要包括如下几方面：占有大量可利用信息（多多益善）、信息的可操作性、所得信息的价值性和重要性。在当今社会，人们的信息需求仍属于第一个层次需求。大规模复制和传播信息的新工艺技术的出现为用户提供了大量文化、科技、新闻等方面的新资料。由于电子传媒（电视、网上冲浪、远程连接、电子百科全书）的出

---

① Землянова Л. М. Коммуникативистика и средства информации // Англо-русский толковый словарь концепций и терминов. М. : ООО "Издательство АСТ", 2004.

② Социологическая энциклопедия. Том 1. М. : Мысль, 2003. C. 271.

现，信息需求转变成用户之间积极交流资料的过程。网络的用户不仅能够从不同渠道接触到全球信息，当用户创建新文件（如文本、绘画、音频、视频等信息），并将其上传网络时，理论上这些用户已成为大众传媒的独立参与者。

信息更新的步伐不断加快，至 2012 年底全球网站的数量已达数亿，每天全世界通过网络发布的新闻有数千万条，世界最大的新闻网站一天就能发布数万条消息。① 由于信息源巨大，人们需要更多的时间和精力来搜索所需信息，因此无法完全理解及消化这些信息，因此很难采取合理的决议。

信息数量成倍增长的直接后果是新技术工具快速普及，信息超负荷（类似概念如"信息爆炸"、"信息危机"）。② D. 果尔认为"超负荷"是人们找到除所需信息之外的其他信息时，所陷入的一种手足无措的状态。在某项问卷调查的 698 436 条答复中，新网络用户在感受到信息"超负荷"后的典型反应是神经错乱。③ 类似的"超负荷"会使上网者产生孤独、慌乱、失望、压抑、神经衰弱等感觉。技术压力是社会心理缺失的表现形式，长时间上网人群把此压力体现得淋漓尽致。使用电脑工作时产生身体不适、长期保持同一种姿势、注意力高度集中及工作能力的降低是产生这种压力的原因。

Л. М. 季姆拉诺娃认为信息源的不断扩充造成信息总水平下降。她在文章《信息越多，可用信息越少》中指出了此悖论的实质，这就意味着，一方面传播和获取的信息逐渐规范化和贫瘠化，另一方面是用户的信息需求实际上无法得到满足。④

信息空间中存在着平均信息量大增而导致信息质量下降的风险。该风险是由视觉垃圾量和信息垃圾污染量的快速增加而引起的。⑤ 此外，苏联解体后大学图书馆和普通中心图书馆国外文学作品（包括图书和期刊）数量有限，科学工作者被迫在互联网中搜索其所需的信息，这必然需要花费更多的精力、时间，有时甚至需要更多物质资源。信息过剩会引起过分疲劳、紧张，同时也可

---

① http://www.novostimira.com.ua/news_ 16325.html.

② Еляков А. Д. Информационная перегрузка людей // Социол. исслед. 2005. N 5. C. 114–121.

③ Гол Д. Онлайнова журнал? стика / Пер. с англійськои. К. : "К. и. С. ", 2005, C. 344.

④ Землянова Л. М. Коммуникативистика и средства информации // Англо-русский толковый словарь концепций и терминов. М. : ООО "Издательство АСТ", 2004. C. 166.

⑤ Еляков А. Д. Информационная перегрузка людей // Социол. исслед. 2005. No 5. C. 112.

能引起信心缺失、恼怒、恐惧，其最主要的后果是信息不足可能导致社会心理的缺失。

三、网络游戏的沉迷

网络游戏依赖也是虚拟互动导致社会心理缺失的一个表现。沉溺于网络游戏用户的数量呈增长趋势，这种沉溺有时（不仅仅是青少年）会发展成为依赖性，甚至成瘾。网络游戏风靡很多国家，韩国就提供专业的网络游戏对决场地，并开设两个频道转播游戏高手对决比赛。不仅心理学家和医学家对网络游戏沉迷现象十分关注，教育家、文化学家和社会学家对此问题也十分青睐。

社会学中"游戏迷"（从英语 Game 转化而来）被看作特殊的社会群体，包括所有沉迷于网络游戏的人，如果网络游戏不影响其应履行的公民义务，那么网络游戏就犹如休闲娱乐。游戏迷们与其他人的区别不仅体现在玩网络游戏上，还在于他们具有自身的团体文化、特殊的生活方式、交际关系及对社会现实的独特态度，由于游戏种类、爱好程度及复杂水平等的不同而产生的分级。

研究网络游戏对玩家的影响，就需着重研究长期沉迷于网络游戏虚拟世界的游戏迷们的情绪感受和社会自我认知。游戏经常被看作现实社会和社会关系的模仿形式、① 一种对智力水平的发展、② 个人在自我生活中实现能力和价值的方式。③ 对游戏本质的最新解释更贴近于本研究课题，此时游戏既可看作一种社会活动的认识过程，又可以看作个性自我实现的一种方式。游戏的独特性在于游戏结果的不确定性、不受约束性、活动形式的公开性和自己与他人的等同性。将对网络游戏的追求与自我价值实现有机结合后，游戏不仅不会给游戏者带来损失，反而还会促进其自身的发展，尤其是那些让游戏者锻炼驾驶飞机、轮船、汽车等技术的教学游戏。

网络游戏的特点是能够设计及实现不同群体需求的特殊虚拟活动，这也是其流行的原因和意义所在。由于互动性、多媒体性和强烈的印象感，网络游戏最大限度地调动了人体的各个感官，因此在很多方面对个体产生影响。人们锻炼反应和思考速度，培养其坚韧不拔、锲而不舍、灵活机智的品质。不久前美国一项研究表明，商人游戏的游戏迷会取得巨大成绩，生意对他们来说犹如游

---

① Эльконин Д. В. Психология игры. М. , 1978.

② Лисина М. И. Проблемы онтогенеза общения. М. , 1986.

③ Непомнящая Н. И. Психодиагностика личности：теория и практика. М.：Гуманит. Изд. Центр ВЛАДОС, 2001.

戏。人类所掌握的第一批电脑程序正是游戏，在游戏中人类会不断进步。游戏本身很迷人，会让心理得到放松，消除工作的压力。

对虚拟世界的研究证明，网络游戏可以满足人们的娱乐需求，也具有展现虚拟游戏魅力的众多因素，心理学家 А. Г. 马卡拉季亚把游戏的动机划分如下几类:① （1）题材、感情和审美方面：网络游戏的美感和线条风格引人入胜，能够影响事件发生的几率及其互动性；（2）自身发展方面：虚拟技能增加、在游戏过程中获取新的机会、影响游戏世界的可能性增强、得到能帮助游戏任务完成的最新装备；（3）成就方面：战胜对手、达到既定目的（完成任务等）、取得比赛胜利；（4）智力满足方面：完成任务本身的过程会享受到智力活动和所取得成就的满足感；（5）收集研究方面：有机会研究游戏本身、游戏世界、其规则及目标物；（6）创作方面：在游戏的框架下有机会创作一些新事物；（7）游戏之外的效应：社会化、度过业余时间、情感放松和逃避现实等。

上述游戏之外最后一个因素与由玩电脑游戏所产生的直接社会影响——社会心理缺失密切相连。当提到因玩网络游戏而倾向于逃避现实的表现时，所指的就是逃离现实世界、沉溺于虚拟世界之中。这样的游戏迷经常会出现心理障碍、攻击性强、焦躁易怒的情况。在社会生活中也会经常与亲人吵架、在工作中屡次犯错、会在网上充值以保证其在游戏世界里畅通无阻，有时在游戏之外还会犯罪，甚至还有很多人因长期沉溺于网络游戏而精疲力竭致死。在科普文学作品中还描述过这样的事件：当玩家们沉迷于游戏时，常常陷入游戏无法自拔，除非达到其目的，否则就难以善罢甘休。如果游戏因外界因素而中断，那么他们的思想还会停留在游戏状态。②

网络游戏发展所产生的影响是以网络游戏依赖为依托的，这是一种新型心理依赖方式。以下的数据足以证明此现象："美国 1.89 亿人口中 6—10% 的电脑使用者受其折磨。美国医学联合会正准备把其正式列入诊断疾病当中，医生建议把网络游戏依赖列入'智力障碍诊断和统计指南'（Diagnostic and Statis-

---

① Макалатия А. Г. Мотивация в компьютерных играх // 3 - я Российская конференция по экологической психологии（Москва，15-17 сентября 2003 г.）. Тезисы. М. : Психологический институт РАО, 2003. C. 358 -361.

② Макалатия А. Г. Мотивация в компьютерных играх // 3 - я Российская конференция по экологической психологии（Москва，15-17 сентября 2003 г.）. Тезисы. М. : Психологический институт РАО, 2003. C. 358-361.

tial Manual of Mental Disorders）中。"① 2004 年在北京成立了专门治疗该类心理障碍疾病的科研医院，在荷兰、美国也有类似的机构。在俄罗斯、乌克兰、白俄罗斯，网络游戏依赖性并未被列入心理障碍疾病清单之中，因为现在还没有治疗游戏依赖病症的专业机构。毫无疑问，网络游戏依赖已成为一个很严重的社会问题，需要进行专门研究。

在科学研究中引入了"电脑瘾君子"的概念，其内涵为那些长时间或是经常处于网络游戏虚拟世界的影响下，并对网络游戏有着特殊的痴迷，从而形成社会心理缺陷的人们。类似的情况出现在每天玩电脑长达 18 个小时的电脑迷身上，在此状况下，电脑瘾君子可能产生惊慌、害怕、郁闷及自杀行为。

研究表明，游戏依赖影响个体的发展，具体表现为远离亲人、失去现实交流的兴趣，他们以对游戏的热爱逃避社会问题。网络瘾君子的平均年龄是28—33 岁。这些玩网络游戏的成年人虽已意识到在游戏里度过空闲时间是毫无益处及虚幻的，但在他们身上会出现认知不协调，即正常的、社会所认可的生活理念与自身生活状态的矛盾。游戏迷基本需求得不到满足会使他们对生活丧失信心，因此他们把经历与希望寄托于虚拟的游戏世界。

此时游戏迷们的社会心理缺失一方面与其游戏欲望相关，另一方面也与其心理需求不能得到完全满足有关。研究人员用如下例子解释所谓的"网瘾怪圈"："网迷们在现实中经常有一种挫败感和失落感，而在游戏过程中其心情很好，同时出现正面情绪；当其跳出虚拟世界之外，他们的心情便会变差，很快返回到最差状态，直至下一次进入虚拟世界他们的心情才会变好。"②

四、网络交际的破坏性

研究网络交际对使用者健康的影响至关重要，该影响不仅表现在生理方面也体现在心理方面。同时也需对其威胁进行研究并努力探析消除其不良影响的方法。在社会学及社会心理学研究中，交际应从大小不同社会组织中人与人的共同活动、相互作用、相互影响背景下进行探寻。网络用一种新方式取代了人们习以为常的交流方式，使人们与外部世界的沟通中出现了一些新型的重要形

---

① Американцам будут ставить диагноз "компьютерная зависимость" // Новости. 15 июня 2007 г. См. : http： // podrobnosti. ua/health/ 2007/06/15 /432760. html.

② Иванов М. С. Психологические аспекты негативного влияния игровой компьютерной зависимости на личность человека // www. sanaris. com. ua/htdocs/ experts_ and_ services/info/ specialist/psihote_ rapevt/form. html 14. 09. 2005.

式。例如："即时消息传递工具"① 会让用户有机会进行一些即时会话，并且谈话双方可以互相隐瞒身份。"网络聊天"② 让多人对话成为可能，该对话的参与者可以是熟人也可以是陌生人。互联网并不排斥、不替代、不废止传统的交流形式，但是其作为特殊的形式拥有自身特定的目标、方式和手段。网络作为一种通讯资源被人们用于信息交换，正是由于其普遍性，人们才能够真正十分轻松地在弹指一挥间与成百甚至上千的人聊天；将信件传到论坛，敢于去（不考虑所有可能的后果）吸引众人的目光。这些人甚至能彼此分享各自的隐私及爱好，在奇妙世界中毫无压力。③ 正是因为网络，人们才有机会在线联系及获得与陌生人交流的机会。但是这里有两个极端的反面教材：第一，网络聊天致使很多人从虚拟聊天转换为现实交流；第二，轻松的交流方式引起信息的"超负荷"，从而导致心理情感的过度紧张。

通过电子数据库、邮件、社会网等方式获取个人信息是现阶段网络交际的另一个特征。现代科技发展能让更多人在短时间内无偿获取数据，网络使用者能够快速、全面、有规律地使用网络并获取相应信息，而且获取信息的过程逐渐规范化。网络信息的快速获得也促使不良行为发生，网络上关于名人及普通人的反常行为屡见不鲜。因此，我们应善于筛选经济、组织、政治等领域的"虚拟文件"，更应对此过程中表现出的社会心理缺陷形式着重关注，即心理社会跟踪。此类跟踪的内涵如下："第一，它是一种对个体不良行为的干涉方式；第二，这种明显或潜在的威胁可显示威胁的行为类型；第三，试图通过干涉之后让个体产生害怕或威胁，但这种害怕或威胁是有充足根据的。"④

在现代化城市中许多联系成为各种交流的开端，此后这种交流可以让很多人成为知己或者益友。为得到交流伙伴，就需获取更多信息，而这些信息又是社会关系及个人关系在虚拟空间与现实世界中继续发展不可缺少的因素，为此人们就需更进一步搜索。互联网上相应的资源可使人们更好地了解他人及获取

---

① 详见 http://ru. wikipedia. org/wiki/Simple_ Instant_ Messenger。

② 详见 http://ru. wikipedia. org/wiki/% D0% A7% D0% B0% D1% 82。

③ Сулер Дж. Люди превращаются в Электроников: Основные психологические характеристики виртуального пространства / Перевод Елена Вовк. Опубликовано: December 7, 1998. Доступно по адресу в Интернете: http://flogiston. ru/articles/netpsy/electronic.

④ Джонсон Дж. М. Процесс преследования // Соц? олог? чн? досл? дження. Зб? рник наукових праць. Лу－ганськ: Сх? дноукра? нський нац? ональний ун? верситет ? мен? Володимира Даля. 2008, No 7. С. 153－176（перевод выполнен по изданию: Johnsn, John M. Stalking process in Kotarba // Josehp A., Johnonson, John M. Postmodern existential sociology. Walnut Creek, CA: AltaMira Press, 2002）.

相应信息。人们在网上观察着被搜索者行为，通过电子邮件进行交流，在公共主页上发布匿名信息。社会心理追踪较为严肃的形式为公共诽谤诋毁、在论坛上散布虚假信息、通过网络交流形式进行直接威胁。所有这些情况都表明，需要立法保护人们的合法权益，杜绝个人信息的非法使用现象。

由虚拟互动所引起的社会心理缺失主要体现在网络使用者不适应及脱离社会方面，从而限制其个性发展。如上文所述，虚拟互动中个体有时不但没有获取其所需信息，反而丧失与家庭、社会交流的机会，最终导致个体与社会脱节。当个体沉迷于网络游戏时会产生疯狂的痴迷及依赖，使其丧失很多交流机会及引发其他问题。因此，虚拟交流引发的性格孤僻、长期接触不良信息等状况都会造成个体心理缺陷。

（张广翔　译）

（《社会科学战线》2013 年第 12 期）

后 记

　　《社会科学战线》（下简称《战线》）是大型综合性社会科学类学术刊物，自 1978 年创刊以来，始终以推动学术发展和促进中外学术交流为目标，坚持正确的办刊方向，追求学术品味，关注时代问题，突出理论深度，集聚国内外学术界精英人物，以厚重的篇幅、开放的视野、鲜明的特色，在国内期刊界独树一帜，成为展示当代中国学术成果的窗口和中外文化交流的重要平台，得到国内外学术界的广泛认同和接受。35 年来，《战线》共刊发英国、日本、法国、美国、德国等国家和港台地区的 140 多位专家学者的文章 158 篇。现将这些文章结集成《中西交流 鉴往知来——国外及港台学者在〈社会科学战线〉发表文章荟萃》一书出版，既是对改革开放以来中外文化交流历程的回顾，亦期望能对中国学术期刊的国际化发展贡献绵薄之力。

　　《中西交流 鉴往知来——国外及港台学者在〈社会科学战线〉发表文章荟萃》由吉林省社会科学院党组书记、院长、《战线》杂志社社长马克教授和吉林省社会科学院副院长、《战线》主编刘信君研究员任主编，副社长于德钧编审、副主编尚永琪研究员、王永平研究员任副主编。全书分四卷，计 195 万字：第一卷为哲学卷，主编张利明，副主编王永平；第二卷为历史卷，主编刘莉，副主编高峰；第三卷为文学卷，主编王艳丽，副主编焦宝；第四卷为综合卷，主编朱志峰，副主编刘雅君。《战线》编务马颉、陈家威、刘扬等在打字、排版、校对等方面作出了重要贡献。

　　《战线》能有今天的成绩，是作者、读者和编辑几十年共同努力的结果。本书收录的这些精彩文章背后，凝聚着《战线》几代海外及港台作者的智慧和劳动，也浸透着《战线》新老主编和编辑们的辛勤汗水。在此，让我们向他们表示深深的敬意。《战线》的成长壮大，亦得益于中共吉林省委宣传部、吉林省新闻出版广电局、吉林省财政厅和吉林省社会科学院领导多年来的大力支持，对此我们心怀感激之情。吉林文史出版社一如既往地支持《战线》工作，尤其是美术编辑李岩冰为本书的出版付出了艰苦的劳动，我们深表谢忱。东北师范大学图书馆的刘万国馆长、新华印刷厂的王启聿等同志也为本书的出版作出了贡献，在这里一并表示感谢。

　　由于本书卷帙浩繁、文字量巨大，大多文章都需要重新打字、排版，校对任务十分繁重，在编辑过程中，杂志社全体同仁付出了艰辛的劳动，力求做到尽善尽美，但因为客观原因，也留下了些许遗憾。创刊初期刊发的一些文章，由于编辑工作不规范，没有标明作者的国籍和单位，其中有些已经无法查知，只能付之阙如。此外，由于工作量大、时间比较紧张，错漏之处在所难免，为此，我们对作者和读者深表歉意。

　　我们深信，《中西交流 鉴往知来——国外及港台学者在〈社会科学战线〉发表文章荟萃》的编辑出版对中外文化的交流，对中国学术期刊的国际化发展，必将起到积极的推动作用。

编　者

2014 年 5 月

图书在版编目（CIP）数据

中西交流 鉴往知来——国外及港台学者在《社会科学战线》发表文章
荟萃／马克，刘信君主编. —长春：吉林文史出版社，2014.5
ISBN 978-7-5472-2113-6

Ⅰ. ①中… Ⅱ. ①马… ②刘… Ⅲ. ①社会科学-文集 Ⅳ. ①C53

中国版本图书馆 CIP 数据核字（2014）第 094959 号

书　　名　**中西交流　鉴往知来**
　　　　　　——国外及港台学者在《社会科学战线》发表文章荟萃
主　　编　马　克　刘信君
策划编辑　王文亮
责任编辑　崔博华　　　　　　封面设计　李岩冰
出版发行　吉林文史出版社
地　　址　长春市人民大街 4646 号
网　　址　www. jlws. com. cn
印　　刷　长春新华印刷集团有限公司
开　　本　787mm×1092mm　1/16 开
总 印 张　107 印张
总 字 数　1950 千字
印　　数　1-1000 套
版　　次　2014 年 5 月第 1 版　2014 年 5 月第 1 次印刷
书　　号　ISBN978-7-5472-1622-4
全套定价　300.00 元